《黄达人演讲录》编委会

顾　问：梁庆寅　陈春声　朱孔军
主　编：李汉荣
副主编：朱志辉
编　辑：王丽霞　丁燕燕　吴立坚
　　　　谢俊洁　蔡珊珊　黄爱成

黄达人演讲录

中山大学新闻中心 编

中山大学出版社
·广州·

版权所有　翻印必究

图书在版编目（CIP）数据

黄达人演讲录/中山大学新闻中心编. —广州：中山大学出版社，2011.6
ISBN 978-7-306-03889-0

Ⅰ. 黄…　Ⅱ. 中…　Ⅲ. 高等学校—学校管理—文集　Ⅳ. G647-53

中国版本图书馆 CIP 数据核字（2011）第 094960 号

出 版 人：祁　军
策划编辑：王俊辉
责任编辑：王俊辉
封面设计：贾　萌
责任校对：杨文泉
责任技编：黄少伟
出版发行：中山大学出版社
电　　话：编辑部 020-84111996，84111997，84113349，84110779
　　　　　发行部 020-84111998，84111981，84111160
地　　址：广州市新港西路 135 号
邮　　编：510275　　传　真：020-84036565
网　　址：http://www.zsup.com.cn　E-mail：zdcbs@mail.sysu.edu.cn
印 刷 者：广州市怡升印刷有限公司
规　　格：787mm×960mm　1/16　40.25 印张　790 千字
版次印次：2011 年 6 月第 1 版　2011 年 6 月第 1 次印刷
印　　数：1～1200 册　　定　价：198.00 元

如发现本书因印装质量影响阅读，请与出版社发行部联系调换

黄达人　1945年4月出生,浙江象山人,数学教授,博士生导师。毕业于浙江大学数学系。1999—2010年任中山大学校长。

2009年6月30日,在学位授予仪式上。

2007年7月1日,为应届毕业生授予博士学位。

2010年6月27日,在学位授予仪式上。

2005年4月20日，在北京钓鱼台国宾馆，中共中央政治局常委、国务院总理温家宝亲切接见黄达人校长。

2009年10月15日，在中山大学形势报告会上，向中共中央政治局委员、广东省委书记汪洋赠送《中山大学名师文集》。

2009年6月10日，中共中央政治局委员、广东省委书记汪洋来到中山大学，指导学习实践科学发展观活动，与中山大学校领导合影。

2008年5月28日，中山大学黄达人校长，许宁生副校长（右一，2010年12月，接任中山大学校长）会见来访的匈牙利前总理麦杰西博士。

2004年9月20日,中共中山大学党委书记李延保,校长黄达人与中山大学学生、奥运冠军劳丽诗、冼东妹、杨景辉在表彰会上。

2010年11月10日,在"中山大学卓越服务奖"颁奖典礼上,中共中山大学党委书记郑德涛,校长黄达人共同搀扶姜伯勤教授上台领奖。

2006年10月16日,聘请前CMB(美国中华医学会)主席Schwarz博士(中)为中山大学中山医学院名誉院长。

2008年5月23日,在机场迎接中大赴汶川救灾医疗队凯旋。

2005年2月27日，中山大学授予伍沾德先生名誉博士学位。

2007年5月10日，在中山大学"中大学子气质大讨论"论坛上，作题为"我心目中的中大学生"的演讲。

2004年7月2日，著名数学家邱成桐先生（右）访问中山大学，与黄达人校长，数学家朱熹平教授合影。

2004年11月12日，聘请诺贝尔物理学奖获得者丁肇中院士为中山大学名誉教授。

2004年10月24日,在哈佛大学哈佛学院图书馆向中山大学图书馆捐赠图书的仪式上,与两馆负责人合影。

2009年11月10日上午,为第一届"中山大学卓越服务奖"获得者黄天骥教授颁奖。

2004年11月21日，黄达人校长出席中山大学旅游学院奠基仪式。

2011年3月17日，参加坚真花园教师住宅楼纪念石揭幕仪式。

2006年12月6日上午,黄达人校长等会见台湾星云法师一行。

2009年9月9日,到中山大学东校区视察新生报到情况。

2008年12月10日,在中国台湾新竹清华大学,与中山大学的交换生在一起。

2008年1月11日，在中山大学企业家校友联合会新年酒会上，与校友们共唱"校友之歌"。

2010年12月23日上午11时，离任前夕以校长身份签署校内文件。

2011年6月1日,接受法国驻华大使白林女士代表政府颁授的"法国国家骑士功勋奖章"。

2009年10月，考察工作中，小憩。

2010年6月5日，率团赴海南省签署"省校战略合作协议"，在海口机场留影。

目 录

序 ………………………………………………………………… （1）

1999 年

团结、继承、改革、发展，抓住机遇 寻求突破
　　——在任职会上的讲话 ………………………………… （1）
把握机遇 迎接挑战 …………………………………………… （4）

2000 年

紧密团结，再接再厉，让中山大学尽快进入又一个繁荣鼎盛时期
　　——在庚辰年春节团拜会上的讲话 …………………… （9）
在 2000 年本科生毕业典礼上的讲话 ……………………… （11）
在中山大学珠海校区落成典礼上的讲话 …………………… （13）
坚定信念 振奋精神 扎实工作 开拓进取
　　——"两思"、"三想"辅导报告 ……………………… （15）
中山大学学科建设动员报告 ………………………………… （26）

2001 年

2001 年新年致辞 ……………………………………………… （34）
在中山大学 2001 年教学经验交流会上的讲话 …………… （36）
中山大学发展史上的新里程碑
　　——在"共建协议"签字仪式上的讲话 ……………… （44）

2002 年

中大的现状、学科建设及若干工作的通报
　　——在中层干部会上的讲话 …………………………… （46）

1

必须高度重视学科建设和人才队伍建设
    ——在2002年教授、中层干部大会上的讲话（摘要）………（57）
机关部处负责人要发挥工作的主动性，要有效益意识……………（64）
关于素质教育的一些思考
    ——在中山大学2002年本科教学工作会议上的讲话 ………（67）
一个定位，八个关系
    ——在中山大学高等继续教育工作会议上的讲话 …………（78）
谈谈大学学风
    ——在研究生教育工作会议上的讲话 ………………………（82）
革故鼎新，共谋发展，再创中山大学新辉煌
    ——在"十六大"精神传达大会上的报告 …………………（92）

2003年

为社会福，为邦家光
    ——在2003年毕业典礼上的讲话摘录 ……………………（100）
关于学校发展的一些想法和思考
    ——在"双代会"上的工作报告（第三部分）……………（103）
中大人要立志
    ——在新教工培训班上的讲话（节选）……………………（114）
国家的发展与我们的责任
    ——在中山大学科技工作会议上的讲话 ……………………（121）

2004年

关于教学工作的一些基本原则和思路
    ——在2004年教学工作会议上的讲话（节录）……………（129）
关键在于提高学生的竞争力
    ——在2004年就业工作会议上的讲话 ……………………（132）
目前学校工作的几个问题
    ——在六届二次教代会所作学校工作报告（节录）………（136）
善待学生
    ——在2004年新教工岗前学习交流会上的讲话 …………（146）

营造和谐　着眼长远
　　——在中山大学2004年人才人事工作会议上的讲话 ……………（155）
图书馆是大学精神的守护者
　　——在图书馆八十周年馆庆暨新馆开馆典礼上的讲话 …………（163）
在中山大学建校八十周年庆祝大会上的致辞 ………………………（166）
校庆工作交出了一份令人满意的答卷 ………………………………（169）

2005 年

我们要始终抓住"质量"这条主线
　　——在2005年中山大学发展战略研讨会上的讲话 ……………（176）
我们需要一个有道德感的大学
　　——在中山大学2005年纪检监察工作会议上的讲话 …………（182）
理解他们，关心他们
　　——在2005年就业工作会议上的讲话 …………………………（190）
关于大学的"入行"
　　——在2005年新教工上岗前学习交流会上的讲话 ……………（194）
"985工程"二期建设若干问题
　　——在"985工程"二期建设情况通报会上的讲话 ……………（203）
在2005年学士学位授予仪式上的讲话 ………………………………（217）
关于大学管理中的"另类浪费"
　　——在2005年中山大学财务工作会议上的讲话 ………………（219）
拥有更加美好的明天
　　——在中山大学法政学科成立一百周年庆典上的讲话 ………（226）

2006 年

学校面临自主创新体系建设的若干想法
　　——在2006年中山大学中层干部大会上的讲话 ………………（229）
以"质量第一、适度发展"为指导方针发展我校现代远程教育
　　——在中山大学现代远程教育2006年工作会议上的讲话 ……（239）
中山大学科研工作报告（节选） ……………………………………（243）
善用权力　勇担责任　享受过程
　　——在新任处级干部培训班上的讲话 ……………………………（251）

我心中的中大
　　——在2006年新教职员工岗前学习交流会上的讲话 …………（259）
在中山大学中山医学院140年庆典上的讲话 ………………………（270）
中山大学对于我们一生的意义
　　——在2006年学位授予仪式上的讲话 ……………………………（275）
关于学校发展规划的若干考虑
　　——在第六届教代会第四次会议上的讲话 ………………………（277）

2007年

胸怀天下　追求卓越
　　——在2007年发展战略研讨会上的讲话 …………………………（284）
以评估为契机　以育人为根本
　　——在2007年本科教学工作水平评估动员会上的讲话 …………（290）
我心目中的中大学生 ……………………………………………………（297）
我所感受的中大文化
　　——在2007年新教工岗前学习交流会上的讲话 …………………（311）
关于大学提升育人质量的一些想法
　　——在2007年本科教学工作水平评估中层干部工作会上的讲话
　　………………………………………………………………………（325）
关于学校近期发展的若干问题
　　——在中山大学第七届教代会第一次会议上的工作报告（节选）
　　………………………………………………………………………（329）

2008年

关于附属医院发展的若干考虑
　　——在医政工作会议暨医院管理年总结大会上的讲话 …………（338）
关于学校发展的若干问题
　　——在中山大学2008年工作研讨会上的讲话 ……………………（345）
谈谈本科教学评估 ………………………………………………………（354）
干部要谋事 ………………………………………………………………（357）
抓好人才培养质量　提高办学层次
　　——在2008年珠海校区干部工作会议上的讲话 …………………（367）

本科教学评估意见反馈会上的讲话 ……………………………… (371)
期待新一代学术带头人
　　——在2008年新教职员岗前学习交流会上的讲话 ………… (374)
关于校区布局调整的若干想法 …………………………………… (386)
在值年校友日大会上的讲话 ……………………………………… (391)
关于学校当前工作的一些思考 …………………………………… (393)

2009 年

大学是一个学术共同体
　　——在中山大学2009年工作研讨会上的讲话 ……………… (398)
就业心态与职业准备
　　——在2009年全校就业工作会议上的讲话 ………………… (407)
从大学精神谈起
　　——在2009年中山大学深入学习与实践科学发展观活动专题
　　报告会上的讲话 ……………………………………………… (412)
边学习，边整改，针对问题部署工作
　　——在2009年学院（医院）院长、书记会上的讲话 ………… (423)
关于"沟通"
　　——在2009年新教工岗前学习交流会上的讲话 …………… (429)
关于医科发展的一些思考
　　——在全国医科八年制峰会开幕式上的讲话 ………………… (443)
忠诚的力量　共同的荣誉
　　——在中山大学2009年卓越服务奖颁奖仪式上的讲话 ……… (450)

2010 年

做一名称职的教学工作管理者
　　——在2010年本科教学系统中层干部培训班上的讲话 ……… (453)
我不断被同学们感动
　　——在2010届毕业典礼暨2010年学位授予仪式上的演讲 …… (461)
我们面对的机遇与挑战
　　——在2010年新教工岗前学习交流会上的讲话 ……………… (463)

在孙逸仙纪念医院 175 周年庆典上的致辞 …………………………（474）
坚持自己特有的气质和办学理念
　　——在第二届中山大学卓越服务奖颁奖仪式上的讲话 …………（477）
寄厚望于青年教师
　　——在 2010 年优秀青年教师研讨会上的讲话 ………………………（481）
一个大学管理者对文科的理解 ………………………………………（489）
在哲学系复办 50 周年庆祝大会上的讲话 …………………………（497）
在 2010 年全校教师干部代表大会上的讲话 ………………………（499）

附录一：媒体访谈 ………………………………（501）

2002 年

【光明日报】完善党委领导下的校长负责制
　　——访中山大学校长黄达人 ………………………………………（501）
【南方日报】北大、中大"当家人"：扩招不牺牲质量 ………………（503）

2003 年

【南方日报】大学要有深厚基础学科作根基
　　——杨振宁与中山大学黄达人校长对话 …………………………（508）
【南方日报】中大校长黄达人与本报报业集团社长范以锦对话
　　——发展人才战略　共建文化大省 ………………………………（515）

2004 年

【人民日报】有容乃大　和谐致远
　　——访中山大学校长黄达人教授 …………………………………（518）

2005 年

【中国青年报】中山大学校长黄达人：立足长远　营造和谐 …………（522）

2006 年

【南方日报】一位大学校长对社会矛盾焦点的思考 …………………… (525)
【南方日报】"论文发表还只是一个开始" …………………………… (530)
【科技日报】让他专心去"猜想"
　　——中山大学校长黄达人眼中的朱熹平 …………………… (533)
【南方日报】"零代价转让"让中大"顶天立地"
　　——高校科技成果应为当地发展谋"大利",转化不出去是
　　　最大浪费 …………………………………………………… (536)

2007 年

【中国青年报】我心目中的中大学生
　　——中山大学校长黄达人教授访谈 …………………………… (543)

2008 年

【广州日报】别让大学成为舆论中心说事对象(节选) …………… (549)

2009 年

【南方日报】中大酝酿一年三学期制 ……………………………… (551)
【南方日报】中大6年改革打不破教师铁饭碗　黄达人代表呼吁高校
　　教师退出机制尽早试行 ………………………………………… (554)
【羊城晚报】中山大学要创岭南学派
　　——校长黄达人对教育有"新鲜"看法:中学应减负　大学
　　　要增负 …………………………………………………………… (556)
【南方都市报】专访中山大学校长黄达人:大学根本目标是培养人才
　　……………………………………………………………………… (564)
【南方日报】中大:为中才立规矩,给天才留空间 ………………… (573)

2010年

【南方网】黄达人：大学去行政化＝弱化 …………………………（578）
【新华网】专访中山大学校长黄达人：关注《纲要》制定
　　　　　投身教育改革 ……………………………………（584）
【中国青年报】中山大学校长黄达人：大学要回归大学的本质 ………（590）
【中山大学报】努力为大学发展营造良好空间
　　　　　——《中山大学报》记者就我校"卓越人才计划"
　　　　　专访黄达人校长 ……………………………………（593）
【深圳特区报】中山大学校长黄达人接受本报记者专访时表示：
　　　　　　理想大学生应是"文明现代人" ……………………（597）
【南方日报】"青椒"之惑　中大破题 ……………………………（605）
【南方日报】两岸中大携手同传中山精神
　　　　　——高雄中山大学校长杨弘敦与广州中山大学校长黄达人
　　　　　相会广州，接受本报独家专访 ……………………（609）

附录二：随笔杂文 ……………………………………………（615）

我也爱马岗顶的树 ………………………………………………（615）
学术规范　事关长远
　　　——读《中文系本科优秀毕业论文集》有感 ……………（617）
纪念章梓雄教授 …………………………………………………（619）
再谈期待新一代学术带头人 ……………………………………（622）

后记 ……………………………………………………………（628）

序

　　日子过得飞快,从去年底黄达人教授卸下中山大学校长的重担以来,倏忽四个多月过去了。

　　近日,学校送来了《黄达人演讲录》初稿(以下简称《演讲录》),嘱我写点读后的体会。我有点犹豫,因为,这十几年来,我作为教师,在学校宽松和谐的环境中,能专心致志地从事教学和科研工作,聆听黄校长讲话的机会也不多;何况限于水平,恐怕理解不深,言不及义。不过,作为老中大人,可以通过细读黄校长从任职到卸任的讲话,系统地领略他治校的理念和策略,回顾我校这十几年来发展的成就,对我来说,实在是一次难得的学习机会,于是放下了手边的工作,欣然承命。

　　我一面展读着黄达人教授厚厚的一大叠演讲稿,眼前也展现出这十多年一幕幕我校发展变化的生动情景。在李延保书记、郑德涛书记和黄校长的率领下,在广大师生共同努力下,在继承历届领导和前辈学者缔造的基础上,我校淡定地、有序地、大气地走向辉煌。我的耳畔,也仿佛听到黄达人教授演讲的声音,时而激越,时而恳切,时而逻辑鲜明,时而娓娓动听,时而坦诚平实,时而掷地有声。而让我印象最深的,是从《演讲录》中,看到了一个教育家战略的胆识和治校的智慧。

　　在《演讲录》里,黄达人教授反复宣示"大学是个学术共同体,""教授就是大学"和"善待学生"的基本理念。这三个理念,各有侧重,又互相联系,形成完整的系统。三者之中,第一个理念最具核心意义,它牵涉认识大学的本质和定位的问题。

　　近年来,我们常见到有"经济共同体"、"欧洲共同体"之类的概念。至于把大学视为"学术共同体",则是黄达人教授在教育领域中具有开创性的新见解。它包含着丰富的内涵,很能给人以启发。

　　人与人,组织与组织,国家与国家,之所以成为"共同体",是因为它们首先有同一的目标。黄达人教授把大学定位为"学术共同体",是因为生活在一所大学里的所有成员,都应有同一的信念和价值观。而大学的历史和它肩负的使命,使它有不同于一般行政单位和社会组织的品格。简言之,大学是以科学思想为基础追求真理追求知识的地方,是通过教学和科研,全面地塑造学生，使之能继承、创造知识与文化并服务社会的地方。正是大学对学术和真理的追求，把师生凝聚在一起；正是共同的目标，让不同的个体，不同的学科，不同的院系结合在一起，成为学术的共同体。因此，学术，是这一共同体特具的禀赋。离开了学术创造，离开了培育人才，就不成其为大学。

以我的理解，黄达人教授把大学定位为"学术共同体"，而不使用"团体"、"机构"、"组织"等概念，其间大有深意。因为，"共同体"既强调参与者总体的一致性，又重视参与者个体的差异性。即在以学术为目的、为纽带，求新求真，培育人才，服务社会的统一目标中，充分承认并尊重参与者的差异性，这正是把大学定位为"学术共同体"的关键。

黄达人教授提出"大学是个学术共同体"的理念，在教育领域中，具有普遍性真理的意义。在我国，各个大学都有着追求学术、追求真理，为建设社会主义服务的共同目标，但是，由于各个大学条件的不同，历史基因的不同，发展重点的不同，这客观存在的差异性，形成了各个大学各有不同的校风、学风和办学特色。他认为："正如人有个性一样，每所大学都有自己的风格"。尊重并引导各校继承传统，发扬传统，创造特色，让教育园圃中百花齐放，各领风骚，这有利于推进我国教育事业整体地向前发展，有利于培养各种各样的学术人才，加强和拓展我国社会主义的建设。正是在这教育理念的驱动下，黄达人教授要求把中山大学建造为居于国内一流前列、国际知名的研究型大学，又多次提出要保持中大人既开放又内敛的独特的个性，要"在学术风气和治学风格上打造一个在国内独树一帜的岭南学派"。也正是基于他对高等教育全局具有战略的认识，并以此指导学校的管理，这就使中山大学在不长的时间内，走上了新的台阶，擦亮了"伟人手创"、"南天一柱"的名校品牌。

黄达人教授认为，中山大学的师生，作为"学术共同体"中的一员，要有共同认可的核心价值观。他在多次的演讲中，都以中山先生提出"学生要做大事，不可立志做大官"的名言，以中山先生书写"博学、审问、慎思、明辨、笃行"的校训，反复地勉励师生，以提高全体中大人在道德上和学术上的凝聚力。同时，他又注意我校四个校区各自形成的特点，注意根据不同学科的差异性，进行有效的管理。

正视和尊重学科、学者的差异性，是黄达人教授认识和管理"学术共同体"的精髓。敢于强调这一点，需要有科学的精神，包容的气度，需要熟悉高等教育的规律。中山大学有文、理、医、工几大学科，各学科又包含多个不同学术性质的院系。黄达人教授要求各院系，充分重视各学科特点和在不同发展阶段产生的差异性，采取不同的组织模式和评价体系进行管理。事实上，从我校近十年的经验看，正是在凝聚了共同核心价值的基础上，充分正视学科和学者的差异性，促进了"共同体"的成员相互影响，相互尊重，相互联系，这又反过来加强了"学术共同体"的凝聚力。

正是基于对学者存在差异性的认识，我校经过认真的研究，制定了"给中才立规矩，给天才留空间"的考核制度。对一些以学术为生命的优秀学者，学校完全相信他们服务社会、追求学术的自觉性，让他们有更多的空间，以"自由之思想，独立之精神"从事学术研究。黄达人教授常说，在强调团队精神，组织大团队，攻克大项目的同时，大学要有海纳百川的胸怀，要有容人的雅量，要有长远的目光，要有"养士"的气度和决心，要容许"孤独的思考者"。事实证明，中山大学的做法，收效是明显的。像朱熹平、陈小明、宋尔卫教授等一批优秀学者，追求学术，以学术为生命，本来就是他们生活的方式。"不待扬鞭自奋蹄"，学校愈是尊重差异性，愈是给予他们充分的空间，他们愈是努力地工作。他们未必每年都有论文发表，但是，"十年磨一剑"，有志于攀登学术高峰的优秀学者，必将一飞冲天，一鸣惊人。结果，必能在学术上取得了瞩目的成就，为国家和学校争光。

《周易》有云："乾道变化，各正性命，保合太和"。认为在太阳运行变化统率的前提下，事物既有同一性，又各有"性"与"命"的差异性，两者有机地结合，才到达最高的和谐境界；认为这是自然和社会发展的规律。黄达人教授提出"大学是学术共同体"的定位，注重同一性与差异性的内在联系，这在教育领域中具有创新性、科学性的辩证思维，为中山大学的和谐发展，奠定了明确方向。

与此相联系，黄达人教授提出了"教授就是大学"的理念。

在一次演讲中，黄教授引述了一个有趣的故事：在1952年，美国艾森豪威尔将军，就任为哥伦比亚大学校长时，在全体教授的欢迎会上，他表示很荣幸地见到大学的"雇员"。谁知当即受到一位著名物理学教授的纠正，给他指出："教授就是哥伦比亚大学。"

在大学中，有各种人员，有各类设施，它们都是大学总体的组成部分。但是，既然大学是学术的共同体，学术是大学的生命线，大学要创造发明，培养人才，继承传统，服务社会，主要是通过学术来进行的，这是大学区别于企业、机关，以及其他社会机构的本质属性。而在大学中肩负着教学和研究任务的主体，就是教授。因此，黄达人教授指出：教授是大学精神、大学文化传统的主要塑造者和弘扬者，是大学教育教学水平和质量的尺度，是对大学生学品、人品最具影响力的群体。正是在强调教授在大学中负有重大使命的基础上，黄校长认为教授的地位高于校长；认为一个大学的水平，是以教授的学术水平为标志；认为人们认识中山大学，主要是知道这里有过陈寅恪、蒲蛰龙、陈心陶等学术泰斗，知道当前活跃在科研教学第一线上的著名教授。所以，没有高水平的教授，就没有高水平的大学。

作为教师，我理解黄校长之所以视教授为大学的主体，强调教授在大学中的作用，很重要的一点，是对教授这一学术群体的期望与鞭策。既然"教授就是大学"，教授们就应自觉地认识到自己肩负的社会使命和历史使命，就应以学术为自己的生存方式。应该有"顶天立地"的志向。所谓顶天，是要追求和超越国际、国内的最高学术水平；所谓立地，是脚踏实地、实事求是地服务于社会。

"教授就是大学"，学生到大学求学，教授们就要对学生负责，认真教好每一门功课，传授学生以最好最新的学术知识，启发学生获得创造性思维。他又着重指出：教授们不仅是"经师"，更应成为"人师"。教授不仅应该有较高的学术造诣，更应该有相对较高的道德标准。"为人师表"，教授的学品人品和修养素质，应该成为学生的楷模。

作为校长，从学术管理的层面上，强调"教授就是大学"，实际上是强化学术在大学里的位置，申明大学的管理以及政策的改革、制定、执行，都以提高学术水平为中心，以学科建设、培养人才、服务社会为目的。而对教授群体而言，更是实行了高标准和严要求。我认为，黄校长鲜明地、突出地提出"教授就是大学"的命题，既体现出他对高等教育特质的认识，有助于去除长期以来大学行政化的痼疾，也表现出他在中山大学工作中卓越的管理艺术。

"善待学生"，是黄达人教授另一重要的教育理念，是他对处在"学术共同体"中教师、干部提出的要求。

孙中山先生在85年前，曾对大学生们说："诸君立志，要有国民的大志气，专心做一件事，帮助国家变富强。"黄达人教授在多次的演讲中，都引用中山先生的话语勖勉学子，让他们树立中山大学这一学术共同体的价值观。在这基础上，他对中大的学子的期望是："知礼、诚信、勤奋、阳光，敢于超越、勇于担当"，要求学生"要努力成为一个具有领袖气质的文明的现代人"。

在大学，师生的关系是平等的。学生应该尊敬老师和员工；而对教师和管理干部而言，学生不仅是教育和管理对象，更重要的是服务对象。因此，黄校长指出：在学术的共同体中，"善待学生其实是一个无可置疑的基本要求。"

大学的任务和目标，是要把学生培育成人才。既要成"人"，又要成"才"。成"人"，就是要把他们培养成道德高尚有理想有修养的文明人；成"才"，就是要通过学术培养他们的能力和智力。总之，要把学生培养成有知识，有本领，对国家和社会有用的人。

教师"善待学生"，就要认真地从事科研和教学，要平等对待学生，以严谨的治学态度和高尚的情操，熏陶和影响学生。管理人员要兢兢业业、切切实实完成分内的工作，主动地为学生排难解忧。无论是教师员工，还是管理人员，都要善于和学生沟通，让学生在我们这个学术共同体中学有所得，感到温暖。

近年来，中山大学每年都在大礼堂里，为应届的毕业生举行授予学位典礼。每一次，毕业生都有一万多名。为了让每个毕业生在离校的前夕，都能和校长握手，因此，典礼需要连续数天分早午晚三场举行。在庄严热烈的气氛中，黄达人教授作为校长，站在舞台中央，逐一给每个毕业生颁发证书，又逐一和他们握手。青年人，热情高，手劲大，虽然每一位学生在校长面前只停留几秒钟，校长却要不停地和一万多双手紧紧相握。几天过来，手已握得疼痛，臂也觉得难抬，观礼者无不动容。但是，黄校长认为，为了让学生在人生的关节点上，留下美好的记忆，感受母校的温暖，即使再辛苦，也是值得的。而且，当看到了学生脸上洋溢着对母校的爱，他的心中，也感到无比幸福。在这里，黄达人教授以他的实际行动，为人们作出了"善待学生"的榜样。

《黄达人演讲录》内容丰富，举凡高等教育的重要问题，几乎都有涉及。其中对学科的建设，对基础学科与社会服务的关系，对"象牙塔"和"发动机"的认识，对人文学科以至对岭南文化的认识，都闪烁着智慧的光辉。一些访谈，也富有哲理性和思辨性，以至校外有人以为他是学哲学出身的学者。以上，我只着重介绍他治校的三大理念。挂一漏万，在所难免。

从1999年8月，黄达人教授发表题为《团结、继承、改革、发展，抓住机遇 寻求突破》的校长任职演讲，到2010年底，他在卸任时对全校教师干部代表发表讲话，整整经历了十年。这十年，我们的母校，确实取得了跨越式的发展，记得当教育部和广东省委领导高度评价中山大学这十年的重大变化，高度评价黄达人校长这十年的卓越贡献时，全场掌声雷动。这掌声，包含着敬佩，包含着感激。中大人为学校有过这位有魄力、有卓识、有效率地运筹帷幄的校长而感到庆幸。

　　黄达人教授说："在中大工作的十几年，是我人生中最重要，也是最美好的一段时光。"当他在讲话中回忆起和全校师生共同奋斗的经历，而对一些未竟的事，又感到遗憾时，不禁心潮澎湃，数度哽咽。男儿有泪不轻弹，他的真诚流露，也深深感动了在座的每一个人。临别时对师生和工作的依恋，充分表明他对教育事业的热爱。确实，中大能够再铸辉煌，与黄达人教授热爱工作、热爱学校，息息相关。

　　我记得，黄达人教授来校之初，学校里流传着他光着脚丫捉拿小偷的故事。小偷见到魁梧的大汉扑面而来，吓得立即转身逃走，当然，小偷绝想不到，这竟是大学的校长！可见，当年黄达人教授身体十分健硕。然而，十年过去，肩负着率领中山大学的重担，让他腰背微驼，两鬓微霜了。当然，他依然精力充沛，而从他额前渐次稀薄的形象里，可以见到这十年来他夜以继日地工作的辛劳。

　　黄达人教授曾经坦率地说过：让中大"再铸辉煌，确是我的一个理想，也可以说是我做中大校长的终极目标"。经过了十几年的奋斗，在他和全体中大师生校友努力下，随着国家的迅猛发展，曾被视为"一盘死棋"的中山大学，进入了历史的辉煌年代，"己欲达而达人"，黄校长的理想和目标，也达到了。中大人，敢争先，重情义，我们会铭记为母校的辉煌，付出过辛勤劳动，作出了卓越贡献的前驱。

黄天骥
2011 年 4 月 15 日

1999 年

团结、继承、改革、发展，抓住机遇　寻求突破[*]
——在任职会上的讲话

各位领导、各位老师、各位同志：

由于这一届学校（指中山大学，下同——编者注）行政领导班子是广东省和教育部在较大范围内进行调查、听取意见的基础上形成的，我们这些当事人一直没有得到信息，所以还来不及做认真的研究，我代表新的领导班子表态，很多只是我个人的一些想法。我们深感责任重大。7月24日，陈至立部长在广州参加中学生运动会的开幕式。我跟着李延保书记、王珣章校长一起与陈部长谈了一次话，陈部长明确要求我们中山大学（简称为"中大"）应该办得无愧于中山先生的英名，应该与广州市在全国的地位相适应。大家知道，孙中山是我国三位世纪伟人之一，而广州市的国民生产总值则超过直辖市天津、重庆，在全国城市中居第3位。要实现这个目标，需要我们全校教职员工坚持不懈地长期努力。从宏观上来说，我们要认真落实好党委领导下的校长负责制，特别要注意以下几个方面：

一是继承。我们将十分珍惜并继承和发扬中山大学的优良传统。比方说革命传统，中山先生创办广东大学的宗旨就是为了培养革命和建设人才，"读书不忘革命，革命不忘读书"。长期以来，中大在广东地区一直是站在革命斗争的前列。比如说民主作风，广东特殊的地理位置和历史传统使中大一贯具有开放性和兼容性，表现在学术上就是民主自由的学风，就是实用精神。我们中大的老校长曾经提出过，"要使大学与社会联系起来，使大学供

---

[*] 本文系1999年8月25日在任职会上的讲话，后发表于1999年9月6日《中山大学报》第352期。

社会的效用，一面求学术的发挥，一面又求学术的实效"，这表明中大历来就有为社会服务的务实精神。另外，我们还将继承上一届领导班子的工作思路和正在进行的改革，保持政策的连续性和改革的连续性。

二是发展。我们十分信奉小平同志的名言"发展是硬道理"。全校教职工和各级领导都应该把更多的注意力集中到学校事业的发展上，把聪明才智运用到开拓发展学校的事业中，努力到社会这个广阔天地中去施展我们的才华，拓展我们科研办学的思路，寻求更大的市场。要在为社会服务的过程中壮大学校，壮大我们所在的集体。

三是改革。改革从某种意义上来说会有利益再分配的成分。正在进行的机构改革的根本目的是为了改善服务态度，提高服务质量和效率，也正在酝酿人事制度、分配制度的改革，其根本目的是为了尽可能调动大家的积极性。每一项具体的改革措施不可能符合所有人的利益，但是应该符合尽可能多的职工的利益，受到绝大多数同志的支持。我们改革的第一个原则是要经受得住时间的考验，要符合我们的长远利益。我们要稳步进行学科的改造。现在社会上讲的是产业结构的调整，与此相适应，高校应该注意学科的调整。高校的学科调整实际上一直都在进行着，新专业的设置，新硕士点、博士点的试点，都是学科调整的表现。问题是学校应该根据科学发展的状况、社会发展的需要，有意识地、积极主动地规划我们的学科发展。学科的调整要支撑、支持和推动产业结构的调整。

四是团结。上一届领导班子是一个团结的班子，这是非常可贵的。本届班子也要为营造一个团结奋斗的工作作风而努力。"讲学习、讲政治、讲正气"，正是团结的思想基础。要在共同的目标下讲求团结，反对小团体主义。要以学校的整体利益为重，在全校形成团结的气氛。很重要的就是前面讲的发展，只有发展了，学校的凝聚力就会增强，大家就会投身到我们事业的发展中去，人与人之间的是是非非就会淡化。另外，还要注意加强领导班子内部的思想交流，加强领导班子成员和教职员工的思想交流。班子成员多数都是双肩挑的，应该辩证地处理好我们所承担的行政职务与专业职务之间的关系。工作重心所在首先是行政干部，其次才是业务教师，就是说领导班子要把主要精力放到所担任的行政职务上去，即使影响自身业务的提高也在所不惜。但是在与教职工交流的时候，我们的身份又首先是一个教师，其次才是领导。就是说，要让教职工建立起平等交流的习惯，在教学、科研、学科建设中都要注意团结问题。现实生活中经常碰到"合则两利，分则两败"的情况，其中不少是由于个人意气，不顾大局，不顾事业，最后受损的是事业。

上面所讲的四点，简单地说就是团结、继承、改革、发展。就是说全校师生员工要团结起来，继承发扬中大的优良传统，以改革的精神发展我们的事业。我个人也特别要注意克服自身的困难，因为我在理工大学里面待的时间很长，对文科发展的规律了解得不够。我想，我不敢要求自己成为文科教授们的知音，但是一定做他们的朋友，互相理解，互相支持。

学校的"211"建设讲究标志性成果，城市的建设也讲究标志性的建筑，在以后的四年里面我们希望有什么标志性的成就呢？我们可以设想一下，当然这是我个人的设想。

第一是北门的建设。刘美南副校长带领一班人马已经在7月30日完成了所有文件的签约，中大北门西侧19亩地的征地工作已经在文本上全部完成。75周年校庆时希望能把围墙围好，地上建筑拆平，等到滨江路修好，北门修建好，我想我们学校北面的景观会有根本的改变。

第二是要继续寻求中山大学长远发展的新的空间。希望四年中新的中大校区能够初具规模，为高等教育事业作出更大的贡献，也为机构改革分流人员和退休教师寻求新的工作环境。所幸的是，以王珣章校长为首的班子已与珠海市签订了合作意向书，珠海市将把珠海大学（筹）3000多亩用地和已有的建筑物用于建设中山大学的珠海校区。接下来我们要积极争取广东省和教育部的支持，把它落实下来，建设起来。

第三是通过我校学科建设和教学科研事业的发展，争取进入"面向21世纪振兴教育行动计划"所要建设的少数具有国际影响的高水平大学之列，由教育部和广东省共同重点建设，现在清华、北大、上交大、西交大、复旦、浙大、南大、科大、哈工大9所学校已经列入了国家和地方重点建设，中大将积极努力作出贡献，做出成绩，争取进入重点建设的行列。这也是中大居于全国一流大学前列的标志之一，也只有进入重点建设的行列，我们教职工的生活待遇才会有明显的提高。

第四是要争取拥有中大自己的上市公司，这也是今年李长春书记对我们的要求。

我想，通过我校全体教职工的努力，如果上述目标能够实现，我们就可以说，我们抓住了中大发展史上一个难得的机遇，我们将无愧于一个中大人的称号。

谢谢！

把握机遇　迎接挑战[*]

我们已经走到 21 世纪的门口，值世纪之交，我们又迎来了中山大学 75 周年校庆。在这样一个特殊的时刻，作为新上任的中山大学校长，我深感肩上责任之重大，同时也觉得有必要将学校即将实行的一些措施与全校教职员工做一次沟通和交流。

教育部陈至立部长前段时间曾对我校领导说过，中山大学地处广东，广州市的国民生产总值超过了直辖市天津和重庆，在全国城市中居第 3 位，中山大学要与广州市在全国的地位相适应。这就意味着中山大学必须在现有的基础上有一次大的飞跃，这就是中山大学在下一个世纪面临的挑战。

在未来的几年，学校将着重做好以下各方面的工作。

一、关于学科建设

我们要拓宽学科建设的概念，抓好博士点和硕士点的申报，调整本科专业的设置和科学研究的布局。

我校学科建设的原则是：巩固和提高基础学科，加强和发展应用和交叉学科。我们将继续保持和发扬传统学科的优良传统，充分重视对这些学科发展的投入。同时，我们将尤其重视新兴学科，按科学的发展和社会的需要，有意识地、积极主动地规划我们的学科建设，发展新兴学科，侧重于发展应用和技术学科。

在下一个世纪，我们将扩大招生规模，提高办学效益，保护基础学科，支持优势学科，扶持特色学科，大力发展应用学科。要注意充分利用学校有限的资源，优化配置，有所为，有所不为，优先发展一些重要的学科。

我校的研究生教育，经过全校教师和干部的共同努力，已走出低谷，开始步入良性发展的快车道，社会声誉日益提高。研究生教育关系着我校科学研究的未来，学校将大力发展研究生教育，充分认识发展研究生教育对于提

---

[*] 本文系 1999 年 11 月 1 日在中山大学七十五周年校庆大会上的讲话，后发表于 1999 年 11 月 3 日《中山大学报》第 356 期。

高我校地位和增强科研实力的意义，切实改善研究生的培养条件，加大投入，建立研究生教育必要的支持系统和激励机制，高度重视推进我校研究生教育国际化的发展，以确保我校研究生总量和质量的提高。

二、关于科研工作

学校将大力拓展科研合作的空间，发展横向的科研合作，提高学校科学研究的水平，使我校的科研工作尽快达到国内先进水平。

学校将认真组织重大课题的申报工作，鼓励老师们联合起来，争取大课题，并改革课题经费的分配方法，以有利于促进老师争取重大项目，做出重大成果。学校将继续放开科研经费的使用管理，对用于科研的开支，学校在财务管理上将采取灵活的措施。

学校还将整顿科研编制，扩大学院的自主权，研究机构的设置由学院决定，学校只抓两头，一是"设门槛"，确定成立研究机构的基本条件；二是抓考核，检查研究机构是否达到既定的任务和目标。

在理科科研方面，有如下设想：

1. 根据科技工作新形势和新规律，开展新的制度和政策建设，出台一批新的科技管理制度和办法，如"科技人员考核办法"、"科研机构考核办法"、"课题负责人负责制"、"科技成果奖励办法"，等等。

2. 采取措施切实加强各院（系、所）的科技管理工作。

3. 在科研项目方面抓两头（①高水平重大科技项目；②科技开发项目），带动全面，争取2003年的科技经费比1998年翻一番。

4. 争取出高水平的科技成果。一方面在科技论文统计方面使我校被SCI收录论文数进入全国前10名，争取1~2项科技成果获得国家级奖励；另一方面，争取在科技成果产业化、为经济建设服务方面上新的台阶。

5. 在基地建设方面争取新增国家、省部级以及广州市重点实验室或研究中心4~5个，与企业联合共建工程技术开发研究中心2~3个。

在文科科研方面，有如下设想：

1. 继续抓好各类人文社会科学研究项目的申报，使各类社科项目的立项数和经费额有更大的突破。

2. 继续抓好各类人文社会科学研究成果的评奖。

3. 进一步提高我校人文社会科学研究的整体水平和地位，力争我校文科教师被收入世界三大社科类索引——SSCI（社会科学引文索引）、AHCI

（艺术与人文科学索引）、ISPH（社会科学与人文科学会议录索引）的论文数在全国的排名继续提前。

4. 继续有效地发挥"广东发展研究院"的作用，支持我校文科科研的发展。

三、关于本科教学

在本科教学方面，有如下设想：

1. 从 2000 年开始，在本科生中进一步拓宽基础，扩大基础课"平台"，使学生具有更宽厚的基础，增强学生的适应力和发展后劲。

2. 抓紧新获批准设立的"国家大学生文化素质教育基地"的建设，发挥我校综合性大学的优势，从人力、资源分配和改革上加以重视，完善规划，办出特色。

3. 健全副修教学与双专业、双学位的衔接，使学生有更多的深入获取不同学科知识的机会。

4. 鼓励大学生科研活动的开展，培养创新人才。在学期间凡在公开刊物上发表有一定学术水平的本专业学术论文的，可按学年论文或毕业论文对待，记学分；凡参加全国性、国际性大型学术竞赛活动获突出成绩的，给予学分奖励；凡有创造发明，并在使用单位获得良好经济、社会效益的，经专家鉴定，给予学分奖励。

5. 推行课程论文制度，形成"课程论文—学年论文—毕业论文"系列，增强学生的分析、研究能力。

6. 推行课程上网，发展远程教育。

7. 利用珠海校区的条件，发展新学科，建设新的实验基地，使我校的本科教育达到较大的规模、较完善的结构和较高的质量。

8. 大规模地培养复合型的人才，保证我校本科生具有较高的平均水平，同时又要十分注重优秀学生的特殊培养，进一步加强"本硕连读"、"硕博连读"的制度。

四、关于师资队伍建设和人事分配制度改革

师资队伍的建设直接关系到我校的学术水平和地位。我校师资队伍建设的思路是：以人为本，加大投入，规范管理，强化考核，突出重点。我们将

采取如下措施：

1. 稳定规模，优化结构，提高教师队伍的整体水平。到2005年基本达到如下目标：①年龄结构：专任教师平均年龄进一步下降，老中青不同年龄段的教师分布合理。②职称结构：高级职称教师所占比例不低于专任教师数的60%~65%。③学历结构：具有硕士学位以上学位的教师占专任教师的80%以上，其中具有博士学位的教师达到30%左右。④学缘结构：在校外完成某一级学历（学位）教育或校内完成其他学科学历（学位）教育的教师占70%以上。

2. 重点培养、大力引进与普遍提高相结合，在全面提高师资队伍素质的同时，重点建设中青年教师骨干队伍。师资培训的重点将从外语水平、计算机应用能力等基础性培训逐步转变为着眼于更新知识、全面提高教师素质的继续教育。每年从政策和措施上保证20%的教师通过教师培训。切实加强各种类型的高层次创造性人才工程的工作，造就一批能领导本学科进入世界先进水平的优秀学术带头人和具有世界水平的中青年学术中坚人才。

人事分配制度的改革关系到全校教职员工的切身利益，同样也关系到学校发展的后劲，在这方面学校将采取如下的措施：

1. 学校将尽快通过人事分配制度改革方案，提高广大教职员工的收入水平，稳定教师干部队伍。

2. 在强化考核的基础上，定编设岗，完善教师岗位职务聘任制。并相应增加岗位津贴投入，改善和提高教师待遇。通过合理设置岗位，严格考核程序，建立竞争上岗、择优聘任的用人机制，强化岗位管理，逐步实行按岗位发放津贴，岗变薪变，形成有效的管理运行机制。

3. 通过分配制度的改革，为教师干部营造良好的生活和工作环境，建立有效的考核激励机制，优胜劣汰，动态管理，形成我校教师干部队伍的中坚力量。

上面所说的是学校工作的主要方面，除此之外，学校还将注意机关作风的转变和积极推进珠海校区的建设。

机关作风的转变是全校教职员工共同关心的问题，学校将继续认真地抓好这项工作，要求机关干部要服从学校的大局，围绕学校的中心工作，做好管理和协调，更重要的是要注意为教师做好服务工作。

珠海校区的建设是中山大学发展史上值得大书一笔的里程碑式的大事。珠海校区将极大地拓展我校的办学空间，以此为依托，我校将扩大办学规模，中山大学将走上快速发展的轨道。现在，校区的建设正紧锣密鼓地进行，学校已组成强有力的班子负责这项工作，按照现在的进度，明年我校将如期在珠海校区开学。

中国的高等教育正面临着一个前所未有的发展机遇，中山大学同样也面临着一个前所未有的发展机遇。今年，我校将通过学科建设和教学科研事业的发展，争取进入国家重点建设高校的行列。

我们正处在学校发展史上的一个关键时期，如果通过全校教职工的努力，上述目标能够实现，我们就可以说，我们抓住了中山大学发展史上一个难得的机遇，我们将无愧于中山先生的英名，我们也将无愧于一个中大人的称号。

2000年

紧密团结，再接再厉，让中山大学尽快进入又一个繁荣鼎盛时期*

——在庚辰年春节团拜会上的讲话

尊敬的卢钟鹤副省长、陈坚秘书长、许学强厅长，
老师们、同志们：

今天，我们在这里欢聚一堂，喜迎中国传统的新春佳节。

我代表校党委和校行政，向在各个工作岗位上辛勤工作的老师们和同志们致以最亲切的节日问候，祝大家新春快乐，阖家幸福！

和正在蓬勃发展的全国一样，在过去的一年，中山大学的各项事业也取得了长足的进展。

首先，较完满地解决了住房的"末班车"问题。党委、工会、教代会、后勤的同志做了大量细致的工作，新集资、旧房周转、加建同时进行，共解决了2666套住房。

第二轮校内管理体制改革基本完成。采取全员下岗、公开招聘、考察和面试相结合的方式选拔了各部处负责人。学院、系的行政换届也已完成。

学科建设方面，我校MPA是全国首批授权单位，而且是组长单位；工程硕士是全国综合性大学中第一家试点单位；"211"工程建设主要由省政府拨款，已通过中期检查。

另外，科研总量有了大幅度提高。1999年科研总经费增长80%，从1998年的3500万元跃升到6200余万元；7年来第一次获教育部科技进步一

---

* 本文系2000年2月5日在中山大学春节团拜会上的讲话，后发表于2000年2月27日《中山大学报》第360期。

等奖；我校主持的国家计委攻关项目"催促精馏法分离混合二甲苯"已通过国家验收，达到国际领先水平；SCI 排名全国第 11 位，个人进入第 4 位，都是历史最好成绩。文科方面，国家社会科学基金优秀成果奖（"六五"至"八五"期间）获得 3 项，在全国高校排名第 6 位；"九五"规划中的教育部重大项目在全国排名第一，与北大、人大并列；SSCI 收录的论文在全国高校排名第 6 位。

科技成果转化方面，在计算机软件、生物、医药、环保、新材料等高科技领域已与企业合作注册有了一定规模的公司，其中部分发展势头很好。

珠海校区的建设正按计划进行。教育部已正式批准珠海校区立项上马，张保庆副部长说这是近年来新批的第一个新校区。教学楼已建一层，学生宿舍已开始打桩，能保证今年新生入学。

本科教育方面也取得可喜成绩。举一个例子：在 ACM/ICPC 国际大学生计算机程序设计竞赛台北赛区，我校代表队获得第 1 名。当地报纸用通栏标题报道：广州中山大学夺得桂冠，强龙压倒地头蛇。这说明我们培养的大学生在国际上是具有竞争力的。（原呼声最高的台湾大学只获得第 3 名。）

在新的一年里，我们将继续发扬中大传统，把培育人文精神作为中山大学事业发展的灵魂与核心；要进行后勤管理体制的改革、人事分配制度的改革，并将继续致力于学科布局的调整，致力于创新人才的培养，致力于科研总量的提高，致力于科技成果的转化，争取早日进入高水平大学的建设行列。

学校的发展有赖于全体教职员工的共同努力，我们应为身处这个学校历史上的关键时期而自豪。中大的未来正系在我们肩上，只要我们紧密地团结起来，我们就完全有能力把中山大学建设成为居于国内一流大学前列、在国际上有较大影响的研究型综合性大学，为广东省的发展，为中国的振兴作出更大的贡献，我们的中大就一定能在不远的将来进入她的又一个繁荣和鼎盛时期。

谢谢大家。

在 2000 年本科生毕业典礼上的讲话*

同学们：

今天，我们在这里举行 2000 年毕业典礼。

76 年前的 1924 年，也是在这个季节，国立广东大学的前身师范、法学、农学三院合行毕业礼，这是我们学校的第一次毕业典礼。在这次典礼上，孙中山先生委托胡汉民先生向毕业学生致训辞："学海汪洋，毓仁作圣，大学毕业，此其发轫。植基既固，建业立名，登峰造极，有志竟成。为社会福，为邦家光，勖哉诸君，努力自强。"

我今天之所以要在这里跟同学们重温中山先生的这段训辞，是因为它记录着中山先生对中大学子的殷殷期望。

大学毕业，对于同学们来说，还仅仅是一个开始，在你们当中，有的同学将继续深造，而绝大多数将走向社会，在同学们即将开始新的人生里程的时候，我想向你们提两个希望。

第一，是要立志。

大家都知道，1923 年，孙中山先生就是在这个校园作了学生"立志要做大事，不可要做大官"的演讲。在学校里也经常会听到这样的议论：做大事与做大官其实并不矛盾，做了大官，就能做大事。但我想，这个问题的关键并不在于是做事还是做官，而在于"立志"。"人无志不立"，中山先生是希望青年学生要立做大事的"志"，"要图国家富强"，"大家团结起来，共同向前去奋斗"。"而万不可自私自利，只知道要自己到什么地位"，只想着当多大的官。

我想，中山先生在 70 多年前所说的这番话，在今天还有现实的意义。我们的国家还远未到富强的地步，中华民族的复兴，需要无数像同学们这样受过高等教育的人去共同奋斗，共同完成。所以，我希望同学们毕业以后要立一个"做大事"的志向，"为社会福，为邦家光"，努力为国家的富强尽一份心力。

---

* 本文系 2000 年 6 月 27 日在中山大学本科生毕业典礼上的讲话，后发表于 2000 年 6 月 29 日《中山大学报》第 368 期。

大家同样也知道中山先生"博学、审问、慎思、明辨、笃行"的十字校训，"学、问、思、辨"是学习的手段和必经的途径，通过它们我们可以获取知识，而获取知识的最终目的就是"行"，就是做事，就是要为社会、为国家去做事。所以，中山先生对我们的期望是一脉相承的，就是要"笃志于行"，就是要立"做大事"的志向。这也是我今天对大家的第一个希望。

我的第二个希望是：要有责任感。

毕业以后，希望同学们记住，你们是中山大学的毕业生，你们应该继承中山大学"笃志于行"的传统，要有为国为民贡献心力的责任感。

中山先生说过："国家的大事，不是一个人单独能够成功的，必须要有很多的人才，大家同心去做，那才容易。"这就是我们中大学子的责任和使命。希望大家牢记这一责任和使命，在各自不同的工作岗位上，踏踏实实地工作，认认真真地做人。

创业艰难，同学们要有从头开始的勇气，要有吃苦的准备，大家都知道孟子的这段话："故天将降大任于斯人也，必先苦其心志，劳其筋骨，饿其体肤，空乏其身。"有耕耘，就必会有收获。

同学们身处在一个欣欣向荣的时代，在你们的面前充满着机遇和挑战，中华振兴的重任正在你们的肩上，希望大家能够担当起来。

同学们，在21世纪的第一个年头，你们即将离开生活了四年的美丽的康乐园，离开尊敬的师长，离开朝夕相处的同窗好友，进入新的人生阶段。在以后的日子里，希望你们立为国为民做大事的志向，牢记肩上的责任，努力工作，以无愧于中大人的称号。

母校将注视着你们每一个前进的足迹，母校将为你们的每一个成就而骄傲。

祝同学们事业精进。

谢谢大家。

在中山大学珠海校区落成典礼上的讲话*

珠海校区的建立是中山大学历史上具有里程碑意义的大事，它是每一位中大人的骄傲。现在，我们正品尝着成功的喜悦，回首珠海校区从无到有，从设想成为现实的过程，我们的心中充满了感激之情。

我们要感谢教育部和广东省的关心和指导。在校区的筹备过程中，张保庆副部长、周远清副部长曾多次到校区考察，代表教育部对珠海校区表示支持，并对校区的建设作了具体的指示。今年（指2000年，编者）6月，中共中央政治局委员、广东省委书记李长春同志亲临珠海校区视察，对在珠海兴建中山大学校区作了高度的评价，并对我校提出了殷切的希望，勉励我校要紧紧抓住目前天时、地利、人和的有利时机，锐意进取，把中山大学办成"国内一流，国际著名"的高等学府。卢钟鹤副省长对珠海校区也十分关心，早在珠海校区的洽谈阶段，他就关注珠海校区的进展情况，并勉励我校力争把珠海校区建成全世界最好的校园。今年8月11日，他又到珠海校区考察，充分地肯定了珠海校区的建设成绩，并到建设工地慰问了校区的建设者。

我们要感谢珠海市的大力支持和配合。珠海市各级领导和政府各部门将珠海校区的建设当作珠海市自己的事情，特事特办，一路绿灯。正是由于这种"不求所有，但求所在"的高瞻远瞩的气魄，才使中山大学珠海校区得以拔地而起。

我们要感谢前任校长王珣章同志，是他首先与珠海市达成了共识，在珠海建设中山大学的新校区。在校区筹备的关键时期，他在10天时间内六赴珠海，为校区的建设奔波。

我们还要特别感谢珠海校区的广大建设者们，在不到一年的时间里，你们提出"人可以等事，事不能等人"的口号，只争朝夕，奋力拼搏，为校区的建设竭尽心力，确保了珠海校区的如期落成，你们是珠海校区真正的功臣，你们是中山大学真正的功臣。

---

* 本文系2000年9月9日在中山大学珠海校区落成典礼上的讲话，后发表于2000年9月15日《中山大学报》第371期。

我们还要感谢伍舜德先生和交通银行等个人和单位对中山大学的慷慨捐赠。

现在，我们正站在这片洋溢着希望的热土上，心中充满着自豪。我们为亲历了这一波澜壮阔的建设历程而深感荣幸。我们有信心在不远的将来，把珠海校区建设成为一个功能完善、景色优美、具有国际影响的大学校区。珠海校区决不会一直是中山大学的基础教学区，它一定会像广州校区一样，成为中山大学科学研究、学科建设和高层次人才培养的重要基地，它是中山大学不可分割的一部分。

不久后，我校还将与中山医科大学合并，成立新的中山大学，进入国家高水平大学的建设行列，中山大学正在走上快速发展的轨道，进入又一个鼎盛时期。我们必将见证中山大学即将开始的新的辉煌。

我们正在创造着历史，历史也终将证明我们努力的意义。

坚定信念　振奋精神　扎实工作　开拓进取[*]

——"两思"、"三想"辅导报告

根据校党委"三讲"教育领导小组的统一安排,由我在这里作"两思"、"三想"教育的辅导报告。说是辅导报告,可能还不确切,说是我个人前段时间学习的心得体会,可能比较合适。希望与大家交流一下,一起认真学习和领会江泽民同志关于"致富思源,富而思进"以及"参加革命是为什么?在领导岗位上应该做什么?将来身后应该留点什么?"的重要讲话精神,进一步统一思想,坚定信念,开拓进取,更加自觉地投入到目前正在我校展开的"三讲"教育中去,从而把我校的各项工作做得更扎实,更富有成效。

一、深刻理解"两思"教育的内涵

江泽民同志2000年2月在广东考察工作期间发表了重要讲话。他特别强调指出:"经过二十多年的改革开放,我国的经济和社会发展取得了巨大成就,人民生活水平显著提高。这是很了不起的。越是在这样的情况下,我们就越有必要在广大干部群众特别是在发展较快地区的干部群众中开展'致富思源,富而思进'的教育活动,使广大干部群众都弄清楚,为什么我们能够取得改革和建设的显著成就,怎样坚定信念,戒骄戒躁,在已经取得的成绩的基础上继续不懈地奋斗。……这样做的目的,就是为了激励全国人民继续沿着改革开放和社会主义现代化建设的正确道路奋勇前进,实现我国跨世纪发展的宏伟目标。"江泽民同志的这一指示非常重要,具有很强的针对性,具有重要的现实意义和深远的历史意义,将是中国人民实现跨世纪宏伟目标的巨大的精神动力和宝贵的思想武器。

理解江泽民同志提出的"致富思源,富而思进"的思想,关键是要理解"源"和"进"的深刻内涵。总书记指的"源",即我们今天取得的如

---

[*] 本文系2000年10月19日在中山大学"三讲"教育工作的辅导报告,后发表于2000年10月28日《中山大学报》第374期。

此巨大的成就，根本的源头在于党的改革开放的正确路线，在于邓小平同志建设有中国特色社会主义理论的指引。没有这些，就不可能有我们今天的成就。"思源"，才能使我们更自觉地、更坚定地走有中国特色的社会主义道路。

"进"，就是要再发展。因为在科技进步日新月异，经济全球化进程加快发展，高新技术产业迅速兴起，知识创新、科技创新成为不可阻挡的世界潮流下，以经济力、科技力、军事力、凝聚力为主要内容的综合国力的竞争日趋激烈，停滞就会落后，落后就要挨打。发展、再发展才是硬道理。"思进"，才能保持我们不断发展的动力。

总之，"致富思源，富而思进"，是一个相互联系、相互促进的统一体，它把"思源"与"思进"统一在一个教育活动中，具有很强的科学性。逆水行舟，不进则退。"思进"是唯一的出路。而要继续前进，就必须搞清楚"富从何来"，其"根本保证"是什么，只有既"思源"又"思进"，才能正确地看待成绩和不足，才能正确地总结经验教训，才能保持清醒的头脑，在继续创业的进军中永不迷失方向。

二、从"思源"的角度看我校二十多年的发展

改革开放二十多年来，在教育部和广东省的领导下，在全体师生员工的共同努力下，我校的各项事业得到了较大的发展，学校的面貌发生了深刻的变化，在大学，这就是"富"的标志，它具体表现在以下五个方面：

（一）办学规模迅速扩大，办学实力迅速增强

在1978年我校恢复研究生教育的时候，我校只有39名教授，现在，我校已经有了9个博士、硕士学位授予权一级学科，69个博士点，126个硕士点。还有4个硕士专业学位授权点，是目前综合性大学中专业学位授予权覆盖面最大的大学。学校的师资队伍素质迅速提高，现在我校共有教授354人，其中具有博士学位的中青年教授106人，占教授总数的30%。目前，我校本科生在校生人数已超过1万人，研究生近3700人。

（二）科学研究的整体实力迅速提高

改革开放之初，我校的科研经费很少，在全校的教育经费总量中几乎可以忽略不计，科研的整体实力不强，经过二十多年的努力，1999年，我校

的科研总经费从3500万元上升到6200余万元，增长了80%，今年可望突破8000万元，跻身于全国高校的前列。最近，我校又新增两个教育部和广东省的重点实验室，一是教育部基因工程重点实验室，二是广东省显示材料与技术重点实验室。我校的SCI排名在全国持续靠前，目前最新排名为第10位。人文社会科学的研究也有长足发展，国家项目、重点研究基地、优秀成果等都处于全国高校的前列。

更为可喜的是，中青年学者已经成为我校科学研究的骨干，在国家基金面上项目负责人中，中青年学者超过70%，远远高于全国的平均水平。他们正在成为学校科学研究的主角。

（三）人才培养取得了长足的进展

二十多年来，我校的本科教育本着"厚基础，重素质，扬个性，求创新"的原则进行改革，特别注重学生的思想道德素质、专业素质及能力的培养，在课程建设、教材建设等方面取得了明显进步。研究生培养在国际化、对外合作等方面显现特色。

由于坚持高标准、高素质的质量要求，我校本科生的一次就业率接近90%，研究生的一次就业率接近100%。

（四）科研成果转化和为地方经济建设服务的能力进一步增强

我校的科技产业有了长足的发展，在信息技术、生物医药、环保和新材料等方面都已注册了有一定规模的公司。我校科研成果转化的特点是，学校不投入资金，提供技术专利及学校品牌等无形资产与企业合作，创办高新科技企业。1999年，这些高新技术企业的总注册资本已达1.2亿元，其中我校占有股份价值达4500万元。另外，最近成立的中大凯思投资有限公司的注册资金1亿元，我校在该公司中占有51%的股份。这些公司可望成为发展我校高新科技产业重要的新生力量。

在去年的"首届中国国际高新技术成果交易会"上，我校取得了良好的成绩，被授予"优秀成交奖"。在刚刚结束的第二届高交会上，我校又取得了更好的成绩，成交额继续增长，并得到了"优秀组织奖"。

（五）办学条件得到了极大改善，教职工生活水平明显提高

改革开放以来，学校的办学条件得到了极大的改善，从图书、仪器设备、校园网络系统到办学空间都得到了进一步的发展，特别是学校还得到了

来自海内外校友和社会各界的大力支持，已累计获得捐赠达2亿多元人民币。

珠海校区的建设，使我校在新世纪的发展获得了一个新的起点。珠海校区从设想到成为现实，只用了短短的不到一年的时间，创造了一个奇迹。正如教育部的领导所盛赞的，"珠海校区是中国高等教育的一个杰作"。珠海校区的建立，确实是我校发展史上一件具有里程碑意义的大事。

学校的发展为提高教职工的生活水平奠定了基础，提供了机遇。特别是去年年底，通过大量深入细致的工作，我校抓紧建设600多套集资房，改建单身教工筒子楼，并进行部分住房的加建，较好地解决了一直困扰着我校的住房问题。

过去成绩的取得，当然是与学校历届领导和全体教职员工共同不懈的努力分不开的，回顾20年学校发展的成就，最根本原因在于邓小平理论的正确指引，在于近20年来党和国家正确的路线方针政策，这可以说是最根本的"源"。

改革开放20年来，中国的高等教育在全国的地位迅速提高，尤其是最近一段时期以来，党和国家提出了"科教兴国"的战略方针，第3次全国教育工作会议的召开更是给中国的高等教育提供了前所未有的发展机遇，可以说，中国的教育已经进入了历史上最好的发展时期。正是在这样的大环境下，我校也才有可能得到迅速的发展。

如果没有改革开放，没有"科教兴国"的伟大战略，就没有中山大学的今天。

中山大学一直得到了教育部的关心和支持，教育部领导曾多次亲临中山大学，并表示，中山大学是一所重要的学校，是我国高等教育面向海外的一个窗口，办好中山大学意义重大。今年，教育部又决定我校与中山医科大学合并组建新的中山大学，并与广东省共同投入12亿元人民币，把中山大学建设成为国内一流、国际知名的高水平大学。

同时，我校也一直沐浴在广东省政府和人民的厚爱之中。大家知道，在中国高等教育的改革中，广东省总是得风气之先，中国高校的"共建"就是广东省先行一步，进而推广到全国的。在"共建"的过程中，广东省对我校给予了巨大的支持，在我校列入"211工程"建设以后，我校的"211"经费主要来自广东省。今年，省委、省政府还毅然决定分三年投入9亿元，与教育部建设新的高水平的中山大学，用教育部领导的话来说，就地方政府对一所部属高校的投入来说，广东省是首屈一指、绝无仅有的。在我来到中山大学工作的两年时间里,我经常被广东省对教育真心诚意的支持所感动,"科教兴国","尊师重教",广东省并不是放在口头,而是扎扎实实,落在实处的,可以说,没有广东省的全力支持,就没有中山大学今天的发展。李长春书记到任广东视察的第一所高校,就是中山大学,今年,他还亲临珠海校区,强调广东省寄厚望于中山大学,他指出:"中山大学与珠海精诚合作,在珠海兴建中山大学校区,是一项具有远见的正确决策,发挥了名牌大学和经济特区两个品牌效应,为我省高等教育的发展办了一件大好事。"每年的大年初一,卢钟鹤副省长必定会来到我校,向我们致以新春的祝贺,到今年为止,他已经来了13次,他表示,只要他还担任副省长的领导职务,他还会每年都来,因为中山大学对于广东来说,太重要了。我校的珠海校区也正是在广东省、珠海市的全力支持下才得以顺利完成的,珠海市"不求所有,但求所在"这一富于改革创新精神的办学理念,使珠海校区拔地而起,从设想成为现实。

改革开放以来,我校获得了来自海内外校友和社会各界人士的巨额捐赠。1984年,我校得风气之先,在全国高校中率先引进外资,改善办学条件,梁銶琚堂是全国高校第一座利用海外捐款,并以捐款人姓名命名的建筑物。如果没有改革开放的大环境,就不可能营造出我校近20年来海内外校友热心捐资助学的良好氛围。

的确,每每"思源",我们心中总是充满了对教育部,对广东省,对海内外校友和社会各界的深深的感激之情,这就是"思源",而归根到底,这个"源",就在于党和国家改革开放的正确的路线方针政策,就在于我们国家迅速发展的经济和迅速增强的综合国力,就在于党和国家为高等教育的发展所营造的一个良好的大环境。只有认清这个"本源",我们才能坚定信心,为中山大学在今后的发展作出更大的努力。

今天上午,我接待了以莫斯科大学校长为团长的俄罗斯大学校长代表团,他们对我们的校园、新建筑物和学院的仪器设备赞不绝口,认为这才是真正的大学。其实,我们都知道莫斯科大学的地位,全俄近1000名院士中,有500名出自莫大,但由于连续多年得不到大强度的投入,莫大的实力已大为下降。相比之下,使我们更深刻地感受到,只有国运昌盛,才有高等教育的春天。

三、以"思进"为动力,把中山大学建设成为国内一流、国际知名的高水平大学

(一)要从"讲政治"的高度去"思进",找到我校在知识经济时代应该扮演的角色

随着 21 世纪经济全球化和世界科技的迅猛发展,大学正面临着新一轮的严峻的、全方位的挑战。众所周知,知识经济是以知识的创新和创造性地运用知识支撑的经济,因而,创新是知识经济的灵魂。大学,尤其是我们这样一所具有悠久历史与学术传统的名牌大学,理应肩负起国家赋予的人才培养、制度创新和技术创新的使命。江泽民同志要求高校的领导应该既是教育家,又是政治家。我想,这就是要求我们高校的领导干部要有政治家的眼光、政治家的胸怀,从世界发展的大趋势中去看问题,从高等教育的整体规律来看问题。"讲政治",就是牢牢把握大学发展的方向,就是要担当起大学的社会责任,就是要使人才培养在"红与专"的平衡上达到高质量。因而"讲政治",是讲立场、讲眼光、讲胸怀,而决不是讲手腕、讲斗争,只有站得高,才能看得远,只有这样,才是真正的"思进"。

中国古代有一句话说得很好:"取法乎上,仅得其中;取法乎中,斯其下矣。"登高才能望远,才能纵观全局,也才能对我们学校今后的发展方向有一个准确的判断。我们必须站到一个更高的高度来确定我们的策略:学科布局、人才培养、科技成果转化、为地方经济建设服务,等等。只有从这个角度去"思进",我们才无愧于中山大学这所有着光荣传统的名校,才无愧于中山先生的英名。

(二)要从"讲学习"、从全局的高度去"思进",规划我校长远的发展

我认为,"三讲"教育的过程就是一个学习的过程,这个学习将贯串始终,从某种意义上说,也将贯串我们的终生,只有不断地学习,才能不断地进步。

在刚刚结束的党的十五届五中全会上,审议并通过了《中共中央关于制定国民经济和社会发展第十个五年计划的建议》,提出了"十五"时期我国经济社会发展的主要奋斗目标。我以为,这是规划我校发展目标的又一重

要依据。大学固然有自身的使命和规律，但大学必须对社会的发展有积极的作为，才可能真正得到社会的支持，也才能获得真正的发展。一方面，中山大学应成为国家，尤其是广东发展的思想库和人才库；另一方面，我们要根据国家的规划来考虑学校的发展，优化我校的办学结构，提高我校的学生培养质量、师资队伍水平和办学效益。这就叫做从全局的高度去"思进"。

在今年召开的广东省教育工作会议上，省委省政府指出，要进一步优化高等学校结构，高等学校要进一步扩大规模，注重内涵发展，优化学科专业结构，大力发展工科，稳定提高理科、医科，调整提高人文社会学科，扶持农科。我校学科发展的原则是：保护基础学科，支持优势学科，扶持特色学科，大力发展应用学科。最近一段时期以来，我校的学科建设、学科布局的调整正是按照这一要求做的。在这里，我想特别讲一讲我校工程技术学科的布局问题。江泽民同志于 2000 年 10 月 11 日在国际工程科技大会上对工科在人类文明进步中所起的作用作了高度的评价，他说："工程科学技术在推动人类文明进步中一直起着发动机的作用。一部近代世界社会生产力的发展史，也是科学发现、技术革命、产业革命相互推进的历史。科学技术是第一生产力，工程科技是第一生产力的一个最重要因素。"这就是国家的大局。

我校作为一个以文理科为主的综合性大学，之所以要大力发展工程技术学科，就是要为了服从这个大局，就是为了我校更直接地为国家的经济建设服务，高校的学科建设归根到底就是要为国家的这个大局服务。也只有从这个高度去"思进"，我们的方向才会更加明确。当然，我校发展工科，并不是要发展传统的工科，而是要根据我校的实际情况，大力发展与高新科技密切相关的技术性学科。令人高兴的是，我校刚刚获得了我校第一个工科一级学科授权——光学工程，今年通过的硕士点中，也有不少工科学位点。记得在今年 3 月份召开的中层干部大会上，我曾说过，如果不注意扶植新的学科，我们的学校就一定会走下坡路。以文理为主的综合性大学尤其要研究面向 21 世纪的学科建设。说到技术创新，说到为国民经济建设服务，我们往往会认为综合性大学不如工科大学。而事实上，当今世界发展最快的学科是信息科学和生命科学，发展最快的产业是信息产业和生物技术产业，这正是我们综合性大学的优势所在。所以，只要我们及时地调整学校的学科结构，那么我们就完全有理由相信，我们至少与工科大学在同一条起跑线上，甚至更有优势。

从国家经济建设的这个大局出发，我们学校今后一个时期"思进"的方向就是要调整学科结构，尽快地把我校建设成为一所研究型的综合性大学，提高学生尤其是博士生的培养质量，加强师资队伍的建设，努力提高办学效益。

要成为世界一流的研究型大学，有很多标准，其中一个标准就是研究生与本科生的比例大体为1:1，我校的长远规划也正是按照这一要求来做的。广东省教育工作会议印证了我校的这一规划。根据广东省的规划，五年后，我校的研究生与本科生的比例应达到4:6，成为一所真正的研究型大学，这也是一个从大局出发、我们所要"思进"的一个目标。按照这个比例，到2005年，我校的本科生人数将超过12000人，研究生人数将接近8000人。为了实现这个目标，我们必须扩大办学规模，拓展办学空间，珠海校区的建立也正是基于这样的一个大局的。没有珠海校区，仅广州康乐校区现有的空间绝不可能容纳将来的2万多名学生，所以我经常强调，珠海校区的意义不在于我们学校多了多少平方公里的土地，而是它为我校今后的发展奠定了坚实的物质基础。只有在这个基础上，中山大学的事业才能不断地发展，中山大学的地位才能不断地提高。因此，我想在这里再次强调的是，珠海校区的建设是学校基于对中国高等教育发展趋势这一大局所作出的决定。现在珠海校区已经开学，但今后的工作还有很多，我们应该站在大局的高度来看待珠海校区，只有珠海校区建设好了，中山大学"思进"的目标才有可能实现。

（三）要从"讲正气"的高度去"思进"，凝聚人心，同心同德，干大事业，求大发展

目前，中国的高等教育已进入了历史上最好的发展时期，中山大学的发展与全国高等教育的发展是基本同步的，我校已进入了中国高等教育的第一集团军。但是，我们必须看到，我们与北大、清华等一批全国超一流大学仍有着很大的差距，国内有一批大学与我校处于同等水平，兄弟院校也正在不断地努力，同样也有着强劲的发展势头。可以说，我校现在在中国高等教育格局中所处的位置是一个充满着困难、压力和挑战的位置，如果我们安于现状，则我校近几年来的改革成果和所取得的成绩将会化为乌有。"逆水行舟，不进则退"，原地踏步就意味着倒退，维持现有的水平，并不能维持我校现在在全国高校中的排名。

因此，我们一定要认真地找到与国内一流高校所存在的差距，要志存高远，决不能仅仅满足于现状，满足于做"华南最高学府"，满足于在华南地区做龙头，而应该将目光瞄准国内一流高校，瞄准世界著名高校，不懈地努力。

中山先生曾有"学生要立志做大事，不可要做大官"的训示，我想，这句话并不仅仅是对学生说的，同样也是对我们全体教职工说的。这句话最根本的实质并不在于"做官"与"做事"的区别，而是在于"立志"，要立做大事的志向。对个人如此，对于一个学校来说就更是如此，只有立了做大事业、求大发展的志向，中山大学才能将压力转化为动力，抓住机遇，迎接挑战。

学校的发展离不开全校教职员工的共同努力，因此，要干大事业，要求大发展，归根到底还是在于我们的精神风貌，也就是说：我们准备好了没有？

我们应该转变观念，把全校教职员工的注意力都集中到学校的事业发展上来。

作为一名大学教师，我们所追求的应该是社会的进步和人类的发展，我们应该以育人为己任，以科学研究的不断进步为己任，以学校整体实力的提高和发展为己任。

今年2月，江泽民同志提出了"三个代表"的重要思想。我们，尤其是每个党员都应该认真地考虑，我们怎样才能做到真正代表先进社会生产力的发展要求，代表先进文化的前进方向，代表最广大人民的根本利益。高校是科技创新的发生地，是知识和文化最集中的地方，我们就更应该按照"三个代表"的要求，去提高我们的学术水平，去培养我们的学生。如果我们的学生真正地成为国家的栋梁之才，就是我们最大的光荣；如果我们的学术科研成果促进了社会生产力的发展，就是我们最大的光荣。

增强全局意识，树立大局观念，使全校教职员工的思想观念都统一到"三个代表"的要求上来，把全校教职员工的注意力都集中到发展学校的这个大局上来，这是当前我校的一个最重要的任务，也是"思进"的一个前提。

在广东省高州市领导干部"三讲"教育会议上，江泽民同志强调指出：每一个领导干部都好好想一想，参加革命是为什么？在领导岗位上应该做什么？将来身后应该留点什么？把这些问题想清楚了，想正确了，我们就能做到一身正气，堂堂正正。江泽民同志的这一番话确实切中要害，这就是"讲正气"。具体到我校的实际，我想不仅是党员领导干部，我校所有的师生员工都应该对照这一精神，认真想一想。

作为一个领导干部，应该认真地想一想：我为什么要在中山大学工作，我在现在的领导岗位上应该怎样做，将来应该为中山大学留下点什么。

作为一名教师，也应该想一想：我为什么要选择教师这个职业，作为一名教师我应该怎么做，怎么为人师表，培养学生，我会为中山大学作出什么样的贡献。

作为一名干部，也应该想一想：我为什么要选择在高校里当干部，作为一名干部，我应该怎样更好地为学校的教学科研服务，最终我会为中山大学作出什么样的贡献。

作为一名学生，也应该想一想：我为什么要到中山大学来读书，作为一名中大学子我应该怎样做，将来走出校门后，我将为母校留下些什么。

这里我想着重说一说教师与学校的关系问题。为什么一个清华大学的硕士走出来都会受到大家的尊敬，就是因为有清华大学在他后面，做他的后盾。前段时间我们看奥运会，为什么会这么自豪，金牌不是我们拿的，我们自豪是因为我们觉得这些金牌是中国的，我们其实是在为中国自豪。教师与学校的关系同样也是如此，它们是相辅相成的，一荣俱荣，一损俱损，学校发展了，我们的教师们出去腰杆也会硬些，别人也会多敬你三分；如果学校停滞不前，甚至倒退了，脸上无光的首先是我们的教师。但是，学校的发展靠的又恰恰就是我们广大的师生员工们，只有大家共同努力了，学校才会向前发展。所以，我想在这里再提一次我已经在很多场合都讲过的话，就是：我们要有主人翁的精神，要把自己与学校视作一个共同体，作为中山大学的一员，我们应该多想想我为学校贡献了什么，而不仅仅是想学校给了我什么。不要只说"这样不对"，而应该更多地考虑"这样做才对"，只有大家都来想"学校应该怎样做"了，我们的学校才会有大发展的希望。我们学校对外提出"以贡献促共建"口号，这表达了学校的社会责任，表明了学校与社会的关系，也就是说，学校应多想想我们为社会贡献了什么，而不仅仅是想得到社会的支持，我想，教职工和学校的关系与学校和社会的关系是相类似的。

我很想表明这样的一个观点，就是希望我校的全体教职员工，少一点抱怨，多一份建议；少一点评论，多一份参与。值得高兴的是，我们学校的教师干部正在大力地弘扬正气，讲奉献，树正气，正越来越成为中大的主流。

管理部门是如此，院系领导、广大教师也是如此。

目前，各院系的绝大多数党政领导都十分投入所从事的管理工作。在文科基地的整个申报建设过程中，全校有许许多多老、中、青骨干教师齐心合力，作出了很大的贡献。

教师中奉献的例子举不胜举。生科院的吕军仪教授，他在陆丰从事海产养殖的科研工作，整整八年，每个月都会去陆丰的海产养殖基地几次。今年国庆节签约我去过，去一次，路上至少要花10个小时，而且其中一段路相当颠簸。但吕老师坚持了八年，终于协助企业建成了中国唯一的海马养殖基地和中国最大的鲍鱼养殖基地，其中海马养殖基地正在申报上市，其中就有因为吕老师"八年抗战"为中大得来的股份。吕军仪教授只是一个例子，我们学校的许许多多老师都在为学校的发展，为学术的进步默默地奉献，我愿意在这里对他们表示诚挚的敬意。

中山大学的发展需要学校领导的高瞻远瞩，抓住机遇，但更需要的是全体干部教师的共同努力。

办好中山大学是历史赋予我们这一代中大人的重任。目前，中山大学的发展正处在一个关键时期，学校正处在快速发展的起跑阶段，我们正站在一条新的起跑线上，国家和广东省对我校都寄予了殷切的期望。教育部的领导曾勉励我们要把中山大学办好，以无愧于中山先生的英名，中山大学要与广东省、广州市在全国的地位相适应。这是对我校新的更高的要求。面对这样的要求，我们要振奋精神，开拓进取，充分地估计在前进的过程中会遇到的困难，站在全局的高度去寻找对策，通过学科建设和教学科研事业的发展，提高学校的综合实力，为国家、为广东省培养更多高素质的人才，更好地促进科研成果的转化，使中山大学真正成为"科教兴国"和"科教兴粤"战略中的重要生力军。

我们坚信，只要我们胸怀大局，振奋精神，同心同德，艰苦奋斗，我们就一定能够把中山大学建设成为国内一流、国际知名的高水平大学。

这就是"思进"，这就是发展，这就是"硬道理"。

我们应该志存高远，立干大事业、求大发展的志向，堂堂正正地做人，踏踏实实地做事，因为中山大学正处在一个欣欣向荣的发展时期，我们适逢其时，正是大展身手的时候，希望大家一起来努力。

谢谢大家。

中山大学学科建设动员报告*

同志们：

"三讲"教育最重要的目的，就是要认清学校工作中存在的问题，明确前进的方向，凝聚人心，团结一致向前看，同心同德，促进中山大学的事业良性快速地发展。

对于中山大学未来的发展来说，最核心的问题就是学科建设，学科建设在高校中的重要性是无论怎么强调都不会过分的。要明确我们将来前进的方向，最关键的还在于如何规划我校的学科发展，明确我校学科建设的目标。

今天只能作一个学科建设的动员报告，对我校的学科建设现状和将来的设想作较为宏观的介绍，学校整体的学科发展规划则应留待合并以后再制定更为适宜。

一、学科建设是大学发展的生命线

我校在 21 世纪的发展目标是：经过全校教职工的共同努力，把中山大学建设成为一所国内一流、国际知名的研究型综合性大学。简言之就是：将来的中山大学应该是一所一流的大学。

那么"一流"是一个什么样的概念呢？

江泽民总书记对世界一流大学的内涵有过精辟概括，他在北大百年校庆大会的讲话中说："为了实现现代化，我国要有若干所具有世界先进水平的一流大学。这样的大学，应该是培养和造就高素质的创造性人才的摇篮，应该是认识未来世界、探求客观真理、为人类解决面临的重大课题提供科学依据的前沿，应该是知识创新、推动科学技术成果向现实生产力转化的重要力量，应该是民族优秀文化与世界先进文明成果交流借鉴的桥梁。"最近，江泽民同志又提出了"三个代表"的重要思想，在中国建设若干所具有世界先进水平的一流大学，正是代表了中国先进社会生产力的发展要求，代表了

---

* 本文系 2000 年 12 月 22 日在中山大学"三讲"教育工作总结大会上的讲话，后发表于 2001 年 1 月 2 日《中山大学报》第 380 期。

中国先进文化的前进方向，归根到底它将代表中国最广大人民的利益。

世界一流大学有下列基本特征：
1. 几乎都是学科门类比较齐全的综合性大学；
2. 若干支柱学科为举世公认的处于世界领先水平的前沿学科；
3. 云集着众多世界公认的科学大师；
4. 培养了众多的社会精英和社会名流；
5. 以研究生教育为主；
6. 是知识和科技创新的主要基地；
7. 是社会的思想库，不断以新的观念提升整个社会文明的发展。

所有上述这些标志归结到一点，就是学科建设。学科建设是学校建设的核心和龙头，是大学发展的制高点，是衡量一所大学学术水平和知名度的重要标志，可以说，世界一流大学都是从学科建设开始形成优势的。没有一流的学科就没有一流的大学，高校的竞争在相当程度上就是学科建设水平的竞争。

大凡世界一流大学，都拥有一批一流水平的学科，其显著特征就是学科门类齐全，基础学科强大，交叉和跨学科多，注重学科之间的交叉与综合，并且重视基础学科的发展及它们对应用学科的重要作用。

国内著名大学如北京大学、清华大学、南京大学等，在建设高水平大学的过程中，都十分重视学科建设在学校事业发展中的重要作用，调整和制定了学科建设的思路。

没有学科建设，没有一流的优势学科，就无所谓一流的大学。而如果不时刻关注世界学科发展的前沿，加强学科建设，那么，即使是老牌的世界一流大学，也会有下滑的趋势。

所有经验都表明，学科建设是大学发展的生命线。只有狠抓学科建设，建设一批具有世界一流水平的学科，造就一批站在世界学科发展前沿的学术大师，取得一批重大的理论和高新技术研究成果，培养一大批高质量的人才，我们的大学才可能在日益激烈的竞争中立于不败之地，成为一流的研究型综合性大学。

二、我校学科建设的现状

从总体上看，我校的学科建设在近年来是取得较大发展的。博士学位授权点连续两次获得大面积的丰收，国家人文社会科学重点基地的申报工作取得较大的突破，近年来我校的科研总量和科研攻关能力有了一定程度的增强，在科学排行榜上，1999年挤进全国高校的十强之列。

但是，我校的学科建设与全国著名大学相比仍有不少差距。

目前，我校在国家级重点学科、重点试验室及有关中心、教育部基础学科科学研究及人才培养基地（本科）、博士后科研流动站、教育部文科重点研究基地、博士硕士学位授权点、杰出人才、两院院士等反映学科建设成果的重要指标严重滞后，与国内各著名高校相比仍有很大距离。理工类学科近五年来在承担国家自然科学基金项目方面仍不理想，没有承担重大项目，严重影响了学校的科研攻关能力的显示度。我校文科承担纵向研究课题的能力还不强，项目绝对数远远低于第一集团的北京大学、中国人民大学和武汉大学。近五年来，我校在国家科技进步奖、国家发明奖、国家优秀教学成果奖、高校人文社会科学研究优秀奖等方面与国内著名大学相比仍有很大差距。论文SCI收录数量，我校虽在1999年位列全国第10，但从绝对数量上看，与位居前列的院校仍有较大差距。人文社会科学发表论文情况虽在全国位居前列，但与先进院校相比，绝对数的差距仍相当明显。同时，20世纪90年代以来，我校高层次人才培养尤其是博士生培养数量严重不足。

以我校学科建设现状来看，基本可以用四个字来概括，这就是：现状堪忧。用中山先生的话来说，就是"同志仍须努力"。

我校一些历史上曾经在全国具有相当大影响的基础学科群体，优势已不再明显，学科的整体实力与同类院校相比，存在着强项不强的态势，在科研项目、获奖和发表论文等方面我校已没有在全国具有绝对优势的学科。

工科、新兴学科以及一些今后国家重点发展的学科的整体水平偏低，落后于国内其他高校，还无法适应广东省经济发展的需要。

应用文科的科研水平还比较薄弱，对学科的发展还没有明晰的规划，缺乏长远的考虑。

在作"两思"、"三想"的报告时，我们主要讲了学校在改革开放以来所取得的成绩，今天讲我校学科建设的现状，则主要是要找出差距。讲成绩是为了鼓劲，找差距同样也是为了鼓劲。如何改变我校学科建设的落后状况，尽快找出一条适合我校长远发展的学科建设思路，是摆在我们面前的一个重大问题。学校各级领导班子和全体教师都应该把这个问题放在首要位置，树立没有学科建设就没有中山大学的未来、没有一流的学科就没有一流的中山大学的观念，把我校的学科建设推向前进，为中山大学在21世纪的发展奠定坚实的基础。

三、关于我校学科建设的一些设想

（一）要有大局观

要改变我校学科建设的落后局面，最重要的就是观念的更新。

我们首先应该牢固地树立起办一流学科的意识，要有一种争创一流的气概，不要有那种满足于做岭南老大、小进即满的保守思想，要树立大局观，树立宏观的、开放的观念。

我们要走出去，密切关注国际学术前沿的发展情况。我们的学者们要努力走到国际学术主流的位置，与国际一流的同行科学家进行交流，也只有进入了国际学术的主流圈，我们的学术水平才会得到更快的提高。不要因为有了博士学位，有了副教授、教授的头衔，说话的口气就大了。我们应该经常扪心自问，我们有没有到国际学术主流圈中去开展学术交流的勇气，有没有立足于国内学术主流圈中的本钱，如果出了广东甚至出了广州就没有了名气，那你就必定不会是一流的学者，也必定不会成为我们的学术带头人。

观念的更新和转变带有根本性和全局性，只有在学校各个层次都树立起做一流学者、创一流学科的观念，我们才可能描画出新世纪中山大学学科发展、学科建设的宏伟蓝图。

（二）要有学科的规划

学校的各个学科，不能无目的地发展，放任自流，自生自灭，要在全校各个层次树立起学科规划的意识，站在全局的高度，根据国家经济、社会发展的要求与科学发展的趋势，对我校学科的总体布局作出规划。

明年新增预算中的大部分将用于学科建设。但是，学校对学科的投入绝不会是平均用力的，学校一定会选择重点，对部分学科作重点投入。没有重点就没有政策，学校的政策就是要扶植重点。我们希望通过这一政策，引起各院系、各学科点对学科规划的足够重视。各一级学科都应该考虑选择若干个二级学科，各二级学科选择 3~4 个研究方向，做好本学科的规划，为争取学校的重点投入做好准备。对于最终确认的优势和特色学科，学校将从政策和资金上给予较大强度的重点支持。

各学院的院长、系主任，应该在本院系的学科规划中起带头作用，要树立全局的观念，要以院长、系主任的身份而不是以研究方向的带头人或一个普通教师的身份去做好本院系的学科规划。如果只看到自己所在学科的发展而忽略了整个学院（系）学科发展的大局，或者虽然注重本学院（系）的学科规划，注重对外拓展，但却不能注意各学科带头人的作用，都将影响到学科规划的大局，这两种倾向都应引起我们的注意。

在学科的规划中，要注意处理好基础学科与应用学科之间的关系。中山大学之所以成为一所名牌的综合性大学，是几十年来文理基础学科的发展所铸就的。在现阶段，我们当然要强调发展那些能够直接为国家经济建设服务的应用性学科，但这决不意味着会对基础学科有丝毫的忽视。无数经验表明，没有领先的基础学科，就不会有领先的应用学科，基础学科的作用，就在于它是基础。基础研究的水平是衡量一所大学是否是高水平大学的标志之一。在大学的学科建设问题上，我们应该有一种"优雅的态度"，切不可急功近利。

在基础学科与应用学科的关系上，我们必须克服任何可能存在的偏废的倾向，因为它们二者的的确确是相辅相成，缺一不可的。没有应用学科，大学对于国家经济发展的意义就无法显示出来，但如果没有高水平的基础学科，也就不会有真正高水平的应用学科，在这二者之间应该求得一种不相偏废的平衡。

今后，学校将在巩固和提高原有基础学科的前提下，根据科学的发展和国家经济、社会发展的需求有选择地布局一些新兴学科和交叉学科。

（三）人才是关键

学科建设说到底就是人才建设。世界一流的大学，都拥有一支高水平的师资队伍，名师荟萃，群星灿烂。当年西南联大之所以举世闻名，就是因为它拥有了500多位国内一流的教授，清华大学的老校长梅贻琦有一句众所周知的名言："大学者，非谓有大楼之谓也，有大师之谓也。"大学的荣誉不在它的校舍和人数，而在它一代代教师的质量，一所学校要站得住，教师一定要出色。

人才问题有量与质两个方面的内容。

在教师总量的控制上，学校的决策应该有一个导向，今后，学校将逐步把我校的师生比调整到一个比较合适的、与建设一流大学的目标相适应的水平。学校一方面要精减机关工作人员，另一方面要适度增加教学科研人员的数量。

但数量的增加并不意味着质量的提高，只有有了大批高质量的人才，才可能有一流的学科。培养人才，关键还在于制度。

在学校的人事制度改革中，我们应该考虑制定更为积极的人才政策。要通过明晰的人才政策，让院长、系主任们心里清楚，在引进人才时，什么样的人才学校可以提供什么样的条件。学校还将通过修订完善岗位业绩津贴方案，适当考虑设一些特定的岗位，明确岗位的待遇，如住房、启动经费、工资、津贴，等等。有了积极的人才政策，我们才可能以大气魄、大胆略，花大力气引进在国际国内具有重大学术影响的学术带头人，实现我校顶尖人才在增量上的突破。

关于引进人才，还有一点要强调的是，学校对人才的引进，不应过分强调生理年龄，而应着重强调学术年龄。如果一名学者一直站在学术的前沿，那么他就永葆着学术的青春，这样的学者就是我们宝贵的财富。

在重视引进高层次人才的同时，学校还将十分重视校内现有人才的培养，调整校内人才的结构，提高人才的学术起点，大力提高博士学位获得者在教师中的比例。对在国际国内已有一定影响的教师，要创造有利条件，重点扶持，为他们提供施展身手的舞台，尽可能提高他们在国内国际学术界的学术知名度。我们还要重视建立学科建设的阵地，一些有条件的学科，应该争取建设自己的学术刊物，建立自己的学术阵地。一个学科如果有了一流的刊物，也就意味着这个学科会成为国内国际学术交流的中心，也就会进入学科的主流。历史系在这方面已走出了第一步，为主办学术刊物提供了一种模式，相信可以启发大家的思路，希望大家能够作深入的交流。

我们要尤其强调学术带头人的作用，我们需要各学科的将才，尤其需要各学科的帅才。学科带头人对于学科建设的重要意义，是怎么强调都不为过的。

一位教授曾作过这样一个比喻，学术带头人有两种：一种是"水涨船高"型的，他的带头人地位是以他所在的学术梯队整体水平的不断提高为基础的；一种是"水落石出"型的，他的地位的提高是以他所在学术梯队整体水平的下降为前提的。我们所需要的当然是前者。

一个出色的学术带头人，应该具有作为帅才的素质，他不仅是一个学者，而且更是一个科研的组织者。找一个合格的校领导难，找一个出色的学科带头人更难。作为一个出色的学科带头人，自己要有专门的学问，要有把握学科前沿动态的敏锐的眼光，特别重要的是，要有全局的观念，要有广阔的胸怀，要组织科研，提携后进，注重学术梯队的建设。

学科带头人的培养和引进是我校今后学科建设的一个重点和难点，一定要找到一个明确的对策。

(四) 提倡科研人员的协同攻关

学校水平的提升，归根到底是科研水平整体的提升。科研水平的提升关键是要看我们承担的重点、重大科研项目的数量，能够承担这样的项目，就意味着我们能够抢占国内乃至国际学术的制高点。而要承担重大、重点的国家项目，就需要一批有组织能力的学科带头人，组织科研人员的协同攻关。

要有效地组织科研人员协同攻关，学校的政策导向就不能迁就客观的存在而缺乏积极的引导。我们在制定职称评定政策时，不能过分强调论文第一作者、独立完成；在评估科研成果时，也不能过分强调第一主持人，因为这样会使科研人员片面地追求独立完成科研项目，甚至哪怕做"鸡首"，也不愿做"牛尾"，也就会造成我校的科研总量不足，缺乏重大、重点项目。项目是学科建设的载体，实践证明，只有通过大项目的研究，才能出大的成果，获大的奖项，培养和锻炼高水平的学者，提高学科的整体水平。今后，学校将制定有效的政策，引导和鼓励老师们联合起来，形成合力，协同攻关，争取大项目，在科研水平和质量上取得新的突破。

学校还要采取措施，有效地动员校内各种科研资源，例如科研用房就是一种重要的科研资源，我们要对科研用房作更合理的分配，对重点攻关项目，要首先予以保证。同时，我们要更加重视把研究生作为一种科研资源来使用。南京大学对研究生的学术科研有许多硬性的指标，一些学科被SCI收录论文，研究生的论文往往在一半以上，研究生的学术科研为南京大学整体学术水平的提高作出了巨大的贡献。我们必须树立这样一种观念，就是：研究生不仅是受教育的对象，而且还是重要的科研力量。现在我校研究生参与学术科研的能力还很弱，科研水平明显不高，学校对研究生作为科研力量的动员还很不充分。近年来，我校的研究生规模得到了跳跃式的发展，今后，我们还将进一步扩大研究生的规模，花大力气改善研究生的培养条件，同时提高对研究生的要求，对获取学位的条件作更严格的要求。只有要求提高了，我校研究生的培养质量才会得到真正的提高。我们至今还在讨论研究生在学期间是否一定要发表论文，我想，这个问题到今天应该有一个结论了。

以上只是说了一些粗略的设想和原则。学科规划是必须建立在各院系对各自学科作充分调研的基础之上的，今天之所以要在这里作这个学科建设的动员，正是希望各院系、各学科都要从全局的高度认识到学科建设的重要性，都来讨论本学科今后的重点发展方向，明确中长期的目标，寻找本学科新的增长点，求得本学科的全面发展，进而拓宽思路，对我校的学科结构、学科发展进行科学的论证，最终提出一个符合我校实际的学科建设蓝图。

同志们，中山大学的发展正处在一个关键时期，希望大家牢固地树立大局观念，抓住机遇，发展中大。目前，学校的大局就是建设高水平大学，这是一个难得的机遇，也正是我们全体中大人所追求的。只有进入国家重点建设的高水平大学的行列，中山大学的整体水平才能得到本质上的提高，我校的学科建设才会更上一个台阶。

中山大学的历史是一代又一代中大人共同创造的，机遇难得，希望大家一起努力，创造中山大学更加美好的明天。

谢谢大家。

2001 年

2001 年新年致辞[*]

在刚刚过去的 2000 年，学校的各项事业取得了长足的进展。

学校从 2000 年 10 月 12 日开始，在全校处级以上领导班子和领导干部中，以整风精神深入开展了以"讲学习、讲政治、讲正气"为主要内容的党性党风教育。12 月 22 日，进行了"三讲"教育工作的总结，我校的"三讲"教育告一段落。通过开展"三讲"教育，我们提高了认识，抓准了问题，加强了团结，增强了信心，促进了学校工作良性快速的发展。

2000 年 9 月 9 日，珠海校区胜利落成。9 月 10 日，2000 级的 3300 名新生在那里开始了他们的大学生活。现在，在珠海校区学习的各类学生已达 4000 多人。珠海校区是中国高等教育实现低成本扩张的一次成功尝试，在落成典礼上，周远清副部长盛赞中山大学珠海校区是中国高等教育的一个"杰作"。全校都十分关心在珠海校区学习的同学们的成长，注意校区内学术氛围的营造，许多院系的著名学者，都定期到校区去开学术讲座，可以说，中山大学任何一届一年级的新生都没有像这一届一样得到这么多的关爱。

2000 年，我校又增加了 4 个博士、硕士学位授权一级学科，现在，我校已有 9 个博士、硕士学位授权一级学科，总计覆盖了 69 个二级学科，另有 15 个博士点，124 个硕士点，在全国高校中位居前列。

2000 年全校进账科研经费为 9451 万元，其中理科经费 8511 万元，文科经费 940 万元，这些都是历史上的最好成绩，科研总经费与 1999 年的 6000 余万元相比，又有了大幅度的提升，已逼近亿元大关，这是我校在科

---

[*] 本文系 2001 年 1 月 2 日在新年团拜会上的讲话摘要，后发表于 2001 年 2 月 20 日《中山大学报》第 381 期。

研总量的一大突破。

近两年，我校共获得教育部、广东省的各类科技进步奖、自然科学奖、科技奖等奖项共5项，其中有3项是一等奖。

学术论文SCI收录在全国的排名，1999年为第10位，2000年也在第10位左右。陈小明教授在2000年全国个人学术榜上名列第3。

2000年，我校共获得教育部人文社会科学百所重点研究基地中的4个。这种基地，教育部在全国高校中只设一百个，而且一个学科只设一个基地，我校所获得的基地数在全国高校中大致位居第5位。

2000年，我校还获得了7个国家社会科学基金项目、14个广东省教育厅基金项目；并获得国家社会科学基金成果奖三等奖3个，教育部社会科学成果奖一等奖1个、二等奖7个。

近年来，我校的研究生招生规模得到了快速增长。2000年，我校共招各类硕士生1198人、博士研究生327人。在三年的时间内，我校的硕士生招生数增长超过200%，博士生招生数增长超过164%。目前，在校研究生已达3400多人。2000年，我校的博士生、硕士生的招生数分别占广东省招生总数的1/3和1/4。

在新的一年里，我们将对我校的学科建设作总体的规划，进一步改善本科基础教学和专业教学实验的条件，进一步扩大研究生的规模，花大力气改善研究生的培养条件，提高研究生的培养质量。同时，学校还将加强校园环境的综合治理，大家可以发现西区教工住宅区的环境正在变化，相信用半年左右的时间，康乐园的环境将会有一个大的改观。

同志们，中山大学目前正面临着很好的发展机遇，处在发展的关键时期，我们相信，只要全校教职员工共同努力，我们就一定能够把中山大学建设成为国内一流、国际知名的高水平大学。

在中山大学 2001 年教学经验交流会上的讲话[*]

各位老师：

今天召开的这个会议，教务处已经筹备了很长时间。今天，北校区各学院主管教学工作的院领导也来了，我想大家可以利用这个机会多作交流，多点沟通，尽快促进原两校之间实质性的融合。

刚才徐远通副校长已经作了很好的报告，在这里，我想就学校教学工作谈一些个人的看法。这个发言是漫谈式的，意见比较宏观，也会有一些比较具体的问题，因为刚刚并校，我对医科还很不熟悉，所以这个发言也会有一些片面性，今天是提出一些问题，希望可以引起大家的讨论。对一些事情，一些想法，我们可以多讨论，多试试。把握不准，先试试，摸着石头过河，这是小平同志的思想。我想我们就是要在全校提倡一种创新的精神，只有这样，我们的工作才会有更多的创意，才会有突破。

一、要重视质量

这次会议的一个中心议题，就是贯彻落实"教育部 4 号文"的精神，也就是大家常说的"十二条"。这是一个十分重要的文件，指出了我国高等学校教学工作今后的任务和方向，以我的理解，十二条归根到底就是两个字：质量。

本科教学是高等教育的主体和基础，抓好本科教学是提高整个高等教育质量的重点和关键，从某种意义上说，要建设高水平大学，首先就是本科教学的质量问题。是否可以培养国家建设需要的合格人才，是衡量一所大学是否高水平的主要标志。如果把我们的大学比作一个企业，那么这个企业的产品就是学生，对这些"产品"，这些学生的评价，事关大学的名声。一所大学的质量，首先就是学生的质量，李长春书记说要把我们学校的水平逼上去，首先就是要把我们学校的学生质量逼上去。

---

[*] 本文系 2001 年 10 月 30 日在中山大学 2001 年教学经验交流会上的讲话，后发表于 2001 年 11 月 13 日《中山大学报》（新）第 2 期。

所以我想，此次教育部对本科教学提出的十二条意见，目的只有一个，就是质量问题，我们要在全校师生员工的心目中牢固地树立起质量的意识，也正因为如此，学校才会采取一系列措施，规定教授、副教授必须上讲台，必须讲授本科课程。

学生的培养质量与教风是密切相关的。从某种意义上说，教风更加具有决定性，所以，要提高学生的培养质量，首先我们的教师的观念要有一个改变，我们的教师首先要有质量意识。学生的心里有杆秤，谁讲得好，谁讲得不好，他们心里都清楚。有学生跟我说，有的老师上课，学生们都早早地去，占前面的位子；而有的老师上课，学生们也是早早地去，但却是占后面的位子，这很说明问题。中山大学学生质量的提高，与学校中的每个人都密切相关，我们的教师、我们的教学管理者肩负着更为重大的责任。有些老师把学生的到课率低归咎于辅导员们管得不好，我觉得不是的，学生到课率的高低，是与教师授课质量的好坏有密切关系的。所以我们说，保证学生培养质量，主要责任在老师。我们中大的学生绝大多数都有较高的素质（原中大和原中山医招生的分数线都是广东省高校里最高的），都是好苗子，我们不能总是埋怨学生。一代更比一代强，现在的学生比我们当学生的时候，更聪明，知识面更宽，我们没有理由不把他们培养成为栋梁之才。当然，在强调学风和教风的时候，我们更要强调校级领导班子工作作风的建设，校级领导要切实改进工作作风，更加重视教学工作。

原中山大学和原中山医科大学一直都有一个很好的传统，就是重视学生的基础训练，基础扎实是原两校学生的一个显著特点，今后我们还要更加重视学生基础知识的训练。我们学校现有6个国家文、理科基础学科人才培养和科学研究基地，就是学生基础训练的基地，下个月中旬，我们马上就要迎接教育部专家组对文、史、哲三个基地的验收、评估、考察，这也是对我校人才培养质量的一次检阅，希望有关院系要认真对待此项工作。

合并后，我们将得到教育部和广东省的重点投入，12亿元怎么花，我想首先是学科建设。这些钱一半要用到学科建设上，学校会有更多的经费用于加强本科基础实验室的建设，改善我校本科生培养的硬件质量。我们的目标只有一个，就是要切切实实地保证我校本科生的培养质量，这是一切讨论的基础，下面我所要提的一些想法，正是建立在这个基础之上的。我希望这些个人想法经过大家的讨论会形成一些思路，因为毕竟要有新思路，才会有新发展。

二、要有一流意识

中国即将加入世界贸易组织,"入世"给我们的挑战首先来自观念和意识,转变观念,树立竞争意识是至关重要的。我们要培养具有国际竞争力的学生,就必须树立"争一流,争第一"的竞争意识。

在学生和老师中提倡这种一流意识是十分必要的,要在师生的脑中形成"我是一流的、高水平的"这样的概念。我常举一个例子,过去我在浙大的时候,毕业分配出去的学生回来对我说,同在一个单位,在面对一个任务要推举临时负责人时,浙大的学生总是较多地愿意说"你做你做",而清华的学生必定会说"我来我来",这是一种"舍我其谁"的气概,清华学生就有这样敢为人先的志气。我们要培养学生的就是这种气概。

要解决一个"跟谁比"的问题。我们中大在广东当然可以称老大,如果有广东哪所高校想跟我们争第一,我们的学生肯定不高兴。但我们不能只在广东比,我们的眼光一定要放得更远一些,更高一点,我们不能只停留在珠江流域,我们的眼光要看过长江去,看过黄河去,甚至还要看过太平洋去。我们起码要敢于与北大、清华、南大、复旦比一比,甚至还要与世界一流的哈佛、牛津、斯坦福、MIT比一比,全面的、总体的实力比不上,起码也要在某些方面胜过他们。中大的本科生参加ACM国际大学生程序设计竞赛一直都取得很好的成绩,1999年,在台北赛区的预赛获得了冠军,又在国际决赛中取得了第11名的好成绩,2000年更在国际决赛中夺得了铜奖,战胜了很多著名的高校。在我看来,这不仅是为学校争得了荣誉的问题,更长远的意义在于我们的学生会慢慢地形成一种心理优势,就是我也能争第一,著名的、一流的高校也是可以被比下去的。我还记得以前我们中大的辩论队赢了北大,一时在校园里传为美谈。这也说明,只要我们敢于出去与一流的大学竞争,我们也未必就一定输人一筹,即使是一次全国高校的文艺汇演,我们赢了,也会对学生心理优势的确立有极大的帮助。所以我想,学校一定要创造各种条件让我们的学生走出去参加各种类型的国际比赛。最近,国家准备举行机器人设计大赛,我们不是工科学校,在这方面基础并不好,但有一位老师说他可以带一些学生去参赛,学校马上就表示支持。参加这些赛事多了,中大的学生就会有一种在国际大环境中竞争的意识和国际视野,就会有到全国、全世界去争地位的雄心壮志。

当然,要争一流,争第一,不仅仅要靠意识,我想更应有一些制度。培养一流的学生，需要一流的师资，所以学校就要制定出适应于"争第一"的考核标准，例如，各学科就应对各自的权威刊物有一个总体的把握，建立标准化的衡量尺度，建立激励机制，鼓励教师在国际一流的刊物发表论文。要把这种"争第一"的意识贯穿到教师的职称评聘、业绩考核中去，建设一支适应高质量教学要求的中青年教师队伍。

三、要注重交叉和融合

就任原中山大学校长两年来，我只要一有机会，就会讲到交叉和融合。现在合并了，这个交叉与融合就更加重要了。要实现两校真正的融合，我想最关键的就是要融合我们的情感，融合我们的学科，当务之急是情感的融合，大家不要有什么隔膜。前几天我接受记者采访，我就对记者们说，我们的新班子上任后，接触了几次，感觉真的很好，非常融洽，我对形成一个团结、和谐、高效、有力的领导班子非常有信心。李书记和我都说，我们这一届班子不是工作组，所以我们不会注重于对过往的一些事情下结论，我们的精力要放在学校的发展上，我们不会纠缠于过去的是是非非，我们是一个对未来负责的班子。我一直十分信奉小平同志"发展是硬道理"的名言，新的中山大学只有发展了，向前走了，不断地取得成就，才可能真正地实现融合。不管是原中大还是原中山医，所有的教职员工的目标都是一样的，就是要上水平，所以我们的融合也就有了坚实的基础。新的中山大学正面临着前所未有的大好机遇，并校，说到底就是为了发展，发展是我们今后工作的"硬道理"。不纠缠，向前看，以发展求融合，把新中大建设得更好，我想这一点一定也是我们新的中山大学全体教职员工的共同心愿。

要实现实质性的合并，学科的交叉与融合将是一个必不可少的途径，在我看来，这种交叉和融合是多层次的，全方位的。

我们新办的本科专业就要注意这一点，实践证明，一些全新的专业就是从交叉和融合中生长出来的。

如我们准备开设的电子商务专业，就有岭南学院、管理学院、信息学院三个学院有意办，而且都有信心办好，我想学校会以积极的态度来看待这个问题，因为这样就会有竞争，各个学院各有侧重，就可能产生不同的专业方向，就会促进各学科之间的交叉，电子商务起码会涉及管理、经济、计算机，还有法律，要办好这个专业，就必须要交叉，要融合。

再如软件工程专业，就涉及理论和实际的融合，学校和企业的融合，这个专业的学生，四年学习，我想起码要有一年要到企业里去，只有这样，这个专业才会办得有特色。

又如原中大的心理学专业，一般侧重于社会心理学或应用心理学，合并以后，我们就要考虑是否可以与原中山医的脑科、神经科方面有一些交叉和融合。

又如生命科学学院已经在生物制药、海洋药物和天然药物等方面取得了很大的成绩，化学化工学院在制作合成药方面也有较强的实力，合并以后，我们就有条件考虑与原中山医的药理和临床医学的交叉和融合作更多的探索，或者还可以据此筹备新建一个药学院。

又如，我们 MPA 中，合并后就可以多了公共卫生管理这个方向了，这也是一种交叉。

又如，原中大的高分子材料研究有很强的实力，通过与原中山医有关研究的交叉和融合，我们就可以继续大力发展医用材料的研究。

合并以后，学校的学科布局将更为齐全，学科内部的交叉与融合，各学科间的交叉与融合一定还会有很多可能性。希望全校都来考虑一下，交叉与融合不仅会产生新的学科，也必定会为新的中山大学带来新的发展。

还有，学校课程结构是否也可以来一次大的调整，是否可以对我校包括本科、研究生在内的全部课程进行重新统一编号，调整和建立适应经济全球化和国际化要求的新的课程体系。这个体系将会完善学生的选课体制，高年级的本科生在一定的规定下可以修读研究生课程，这在一定程度上是打破了本科生与研究生的界限，我想这对提高学生的质量也一定会有好处的。这，当然也是我们所说的交叉融合的一个方面。

现在，中山大学已拥有了三个校区，在广州南北两个校区都有着许多著名的专家教授，我们要考虑在三个校区多开一些讲座，医科的讲座到南校区来开，文理科的讲座到北校区去开，广州校区的讲座到珠海校区去开，这样就会有学科的融合，也可以打开学生的眼界。

四、要有更广阔的视野

不仅学生要有一流意识、竞争意识、国际视野，学校也需要有更广阔的视野。

先说在国内的视野，我们不能仅仅将眼光局限在广东，我们一定要跻身到国内一流名校的圈子里去。例如，我们是否可以考虑与国内的各著名高校建立起一个交换学生的制度呢？我认为我们完全可以在国内名校中建立起一个联盟，我们可以选择若干学院作为试点，这些学院的学生在大学四年中可以有一个学期在这个名校联盟中选择一所大学，去上若干门课，我想这样就可以实现优势互补。我们可以把学生派到某些学科处于全国一流水平的大学中去学习，我们的一些优势学科也可以接纳来自各个学校的学生，这样，中大学生的视野就一定会更加开阔，其质量也一定会有很大的提高。视野开阔了，我们就不会满足于在广东做第一，而是要到全国去争地位了。

下面着重说一下我校的国际化问题。关于国际化，我想在这里有必要作一个界定，因为有的老师就提出，国际化其实是一个并不确切的概念，因为，我们自己的特色是否属于国际的一部分呢？国际化是面向所有国家的国际化吗？所以，我们不妨把我们所说的国际化界定为强调与先进发达国家的名牌大学的交流与合作，向国际一流大学看齐。

我想，学校可以想一些办法，调整师资队伍的结构，把固定编制与流动编制结合起来，更多地尝试招聘外籍教师，充分利用国外、境外的师资，使我校的师资队伍更加国际化，同时提高师资队伍以及管理队伍的外语水平。现在，外语学院已经在聘请外籍教师为学生上公共英语课方面做了很多有益的尝试，这对提高学生的英语水平，提高我校的英语教学质量都会有很大的帮助，更重要的是，外籍教师将给我们的学生带来国际的视野。我们当然也会鼓励老师们多到国外去做一些合作研究，曾经有一位留英回国的教授问我，是否可以允许他一年有若干时间在国外的大学做合作研究，我说当然可以，因为这是这位教授在国际学术界有地位的标志。我想如果我们的老师，包括理工科、医科、文科的老师，经常有国外的大学请他去合作研究，这对我们中山大学来说一定是一个好消息。

还有，学校也还要制定政策，鼓励教师采用原版英文教材，用英语授课。在这一方面，形式可以多样些，可以用原版英文教材，用英语上课；也可以用英文教材，同时使用英语和中文上课，对一些关键的地方用中文予以说明；当然也可以用英文教材，用中文上课。之所以要强调这一点，也正是为了提高我们学生的国际竞争力。按照教育部有关文件的精神，涉及高新技术领域的生物技术、信息技术等专业以及我国"入世"后需要的金融、法律等专业，要先行一步，力争在几年内使用英语教学的课程达到所开课程的20%~30%。对于信息科学、生命科学等发展迅速、国际通用性、可比性强的学科和专业应直接引进先进的、能反映学科发展前沿水平的原版教材。正在筹建的软件学院就准备全部使用教育部推荐的原版英语教材。

我们还要注意到，要有广阔的视野，与国外、境外著名大学建立交换学生制度将是一个重要的方面，这是培养具有国际化视野的学生的一个必要手段，原中山大学三位入选全国百篇优秀博士论文的学生，都有着一年的国外研究经验，原中山医的一位我不很清楚。（顺便说一句，广东地区高校近几年来共有4篇入选全国百篇优秀博士论文，全在我们学校。）所以，我们要想办法促进与境外、国外著名大学交换学生的制度，可以考虑互相承认学分，互免学费，形式可以多种多样。但目前我校这方面的工作还做得很不够。当然，这与国家的政策有关，现行的政策不允许学生在学期间出国留学，要留学只能作为自费留学，作退学处理，还要返纳培养费，这就制约了学生培养的国际化进程。其实，许多学生家庭有足够的经济条件支持学生作为交换生出境或出国留学，所以我们学校应该想办法为他们提供一些政策，使他们有机会出去，开阔视野，同时也可以更好地提高我校学生的培养质量。

还有留学生的培养。留学生的培养是一所大学国际化的重要标志。目前，我校的留学生培养在规模、种类、层次上都还须进一步努力，学校要想办法在各个层次上扩大我校留学生的规模。上面提到鼓励教师用英文授课，也是要为留学生规模的扩大和层次的提高创造条件。我这里有一个关于匈牙利招收外国留学生的材料，很有借鉴意义。大家知道，匈牙利位于中欧，是一个小国，其面积和人口均不及我国的1％。他们的大学也不多，据匈牙利教育部公布的资料，在全国89所大学中，有31所用外语开设了留学生教育课程，超过学校总数的三分之一。据1999年对其中的27所高校的统计，共有全日制本科以上留学生5700余人，占在校生总数的4.07％，再加上未在统计中的访问学者和短期进修生，以及国外大学在匈牙利的分校和与匈牙利合办学校招收的留学生，全年在校各类留学生的总数超过了6500人，这对于人口仅1000万的小国来说，数量和比例都不小。匈牙利充分发挥了它在医学、农学、音乐等方面的学科优势，大量地吸引了外国留学生来此学习。除了教育质量、教学设施、国际承认学位以及学历和学费相对较低等因素外，匈牙利大量吸引留学生的一个重要原因就是，他们招收留学生的院校普遍都能用外语为留学生授课，主要是英语。此举消除了留学生学习各专业的语言障碍，使更多留学生到匈牙利学习具有可行性。我们学校目前招收的留学生，大部分仍然是语言生，攻读本科以上学位的留学生很少，语言问题是留学生的一个很大的障碍，提倡在一些国际通行的学科中用英语教学，肯定会有利于留学生选读我校的一些优势学科，从而使我校留学生的种类、层次得到质的突破。

另外，我们也还可以利用我校的地缘优势，探索建立与粤港澳大经济圈相适应的高等教育合作模式，加强与港澳尤其是香港特区高校的合作与交流，通过三地高等学校的合作共同开发高等教育的市场，如学生交流就可以先从香港开始。

总而言之，提倡一流的意识、注意交叉和融合、要有更广阔的视野，是我认为最为迫切的，需要在学校引起讨论和重视的几个大的问题。而在现阶段，两校刚刚合并，提倡交叉融合更加重要，不仅人心要融合，学科也要融合，学科的融合会促进人心的融合。借这个机会，我想向各位老师提一个要求，就是要想方设法追求融合，从学科的融合到感情的融合，最终把新的中山大学建设成为一所国际知名的、处于国内一流水平前列的、高水平的研究型综合性大学。

我今天的发言，很多只是个人的看法，只希望我的这些话可以起到些抛砖引玉的作用，如果能引起大家的兴趣，进而对一些问题作更深入的探讨，最后形成若干工作思路，那就再好不过了。

谢谢大家。

中山大学发展史上的新里程碑[*]

——在"共建协议"签字仪式上的讲话

尊敬的李长春书记、陈至立部长、卢瑞华省长,
各位嘉宾,老师们,同学们:

今天,中山大学又一次站在了历史的转折点上,我们正在共同见证着中山大学发展史上又一块里程碑的树立。

从今天开始,中山大学这个光荣的名字已经被赋予了全新的含义。中山大学与中山医科大学,这两所同以孙中山先生的名字命名的大学,又一次走到了一起,中山大学的发展掀开了崭新的一页,我想,孙中山先生在天有灵,也一定会为今天这个历史性的事件而高兴的。

此时此刻,我的心情十分激动。陈至立部长和卢瑞华省长刚刚在教育部与广东省重点共建中山大学协议上签字,意味着中山大学进入了国家重点建设的高水平大学行列,这是教育部和广东省对中山大学建设发展的巨大支持,而且,这种支持的力度是空前的。中山大学再一次感受到了来自教育部和广东省的巨大关怀。

1993年,广东省得风气之先,率先与原国家教委共建原中山大学和华南理工大学,并与卫生部共建原中山医科大学。8年来,广东省投入大量资金,促进原中山大学与原中山医科大学的发展。而从今天开始,教育部和广东省将以更大的力度支持新的中山大学,这无疑将对合并后的中山大学在21世纪的快速发展起到极大的推动作用。

我们有幸生活在这个伟大的时代,科教兴国战略的实施,为中国高等教育的发展提供了前所未有的发展机遇。教育部和广东省对中山大学的巨大投入,同时也是对中山大学的巨大鼓励和鞭策,我们正肩负着国家、尤其是广东省的殷切期望。

中山大学与中山医科大学的合并,是真正的"强强合并",通过合并,新的中山大学将实现优势互补,这对拓宽学科结构、促进学科交叉、推进科

---

[*] 本文系2001年10月31日在教育部与广东省人民政府重点共建中山大学、华南理工大学协议签字仪式上的讲话,后发表于2001年10月31日《中山大学报》(新)第1期。

学研究以及科技成果的转化都将具有重要的意义。合并后的中山大学,将是一所学科门类更为齐全,学科结构更为合理,师资力量更为雄厚,更加具有竞争力的综合性大学。我们坚信,新的中山大学将一定有能力为国家尤其是广东省的经济建设和社会发展提供更为强劲的人才支持和知识贡献。

听了刚才陈至立部长和卢瑞华省长对中山大学充满厚望的讲话,我更加感到了肩上担子的沉重和责任的重大。现在,我们的中大又站在了新的起跑线上。对于中山大学将来的发展,我想用"和气待人,大气处事"八个字来概括。常言道,"家和万事兴",我们要站在建设高水平大学的高度来做好两校合并过渡时期的各项工作,不管是原中大人还是原中山医人,都要顾全大局,团结合作,同心同德,和气待人,平等待人,谦逊待人,以尽快实现两校的实质性融合。同时,对于学校的各项建设,我们一定要谨记中山先生"做大事"的思想,目标要高,要以全国一流乃至世界一流的大学作为我们学习的榜样、竞争的对手。看准了目标,就要有大的手笔,采取切实有效的措施,来推进我们的事业。只有高瞻远瞩,用大的气魄去处事,才可能有一流的学科、一流的师资队伍、一流的教学科研水平和一流的科技成果转化能力,中山大学才能成为一所一流的高水平大学。

我坚信,在教育部、广东省委省政府的领导和支持下,经过新中大4万多师生员工的共同努力,在不久的将来,中山大学必将会以一个崭新的面貌出现在国人面前,出现在广东人民的面前,中山大学必将无愧于来自教育部与广东省的巨大支持和厚爱,也必将无愧于中山先生的英名。

再次感谢教育部和广东省的各位领导。

再次感谢教育部和广东省一直以来对中山大学的巨大支持。

谢谢大家。

2002 年

中大的现状、学科建设及若干工作的通报[*]
——在中层干部会上的讲话

同志们：

今天，借此次中层干部大会的机会，介绍一下并校以后学校所做的一些工作。我今天的讲话包括三大部分：一是中山大学的现状；二是学科建设；三是并校后若干工作的通报。

一、中山大学的现状

首先，向大家介绍一下中山大学的现状。

（一）校区状况

目前，中山大学共有3个校区，分别坐落在珠江两岸、南海之滨，广州南校区占地1.17平方公里，广州北校区占地0.39平方公里，珠海校区占地3.48平方公里，总面积达5.04平方公里。

（二）所设学院

学校现设有人文科学学院、岭南学院、外国语学院、法学院、政治与行政事务管理学院、管理学院、教育学院、数学与计算科学学院、物理科学与工程技术学院、化学与化学工程学院、地球与环境科学学院、生命科学学

---

[*] 本文系2002年1月11日在中层干部会上的讲话，后刊登于2002年1月18日《中山大学报》（新）第6期。

院、信息科学与技术学院、中山医学院、公共卫生学院、光华口腔医学院、护理学院17个学院以及研究生院、高等继续教育学院、网络教育学院和软件学院。

（三）所设附属医院

学校拥有附属第一医院、附属第二医院（孙逸仙纪念医院）、附属第三医院、附属第四医院（黄埔医院）、附属第五医院（珠海医院）等5所附属综合性医院，以及中山眼科中心（含眼科医院）、肿瘤防治中心（含肿瘤医院）、光华口腔医院等3个专科医院。

（四）教学实力

本科专业：63个。

博士、硕士学位授予权一级学科11个：中国语言文学、历史学、数学、物理学、化学、地理学、生物学、光学工程、生物医学工程、基础医学、工商管理学。

博士学位授予权覆盖了104个学科专业和领域。硕士学位授予权覆盖了165个学科专业和领域。（上述学位授予权中，外科学与内科学计算至三级学科。）

专业博士学位点1个：临床医学。

专业硕士学位点8个：工商管理（MBA）、公共管理（MPA）、法律（JD）、计算机技术、环境工程、临床医学、口腔医学、公共卫生。

博士后科研流动站9个：中国语言文学、历史学、数学、物理学、化学、生物学、基础医学、临床医学、管理学。还有一批国家级重点学科和省级重点学科。

国家文理科基础科学研究和教学人才培养基地6个：哲学、中国语言文学、历史学、物理学、化学、生物学。

我校还是国家大学生文化素质教育基地和中国第一个大学生体育训练基地。

（五）科研实力

国家重点实验室2个：光电材料与技术、生物防治。

国家重点学科专业实验室2个：水生经济动物繁殖、营养和病害控制与植物基因工程。

教育部重点实验室 2 个：基因工程，聚合物、复合材料及功能材料。还有 5 个广东省重点实验室。

教育部人文学科重点研究基地 4 个：马克思主义哲学与中国现代化研究所、逻辑与认知研究所、港澳珠江三角洲研究中心、行政管理研究中心。

卫生部重点实验室 4 个：眼科学实验室、肾脏病实验室、辅助循环实验室、卫生部医药生物工程技术研究中心，以及国家新药（抗肿瘤药物）临床试验研究中心等国家级科研机构。

（六）师资力量

教职工近 11000 人，其中教授 620 多人，副教授近 1300 人，博士生导师近 370 人。

中国科学院院士 3 人、中国工程院院士 3 人。

国家级有突出贡献的中青年专家 15 人。

17 人获国家杰出青年科学基金资助，2 人获海外青年学者合作基金资助。

国家人事部"百千万人才工程"第一、二层次人选 12 人。

教育部"跨世纪优秀人才培养计划"人选 13 人。

教育部"长江学者"奖励计划特聘教授 6 人。

卫生部有突出贡献专家 14 人。

（七）学生人数

在校各类学生近 34000 人，其中博士研究生近 1600 人，硕士研究生 4800 多人，本科生近 15600 人，外国留学生近 380 人。

（八）科研总经费

2001 年，我校的科研总经费又有了较大幅度的增长。

南校区的科研总经费达 1.3495 亿元，首次突破了亿元大关。其中理科科研经费 1.2 亿多元，文科科研经费也达到了 1300 万元，所有这些，都是历史上的最好成绩。值得一提的是，南校区的科研总经费近四年一直呈持续上升的趋势，1998 年为 3780 多万元，1999 年为 6150 多万元，2000 年为 8110 多万元，去年则突破了亿元大关。

医科的科研总经费，1998 年为 3010 多万元，1999 年为 4390 多万元，2000 年为 3210 多万元，2001 年达 4370 多万元。

南北两个校区相加，则 2001 年我校的科研总经费已超过 1.77 亿元。这是一个十分可喜的数字，这个数字是与全校科研人员的辛勤劳动分不开的，也是与我校科研管理部门的辛勤劳动分不开的。

（九）产业情况

2001 年，南校区校办产业的总产值为 9800 万元，上交学校 510 万元。北校区校办产业的总产值为 8.5 亿元，上交学校情况尚未统计。南校区 1998 年到 2000 年的产业总产值分别为 9192 万元、9748 万元、9286 万元，上交学校分别为 516 万元、516 万元、501 万元。北校区 1998 年到 2000 年的产业总产值分别为 1.06 亿元、6.36 亿元、8.07 亿元，上交学校分别为 2007 万元、1887 万元、886.64 万元（另《家庭医生》已提 1480 万元，尚未入账。）（还需要说明，医药公司的利润主要返还给各医院。）

（十）各类基金项目

1. 国家"863 计划"项目。

去年，学校对国家"863 计划"项目进行了有效的组织工作，使我校在承担国家重大项目方面取得了历史性的突破，获得的国家"863 计划"项目经费额大大超过了过去三个五年计划的总和。

2. 国家自然科学基金项目。

去年，学校进一步加强了对国家自然科学基金项目申报的组织工作，申报项目数、获准项目数和经费额均达到历年最高水平。获准主持重点项目 4 项。面上项目获准资助金额，理科达 1551.5 万元，与 2000 年相比（732 万元）增长了 112%；医科 25 项，达 416.5 万元。

3. 文科项目。

去年，文科共获国家社会科学基金项目 14 项，在全国高校排前 10 名；教育部人文社会科学研究项目 44 项（其中重大项目 6 项），在全国高校排名第 9 位。

（十一）获奖

去年，我校教师在获得重大奖项方面也取得了历史性的突破，可喜可贺。

理工学院许宁生教授获得了国家自然科学奖二等奖（一等奖缺）。

眼科中心陈家琪教授获得了国家科技进步二等奖。

中文系程文超教授获得了第二届鲁迅文学奖。

还有许多老师获得了各个级别各种类型的奖项，在这里就不一一列举了，上面三位教授是众多在各自领域作出了突出成绩的老师们的杰出代表，利用这个机会，我要向在过去一年中辛勤工作的老师们表示由衷的敬意。

之所以要不厌其烦地向大家罗列上述这些数字，是因为它们表明，今天的中山大学已在更高层次上具备了成为一所高水平、研究型、综合性大学的潜质，或者说，我们已经有了实现我们宏伟目标的雄厚基础，这当然也是两校强强合并给我们带来的新契机。

二、关于学科建设

学科建设是大学发展的生命线。在大学里，对学科建设是无论怎么强调都不会过分的。新的中山大学，是一所学科门类更为齐全、师资力量更为雄厚、更加富有竞争力的研究型综合性大学。要使新的中山大学在日益激烈的全球竞争中立于不败之地，我们就必须使我们的学科建设迅速地站到学科发展的最前沿，形成自己鲜明的特点，构建更为完善的学科体系，形成中山大学特有的学科优势。因此，学科建设是学校始终紧抓不放的一项重要工作。

（一）重点学科的申报工作

首先向大家通报一下刚刚结束的国家重点建设学科的申报工作。

最近，根据教育部的部署，我校认真组织了全国高等学校重点学科的申报工作。通过通讯评审环节，我校有 8 个学科获得了 2/3 以上的同意票，免予参加答辩，这 8 个学科是：逻辑学、中国近现代史、植物学、动物学、内科学（肾病）、神经病学、外科学（普外）、眼科学。另有 15 个学科点获得答辩资格，这 15 个学科是：马克思主义哲学、马克思主义理论与思想政治教育、人类学、中国古代文学、基础数学、凝聚态物理、光学、高分子化学与物理、人文地理学、生物化学与分子生物学、病原生物学、肿瘤学、药理学、企业管理、行政管理。目前，国家重点学科的最后结果尚未最后公布，学校将尽最大的努力争取尽可能多的学科成为国家重点建设学科。

（二）12 亿元将重点用于学科建设

正是由于学科建设有着关乎全局的重要性，学校已经决定，将教育部和广东省重点投入 12 亿元重点建设资金中的大部分用于学科建设，大致的分配原则如下表所述。

类　别	支出结构（％）	金额（亿元）
学科建设	58.3	7
综合治理（南北校区）	25	3
人才建设	16.7	2
合计	100	12

（三）学科建设规划的原则

为了保证学校对学科的投入发挥良好的效益，学校要求各学科、各学院（系）必须预先做好学科建设规划工作。

学科建设规划的原则是：以一级学科为基础和依托，突出重点，兼顾一般，以人为本，尤其要注意培育新的学科增长点，发挥两校合并后学科交叉融合的优势（这项工作将更多地由学校来组织）。一定要十分重视人才队伍的建设，没有好的学科带头人，没有拔尖的人才，即使有再好的规划，有再多的钱，学科建设也只是一句空话。

根据上述规划的原则，各实体院（系）和各一级学科均须作出整体学科建设规划。拥有国家重点学科的一级学科，应在规划的过程中体现对重点学科的重点建设，同时也要兼顾与重点学科相关学科的发展。没有国家重点学科的一级学科，在进行学科规划时，也要注意选择 1~2 个有发展空间、对社会发展和经济建设有重要意义的学科，进行重点建设，优先发展，准备冲击国家重点学科。附属第一医院和眼科医院也应根据自身的实际，做好学科建设的规划。对于医院来说，基础研究来自临床，而基础研究反过来又能推动临床医学的发展，因此，医院的学科建设一定要兼顾临床和基础两个方面的研究。

（四）学科建设经费使用的原则

在学科建设经费的使用上，应坚持两个"二八"的原则。即：学校投入的重点建设经费的 20%，必须用于所在学科的人才引进工作，超出部分由学校另外解决；在剩下的 80% 经费中，必须保证有 80% 以上的经费用于该学科内的仪器购置、图书资料、实验室建设等学校固定资产投资。学校的经费投入将采取滚动投入的方式，成绩好的，继续投入；成绩不好的，暂停投入，限期整改。

（五）学科建设工作领导小组

为了保证学校经费投入的效益，各学院（系）必须成立学科建设领导小组，全面负责本单位学科的规划和建设工作。

学科建设领导小组以一级学科为基础建立，一般应由所在学院（系）行政负责人（原则上为院长、系主任）、重点学科带头人、其他学科负责人等人员组成。领导小组组长原则上应由院长（系主任）担任，如一个学院有多个一级学科，则建议以一级学科为单位产生。

（六）促进学科间的深度融合

在规划学科建设时，要尤其注意重视学科间深层次的融合，重视跨学科的交流与协作。学科交叉是科学发展的必然趋势，是增强科技创新能力的重要途径。两校合并，为学科的深层次融合提供了很好的条件。合并前，中山大学在考虑学科交叉时只能在理理、文文、文理的交叉上下功夫；合并后，我们就有条件在文、理、工等学科与医科的交叉上动脑筋了。

北京大学在并校后，为了加快学科之间的交叉与融合，做了大量的工作，他们成立了生物医学与其他自然科学及人文社会科学的交叉研究机构——"北京大学生物医学跨学科研究中心"，这一中心旨在推动医学、药学等学科与理科、工科和人文社会学科之间的交叉，将基础研究和临床应用结合在一起，促进整个生物医学领域中前沿科学的研究与技术创新。

并校后，学校已召开了若干次座谈会，共有医科以及生命科学和化学化工等方面的近50位教授出席，讨论了成立中山大学药物研究开发中心以及在生物与医学学科建立若干个高新技术平台的问题，学校希望通过这些跨学科交流机构的建设，以高新技术为导向，促进学科之间的交叉与融合，并使若干学科达到国际先进水平。

跨学科交流机构可以促进学科之间的相互了解，组织跨学科的研究，培养跨学科的复合型人才。我们相信，通过学科的深度融合，中山大学不仅会拥有一个更为强大的医科，而且还将拥有更为强大的文科、理科以及与高新科技密切相关的技术性学科。

（七）不遗余力地引进人才

要做好学科建设的规划，必须尤其强调人才的引进工作，因为学科建设的关键在于人才的建设。正是各类高素质的人才构筑了原中山大学和原中山医科大学的学术高地，中山大学将来的发展，更加需要一大批高素质的人才，新的人才将会给学校带来新的学科增长点，将会为我校的学科建设带来更大的突破。

人才引进是我校现阶段刻不容缓的大事，我们要预见学科的发展，找准新的学科增长点，大力地引进人才。引进人才的主力是各院系、各医院，各位院长（系主任）、各位医院院长要想方设法地物色本学科杰出的人才。从去年开始，我校实施了"百人计划"，为各学科引进人才提供政策和资金上的保证，迄今为止，由"百人计划"引进的各类杰出人才已有十余名，他们将成为中山大学学科发展的重要力量。

学校将采取各种形式，加大引进人才的力度，人事处会提供一个文字材料，介绍"百人计划"，并尽快上网；外事处也会向所有的出访人员发出 E-mail，希望他们在当地为学校物色人才。

我曾经说过，大学校长的工作千头万绪，但核心的工作只有两个：一就是找人，二就是找钱，两者不可或缺。合并两个多月来，我十分高兴地看到，慕名而来的优秀人才还是很多的，这是一个十分令人欣喜的景象，我希望这个景象持续得越长越好，这个景象应该贯穿于中山大学历史的始终。

目前，学校正在考虑尽快解决引进人才和青年教职工的住房问题，我们应该把这个问题提高到学科建设的高度来看，使我们的青年教师安居乐业。学校将把此事作为一件十分重要的工作来抓，常委会已作出决定，对未参加房改购房的青年教职工，在与学校签订协议的前提下，学校将给他们提前发放 100 个月的住房补贴，学校还将在南北两个校区附近寻找合适的房源，并为购房的教师开通购房贷款的渠道。

三、并校后的若干工作通报

（一）关于学校与附属医院的关系问题

学校与附属医院的关系，是两校合并后的一个重要问题。并校后，我与各医院的院长都有过较深入的交流，一个共同的印象就是，各医院的领导班子的干劲都很足，对本单位的长远发展都有很好的设想。也有院长问我，医院将来应该如何发展，我的回答是，医院的发展主要靠医院的领导班子，因为院长是医院的独立法人，因此医院的领导班子就要对医院的医疗、教学、科研负起责任来。医疗问题由医院负全责，接受卫生系统各级部门的行业管理，学校医院管理处的职能主要是医政管理。

另一方面，由于是"附属"医院，学校当然有管理的责任，根据《卫生部关于对部管医院管理有关问题的通知》精神："划转教育部管理或中央与地方共建、以地方管理为主的医科类高等学校，其附属医院的行政及教学业务管理由教育部门负责，其卫生事业管理体制不变，医疗业务及资金财务管理仍由卫生部门负责。"学校对附属医院的管理体现在以下5个方面：

1. 学校将与各附属医院签订协议，设立医学教学科研专项基金，由各附属医院根据一定比例向学校提交，该基金将全额用于北校区各学院的医学教学和医学科研以及包括医院在内的学科建设。

2. 学校负责各医院副处以上干部的任免以及人事调动、职称评审等人事工作。

3. 学校对附属医院的经费投入体现在学科建设上，其基本建设、财政收支均由医院独立处理。

4. 各附属医院的教学（临床医学部分）由学校教务处和研究生院统一管理，中山医学院在其中起协调作用。

5. 各附属医院的各类科技项目的申报可通过医学科研处统一上报，与校内其他学院（如生命科学学院、化学与化学工程学院等）合作的项目也可通过科技处统一上报。

（二）关于"部管医院"和黄埔医院问题

根据《卫生部关于对部管医院管理有关问题的通知》精神，卫生部将对划转教育部管理的8所高校的30所附属医院列为部管医院，原中山医科大学由于已先期划转广东省管理，所以现在我校所属的附属医院暂未列入部管医院，目前，学校正在向卫生部申请，将我校的附属第一、第二、第三医院，眼科医院，肿瘤医院，口腔医院以及正在筹建中的附属第五医院（珠海医院）列为部管医院。

关于附属第四医院（黄埔医院）的归属问题，经征求黄埔医院和附属第一医院领导班子的意见，并取得黄埔区人民政府的支持，学校考虑将黄埔医院作为附属第一医院的分院来建设，但是此项工作还要取得卫生部、广东省卫生厅等卫生主管部门以及广东省人民政府和黄埔区人民政府的最后批准。

(三) 关于《家庭医生》问题

《家庭医生》杂志社是原中山医科大学校办企业中的龙头企业，也是合并后的新中山大学校办企业中的龙头企业。十几年前《家庭医生》从向学校借款10万元开始起步，发展到今天这样的规模，广大员工付出了巨大的努力，很不简单。

《家庭医生》的核心问题是产权问题，为此，学校派出了财务总监、经济顾问、法律顾问协助企业提出整改意见。学校决定，根据教育部《关于北京大学、清华大学规范校办企业管理体制试点指导意见》的精神，对《家庭医生》通过对外资产重组，明晰企业产权关系，理顺企业管理体制，完善各项管理制度，建立以资本为纽带、产权清晰、权责明确、校企分开、管理科学的现代企业制度，使《家庭医生》成为承担有限责任、自主经营、自负盈亏、照章纳税的市场主体，并对校有资产承担保值增值责任，依法保护学校合法权益，有效规避企业的经营风险。

(四) 关于业丰大厦问题

今年，学校基本建设的重点将放在业丰大厦的建设上。学校决定在理顺业丰大厦法律关系、取得业丰大厦产权的前提下，对该大楼的功能作一定的改变，将以商用为主体改为以教学科研为主体，为北校区的校园整治创造条件。大楼落成后，学校将拆除北校区内一些过于密集的旧房（当然是文物的必须保护），增加校园绿化面积，改善校区内的环境质量。学校已在今年的预算中留出足够的资金用于业丰大厦的建设，希望从2002年下半年开始由学校接手建设，争取在2003年完成。

(五) 关于新经济政策

根据学校事业发展的需要和我校财务工作的实际情况，为更好地配合学校各项工作的开展，发挥财务管理在促进学校发展中的作用，去年年底，学校已制定了新的经济政策，从2002年1月1日开始，原两校的财务已正式合并。

学校的财务实行"统一领导、分级管理"的体制，实现"六个统一"，即统一的财务管理、统一的预算管理、统一的会计核算、统一的经济（分配）政策、统一的财务规章制度和统一的经费开支标准，各校区的财务按"统一管理、分区核算"的原则运行。

学校将坚持收支两条线的原则，所有资金均纳入学校财务的统一管理之中。采取两级管理的模式，就是说，每位教师所得报酬中，将分为学校和院（系）两个部分。学校对于教职工的工资性收入将采取就高不就低的原则。对各学院（系）进行定额比例分配，实行增量奖励，重视发挥学院一级的理财和争取更多资源的积极性，鼓励院（系）进行高层次的创收。同时，限制非教学性单位的各类办学，禁止企业、机关办学，禁止机关创收。

今年，学校还将继续发放岗位业绩津贴，总的原则是业绩加岗位，学校将在业绩考核的基础上，设立若干岗位，定出岗位职责，作为津贴发放的依据。

（六）关于医科教学问题

最近，由教务处牵头组织，学校就医科一年级新生是否全部到珠海校区上课问题向各医学教学单位广泛地征求了意见，各单位以积极的态度进行了认真的讨论，根据专家的意见，本着实事求是、尊重教学规律的原则，学校决定，今年入学的医科一年级新生，除七年制以外，仍将在广州北校区就读。

我的讲话就到这里，谢谢大家。

必须高度重视学科建设和人才队伍建设[*]

——在 2002 年教授、中层干部大会上的讲话（摘要）

开学之初，校党委组织召开了学校 2002 年发展战略研讨会，会上，着重讨论了新的一年我校在学科建设和人才建设等方面的工作思路，与会同志一致认为，学科建设和人才建设是事关学校长远发展全局的大事，必须进行认真仔细的调查研究，抓紧抓好。

学科建设与人才建设确实事关全局，事关中山大学的长远发展，像我们学校这种层次的学校，处在一流大学还稍靠后的位置，必须不断地努力，才能跟上乃至超过全国同类大学，我们所面临的现实就是：不进则退。所以在我们学校，学科建设是无论如何强调都不会过分的。上个学期放假前，学校下发了《关于做好学科建设规划工作的通知》，要求各单位在寒假期间按通知的要求制定本单位的学科建设规划，2 月 21 日，全校各单位就已完成了各自的学科建设规划。此次学科建设规划的制定过程，实际上就是一次广泛的发动过程，为了做好这一规划，许多同志放弃了寒假休息的时间，大家的工作积极性真的令我十分感动。它从一个侧面说明，并校以后的中山大学，大家都在为学校的发展尽着最大的努力。许多事例都说明，现在的中山大学人气是旺的，人心是齐的，俗话说"人心齐，泰山移"，有全校教职员工的共同努力，劲往一处使，我们的中大就没有理由不能实现我们跻身于国内一流大学前列的宏伟目标。

科学的学科规划确实是保证我校学科建设稳定健康发展的重要因素，各单位的规划不仅是对本单位工作思路的一次清理，也为学校下一步的学科规划工作奠定了更为坚实的基础。

在各单位学科建设规划的基础上，根据目前学校学科建设基本情况以及学校长远发展的需要，学校将首先从"985 专项资金"（国内一流大学如北大、清华等都把建设高水平大学专项资金称为"985 专项资金"，因为把若干所大学建设成为世界高水平大学并加大投入的决策是 1998 年 5 月 4 日江

---

[*] 本文系 2002 年 3 月 7 日在中山大学教授、中层干部大会上的讲话（摘要），后刊登于 2002 年 3 月 13 日《中山大学报》（新）第 8 期。

泽民总书记在北大百年校庆大会上提出来的)中拿出3.5亿元用于各单位的学科建设,并明确了2002年和2003年各单位的学科建设专项资金的指导数。

学校要求各单位根据本单位的学科建设专项资金指导数,尽快明确本单位的重点建设项目,以项目建设为核心,在已有的学科建设规划的基础上,制定本单位的学科建设具体实施计划,使建设规划落到实处,扎扎实实地做好学科建设工作。

下面,就此次制定学科建设实施计划的若干原则作一个说明,听取大家的意见,在综合各方的意见后,学校会正式发文。同时,学校也希望以各学科的实施计划为基础,找出我校学科建设的"亮点",最后形成中山大学建设高水平大学的总体规划,上报教育部和广东省人民政府。

一、基本原则

1. 学科建设实施计划的制定,实体学院以学院为单位,虚体学院以实体系为单位,各附属医院(中心)以附属医院(中心)为单位。国家重点建设学科的实施计划应纳入本单位的整体实施计划中。

2. 学科建设实施计划要坚持以一级学科为基础,注意培育新的学科增长点,充分发挥学科综合与交叉融合的优势。

3. 学科建设实施计划应突出重点,兼顾一般,充分保证对重点建设学科的重点建设,同时兼顾与重点建设学科相关学科的发展,体现重点建设学科对其他相关学科的带动作用。

二、实施计划的制定应以项目建设为核心

1. 各单位的学科建设实施计划应包括总体建设目标和具体建设项目两个方面的内容。

总体建设目标应包括本单位人才队伍结构、人才培养规模、科研能力、重点建设学科的水平以及实验室建设水平等方面内容。根据来自教育部的消息,5月份,"211工程"二期建设将会启动,各单位在制定总体建设目标时,除现有的学科建设专项资金外,还可考虑在"211工程"二期建设中争取经费。

具体建设项目应包括:建设内容与指标、立项依据和可行性分析、预期

效益与验收指标、项目经费支出预算等四个方面。项目的确定要体现以人为本的精神，依靠本学科的优秀人才，为他们创造良好的工作条件。

2. 各单位的学科建设实施计划应以重点建设项目为核心，学科建设专项资金的使用应落实到各具体建设项目。要贯彻以项目促建设、以项目促发展的原则，重点投入重大基础研究项目和对国民经济和社会发展起重要推动作用的研究项目和建设项目，并以争取国家重大项目作为主要评价标准之一。尤其是交叉学科和交叉研究中心的建设，更应以重大项目作为联系纽带，促进交叉研究机构的健康发展。文科的院长、系主任们就提出，可以从本学科的资金额度中留出10%，来组织跨学科的研究机构，开展跨学科的交叉研究，学校鼓励这些想法，资金不足，学校将考虑给予一定的补助。

3. 具体建设项目的确定，应遵循学科发展的规律，经过充分的论证。学校将聘请专家对各单位学科建设实施计划中的具体建设项目进行论证，在2002—2003年两年内，成熟一个，启动一个。在实施计划中明确的项目，也不是一成不变的，各学科可以根据科学发展的实际状况，对计划中的具体项目作适当的调整。学校分配给各单位的学科建设专项资金额度将保留两年，两年后如仍没有项目的，该专项资金额度将由学校收回，移作他用。换句话说就是，各单位应充分发挥主观能动性，不能乱花钱，也不能不敢花钱，用足用好本单位的学科建设专项资金。

三、学科建设专项资金使用的若干原则

1. 学科建设专项资金的使用仍应坚持两个"二八"的原则，即分配到各单位的资金额度的20%必须用于人才引进。在剩下的80%经费中，应保证有80%的经费用于固定资产的投资，另外的20%可用作科研项目的日常开支，但这些科研项目应围绕本单位学科建设的总体目标。

2. 各单位还可提取资金总额度的2%用于学科建设的管理费，由各单位的学科建设领导小组控制使用。

3. 学科建设专项资金不能用于劳务费的列支。

4. 贵重仪器或批量超过10万元人民币以上的仪器设备必须附有本单位的论证报告。在各单位的实施计划中重复出现的大中型仪器设备，学校在充分论证的前提下，将进行统筹和协调。

理科、医科学院可能会对这条有些意见，我想这里关键是一个"度"的问题。一方面各单位的教授们要明白，国家的规定必须认真执行，另一方

面职能部门也要改进工作作风,要在执行国家规定的同时,尽力让购置仪器设备的教授们感到方便,两个方面都应顾及,不可偏废,这个"度"一定要把握好。我希望职能部门与各学院的教授们应该更多地坐下来,认真地沟通,共同把仪器设备购置的工作办好。

四、要高度重视人才队伍的建设

关于人才队伍的建设,我想有两层意思,一方面我们要重视高层次人才的引进工作,另一方面,我们也要十分重视为校内现有人才创造宽松的学术氛围和改善开展科学研究的基本条件。引进人才和校内现有人才队伍的建设并不矛盾,其目的都是一个,就是要从根本上提高我校人才队伍的整体水平。

各单位在制定学科建设实施计划时,应高度重视高层次人才,尤其是学校"百人计划"第一、二层次人才的引进工作。各单位的学科建设专项资金指导数中20%必须用于本单位人才引进,超出部分由学校解决。另外80%部分资金的使用也应体现对本学科现有优秀人才的倾斜。

曾有教授问我,学科建设资金中有20%用作引进人才,那么对现有人才有什么措施呢,我的回答很简单,就是80%。各单位的学科建设实施计划要以人才为本,以人才为核心,围绕本学科的优秀人才来制定,为人才创造更好的工作条件和学术研究的氛围。事实上,我们校内就有着一批与"百人计划"第一、二层次条件相当的优秀人才,我们不能等他们想要走了,才觉得他是人才,我们不仅要在物质上为他们提供各种各样的工作条件,更重要的是要营造一种更为宽松的氛围。一个人的心情是否舒畅,往往不在物质,而在精神。我希望,作为学院、医院的领导,作为制定学科建设实施计划的领导小组成员,要有气度,要更多地考虑本单位、本学科内的优秀人才,为他们创造条件,让他们心情更为舒畅地投入到科研工作中去。在这次珠海会议上,有一位医院院长就提出,要在自己的单位里,为各类优秀人才搭一个"感情平台",我觉得这个比喻就很形象,搭这样一个"平台"很重要。学校也正在考虑,要为校内现有的优秀人才切实地改善条件,为他们提供帮助,这既包括工作条件的改善,也包括生活条件的改善。在珠海会议上,我提了一个建议,对校内现有的符合"百人计划"条件的优秀人才,给予引进人才同样的待遇,得到了与会者的热烈鼓掌,一致通过。目前,人事部门正在制定有关的办法。

在重视现有人才的同时，我们仍然要十分地重视高层次人才的引进工作。对于像我校这种层次的大学而言，引进高层次的学术带头人，事关学校长远发展的大局。强调这一点，并不是忽视了我们现有的人才，事实上，就是靠我们现有的人才，中山大学照样会发展，但这种发展可能会是按部就班的。中山大学如果要实现飞速的、跨越式的发展，要在日新月异的科技发展中抢到先机，要寻找更多的学科增长点，就不能仅仅寄希望于学校原有人才调整科研方向或者"改行"，如果不能引进已有一定基础的学术带头人，我们的学科调整、寻找新的学科增长点就只能是一句空话，我们当然也会进步，但恐怕会永远跟在别人的后头。目前，中山大学所拥有的各类杰出人才的数字在国内一流高校中尚处于落后的地位，仅以长江学者为例，我们就远远地落在许多国内一流大学的后面。之所以要在学科建设专项资金中留出20%用于人才引进，而且学院的20%用完了，学校会解决超出的部分，上不封顶，就是为了表明学校在引进高层次人才，尤其是在国内乃至国际上有一定地位的学术带头人的决心。事实上，我们也已经有了成功的例子。去年，我校从中科院广州能源所引进了一位教授，就使我们在新能源以及智能交通上产生了一个新的学科增长点，他还是科技部"863计划"新能源专家组的组长。我们要引进的就是这样的人才。"千军易得，一将难求"，有了新的领军人物，我们才会有新的学科增长点，中山大学的学术地位、学术水平才能得到超常规、跨越式的提高。

全校都要有人才意识，都要有一种尊重人才、爱护人才的氛围。在人才队伍建设的工作中，我们一定要注意处理好校院两级的关系。我们说引进人才，学院、医院是主体，各学院、医院的领导们应该是引进人才的主力军，我们希望由学院和医院的院长去物色人才，向学校提出人选，学校则提供各种政策；我们说为现有人才创造良好的工作、生活条件，学院、医院也是主体，各学院、医院的领导们对此是十分重视的，学校也将更为重视各学院、医院对校内优秀人才的推荐意见，为他们提供更好的条件。总而言之，意识是重要的，氛围是重要的，只要全校上下都来重视这项工作，中山大学的人才建设工作就会迈上一个更高的台阶。

必须看到，现在各兄弟学校都十分重视人才队伍建设，给人才所创造的条件也大同小异，许多到我们学校来工作的教授，从兄弟院校出来时也有很好的条件，他们之所以选择了中山大学，就是因为在中山大学他们有用武之地，中山大学可以为他们提供更良好的氛围。这种氛围的营造要靠我们学校中的每一位同志，包括各学院（医院）的院长们，还有我们各个职能部门的工作人员。有时候可能就仅仅是一件小事，就可以决定一个高层次人才的去留。最近，我们就召开了有机关各部门参加的人才队伍建设协调会，学校正试图建立起引进人才、为优秀人才做好服务的"一条龙"机制，目的就是要为优秀人才创造一种良好的氛围。我们相信，只要学校上下都树立起人才意识，就一定会形成适合于人才发展的良好的服务机制，中山大学就可以在全国乃至全世界有一种好的影响，中山大学就会成为一片梧桐林，不愁没有凤凰飞上枝头，也不愁会有凤凰飞出我们这片梧桐林。

在一次会议上，我对各职能部门的同志说，希望大家对待各位学科带头人，不管是校内的还是即将加盟中山大学的，都要像对待我这个校长一样。到中山大学三年多来，我一直感到十分温暖，中大人并不排外，我希望我们的教授们也能有像我一样的感觉。我常说，在中山大学，名教授们的地位是高于校长的，校长任期一满就离开了，而中山大学的声誉却是靠着一代又一代的名教授们的努力而逐步积累起来的，现在我们说到文科就会想到陈寅恪，说到理科就会想到蒲蛰龙，说到医科就会想到陈心陶等一大批老一辈的学者，学术的承传、学校的声誉正是与这些闻名遐迩的名字息息相关的，正是一代又一代的著名学者共同锻造了中山大学这块金字招牌。我们现在之所以反复地讲人才队伍建设的重要性，讲要为人才营造良好的氛围，讲得大家耳朵都快起茧了，实在是因为我们看到了这些名教授们对中大的未来将会产生的重要影响。现在正在中山大学各个岗位上工作着的同志，都应该有一种历史的使命感，中山大学发展至今已经快八十年了，我们正在延续着学校的历史，我们的生命是有限的，而中山大学的生命则将不断地延续下去，我们都应该为中山大学声誉的提高尽自己应尽的一份职责。

上面对各单位学科建设实施计划的具体要求作了一些说明，学校已对"985专项资金"的安排作了规划，除上述分配到各学院的3.5亿元资金外，学校还将在数字化校园建设、图书馆建设、测试中心建设、专业教学实验室、基础教学实验室的建设以及若干大型交叉研究项目等方面投入3.5亿元的建设资金。

在交叉学科的发展方面，学校将把主要资金投入到药学院的筹建中。目前，学校已成立了以陈汝筑副校长为组长、黄民教授为副组长的药学院筹备领导小组，该小组由中山医学院、生科院、化工学院的老师组成，筹备工作进展顺利。关于新闻传播学院的筹建，学校已与南方日报报业集团进行了初步的接触，初步达成了合作的意向。我个人的想法是，新的学院的筹建可以采取新的模式，可以考虑成立董事会，用非学历的教育支持学历教育，走出一条与企业联合办学的新路。

　　学校还将在图书馆与数字化校园的建设方面投入资金，为全校的科研提供一个优质高效的信息服务平台。学校将通过系统整合，将各校区的图书馆整合为一体化的图书馆系统，实现全校文献信息资源的优化配置和资源共享。前段时间，陈汝筑副校长组织人员对图书馆的建设问题进行了专题研讨，大家的结论是，我们中山大学的图书馆藏书很多，但无论是硬件设施还是服务水平都需要上一个档次。有教授就提出，广州南北两个校区的图书馆馆舍，都与中山大学这所全国著名大学不相称，不仅要"穿衣戴帽"，而且还要"换内衣"，学校将投入足够的资金，建设一个让师生员工满意的一流的现代化的图书馆系统。我相信，经过我们精心的策划和努力工作，这个目标是可以达到的。

　　今天着重讲了学科建设和人才队伍建设的重要性，由于时间关系，人才队伍建设也只是讲了一个局部，如管理干部队伍建设等问题尚未涉及，还有一些重要工作，如今年将召开的研究生培养工作会议、科研工作会议等，也要在今后找机会再说了。

机关部处负责人要发挥工作的主动性，要有效益意识[*]

建设一流的高水平的中山大学是一个长期的艰难的过程，需要包括在座诸位在内的所有中大人共同的努力。在这里，我想谈一些感想，也可以作为我对学校机关部处负责人的一些希望。我的感想主要有以下两点：

第一，要发挥工作的主动性。

强调要发挥工作的主动性，就是希望我们的部处长不能凡事都靠校领导，一定要校领导有了指示才去工作。学校的各项工作已经分解到了各个部处，在座的诸位每人都管着一摊子，你们就是自己管着的这一摊子的负责人，这就要求大家一定要有一种主人翁的姿态，主动地去考虑自己负责的工作，提出有益的建议，想出各种办法，把自己负责的工作做好。

我想，作为一个部门的负责人，大家对本部门的工作一定比分管校领导更了解，更有发言权。因此，大家应该比校领导考虑得更多，考虑得更全面，应该以一种主动的姿态去提出问题，发现问题，解决问题。从某种意义上说，大家在各项工作上，应该推着校领导向前走，从而推动学校各项工作的开展。各位机关部处的负责人与学校、与分管校领导的关系绝不仅仅是领导与被领导的关系，各部门的负责人不应该是被动的，大家与学校领导应该形成一种互动的关系。

说得更加直接一些，我想，看一位部处长是否合格，其关键就在于"主动性"这三个字。中山先生说做大事与当大官的区别，其核心的区别在立志，是要看立的是做大事的志向还是当大官的志向。我们看我们的部处长是否合格，其核心的区别就在于是否有主动性，是主动地去工作，主动地去思考还是被动地去思考，去工作。我想我们的部处长们应该立起"主动地工作"这个志向。

发挥工作的主动性要围绕学校的中心工作。现阶段，我们学校的中心工作就是学科建设，因此各机关部处就应该围绕这个中心，主动地考虑问题，

---

[*] 本文系 2002 年 4 月 26 日在机关部处干部培训班上所作讲座的节录，后刊登于 2002 年 5 月 13 日《中山大学报》（新）第 13 期。

提出思路来，拿出办法来，妥善地解决在工作中可能出现的各种问题。我们的科研部门、教学部门、人事部门、后勤部门等都应该认真主动地动动脑筋，看怎样才能配合学校的中心工作发挥本部门的作用。最近，学校十分重视扩大国际交流，提升中山大学的国际影响，开展粤港之间的教育合作。广东省省长卢瑞华和香港特区政府政务司司长曾荫权都提到粤港经济的合作不应再停留在"前店后厂"阶段，应注入新思维、新内容，必须寻求高增值的合作空间，形成新的互补双赢格局，在这个前提下，粤港之间的教育合作必会有更为广阔的空间。我想，这一广东省十分重视的工作，当然也应该是我们中山大学十分重视的工作，因为我们是广东省最重要的一所大学，为建设中山大学，省委省政府给予了空前的支持。我们的部处长是否已经注意到这一点了呢？是否已经把粤港教育的交流与合作以及中山大学的国际化纳入了自己工作的思考范围中呢？这就是一个主动性的问题。现在学校提出了要重视国际化工作，这个工作绝不是国际合作与交流处一个部门的事情，做好这一工作，涉及全校的方方面面，所谓牵一发而动全身，我看仅仅是交流学生一项，就已经值得教务处、学生处、招生办乃至后勤部门的领导们认真考虑了。希望大家一定要围绕学校各个阶段的中心工作，更多地发挥主动性，多考虑一些，多出一点主意。

总而言之，我们机关部处的负责人，不能仅仅停留在常规事情的操作上，陷在事务之中，大家应该超脱一些，这样才会有思路，有想法。曾经有人问我，什么样的处长是称职的，我说，如果这位处长在休息的时候还会经常想着工作，想着如何把工作做得更好，那么这个处长就是主动的，就是称职的。这么说可能有些"残忍"，但我们中大实在是太需要这样的中层干部了。

第二，要有效益意识。

我还希望我们的机关部处负责人在考虑问题时还要有效益意识，要站在学校全局的角度去考虑本部门的工作。

使我校在全国高校中的地位稳定地居于前十位，这是中山大学近几年的工作目标，各位部处负责人在考虑问题时也确实都在朝着这个目标努力。但现在出现一种现象，最近送到我桌上的几乎所有的请示、报告，开头都必定是建设高水平大学，就应该有一个高水平的什么什么，而我们现在什么什么方面的工作还处于落后的位置，这与建设高水平大学的目标是不相称的，为了达到这个高水平就需要学校给多少多少的钱。这种说法有对也有不对的地方，因为实际上学校是不可能往学校工作的各个方面平均地投钱的，如果人人都只看着自己的那一块，而不从全校的大局考虑问题，是不可能建设高水平大学的。

　　我知道现在大家都在看着这12亿元,也有很多人问我,有了这么多钱,你准备干什么?我真的感到很难,以前是没钱很难,现在是有了这12亿元更难,因为方方面面都看着这12亿元。其实,这12亿元对于建设一所高水平大学而言,实在是很少很少。如果从资金的投入方面来看高水平大学的建设,我们国家对大学的投入实在还是很少的。这次去香港访问,听说香港大学建设一座医学院大楼,就投入了32亿港元,这在内地的大学是很难想象的,而且我们与香港以及西方发达国家的这种差距在现阶段,在短期内还是很难缩小的。

　　所以我想在我们校内是否可以达成这样一个共识,就是:对于建设高水平大学而言,这笔12亿元的资金是远远不够的,办学资金相对匮乏的局面还会持续下去,我们要有过紧日子的思想,而且这个紧日子还要过很长很长的时间。对于学校来说,在重点建设高水平大学专项资金的使用上,一定要坚持有所为、有所不为的原则,只能是重点支持,而不是"撒胡椒面"。

　　我们每一个部门当然都希望本部门是最优秀的,但这种对最优秀的追求是不能建立在管理成本大幅度提高的基础上的。我希望大家在考虑本部门管理工作的过程中,要树立起效益意识,希望大家能在现有的人力和物力条件下做出最大的努力,提出更新更好的思路,把本部门的工作做得更好。

　　应该避免想到要做好工作就想到钱,想到激励机制就想到钱的思维惯性。我始终相信,对学生、对教师的激励,除了钱之外,精神上的鼓励同样也是十分重要的。奖学金并不是越高越好,对于学生的鼓励,重要的还是要让学生有荣誉感。科研工作也是如此,不能总是想到老师发一篇论文奖多少,其实,老师的论文发表数与业绩津贴是挂钩的,这种单纯的物质奖励未必会有更好的效果。而且我始终相信,我们的老师写论文这一行为的本身,并不是为了得奖,我们的老师一定更为看重的是科学研究的过程,他们享受的是这一过程给他们带来的快乐。我们的老师之所以能够取得这么多的成就,最主要的是由于他们对事业孜孜不倦的追求,是发自他们内心的强大驱动力,我们所要做的就是要为他们提供更为公平和宽松的工作环境,给他们更多的关爱,这一点,对于高层次人才而言就更是如此。

　　总而言之,我希望我们的部处长在考虑工作思路时要有效益意识。我们经常说,有多少钱干多少事,这句话当然有道理,但我总是觉得里面少了一些东西。我想在现阶段的中山大学,我们更应该要有一种"没有钱也要做事,也要做好事"的精神,要力争用最少的经费投入做出最大的成绩来。

关于素质教育的一些思考*

——在中山大学 2002 年本科教学工作会议上的讲话

各位老师、同志们：

今天召开的会议是并校以后我校第一次教学工作会。刚才，徐远通副校长已就我校教学工作近期的总结以及将来的设想作了一个很全面的报告，因此，我今天的这个讲话就不准备全面地来谈我校的教学工作，借此机会，我想"攻其一点"，谈一谈关于素质教育的一些思考。这些想法不是我一个人的，这个星期一，我们几位校领导和一些教授们开了一个座谈会，大家对素质教育提出了许多有益的见解，今天的这些想法，是集思广益的结果。

今天的这个讲话，分为以下五个方面：①问题的提出；②素质教育的意义；③素质教育的内容；④对素质教育的几点认识；⑤一些可能的措施。

一、问题的提出

去年 10 月 30 日，刚刚并校，学校开了一次教学经验交流会，在那次会议上我就学生培养问题作了一个发言，主要围绕质量意识、一流意识与交叉融合三个方面谈了一些想法。今天谈素质教育，与半年多前的那些想法是一脉相承的，谈重视学生培养的质量，谈培养学生的一流意识和更广阔的视野，谈学科间的交叉与融合，归根到底就是为了提高我们学生的综合素质。

素质教育本来就应该是教育的本义和宗旨，我们常说大学要培养高素质的人才就是这个意思。但为什么最近一段时期以来，素质教育在中国高校中成了一个最时髦的名词，以至于成为一个问题呢？这是因为我们教育的本身出了问题。素质教育的反面，就是应试教育。长期以来，中国的大学存在着"为应试而教，为应试而学"的倾向，片面地强调专业教育，忽视了学生综合素质的培养，使我们的教育在某种意义上成了"应试教育"，从而影响了

---

* 本文系 2002 年 5 月 17 日在中山大学 2002 年本科教学工作会议上的讲话，后刊登于 2002 年 5 月 23 日《中山大学报》（新）第 14 期。

素质教育的全面实施和高素质人才的培养。

从 20 世纪 90 年代末开始,从中央到地方都把素质教育提到了一个前所未有的高度。1999 年 6 月,中共中央下发了《关于深化教育改革,全面推进素质教育的决定》,在第三次全国教育工作会议上,江泽民总书记和李岚清副总理发表了重要讲话,把素质教育提到了事关全民族素质的提高、事关中华民族伟大复兴的高度。在 2000 年广东省教育工作会议上,李长春书记和卢瑞华省长也专门就素质教育在"科教兴粤"战略中的地位作了讲话。素质教育的重要性已在全国达成了共识。

二、素质教育的意义

素质教育从本质上说,就是以提高国民素质为目标的教育。江泽民总书记在第三次全国教育工作会议上的讲话中提到:"要清醒地看到,我国经济增长方式还没有根本转变,沉重的人口负担还没有转化为人力资源的优势。事实越来越证明,我们的劳动力素质和科技创新能力不高,已经成为制约我国经济发展和国际竞争能力增强的一个主要因素。""在当今世界上,综合国力的竞争,越来越表现为经济实力、国防实力和民族凝聚力的竞争。无论就其中哪一个方面实力的增强来说,教育都具有基础性的地位。"

中央之所以这样强调素质教育的重要性,正是因为素质教育是事关中华民族伟大复兴的一件大事。具体而言,其着眼点在以下三个方面:

第一,强调素质教育有利于提高民族的凝聚力。

江总书记说:"必须高度重视教育在增强民族凝聚力方面的重大作用。""正确的世界观、人生观、价值观的确立,民族优良传统的发扬,共同理想和精神支柱的形成与巩固,科学文化水平的提高,都离不开教育工作,而这些都是我们民族凝聚力的重要基础和内容。"要实现中华民族在新世纪的复兴,民族凝聚力是关键。现在我们不断地强调要教育学生确立爱国主义、集体主义和社会主义的价值观、人生观,强调诚信,强调团队精神,正是着眼于民族凝聚力的提高,这是素质教育的灵魂。国家和民族的意识是一个人的立身之本和精神支柱,这是我们强调素质教育的一个起点。

第二,强调素质教育有利于提高民族的创新力。

江总书记说:"面对世界科技飞速发展的挑战,我们必须把增强民族创新能力提到关系中华民族兴衰存亡的高度来认识。教育在培育民族创新精神和培养创造性人才方面,肩负着特殊的使命。"强调素质教育就是要改变以往那种妨碍学生创新精神和创新能力发展的教育观念、教育模式,改变以考试分数作为衡量教育成果的唯一标准、过于划一呆板的教育教学制度。创新能力的培养是素质教育的一个重要组成部分,培养具有创新能力的优秀人才,是大学的责任。江总书记下面的这段话,对我们的教学工作有着具体的指导意义:"高等学校要在培养大批专业人才的同时努力为优秀人才的脱颖而出创造条件,尤其是要下功夫造就一批真正能站在世界科学技术前沿的学术带头人和尖子人才,以带动和促进民族科学技术水平与创新能力的提高。……在出人才的问题上,要鼓励和支持冒尖,鼓励和支持当领头雁,鼓励和支持一马当先,这不是提倡搞个人突出、个人英雄主义,而是合乎人才成长规律的必然要求。"我们以往的教育模式,强调共性过多,强调个性过少,影响了对学生创新意识和创新能力的培养,现在我们强调要从应试教育向素质教育转变,其目的就在于"创新力"这三个字。

第三,强调素质教育有利于提高民族的竞争力。

提高民族的凝聚力和创新力,其最终目的就是为了提高中华民族的综合国力和整体的竞争力。江总书记说,如果不能"努力提高本民族的科技文化素质,努力提高本国的知识创新与技术创新能力,那就会在国际经济竞争格局中处于被动和依附的地位,就必然进一步拉大同发达国家的发展差距"。民族竞争力的不断提高正是实现中华民族伟大复兴的根本保证。

上面列举的三点,就是素质教育意义的所在。之所以不断地引用江总书记的讲话(也可以说是借此机会对江总书记的思想在全校范围内的一次宣讲),是因为他从国家和民族的高度,高屋建瓴地阐明了素质教育之于中华民族的意义,这是国家的大政方针,因而也就对我校教学工作的开展有着指导意义,要说素质教育对于我校的重要意义,首先就要把我们的认识提高到国家和民族这个高度上来。

三、素质教育的内容

我们不断地提到素质教育,不断地在说素质教育的重要意义,但是什么是素质教育,又似乎成为一个问题。最近一段时期以来,只要说到教学工作,说到人才培养,就会提到素质教育,不仅在我们学校如此,全国都如此,素质教育好像已经成了一个箩筐,什么都可以往里装。这种素质教育概念的泛化,可能会成为我们推行真正的素质教育的大敌。因此,在讨论素质教育前,我们首先应该有一个概念框架,我们有必要看一看,什么是素质教育。

要搞清什么是素质教育,首先要搞清什么是素质,或者说我们通常所说的素质包括了哪些内容。学术界通常将人的综合素质分为非智力素质、智力素质以及身体素质三大方面,非智力素质包括思想素质、道德素质、心理素质和政治素质等方面,这也是我们常说的"情商"(EQ),智力素质包括文化素质、科学素质、技术素质、工程素质等方面,这也是我们常说的"智商"(IQ)。也有人认为,通常所说的素质主要包括思想道德素质、专业素质和心理素质等三个方面。

在我看来,不管学术界如何界定,说到人的综合素质的组成,不外乎我们一直所说的"德、智、体、美"四个方面,现在我们特别强调一个"美"字,是针对一直以来我国教育中艺术类教育缺乏而提出的。我们不妨再重温一次江总书记在第三次全国教育工作会议的讲话中所提出的我国人才培养的根本方针,就是:"全面贯彻党的教育方针,坚持教育为社会主义为人民服务,坚持教育与社会实践相结合,以提高国民素质为根本宗旨,以培养学生的创新精神和实践能力为重点,努力造就有理想、有道德、有文化、有纪律的,德育、智育、体育、美育等全面发展的社会主义事业建设者和接班人。"我认为这一段我们十分熟悉的话,其实就是素质教育的根本内容,"德智体美全面发展"的人才正是我们所要培养的人才。我们的目标其实是一贯的,只是我们在实现这个目标的过程中,手段和方法上出了问题。在我们以往的教育中,往往过分地强调了其中的一个方面,而忽视了最为重要的"全面发展"四个字,才有了需要不断地强调素质教育的今天。现在强调素质教育,从某种意义上说,其实就是要回到我们的教育方针上来,切切实实地推行这一方针。

四、对素质教育的几点认识

上面从大的方面谈了素质教育的意义和内容,现在让我们回到学校教育的实际,来谈一谈我们对素质教育的几点认识。

(一)素质教育是一种全方位、全过程的全员教育,是一个潜移默化、循序渐进的过程

素质教育最为根本的一点,就是人的全面发展,它涉及"德智体美"各个方面,缺一不可,因此素质教育实际上涉及了教育的方方面面,是一种

全方位、全过程的全员教育，它是一个潜移默化、循序渐进的过程。我们说一个人素质很高，不会有一个一定的衡量标准，我们只能是"模糊"地去把握它，一个人的素质往往是在细微处显示出来的，他衣冠楚楚，但可能仅仅是一个动作就会使他教养的高低暴露无遗。我们常说要培养学生的创新精神，培养学生国家和民族的意识，培养他们的诚信之心、爱心、公德心、团队精神，我们可能可以通过各种各样的活动来对他们进行教育，但其效果却不是立竿见影的，而是无形的、长期的、潜移默化的。

一个人的素质终将会体现为他的气质，所谓"腹有诗书气自华"，而气质这种东西是最无法言传的，我们说一个人气质好，但好在哪里，不能一一列举。正因为如此，我们的素质教育是贯穿于我们教育的始终的，我们上的每一堂课，我们教师的一举一动，我们的学风校风，都与我们学生的素质息息相关。

由于习惯势力的影响，一提到素质教育，就会想到量化，想到考核。我们不能想象，为了推行素质教育，就在我们的课程表出现"素质教育课"这样一门课程，就有"素质教育老师"这样的岗位。现在在国内的有些高校就出现了这样的现象，我们必须避免这一现象，因为这样一来，素质教育实质上又成了另一种应试教育。

（二）要认真处理好素质教育与专业教育的关系

由于现阶段素质教育的概念是针对以往我国高校片面地重视专业教育的弊端而提出的，因此在推行素质教育的过程中，往往又可能走向另一个极端，就是让学生什么都学一点，但什么都学不深，从而忽视了专业的教育。现在我们常说素质教育的概念，很大程度就是通识教育。通识教育与专业教育的矛盾，是高校中普遍存在的一对矛盾，我们要很好地处理好这两者的关系。我们必须明确，通识教育与专业教育不可偏废，大学教育的本质正是通过专业素质的培养从而实现学生综合素质的提高，没有了专业的素养，我们的素质教育也就无从谈起。我们必须寓通识教育于专业教育之中，如果这两者有所偏废，我们就可能面临两者皆损的局面。

（三）要认真处理好人文素质和科学素质的关系

长期以来，我国的大学重理工、轻人文的倾向比较突出，因此，提出素质教育就不可避免地不断强调人文素质对于学生综合素质提高的重要性。在推行素质教育时，我们的确要强调人文素质的重要性，但与此同时，我们不能忘了科学素质对于学生综合素质的提高有着同样重要的意义，这对于我们这所综合性大学而言尤其如此。我校的人文学科有着悠久的历史，也有着很强的实力，因此在中山大学就不能像一些工科大学那样只强调人文素质的重要性，我们还要重视对学生科学素质的培养。科学素质的训练、逻辑思维的培养对文科学生甚至理科、医科的学生而言，都至关重要。我们不能片面地强化学生感性的一面，理性的科学素质对于一个人的立身之本是不可或缺的。

（四）在素质教育中，要尤其强化学生、国家和民族的观念

推行素质教育事关中华民族的伟大复兴，中国的建设事业，中华民族的复兴大业需要一大批有着较高综合素质的劳动者，中山大学作为一所在全国举足轻重的大学，在这方面尤其要有一种使命感。我们强调素质教育，不能仅仅停留在培养学生优雅的气质，使我们的学生成为精神贵族，我们更应该培养学生为国家和民族贡献才智的使命感，中山先生对学生要立志做大事的教诲，其立足点也正在于国家和民族的观念。强调这一点，在广东这个有着务实传统的地方尤为重要。我们应该教育我们的学生把眼光放得更远一些，要胸怀国家和民族，只有这样，为人处世才会大气，做事、做学问也才会有大的气魄。强调国家和民族的意识，就是要培养我们的学生要有大的气魄和胸襟，我们不能培养那种只顾着自己眼前那"一亩三分地"，只想着赚更多的钱、"老婆孩子热炕头"的"小资"们，（虽然在事实上，如今我们中国的大学已经培养了大量这样的"小资"，而且由于这支队伍的壮大，连"小资"这个名词也从以往的贬义变为褒义了）"为中华之崛起而读书"仍然是中大学子学习的目的和动力，这句话还要一直说下去。

（五）推行素质教育，要注重培养学生的个性

强调培养学生的个性，就是强调对学生创新能力的培养，我们要认真地处理好教育中共性与个性的关系，鼓励学生的个性化发展，发挥其学习的主动性和积极性。我对中国国家足球队主教练米卢"快乐足球"的理念印象深刻，一个人只有当他对所从事的事业感到快乐的时候，才可能激发起不息的向前的欲望，也才可能真正成就一番事业。我们常说"兴趣是最好的老师"，这与"快乐足球"有异曲同工之妙，只有当学生视学习为一件快乐的事情的时候，他才会有真正的学习动力，而个性化的学习正是"快乐地学习"的前提。我们应该鼓励学生冒尖，鼓励学生一马当先，甚至异想天开，

因为这是素质教育的真义所在。

（六）推行素质教育，要注重培养学生的团队精神

在强调培养学生的个性的同时，我们还应该注重培养学生的团队精神。团队精神是素质教育的一个重要组成部分。要在学生中营造一种求真求知、崇尚科学、共同向上的良好的团队精神，只有在张扬个性的同时又富于团队精神的学生，才是一个真正高素质的人才。

随着社会的进步和科学的发展，团队的作用已越来越重要。单靠一个人的力量是做不成大事的，在我们的科学研究中，如果没有科研团队的协作，要完成重大的科研项目，是不可想象的。目前，国家自然科学基金委在全国范围内遴选科研团队，也正是关注到了团队精神在科学研究中的重要性。在我们的 MBA 教学中就有团队精神训练的项目。最近我还看到一个电视节目，介绍军队中团队精神的培养，其中的一个活动就是，要求一个人从高处在毫无保护的情况下平躺着倒下，而在下面接住他的，就是他的战友。我想如果没有良好的团队精神，没有长期以来在团队中培养起来的相互的信任，这个人是无论如何不敢就这么倒下去的。这些例子都说明团队精神的重要性。中华民族凝聚力的提高也有赖于无数富于团队精神的国民的共同努力。

团队精神是一种重要的素质，具有良好的团队精神的人，不仅要善于领导别人，还要善于被领导，如果人人都想当头，最终也就只能是群星灿烂，没有月亮。我们常说"不想当元帅的士兵不是好士兵"，这句话当然对，但还是有其片面性，在一个团队如果人人都想当元帅，最终也就无所谓团队精神，我们也就有可能一事无成。我们强调培养学生的团队精神，就是不仅要使学生具有一种从事科学研究所必备的素质，而且也是为了使他们将来进入社会后具备一种与人群良好合作与沟通的立身处世的素质。

（七）推行素质教育，必须尤其强调教育者本身的自我教育

我们在前面不断地讲素质教育如何，学生应该有怎样的素质，但是说到教育，首先是教育者的问题，说到素质教育，首先就是教育者的素质的问题。我以为，教育者的素质，也就是说我们老师的素质，我们机关干部的素质，是我们学校素质教育成败的关键所在。我们的行为对学生有着潜移默化的影响，更确切地说，我们的素质将直接地影响到学生的素质。所以要讲素质教育，首先就是我们老师自己要进行自我教育。

《资治通鉴》卷五十五中有个故事，说汉代太原有一个叫郭泰的人，道

德学问都很好，乐于提携后辈，在读书人中口碑很好。于是有一个叫魏昭的青年就拜到了他的门下，说："经师易遇，人师难遭，愿在左右，供给洒扫。"所谓"经师"，就是"专门名家，教授有师法者"，可以讲解经义，教人以学问的人。而所谓"人师"，则是"谨身修行，足以范俗"，自己的人品修养很好，足以成为学生楷模的人。魏昭认为郭泰是"人师"，所以愿意在他的身边帮他扫地。这里讲的就是"经师"和"人师"的区别。

我们大家都应该有过这样的体验，就是在我们的学习阶段有过很多老师，他们中的大部分可能已经从我们的记忆中淡忘了，但总会有那么几个老师，终身难忘，想起他们，我们就会心生感激之情。这是因为这些老师不仅教了我们知识，更教了我们如何做人，我们的人生观和价值观也正是在潜移默化之间受到了他们的影响，我们一定还会记得当时他们给我们上课时的情形，靠近他们，我们会感到温暖，感到如沐春风，这就是"人师"，在他们的身上有着一种人格的力量。韩愈说："师者，传道，授业，解惑也。"这里的"师"就是"人师"，传道、授业、解惑正是作为老师教书育人的职责所在。古语有云："善歌者使人继其声，善教者使人继其志。"我们提倡师生之间应该是一种亲切、温暖、坦诚的关系，要有人格的交流和情感的熏陶，要在愉快的氛围中把"道"传下去，把"德"传下去。

推行素质教育，就是要求我们的老师要在成为"经师"的同时，更要成为"人师"，为人师表，我们的人格和修养应该成为学生的楷模。最近，教育部再三强调名教授要为本科生授课，其目的并不是一定要加大名教授们的工作量，而是要通过名师授课的方式，让学生们切身体验到名教授们的学问之道以及他们为人的魅力和品格，这方面的熏陶可能会胜于我们的许多堂思想品德课。因为这些知名教授在上课的同时，已把知识的力量转化成了人格的力量，我以为这正是素质教育的要义所在。

上个学期，南校区组织学生评选"我心目中的良师"，北校区也开展了"我爱我师——我心目中的好老师"的评选活动。在这些活动中，涌现出了一批优秀的教师，如邱捷教授、王金发教授、郭嵩山教授、马涧泉教授、潘敬运教授等，就是他们中的突出代表。我想这些老师一定是称得上"人师"的，他们对教育事业的执着追求，对教书育人的崇高使命感和强烈的责任心，堪称中大教师的楷模，他们不仅以自己的学问，更以他们的人格魅力赢得了学生的尊重和爱戴，我们学校正需要一大批这样的"人师"。

曾子曰："吾日三省吾身。"我也建议我们学校的老师们要经常扪心自问：我的品格和修养当得起"人师"这个称号了吗？我是否已经可以把知识的力量转化为人格力量,去教育学生、熏陶学生了呢?老师,是一个神圣的名字,多少父母把自己的孩子交到我们手中,我们没有任何理由不把他们培养成才。我们要经常反躬自省,不断地加强自身的修养,以"人师"作为自己奋斗的目标。这就是我们的"为师之道",这就是我们推行素质教育、培养高素质人才的前提。

五、一些可能的措施

上面谈了我们对于素质教育的一些认识,那么基于这些认识,我们可以做哪些工作呢?下面作为引玉之砖,谈一些我个人的想法。

第一,要加强制度建设。

要提高学生的道德素质、思想修养,当然要强调潜移默化的影响,润物细无声,但同时也要看到纪律和制度的重要性。实践证明,许多良好的素质其实是纪律和制度逼出来的,新加坡就是一个很好的例子,他们堪称世界第一的公民素质,很大程度上就是罚出来的。我们要培养学生的诚信,首先考试作弊就要绝对禁止,如果在校内考试可以作弊,到了社会上又何来诚信可言呢?强调制度建设,还要考虑到宽严适度,立"法"的时候就要考虑到执"法"的可行性,立"法"不能太苛,太苛的"法"往往难以实施。一旦建立了制度,就应该严格执行,现在遇到处分学生,我们往往会考虑从轻发落,从宽处理,这样不行,立法和执法是相辅相成的两个方面,立了法不执法,就等于没法。因此,我想我们有必要重新审视一下学校的规章制度,不合适的,就应该作适当的修订。

第二,我们要加强师德教育。

要提高教师自身的道德修养,大力弘扬教书育人的良师,使我们的教师在成为"经师"的同时,更成为"人师"。我们必须正视我校的现状,在我们的教师队伍中,还存在着许多不尽如人意的地方,有一些教师过分地关注自己的事情,而忘记了教书育人的职责。上课马虎,甚至随意取消课程的老师在我们学校还不乏其人,学生的意见很大。反躬自省,我们的许多老师离"人师"的要求实在还有很大的一段距离,我们学校的师德教育还有一段很长的路要走。推而广之,我们的管理部门,我们的机关管理者也应该想一想,我们为了通过教育主管部门各种各样的检查验收,迫于各种压力,是不是还存在着作假的现象?事实上,作假的现象在中国的高校中可以说还普遍存在。有一个很典型的例子,某重点高校为了通过教育部的一次关于校园环境的检查，为了使校内的一些空地变成绿色，种草来不及，就种上了麦子，麦子长得快，检查时就一片绿油油了。试想一下，如果在学校的层面也在作假，又如何培养我们学生的诚信呢？我们作为教师，作为管理者的自我教育，真是任重而道远啊。

第三，我们要大力推进教学体制的改革。

我们可以考虑实行三学期制，给学生更多的选修专业以外的知识以及自我学习的空间，同时也可以使学生有机会走向社会，结合学术研究和专业教育开始社会实践。我们也可以考虑建立教学的"立交桥"，一些专业如软件工程，以及将来的新闻与传播，可以尝试从二年级的学生中招生，同时鼓励优秀学生提前攻读硕士或博士研究生。我们还可以考虑推行大文大理大医的教学模式，一二年级的学生入学后不分专业，加强基础课的训练，同时逐步建立文理医各学科间的互相选修制度。所有这些措施，都有可能对我们素质教育的发展产生积极的影响。

第四，我们要组织各类校园文化活动，提高学生的综合素质。

开展形式多样的各类校园文化活动，有利于学生树立正确的人生观和价值观，有利于学生综合素质的提高。最近我听到一个消息，很感动，"五一"前，珠海校区组织学生义务献血，同学们十分踊跃，甚至出现了排队轮候的现象，整个活动持续了近8个小时，共有400多位同学献了血，还有很多同学没轮到。一位北方来的同学对我说，以前他们知道的情况是大家想方设法开出不宜献血的证明逃避献血，但中山大学却不是这样，他们受到了很大的感染，因此主动要求义务献血。我想这是一个很好的例子，学生的爱心和社会责任心正是通过这样的活动慢慢地培养起来的。今后我们是否还可以组织一些类似的活动，例如，我们是否可以为学生提供做义工的机会，让他们感受到社会上还有弱者的存在。现在珠海校区正在安装攀岩设施，我很支持，因为攀岩活动可以培养学生接受挑战、坚韧不拔的性格。后天（19日），教育部一年一度的"五月的鲜花"大型文艺活动将在珠海校区举行，这是一个全国性的重要活动，这同样也是培养我们学生集体荣誉感以及艺术素养的一次很好的机会。

总而言之，在中山大学，素质教育应该是一个永恒的话题，它是我们人才培养的本质和要义所在。我们要通过学习来推进素质教育，使学生拥有扎实的专业知识；我们要通过欣赏来推进素质教育，使学生拥有善于发现美的眼睛；我们要通过体验来推进素质教育，使学生拥有正直的良心和向往崇高、追求至善的心灵。

学生是中山大学最为宝贵的财富，培养高素质的人才是我们神圣的职责，中华民族全民素质的提高、中华民族的伟大复兴的重任正在我们的肩上，我们责无旁贷。

一个定位，八个关系[*]

——在中山大学高等继续教育工作会议上的讲话

各位老师：

很高兴能来参加此次高等继续教育工作会议，通过此次会议，我们可以统一一下认识，提出一些思路，这对学校今后高等继续教育工作的进一步开展是十分有好处的。刚才颜光美副校长对我校的成人教育工作作了回顾，并提出了发展的思路，我认为，这个思路是好的，我的这个发言就不想作全面的总结了，只是就我校继续教育所涉及的一些具体问题发表一下自己的看法，提供给大家考虑。

我今天主要讲"一个定位，八个关系"，涉及的方面很多，但不会长，只是一些原则性的意见。

一、我校高等继续教育的定位

高等继续教育是我们中大高等教育中的一个重要组成部分。大学是培养人才的地方，培养人才的方式是多种多样的，有学历教育，一是把中等教育中最优秀的分子吸纳到学校来深造，这是本科教育；还有就是把本科程度中最优秀的分子吸纳到学校来深造，这是研究生教育。还有就是非学历教育，一是对社会上各类精英的再教育，二是除此之外的各类人员的职业或专业岗位培训。我校高等继续教育的定位，应该主要是非学历教育，或者说是终身教育，很显然，它拥有着广阔的发展空间。

我认为，我们学校对成人教育这一块工作应该有一个再认识。以往我们往往有一个不好的观念，似乎觉得成人教育是学校可有可无的一项工作，高等继续教育学院也成了安置干部的地方，这是不对的。高等继续教育学院的工作与研究生院、教务处、科技处、医科处、社科处一样，都是我校教学科研系统的一个重要组成部分，成教系统同样应该是培养干部而不是安置干部

---

[*] 本文系 2002 年 11 月 2 日在中山大学高等继续教育工作会议上的讲话，后刊登于 2002 年 11 月 27 日《中山大学报》（新）第 27 期。

的地方，我们应该将更多优秀的管理干部充实到这支队伍中来，更好地发挥中山大学固有的优势，在新的历史时期，利用成人教育广阔的发展空间，把这项工作做得更好。从事成人教育的同志，也应该更加具有全局的观念，树立和强化品牌意识，与学校其他的教学科研部门一道，为中山大学的全面振兴作出贡献。我想，这也是我校高等继续教育学院的一个重要的定位。

二、高等继续教育与研究生教育的关系

所谓高等继续教育，顾名思义，就应该是大学后的教育，这是我校高等继续教育工作的一个重要部分，也是学校所希望的发展重心所在，如果不发展研究生层次的教育，这与大学后教育的特点是不相匹配的。这就出现了一个问题，即如何处理好高等继续教育与研究生教育的关系，我想搞清这个关系很简单，就是要区分好学历教育与非学历教育。我们的高等继续教育所从事的主要是非学历教育，因此，我想是否可以作如下的区分，一年以下的非学历的研究生课程研修班或进修班，由高等继续教育学院负责，其他可申请学位的研究生课程班则由研究生院负责。学校还提倡高等继续教育学院负责的研究生课程研修班应尽可能地利用社会的力量，广泛地利用社会上的师资，不在校内争夺资源。

三、高等继续教育与本科教育的关系

对于高等继续教育中的本科学历教育部分，学校鼓励发展夜大和函授教育，而不鼓励发展学历脱产班，而且学历脱产班不能占用学校的资源，特别是以高中毕业生为生源的学历脱产班应逐步萎缩，直至停止招生。对于各类学历教育，高等继续教育学院要尤其重视质量，这事关中山大学的声誉，不可掉以轻心。

四、高等继续教育学院与校内各院系的关系

高等继续教育学院是从事学校成人教育管理的职能部门，同时也是教学的实施单位，这就牵涉到了高等继续教育学院与校内各院系的关系。应该明确，学校的各项教学任务应该主要由各院系完成，高等继续教育学院工作的重心应该放在对各类成人教育办班的统筹、规划和管理，独立办学的部分要

尤其重视对社会资源的利用，而不要与各学院抢资源，如果高等继续教育学院办的班用的都是学校的师资，那么这个班为什么不让这些老师所在的院系直接办呢？学校对高等继续教育学院业绩的考核，主要是在管理，希望高等继续教育学院在这方面下功夫，把校内的各类成人教育办班管好了，统筹规划好了，就是高等继续教育学院对学校最大的贡献。

五、高等继续教育与网络教育的关系

我们常说，网络教育不是目的，而是高等教育一个重要的手段。目前，教育部对网络教育的定位已有了很大的变化，从明年开始，我国各大学的网络教育学院将停招全日制学生，教育部周济副部长就强调，网络教育本来就应定位在继续教育上，这对于高等继续教育学院来说是一个难得的机会，我希望网络教育这个手段可以在我校的高等继续教育中得到广泛的应用。网络教育有着比以往成人教育更为宽松的政策，就学费而言，以网络教育的名义招生将远远高于成人教育。网络教育中的学历教育部分应主要招收专升本的学生。学校近期内将尽快将现有的网络教育与高等继续教育的资源整合起来，高等继续教育学院应紧紧地抓住这一机遇，在今后的工作中，广泛地采用网络教育的手段，充分地利用网络教育的政策，力争使我校的成人教育工作再上一个新的台阶。

六、高等继续教育与职业教育的关系

说到高等职业技术教育，我原来有个想法，就是学校本身不发展高职，但鼓励用中山大学高等职业技术学院这块牌子与地方合作，而且还考虑到学生毕业文凭的双认证问题，但最近去教育部，部领导明确表示，大学不宜与地方合办高职教育，大学对地方的高职学院，可以给予帮助和支持，但不能参与其中，从长远来看，像中大这样的教育部直属大学，高职教育的规模应逐渐缩小，直至停办。

七、高等继续教育与自学考试助考的关系

首先必须明确，各种形式的自学考试助考班中的自考生不是中山大学的注册学生，因此，这种形式的办学应以低风险、低成本为原则。在办学的过

程中，必须强调规范运作，注意形象，决不允许自考辅导班干扰学校正常的教学秩序。高等继续教育学院也必须进一步加强对各院系自考班的监督和指导。

八、高等继续教育与企事业单位的关系

与企事业单位合作举办各种类型的培训班，是我校高等继续教育发展的一个方向，学校鼓励这种合作，尤其是与各大企事业单位的合作，高等继续教育学院应该在这方面努力地拓宽渠道，为各大企事业单位度身定做各类培训班，要创出中山大学的品牌来。

九、高等继续教育与对外合作交流的关系

学校同样也鼓励高等继续教育学院开展对外合作办学，但在此过程中必须注意，这种合作应在成人教育的范围内自成体系，这些合作，不应与学历挂钩，以免与学校的本科教育相冲突。在现阶段，学校尤其鼓励与香港各大学或机构的合作，吸收香港优质的教育资源，为我所用；学校也尤其鼓励各种有特色的对外合作办学项目，特色往往就意味着品牌。

上面所说的是我个人想到的与我校高等继续教育相关的一些问题，我想，明确了我校高等继续教育的定位，理清了这种种关系，并认真地在工作中付诸实施，我校的成人教育工作必将会有一个新的跨越，因为毕竟在我们前面的道路是十分宽广的，各位从事成人教育的同志们是大有用武之地的。

谈谈大学学风[*]

——在研究生教育工作会议上的讲话

各位老师：

经过一段时间的筹备，研究生教育工作会议召开了。刚才，颜光美副校长的工作报告回顾了我校研究生教育前几年的工作，提出了今后工作的思路；接下来，徐俊忠副院长还将就研究生分类培养以及研究生的"三助工作"等几个具体的问题作一些说明。目前，中国的研究生教育正面临着发展的关键时期，从明年开始，我国的研究生将大量扩招，如何应对这一机遇，或者说是挑战，如何在扩招的同时不稀释我校研究生的培养质量，是我校研究生教育工作必须面对并作出回答的一个重要问题。在这样的形势下，今天的这个会议是十分重要的，大家可以通过对会议文件的讨论，统一认识，寻找对策，明确思路，使我校的研究生教育继续稳定健康地发展。

今天，我想借此机会，谈一谈大学的学风问题，当然，这也是与我校的研究生教育工作密切相关的。

我的讲话包括两大部分：第一，何谓大学学风；第二，有关学风建设的若干关系。

一、何谓大学学风

我在这里所讲的学风概念是宽泛的，是一所大学中治学、读书、做人的风气。这种风气的形成决非一朝一夕之事，一种良好的学风的形成需要大力倡导，也需要大学中的教师、学生还有机关工作人员共同的努力。

我以为，学风是一所大学之所以成为大学的根本所在，是一所大学的灵魂和气质，是一所大学的立校之本。中山大学如果想要在漫长的人类历史长河中留下位置，学风的建设是一个关键。这也是我今天之所以要在这个研究

---

[*] 本文系 2002 年 11 月 4 日在研究生教育工作会议上的讲话，后刊登于 2002 年 11 月 7 日《中山大学报》（新）第 25 期。

生教育工作会议上谈学风问题的原因。

中山大学需要怎样一种学风呢？讨论这一问题，对于我校实现高水平研究型综合性大学的目标，对于包括研究生教育在内的学校各项工作的顺利开展都是十分有益的。在我们前进的过程中，确实需要一种灵魂性的东西来支撑我们的发展，也需要一种共有的气质来凝聚全校师生员工的人心。

要看一所大学学风的追求，或者说看一所大学的气质如何，我觉得有一条捷径就是看它的校训。我们在网上检索了一下国际国内知名大学的校训，在这里不妨罗列若干。哈佛大学的校训是："与亚里士多德为友，与柏拉图为友，与真理为友。"复旦大学的校训是："博学而笃志，切问而近思。"清华大学的校训是："自强不息，厚德载物。"北京师范大学的校训是："学为人师，行为世范。"南京大学的校训是："诚朴雄伟，励学敦行。"南开大学的校训是："允公允能，日新月异。"厦门大学的校训是："自强不息，止于至善。"最近东南大学也明确校训为："止于至善"。浙江大学在竺可桢先生任校长的时候，确立了"求是"二字作为校训。对于这两个字，竺先生是这样解释的："君子盖有举世非之而不顾，千百世非之而不顾者，亦求其是而已矣，岂以一时之毁誉而动其心哉，此为我校求是精神之精义。"求是，就是求真理，一个真正的学者，为了寻求真理，必须要有百折不回的气概。他说："大学是社会之光，不应随波逐流"，"乱世道德堕落，历史上均是，但大学犹如海上灯塔，吾人不能于此时（抗战时期）降落道德之标准。"我觉得竺校长对大学学风的阐释，触及了根本。在解释"求是"校训时，竺先生还说："求是的路径，《中庸》说得最好，就是'博学之，审问之，慎思之，明辨之，笃行之'。"大家知道，这条路径正是孙中山先生为我校亲笔题写的校训，所以我校的校训与上述各大名校的校训是有共通之处的，中山先生为中大人指明了读书、治学、做人的途径，这条路径的最终目标，就是要求得"是"，追求真理，达到"至诚"的境界，"止于至善"。

大学的学风有着许多共性的东西，对于大学来说，求真、求知、求善的道德感，勇于为社会贡献心力的责任感，是其根本的品格，其中有理想主义的光芒在闪耀。

如果要问我们中大的学风究竟是什么，很简单，就是中山先生的这十字校训。大学作为"社会的良心"，必须坚守这种道德感和责任感，即便"举世皆浊"，也要"唯我独清"，因为这里是理想主义最后的堡垒。现在我们经常在谈要如何建立起现代大学的制度，这种道德感和社会责任感也必须是而且永远是我们这所大学的主心骨。

明确了这一点,我们就可以接下来讨论下面的问题了。

二、有关学风建设的若干关系

对于大学学风的讨论其实是一个非常时髦的话题,在我所知的一些讨论中,往往有许多的争论。其实,许多问题都是相对的,如果可以较为辩证地去看待这些问题,或者会有一些别的收获。所以,在这里我想就大学学风建设中可能遇到的一些问题谈谈我的看法。

(一) 质量与数量的关系

学术成果的数量与质量的关系,是目前学术界最为众说纷纭的一对关系。目前,从国家教育行政部门到各大学都有对数量片面追求的倾向,引来了许多不同的声音,重视质量的呼声越来越大。在这里,我想有必要先明确一下这个关系。

我们当然要追求高质量的学术成果,但我们也不能一味地反对数量,我们要反对的是那些没有质量的数量,我们要倡导的是由质量主导的数量,只有在质量保证下的总量的提高,才可能奠定中山大学作为国家一流大学的基础,也才可能提高中山大学的声誉。

但也必须看到,由于很长一段时期以来对数量的片面追求,过分地强调量化指标的学术评价制度,在我国学术界助长了一种浮躁的学风。在这种不良学风的影响下,部分大学教师成了数字的奴隶,于是就出现了低水平的重复、泡沫学术,等等。在学术道德上的失范现象也有所抬头,这固然有当事人自身学术道德修养的原因,但我国学术管理体制的弊端也是一个直接的诱因。

对于数量的过度追求,已经带来了学术上的急功近利,这是不利于大学的学风建设的,也是不利于大学学术环境的营造的。在学术评价上,质往往要比量更能说明问题,在现阶段,我们应该更加关注于学术成果的质量。许多学术成果都是"十年磨一剑"的结果,我校肿瘤医院发在 *NATURE* 上的那篇文章就是用了几千万元的投入、近百人共同努力了将近十年才取得的成果。

我经常说,提到学风的浮躁,不能仅仅将眼光集中在教师的身上,我们应该更多地从国家和大学的科研管理体制上找原因。即使国家的大环境一时还改变不了,我们学校本身的科研管理也要有一个明晰的思路,这个思路归结为一点,我想就是要营造一种宽松的学术环境,营造一种优雅、自由的大学文化氛围,要创造一切条件让我们的老师专注于学问,以学术为志业。

创造性的研究,尤其是基础研究本身就有着许多不确定性和不可预知性,如果单纯以学术成果的数量去要求,是不利于重大科研成果的创造的。事实上,学校在管理体制的改革上也已经作了许多探索和尝试,一个例子就是我们的岗位业绩津贴。一开始,我们的方案是对所有教师的业绩都进行考核,老师们戏称为"计工分"。经过一年的实践,我们发现,这个方案其实仍然是围绕着数量的指挥棒在转,不利于营造宽松的学术环境,所以今年我们就开始试行业绩考核与岗位津贴相结合,也就是定量与定性相结合的方式,每位老师的津贴中都包括了岗位和业绩两部分津贴。同时,我们还在全校选出了近200名教师,发给特殊津贴,这些教师可以在若干年内不参加业绩的考核,这实际上是对这些学者过去所取得的业绩的一种肯定。同时,我们也相信,作为卓有成就的学者,学术应该已经成为了他们的一种生存方式,即使不考核,他们也一定会不断地在学术上取得成就。这么做的目的,就是希望使这批学校中最优秀的学者可以不要过多地考虑学术以外的东西,潜心学问,拿出高质量的学术成果来。当然,我们这个做法也只是一种探索,成功与否还要经过时间的检验,但我相信我们的出发点一定是正确的,宽松、优雅的学术环境必将有利于我们大学的学风建设。

我们要用一种全局的、历史的眼光来看待我们现在营造宽松的学术环境的努力。衡量一所大学是否一流,是否重要,最关键的是要看它是否有一流的大师,一流的学术成果。学术界有京派、海派之说,广东在全国的经济地位与京、沪两地是可以分庭抗礼的,相比而言,文化学术上却似乎没有了这种分庭抗礼的资本。作为中国南方一所最具影响力的大学,我们要力争通过不断地营造一种有利于创新的宽松的学术氛围,经过若干年的努力,使中山大学的学风具有自己独特的个性,在学术风气和治学风格上打造一个在国内学术界独树一帜的岭南学派。这是中山大学的责任,我相信,我们也完全有能力达到这个目标。

(二)传授与创造的关系

大学是什么?大学是传授知识的地方还是创造知识的地方?这是一个随着大学的诞生而一起诞生的古老而又常新的命题,确实值得我们思考。

这个话题在我们学校也可以理解为教学与科研的关系。关于教学与科研哪个更重要的问题似乎也是我们每一任校长都必须回答的问题,到最后,往往就成了两个都重要。的确,这两者确实是大学不可偏废的两个任务。但是,回过头来想一想,我们之所以会提出这个问题,是不是隐约预设了一个前提呢,那就是教学的可以不科研,科研的可以不教学。但其实对于中大这种层次的大学而言,这一预设的前提是不应该存在的。

大学是分层次的,中山大学的主要任务,显然应该是创造知识而不是传授知识。在新中国成立前,我们叫国立大学,在新中国成立后,我们一直是教育部的直属大学。大学是一个国家和民族发展和前进的动力,这种动力的来源在于创造性地发展知识,而中山大学理所当然应该是这样的一所大学,我们应该以研究型作为我们的目标,这是国家、民族和时代对我们提出的要求。而要成为一所真正的研究型大学,决不是靠调整一下研究生和本科生的比例就可以达到的,研究型大学要求我们的老师要以创造知识为己任,我们不仅要让我们的学生获得知识,更重要的是要让他们获得创新的治学理念,获得将来继续学习的能力。

中大的教师应该以创新作为追求的目标,每个人达到的成就可能会有高低,但不能不努力。我们当然要传授知识,但我们的知识传授应当是以创造作为前提的,我们的教学是建立在科研的基础上的,这就是我们对中大的老师提出的要求。在这个层面上,传授知识与创造知识,教学与科研就不是矛盾的了。只有明确了这两者之间的关系,我们讨论中大教师的学风才会有一个起点。

(三) 老师与学生的关系

老师与学生是大学学风建设的主体。在我们学校,老师应该是知识的创造者和传播者,而学生学习的任务则不仅要获取知识,而且还要创造性地传递知识的火炬。师生间学术薪火的传承,并不仅仅在知识的层面,我们更要强调严谨的治学态度以及求真、求知的道德感和责任感的传承,这种传承,正是大学学风形成并且世代相传的一个基础。

教授是大学的灵魂,从某种意义上说,大学中教授学风的优劣,将直接影响到一所大学学风的优劣。换句话说,一所大学的学风正是靠着一代又一代优秀的学者积累起来的。一所大学要有道德感和社会责任感,首先要求大学中的教师要有道德感和社会责任感。

那么,我们应该在我们的教授,或者即将成为教授的各位老师中倡导一种怎样的学风呢?归结为一句话就是,学者要以学术为志业。作为一个学者,他应该以人类的文明与进步为己任,他应该有高尚的道德,并以自己的知识为社会服务。

搞学术、做学问，不仅仅是学者的职业，更重要的是我们毕生追求的事业，对待这个事业，我们要有一种神圣感和使命感。在中山大学78年的历史中，有许多杰出的学者，他们用毕生的努力告诉我们，什么是神圣的学术，也正是他们，为我们奠定了中山大学今天的地位，在我们学校形成了良好的学术环境和严谨求实的学术风气。

针对学校教师中个别的学风不正、学术道德失范现象，就更应该提倡优良的学风。我个人认为，在中山大学讨论教师的学风，决不能仅仅要求我们的老师不抄袭、不剽窃、讲真话、不说假话。对学术道德的倡导，如果仅仅停留在对这些不良现象的批判或者惩处上，层次也未免太低了些，我们所倡导的学风应该是富于道德感与责任心的。对于一个学者而言，学术应该是他们毕生的追求，他们要有一种为了真理而献身的勇气和信念。不作假，不抄袭，只是他作为一个学者的道德底线，这就像我们要求一个文明人不能随地吐痰一样。学术的核心价值是创新，是发明，是发现，是发展。王国维先生就曾经说过，所谓学术，就是要觉前人之所未觉。我以为，目前中国学术界最大的问题不是学术道德的失范，而是学术研究的平庸。对于中山大学这样一所研究型大学而言，我们对老师的要求就是要创造知识，要以学术为志业，以严谨的态度去追求真理，为人类社会的进步和国家的兴旺昌盛作出贡献。如果只是低水平的重复，搞泡沫学术，这样的所谓学术除了创造一堆垃圾以外，什么也没有创造。

看一个老师的学风是否正，我想至少有一条标准是必须要拿来衡量的，就是他对待学生的态度。作为大学教师，教书是他的天职，一个在学术上有成就的学者，必须同时也是一个好的老师，因为严谨的学风是体现在方方面面的，在教学上马马虎虎的老师，肯定不是一个合格的学者。是老师，就应该满腔热忱地对待学生，去传道、授业、解惑，这是无条件的，是没有商量余地的。

说完老师，再来说说学生。我们上面提到，作为一所研究型的大学中的教师，应该以创造知识为己任，那么我们中大的学生，尤其是研究生应该有一种怎样的学风，应该追求什么样的目标呢？

这个问题其实早就有了回答，中山先生的十字校训，就是我们中大学生的学风。我们的学生要通过大学的学习，达到"至诚"之境，"止于至善"，这种学风的核心也同样是强烈的道德感和社会责任心。我们的学生应该是同龄人中最优秀的分子，因而他们理所当然在学成之后成为建设国家的栋梁。

要做到这一点,首先就要践行中山先生的教诲,要有一种良好的学风。

学生首要的任务就是读书,研究型大学与一般教学型大学学生的不同之处在于,研究型大学的学生不仅要在学校里学到知识,更重要的是要学到创新的理念,学到进一步获取知识的能力。我们的学生不仅是知识的接受者,更重要的还是知识的传播者,我们学习的目的,就是要创造性地传递知识的火炬。这一点,对于研究生来说就更是如此。研究生顾名思义就是从事研究的学生,我们认为,研究生最核心的学习任务,就是要从事研究,他们是学校中最具活力的一个学术群体,所以,我们对老师创造知识的要求,其实也就是对研究生的要求。

对于知识,研究生要有一种敬畏感,要有为学术而献身的勇气和毅力,不管将来你将从事怎样的职业,但在学期间,研究生就应该做学问,就应该以学术为生命,在毕业时就应该有创造性的研究成果,这是作为一名研究生的底线。

现在,在学生中似乎也有一种浮躁的空气,许多学生读书只是为了谋职,或急于成名,或急于获利,这些都是学风不正的表现。一所大学优良学风的形成是要经过包括学生在内的所有人的共同努力的,在学生中倡导一种好的学风,是我们共同的责任。

(四) 自律与他律的关系

前面讲到的学风问题,很多时候涉及学术道德,于是学术道德的失范,就存在着自律与他律的关系问题。

对学术道德失范的约束包括基于学者自身道德评价的约束和外部环境道德评价的约束,简单地说就是自律和他律。

我常说,一个人做学问的目的,上者是为了人类的文明进步和国家的经济建设;下者是为了个人的前途,一旦作假,一切皆空。学术的声誉是学者的生命,声誉一旦受损,在他自己那个学术圈子中就必然呆不下去,此人的学术生命也就到此为止了。所以,我对在学术上作假者的动机常常是百思不得其解的。

在前段时间讨论学术道德问题时,有教授提出,对这种学术道德失范的现象,最有力的武器就是学术圈中的"清议"力量,也就是学术圈中舆论的压力。我想这是对的,对学术作假者最大的惩罚就是使他在学术圈中无法立足,无颜面对他的同行、他的学生。这种"清议"的力量,实质上就是一种优良的学风,希望我校的各学科中,这种力量越强越好。这是学术上的正气，这种"清议"的过程也就是我校优良学风培育的过程。

对待学风建设中可能出现的道德失范现象，首先应该强调自律。做学问本身就是一项很神圣的令人向往的事业，因而读书人的自律当是不言而喻的，因为他们是这个社会中最有知识的一群，他们也应该最具有廉耻之心。

但我们也不能排除寡廉鲜耻之徒的出现，因而他律也是必需的。除了上面说到的学术圈中的"清议"力量，我们还应该建立有效的监督机制，加强外部监督，明确各种惩戒措施。学校近期以来制定的有关职称评审过程中的公示制度、破格录取博士研究生的公示制度等都是在建立监督机制方面所作的努力。今后，学校还将不断地加强各方面的监督机制，让学术上的不道德者在我们学校没有立足之地，不能逍遥自在。

（五）道义与利益的关系

义利之辨，是中国古代圣贤最为关注的一个命题。在中国古代的传统看来，作为学者首先就应该是圣贤的门徒，而大学则应该是传播圣贤之道，追求至真至善的所在。所以，正确地处理好道义和利益的关系，事关我们学校的学风建设，也事关中山大学作为南中国最高学府的声誉。

社会发展到今天，对于物欲的追求已呈不可阻挡之势，作为"社会的良心"，大学是否应该在这个时代有所警觉，保持一种真诚的理想主义呢？我想，对这个问题的回答必然是肯定的，即使整个社会都被横流的物欲所主宰，大学，仍应该是这个社会最后的一块净土。我们说大学的品格，说大学的学风，最为关键的，就是要使大学真正地成为社会道义的化身。

当然，作为校长，我也常说：大学的发展一靠人，二靠钱。就现实而言，现在的大学不讲利益也是不现实的，学校也要在办学的过程追求办学的效益。对于大学的教师来说，只讲道义不讲利益同样也是不现实的，最近这20年来，中国高校教师的收入大幅提升，尤其是近年来，科教兴国战略的一项主要工作也是提高教师的待遇。我校近年来的岗位业绩津贴政策的实施，首先也是以利益驱动的。最近学校还作出决定，广东省所有出台的有关教师工资的政策，学校都会跟上，目的也是为了保证我校教师的利益，这些都是现实。但是，我仍然认为，作为大学的教师，作为一个学者，在利益得到适当保障的同时，首先要考虑的还是道义，还是我们身上所承担的社会责任。另外，我们也要看到，在我们学校，不同院系的老师间的待遇也有很大的差距，从事应用学科的老师的收入往往会高于从事基础研究的老师，我想这里并不存在分配不均的问题。既然选择了基础研究这条学术之路，也就已经意味着对利益的舍弃。以前我们常说，立志做一个学者首先就要有坐冷板凳、甘于清贫的思想准备，我相信，在道义与利益之间，我们中大的老师必定会取得一个平衡点，作出正确的选择，更何况现在我们的老师在社会中早已不是清贫的阶层了。当然从学校的层面，我们仍要想办法不断地提高教师的待遇，但我想这与我们要求学者要立志坐冷板凳是不矛盾的。

最近看报纸，中国国家青年足球队在世锦赛预选赛中一败涂地，回来第一件事就是开除了4名球员，理由之一，就是他们金钱至上，比赛怕受伤，出工不出力，我觉得这是十分可恶的，作为国家队的球员，首先应该考虑的是国家利益。开除他们是理所应当的。对于大学中的老师来说，同样也是如此，学校不能容忍那些一心只顾自己的眼前利益，而不顾大局，不顾自身作为学者的道义责任的人，他们是当不起教师这个神圣的称号的。

（六）学术自由与学术责任的关系

自由的精神是学术研究的题中之义，没有自由也就无所谓学术，没有如陈寅恪先生所说的"自由之精神与独立之意志"，也就无所谓大学。

我们提倡学术的自由，同样也提倡学术的包容。在学术上，当然要敢于批判，只有这样学术才会繁荣，才会进步。但对于不同的学术观点我们应该采取一种包容的态度，要避免文人相轻情况的出现。学者之间的相互包容也正是学术自由的一个体现。

大学中的学术自由不是无限的，与其他形式的自由一样，它同样也有着许多制约的因素，例如，它不能违背社会基本的道德准则，在现阶段的中国，它不能与国家的大政方针相违背，它也不能违背学术本身所肩负的道义标准。目前，我国高等教育界不良学风的出现，很大程度上就是大学中的老师滥用了学术自由。所以，我们所说的学术自由是与学术责任密切相关的，在提倡学术自由的同时，我们尤其要提倡学术的责任。

学术责任首先是学术的道义，其次我们还要看到学术的社会责任。毫无疑问，大学应该是研究高深学问的机构，但同时它还是推动社会文明进步的发动机。现在的中国仍处在发展阶段，就更需要大学为之提供社会、经济发展的动力。从这种意义上说，大学既是一个民族必须保有的一座象牙塔，同时又是为国家和地方经济建设服务的智力基地。这是民族所赋予我们大学的责任，我们要勇敢地担当起来，责无旁贷。

强调学术自由与学术责任的关系，强调大学要为国家服务，其实就是强调我们一贯强调的理论联系实际的学风，我觉得这句大家耳熟能详的话还远没有过时，它正是我们学风建设的一个方向。

上面就学风建设的若干问题谈了一些个人的看法，希望可以引起大家的讨论，并指出其中的不足之处。学风问题，不仅仅是纯学术范围内的事，我们要把它上升到事关我校长远发展，事关我校能否成为国内一流、国际知名大学的高度来认识。我们要打造一流的大学品牌，就要靠一流的学术成果，所以我们要在全校倡导一种不唯名、不唯利、不唯书、不唯上，求真、求善、求实、求新的良好学风，把中山大学建设成为一所真正的高水平的研究型综合性大学，迎来中山大学的又一次鼎盛和辉煌。

革故鼎新，共谋发展，再创中山大学新辉煌[*]

——在"十六大"精神传达大会上的报告

同志们：

中国共产党第十六次代表大会已经胜利闭幕了。我十分荣幸地作为广东代表团的一员，出席了此次盛会，聆听和学习了江泽民同志的报告，深受教育和鼓舞，感到非常振奋。

今天，我们在这里召开大会，传达和学习"十六大"精神。我们要通过学习和贯彻"十六大"精神，在"十六大"精神的鼓舞下，振奋全校党员和广大师生员工的人心，同心同德，与时俱进，革故鼎新，共谋发展，为再创中山大学的鼎盛和辉煌而共同努力奋斗。因此，今天的这个会议，不仅是"十六大"精神的传达会，同时也是我校在新世纪不断前进，实现超常规、跨越式发展的动员会。

我今天的报告分为两大部分。第一部分是"十六大"精神的传达；第二部分是结合学校实际，谈谈怎样在"十六大"精神指引下再创中山大学的鼎盛和辉煌。

第一部分："十六大"精神的传达（略）。

第二部分：在"十六大"精神指引下再创中山大学的鼎盛和辉煌。

学习"十六大"精神，目的就是为了贯彻"十六大"精神，把中山大学的各项工作不断地推向前进。下面，我想具体地谈一谈中山大学应该如何在"十六大"精神的指引下，革故鼎新，共谋发展，振奋精神，再创辉煌。

一、我们已经具备了开创学校发展新局面的基本条件

国家兴，大学兴，中山大学的发展与国家的发展是紧密地联系在一起的。近十年来，在全校师生员工的共同努力下，我们学校的面貌已发生了可喜的变化，与我们国家一样，中山大学也正处在一个"盛世"之中，我们

---

[*] 本文系 2002 年 11 月 21 日在"十六大"精神传达大会上的报告（摘要，第二部分），后刊登于 2002 年 11 月 27 日《中山大学报》（新）第 27 期。

已经具备了开创学校发展新局面的基本条件。这些条件归纳起来,我觉得有三点:

(一) 奠定了高水平大学的精神基础

近年来,校党委十分重视中大精神的提炼与培育,在全校师生员工中广泛开展了"中大精神与校园文化建设大讨论"和"文明校园"建设活动,通过讨论,凝聚了中大精神,推动了校风、教风、学风建设,营造了良好的校园环境,大大增强了学校的凝聚力。

江泽民同志在"十六大"报告中强调要弘扬和培育民族精神。在讲弘扬的同时强调培育,就是要与时俱进,不断地挖掘民族精神合理的内核,并随着时代的发展增添新的内容。我们学校关于中大精神的大讨论,就是在弘扬我校固有的精神的同时培育新的精神内涵的过程。

良好的学风是中大精神最本质的内涵。前段时间,我在学校研究生教育工作会议上作了一个关于大学学风的报告,我认为,学风是一所大学之所以成为大学的根本所在,是一所大学的灵魂和气质,是一所大学的立校之本。中山大学如果想要在漫长的人类历史长河留下位置,学风的建设是一个关键。

我始终认为,大至一个民族,小至一个团队,精神的力量都是十分重要的。现在我们可以说,我们中大的人心是齐的,大家有着强烈的向上的欲望,对发展是硬道理这一理念已达成了共识,求真、求实、求善的良好学风和校风已成为我们的主流,全校师生员工正在为实现我们宏伟的目标而共同地努力着。

我们已经有了一个共同的精神基础,我觉得这是我们近十多年来最重要的一条经验,也是我们继续前进的前提和动力。

(二) 形成了研究型大学的基本格局

两校合并后,我校的学科已覆盖了除军事学以外的所有学科门类,文、理、医三大学科三分天下、齐头并进,基础研究和应用研究两翼齐飞、共同发展,学科结构调整已初见成效,学科布局已日趋合理。近年来,学校还通过整合、创办和分解等多种形式对校内学院的设置进行了调整,使学院的设置更好地适应学科的发展。随着学院制的推行,各学院的自主权得到了加强,在"985"学科建设规划制定的过程中,充分发挥了学院在学科建设方面的积极性,各学院更进一步明确了学科建设的方向,各位院长在学科建设方面的思路是清晰的，措施是得力的。现在，学科建设已真正成为学校各项工作顺利开展的龙头，龙头一动，全盘皆活。

近年来，通过推行引进与培养相结合等一系列行之有效的人才队伍建设措施，学校的人才储备从数量到质量都已有了很大的飞跃，一大批中青年骨干教师已成为了学校教学科研的中坚力量，许多中青年学术带头人的水平已在国内乃至国际上处于领先地位，在他们的带领下，我校已有越来越多的学科在国内外学术圈内拥有了更大的话语权，中山大学的学术地位已有了明显的提升。

科学研究也已取得了显著的进步。学校的科研总经费节节上升，从1996年到今年，已翻了好几番。获准主持的国家重点、重大项目，各类国家高级别奖项的获奖情况也都有了新的突破，高质量的学术论文和科研成果层出不穷。

学校坚持"以改革求发展"的基本思路，坚定不移地推进各项改革。校内管理体制改革取得了初步成效，教学科研改革进一步深化，人事分配制度改革全面展开，后勤社会化改革逐步推进，校园基础设施建设和环境综合治理取得较大进展，公共服务体系进一步健全。国际交流活动和对外合作办学有了较大发展，学校的国际声誉和对外影响正在不断增强。附属医院建设取得了显著成绩，医疗环境得到明显改善，医疗水平有新的提高。

学校还十分重视致力于营造宽松的学术环境，营造优雅、自由的大学文化氛围，强调创新是研究型大学最本质的特征，鼓励教师潜心学问，取得高质量的学术成果。

上述这些都说明，经过十多年的努力，我校在学科布局、人才储备、科研实力、管理体制和营造宽松的学术氛围等方面都取得了长足的进展，已形成了现代研究型大学的基本格局。这些成绩的取得，是与党的十三届四中全会以来正确的路线、方针、政策，尤其是近年来科教兴国战略的实施以及广东省的大力支持分不开的，也是我校全体师生员工共同奋斗的结果。

（三）拥有了持续发展的良好外部环境

从十三届四中全会到今天的13年，是中国历史上少有的政通人和、百业俱兴的盛世时期，国家的各个领域都取得了突飞猛进的发展，政治稳定，经济发展，百姓安居乐业。国家实施的科教兴国战略，把教育提到了事关民族发展的基础性地位，使中国高校迎来了大发展的黄金时期，可以说，中国的高等教育从来没有像今天这样面临如此好的机遇。

我校地处广东这个中国经济最发达的省份，得到了广东省强有力的支持。我常说，广东对高等教育的支持是真心真意的，广东省对我校的支持甚至比承诺的还要多，这是国内其他高校所无法比拟的，这就是我们的地域优势。广东的文化是一种包容、务实的文化，在这种文化特质的影响下，只要是有利于发展、有利于经济建设的事情，广东都勇于去大胆尝试，省部共建的模式就是广东率先倡导的，珠海校区的实践同样也是一个很好的例子。在十六大上，我亲身感受了广东团务实的工作作风，广东有一个实干的领导班子，各级领导干部充满朝气，奋发向上。地处广东，真是中山大学的幸运。

分布在世界各地的广大校友也是中山大学的一大财富，校友对母校的感情，他们对母校所取得的每一个进步的关注，他们对母校的建设和发展所提供的各种形式的帮助和支持，都令我们深深地感动。

所有这些都说明，现在的中大已拥有了有利于学校持续发展的良好外部环境，我们正处在一个千载难逢的历史机遇之中。

二、为再创中山大学的鼎盛和辉煌而共同努力

上面所说的三条，归结为一点就是，我们已经具备了实现我们宏伟目标的基本条件。大家知道，我校发展的总体目标是："立足广东、面向海外、服务地方、辐射全国，把中山大学建设成为一所居于国内一流大学前列、在国际上有较大影响的高水平研究型综合性大学，努力向世界一流大学的目标迈进。"我想可以用一句话来概括这个目标，就是要经过若干年的发展，使我校的综合实力稳定地居于全国高校的前十位。要达到这一目标，还需要经过我校全体师生员工的共同努力。下面，我想结合个人学习"十六大"精神的体会，谈一些看法。

（一）创新是关键

包括政治、经济、文化在内的全方位的体制创新是十六大精神的一个重要内容。经济发展到一定程度，就必然会面临制度方面的压力，体制创新是我国今后一段时期国家改革和发展的主旋律。我想，对于我们学校而言，同样也是如此。经过前段时间校内管理体制的改革，我校各方面的工作都有了长足的进展，改革已初见成效，只有把这些改革的成果制度化，才可能真正地积累改革的成果。通过体制创新建立起一个有中国特色的现代大学制度，是我们制度建设的最终目的。我经常想，我们这代人如果要留给后人什么东

西，最好的遗产就是一系列良好的体制，就是要建立起尽可能摆脱了人为因素影响的现代大学制度。

学习江泽民同志的报告，给我印象最深的是其中贯串始终的创新精神。在过去的13年中，中国共产党人以巨大的理论勇气创造性地发展了马克思主义、毛泽东思想和邓小平理论，带领中国亿万人民为实现中华民族的伟大复兴而共同奋斗，谱写了我们民族历史上罕见的盛世华章。中国人民在13年来所走过的路，并无经验可循，没有创新的精神，也就没有中国今天辉煌的成就，"三个代表"重要思想正是中国共产党人创新精神最集中的体现。

在今后的日子里，中国将在共产党的领导下，全面建设小康社会，加快推进社会主义现代化，为开创中国特色社会主义事业新局面而奋斗。在达到这个宏伟的目标过程中，仍然要保持这种创新的精神，要有敢为天下先的勇气和信心，需要我们进行艰苦的努力，用江泽民同志在"十六大"报告中的话来说，就是四个"新"：发展要有新思路，改革要有新突破，开放要有新局面，各项工作要有新举措。

我觉得，这"四个新"对我们中山大学今后的工作有着重要的指导意义。创新是研究型大学最本质的要求，我们要实践"三个代表"，要为国家全面建设小康社会作出贡献，归根到底，就是要以创新的思维去指导我们的工作，以新思路、新举措去求得新突破，开创新局面。

江泽民同志在"十六大"报告中深刻指出："创新是一个民族进步的灵魂，是一个国家兴旺发达的不竭动力，也是一个政党永葆生机的源泉。创新就要不断解放思想、实事求是、与时俱进。实践没有止境，创新也没有止境。我们要突破前人，后人也必然会突破我们。这是社会前进的必然规律。我们一定要适应实践的发展，以实践来检验一切，自觉地把思想认识从那些不合时宜的观念、做法和体制的束缚中解放出来，从对马克思主义的错误的和教条式的理解中解放出来，从主观主义和形而上学的桎梏中解放出来。"我觉得这段话本身就充满了创新的精神，我们应该着重地理解和体会，它是中国共产党人思想解放的一个宣言。在今后的工作中，我们大家都应该经常想一想，我们的体制是否不合时宜，已经成为束缚我们前进的桎梏了呢？我们是否还有着许多不合时宜的观念和做法呢？只有在体制上的不断创新，才能真正地做到与时俱进，也才可能真正地把我们的事业不断地推向前进。

（二）以务实的精神"从我做起"

目前的中山大学与欣欣向荣的中国一样，正面临着千载难逢的历史机遇，天时、地利、人和，我们已经具备了实现我们目标的良好条件，现在我们所要做的，就是拿出我们的真诚和勇气，以历史的责任感投身到全面振兴中山大学的事业中去。"沉舟侧畔千帆过，病树前头万木春。"我们今天在这里学习"十六大"精神，为的就是要激发起为中山大学的全面振兴而奋斗的使命感，为的就是要使全体师生员工紧密地团结起来，为着一个共同的目标不断地向前。

我们强调弘扬和培育中大精神，强调凝聚学校的人心，并不是为了大家相安无事，而是要把学校的事业作为大家共有的事业，劲往一处使。在全面振兴中山大学，再创中山大学鼎盛和辉煌的过程中，需要我们坚持务实的工作作风，革故鼎新，共谋发展。改革和发展应该永远是中山大学各项工作的主旋律。

在这里，我想尤其强调一点，就是全校师生员工都要树立起"从我做起"的思想，以主人翁的姿态投身到再创中山大学鼎盛和辉煌的事业中去。

"从我做起"是一种思维方式，是一种人生态度，其本质在于提倡奉献的精神。做人做事，不能总是想着索取，更重要的是要首先问问自己，我做了什么，我能够做什么。

在"十六大"报告中，提到科教兴国战略，是与走新型工业化道路结合在一起的："走新型工业化道路，必须发挥科学技术作为第一生产力的重要作用，注重依靠科技进步和提高劳动者素质，改善经济增长质量和效益。"我觉得，我们以往在理解国家实施科教兴国战略时有着一个认识上的误区，就是往往只是强调这是国家对科教事业的重视。这当然没有错，但问题的关键并不在这里。说科教兴国，关键在"兴国"；说科学技术是第一生产力，关键是要看科学技术能不能转化为生产力，重视科教事业是一个手段，我们目标是唯一的，就是国家的兴盛，就是中华民族的伟大复兴。我认为，对于高校来说，科教兴国战略的实施，并不仅仅意味着我们被重视了，更重要的是我们肩上的责任更重了。

"十六大"期间，李长春书记又对我说：要把中山大学的水平逼上去。我想这句话就不仅仅说明我们中大受到了重视，其中还包含着国家和广东省对我们中大更高的期望，希望我们更好地发挥优势，为国家和广东省的经济建设服务。我校所获得的巨大支持，是附载着很高的期望值的。我们重任在肩。

所以，在学校的层面我们就首先要树立"从我做起"的观念，看看我们怎样才能为国家、为广东省走新型工业化道路作出自己的贡献。只有做出了成绩，才可能真正地被重视，这也就是我们常说的"以贡献促共建"。我们中大要想在国家的高等教育格局中继续占有重要的一席之地，继续得到国家和广东省的支持，贡献是前提，没有了这个前提，只想着伸手要，是要不来重视和支持的。

前段时间，江泽民同志就人文社会科学接连发表了几个讲话，一时间，国内各高校纷纷掀起了讨论学习的热潮。上个月，我去中国人民大学参加一个人文社会科学高层论坛，听得最多的话就是：人文社会科学终于得到重视了，今后国家应该在这方面增加投入，今后也要评文科院士了，等等。我以为，这些观点是片面的。面对这个重视，我们首先要考虑的仍然是"我们应该做些什么？"我觉得我校的文科教授在这方面就做得很好。最近，学校组织了一次题为"与时俱进的人文社会科学"的座谈会，与会专家在会上谈得最多的就是"我们能做些什么？""我校的人文社会科学如何才能与时俱进，以不辜负国家对我们的期望？"这就是"从我做起"的精神。这次座谈会的成果已在《光明日报》和《中国教育报》上发表，大家可以找来看一看。

作为学校的一员，在处理自己与学校的关系上，我们的师生员工同样也应该确立这种"从我做起"的观念。我们要经常问问自己，我能够做些什么？我做得怎么样？不要只是想着从学校得到多少，或者总是强调客观原因。我们当然要尽可能地争取各种资源为自己的工作和学习创造条件，但首先仍然应该多想想自己能够取得怎样的成绩，能够为学校的发展做些什么。

同事之间共事，提倡这种"从我做起"的观念也是十分重要的。同事之间，不要互相推诿，更不能互相指责，告状之风不可长，匿名信之风更要狠刹，这是我们学校在前进和发展过程中的不和谐音。我们应该把主要的精力放到为中山大学的发展振兴而共同努力上去，把精力浪费在告状上，浪费在内耗上，是不值得的。我们要首先问问自己，别人做得可能是不好，但我自己又做了些什么，我在学术圈中的地位如何？我对学校的贡献有多大？只有人人都"从我做起"，才可能在学校里形成一种良好的工作氛围，才可能做到劲往一处使，也才可能真正地做到革故鼎新，共谋发展。

江泽民同志在"十六大"报告中语重心长地告诫全党："一定要增强忧患意识，居安思危，清醒地看到日趋激烈的国际竞争带来的严峻挑战，清醒地看到前进道路上的困难和风险，倍加顾全大局，倍加珍视团结，倍加维护稳定。"这也是我在聆听报告时感触很深的一段话。在我们学校前进的道路上，同样也会有很多困难和风险，同样也要增强忧患意识，居安思危，同样也要倍加顾全大局，倍加珍视团结，倍加维护稳定。逆水行舟，不进则退，只有以务实的精神坚强地团结在一起，"从我做起"，我们才能不断前进，才能去实现我们宏伟的目标。

同志们，中山大学已经进入了加速发展的快车道。我们已经达到了一个具有里程碑意义的高地，从这个高地出发，我们已经可以望见我们美好的未来。

"会当凌绝顶，一览众山小"，中山大学曾有过鼎盛和辉煌的过去，我们也必定能够迎来一个鼎盛和辉煌的未来。

2003 年

为社会福，为邦家光[*]
——在2003年毕业典礼上的讲话摘录

一、在研究生毕业典礼上的讲话

作为一名老师，作为校长，此时此刻，我很想向诸位提两个希望，作为临别的赠言，与同学们共勉。

第一，希望同学们能够在各自的岗位上，担负起为国为民贡献心力的责任。79年前，国立广东大学的前身师范、法学、农学三院合行毕业礼，孙中山先生委托胡汉民先生向毕业学生致训辞，其中心的意义就是勉励学生要"为社会福，为邦家光"。中山先生还曾说过，"才智者既研究各种学问，有政治之能力，有政治之权势，则当用其学问为平民谋幸福，为国家图富强。诸君须知此后求学方针，乃期为全国人民负责任，非为一己攘利权。"作为国家培养出来的高层次人才，自当在国家需要的时候，竭尽全力，鞠躬尽瘁。

在今年春天抗击非典的战斗中，我们学校涌现出一大批有着高度责任心的医护工作者。他们坚守岗位，前仆后继，不顾个人安危，全心全意医护救治病人，用他们的行动实践了中山先生的"为社会福，为邦家光"的遗训，他们无愧于中山大学，无愧于中山大学的先贤们。我希望同学们也能够像他们一样，勇敢地肩负起你们理应肩负的责任，勇敢地在国家和人民需要的时

---

[*] 本文系2003年6月25日、27日在毕业典礼上的讲话摘录，后刊登于2003年7月2日《中山大学报》（新）第45期。

候站起来，继承和光大中山先生"天下为公"的精神，为国家的富强和民族的昌盛作出自己毕生的努力。

第二，希望同学们能够保持平静的心态，迎接各种挑战。在你们的前面，有着不同的机遇，同时也有许多挑战。"天将降大任于斯人也，必先苦其心志，劳其筋骨，饿其体肤，空乏其身。"无论什么时候，同学们都不要轻易放弃自己的理想和信念，不要放弃对自己理想和信念的努力和追求，要勇于创新，勇于实践，勇于追求真理。学而常思，笃志于行，把自己的聪明才智贡献给民族，贡献给国家，贡献给人类社会。

二、在南校区举行的本、专科毕业典礼上的讲话

临别之际，作为老师，作为校长，我想请同学们走出校门后时常记起这两件事情：

一是牢记"博学、审问、慎思、明辨、笃行"的校训，不单局限在学校里面，更可以作为人生的信条，作为前进的坐标。只有在新的环境中，不断学习，不断提高自身的综合素质，才能在竞争中立于不败之地。学而常思，笃志于行，从不放弃对自己的严格要求，是对母校、对师长最负责的态度，也是对自己人生最负责的态度。

二是作为一个中大毕业生的荣誉感和责任感。中山大学是一所在国内外享有盛誉的名校，你们的身上肩负着中山大学的荣誉。毕业于中山大学，这就是同学们将来的身份，这个身份将会跟你一辈子，这是一种荣誉，同时也是一份责任。无论同学们将来到了什么地方，从事什么职业，请同学们都不要忘记，自己是来自中山大学的，肩负着中大的荣誉，同时也肩负着作为一名中大学子必须肩负的为国为民贡献心力的责任。

三、在北校区举行的毕业典礼上的讲话

中山大学的医科在社会上享有盛誉，作为中山大学的医学毕业生，你们的身上肩负着中大医科的荣誉。

希望大家无论何时何地，都能够坚持自己的信念和原则。医科是一个受人尊敬的学科，医生是一个受人尊敬的职业，"天将降大任于斯人也，必先苦其心志，劳其筋骨，饿其体肤，空乏其身。"希望大家无论何时都不要动摇救死扶伤的使命，谨记入学时的医学生誓言，谨记医者博施济众的信念。

更希望大家在成长的过程中,严格要求自己,不断学习,不断前进,跨越障碍,克服困难,"博学之、审问之、慎思之、明辨之、笃行之",走好自己今后的人生之路,实现自己的人生价值。

关于学校发展的一些想法和思考*

——在"双代会"上的工作报告(第三部分)

近年来,在全国高等教育快速发展的大环境下,在全校师生员工的共同努力下,中山大学的建设和发展可谓与时俱进。珠海校区的建设、两校合并、"985"建设高水平大学项目的启动、广州大学城的建设等等,都对学校的发展起到了关键作用,可以说,我们学校近几年确实是做了一些大事的。但是,要使中山大学继续健康、稳定、可持续地发展,还有赖于全校师生员工的苦干和实干,有赖于今后清晰的发展思路。

借今天这个教职工代表大会的机会,我想谈一谈我个人对中大发展的一些想法和思考,这些问题有虚有实,归纳起来,大概有以下几个方面:

一、关于内部管理制度

随着中国高等教育的快速发展,我校的规模正在日益扩大,校区和学院也在不断增加,形势的发展要求我们去探索一种更为合理、更为有效的学校管理模式。我个人看来,在这种管理模式的改革中有一个很重要的方面,就是要推进校院两级的管理制度,通过分级管理,分类指导,将学校的管理重心下移,建立以学院为中心的管理模式。

校院两级管理制度有两个关键,一是人,二是财。只有把人权和财权真正地下放给学院,这种以学院为中心的管理模式才可能真正地推行下去。这两个方面在校内管理制度中具有决定意义,也将会对学校的可持续发展产生深远的影响。

作为内部管理制度改革的一项重要内容,学校最近出台了教师编制核定。职位设置和职务聘任的一系列规定,这是学校从全局的角度,以2000年中共中央组织部、人事部和教育部联合颁发的《关于深化高等学校人事制度改革的实施意见》为指导思想,根据2002年国务院办公厅转发的人事

---

* 本文系2003年7月4日在"双代会"上的工作报告(第三部分),后刊登于2003年7月8日《中山大学报》(新)第46期。

部《关于在事业单位试行人员聘用制度的意见》，学习和借鉴国际知名大学和国内一流大学的经验和做法，而作出的重要决定，是我校人事制度的一次根本性的改革。在这里，我想对这一制度的有关原则谈一些想法。

第一，学校选择在目前这个阶段实行教师职务聘任制度，在很大程度上是为了把握学校事业发展最有利的时机。随着广东高等教育的进一步发展，我校本科生和研究生的扩招将是一个必然的趋势。预测未来几年，我校教师的编制总数将处在相应增加的态势之中。现阶段，我校绝大多数学院教师缺编，全校教师缺编超过400人。据初步测算，实行聘任制以后若干年内，尚有42%~48%的教授职位要向国内外招聘，需要招聘的副教授职位也有28%~32%。因此，我们就可以有说服力地告诉大家，选择在这个时机实行聘任制度，有某种"机不可失，时不再来"的意义，学校将立足现实、尊重历史、实事求是，参照职称评定的基本要求，对现有人员作一基本承接。从总体而言，这个规程不是激进的，而是比较稳妥的；对教师的考核要求，不是紧的，而是比较宽松的。实行聘任制的目的，决不是为了解聘现在的在职教师，而是为了建立一个与国际接轨的更具国际化色彩的大学人事制度的框架，以便更多更好地吸引国内外优秀人才，满足学校发展的迫切需要。

第二，学校力图通过教师职务聘任制度的实施，进一步完善校院两级的管理制度。我关注到网上教工论坛关于聘任制的一些意见。有教师认为，这一规程的出台是为了管教师，尤其是管那些职称较低的教师，更有甚者，认为是在"折腾"教师。我想，产生这些看法是出于对职务聘任的误解。1999年，学校曾进行过一次校内管理体制改革，当时的对象是学校机关。在那次改革中，机关中层干部"全部卧倒"，重新竞争上岗，其他机关工作人员的岗位也有了很大的调整。近年来学校机关工作作风的转变是与此次改革分不开的。因此，学校的人事制度改革当然是面向全校教职工的，9月份以后，学校还将陆续出台有关机关管理人员、图书资料人员、实验室人员及其他职务系列人员的聘任规定。所以，我们不能说，此次人事制度的改革是专门针对教师的。

我们应该看到，教师职务聘任规程的出台，不是为了单纯地对教师的工作量进行考核，一些教师似乎只看到了规程中"管"的一方面，只看到了对教师的考核，而忽略其中最重要的一点，就是"定编"。定编是学校管理的一个重要手段，没有定编，学校的管理就会成为一句空话；而如果没有工作量的核定，定编就无从谈起，所以定编与工作量的考核是紧密联系在一起的。此次对各学院教师的定编，就是以教学工作量为主要的考核依据来进行的。学校正是通过编制的核定来实现对各学院的宏观管理，这就像教育部对各高校的管理也是通过定编来实现的一样。教师定编以后，学校实际上将用人权放到了学院，这是向由学院而不是学校聘任教师这一目标走出的第一步。这样做，可以使各学院根据各自不同的情况，自行决定本学院教师的聘任。因此，我们也不妨将教师聘任制视作实现校院两级管理、管理重心下移的一个关键举措。过去我们所习惯的人事制度对院系也有定编的规定，也有职称评聘，但从未把教授、副教授、讲师等职位的设置具体落实到每一个院系，结果，所谓的定编和职称评聘都难以真正落到实处。这次改革以动态的、可以计量的方式，将各个院系教授、副教授、讲师的职位数确定了下来。这样做，使各院系有可能根据各自不同的情况，自行决定本院系教师的招聘计划。副教授以下职务的聘任权力下放到院系；教授聘任的最后决定权在学校，但院系在教授聘任问题上的权力，也比以往评审教授职称时全校"打擂台"的做法，要大出许多。我相信，这一制度的实行，为进一步实现校院两级管理的长远目标，解决了一个带有根本性意义的问题。

第三，在通过聘任制建立学校与教师之间的契约关系的同时，学校高度重视在各种可能的利弊之间保持平衡，以服务于学校长远发展的根本利益。对教师工作量的考核当然是这个规程的一个重要内容。实际上这个规程的重要意义，就是明确了在学校与教师之间是应该有一个契约的。学校与教师之间这种契约性的聘任关系，是各个发达国家的大学普遍采用的人事管理模式，已经被几百年来大学教育的发展证明是成功的经验。

作为一个庞大的教学科研机构，现代大学是必须要有一种效益和成本核算观念的。近年来，国家和地方政府大幅度提高公务员和事业单位工作人员的薪酬，由于新增薪酬中的一部分必须由学校自筹配套，再加上学校发放的校内津贴，因此，学校近几年自筹用于教职工薪酬和津贴方面的开支成倍增长。去年学校用于每位教授的平均人员开支已达8.8万元，而全校的平均人员开支则已超过5万元。这样的情况，让我们这些受国家委托管理大学的人，不得不认真地考虑办学的效益和成本核算问题。尽管聘任制度规定了教师每年教学工作量的要求，但即使在这个新的制度下，每个学时的成本仍然要达到300多元。我充分认识到这个问题的严重性和紧迫性，稍不留心，我们就会给继任者留下难以承受的历史包袱。如果对教师没有一个工作量的约定，没有一个契约，就无法在学校办学规模不断扩大、学生人数日益增多的情况下去充分地调动校内的教学科研资源。讲得再透彻一点，如果我们的教师在薪酬得到明显提高的情况下，还是像在旧体制下那样过日子，那么，学校最终将会无法承受沉重的人员经费所带来的压力。当然，效益和成本核算观念的建立是一个长期的过程，但无疑是非常必要的。

也有教师提出，此次的聘任规程，只强调了教学工作量，似乎学校是只重教学不重科研了。我认为这样的理解可能有一些片面。我在今年年初学校研究生工作会议上曾作过一个关于学风的报告，里面就提到，中山大学的教师是以知识创新为己任的，也就是说，科研水平是对中大教师的一个基本要求，是一个合格的中大教师的必要条件，他的教学是必须建立在科研水平的基础上的。换句话说，一个教师的科研水平，是学校之所以聘任他的一个前提，而教学工作量则是对他在聘任期内考核的一个基本内容。教书是教师的天职，因此教学对于教师来说，是硬任务而不是软任务。

最后要说明的是，我们在用契约关系合理地调配校内的教学科研资源、调动广大教师积极性的同时，还要继续高度重视校园文化氛围的建设，重视热爱学生、献身学术的职业精神的培养；在对教师的教学和科研业绩提出基本要求的同时，我们要加强对教学质量的监控，采取更有效的措施提高学校学术研究的总体水平；在对大多数教师应聘的条件和受聘后的工作责任提出一般性要求的同时，我们也高度重视对出类拔萃的优秀人才的创新性精神及其特殊的工作要求的保护。关于这一点，我想引用我们的校友陈平原教授说过的一句话，他说，一种好的大学制度，就是要"为中才立规矩，给天才留空间"。一方面，希望我们的老师们能够以平常心对待自己和自己的这份工作，勤勤恳恳，敬业尽责；另一方面，作为校长，我也反复强调要为杰出的学者和杰出的研究留下足够的不被制度的条条框框束缚的空间。出于这样的目的，这次公布的制度规定，在教学和学科建设中有突出贡献，或其研究成果有重大学术影响的教师，可免于基本工作量的考核。中国科学院院士、中国工程院院士、国务院学位委员会学科评议组成员在以《教师职务聘任合同》为基础的考核中为当然合格。制度还规定，参加重大课题研究工作且在项目中负有较重要责任的教师，在课题进行期间，可额外享受不超过两年的有薪学术假。这个制度还赋予各院系领导和学校负责人在人事问题上多方面的酌情权。这些都是出于"给天才留空间"的目的。

上面，我用很大的篇幅对教师聘任制的有关问题作了说明，我觉得这个制度的实施最重要的还是它有利于校院两级管理体制的推行。学校最近实施的财务预算改革，同样也是基于实行校院两级管理、管理重心下移的考虑。

根据国家财务管理和预算改革原则的要求，学校坚持"量力而为、量入为出、勤俭节约、开源节流，有所为、有所不为"的原则，实行稳健的、对历史负责的、从紧的财经政策。目前，我校财务管理工作的一个重点，就是根据国家的财政政策，稳步推进预算改革。我们的预算管理将遵循"积极稳健、保证重点、兼顾一般"的总原则，逐步确立零基预算法和绩效预算法，提高预算管理的科学性、合理性，强调预算的严肃性和约束性。

通过预算改革，将达到以下目标：①明晰责任中心，促进校内各单位的责、权、利对等，扩大各责任中心的财务自主权；②增强财务公开和透明度，促进预算方法的科学性、客观性；③促进职能部门的工作重心向过程管理和监督检查转移，日常维持性经费尽可能直接拨付到经费使用部门，逐步实现各项经费向院（系）的直接拨付；④建立完整的大学财政体系，逐步理顺与各类责任实体的经济关系，健全经济政策。

学校以往的预算切得过细，各门类的钱分渠道下达，并由各职能部门掌握，结果是各学院的领导反而不知道自己究竟有多少钱可以调配。从今年开始，各学院的预算，将与该学院的招生数、教学工作量等挂起钩来，把所有应该由各学院支配的钱，直接划到学院。这个调整正是向以学院为主的财务预算制度走出的第一步，今后，这一改革还将继续进行下去。

当然，在强调把财权进一步下放到学院的同时，我们还必须强调各学院要建立相应规范的财务制度。最近学校对校内各单位"收支两条线"的实施情况进行了检查，发现有许多单位仍然存在财务制度不完善的现象，有些单位甚至还存在严重的违规现象。最近的一次校长办公会已作出决定，要由财务处在暑假期间组织各单位主管财务工作的领导和财务人员办一个培训班，把这些现象作为案例进行剖析，以增加有关人员对国家和学校相关财经制度和规定的了解。

同时必须看到，我们说实行校院两级管理体制，指的是以学院为中心的管理制度，是两级，而不是三级。也就是说，在学校的层次，我们是放权；而在学院的层次，则是"集权"的。在学院内部，要打破"山头"，要强调资源的统一调配，例如学院的科研用房不是教授的私人财产，要由学院统一调配；又例如学科建设经费，要由学院统一调配，而不是单纯的分钱；又例如对外办班，应该由学院而不是学院下属的系来操作，而且办班所得经费也应由学院统一支配。

二、关于学科布局的调整

对于中山大学这样一所国内知名的重点大学而言，学科建设是无论怎么强调也不会过分的,因为学科建设是我们学校的生命线。说到学科建设,我们往往会首先想到一级学科、博士点、重点实验室等的申报,其实学科发展的重心,学科建设的本质在于建设。所谓建设,就是要从中山大学的长远发展出发,就是要有全局的观念,就是要主动地寻找学科的增长点,调整学科布局。

大学的学科布局是一个动态的、不断调整、不断建设的过程,这个过程是没有终结的,因为科学会不断发展,社会将不断进步,新的学科必定会随之不断出现。从某种意义上说,学科建设,学科布局的调整,是一所大学永恒的话题,也是每一任大学校长都必须考虑的一项最重要的工作。中国的高等教育正处在一个高速发展时期,过去我们大家都无法预见中大现在的学科布局,现在我们同样也不可能为将来中大的学科布局定一个框框。我们所应该做的,就是要不断地关注科学的发展、社会的进步,根据学校的实际情况,因应时势,调整和规划中山大学的学科布局,并尽可能地保证我校的学科布局在一个较长时期内的稳定。

近年来,学校复办了心理学系,组建了传播与设计学院、药学院,重组地球与环境科学学院,成立了环境科学与工程学院和地理科学与规划学院以及地球科学系。目前正在筹建工学院。这些新学院(系)的成立,并不是一时的冲动,而是为了适应科学和社会的发展,基于学校长远发展的全面考虑的。

我们经常说要"做强做大"中山大学,学校在"做强做大"方面的基本想法是:做强存量,做活增量。这其实就是一个学科的布局问题。现有的各个学科,以内涵发展、提高水平为主,增量部分以发展广东经济建设急需的应用学科为主。上述新组建的学院(系),可能一开始并不能看到多少博士点、重点学科,但它们的存在,将会对中山大学今后的发展产生深远的影响,这一影响将会随着时间的推移而日益凸显出来。

以工科的发展为例。经过多年的发展,我校有许多新兴的工程技术学科在理科和医科的基础上得到了较好的发展,但是,与兄弟院校相比,我校的工科还是比较弱的,这是我校学科布局中的一个缺憾。近年来,学校一直在探讨组建工学院的可能性。最近,校党委常委会已正式决定,筹建中山大学工学院。工学院将设于广州东校区(大学城),它将成为东校区的一个显著特色。工学院建设的指导思想,也是"做强存量,做活增量",学校原有的一些工程技术学科,暂时不动,工学院的组建则着眼引进新的学科,引进新的人才梯队,在增量上下功夫。工学院将以科学研究和研究生教育为主,从高端做起。工科的发展有一个起点问题,我校发展的工科并不是传统意义上的工科，我们要发展的是以软件与信息技术、材料与能源技术、生物工程技术等为代表的，以高新技术为特色的新兴的工程技术学科，同时，我们还将发展产业与技术评估、工业设计等交叉学科。我们相信，在新的空间，坚持高水平、高起点建设，联合具有研发能力的大企业，建设高水平的实验室，大力引进杰出的学术带头人，我校的工科将在新起点上有一个较大的发展，中山大学也将成为一所真正意义上的综合性大学。

调整学科布局的过程同时也是队伍建设的过程，或者说，学科建设的实质，归根到底还是人才队伍的建设。一个学科的成长，一个新的学科增长点的出现，关键还在于人才，尤其是杰出的学术带头人。学校将继续花大力气培养和引进学术带头人，也就是我常说的领军人物。有了领军人物，就可能出现新学科增长点，就可以聚起一批人，拉起一支队伍。有了科研团队，就会有影响力，就会有成果，就会有科技成果的转化。

大家都知道，中国高校的科研存在着一个普遍现象，就是"星光灿烂，缺少月亮"。高校的教师多多少少都会有一些科研成果，但是重大的标志性成果往往不多，这种现象的出现与我们高校分散的科研组织形式是密切相关的，尤以理、工、医科为甚。事实证明，要出高水平的科研成果，必须依靠科研团队。目前，从国家到地方都十分重视科研团队的建设，我校同样也是如此，学校提倡以二级学科为基础（医科方面有的学科以三级学科为基础）组建研究所，正是基于组织科研团队的考虑。这些研究所应该是学校科研活动最基本的组织形式，每一位教师的科研活动应该在研究所的框架下开展，而教学活动则由学院统一安排。

所以我们的人才队伍建设，最关键的是人才梯队的建设，要考虑到科研团队的组建。我们当然鼓励各位教师都有自己独立的见解，拓宽研究的方向，但是一开始，如果还不能树起一面大旗，组织一个科研团队，就应该先考虑成为某个科研团队的一分子，为团队拿出高水平的科研成果作出贡献。这一点对于理、工、医等学科来说可能会更为突出。

人才队伍的建设与学科布局的调整息息相关，人才引进必须有利于学科的发展和学科布局的优化，切不可盲目引进，希望各学院在人才培养和引进的过程中充分考虑，这一点事关中山大学的长远发展，不可等闲视之。

三、关于学校的保障机制

提到学校的保障机制，牵涉面很广，包括我们常说的后勤社会化改革以及教职工的福利政策。

关于与教职工切身利益相关的各项政策，校党委常委会有一个决定，就是广东省所有关于国家事业单位的工资福利政策，学校都会跟上。近年来广东省以"小步快跑"的形式提高公务员和事业单位职工的工资，学校每一步都是跟上的。从2000年到现在，广东省已经"跑了八步"，由于按照政策规定，工资中的提高部分，国家财政拨款60%，单位自筹40%，教职工工资中由学校自筹的部分成倍增长。举一个例子，2000年，每位教授的工资中由学校自筹部分约9800元，到今年，这个数字已上升到约26300元，增长了2.7倍。随后，国家还将不断出台有关职工福利的新政策，学校将根据财力尽可能地跟上。关于这一点，我想多说两句。在花钱方面，作为大学的领导班子必须要有全局的、可持续发展的观念，要抱着对历史、对全校教职工负责的态度，负责任地去制定各项政策，切不可分光吃光。这一点也供学校附属的一些法人单位参考。

为进一步增强学校的财力以及学校对财务的支配能力，我们也正在考虑申请成立大学发展基金会，募集资金，支持学校的可持续发展。

借这个机会，我想着重讲一讲关于没有享受实物分房教职工的住房问题。在谈这个问题之前，我想首先有必要明确以下两点。

第一是观念的转变。中国的社会经济发展到今天，以往计划经济体制下形成的一些观念已经到了非改不可的地步，就中国高校的管理体制而言也是如此。以前我们是大包大揽办大学，其中由学校负责解决教职工的住房就是其中突出的例子。在"大学办社会"这一背景下，中国大学的负担是极其沉重的。国家从2000年开始停止实物分房，启动货币分房，也正是出于为包括大学在内的国家事业单位松绑的考虑。事实证明，这一决策是正确的。在这个政策上，学校决不会走回头路。当然，作为某种福利政策，学校可以为教职工购房置业提供支持和便利，但是除了校内的一些周转房之外，教职工的永久性住房主要还是教职工自己的事情，这是一个必须树立起来的观念。

第二是心理的平衡。很多人会说，仅仅是因为入校时间的区别，就划出了一条线，线这边可以享受实物分房，购买房改房，住在校内，线那边就只能货币分房，住到校外去了，这不公平。我想，这里就有一个心理平衡的问题。所有政策，总是会有一条界线的，绝对的公平是不存在的。说到底，一代总比一代好，这是一个总的趋势，我们也要有这个信心。我们看问题不能只是看到某一个局部，不能只看到坏处，而看不到好处。因此，面对现在的这个状况,心理平衡是十分重要的。

我觉得,只有观念转变和心理平衡这两个问题解决了,我们才可能接下来讨论具体的解决办法。

出于国家政策和学校大局的考虑,我觉得,关于住房问题的讨论应该有以下几个边界条件:

1. 学校将坚持货币分房、校内周转房按成本收取租金的政策。高校后勤服务的社会化是中国高校真正从计划经济体制的束缚下挣脱出来的一个关键,是国家的一个大政策。学校收取租金是建立在启动货币分房的基础上的,在收取租金的同时,学校已提供了住房货币补贴。(这里要特别说明一点,现在启动的住房货币补贴,是在国家还没有相应拨款的情况下,由学校自筹解决的。)我们同样也应该看到,货币分房也是福利分房的一种形式,而且住房货币补贴的标准还将随着各地的物价指数等方面的因素有所调整。

2. 学校将坚持不在校内建设用于出售的住房。这是学校的一个既定方针,无论是南校区还是北校区,校内用地都已十分紧张,如果启动校内建房,学校的教学科研环境乃至居住环境都会受到极大的影响。况且即使现在学校决定在校内建设用于出售的住房,也仍然不可能满足今后入校教职工的需求。所以在校内不再建用于出售的住房,是必须坚持的,这可以说是关系到中山大学可持续发展的一个大问题,是学校的大局。

3. 学校也不会出售存量房。与兄弟院校的情况不同,学校的现有住房存量已经很少,这些住房必须留下来作为周转用房,而且以存量房的质量来看,也不适宜出售。关于周转房我想多说两句,由于校内周转房的不足,学校已决定在广州东校区建设20000平方米的周转房,并考虑在南校区建设部分周转用房,还可能考虑购买一些商品房作为周转房。但这些周转房仍然只用于出租。

这三个边界条件清楚以后,我觉得我们现在只剩下了最后的一个解决方式,就是眼睛朝外,在市场经济的体制下,与政府以及房地产商合作,以集团购买为前提,尽可能建成独立小区,取得一个合适的价位,提供给教职工以按揭的方式购买。这是最好的也是最彻底的解决方式。目前,教职工代表与房地产管理处已组织了一个项目组,正在与各房地产商谈判。在谈判的过程中如有必要找政府相关部门落实政策,学校领导包括本人都可以出面。这个项目组的工作进展很快,相信很快就会有一个令人满意的方案。

上面的想法引起了我的一点思考。

当今中国正处在一个高速发展的过程中,中国社会也正处在一个激烈的变革之中，这种变革必然会影响到大学，面对这一变革，学校如何应对，这是一个事关学校长远发展的大问题。

我们必须看到，所有事情都在发展与变化的过程之中，这是一个动态的过程。学校的各项政策其实也有一个适应新形势、新要求而不断变化的形势，以往的政策如果不能适应新的要求，也就会出现改革的要求，一成不变、永远正确的政策是不存在的，学校领导者的任务，就是要把握好时代发展的趋势，适时地调整政策，进行改革，这也就是所谓"与时俱进"。无论在什么情况下，我们都不能说制定的政策就是最佳的、最完善的。政策的制定过程，其实就是一个选择的过程，我们要做的，就是尽可能地趋利避害，尽可能选择一个在现有条件下最可行的方案。

我们也必须看到，所有改革，都会触及一部分人的利益，皆大欢喜的改革是不存在的。所有政策都是一把双刃剑，不可能面面俱到，利弊一定是同时存在的。

例如上面提到的分级管理、分类指导、管理重心下移的问题，虽然我们的初衷是要使大学的管理更有效率，但同时我们也不能不看到由此可能产生的由于院长行政权力过大而出现的不公问题。因此，我们就要考虑学院内的制衡机制，各学院是否应该考虑成立类似于教授委员会这样的组织来对学院的行政权力进行制衡。另外，由于学院是非独立对外的实体，中山大学的法人代表只有一个，因此，我们也不能不考虑到由于放权而可能产生的一些法律上的纠纷对学校全局的影响。

又例如财务预算的改革。学校将逐步把与学院相关的经费都直接划拨到各学院，这无疑会有利于校院两级管理模式的推行，但同时我们也不能不看到，由于各职能部门失去了以往掌握的经费，学校对下属各学院的宏观调控能力就可能受到削弱，学校的政策也可能不能很好地贯彻下去。因此，今年学校的经费预算，只是向以学院为主体的财务管理走出了第一步，有一部分的经费还会留在职能部门。但我们仍然认为这个方向是对的，只是具体的实施还要有一个循序渐进的过程。

上述例子，说明了两点：一是事情总是会发生变化的，我们应该根据这些变化对有关政策作出调整；二是在所有政策制定的过程中我们都要看到事物的两面，然后作出选择。我觉得，这个选择的过程其实就是一个不断地寻找平衡点的过程。

在寻找平衡点这个方面，儒家的所谓"中庸之道"或者可以给我们以有益的启示。允执其中，不偏不倚的中庸之道是儒家的终极理想，而正因为是终极理想，也就决定了它其实是不可能实现的，这就像数学中的某一类渐近线，可以无限近似，但始终无法达到。但是，作为人生的终极理想，中庸之道的一个最重要的意义就在于它为我们提供了一个平衡点，人生的选择过程就是一个围绕着这个平衡点不断努力的过程。学校的管理工作同样也是如此，学校各项政策的制定都是在权衡各方利弊、考虑各种可能的结果后作出的，我们总是在力图逼近那个平衡点，我们不能说我们已经求得了最优解，但我们或者可以认为，在现阶段的中山大学，在充分分析现状的基础上，进行一些制度改革的尝试还是可行的。

正因为各项政策总是在不断地选择中制定的，我们也不能肯定已经求得了最优解，那么就涉及对待这些政策的态度问题了。每一个政策出台，总会引来一些不同的意见，有些意见还可能会很尖锐，我想在一个民主的社会，这是一个必然存在的现象。正是由于我们知道所有政策都不可能面面俱到，所有改革都不可能皆大欢喜，因此我们只能希望出台的政策可以得到大多数人的拥护，至于少数不同意见，当然是可以保留的。事实上，这几年学校出台的政策，应该说都是有良好的群众基础的。在政策制定的过程中，我们要广泛地听取意见，听意见的过程也就是一个争论的过程，但政策一旦实施了，我想还是邓小平同志的那句话说得好："不争论"。我们应该以这种"不争论"的态度，本着求同存异的原则，向前看。小平同志是一个有大智慧的人，他总是可以用最浅近的语言说出深刻的道理，例如"不管白猫黑猫，抓到老鼠就是好猫"、"发展是硬道理"、"摸着石头过河"，还有就是"不争论"，所有这些道理对我们的工作都有着深刻的指导意义。对于学校的各项政策，存在不同意见是可以理解的，而且我们也相信绝大多数的师生员工都是从学校长远发展的角度出发来考虑问题的，正因如此，我们才可以达成一个"不争论"的共识，让事实来说话，如果事实证明是对的，就坚持下去，如果事实证明是错的，就及时改过来。千万不要因为争论而伤了和气，更重要的是不要因为争论而贻误了学校发展的大好时机。

在这里，我非常希望广大师生员工积极地为学校的发展建言献策，抖擞精神，群策群力，为重铸中山大学的鼎盛和辉煌而共同努力。

我们坚信，中山大学的未来必定会更加美好。

我上面的这些想法和思考远未成熟，但我个人觉得它们关系到中山大学的长远发展，因此我真心地希望可以得到大家的批评指教。

中大人要立志[*]

——在新教工培训班上的讲话（节选）

我今天所想讲的其实就是两个字：立志。

大家可能已经知道，我们现在所处的这个礼堂叫怀士堂，在中国现代史上是有一些名气的。1923 年 12 月 21 日，我们这所学校的创始人孙中山先生在这里对当时岭南大学的学生作过一次演说，中山先生的这篇演说词，在校园网"一代伟人孙中山"的网页中可以找到。这个演说的主题，就刻在门外墙的石板上，是我校著名教授商承祚先生的墨宝，叫做学生"立志要做大事，不可要做大官"。我想只要是中大人，对这句话大概都是耳熟能详的。关于"做大事"与"做大官"的关系，很多同学还有过争论，例如说，这二者是不矛盾的，做了大官，才能做大事，等等。为了搞清楚这一点，我还做了些研究，后来我在很多场合都与学生们讲过，中山先生这句话的意思，关键不在于大学生是要做官还是做事，它强调的是立志。先生在这个演讲的最后是这样说的："我贡献诸君的，就是要诸君立志，要有国民的大志气，专心做一件事，帮助国家变成富强。这个要中国富强的事务，就是诸君的责任；要诸君担负这个责任，便是我的希望。"

先生说这番话的时候还没有中山大学，先生正是有感于美国人办的岭南大学，在第二年创办了国立广东大学，也就是后来以他的名字命名的中山大学。所以先生的这个讲演也正是说给我们听的，我们这所大学，是肩负着先生深深的希望的。我们现在在这里讨论立志这个话题，也正是承接着中山先生的教诲，我觉得，这个话题是我们作为中大人必须要一直讲下去的，是永远不会过时的。

中山大学是一所我们值得为之奋斗，为之贡献毕生才智，将我们的生命与之紧紧相连的大学。从 1924 年成立开始，中山大学就是一所在国内举足轻重的国立大学。中山先生创办这所国立的大学，是要为中国的革命和建设培养人才，因此，从一开始，中山大学的定位就是现代的。在它的历史上，

---

[*] 本文系 2003 年 8 月 27 日在新教工培训班上的讲话（节选），后刊登于 2003 年 9 月 2 日《中山大学报》（新）第 47 期。

曾经汇聚过一批对中国现代学术有着奠基意义的重要人物，它曾是全国第一批建有研究院的三所大学之一，在文、理、工、医等各个学科领域，都曾经得全国风气之先。这里是中国现代学术的发祥地之一，它对中国现代学术的发展和中国社会的现代转型，都曾有过重要的影响。可以说，中山大学的诞生，为的就是国家的富强，民族的振兴。新中国成立后，虽然经历了1952年的全国高校院系调整，许多鼎鼎大名的教授和他们的学科离开了中山大学，中大已不再是一所真正意义上的综合性大学，但即便如此，中山大学也一直是教育部直属的全国重点大学，它在中国高等教育的格局中始终有着重要的一席之地。2001年10月，原中山大学与中山医科大学的合并，在某种意义上就是一种历史的回归，同样也是我校作为南中国最重要大学地位的明证。

我之所以要在这里对诸位说中山大学曾经的辉煌，并不仅仅是要告诉大家我们先前曾经"阔"过，而是想让大家立一个远大的志向，承继先贤，再铸中山大学的辉煌。"再铸辉煌"这四个字，是我最近许多报告中的一个主题词，确实也是我的一个理想，也可以说是我做中大校长的一个终极目标。现在，我想把这个理想、这个志向告诉大家。

每一个中大人，包括在座诸位，都是再铸辉煌的中大这一事业中的一分子。我们每一个人都会老去，而中山大学的事业则将不断地延续下去，我们身处中山大学的意义，就是要为这个事业尽自己的一份心力，这是我们义不容辞的责任。

关于中山大学的发展目标，我们有一个说法，就是要经过全校师生员工的努力，把中山大学建设成为一所居于国内一流大学前列，在国际上有较大影响的、高水平的研究型综合性大学，进而向国际一流大学目标迈进。这是我们中大志向的"官方"表述。我们还可以将这个志向表述得更简单一些：我们要使中山大学的整体实力稳定地居于国内高校的前十位。当然，所谓排名也不应该是我们志向的唯一表述方式，从某种意义上说，我们还应该超越这一点，而去实现一所大学最本质、最终极的价值。

事实上，现在的中山大学也已经具备了再铸辉煌的基本条件。最近几年，我们学校抓住了三个机遇：一是1999年，与珠海市合作共建了珠海校区，扩大了学校的办学空间，将近4个平方公里的珠海校区也成了全国数得上的美丽校园；二是2001年10月，原中山大学与中山医科大学合并组成了新的中山大学，这是一次真正意义上的强强联合，新的中大学科更为齐全，实力也有了很大的提升；三是2001年，我们学校进入了全国重点建设的高水平大学的行列。这两年来，衡量一所大学水平的许多硬指标，我们学校都进入了全国高校的十强，例如我们现在有20个国家重点学科，有17个博士学位授权一级学科，137个博士学位授权点，已有9篇博士论文入选全国百篇优秀博士学位论文，等等。近年来的许多民间的高校排名，我校也都在第10名左右。所有这些，都使我们可以把中大的志向定在一流的国内名校，定在"拔尖"这个层面上了，我们的中大理应为中华民族的伟大复兴贡献更大的力量。

但是，立志的高远更使我们看到了不足。从上面的种种指标看，中山大学似乎已经是今非昔比，成为全国十强高校了。但其实我们目前在国内高等教育界的声望是高于我校实际水平的，这一点，李书记和我都很清醒，校内的师生员工也很清醒。进前十，一次不难，难的是要稳定地在其中占据一席之地。更进一步说，要稳定居于前十可能也可以做到，但要再铸辉煌，在中山大学建立起有利于学校持续发展的现代大学制度，使中山大学成为一所真正现代意义上的大学，要使将来的中大对国家、对民族、对人类文明的发展和进步有更大的承担，要使中大成为国家乃至世界的教育、学术、文化的重镇，我们还有很长的路要走。正因为如此，再铸中大的辉煌就更应该成为我们中大人矢志不渝的远大志向。

立志的高远也使我们产生了紧迫感。中国的高等教育正处在一个高速发展的时期，中大目前的发展可以说是适逢其时，抓住了机遇。现在全国高校之间的竞争日益激烈，我们面临着无情的优胜劣汰的局面。我想，这种紧迫感不仅学校要有，而且中大的每一个人都要有。

正是由于这种紧迫感，我们才会特别强调学校的学科建设要有一流的意识。学科建设是大学发展的生命线，我们要有争创一流的气概，要树立宏观的、开放的观念，眼界要更开阔一些，气魄要更大一些。只有建设一批具有世界一流水平的学科，造就一批站在世界学科发展前沿的学术大师，取得一批重大的理论和高新技术研究成果，培养一大批高质量的人才，我们才有可能说我们是一流的，我们是拔尖的。

正是由于这种紧迫感，我们才会特别地重视人才队伍的建设。目前制约中山大学向前发展的最大瓶颈，还是人才，我们还缺少一批学科带头人，缺少一批领军人物。所以，在重视现有人才的同时，我们仍然要十分地重视高层次人才的引进工作。对于像中大这种层次的大学而言，引进高层次的学术带头人，事关学校长远发展的大局。强调这一点，并不是忽视了我们现有的人才，我们学校如果要实现快速的、跨越式的发展，要在日新月异的科技发展中抢到先机,要寻找更多的学科增长点,现有的人才还不够,也不能仅仅寄希望于学校原有人才调整科研方向。如果不能引进更多的学术带头人,我们的学科调整、寻找新的学科增长点就会滞后,我们当然也会进步,但恐怕会永远跟在别人的后头。

正是由于这种紧迫感,我们才会特别重视要建立一个与国际接轨的更具国际化色彩的大学人事制度框架,以便更多更好地吸引国内、国外的优秀人才,满足学校发展的迫切需要,目前已经实施的教师职务聘任制度正是这一努力的一个方面。

正是由于这种紧迫感,我们才会在推进教师职务聘任制度改革的同时,尤其强调宽松的学术氛围的营造。强调要力争避免在学术上急功近利的浮躁心态,要用一种更为通达、更为宽松的心态来看待科学研究,建设我们的科研制度。对于高层次人才,对于学术上的领军人物,我们要充分地尊重他们追求创新的内在驱动力,纾缓学校制度管理给予的外在压力,为他们的研究创新营造一种更为宽松的氛围。

正是由于这种紧迫感,我们对学校的行政机关提出了以教师为本、为教师服务、为学校的教学科研服务的要求。我在许多场合都反复强调,全校都要有人才意识,要形成一种尊重人才、爱护人才的氛围。我觉得,在我们中大,名教授们的地位是高于校长的,校长任期一满就会离开,而中山大学的声誉却正是靠着一代又一代的名教授们的努力而逐步积累起来的,现在我们说到文科就会想到陈寅恪,说到理科就会想到蒲蛰龙,说到医科就会想到陈心陶等一大批老一辈的学者。学术的承传,学校的声誉正是与这些闻名遐迩的名字息息相关的,正是一代又一代的著名学者共同锻造了中山大学这块金字招牌。

除了紧迫感之外,这个高远的志向,还使我产生了一种更深层次的忧虑。

广东是个好地方。我也常说,地处广东,是中山大学的幸运,广东省对高等教育的支持是实实在在的,而不是停留在口头上的。目前我校从广东省得到的办学经费已经多于国家的投入、省部共建、珠海校区等,都是广东省对我校的支持的一个最好的证明。广东在中国近现代革新图强的历史进程中,是一个得风气之先的地方。别的暂且不说,即从体育而言,广东也曾在全国引领风骚,许多从西方引进的体育项目如举重、游泳、排球、羽毛球等都是从广东开始的,还有就是曾经威风八面的"华南虎"广东足球队。20世纪80年代,由于经济的强劲发展,广东的生活方式都曾引领了全国的潮流。现在,广东仍然是我国经济实力最为雄厚的省份之一,仍然是中国现代化急速发展的地方,身处广东的中山大学在其中的确也是得益匪浅。

但广东毕竟不是国家的政治、文化中心,在历史上,广东就是一个"山高皇帝远"的地方。因为远离中心,所以在广东人身上传统的重负相对就会较轻,这也是广东总是可以得风气之先的一个原因。但一旦全国都得了这个"风气"以后,广东原有的优势就可能失去。张德江书记初到广东视察我校,说得最多的就是广东要有紧迫感,前面有标兵,后面有追兵。江泽民同志为广东的题辞:"增创新优势,更上一层楼",其着眼点也在这里。即从高等教育而言,现在的趋势就不是北上,而是南下,国内各大高校都盯着广东这块大蛋糕,珠海的大学园区就吸引了近十所国内著名高校,北大、清华、哈工大、南开等大学在深圳也设立了各种各样的教学机构,而且深受地方政府的欢迎。这当然也是广东值得自豪的地方,国内各大名校之所以南下,是因为看准了广东的经济发展,看准了在这里办学可能得到最大的回报。但这个趋势实在也值得包括我校在内的广东高校深思。与国内其他高校相比,我们确实少了一些"霸气",少了一些"侵略性",少了一些渗透力。

最近,我在不同的场合听到了同样的一种说法:"广东也就是有钱而已。"首先,我觉得这句话的话外音有失偏颇,"有钱"和"有钱而已"是两个概念,必须严格地区分开来。小平同志说过:中国穷了几千年了,所以对于现在的中国而言,"有钱"当然是好事,是一个巨大的成就。现在国内许多地方都把"有钱"、"富裕"作为自己的奋斗目标,"十六大"以后,全面建设小康社会已成为了我们国家的奋斗目标,在我看来,小康社会的一个很重要的内容,就是要"有钱",要"富裕"。但是,如果只是"有钱而已",那是不行的,所以这句话也是对我们这所地处广东的大学敲响的一个警钟。如果别人说到中山大学,说到中山大学的教授,也说我们"就是有钱而已",那可真是我们的悲哀了。

我在这里讲要多一些霸气,多一些扩张和渗透,要敢于和愿意走出广东,到外面闯荡世界,是因为这是立大志向、有大抱负的需要。立志,就必须勇于竞争,勇于在学术领域中去扩张、去占领。在全球经济一体化的今天,在世界各国都在各个领域中争王争胜的今天,我们必须摒弃安于现状、不思进取的意识,要敢于在科学的最前沿去一展拳脚。

近年来,我们一直在强调要为广东的经济建设服务,这当然是不错的,但我们还要清醒地看到,中大的立足点必须是一所中国名校,而不是广东省的地方名校。只有成为一所中国名校，我们也才对得起广东的父老乡亲，也才可以更好地为广东服务。作为中山大学的一员，我们的目光决不能只是停留在广东，我们的眼光一定要放得更远一些，更高一点，我们不能只停留在珠江流域，我们的眼光要看过长江去，看过黄河去，甚至还要看过太平洋去。立足点的不同会带来不同的心态，我们需要一种更为开阔的视野，我们要更加大气。我们不能仅仅满足于做华南的"老大"，如果仅止于此，迟早会连这个"老大"也做不稳。

学术界有京派、海派之说，作为中国南方一所最具影响力的大学，我们应该有勇气和信心，经过若干年的努力，使中山大学的学术具有自己独特的个性，在学术风气和治学风格上打造一个在国内学术界独树一帜的岭南学派。这是中山大学的责任，我相信，我们也完全有能力达到这个目标。这也是中山大学的志气所在。

常听到有人说，广东不是做学问的地方。这说的是在现在的广东，外界的机会很多，诱惑也很多，不容易静下心来研究学术。但是，广东是不是做学问的地方，与广东有没有人潜心做学问是两个问题。做学问是需要定力的，老一辈的学者经常对我们说，做学问，首先要有"板凳要坐十年冷"的思想准备。所以我又真的很担心在现在的广东，在这样一个务实的富裕的地方，我们的有些老师们会倾向于只顾自己眼前的利益，而忘记了自己是一个学者，忘记了作为一个真正的知识分子的社会责任，小富即安，小进即满，只是满足于在华南，在广东，甚至是在广州做一个名人了。如果真的这样，我们又如何可以说再铸中大的辉煌呢？

大家选择中大，成为中山大学的一员，绝不仅仅是有了一个饭碗，有了一个谋生的手段，不管从事什么工作，我都希望大家的眼光要放得更高远一些。你们是中山大学的建设者，是中山大学事业的接班人，而且归根到底是正在欣欣向荣发展着的中国的建设者和接班人，中山大学的发展乃至民族复兴和国家强盛的希望正寄托在你们身上。正因为如此，诸位在进入中山大学之初就应该立一个尽量高远的人生目标，人无志而不立，一个没有远大志向的人，是成不了大事的。如果你是一位教师，你就应该要成为一名杰出的学者；如果你是一位医生，你也应该是一位学者型的、救人济世的名医；如果你是一位管理干部，你就应该成为一名职业的优秀的管理干部；如果你是一位护士，你也应该成为业界最出类拔萃的一员。所有这些不因为别的，就因为你是中山大学这所要"再铸辉煌"的中国名校中的一员，就因为你是中华民族复兴大业中的一员。

志存高远，是我对大家最大的期望。人的潜能是可以不断挖掘，不断发挥的，成为中山大学这所名校的一员，就要有与之相称的志向。希望大家始终保持高远的志向，为自己，也为中大的美好未来去奋斗。

国家的发展与我们的责任*

——在中山大学科技工作会议上的讲话

诸位：

今天的这个科技工作会，已经酝酿了很长一段时间，为了筹备这个会议，科技处和医科处的同志做了大量的工作。近年来，我校理科、医科、工科的科研工作有了很大进展，取得了一批具有标志性的乃至里程碑意义的重大成果，所有这些都是与全校科技工作者的不懈努力分不开的。最近，2003年中科院院士增选结果揭晓，计亮年教授当选为新一届中国科学院院士，借此机会，我代表学校向计教授表示衷心的祝贺和感谢，他的当选，鼓舞了中山大学科技工作者的士气，是给我们今天这个科技工作会议的一份最好的贺礼。这是他个人的荣誉，也是中山大学全体师生员工的光荣。同时，我也要向此次申报院士的其他教授们表示感谢和敬意。

我校近年来的科技工作将由颜光美副校长在工作报告中作全面的总结，这个报告我认真看过，我完全同意报告中对我校科技工作的评价以及今后的发展思路和工作措施。我今天的这个讲话，还是想和以往一样，虚实结合，谈一些观点，希望可以引起大家的兴趣和思考。

我给这个讲话定了个题目，叫做《国家的发展和我们的责任》，这可以说是有感而发，也是我最近思考最多的一个问题。

上个月，我去北京参加了一个"三个代表"学习班。这一期的学习班上，有许多来自全国各省的主管农业的副省长，学习期间，我与他们有很多交流，其中"三农"是一个最主要的话题，"三农"问题的严重性给了我很大的触动。中国的"三农"问题已不单纯是一个涉及农业和农村经济、农民收入的局部问题，而是关系我国经济和社会发展的全局性问题。目前，我国尚有60%以上的人口在农村，他们的生活水平明显低于城市居民，而且差距还在拉大，农村还有3000万贫困人口，有6000万人徘徊在温饱线上。"三个代表"一个最重要的目标，就是要实现我们国家的全面小康，这是十

---

* 本文系2003年11月26日在中山大学科技工作会议上的讲话，后刊登于2003年12月12日《中山大学报》（新）第57期。

六大的总体目标，也是目前国家发展最重要的任务，而如果农民不能实现小康，也就不可能有所谓全面小康。可以说，管农业的副省长们给我这个全国重点大学的校长上了生动的一课，让我深深地感到了自己肩上的责任，可以说，这种社会责任感的加强是我这一次参加学习班最大的收获。我今天的这个讲话以"三农"问题开头，也正是希望通过这个会议，将这种责任感传递给各位，也传递给全校的师生员工。

记得我在学习班上发言，提到我们学校的教授人均年收入已达到8万多元，广东省人民政府对我校的大力支持等等，有几位副省长插话说，但是现在的农民读不起大学的越来越多了，我们的农民真的很穷。这句话给了我很大的震动。我们的高等教育现在确实是处在一个前所未有的大好发展机遇之中，但我们千万不要忘记，我们用的是广大纳税人的钱，这些钱用得越多，就越要在心中记着国家的发展，就越要牢记我们身上的责任。

以往我们谈学校的学科布局调整，谈提高科研水平，谈科技成果转化，都是首先站在学校发展的角度的，我想，现在我们应该换一个角度，来看看我们学校的发展方向是否可以与国家的发展方向联系起来。

这次在北京，广东省主管农业的李容根副省长对我说，我们的农业、我们的农村、我们的农民实在是太需要科学技术的支撑了，例如水产养殖技术，例如农产品的深加工技术，例如农产品（如荔枝）的保鲜技术等等，有时候，只要"一条鱼"、"一只虾"就可能救活一个县，一种新的、具有市场前景的水产养殖技术一旦得到推广，就可以使农民们脱贫致富。

与海洋和农业相关的科技发展对农民的脱贫致富有着直接的意义，而这方面正是我们学校的强项。我们学校的生命科学学科一直以来就有着服务民生的良好传统，20世纪30年代丁颖教授的水稻栽培技术，新中国成立后蒲蛰龙教授的生物防治技术都曾造福天下。在"三农"问题成为中国发展"重中之重"的今天，我们的生命科学技术理应为此作出更大的贡献。

我校生命科学学科的发展，已经说明中山大学是有能力为国家的发展，为国家"三农"问题的解决贡献自己的力量的。这是我们义不容辞的责任。接下来，学校将继续高举大农业这面大旗，继续与广东省保持密切的接触，了解广东农业的发展过程中的需求，及时地调整我们的学科方向，使我们的学科建设更好地服务于地方的经济建设和社会发展，不辜负国家和广东省对中山大学的厚爱。

最近，我在《南方日报》上看到了《2003年广东省关键领域重点突破项目招标揭标公告》，在这些中标项目中，我校作为主投标方中标的项目有

4个,以第一参与单位中标的项目也有4个,是中标最多的高校。这是我校近几年来强调学科布局调整的结果,是我校为地方经济建设服务能力进一步提高的一个标志,同时也说明,除了上述大农业领域以外,我校能够为国家全面小康作出贡献的领域还有很多,我们应该做和能够做的事情还有很多很多。关键是中山大学要以国家发展的需要作为参照系,来调整我们的学科布局,使学校自身的发展与国家和民族的前途紧密地结合起来。

说到这一点,就涉及了一个大问题,就是我们应该怎样给我们大学定位,我们大学的责任究竟是什么。我想,弄清楚这一点,对于我校科技工作的定位是有好处的。

现代大学自产生之日起,就有着自己独特的职能。总结起来,不外乎三点:一是培养人才,二是科学研究,三是服务社会。这三大职能,总结起来容易,但如何在大学的实际运作中使这三者保持恰当的平衡,却不是一件容易的事情。

在很多时候,我们都感到,大学是必须与社会保持一定的距离的,因为大学是教育的场所,是学术的中心,大学是传授知识、创新知识、研究学术的地方,大学应该坚持学术的自由,不能受到社会太多的干扰。现在有一种观点,说大学已不再是"象牙塔",我认为这种看法有些片面。上个月,在北京召开了第三世界科学院第十四届院士大会,丁肇中先生在会上作了主题演讲,在演讲的最后,丁先生说:"我们听到这样的辩论:'无用的'基础科学研究我们是否支付得起?资源是否应集中在技术转让和应用研究上?历史地看,后面的一种看法是很短视的。如果一个社会只把自己局限在技术转让上,那么很清楚,过不了多久,在基础研究不产生新的思想和现象的情况下,那这个社会就没有什么再好转让的了。总而言之,科技发展深深扎根在基础研究之中,如果没有对基础教育和研究的投入,经济发展是不能持久的。"这一段话,对基础理论对于社会经济发展以及大学的意义作了十分精彩的概括。一所大学如果没有了基础研究,丧失了与社会保持一定距离的"象牙塔"的功能,也就将不成其为大学,这也是为什么在现阶段,我们还是要坚持SCI尤其是影响因子导向的原因所在。我们考虑问题,制定学校发展的政策,必须把自己放到一历史的长河中去,我们应该保持清醒的头脑,在一定的历史时期强调一个方面的时候,决不能以否定另一个方面作为代价。所以我们认为,大学既是象牙塔,也是发动机,它必须是学术的殿堂,是一块净土,但同时它又必须对社会有所贡献,成为推进社会经济发展的一种力量。如何使这二者统一起来,是我们这些大学中人必须考虑的问题。

我们或者可以作一个这样的界定，就是大学应该在保有一个"象牙塔"般的性格的同时，培育自己为社会服务的能力。换句话说就是，既然社会给予了大学从事知识传授和知识创新的期待，作为大学，就应该以更为审慎的态度，去关注人类的命运、社会的走向、经济的发展，自觉地服务于社会，回报社会。我想，这应该就是广义上的大学所应肩负的社会责任。

目前的中国，经济发展是第一要务，高速发展中的中国需要大学为之提供社会经济发展的动力。前面我谈了在面对"三农"问题时我们学校在其中的责任，这里所强调的，其实是"大局观"三个字，我们大学的发展不能仅仅考虑到自身的完备，我们必须把自身的发展与国家的发展紧密地结合起来，站在国家和民族的高度去考虑问题，这就是大局观。

我们这些生活在大学里的人，是中国改革开放 20 多年伟大成果的受益者，无论从社会地位还是从经济地位而言，以前所谓"做导弹的比不上卖茶叶蛋的，拿手术刀的比不上拿剃头刀的"这种脑体倒挂的现象已经成为过去。我想，在这样的状况下，作为一个学者，我们更加应该强调我们的责任心，我们应该对国家和民族有所承担，只有这样才会对得起国家给的这份工资，才会对得起自己的良心。我们决不能只顾自己过着已超过小康水平的生活而对民间的疾苦不闻不问，躲进小楼成一统，我们的科学家们应该更加深刻地意识到自己的科学研究所应承当的社会责任。我觉得，大学担当更多的社会责任，是一种精神，一种勇于承担的责任感和为他人服务的奉献精神。这种精神对于大学尤其重要，因为这种精神体现了大学对人类终极价值的关怀，对高品位文化的蓄养和对理想主义的追求。我觉得，我们常常说的大学精神，其中应该包括这种责任感。

说到要承担服务社会的责任，就涉及了一些具体的操作层面的问题，我们应该以什么样的科技成果去服务社会呢？我们应该以一种什么样的科研管理体制去促进高水平的科技成果的产生呢？我们应该以一种什么样的模式去转化科技成果，服务于国家经济的发展呢？所有这些，都是我们必须考虑、必须解决的问题。

在这里，我还是强调三个字，就是"干大事"。在学校的层面，我们要强调科研团队的组织，强调团队精神，科学发展到今天，几乎所有重大的突破都不可能凭一己之力，而是要靠团队来完成的。国家自然科学基金委在全国范围内选拔科技创新团队，也正是基于这样的考虑，目前，我们学校已有许宁生教授和杨培增教授两个团队入选。今年，以许宁生教授为首席科学家主持的"973"计划项目获准立项，这也是我们一直强调科研团队建设的一个重要成果。今后我们还应该继续往这个方向努力,学校的科研将以重大项目和重大成果为工作重心,强化项目的组织和服务,通过努力,力争使学校的科研团队的建设更上一个台阶。只有团队才能干大事,才能出高水平的科技成果,这一点,我希望可以在全校达成共识。我们要在提倡营造宽松的学术氛围的同时尤其强调科研团队的建设,我们的教师,尤其是理、工、医科的教师,应该明确这一方向,与其一个人小打小闹,不如加入到一个团队中去,共同去完成大项目,实现大成果。

前段时间,吴启迪副部长来校视察,提及了"985"二期的建设问题,国家对"985"二期建设的投入将不同于一期,此次主要针对大项目、大平台,要求各高校应有自己一流的科研项目,要组建大的科研平台,要力争成为全国在该领域研究的中心,这其实也就是要强调科研团队的组织。可见这一工作确实是关系到学校的长远发展的。

要更好地服务社会,选题十分重要。这次在北京,我与中科院计算机所所长李国杰院士有过一次交流,李院士说,经常有一些科研人员问他,为什么他们研制的软件总是卖不出去,李院士对他们说,卖不出去,说明你这个选题根本就不应该开始,从一开始方向就错了。我觉得李院士说得很有道理,选题对于科研至关重要。我们学校也有这样的现象,有些老师也在发论文,也在做项目,但他们的一些工作可能还停留在对学生的科学训练和跟踪研究的层面,我想,这样的论文和项目对科学发展和社会进步大概是不会起什么作用的。这一点,应该引起我们足够的重视。我们的科技工作,如果是基础研究,应该是有利于科学进步的;如果是应用研究,应该是有利于社会经济发展的,我们应该认真地关注科学研究的起始阶段,这就是选题。这也是为什么我们要不断地强调科研团队建设的原因所在,因为一个高水平的科研团队,在课题的选择上将会更加审慎,更加富于科学性和前瞻性。

在科学研究中,我们还要强调科研的产出。中国还是一个发展中国家,我们是穷国办大教育。国家在并不富裕的情况下,不断地加大对科技的投入,对我们高校科技人员来说,既是一个发展的机遇,同时也意味着责任与义务。不能不看到,在我们学校还是有个别的老师,在跑项目的时候是十分积极的,但项目到手,就往往应付交差了事,科技的投入与产出,在这些老师那里是不成比例的,这在某种程度上也影响了学校的声誉和科技工作的持续稳定发展。这种情况的存在,从小的方面说,是个别人的工作态度问题;从大的方面说,则是一个学者的人品乃至丧失科学道德的大问题,我们要建立起一些制度,尽可能地减少乃至杜绝这类情况的发生。我们要大力地倡导科技人员沉下心来，潜心学术，做基础研究的，要力争获得突破性的进展，有所创新；做应用研究的，要力争早日将自己的成果转化为生产力。总之，我们应该扎扎实实地做事，认认真真地做大事，要记住，我们正在用着纳税人的钱，我们理所应当要拿出像样的成果来。这正是我们对国家和民族的责任所在。

说到服务社会，一个无可回避的问题就是我们应该如何使我们的科技成果转化为生产力。科技成果的转化工作在我们学校可以说是年年讲，月月讲，在这方面，经验和教训都很多。现在，我想我们可以为我校的科技成果转化工作定一个调子了。从本届行政领导班子上任之初，我们就定了一个规矩，就是学校不会自己投钱去办企业，尤其是不能把主要的精力放在办企业上，因为学校最主要的任务是培养人，是科学研究，学校的主体是教师，是学生，他们都不应该是商人，办企业是我们的弱项。

为了促进我校科技成果的转化，我们与广州市海珠区合作办起了大学科技园。最近，教育部在武汉召开了第二次全国大学科技园工作会议，会上，周济部长就大学科技园的一些原则作了指示。他指出："大学科技园是高校科技创新要素与社会创新要素结合的平台，通过大学科技园的建设与发展，加深高校与地方政府的联系，可以为区域经济发展作出重大贡献。"他还指出："首先要明确大学科技园功能最主要、最重要的是孵化器功能，这是大学科技园自身发展优势和存在价值所在。大学科技园最大的优势在于有依托学校取之不尽、用之不竭的智力资源作后盾。但产业化基地也是大学科技园的功能之一，园区内留有部分标志性、示范性的高新技术企业还是有必要的。"上述这些，对我校发展大学科技园有着指导意义。我校的科技园由"一园三区"组成，在校内的科技园大楼，主要承担孵化器的功能，科技园中产业的发展将进入海珠区的产业园区，随着科技园的发展，相信我们的科技园中也将会出现一批标志性、示范性的高新技术企业。

在现阶段，我校的科技成果转化工作最重要是"转化"，而不是"产业化"，产业化的过程应由企业去完成，他们是行家。在这一方面，我们必须保持理智的、清醒的头脑。我们也不鼓励教授们自己去办企业，相对于科学研究而言，经营一个企业是我们教授们的弱项。我想对于我们的教授科技成果的转化工作，一个最理想的模式就是以知识产权在企业中占有股份，而不去参与企业的经营，教授们的主要精力应放在科学研究和技术创新上，科技成果转化了，他服务社会的作用也就起到了。当然，我们也不能排除有着经营天分的教授的存在，这样的教授或者也是可以成为一个经营者的，但这应该只是个别的，不能成为我们的总体考虑。也有一些教授们的科技成果出来以后，往往因为待价而沽，价格不合适，总是找不到买主，最后转化也就成了一句空话，科技成果也只能留在实验室中，这是一个最大的浪费。针对这个现象，我想我们是否可以提出一个"零代价"转让的概念，要知道这些科技成果的产生用的都是纳税人的钱，以"零代价"转让，也是我们学校回馈社会的一种方式。以这种方式转让的科技成果，应保证教授自身的知识产权在其中占有股份，而学校可以少要甚至不要回报，学校关注的是成果转化的社会效益。在上述原则的指导下，我校的科技成果转化工作已经取得了很大的进展。前几天，我去了我校达安基因公司在广州科学城中的产业基地，气派很大，生科院在湛江的恒兴公司和在陆丰的亿达洲公司，也发展得很好，让我们深受鼓舞。科技成果的转化工作是大学回报社会，服务国家的一种重要形式，我们应该不断地探索各种可能的途径，把这项工作做得更好。

前面谈了科研团队，谈了科技成果的转化，所有这些，归根到底，还是我们关于科技管理体制的观念要更新。合校已经两年，合校之初，我们就强调要重视学科之间的交叉与融合，这一点，我们还要继续强调下去。这种交叉与融合，是存在于学科间的各个层面的，包括文、理、工、医的融合，也包括医科内部临床医学与基础医学的结合。学科的交叉与融合不能仅仅停留在号召上，现在我们应该在制度的层面，做一些实质性的工作，采取一些可操作的措施，来推进这种交叉与融合的过程。前些日子，我校召开杰出青年科学基金获得者座谈会，有医科的学者提出，他们在临床方面很强，但在团队中缺少从事基础医学研究的人才，希望学校能够帮助解决。医院是一个以营利为主要目的的实体，基础医学研究的重要性，医院的院长当然是认识到的，但如果这方面的研究人员太多，确实也有些勉为其难。因此我提出，在杰出青年科学基金获得者团队中从事基础医学研究的部分人员，是否可以算学校的编制，由学校发工资，医院负责他们的奖金，以此来帮助他们科研团队的建设，也考虑到了医院的难处，当然也为基础医学与临床医学的结合做了一件实质性的工作。又例如，基础医学院一直反映他们的生源不太理想，因为对于医学生来说，从事临床医学的研究，做一个医生当然更有吸引力，这也是可以理解的。那么我们应该怎样来解决这个问题呢，我想，是不是可以考虑鼓励校内与基础医学相关学科如生物、化学的优秀本科毕业生报考基础医学的研究生，这当然是一个促进学科交叉与融合的好路子，但这就要求我们的研究生招生体制要适应这一变化和发展。

提到科技管理体制的观念更新，又让我联想到了我们的科技成果的评价体系问题。前面我们花了很多时间谈科技成果的转化，这确实是在全面建设小康社会的进程中，我们大学对于国家、民族的责任所在，所以我们可以说，在今后的很长一段时期内，强调应用学科的发展，强调科技成果的转化将是我校科技工作一个重点，这也就是为什么我们要花大力气组建工学院，花大力气调整学科布局的目的所在。但我们中大在传统上是一所以文理医基础学科见长的大学，在以往的科技成果评价体系中，我们更关注的是论文，是纵向的科研项目，而对于直接面向应用的横向科研项目，我们的许多教授们是看不起的，认为这是低水平的，不能叫做学问。这种倾向当然还是有其合理性的，关注科学的进步，崇尚高水平的学术论文当然是重要的，但在现在的世界，现在的中国，我们不能不尤其重视科学技术直接面向民生，所以，我们也就有必要调整评价的标准，我们的眼光不能仅仅盯着学术论文，对于横向的科研项目，我们应该在校内给予足够的重视，用我们颜光美副校长的话来说，就是要给横向项目以"国民待遇"。我想，只有这样，我校的科技成果转化工作才可能在根本上得到一个大的发展。

  各项制度的革新，需要校内各业务部门的支持和配合，大家应该密切地关注各种情况的变化，及时地调整各项规章制度，以适应形势的发展。在这里，我想讲一个观点。我们的各个政策的执行部门包括各个部处以及各学院的行政部门，如果只是知道按规章制度办事，是不够的。对一个处室是否高效、对一个处长能力的评价，并不在于他们是否做到了按章办事，做到这一点相对是比较容易的，不容易的是在对一些"擦边球"的处理上，对一些可以这样、也可以那样的事情，如果处理得好，这个处长就是优秀，如果处理得不好，这个处长也就是一个"维持会长"而已。我们的行政管理人员要更加解放思想，要把工作的思路更好地与重铸中大辉煌这一伟大的事业结合起来，使我们的管理工作更好地为学校的发展主流服务。我们的处长们要有一种价值判断的能力，面对一件事情，首先应该考虑的是该不该做，而不是能不能做，该做的，就应该尽可能去促成，已有的规章制度如果被证明是不适合形势发展的，就要考虑去改变它。我认为，行政人员的能力和真正水平应该体现在执行各项规章制度的过程之中。接下来，学校将大力推进课题负责人制，我们的职能部门，就应该考虑在各项规章制度的制定上为这些课题负责人的工作提供便利，营造一种更为宽松的氛围，使学校的管理部门与教师之间形成一种融洽的气氛。

  上面，从"三个代表"、"三农"问题谈到了大学的责任以及我们的科技体制，基本上是随感和漫谈，希望可以对大家有一些启发。

  谢谢大家。

2004 年

关于教学工作的一些基本原则和思路[*]
——在 2004 年教学工作会议上的讲话（节录）

教学工作的重要性在中山大学是不言而喻的，学校的教学工作尤其是本科教育，从来就是我们的根本，这也是大学不同于研究院和科学院的本质所在，所以，每年的教学工作会议我都会争取参加。

此次会议的一个主要议题，是有关东校区的教学问题。东校区将于今年 9 月开学，因而现在我们就必须将东校区的管理提上议事日程，作为今年学校工作的重中之重来考虑了。4 年前，我们就珠海校区的教学工作也召开过类似的会议。去年 11 月，我们在广州大学城开过一个现场动员会，今天的这个会议，实际上是去年那个会议的延续，如果说去年是给全校的中层干部们"热身"，那今天的这个会议，就是要实实在在地布置工作了。具体的工作布置等一下徐远通副校长和教务处、医学教务处将会有详细的说明，我的这个讲话，还是像以往一样主要讲一些基本原则和思路，供大家考虑。我今天想讲三个方面的问题：

一、关于东校区的管理模式

关于东校区的管理模式，有一点是可以肯定的，即仍然是延伸管理，对于管理部门而言，现在就应该行动起来，我希望各部门不要以人员编制不足为理由而影响了工作的进度。关于东校区将来的管理，各职能部门必须要有

---

[*] 本文系 2004 年 3 月 11 日在教学工作会议上的讲话（节录），后刊登于 2004 年 3 月 22 日《中山大学报》（新）第 65 期。

主动性,要有明确的考虑。

关于东校区用房的具体安排,我想有几个原则:

1. 东校区的课室由学校教务处统一安排,不分配到各院系,这样做的目的是要提高课室的使用效率。

2. 办公用房方面。对那些主要办公地点仍定位在南、北校区的学院,参照珠海校区的做法,东校区只提供必要的、相对集中管理的办公用房。对那些主体将迁入东校区的学院,其办公用房可比照其在南校区的用房标准从宽安排。

3. 实验室的使用。基础教学实验室仍按珠海校区中心实验室的模式,由学校统一管理。专业实验室如何建设现在还没有定论,可由学校与各学院协商其合理的管理模式。

4. 科研用房。学校考虑科研用房使用的最终出路是有偿使用,即使用者要向学校交付租金,否则很难解决目前用房不合理的状况。我们将朝这个方向稳步地推进,这个思路我想也同样适用于其他校区。

5. 教师工作用房。学校在东校区图书馆内准备了100多间教师工作用房,如不是常驻东校区的教师,平时可以在这些办公室中工作和休息,如常驻东校区的教师,且在其他校区没有工作用房的,学校可以安排一定的工作用房。

二、关于"成本"和"经营"

我想大学的管理,很重要的是各级领导都要有一个"经营"的理念。许家瑞副校长在这一次珠海发展战略研讨会上所作的关于我校财务工作的发言给我很大的启发,大学的管理是需要有强烈的成本意识的,这个意识不仅学校的领导层要有,而且全校的师生员工都要有,我想这种所谓的"成本"意识,就是我最近一直考虑的"经营"理念中的一部分。

大学确实是需要"经营"的。我们通常所说的教学、科研、学科建设等等,都是大学工作的主干,但如何将学校有限的资源合理地配置到这些工作中去,就绝不仅仅是靠拍拍脑袋就可以决策的。我觉得,决策的过程是必须建立在"经营"理念的基础上的。这个问题是一个大问题,涉及一个学校的可持续发展。借今天这个机会,我想就我最近的一些思考吹吹风,举一个例子就是关于教师编制核定的问题。

我觉得在教师编制核定这个问题上,我们也有必要考虑一下"经营"

的问题。可能很多员工不知道,现在国家和广东省对大学的拨款体制,其依据只有一个,那就是一所大学的学生人数,而与这所大学有多少教职员工没有关系。目前我校正在执行的教师编制核定的方案,是大家经过很长时间的讨论定出来的,有其合理性和可操作性。但我又觉得,目前的这个方案似乎与我们所考虑的"经营"的理念以及政府对大学拨款方式的实际有不太一致的地方。以文科为例,按照现行的方案,一个博士点有6个教师编制,一个硕士点有4个教师编制,这是按学位点数来计算的。另外,按学生的人数来计算,则是每增加60个本科生或20个硕士生或6个博士生,可以增加一个教师编制。可见,这个方案的侧重点是在学位点数而不是学生的人数。但由于国家和地方政府拨款的依据都是学生的人数,所以,我觉得教师编制核定的原则应该更多地考虑与这个拨款体制相适应,学校资源的分配应该更多地与各院系的学生人数挂钩。因此,在今后考虑调整编制方案时,似乎应该更多地增加各院系所承担的课程学分数和培养学生的总数这方面的权重。现行的以学位点数为主要权重的做法,当然也有其合理性,但这种合理性是建立在以博士点、硕士点作为我们主要争取的资源这一前提下的,而现在我们学校已有137个博士点,而且在获得一级学科授权的学科还有自主设立二级学科专业点的权力,那么博士点个数的概念,是否应该淡化一些了。从现象上来看,如果对一些不招生或者招生很少的博士点都一律给至少6个教师的保底编制,是不是会有些不尽合理呢?所以,我觉得将各院系教师编制的核定与学生数与承担课程的学分数更紧密的挂钩,应该是一个大方向、大原则。当然,我这里讲的只是一个大的方向,具体怎么做,还要进行十分深入细致的分析,衡量各方面的利弊,考虑各种因素的平衡,确定各方面的权重,再作最后的调整,在此之前,现行的编制方案可继续实施。今天在这里谈的这个方向和原则也只是我个人的一些思考,是希望也可以引发大家的思考,听到大家的意见。

关键在于提高学生的竞争力[*]

——在2004年就业工作会议上的讲话

今天召开的这个会议,将总结我校近年来就业工作的经验,同时也寻找进一步做好就业工作的对策。在准备这篇讲话前,我了解了就业指导中心为此次会议所作的准备,《中山大学2003年毕业生就业白皮书》这份资料有分析、有总结、有对策,编得很细、很好,我建议今后在这些分析中还可以加强对毕业生就业后的工作状况如工资待遇等的跟踪工作,做得更细一些。

关于就业工作的具体做法,相信在座诸位都比我在行,在这里,我想从另一个角度,谈一谈我对大学生就业的一些看法。

去年,我校本专科就业率达到93%,研究生就业率达到97%,其中还有暂缓就业等各种因素,我校毕业生就业的竞争能力较强,就业的层次也普遍较高,因此,从总体而言,我校毕业生的就业形势是好的,这是我们对我校毕业生就业工作的一个基本估计。这一形势的形成有四个主要原因:第一,我校地处广东,广东的经济发展为我们提供了良好的就业市场,所以我常说,中山大学地处广东,是我们的幸运。第二,中山大学是一所全国重点大学,有着固有的优势,在广东,如果连我们的毕业生都找不到工作了,那广东省的毕业生就业工作就无从谈起了。第三,我们的毕业生有着较高的综合素质,有着较强的竞争力。第四,是由于我们从事就业工作的同志们为此做了大量卓有成效的工作,我校的就业工作能取得今天这样的成就,是与大家的辛勤劳动分不开的,借此机会,我要代表学校向大家表示衷心的感谢。

对于像中山大学这样的一所高校而言,单纯的高就业率并不是我们追求的目标。我曾经说过,中大的学生,理应是同龄人中最为优秀的一分子,他们中的大部分,应该在学成之后成为国家建设的栋梁之才。因此,我们的就业工作的着眼点应该放在如何提高毕业生的就业层次上,其中最关键的,就是要提高中山大学毕业生的竞争力。

毕业生竞争力的提高,归根到底在于学生的培养质量,在于毕业生的综

---

* 本文系2004年4月7日在就业工作会议上的讲话,后刊登于2004年4月20日《中山大学报》(新)第68期。

合素质。经常有人将大学比作企业，学生是企业生产的产品，产品的质量如何，是与生产模式密切相关的。随着国家社会经济的发展和就业形势的变化，我们应该因时因势地改革我们的教学模式，关注学生的培养质量和综合素质的提高。近年来，我校旨在提高学生综合素质的教学改革已取得显著成效，并总结出了一系列经验。我们提出，要加强"三基"（基本知识、基本技能、基本素质），提倡"三早"（早期接触社会、早期接触实践、早期接触科研），培养"三适应"（适应社会需求、适应科学发展、适应国际潮流），所有这些都是中山大学的毕业生具有良好综合素质的一个保证，其最终目的也就是要提高毕业生的就业竞争力。

为了提高学生的就业竞争力，我们要在教学模式的改革方面下更大的力气。

首先是教师观念的转变。我们应该从以往计划经济时代苏联的教学模式中摆脱出来。在这种模式中，往往是较多的教师面对较少的学生，系与系之间，专业与专业之间，壁垒森严，一个专业的教师只是面对本专业的学生，以师傅带徒弟的方式精雕细刻，这是精英教育的必然结果。但是，随着高等教育大众化时代的到来，这种教学模式已经不适应时代的要求了，我们的学生是中山大学的学生，也就是我们每一位教师的学生，在理论上，他们可以修读学校开出的任何一门课程，所以，各院系在课程的设计上，应该考虑开出更多面向全校学生的课程。我希望从学院到教师都要有全局观，要把自己的教学对象定位为全校的学生，而不只是停留在本学院、本系，只有这样，才能做到资源共享，才会支持本学院的学生选修其他学院的课程，才会欢迎其他学院的学生来本学院选修课程，也才会使学校正在实施的主辅修、双学位、双专业等措施落到实处。

只有观念的转变才能带来机制的创新。只要是有利于培养学生的综合素质，提高学生就业竞争力的各种新机制、新模式，我们都应该大胆地尝试。我们要培育一种有利于学生个性化学习的教学机制，让每一位学生都能走出一条具有个体特色的成才之路。

大学毕业生就业市场的竞争，是各高校整体实力的竞争，更重要的是学生作为个体在社会上的竞争，这种个体竞争力的形成将最终取决于学生在学期间基于自主学习兴趣的专业选择。为此，我们在制定有关学生选择专业的各项规定时应具有更大的柔性，要为学生提供更多专业选择的可能性，这是机制创新的目的，也是拓宽学生知识面和增强就业竞争力的必要手段。目前正在实行的辅修、双专业、双学位、公选课以及复合型专业，等等，就是我们在这方面所作的努力,学生可以根据自身的能力,选择不同的形式,充实自己在本专业外的知识,多个专业的学习经历,也可以增加他们在日后就业竞争中的砝码。

接下来,学校将考虑宽口径的培养模式。现在大多数的国内高校仍然是按专业招生,也有的学校提倡按大类招生。我个人觉得,各院系按一级学科招生,并在一级学科中设计若干专业模块,提供给学生在二、三年级时选择,更符合人才培养规律,也有利于教学管理的规范化,应该会比较适合一些。以这种模式招收的学生,入学后两至三年内,在一级学科范围内进行基础课的学习,然后再由学生根据自己的兴趣,选择不同的专业模块。由于有共同的学科基础,学生在一级学科内的基础学习可以获得更为宽广的基础知识,在这个基础上再选择专业模块,更有针对性,也更有利于提高学生自主学习的兴趣,从而完成其个体素质的塑造,达到个性化学习的目的。岭南学院在近年已做了这样的尝试,效果是好的。

宽口径招生和培养模式的着眼点也在于学生日后的就业。如今的社会突飞猛进,学生入学时的热门专业,很可能到四年后毕业时已变成冷门了,将专业选择的时间推后两至三年,可以使学生所学的专业与社会的需求更加贴近一些,同样也可以使我校的专业设置更加贴近就业的市场,在一定程度避免一些"冷门"专业在就业上的难度。这是一种对学生前途负责的做法。

当然,上述的设想要付诸实施,还会涉及许多方面的具体问题,需要我们大家一起来考虑对策。事实上,就像辅修、双专业、双学位、公选课等学生具有浓厚兴趣的课程模式,开课院系的积极性就不是很高。主要原因在于开设这类课程院系的成本高但收入低,另外还有教师编制、学生管理以及工作量等方面的原因。这涉及学校的人事分配制度等多方面的问题,有必要作为一个专题来考虑解决。

上面所讲的观念转变和机制创新,是从学校的角度来关注学生的学习状况和就业竞争力的提高。但是,就业首先是学生自己的事情,就业的竞争是他们作为个体在社会人群中竞争,因此,学生本身的就业观念和竞争力的高低,在就业工作中是具有决定性的。我们应该教育我们的学生在入学之初就开始培养就业意识,我们的开学典礼应该成为学生的第一节就业指导课,告诉学生要在今后四年的大学生活中有针对性地设计自己,有意识地锻炼和培养自己,更加自觉地接触社会,接触实践,提高自身的适应能力。总体而言,现在的学生很顺,大多没有经历过挫折,因而他们也就时常显得脆弱,因而对学生自信心和良好心态的培养就更加显得重要。有学生问我在就业方面对同学们有些什么建议，我认为，同学们除了正常的学习之外，应该多参加一些社会活动，多争取一些为其他同学服务的机会，这对于提高他们的适应能力和自信心是有好处的，这同样也是就业竞争力的一个组成部分。

如果还是用企业中的产品来作比喻，大学生产的产品，是一种特殊的产品，它是一个个活生生的人，因此我们在强调不断地优化产品生产模式的同时，还要强调这些产品本身的自我修炼，只有将"外加工"和"内加工"有机地统一起来，才可能产生我们所说的竞争力。从这种意义上说，大学中的就业指导工作，就是某种营销的手段和策略，非常重要，但这一手段和策略是否成功，归根到底还要看产品本身的质量，只有两者相得益彰，我们的产品才会"适销对路"。因此，我们不仅要尽可能地贴近就业市场来改革教学模式，我们更寄希望于广大学生，希望他们要立大志，要有更为良好的心态，学有所成，成为国家的栋梁之才。

对于我们的学生来说，大学是一个舞台，如何在这个舞台上表现自己，要靠他们自身的努力。前几天，我听到了一个好消息，我校的代表队参加今年的 ACM 世界大赛，再次获得了铜牌，而且我们还是大陆高校中唯一获得奖牌的学校。取得这个好成绩的同学们在入学时与其他同学相比也未必就高出多少，计算机类的高分生绝大多数都集中在清华大学等著名高校，从高考成绩来看，我们的这些同学也不一定是全国最优秀的学生。但经过几年的学习，这些同学在中山大学为他们提供的这个舞台上很好地表现了自己，取得了很好的成绩，我们的同学们是有志气的。我希望全校的同学们向此次参赛的同学学习，更好地磨炼和培养自己，更好地设计自己，提高自身的竞争力，依靠自身的努力，为自己的人生创造一个更为美好的未来。

总而言之，对于学校而言，就业工作并不仅仅是就业指导中心和各院系学生线教师的工作，它是一项全校性的工作。只有学校的方方面面都真正地开始关注和重视毕业生的就业了，中山大学的就业工作才会做得更好，我们毕业生的就业竞争力和就业层次才有可能得到进一步的提高。

我今天这个讲话的目的正在于此。

目前学校工作的几个问题*

——在六届二次教代会所作学校工作报告（节录）

一、关于"985工程"二期建设

"985工程"二期的建设，是学校近期最为重要的一项工作。目前，国家关于"985工程"二期的具体实施方案尚未正式出台，但对于一些原则性的问题已有了些说法，下面择要作一些介绍。

国家"985工程"二期建设的总体思路是：以建设若干所世界一流大学和一批国际知名的高水平研究型大学为目标，建立高等学校新的管理体制和运行机制，牢牢抓住本世纪头20年的重要战略机遇期，集中资源，突出重点，体现特色，发挥优势，坚持跨越式发展，走有中国特色的建设世界一流大学之路。"985工程"二期的年限是2004—2007年。

在这个总体思路下，有三个原则：一是坚持以国家目标为导向；二是坚持改革和创新；三是坚持重点建设与整体统筹相结合。

国家"985工程"二期建设的目标可以细化为三个方面的内容：一是强调管理体制和运行机制的创新；二是强调学术带头人和学术团队的建设；三是要重点建设一批科技创新平台和哲学社会科学创新基地。

"985工程"二期建设的资金由多方共同筹集，积极鼓励有条件的部门、地方和企业筹集资金共建有关"985工程"学校。其中，中央专项资金重点用于科技创新平台和哲学社会科学创新基地和队伍建设，其他资金可根据学校"985工程"建设规划进行安排。

教育部、财政部成立的"985工程"领导小组和工作小组根据"985工程"建设目标和任务，从学科水平与覆盖面、高水平科学研究、高层次人才培养等方面，提出进入"985工程"建设学校的基本条件。

列入"985工程"二期建设的大学要按照统一部署，根据"985工程"

---

* 本文系2004年5月28日在六届二次教代会上所作的学校工作报告节录，后刊登于2004年6月9日《中山大学报》（新）第73期。

的总体目标和任务，结合学校的发展战略规划、学科建设和师资队伍建设规划、校园建设规划，编制科技创新平台和哲学社会科学创新基地建设项目论证报告和学校"985工程"建设项目可行性研究报告，"985工程"领导小组和工作小组办公室按照统一规划和布局，组织有关战略和学科专家对学校申报的"985工程"科技创新平台和"985工程"哲学社会科学创新基地进行审核，通过公平竞争，确定建设项目。在此基础上，对学校"985工程"建设项目可行性研究报告进行专家论证，学校根据专家意见修改可行性研究报告，完善后报教育部、财政部审批，教育部、财政部批复立项后安排建设。

建设过程中，教育部、财政部将对"985工程"二期建设项目进行检查、审计和绩效评估，并根据检查、审计、评估的结果，对有关高等学校的项目和资金进行调整。建设项目完成后，教育部、财政部组织专家会同相关部门组织验收。

上述这些是国家对"985工程"二期建设的基本考虑，其中有三点值得注意：一是明确了中央经费和地方配套经费投入和使用的模式；二是对可列入"985工程"学校的条件作了界定；三是对学校"985工程"二期的可研报告作了明确的要求。

毫无疑问，我校肯定会进入"985工程"二期建设高校的行列。最近一段时期，学校就"985工程"二期建设的具体实施方案多次与教育部和广东省的有关领导进行了沟通。今年春节，黄华华省长来我校拜年时，就已表示，广东省将一如既往地支持中山大学的发展。上个月，黄华华省长再次来我校视察，我们又就"985工程"二期建设的设想向他作了书面汇报。其后，黄省长和钟阳胜常务副省长在汇报上亲笔批示，再次表示广东省会继续支持中山大学的发展。"五一"后，我又与教育部直属办、科技司的领导以及广东省教育厅郑德涛厅长再次就此问题进行了讨论。

现在看来，虽然教育部承诺"985工程"二期的经费投入将不少于一期，但同时，教育部与广东省又都表示，二期经费投入的模式将不同于一期，二期经费将根据项目来投入，成熟一个，支持一个。也就是说，"985工程"一期的经费是整体划拨的，学校可以根据实际情况进行分配，但二期的经费是按项目划拨的，因此，学校也就不会再有像一期那样二次分配的余地，当然，学校也无意再对这些经费作二次分配。因此，要争取"985工程"二期的经费，问题的关键还在于要有一个好的规划，项目规划得好，就会得到投入，否则就没有。

学校在规划方面总的考虑是按一期的盘子来做,按照教育部与广东省的总体思路,把各个项目的规划做好。其中,面向中央专项经费的规划,要坚持以国家目标为导向。瞄准世界先进水平和国家重大需求,增进国家核心竞争力,解决国家建设的重大问题,要体现我校的学术水平、学科实力和基础。面向广东省经费的规划,则应紧紧地扣住广东省社会经济发展的需求,解决广东省的重大问题。

上述两个方面,换句话说,其实就是我们常说的大学应该既是"象牙塔",又是"发动机"的问题,大学既应关注学术的发展和科学的进步,同时也必须关注社会经济发展的现实需求,在现阶段的中国,后者可能更为重要。说到这个问题,让我想起不久前收到的一位老师送给我的一份剪报,内容是关于牛津大学与北京大学对大学自身价值的追求,这位老师还在他认为重要的部分划了线,如"有着古老传统的牛津大学应该远离沾满铜臭味的工商教育","大学更重要的是产生思想,对民族精神的支撑",我十分感谢这位老师对学校工作的关心,也十分理解他所想强调的大学理念,我自己也十分认同这一点,这确实就是我们这些大学中人的一个"象牙塔"般的理想。但是,我们不能脱离现实。办大学需要资源,而这些资源并不是唾手可得的,国家和社会不仅需要大学成为"象牙塔",同时也希望大学成为社会经济发展的一个"发动机",我想,这或者可以说是大学向"世俗"的一种妥协,但也是大学的责任所在。前年,我去牛津大学访问的时候,就曾惊叹于他们对大学科技园的投入,他们同样也十分重视科技成果的转化。北大、清华之所以拥有很高的声誉,除了其学术地位外,他们的产业,他们的工程技术等应用学科为国家所作出的贡献也是十分重要的一个原因,从某种意义上说,后者的影响可能还会更大一些。与这两所大学相比,我校为经济建设服务的能力还不强,我们科研经费的构成还不合理,这就是为什么达安基因公司上市令我们高兴的原因。同样,我们之所以一定要建设国家大学科技园,就是因为在"985"高校中只有我校还没有国家大学科技园。所以,在目前的历史条件下,坚持为地方社会经济发展服务的方向不动摇,仍然是我们坚定不移的方针。

大学的责任有三:人才培养、科学研究、服务社会,国家在"985工程"二期建设项目规划中强调中央和地方两个层面,强调其不同的侧重点,究其根本,就是从这三个责任出发的。我认为,强调应用学科为地方经济建设服务与大学学术地位和学科水平的提升并不存在必然的矛盾。在本质上,大学的意义乃在于科学的发展和学术的进步,大学的教授们在承接应用课题的时候，不应该仅仅关注课题本身，而更应该关注这个课题背后所隐藏的学术价值和学科意义，从这一点上来看，所谓学术的与应用的，所谓"象牙塔"和"发动机"，其实都是相互关联的。现在，从中央到省、市、地方都不断有课题招标，但我们的老师们似乎积极性不高。要知道，课题其实就意味着资源，资源是必须去争取的，借此机会，我想作一个号召，希望老师们更多地关注现实，在项目申报等方面更加具有主动性，更多地关注资源的争取，这对于"985工程"二期建设项目的规划是十分重要的。

在今年初的发展战略研讨会上，我曾对"985工程"一期建设与二期建设的不同特点作了说明。与一期建设比较广泛地提高学校各学科实力的做法不同，"985工程"二期的建设，将以学科建设为基础，以构建若干个具有国际先进水平的、开放式的科技创新平台和哲学社会科学创新基地为手段，瞄准国际科技发展最前沿，取得一批具有国际水平的原创性研究成果，为科学发展和国家社会经济发展作出重大贡献。

如果说，一期"985"是为了提升学校的整体学科水平，是为了建一个"高原"的话，那么二期"985"就是要在这个"高原"的基础上，通过学科的整合、交叉和融合，找到我校的优势领域，并以此作为突破点，构建若干个"高峰"。

这个突破点，大致可以有三个方向。

一是瞄准世界先进水平和国家重大需求，建设一至两个国家实验室。国家实验室是目前科技部正在组建的全新的科研组织形式，其特点是依托基础好、实力强、水平高的研究型大学和科研院所，在现有国家重点实验室和其他相关实验室的基础上高起点建设，力争建成规模较大、学科交叉、人才汇聚、管理创新的国际一流实验室。每一个科研领域原则上只建设一个国家实验室，这个实验室就是国家在该领域科学研究的一个中心。国家实验室将理所当然得到"985工程"二期的投入。

二是在科学和工程领域，紧紧扣住广东省社会经济发展的需求，建设若干个跨学科的研究中心。

三是建设若干个国家和广东省的哲学社会科学创新基地。

今年四月份，学校已就科技创新平台和哲学社会科学创新基地的建设思路向教育部的专家组作了汇报，专家们也对我们的设想提出了许多有益的建议，学校的有关部门正在组织各相关学科对这些规划作修改和调整，准备下一轮的申报工作。

二、关于科研体制的改革

上述这三个方向,有一个共同的特点,就是要调整学科结构,整合优势力量,形成交叉融合,以新的运行机制构建科技创新平台和哲学社会科学创新基地。其中最为关键的,就是科研体制的创新。

上个月,我校组团访问了欧洲,对德国、瑞士、法国、西班牙、意大利等国的14所大学和科研机构进行了交流访问,在与这些大学和机构中的教授们交流的过程中,给我印象最深的是他们的科研管理体制。目前,国际上流行的科研体制大体可以分为美国式和欧洲式两种,在美国式的体制下,教授基本上是独立的,所有教授都可以有自己的研究方向,不必听从大教授的指挥,大型仪器由教授个人使用;而欧洲式的体制则是团队模式,教授是从属于团队的,他们的大型仪器是共享的。这两种模式可以说各有所长,我们应该参考和借鉴这两种模式,将二者结合,兼取其长,最后形成适合国情和校情的新科研组织形式。在现阶段,考虑到我们的国情,我以为欧洲式的科研体制或者更具有借鉴意义。这也是科技部提出要在全国组建若干个国家实验室的目的所在,而国家"985工程"二期建设的总体思路之所以要提出以项目作为投入的标准,也正是基于发挥科研团队的作用这一考虑。

在这个大背景下,我认为,以"985工程"二期建设为契机来改革和构建我校新的科研组织形式,可谓适得其时。

学校的一个总的考虑是,学校重点支持的科研组织形式应是具有跨学科、跨学院性质的。当然作为一所大学,学校会继续鼓励教授基于个体兴趣的研究,但是,学校资源配置将重点向跨学科、跨学院的科研机构和团队倾斜。

目前,学校在理、工、医科方面拟组建生命科学和材料科学两个国家实验室和公共安全、能源、环境等领域的研究中心,医科的肿瘤学、眼科学等学科还将申报国家重点实验室,文科既要考虑已有的学术优势和学科基础,也要面向广东经济社会发展的实际,凝练新的学术方向,在此基础上组建若干个创新基地。这些科技创新平台和哲学社会科学创新基地的组建都有一个共同的特点,就是它们都是跨学科、跨学院的,他们的组建,都是以科学问题为导向的,也就是说,要集中多学科的力量,来共同解决一个或若干个科学问题。

从我从事研究工作的感受而言,我就经常在问自己一个问题,就是为什么中国的科学研究总是在总体上落后,总是跟在别人的后面跑?为什么总是别人搭一个大框架,而由我们来"啃骨头"?我认为这归根到底是与我们的科研体制相关的。我们教授的智慧绝不比别人差,中国也出了许多优秀的科学家,但从我们的科学共同体而言,眼界不够开阔,对科学发展的前沿问题把握不足,对科学发展的一些机遇缺乏敏感度,团队整合能力不强,我们的一些研究往往关注着科学中的一个方面或者一个局部,有时甚至是很小的一个局部,所以我们就难出大成果,难有大的科学突破,即使小有成就,往往对科学的进步推动不大。这就好像是一个中药铺子,如果我们只是研究其中的一种药,如当归、熟地、人参,即使研究透了,也只是当归、熟地和人参,但是治病要靠"一帖药",这帖药是必须要有许多种药根据不同的剂量相配才能完成的,而不是仅仅靠一种药。我们现在提出的要面向科学问题的科研组织形式,强调的就是要通过团队的力量,整合各个方面的专家来共同解决大问题。

我校参与的丁肇中先生的 AMS 项目就是如此,这个项目的最终目的是要在宇宙中寻找一种暗物质,这看上去只是一个物理问题,但是由于这个项目要上天,因此丁先生的团队中就集中了来自十几个国家的几百名不同学科的科学家,即使是我校参与的那个项目,在校内也已调动了来自物理、化学、力学、信息等学科的学者。

我校的广东发展研究院也是一个很好的例子。该研究院成立于 1999 年,目的是充分利用本校文、理、医兼备,多学科综合,科研力量雄厚,智力资源丰富的优势,整合和协调本校科研力量,搭建跨学科的研究平台和孵化中心,组织、推动跨学科的学术研究和为广东省、海内外的政府、企事业单位提供研究咨询服务。多年来,该研究院在组织跨学科研究和跨学科国际交流等方面都取得了良好的成果。广东发展研究院的实践可以说是我校科研体制改革的一个尝试,它说明通过跨学科的团队组织来共同解决科学问题的确是我校科研组织的一个方向。

可见,只要我们科研的目标定位是以科学问题为导向的,那我们原有的分散的科研组织形式就非要有一个大的改变不可。

另外,在科研经费的使用上,学校也正在考虑将校内的科研经费用活用好。近年来,我校的科研经费逐年大幅度增长,去年已超过 2.5 亿元,这可以说是一个非常可观的数字,但在当前学校的财务制度中,这些经费其实只是代管经费,这些经费对学校财政的真正贡献只是可以把沉淀资金用作流通。目前在科学院系统已开始将科研经费用作人头费,在我们学校,这部分的经费也已开始用于研究生培养方面的开支,我认为,更好地用活科研经费,使之在"985工程"二期建设和科研团队组织等方面发挥更积极的作用,还大有潜力可挖。有关机制的建立还有待于进一步讨论。

在大的原则确定的前提下,对于新的科研机构内部的具体组织形式,学校也已有了初步的考虑,就是要推行 PI 制(项目负责人制度 Principal Investigator,简称"PI")。这一制度是国际上通行的较为成熟的一种科研机构内部组织形式,结合我校的实际,拟实行的 PI 制主要包括以下一些内容:每个科研实体成立由相关领域国内外知名专家组成的学术委员会。项目负责人(PI)面向国内外招聘,其水平应与长江学者、国家杰出青年基金获得者等相当。项目负责人实行任期责任制,其聘任合同将对其任期内的责、权、利作出明确规定。学校将对 PI 的待遇、编制、各科研实体的工作人员的配备、场地和仪器设备的有偿使用等具体问题作出明确的规定。目前,各拟建的科技创新平台和文科创新基地都已在开始物色 PI 的人选。

通过 PI 制,赋予科研领军人物更多自主权,更灵活机动地处理科研管理问题,可以提高管理效率和降低管理成本。这是改革大学科研管理模式和人才队伍建设的一项重要措施,也是建立与国际接轨的大学管理体制的重要一步。

说到这里,我还想强调一下,以我校现有优秀人才和优秀团队的数量,要达到张德江书记对我校发展目标所提出的要求是有困难的,所以,改革科研管理体制的关键之一,就是要继续加大优秀人才引进的力度。学院的负责人和学科带头人要有眼界,要有气度,要勇于引进比自己更强的学者。

三、关于提高行政效率

最近读到一篇访谈——《从 CEO 到海南省长之路》,是对原中石油董事长,现任海南省省长卫留成同志的一次采访。卫省长说,在任海南省代理省长期间,他曾有过一次拍案而起的经历。原因是他统计了到海南后第一个月的工作,57 件批示均已过了应该完成的时间,最后办成的却只有 2 件。他认为,这样的情况如果在企业,是不可想象的。他发现企业和政府的运作方式其实很不一样,比如他要见一个人,在政府里必须经过公文的流转,而这个过程可能需要两天时间,文件转了两天,其实就那么一点小事。而如果是在企业,他只要跟秘书说要见谁就可以了。他从企业的角度去解读政府的管理模式,认为在政府中难免会有会议堆积、程序繁琐、官僚主义等问题的存在，并直接导致了办事效率的低下。

大家都知道，中国高校的行政管理其实是非常政府化的，我们的公文遵循的是国务院统一的公文制度，我们学校中的干部，都可以在政府部门中找到相应的级别，我们的管理干部如果要调到政府部门工作，是可以"平调"的。因此，卫省长的这个比较对于我们大学而言也很有启发，如果站在一个大学管理者的角度来看目前我们正在实行的政府式的大学管理模式，我们也同样可以看到很多不妥之处，卫省长提及的政府管理模式中的种种弊端，其实在我们中国的大学中也往往可以看到。

大学作为人才培养、科学研究和服务社会的场所，有着与政府不完全相同的取向，大学自有作为大学的特征，大学管理的政府化，会冲淡大学所应有的学术气氛和人文关怀，尤其会带来一个突出问题，就是管理成本的高昂和管理效率的低下。卫省长在这篇访谈里提到，为了解决问题，他决心在政府里引入企业的执行文化。他希望政府机关的工作能像企业一样，明确工作进度、明示责任人，然后根据结果来决定奖惩。他要的是工作效率。我觉得，执行文化的提出，是对政府管理改革的一个有益尝试。那么，我们的大学是否也可以借鉴这种以"执行"为主要特征的企业运作方式呢？

就企业的管理模式而言，其明显的优点就在于直截了当。如果不想像卫省长那样57个批示下去，而只有2个被按时执行，就必须正视效率问题。

效率对于大学而言同样重要。在学术竞争日益激烈的今天，即使我们了解学术前沿，熟知问题所在，没有效率，也不可能有领先的学术成就。虽然大学不是企业，但如果从成本的角度进行考虑的话，强调效率的重要性是显而易见的。办学成本的压力是大学迫切需要提高管理效率的原因，而追求效率则是实现大学成本控制的有效手段，高效率可以免除一些人为的、不必要的开支，达致事半功倍。而且在大学中强调效率还别具意义，高效率的大学行政运作，对于大学中的师生，将会产生认同感和自豪感，可以使他们在愉悦的心情中教学和学习，学校也因此能更加凝聚人心，所以我常说，效率不仅是生产力，效率也将给人以信心，效率就是凝聚力。

在大学里谈效率，我觉得应该注意效率与现在一直强调的校务公开也就是民主决策的关系问题，今天召开这个一年一度的教代会，就是我们校务公开和决策民主化的一个重要形式。我个人认为，从某种意义上来说，民主决策与追求管理效率是存在着或多或少的矛盾的。从以往学校的实践来看，即使我们从学校整体利益出发所作出的一些决策，也是没有办法让所有人都满意的，关于这一点，在去年的教代会上我也有过分析。因此，我觉得十分有必要就民主决策与行政效率的关系问题作一些更为深入的讨论。我想关于这个问题是否可以从下面两个方面来考虑。

首先，在进行决策的时候，民主是基本原则；在管理实操中，则以效率为导向。也就是说，在决策的过程中，大学管理者应充分咨询专家和各个方面的意见，而不能以自己的意志独断，这是决策民主总体原则的体现。但是，在强调决策过程中民主的同时，也不能忽视了效率，否则就可能议而不决，丧失时机。从管理的角度而言，决策一旦作出，就应该提高管理效率，减少中间环节，以最简单直接的方式，不折不扣、高效率地执行决策，不能因为可能存在的不同意见而拖延，甚至互相推诿。归结为一句话就是：决策的过程是讲民主的，决策的执行是讲效率的，或者说，选择讲民主，执行讲效率。

其次，大学中的每一位成员，都有权对大学的政策提出自己的意见。不管这些意见是正面还是反面，是有利还是有弊，都是大学成员在行使着民主权利，理应得到充分尊重。将决策过程的种种考虑向广大教职工作耐心的解释，实际上是一种信息沟通的手段。现在我们的规矩是，只要教师想约见校领导，校长办公室都尽量安排，因为老师们是不会轻易来找校长的，既然来了，就必定会有难以解决的问题，我与他们见面，也未必事事都能解决，但通过这种面对面的沟通，是有利于化解一些矛盾的，对于营造宽松的学术氛围也是有利的。学校还强调，校内一切与教师切身利益相关的各项决策，应交由教代会去作出决定。

我认为，这种讲究民主作风的做法，对于凝聚学校的人心是有利的。事实已经证明，决策的民主化，实际上是有利于提高执行的效率的，民主与效率的结合，能够使学校更顺利地运作。

当然，如果二者的确不可调和，各级管理者必须要有足够的勇气去承担责任，而不是以最没有风险的姿态去面对问题，不能有事就诉诸会议，谁都知道不断地开会、议而不决是逃避责任的一种最好办法，但这无疑会大大降低管理效率，这对学校事业的发展是不利的。

我们应该对学校的各级管理人员提出一个明确的要求，就是他们必须要有追求效率的自觉意识。我常对处长们说，我对他们的要求是"多汇报，少请示"。这强调的也是学校行政运行机制中的上下沟通问题，是对学校管理效率的要求。所谓汇报，指的是我要求各职能部门的领导对问题已经有了自己的想法，并且已经有了相应的措施，有了一套或者几套解决方法，他们在面对我的时候，是给我出一道选择题，而不是事事请示，问我应该怎么办，这是在让我做填空题。我想假如中山大学的所有管理人员都有了这种意识，在工作中更加具有自觉性和主动性，那么我们对大学管理制度的改革，我们构建现代大学制度的努力，我们工作效率的提高，都将会有一个良好的基础。

  上面提及的科研体制的改革和管理效率的提高，是我最近考虑最多的两个问题，其中提及的许多方面，还只是一种设想，如何使这些设想不断深化并最后付诸实施，还需要集思广益，十分希望通过此次教代会的机会，听到更多有益的、建设性的意见。

善待学生*

——在2004年新教工岗前学习交流会上的讲话

各位老师,同志们:

今天,我想讲一个看上去比较小但其实却是非常大的话题,就是我们要善待我们的学生。我认为,这是一个关系到如何做好一个老师、一个机关管理人员的大问题。今天在座的还有附属医院的医生和护士,我想,大学附属医院的医生、护士与普通医院是不一样的,大家的身上也有教学的任务,也是老师,所以这个讲话中提到的"老师"也是包括在座诸位医生、护士在内的。

今天的这个话题,是我最近一段时间以来经常考虑的一个问题。一直以来,作为校长,我的主要精力一直放在学校的学科建设、高层次人才的引进和培养等"大事"上,事情一多,对学生这个学校中最大群体的重视程度就难免会打了折扣。我想,我们的教职员工都十分清楚,对于一所大学而言,学生是最重要的元素,学生的事情当然是"大事",但往往也是事情一多,对学生的事情就会有所忽视,学生的事情就好像成了"小事"了,这真是一件让人惭愧的事情。所以,我今天十分愿意借这个机会对在座诸位将为人师、将为管理者的同事们谈一些我的感想,看看我们应该怎样地转变我们的观念,善待我们的学生。

我的想法分为以下三个部分:第一,学生在目前中国大学中的地位;第二,我们要转变观念;第三,我们可以做些什么。

一、学生在目前中国大学中的地位

我经常说,一代更比一代强,现在大学生的整体综合素质是很高的,相比于我们这一代,他们的个性更强,眼界更开阔,思维更活跃,他们是新生的力量,是国家和民族的未来。但是,我们也要看到,由于我们还处在现代

---

* 本文系2004年8月27日在新教工岗前学习交流会上的讲话,后刊登于2004年9月6日《中山大学报》(新)第77期。

社会的转型时期，在这个过程中，一些旧的、传统的思想观念还或多或少地对我们产生着影响。因此，在目前的中国大学中，学生与老师，学生与管理者之间的关系似乎仍然是不平等的。在老师面前，学生是受教育者；在行政机构面前，他们是受管理者。在学校里，我们的学生似乎并没有太多说话的权利，被学校各种各样的制度所约束。这种状况决不是我们中山大学的个别现象，在中国的大学中，这种现象也有一定的普遍性。

我想，上述这种现象的出现，有两个方面的原因。

第一，是中国传统文化的影响。在儒家的传统中，"师道尊严"、"尊师"是师生关系中的主导方面，所谓"一日为师，终身为父"，"父亲"的概念在中国古代的传统伦理中是至高无上的，所谓"君君，臣臣，父父，子子"，君臣、父子关系是绝对的不平等关系。在我们中国人内心的深处，师生如父子，这种关系天生就是不平等的。当然，在孔夫子那里，师生关系并没有那么紧张，他是力求在师生间建立一种平等关系的，他对学生关爱有加，充满爱心，在《论语》中我们就可以看到很多孔子与学生们平等融洽相处的场景，因此，在中国的传统中还是有着"爱生"的观念的，这一观念与"尊师"相辅相成。但是很遗憾，这种观念似乎远没有单纯的"师道尊严"来得深入人心，"尊师爱生"在很大程度上只是一种理想，在中国的传统观念中，师生之间的关系并不是平等的。

第二，是我们在新中国成立以后长期实行的计划经济体制的影响。在这种体制中，大学基本上可以视作政府行政机构的一个组成部分，而且长期以来，中国大学实行的是精英教育，大学教育是免费的，学生毕业，也由国家统一分配，学生进入大学，实际上就成了这个行政机构中的一员，成了国家的人。大学中的老师和管理人员，是受国家的委托来教育和管理学生的，学生们当然只能服从，只能是受教育和被管理的对象。现在，虽然情况已经发生了变化，但是这种观念在我们的心中仍然是根深蒂固的，至今我们还未能摆脱它的影响。

上述两点，直接影响了中国的大学生在学校中的地位，长期以来，我们似乎已经习惯了这种现实，我觉得，我们真的已经到了改变这种现状的时候了。

二、我们要转变观念

上述这些现象的存在，关键还在于我们的观念，这些观念其实存在于我们所有人的脑子里,包括我这个校长在内,概莫能外。提出这个问题的目的,就是要转变我们的观念,在我们学校里形成一种善待学生的氛围。这种观念的转变我想大概有以下的四个方面:

(一) 要建立一种平等和谐、良性互动的师生关系

上面提到,在中国的传统中,"师生如父子"的观念深入人心,这一观念往往会使我们把师生关系局限在传统的父子关系之中,学生对老师的服从成了理所当然的事情。但是,如果我们换一个角度想一想,我们现代的父子关系,则绝不仅仅是教育与服从的关系,里面还有许多平等的因子,还有许多关爱,在这种意义上,现代社会中的师生关系应该可以获得更多平等与和谐的可能性。

大家即将成为中山大学的教师,就应该知道做一名中大教师所必须具备的素质。中山大学的目标,是要建成一所居于国内一流大学前列,在国际上有广泛影响、国际化的研究型综合性大学。这句话中的一个关键词是"研究型",研究型大学最重要的标志是"创新",它是研究型大学最为本质的特征,研究型大学的任务,不仅仅是传授知识,更重要的是要以创造知识为己任。因此,"创新"是我们校内每一位教师必须关注的事情,这是对研究型大学中的教师的一个基本要求,我们所培养的学生,也应该是具有创新精神的高素质人才。我们现在一直在讲素质教育,在我看来,当代大学生最重要的一个素质,就是不甘人后的创新精神。因此,作为中山大学的老师,就决不能仅仅满足于教学生以知识,而是要教给学生进一步获取知识、不断创新的能力。在这样的要求下,建立一种良性互动、平等和谐的师生关系就显得至关重要了。用满堂灌的方式,用照本宣科、只是要求学生被动地记住知识的方式,是无法培养出富有创新精神的学生的。我们的老师应该鼓励学生的创新精神,以平等的方式与学生交流,要习惯于被学生打断,被学生质疑,只有这样才能真正做到教学相长。在准备这篇讲稿的时候,一位教授对我说,我们对老师的要求应该是"师务必强于弟子,弟子不必不如师"。我觉得十分有道理,这是提倡师生之间良性互动、平等和谐关系的一个必然要求。

建立这种平等和谐、良性互动的师生关系,是我们所讲的转变观念的一个最为重要的方面,这也是在本质上善待学生。

(二) 我们要有职业伦理的意识

在以往大学的教学和管理实践中,我们往往存在着这样一个认识上的误

区：老师认真地教学，受到了学生的爱戴，管理人员尽职尽责，受到了学生的好评，于是，这些老师和管理人员就成为楷模和典范。我们当然还要大力弘扬先进人物的先进事迹，但我们不能以降低职业伦理的底线作为代价。老师认真教学，管理人员尽职尽责，就是一种职业伦理的底线，你要从事这个职业，就必须遵守这条底线，就必须认认真真地教书，就必须尽职尽责地为教职工和学生服务。

应该看到，长期以来我们的职业伦理意识基本上是缺失的。我们现在就要认真地树立起职业伦理的观念，按照职业的要求，你做到了，这不是高尚，而是理所应当。提高这条职业伦理的底线，对于实现中山大学的研究型综合性大学的目标是有好处的。诸位今天在这里参加岗前学习交流会，我想首先就要做好这样的职业伦理的准备，是老师，就要认真地从事科研，认真地教书，是管理人员，就要兢兢业业地完成分内之事，服务师生员工，这是一个基本的要求，也是我们必须转变的一个观念。只有这样，所谓善待学生才能有一个逻辑的起点。

（三）学生不仅是教育和管理的对象，更重要的是服务的对象

上面提到，在计划经济时代，大学相当于一级政府机构，学生之受教育和受管理是理所应当的事情，这种观念影响了我们每一个人。但在进入市场经济时代的今天，过去的精英教育正在向国民教育转化，这种观念确确实实已经过时了，我们必须看到，大学生已经绝不仅仅是教育和管理的对象，更重要的是我们服务的对象。

现在的学生是交费读书的，目前，学生所支付的学费大约占教育费用总数的25%左右。从市场经济最基本的道理而言，他们与学校之间的关系在某种意义上已经转化为一种消费关系，他们交了钱，也就完全有理由要求得到更好的更高质量的教育服务，这实际上是一个契约。我们的老师和管理人员已经不能再如过去免费教育时代那样高高在上了，那个时候大学是国家的代表，而现在则正在逐渐转变为为广大国民提供教育服务的一级教育机构，这个机构与消费者之间的关系应当是平等的。

这种学校与学生之间关系的转变将直接影响到当今中国大学运作模式的变革，尤其是对中国大学行政机构以及后勤系统的改革提出了一个更高的更为直接的标准。在这种意义上，善待学生其实是一个无可置疑的基本要求了。

(四) 大学生是成年人，要让他们有自我管理的空间

我们过去的大学管理，是包办一切的，我们基本上是将学生作为管理的对象，学生与学校的关系是被动的，我们只是要求他们执行学校各种各样的规章制度，而这些规章制度的制定却往往没有征求学生的意见。这种局面已经延续了很长的时间，以至于我们的学生也已经有了依赖心理，这在某种程度上使我们的学生缺少了一种参与意识，一种自己管理自己的意识。而实际上，我们的学生在入学时就已经是成年人了，他们应该有对自己的行为负责的能力，因此，我们大学的各项与学生有关的规章制度的制定，就应该基于他们是成年人这一前提，我们应该给学生以自我管理的空间。最近，广东省教育厅有一个决定，不准在校大学生在校外租房居住，这个决定的愿望是良好的，因为有利于学校对学生的管理，但我仍然觉得，最关键的还在于学生的自律和自我管理，管得太严是不利于学生成长的，是管不住、也管不好学生的。这一点，在提倡培养学生的创新精神、强调素质教育的今天更为重要。我们应该通过学生的自我管理，培养他们的自信心和责任心，自我管理实质上是大学生素质教育的重要组成部分。

我校珠海校区在这方面已经有了一个良好的开端。一个典型的例子就是2000级学生关于宿舍晚上是否要断电断网的讨论。珠海校区刚刚开始运转时，我们最担心的就是没有了师兄师姐的大一新生们如何适应大学生活的问题，甚至有人说，中大2000级的新生有可能会成为"高四"学生，因为在当时一切都是全新的珠海校区还完全没有大学的氛围。为解决这一问题，学校提出让学生自我管理。

2000级开学没多久，我的案头就有了许多学生和学生家长的来信，说由于宿舍晚上不断电，有些学生通宵上网，影响了同宿舍同学，所以坚决要求断电断网。当时学校没有马上作出决定，而是让同学们自己讨论，于是有了各种各样的意见。有一种意见我觉得很好，学生们说，他们已经是大学生了，完全可以自己管好自己，而且一个宿舍四个人，如果连四个人之间的关系都处理不好，将来如何走上社会呢？这次讨论，大部分同学都赞成不断电，于是学校就采纳了这个意见。按照以往一贯的做法，是否断电的决定权在学校的职能部门，大可不必征询学生的意见，但这样做的结果，必定会使一部分学生心生不满，而通过学生的讨论，这件事情的解决就显得顺利多了。我想，这就是学生自我管理的好处，而实际上我们职能部门的工作也好做了。因此，给学生以自我管理的空间，实际上是对他们的尊重，这也是善

待学生的一种表现。

三、我们可以做些什么

上面说了转变观念的四个方面，那么，在转变观念的同时，我们可以做些什么呢？或者说，我们可以通过哪些做法来推动和促进这种观念的转变呢？我以为，我们可以试行推进以下几个方面的工作。

（一）要加强职业伦理教育

上面已经提到职业伦理观念的重要性，尽职尽责，是从事一种职业的底线，我们的老师，我们的管理人员应该时刻牢记这一条底线。

坚守这条底线，其实是一种态度。在很多时候，人还是那些人，制度还是那个制度，态度改变了，事情也就会随之发生变化。学生们的一些不满甚至愤怒，很多时候是因为我们职能部门个别办事人员的态度问题，有些同志可能由于各种各样的原因在面对学生的时候心情不好，于是态度也就不好了，这就给我们的学生留下了效率低下、甚至态度恶劣的坏印象。我始终相信，我们行政部门中的绝大多数同志都是兢兢业业、敬业爱岗的，但总会有个别人态度不好，这就影响了我们行政部门的整体形象。我经常说，对于一些与学生的利益密切相关的事情，如果按照学校的规章制度还有回旋的余地，没有明文规定不能做的，那我们就应该向着有利于学生的方向去努力，尽量为他们提供服务，而不能抱着多一事不如少一事的想法，以规章制度为理由，断然拒绝学生。这里所强调的，也还是一个态度问题。

我这里所说的态度就是服务意识。最近几年来，我们一直在教育广大机关干部，所谓管理，首先是服务，我们要寓管理于服务之中，我们也很欣喜地看到，我们的机关管理人员对老师们的态度已经有了很大的转变，服务意识已经有了很大的加强，老师们对机关作风的投诉少了。但是对学生，我们的态度仍然没有太大的转变，我们的服务意识还有待进一步加强，我们仍然视学生为管理和教育的对象，甚至还有个别部门的个别人，眼睛总是盯着学生们的口袋，想方设法在学生们的身上谋取利益，结果取的是小利，而损的却是学生们对学校的感情，这种因小失大的做法应该停止了。

说到职业伦理的底线，我想再多说几句。我们经常说要"高标准、严要求"，这种提法当然是有道理的，尤其是对工程项目是如此，但如果从职业伦理的范畴来看，标准既"高"，往往就难以对从事这个职业的全体从

"严"要求。所以我想是否可以换一个角度来考虑,比方说,有时候我们不妨提提"低标准,严要求"这个说法,这个"低标准"其实就是从事一种职业的道德底线,也就是最起码的要求,既然是底线,那么从"严"要求就是理所当然的事情,因为如果突破了这条底线,也就失去了从事这个职业的前提,是非"严"不可的。举个例子,我们经常看到报上的宣传,说一些医院要求医生要"视病人如亲人",我说这个要求就太高了,很难要求人人做到,我想,如果是从职业伦理的角度来提出要求,那么要求医生视病人如"人"就可以了,因为这是一个医生的职业底线,是必须从"严"要求的。

学校中与学生的学习、生活密切相关的机构如教务处、财务处、学生处、各学院的学工部以及宿管科等后勤部门,要尤其好好地思考一下,大家的那条职业伦理的底线在哪里?怎样才能真正尽心尽力地为学生服务,真正地管好学生。这个问题同样也值得经常与学生在一起的老师们认真考虑,我们的辅导员,我们的任课老师,都应该谨记这一点。

我经常在想,每年到毕业生离校时,我们总能看到学生们奔波于学校的各个角落,去办各种各样的手续,去盖各种各样的章。我们的行政部门是否想过,是不是可以想一些办法方便一下学生呢?大家看看报纸就会知道,现在很多地方的政府部门为了方便群众,开设了诸如政府事务服务中心之类的机构,让群众在一个地方就可以办完以往要花十天半个月才能办完的事情。与政府机构相比,我们学校毕业生离校所涉及的事务远没有那么复杂,那么我们是否也可以学习一下政府的做法,将需要同学办手续的部门集中在一起呢?这对我们只是举手之劳,对学生却是一个德政,这个办事大厅其实最多也就只要设一个星期,但这样事情就会简单许多,学生的心里就会少一些怨气。我想这类工作,由学校的综合行政部门出面协调一下,很快就能做到。以此类推,许多事情都是这样,关键是一个态度问题,一个观念转变的问题。我们说要加强职业伦理的教育,其根本的目的也就是为了善待学生,让我们的学生满意。

(二)要改革现行的机关管理体制尤其是后勤服务体制

要真正地善待学生,把对学生的管理和教育寓于服务之中,除了上面所说的之外,归根到底还是要改革现行的机关管理体制尤其是后勤服务体制。

在大学里,有三种基本的内部人员结构,一是教师,二是学生,三是机关管理人员,改革的目的,就是要使这三种人员成为三种健康互动的力量,共同推进学校事业的发展。我们应该以职业伦理为主导，建立一种竞争激励和淘汰机制，要给管理人员和教师以压力，给大家设定一条职业伦理的底线，其中，更好地为学生服务应该成为一个重要部分。

后勤服务体制的改革已经迫在眉睫。作为学校的辅助服务系统，后勤的效率会直接影响学校的声誉和形象。我们必须看到，尽管我们从事后勤工作的同志大多非常尽职，非常辛苦，但因为他们的工作与广大师生员工的生活直接关联，所以也就最容易成为大家议论的对象，同样，学生意见最大的恐怕也还在学校的后勤体系，如我们的饭堂，我们宿舍管理部门，等等。这一点不仅我们中大如此，全国高校都存在着这样的问题。因此，引入竞争机制的后勤社会化必须坚定不移地实施下去，我们要用制度来保障学校的资源不至于成为一些小单位、小集体用以创收的工具。建立起一系列行之有效的制度，学校也就有了依法治校的依据，从根本上说，制度比一而再、再而三的宣传、教育要有用得多。

（三）建立健全学生自我管理的机制，让学生参与到学校的管理中来

学生的自我管理是我们学校学生工作的一条重要经验，既然这是一个好的方法，那我们就不能仅仅满足于让它停留在试验阶段，而应该有一种机制来保证它的实施，让学生参与到学校的管理中来。

说到这种机制的建立，我想到了学生会。首先我要对团委和学生会的工作表示赞赏，我们中山大学的学生活动在国内著名高校中可以说是独树一帜的，有着良好的口碑。从1987年开始的一年一度的校园艺术节已经成为中山大学校园文化必不可少的组成部分。事实说明，团委和学生会的工作是卓有成效的。但我仍然觉得有些遗憾，我觉得我们的学生会还应该加强它的另一个重要功能，就是要反映同学的心声，参与学校的管理。

我很重视学生给我的来信，我也尽量使这些信得到有效的处理，因为我知道，学生们不是到了无路可走的时候，是不会轻易给校长写信的，我这里其实已是最后一站。但我也时常觉得，如果我们的学生最后都只能把解决问题的希望放在校长身上，那么这个学校的运作就一定在某些方面出了问题。

所以我认为，除了学校的各个职能部门之外，校学生会也应该发挥更大的作用。如果要建立健全学生自我管理的机制，让我们的学生更多地参与到学校的管理中来，学生会的作用是不可替代的。团委和学生会应该认真地考虑一下，如何建立一种机制，制度化地向学校反映同学们的意见。从某种意

义上说，学生会应该成为学校管理机构的一个组成部分，它应该成为学生的"头"，学校管理机构的"尾"，简单地说，就是要成为学生与学校行政机构之间的一个中介，一座桥梁。我们应该形成一个习惯或者制度，就是一些与学生的学习、生活密切相关的规章制度，例如体育场地的使用和管理方面的规定，尤其是关系到学生课外活动场地的规定，又例如学生饭堂的管理，都应该有学生的参与，学生会应该成为组织者，把同学们的意见及时地反映到学校来。只有这样，我们所提倡的学生自我管理的机制才可能真正顺畅地实施起来。

上面说了这么多想法，归根到底其实还是四个字：善待学生。我想，也不必说太多的大道理，我们只需要问一下自己，如果我们自己的孩子在大学读书，我们希望他们在学校里受到什么样的待遇。善待学生，本来就不需要什么理由，我们首先要体会的其实只是作为一个父亲或者母亲的心情。这一点，对教书育人的老师如此，对机关管理人员而言也一定如此。在诸位走上工作岗位之初，作为校长，我真诚地希望以这四个字与诸位共勉：善待学生。

谢谢大家。

营造和谐　着眼长远[*]

——在中山大学 2004 年人才人事工作会议上的讲话

今天，我们在这里召开"中山大学人才人事工作会议"。从概念上说，"人才"本来是"人事"的一个部分，将它单列出来作为题目召开全校性的大会，在中山大学的历史上可能还是第一次。在印象中，我几乎在以往每一次全校性会议上都会讲到人才问题，回想起来，也似乎已经触及了这个问题的方方面面。在今天的这个会议上，一些操作性、政策性的问题都会拿出来充分探讨，我则想借此机会，谈一谈我最近经常想到的一些问题，与大家一起讨论。

应该看到，经过 20 多年的改革开放，20 世纪 80 年代初期的人才断层现象、脑体倒挂现象已有了根本的改观，人才资源是第一资源的观念也已日渐成为社会各行各业的共识，随着干部人事制度改革的进一步深化，人才的流动在国民的心中也逐渐成为了一种理所当然的事情。中央人才工作会议召开以后，从国家教育部到广东省也开了人才工作会议，从中央到地方，一些有利于培养人才、吸引人才、用好人才的政策正在陆续出台。在目前的中国，人才工作已被提到了一个前所未有的、全局和战略的高度，这是我国全面建设小康社会的历史任务所决定的，也是事关国家发展和民族振兴的一个大问题。可以说，一种适合于人才发展，有利于人才脱颖而出的社会氛围已经形成，这是我们在这里讨论人才工作的一个大气候、大前提。

在这个大气候和大前提下，近年来，我校在人才工作方面进行了许多卓有成效的努力。我们提出了"引进与培养相结合，以制度激励人，以学术氛围吸引人，以资源保障人，全面创造适合创新人才引进与成长的宽松的学术氛围和良好的学术环境"的人才工作指导思想。在这个思想的指导下，我们的工作总结起来有四个方面：一是加强了人才的引进工作，三年来，通过"百人计划"已引进各类人才共 176 人，其中以团队方式引进的共 4 个，28 人。二是注重校内人才的培养，一批年富力强的中青年学者已经成长为

---

[*] 本文系 2004 年 10 月 25 日在中山大学人才人事工作会议上的讲话，后刊登于 2004 年 11 月 1 日《中山大学报》（新）第 82 期。

学科带头人和学术骨干,成为科学研究的主力军。三是改革了校内分配制度。四是全面推行了教师职务聘任制度。可以说,在目前的中山大学,一个吸纳人才、培养人才的制度已基本形成,制度方面的保障使我校的人才工作进入了一个良性发展的轨道。我们很高兴地看到,全校的人才观念已经有了很大的改观,人才是大学的根本这一观念,已经成为共识,唯才是用,任人唯能,任人唯德的用人方针已得到广泛的认同。曾经存在的论资排辈,人才被压制无法脱颖而出的现象已基本过去,一些低层次的恶性竞争也少得多了。这是在国家的大气候下形成的我校的人才工作的一个背景。在这样的背景下,我们就可以进一步考虑中山大学人才工作下一步的发展了。

前段时间,我应学报校庆专刊的约稿,写了一篇论文,叫《大学科研管理中的差异性问题》。科研管理实质上就是对从事科研的人的管理,因此讨论科研管理中的差异性,实质上也就是讨论从事科研的学者之间的差异问题。差异是一种常态,整个世界、整个人类社会都处在这个常态之中。我们经常会听到这样一些问题:大学的科研究竟应该强调团队合作,还是提倡基于个人兴趣的独立研究?对于基础学科与应用学科应该选用怎样的激励方式才能最大限度地取得成就?对于大学中从事科研工作的教师本身,我们是否允许存在一些游离于体制之外的"孤独的思考者"?

上述这些问题的实质,就是要对不同的学科,不同的人建立起不同的评价和考核体系。要讨论这一问题,正视科研的差异性,提倡学术的自由精神,应该是一个总的指导方针。科学研究的精髓是自由,学术自由既是大学科研的精义,也是大学成为大学的基础。从这个基础出发,大学对于教授的要求应该是"不强求"。具体地说,大学对待教师的学术追求应该持宽容的态度,可以采取激励性的政策奖励与大学成长目标相容的教师,同时也不能强求每个教师都采取与大学成长目标一致的行动。无论是学科的交叉融合,还是个体基于学术兴趣的钻研,或者热心于为本地经济发展作贡献,都应该是允许的。

对于基础学科,我们应该要有一种更加宽容平和的心态,要有"养士"的决心。对于那些以学术为生存方式的学者,大学应该给他们良好宽松的学术环境和生活空间,给他们以足够的经费支持,而不应该有过多的规划上的要求,不应该以量化管理来制约其创造力。大学对这些学者的投入有些像风险投资,要有投入而得不到回报的心理准备,也要有对优秀学者最终"十年磨一剑"、厚积薄发的信心。

承认科研管理的多样性,就是承认人才的多样性和差异性。要讨论中山大学的人才工作，对人才差异性的认识必须成为一个先决条件。科研是如此，对待一些在教学上特别优秀的教师，对待一些在临床上特别突出的医生，对待实验人员、教辅人员也是如此，我们要看到这些人才的特殊性和差异性，要给他们以支持，给他们以良好宽松的环境和发展空间。我校近年来实施的教师职务聘任制改革的着眼点，就是要为各类人才提供更大更好的发展空间，让各类人才在中山大学力争上游，找到他们发挥才华的舞台。同时，我们也关注到不同学科、不同类型的学者之间的差异性，我们给少数优秀的学者以特殊津贴而不硬性规定他们的教学或科研工作量，也正是希望给他们以更为良好和宽松的学术环境。

当然，从学校长远发展的层面，在现阶段的中山大学，仍然要大力发展应用学科，因为这是与国家的需要相适应的，我们也仍然要强调学科的规划。我们应该在尊重学术自由和倡导独立思考的同时，提倡科学研究以问题为导向，要重视学科规划，重视优势学科的整合，尤其需要重视为优秀团队的建设营造宽松良好的学术氛围，以期有大突破，出大成果。我想，这也正是基于科研差异性的一个总体考虑。

大学之所以成为大学，核心正在于"大"，有容乃大。在这种意义上，宽容应该是大学人才工作的一个指导思想。我们应该给不同的人才以足够的空间，从而体现这个"大"的精髓。基于这种考虑，在对教师的评价和考核体系的设计上就要切忌机械划一的模式，应该根据不同学科的特点制定相应的评价考核标准。如果一定要说出一个标准，我们就应该看各类人才在不同的领域所取得的成就，应该看他们在科研上取得突破的能力，看他们发展的后劲。以这个标准来衡量人才，可以避免在人才评价考核过程中的简单化倾向。

人才评价和考核体系的建立实质上是一个制度建设的问题。通过良性的制度建设，一方面可以保证人才的引进，另一方面也可以使人才在中山大学心情舒畅地工作，学校也才能对各类人才用其所长，使他们的创造力得以充分发挥，为中山大学的事业贡献自己的力量，中山大学也才能成为人才成长和发展的一块沃土，一个乐园。

同时，我们还要关注校内教学、科研的组织形式，这也是我们在建设现代大学制度过程中的一个重要问题。目前我校实行的是校院两级管理体制，这个体制的关键在于对学校人、财、物等资源的管理，我们强调的是两级，而不是三级甚至四级。因此，对于教学、科研的组织，对于学院内部人、财、物的管理，学院具有决定权，学院应该统筹组织学院内和跨学院的教学、科研、学科建设及人才培养等各项工作。学院下设的系或者教研室，只是一个教学机构，不能将内部的人员和资源视为己有。我想，坚持校院两级管理体制，有利于学科的交叉，有利于仪器设备的共享和有效利用，也可以使我们在引进人才、培养人才、使用人才的时候找到一种更为适合的组织形式，更好地发挥各类人才的作用。

  从上面提到的人才评价标准，让我联想到了所谓引进人才和校内原有人才的关系问题。引进高层次人才一直是学校人才工作的一个重点，由于要"引进"，学校也就为他们提供了较为优厚的条件，例如科研启动费，例如房屋补贴等，而这些待遇往往是校内原有人才所没有的。于是就难免会产生一些不平衡的心理。例如说，引进的是人才，原来的就不是人才，甚至有些优秀的教授还开玩笑说，不如我先跳出去，然后你们再把我引进来吧，这样该有的就都有了。这种现象引起了我的思考。确实，流动可以使人才增值，但人才的价值不能仅仅在流动中体现。实际上，不管是"引进的"，还是"原有的"，都是中山大学的人才，这两者其实只是一种时间概念上的区别。如果把这个"引进"的概念理解得更宽泛些，中山大学现在所有的人才，不管是以特聘教授、讲座教授、"百人计划"的方式引进，还是调入，或者毕业留校、应聘上岗，都是"引进"的，而从进入中山大学的那一天起，这些"引进"的人才又都成为"原有"的人才了。这是一个矛盾统一的问题。所以如果辩证地来看，"原有的"即是"引进的"，"引进的"也会变成"原有的"，它们虽说看上去是两个群体，其实只是一个，是不应该有所区别的，大家都是中山大学的一分子，都是中山大学发展不可或缺的人才。但是，为了学校的长远发展，我们仍然要强调高层次人才的引进工作，我们还要继续为引进的高层次人才提供具有足够吸引力的待遇，所以必须承认，"引进的"和"原有的"人才之间可能还会存在一些事实上的区别。要解决这个现实中可能存在的差别，我想首先是观念的转变。按劳取酬、按能力取酬、按贡献取酬是我校目前实施的分配制度的一个原则，在校内各类人才中，待遇不同是必然的。目前我们所面临的问题是：当"原有"的学者与"引进"的学者能力与贡献相当时，应该如何平衡两者之间待遇的差别。我以为，解决这个问题的出路，在于我们要逐步淡化"引进"和"原有"的概念。对人才的评价标准，就是要看他们的能力和后劲，看他们所作出的贡献，看他们在国际、国内学术界的地位。对于中山大学而言，我们对人才的评价更要看他们是否与学校高水平的研究型大学的定位相一致。看一个学者的贡献和能力，数量是一个方面，而更重要的是质量，我们需要的是真正的学者，真正的知识分子。我们的老师们写文章，不应该只是为了升职称，而应该是为了科学的进步和社会的发展，应该瞄准科学的前沿，去争取具有世界影响的大成就。眼科中心最近出台了一个政策，对科研人员的奖励以在SCI上的影响因子来决定，我觉得这是更为关注学者研究质量的一个很好的做法。既然人才评价的标准是一致的，那么不管是"引进的"还是"原有的"，只要能力和贡献相当，就应该享有相同的待遇。要做到这一点，在我校现行的政策下可能还有一些难度。难点在于，我们是不是敢于比照"引进人才"的待遇给"原有的人才"学术地位、能力和贡献相当的优秀学者以同样的待遇。解决了这一点，或者我们就可以说，对于所谓"引进的"和"原有的"人才，我们评价标准是一致的，我们的待遇是趋同的，在中山大学，优秀人才的价值是得到了充分尊重的。

虽然存在着上述可能的矛盾，在这里，我还是要强调高层次人才尤其是学术领军人物的引进工作，这对于中山大学的长远发展是至关重要的，因为他们可以为学校带来新的学科增长点，可以尽快提高学校的学术水平。随着经济的发展和国际地位的提高，中国的吸引力正变得越来越大，中国大学的吸引力也正变得越来越大，目前，就有不少外籍学者在我校任教，大批归国留学人员更是成为学校科研的主力军。可以说，目前我们引进高层次人才的大环境是非常好的，所以，我们的目光应该更多地放在海外，放在海外归国留学人员这个群体之中，学校特别鼓励从海外引进高层次人才。我们也注意到，在最近教育部出台的一系列人才计划如"新世纪优秀人才支持计划"、"长江学者与创新团队发展计划"、"高层次创造性人才计划"中，都十分强调从海外引进人才，反对国内高校之间的"挖墙脚"现象。这是国家人才计划中的一个导向，当然也关系到国家利益。这是我们在高层次人才引进过程中必须认真关注的问题。

说到引进高层次人才，在这里我还想对各学院的院长们提一个要求。我以为，作为中山大学的院长，主要是干好两件事，一是争取资源，二是营造氛围，这个任务与校长的任务其实是一样的。我们去争取重点实验室，争取各类课题，开展与地方政府的合作，这都是在争取资源，而在所有资源中，最重要的是人力资源，也就是说，院长们要尤其重视高层次人才的引进和培养，提升学科建设的水平。前面我提到大学之"大"的一层含义是宽容，我想这"大"字还有另一层含义，那就是大学中人气魄要大，眼界要高。我曾经说过，看一个院长是否合格，有许多标准，但其中最重要的是看他是否大气，是否有广阔的胸怀，要看他对高层次人才的态度。一个真正优秀的院长,并不仅仅在于他本身在学术上是杰出的,更重要的是要看他能不能在学院内营造一个良好的学术氛围,团结一大批优秀的学者干成大的事业。院长必须要与教师们多沟通,多交流,及时地解决教师们工作中的难题。重视人才,用人所长,这是评价一个院长的基本指标。在这一方面,哲学系和药学院就做得很好,他们的系主任和院长在引进人才的时候对我说得最多的一句话就是"他比我强",我觉得他们是优秀的,从敢于引进比自己强的人这一行为本身而言,就说明这个院长是有自信、有水平的。一个学院只有人才集聚,强者云集,这个学院才会有一个美好的未来。

大学与政府和企业不同,政府在很多时候关注的是政绩,企业则更多地关注利润,我以为,大学应该关注长远。我们之所以如此重视人才工作,重视延揽人才,就是着眼于中山大学的长远,中山大学想要在现有的基础上百尺竿头更进一步,重铸鼎盛和辉煌,单单靠现有的人才是远远不够的,我们要以更广阔的胸怀延揽天下英才,为中山大学的长远发展奠定雄厚的人才基础。

上面我较多地从教师的层面谈了我对学校人才工作的一些想法,这些想法或者是可以推而广之的。应该说,在中山大学,不管是教师还是管理干部,都是中山大学事业发展不可缺少的人才资源,师资队伍和管理干部队伍的建设是中山大学人才工作不可偏废的两个方面。事实上,管理干部队伍仍然是中国大学发展的一个瓶颈,要解决这个问题,还有赖于国家干部人事制度改革的进一步深化。当然我们也要看到,近年来,我校管理干部队伍的素质已经有了很大的提高,以往教师队伍和管理队伍"两张皮"的现象也有了明显的改观,现在,我们机关的服务意识有了很大的增强,寓管理于服务之中、真心诚意地为广大教职员工服务的意识已经成为机关管理干部中的一种主流意识,这是一个十分令人欣喜的变化。但同时我们还要看到差距和不足,我以为,这个不足还在观念。现在我们学校的各机关部处之间仍然存在着条块分割的现象,大家似乎总是习惯性地守住自己的那一块。其实,不管分工有多么明确,在实际工作中,各部处之间必定还会有交叉的部分,无法泾渭分明。这就出现了彼此之间的沟通与协调问题。经常会有这样一个现象,一项工作一旦涉及多个部处,就必须由校领导来协调,这样做当然会很顺畅,因为校领导当了裁判,边界不清时,由校领导来划界。但我们是否想过还有另外一种做法,就是部处之间的主动协调与沟通。许多事情,总是会有一个职能部门来牵头,如果涉及其他的职能部门,那么这些可能涉及的部门是否可以主动一些呢?而牵头部门的负责人是否也可以主动地和其他部门协调呢？这其实还是一个观念问题，只要大家不要把各自的职责视作井水不犯河水，既然大家都在为中大的事业而努力，目标是一致的，那么这个彼此之间的沟通和协调也就不会是困难的了。所以，我以为我们的处长们也应该有宽阔的胸怀，这样，我们部处之间的协调和沟通可能就会顺畅很多，我们的工作也会更有效率。我想这可以视为一种行政文化，我们中山大学也确实需要一种新型的行政文化，这种行政文化是和谐的，高效的，最终也将有利于学校事业的发展。

我们要在校内营造一个宽松、和谐的工作氛围，充分发挥各类人才的积极性和创造性，形成一个人人想干事，人人想出成绩，适合于各类人才成长的良好环境。中山大学是一个整体，每一个中大人都是这个整体中的一分子，整体环境的和谐有赖于其中每个个体的共同努力，从根本上说，在这个整体中，每个人都是其他人的一种外部环境，而一个和谐的整体正是由每一个"互为外部环境"的个体共同营造的。因此，机关和院系的领导固然是营造宽松、和谐的工作氛围的主要方面，但这个氛围的营造绝不仅仅是校领导、学院领导的事情，全体中大人都有责任、有义务为共同营造这个氛围作出努力。我们不仅要享受和谐的工作环境，同时更要投身到这个环境的建设之中。我以为，在上下级之间，在管理干部与教师之间，在每一个中大人之间，都应该抱有一种与人为善的想法，人与人之间相处，应该多往好的方面去想，应该相信大家的出发点都是为了中山大学的事业，这样，就会少一些攻击，多一些善意；少一些抱怨，多一些建议；少一些紧张，多一些宽容。作为各级领导，要善于体察下情，为广大教职员工排忧解难，而作为广大教师和干部职工本身，对领导们也要有一定的宽容度，要对他们有信心，给他们时间，不要动辄告状，只有这样，我们所倡导的宽松、和谐的工作氛围才可能实现。

我以为，"和谐"二字正是我们人才工作的最终目标，上面我提及的话题，其着眼点也正在于此。在刚刚结束的党的十六届四中全会上，提出要提高党的执政能力，建设"和谐社会"，广东省也为此作了一个决定，这对我们的工作有着深刻的启示，我们不妨看看其中的要点："社会和谐是全面建设小康社会的重要目标之一，也是小康社会的基本特征。""和谐社会是文明法治、稳定和谐、谅解宽容的社会。竞争和效率是社会发展的推动力，公平与公正是社会稳定的基础，谅解与宽容是团结互助的前提。""要通过不断增强社会和谐的物质基础，通过法制建设不断提供社会和谐的法制保障，通过文化建设不断构筑社会和谐的精神支撑，通过群众工作不断协调关系、凝聚人心，创造和谐社会的良好氛围。"这是站在全国的高度而言的，具体到我们中山大学的工作，同样有着很强的可操作性。学校的发展就是要着眼长远，营造一种和谐的工作氛围，我们长期以来所作的努力都是为了这个目标，这同样也是我们今后继续努力的方向。所以，我将今天的这个发言的题目定为《营造和谐 着眼长远》。

图书馆是大学精神的守护者*

——在图书馆八十周年馆庆暨新馆开馆典礼上的讲话

老师们、同学们：

在庆祝孙中山先生创办中山大学80周年的大喜日子里，中山大学图书总馆扩建及整修工程以及东校区图书馆胜利竣工，今天，我们在这里举行开馆典礼，这是一件可喜可贺的大事。

之所以说可喜可贺，是基于图书馆对于大学的重要意义。

今年暑假，我到新疆去参加一次学术会议，乘车穿行在新疆的大地上，给我留下最深印象的，是笔直的公路两旁延绵不绝的防护林。我觉得，这些防护林应该可以视作新疆的地标，不仅因为其醒目，更重要的是它们在严酷的自然环境中守护着人类的文明。

我以为，图书馆之于大学的意义，或者与这防护林是相似的。图书馆是大学的地标，是大学的象征，是大学精神的重要守护者。

在中山大学，图书馆的建设始终是处于重要位置的。在并校后的首次建设规划中，对南校区和北校区图书馆的扩建和整修就提上了议事日程；在东校区规划之初，我们又决定将图书馆作为整个校区的标志性建筑。今天，南校区的图书总馆以崭新的面貌出现在我们面前了，北校区图书馆的整修工程也已结束，东校区图书馆宏伟壮观，不仅成为中山大学东校区的一个标志，而且也成了广州大学城的一个地标。加上珠海校区图书馆，我校的图书馆总面积已经达到11万平方米，藏书总量在国内高校中位居前列。可以说，目前的中山大学，已形成了一个庞大的图书馆系统，设备先进，功能齐全，气宇轩昂，成为学校教学科研支撑体系中最重要的组成部分。从某种意义上说，我们的这个图书馆系统可以视作欣欣向荣的中山大学的一个缩影。

在珠海校区和广州东校区一期建设的时候，我们就提出，那里可以没有行政办公楼，但必须要有高水平的图书馆。现在，这两个校区的图书馆已成为标志性建筑，而行政办公楼则没有纳入一期建设的规划。记得有一次我被

---

* 本文系2004年11月8日在中山大学图书馆80周年馆庆暨新馆开馆典礼上的讲话，后刊登于2004年11月22日《中山大学报》（新）第84期。

请到省内一所新建高校为他们的建设规划做顾问，我提了一点意见，我说，这个规划中有行政办公楼而没有图书馆，是不可想象的，所以这个规划必须修改。这其实是我们一贯的思想，也是我们对图书馆之于大学的意义的认识。

中山大学图书馆作为文献资料的保藏机构，对于大学文化传承的意义是显而易见的，中山大学的人文学科之所以可以在国内高校中处于领先地位，拥有一个高水平的图书馆是一个重要的原因。

在进入信息时代的今天，建设数字化的图书馆已成为一个紧迫的任务，令我们自豪的是，中山大学图书馆的数字化水平在国内高校中也是领先的。我学的是数学，我的博士生学习研究基本在实验室，看上去他们不去图书馆，但其实他们离图书馆更近了，因为他们每天都在使用着图书馆提供的网络资源。我的秘书最近刚读完了古典文学的博士，他告诉我，如果没有一个数字化的图书馆，他能在工作之余完成博士学业是不可想象的，因为那些放在古籍阅览室中的几千册《四库全书》已经数字化了，他可以通过图书馆的网络检索这些浩如烟海的古籍。所以我们可以说，中山大学图书馆是与时俱进的，在全校师生的工作学习中，正发挥着越来越重要的作用。

还有一点令我们自豪，就是我校的图书馆与国际上不少著名高校的图书馆有着密切的交往，我们的馆长在国际图书馆学界是有地位的，正因为如此，才有了哈佛大学哈佛学院图书馆向我校赠书的盛事。

图书馆对于一所大学学风的培养也有着不可忽视的作用。在图书馆扩建之初，我要程馆长保证，图书馆扩建的部分不能成为他们的办公室，而应该在改善馆藏环境的同时尽可能地扩大学生的自习空间。读过大学的人都知道，大学里最好的读书地方是图书馆，图书馆不仅是借书的地方，而且是学生们最好的读书空间，这里有一种求学上进的气氛。所以，要看一所大学的学风，我想最好就是去看在图书馆里读书的学生们那些专注的眼神。我们如此地重视图书馆的建设，重视改善图书馆的环境，正是出于涵养中山大学优良学风的目的，是"善待学生"的一个最本质的体现。记得在扩建这个图书馆的时候，因为不可避免地要影响马岗顶的绿化，出于对学校的关爱，教师中出现了一些不同的声音，那时我在网上作了一个回复，叫《我也爱马岗顶的树》（见附录二，编者注），说明图书馆的扩建是学生的需要，也是大学发展的需要，得到了师生们的赞同。可见图书馆的重要性也是全校师生的一个共识。

我还想借此机会感谢图书馆的全体员工，感谢你们的责任心和敬业精神，你们克服困难，延长了图书馆的服务时间，为师生们提供了优质的服务。近年来，图书馆为在校学生提供了大量勤工助学的岗位，这不仅培养和锻炼了学生，而且还为学校用人机制的改革提供了经验。

现在，一座座宏大轩敞的图书馆已经出现在中山大学的校园之中，在今后的日子里，让我们用最喜悦的心情走进这些知识的殿堂，去感受知识带给我们的愉悦。

我相信，这种愉悦将不断地延续下去，正在不断上升着的中山大学也将随着这种愉悦的累积而更加欣欣向荣，迎来更加美好的明天。

谢谢大家。

在中山大学建校八十周年庆祝大会上的致辞*

各位领导、各位嘉宾、各位校友,老师们、同学们、朋友们:

在南国初冬和煦的阳光中,中山大学迎来了建校八十周年的盛大庆典。此时此刻,从珠江之畔到南海之滨,中山大学的四个校区都沉浸在无比的自豪与振奋之中。五湖嘉宾、四海校友也在这一天汇聚到这里,纪念孙中山先生创办中山大学80周年,与中山大学的全体师生一道,分享这激动人心的历史时刻。

在这里,请允许我代表中山大学全体师生员工,向长期以来支持中山大学事业发展的各位尊敬的领导,向远道而来的各位嘉宾和海内外的校友们,表示最热烈的欢迎和最衷心的感谢。

80年前,国家内忧外患,民族命运系于一线,国人中卓然有识之士,力图以教育改变国家积弱的局面。世纪伟人孙中山先生为救民于水火,致力国民革命,他视"教育为神圣事业,人才为立国大本",于1924年将广东高等师范学校、广东法政专科学校、广东农业专门学校合并,创办了国立广东大学,并亲笔题写校训:"博学、审问、慎思、明辨、笃行",勉励师生。1926年,为纪念先生,学校改名为国立中山大学。到20世纪30年代中叶,中山大学已成为当时国内学科最齐全、师资力量最雄厚的综合性高校之一。

新中国成立后,中山大学的发展进入了新的历史阶段。1952年全国高校院系调整,中山大学的文理科与岭南大学的文理科以及一些院校的个别学科合并,成为一所以文、理科为主的新的综合性大学。

中山医科大学的前身之一博济医学堂,成立于1866年,是我国最早设立的西医学府,孙中山先生曾在这里学医和从事革命活动。1953年,中山大学医学院、岭南大学医学院合并成立华南医学院,1954年广东光华医学院并入,其后几经更名,于1985年改名为中山医科大学。2001年10月,原中山大学和原中山医科大学合并,组建新的中山大学。

经过80年的光荣历程,目前的中山大学已成为一所以培养高层次人才

---

* 本文系2004年11月12日在庆祝孙中山先生创办中山大学八十周年大会上的致辞,后刊登于2004年11月22日《中山大学报》(新)第84期。

为主，学科门类齐全，学科结构合理，师资力量雄厚，并具有较强的科研成果转化能力，一些学科在全国乃至国际上具有重要影响力的研究型综合性大学，成为中国南方学术文化的重镇。

近年来，学校以邓小平理论和"三个代表"重要思想为指导，坚持科学发展观，积极、主动地寻求新的发展机遇，充分把握和利用了"四大机遇"，使学校的改革与发展朝着全面、协调、可持续的方向不断迈进：

珠海校区的建成和启用，为学校扩大办学空间、提高办学层次创造了良好的条件。

原中山大学与原中山医科大学合并组建成立新的中山大学，实现了强强联合，使新中大的整体综合实力稳定地居于全国一流大学的前列。

"985工程"一期建设，为提高学校的整体综合实力，实现学校发展的总体目标奠定了坚实的基础。

广州东校区的建设，为进一步提高中山大学对广东省高等教育发展的贡献度，促进学科建设，提供了一个新的增长点，成为中山大学实现跨越式发展的一个重要契机。

作为一所伟人手创、肩负着为国育才的使命、有着悠久历史的名校，作为一所深受广东人民厚爱、在中国南方有着重要影响力的全国重点综合性大学，中山大学理应为国家的兴旺和民族的振兴，为广东省各项事业的发展作出更大的贡献。我们要以国际一流大学为目标，把中山大学建设成为居于国内一流大学前列，世界知名的研究型、国际化、综合性的大学，我们应该在人才培养、科学研究、服务社会等方面有更多的建树，承担起大学对国家、社会和人民的责任。

中山大学将进一步培养适应现代社会竞争的创新人才。注重复合型人才的培养，注重学生实践经验的获得，注重人才培养的国际化，要更积极地创造各种条件，以提高学生的全面素质为己任，为国家和广东省培养更多高层次、高素质的人才。

中山大学将进一步推动科研体制的改革，提高科学研究水平。近现代的许多著名学者曾执教于中山大学，为我校留下了丰硕的学术成果，他们严谨、求实的学风，是我们宝贵的精神遗产。我们要继承先贤的优良传统，致力于在校内营造一种宽松和谐的学术氛围，为各类科研工作者提供良好的工作环境，着眼于学校的长远，锐意开拓，创新超越，力争在科研领域取得更好的成绩。

中山大学将进一步提高为社会服务的能力，成为社会进步的推动力。我们要力争成为国家和广东省支柱产业所需要的高新技术和关键技术的重要创新源和辐射源；成为知识创新、科技成果产业化的重要力量；成为国家和广东省高水平政策咨询、软科学交叉研究的智囊机构；成为国家和广东省高质量医疗保健的供给基地，为全面提升广东的国际竞争力提供高层次的技术和人才支撑。

各位领导、各位嘉宾、各位校友、老师们、同学们、朋友们：80年弹指一挥间。80年来，中山大学百折不回，上下求索。中山大学的80年，是延揽名师，培育英才的80年；是探索真理，追求光明的80年；是建树科学，弘扬文化的80年；是铸造学风，创新学术的80年。中山大学发展的每一个足印上都镌刻着前辈的心血，大学的事业薪火相传，延绵不绝。今天，我们在这座纪念孙中山先生的著名建筑里庆祝中山大学建校80周年，我们可以告慰先生，由他亲手创办的这所大学，在80年历史积淀的辉映下，正发扬着他"天下为公"的精神，光大着他的事业，我们没有辜负中山先生的期望，我们正承继着先贤们的血脉，向着更美好的明天进发。

回首80年，我们将永远铭记先贤的功绩，我们要衷心感谢一直关爱着中山大学的各级领导、各界朋友，感谢海内外的广大校友们，感谢所有曾经和正在为中山大学的建设和发展作出贡献的师生员工。

我们有幸生当盛世，中国的高等教育已进入了良性的快速发展的轨道。中山大学得到了国家和广东省强有力的支持，有着卓越的外部环境，全校师生员工人心齐，干劲足，形成了宽松和谐、奋发向上的良好氛围。天时、地利、人和，正处于蓬勃上升时期的中山大学，必将为广东省率先实现社会主义现代化，为中华民族的伟大复兴作出新的更大的贡献。

大学泱泱，山高水长。

让我们祝福中山大学，祝福她的事业如滔滔珠江，奔流不息；如巍巍云山，鼎立南天。

让我们祝福中山大学，祝福她将迎来又一次鼎盛和辉煌。

谢谢大家。

校庆工作交出了一份令人满意的答卷[*]

今天,我们在这里召开八十周年校庆的总结会。此时此刻,站在这里,我激动的心情不亚于 11 月 12 日庆典活动当天。今天在座的各位都是八十周年校庆活动的有功之臣,因此,请允许我代表学校并尤其以我个人的名义,向各位,并通过各位向所有为此次八十周年校庆系列活动付出了辛勤劳动的同志们、同学们致以最由衷的谢意。

在准备这篇讲话稿的时候,我与李萍副校长和梁庆寅副校长进行了沟通,听到了很多先前不知道的事情,我很感动。昨天下午,我看到了校长办公室编写的《境内嘉宾接待工作指引》,这份指引,大到接待工作的理念、工作标准、总体要求,小到接待人员的行为举止规范,十分细致周密。我也知道,除了这份指引,每一个具体负责的部处都有类似的指引或者方案。我想,正是由于这样的细致和周密,我们的这次庆典活动才可能这样热烈而有序,才可能取得圆满的成功。

为了准备这篇讲话稿,我重温了我们在一年前的今天,也就是 2003 年 11 月 16 日发布的校庆公告。现在,我们可以说,经过认真的筹划、周密的安排、细致的落实,一年前提出的庆典、论坛、出版、宣传、纪念以及校园建设等方面的内容,在一年以后的今天,我们都已经交出了一份比较令人满意的答卷。

在气势恢弘的中山纪念堂举行的庆典是成功的。来自教育部、中央有关部委、广东省、广州市及有关地市的各级领导,全国各地兄弟院校、兄弟单位领导,海外友好大学校长,社会各界友好人士,海内外校友以及师生代表共 3000 多人欢聚一堂,共庆孙中山先生创办中山大学八十周年。这个庆典,由南方电视台现场直播。庆典结束后,许多校友对我说,他们很激动,他们感受到了母校的欣欣向荣。中共中央政治局常委李长春同志、国务委员陈至立同志和教育部发来了贺电,中共广东省委、省政府、省人大、省政协的主要领导都出席了这次庆典,张德江书记还发表了热情洋溢的讲话,对我校给

---

[*] 本文系 2004 年 11 月 16 日在中山大学八十周年校庆总结会上的讲话,后刊登于 2004 年 11 月 22 日《中山大学报》(新)第 84 期。

予了很高的评价。教育部周济部长由于出国未能出席庆典，但是他亲自协调了部领导的工作，由张保庆副部长前来出席，并发表讲话。由于校庆前后正好是"985工程"二期的论证会，国内大部分重点高校的校长都十分遗憾未能到会，但各兄弟高校的党委书记仍然亲临致贺，中国人民大学的党委书记程天权教授还发表了讲话。此外，丁肇中先生、校友代表陈之昭教授、教师代表黄天骥教授以及学生代表的发言，都让我们感受到了中山大学地位的提升以及校友、师生对学校深厚的感情。此次庆典由校长办公室具体负责，校内的许许多多单位如校庆办公室、党宣办、学生处、工会、校友会、医学部、人事处、国际交流与合作处、科技处、财务处、研究生院、组织部、统战部、离退休干部处、保卫处、总务处、后勤集团、成教处、团委、档案馆、医管处、高等继续教育学院、图书馆、教育学院等都参与了这项工作。这次庆典的成功正是大家通力合作的结果。

我们的整个接待工作包括校庆宴会是成功的。我们提出了"亲切、亲和，高雅、高贵"的接待理念和"热情、有序、得体"的接待工作标准。境内嘉宾的接待工作由校长办公室负责统筹协调，并根据嘉宾类型相应组成了中央部委领导、省市各级领导、老领导、省外高校领导、省内高校领导、院士和著名学者等6类嘉宾接待组，分别由党宣办、组织部、研究生院、离退休处、人事处、成教处、医学部等部门负责。境外嘉宾由国际交流与合作处负责。校友嘉宾由校友会负责。为了更好地完成校庆接待工作，校庆筹备工作领导小组还专门设立了北校区协调组、珠海校区协调组、东校区协调组、交通保卫组、后勤保障组、车辆调度组、青年志愿者组、礼品组、老干部组、教职工组、学生组、医疗保健组、白云国际机场接待组、火车站接待组、火车东站接待组和广东大厦协调组等涵盖各方面、分工明确、职能完备的接待工作组。就从上面这些小组的名称，就可以想象整个接待工作繁杂的程度。上述各小组涉及了财务处、档案馆、网络中心、珠海校区、广州东校区、就业指导中心、测试中心、教务处、科技处、保卫处、总务处、后勤集团、医管处和各附属医院等各个部门。负责接待工作的各位同志和同学们为此付出巨大的努力，从大局出发，认真统筹，从小处落手，兢兢业业，恪尽职守，严谨实干，圆满地完成了任务。

我们的校庆晚会是成功的。这场晚会从构思到演出共历时16个月。其间，中文系的李炜老师任晚会艺术总监，承担了晚会的策划工作，校团委负责晚会的具体组织协调和实施工作，学生处、工会、保卫处、总务处、后勤集团等单位通力合作，保证了晚会的顺利进行。在中区大草坪上举行的这台晚会，流畅、高雅、深情，有很高的艺术品位，同时，也展现了我们师生员工良好的精神风貌，受到了嘉宾、校友的好评。自10月30日起至11月12日，包括校庆晚会在内，我们在四个校区共组织了15场文艺演出和大型活动，保证了每个校区至少有两场演出。除了本校学生和教职工的文艺演出之外，我们还邀请了吉首大学、珲春东亚舞蹈学校与我校学生艺术团一起在四个校区巡回演出。这些活动为整个校庆活动增添了喜气，营造了艺术的氛围。

我们的校庆运动会等体育活动是成功的。10月23日，我们组织了有省政协主席和省委蔡东士副书记参加的校友杯乒乓球、网球友谊赛，参加的师生与校友有500多人。11月11日开始的校庆运动会，共有1万余名师生参加。除此之外，我们还组织了校庆杯龙舟赛、校庆杯田径赛、校庆杯排球、篮球、足球、网球赛以及校庆杯棒球、垒球比赛，参加的师生亦近万人。我们还举办了"银球耀五星——中国乒乓球长盛不衰和奥运珍藏专题展览"。这些活动主要由教育学院和校友会负责，为我们的校庆增添了光彩，产生了良好的反响。

我们组织的各种学术论坛是成功的。在校庆期间的8日到15日，我们组织了8场人文社会科学方面的"文明的对话"论坛以及10余场包括文、理、工、医在内的校庆学术论坛。但其实我们的学术论坛远不止这些，据初步统计，在整整一年的校庆活动中，由科技处、社科处、医科处和各院系、附属医院组织的各类学术讲座共有600余场，这些由国内外著名的乃至顶尖的学者主讲的论坛为广大师生提供了一次又一次难得的精神盛宴。

我们的校庆系列出版物是成功的。前几天我看到了包括《中山大学杰出人文学者丛书》和《中山大学校庆丛书》在内的20余种出版物，煌煌大观，体现了中山大学作为一所泱泱大校应有的学术底蕴和气度。出版社、档案馆、校庆办公室为此做了大量的工作。我们还要感谢这些出版物的编者和著者，还有负责审稿的教授们。捧读这些书籍，我仿佛触摸到了中山大学历史的脉搏，同样我也看到了中山大学终将奋勇前行的精神动力。

我们的校庆宣传活动是成功的。在校庆活动期间，中山大学的声音不断出现在中央和广东省的各大媒体上，从各个角度、各个层面展现了中山大学的风采。自校庆启动以来，共有《人民日报》、《光明日报》、《中国教育报》、《人民日报》（海外版）、《中国青年报》、《南方日报》、《羊城晚报》、《广州日报》、《南方都市报》、《新快报》、《文汇报》（香港）、《大公报》、《南华早报》、《信息时报》、《科技日报》、《广东科技报》等16家报纸跟踪报道了校庆的相关消息,中央电视台、凤凰卫视、广东卫视和南方电视台也播发了大量新闻以及专题。据不完全统计,校庆期间,有关校庆的报纸发稿近500篇,电视相关新闻报道200多条。尤其是校庆日前后的一个星期内,中山大学八十周年校庆成为一个新闻亮点,广东省的各大报纸都为此策划了特刊,而且这些特刊都是免费的。由凤凰卫视制作的校庆专题片,在校内外赢得了广泛的赞誉。有一位老校友对宣传部的同志说,她是流着眼泪看完这部专题片的,远在异国他乡,她想念母校,同时也深深地为母校感到骄傲和自豪。除此之外,经过多方协调,我们在白云国际机场设置了六块校庆广告牌,我们还专门策划了一系列的文章,宣传中大。可见,我们的校庆宣传是全方位的,效果是好的。这不仅因为宣传部等部门的努力,更因为近年来中山大学所取得的成就赢得了社会各界的广泛认同。

我们的校庆系列纪念活动是成功的。在校庆期间,许崇清、陈寅恪、邹鲁等先贤的铜像相继落成,我们还设立了邹鲁纪念室,邹鲁校长的后人此次专程前来参加校庆,并把珍藏在美国和西班牙的邹鲁校长的书画和用品捐献给了母校。医学博物馆和四个校区的校史展览室的建设也顺利完成,北校区还发现并重新制作了戴季陶校长亲笔书写的对联。由校庆办公室组织,我们还举办了校庆名家书画作品展,共有168位国内书画名家赠送的171幅书画作品参展,这个展览名家荟萃,档次和水平之高为广东省近十年来所罕见,其中的书法作品在一定程度上可以代表当今中国书法界的水平。此外,我们还组织了网络摄影大赛、教职工摄影大赛等,珠海校区的校训石和世界和平女神像也一一揭幕。这一系列的纪念活动不仅提升了我们校庆活动的文化品位,也为今后的中大留下了一笔宝贵的精神财富。校庆办公室、图书馆、医学部、档案馆、历史系和珠海校区的同志在此期间做了大量工作。许多教授也为此出谋划策,使这些活动得以顺利举行。

我们的校庆保卫工作是成功的。昨天,我看到了保卫处送来的广东省公安厅警卫局、广州市公安局、广州市公安消防局专门为我校校庆活动所发的文件,同样周密细致。在校庆期间尤其是校庆当天的庆典和晚会现场,学校保卫处的同志们做了大量的协调、组织工作。大型集会,安全第一,我们做到了这一条,所以我们是成功的。

我们的校庆后勤保障工作也是成功的。两年来,学校对南校区的化工学院、理工学院、地学院、管理学院、马岗顶、中山楼以及北校区的红楼、图书馆、法医楼、公共卫生楼等楼群和周边环境进行了系统的改造治理,总面积达12万平方米,使校庆活动能够在优美整洁的校园环境中顺利展开。同时，后勤部门还切实保证了庆典大会和校庆晚会的供电以及校庆期间的车辆调度工作。

我们深深地知道，在上述所有的成功中，都有着无数中大人默默的付出和辛劳。我们还要感谢广大热心的校友和社会各界人士。一年来校庆活动的所需经费，全部来自校友和社会各界人士的慷慨捐赠。另外，经过一年的努力，广东省中山大学教育发展基金会也在校庆当天正式成立，目前，已有几百万元捐款进账。可以说，如果没有这些付出和辛劳，没有这些慷慨捐赠，是不可能有我们今天的成功的。

在这里，我要特别感谢一批热心的老师们。陈永正教授以他在国内书画界的影响力直接促成了校庆书画展的成功举办。曾宪通教授在得知吴南生同志处藏有邹鲁校长的手书对联后主动与校长办公室联系，促成了邹鲁校长的墨宝在校庆书画展中展出。金钦俊教授撰写校史长诗《山高水长》，七易其稿。丘捷教授和蔡鸿生教授承担了部分校庆出版物的审稿工作。他们一丝不苟的精神，令人感佩。还有许许多多教授为校庆活动出谋献策，他们的名字无法一一列举，在此一并向他们致以最衷心的感谢。

我还要专门感谢各院系和各附属医院。校庆期间的各种学术讲座、学术论坛绝大多数都是由院系和附属医院承办的。各院系还承担了绝大部分校友回校的组织和接待工作，许多院系还组织了各自的院庆活动。各附属医院还向学校捐赠了车辆。校庆前后三天，由医管处牵头，附属一院、二院和三院还组织了医疗保健组，为参加庆典大会、校庆晚会及其他校庆活动的嘉宾和师生员工提供了优质的医疗保健服务。各附属医院还十分踊跃地参加了各种校庆活动，在教职工歌舞晚会和校庆运动会上都取得了优异的成绩。

我尤其要提出感谢的是我们可爱的青年志愿者们。如果上述各部门同事们的付出和辛劳是职责所在的话，那么我们的同学们都是无偿和自愿的。由校团委组织培训的1000余名青年志愿者在校庆期间承担了大量繁重具体的工作，他们对嘉宾实行了一对一的服务，他们出现在校庆活动的每一个角落。从他们身上，我看到了中大学生的综合素质。很多参加校庆活动的同志都跟我提及这些学生，认为他们展现了中大学生的精神风貌，中大精神在他们身上得到了生动的体现。因此，我希望广大青年志愿者们在这里接受我作为校长的真诚的感谢。

我还要尤其提出感谢的是我们的校卫队员。在这次校庆中，你们以主人翁的姿态参与其中，待人有礼，纪律严明，同样也得到了广大校友和嘉宾们的一致好评。听到这些好评，我感到欣慰。我们的校卫队员就应该精神抖撒，就应该纪律严明，从某种意义上说，你们是中山大学的门面，我也希望大家可以继续发扬这一精神。

我的感谢或者会有遗漏。在准备这篇讲话稿的时候，我看到了许多部门的总结，大家在校庆期间完成了大量的工作，对于这些工作我也无法一一罗列。但请大家相信，对所有曾经为这次校庆系列活动付出过的所有中大人，我的感谢都是由衷的。

除了感谢之外，我还有几点感想。

第一，此次校庆活动体现了一种和谐的氛围。昨天我问梁庆寅副校长，这次校庆他感触最深的一点是什么，他说是参与校庆活动的各部处之间通力合作的精神。这就是一种和谐的氛围，这就是我们所要倡导的新型的行政文化。我们知道，各项成功的活动背后，都有着许多琐碎的事务，这些事务的最终完成，都有赖于各部门之间的沟通、协调和合作，这一点，我们做到了，而且十分顺畅。这种在工作、干事的过程中体现出来的团结协作，正是我们长期以来提倡的和谐校园氛围的最好结果。尤其令我高兴的是，虽然校庆工作牵涉很多部门，投入了大量的人力，但是学校的正常工作并没有因此受到影响。在今年年初的学校发展战略研讨会上，我们把"985工程"二期、东校区建设和八十周年校庆作为今年的三大任务，现在，校庆结束了，另外两项工作也进展顺利。东校区的一期工程全面竣工，并已在9月份开学。就在校庆前一天，我赴教育部就"985工程"二期的可研报告进行答辩，校庆当天，教育部专家组通过了我们的可研报告。我觉得这是一个好消息，可以看做是对校庆的一份献礼。

第二，此次校庆活动体现了一种人气和人心。现在的中山大学人气足，人心齐。我们得到了来自社会各界和国内外校友的广泛关注和鼎力支持，这就是人气，这种人气形成了我们现在的一个大环境。我们校内的人心是齐的，俗话说，"人心齐，泰山移"，这次校庆活动就是对这句话最好的注解。因为"人气足"、"人心齐"，我们操办了一次成功的八十周年大庆，而通过这次校庆，我们又更加集聚了人气，凝聚了人心。记得有一位教授告诉我，"开风气"三个字可以视作中山大学的一大特色，我还想在后面加上三个字："重人和"。我觉得，有了这种重在"人和"的人气和人心，中山大学的未来必定是美好的。

第三，对于校友而言，这次校庆活动不仅给他们提供了一个缅怀和叙旧的场所，而且还为他们提供了一个与母校加强合作与交流的平台。前面一点，从校友们对此次校庆活动的称赞中可以看到。后面一点更给了我很深的感触。13日晚我参加了北加州校友会的晚宴，北加州校友会是我校最年轻的校友会，只有一年的历史，他们这次晚宴的主题是"感谢师恩，促进交流"。我觉得很好，这些校友大多正值中年和青年，他们中的很大一部分人正从事着高科技产业，这次他们送给我的就是"一片硅谷芯"。我相信，今后他们与母校的交流与合作必定会取得进展。

在一年前，我们提出了"弘扬传统、凝聚人心、塑造形象、建设精神家园"的校庆主题，我们希望这次校庆活动可以凸显现代大学的精神与文化，承载中大人的情怀与希冀，回报校友和各界友好的关心与厚爱。现在，我觉得我们的目的达到了。八十周年校庆具有某种象征意义和标志意义。这次校庆或者可以成为中山大学一个新的起点，或者可以说是中山大学发展的一个加速器，从今天开始，中山大学将朝着既定的目标迅跑，我们完全有这个勇气、信心和能力。

最后，我想用我在校庆大会上讲话的最后几句作为结束语。

大学泱泱，山高水长。

让我们祝福中山大学，祝福她的事业如滔滔珠江，奔流不息；如巍巍云山，鼎立南天。

让我们祝福中山大学，祝福她终将迎来又一次鼎盛和辉煌。

谢谢大家。

2005 年

我们要始终抓住"质量"这条主线*

——在 2005 年中山大学发展战略研讨会上的讲话

今年的发展战略研讨会,有两个主题:一是进一步提升教学质量和学科水平,迎接 2006 年教育部对我校的本科教学评估;二是认真审视我校一级学科的水平,切实提高重点学科实力。关于这两个主题,各职能处室都已经或将要发表各自的思考。今天,我首先简要地传达一下教育部关于加强本科教学的文件精神,并就我校的教学工作以及"985 工程"二期建设的一些思路谈一些个人的看法,希望对大家有一定的启发。

今年初,教育部下发了《教育部关于印发〈关于进一步加强高等学校本科教学工作的若干意见〉和周济部长在第二次全国普通高等学校本科教学工作会议上的讲话的通知》(以下简称《意见》),《意见》和周济部长讲话的核心归结为一句话,就是我们要将工作重心由前一阶段高度重视规模发展,转移到在规模持续发展的同时,更加注重提高质量。周济部长的讲话实质上是对《意见》的阐发,他在讲话中,对扩大规模与提高质量的关系问题作了阐述,他说:"工作重心的转移是为了适应形势的变化,是为了完成新阶段的任务,而不是否定前一阶段的成绩,前一阶段的工作重点是正确的,下一阶段根据形势发展实行工作重心的转移也是正确的。"他谈了四点认识:"第一点,在前一阶段里,高等教育的规模实现了跨越式发展,成绩巨大、方向正确,意义极其深远;第二点,今后一段时间高等教育规模还要持续发展,但是要把握好发展的节奏;第三点,在过去六年快速发展过程

---

* 本文系 2005 年 2 月 19 日在中山大学发展战略研讨会上的讲话,后刊登于 2005 年 2 月 28 日《中山大学报》(新)第 90 期。

中，教学质量是有保证的，总体情况是好的；第四点，下一阶段我们的工作重心要放在进一步提高教学质量上来，使质量更好。"他认为，"这四点认识就是以辩证的观点来看待高等教育的发展问题。四点认识实际上是两个方面：一个方面就是在扩大规模上，我们要充分肯定前一阶段发展成绩巨大、方向正确，今后一段时间我们还要继续发展；另一方面就是在提高质量上，我们要看到前一阶段的质量总体上是好的，下一阶段我们还要把提高质量摆在更加重要的位置。"他指出："三年前，教育部党组提出了将'巩固、深化、提高、发展'八字方针作为今后一段时间高等教育工作的指导方针，基本的思路就是：一方面，实力是根本，发展是硬道理，高等教育必须坚持以发展作为第一要务，坚持'聚精会神搞建设，一心一意谋发展'；另一方面，必须把握好发展的节奏，解决好怎样发展的问题，努力实现以人为本、全面协调可持续的发展。要运用科学发展观解决前进道路上的一系列矛盾，其中，要高度重视规模、结构、质量、效益的协调发展，当前，要特别注意提高质量，把它作为高等教育的重点工作抓紧抓好。"

这个文件是及时的，是认清了当前中国高校所面临的问题的。我校与国内其他高校一样，近年来也经历了规模急剧扩大的跨越式发展过程，关于扩大规模和提高质量的矛盾问题也成为校内师生议论的焦点。目前，我校也确实已经到了重心转移的时候了，质量是大学的生命线，没有过硬的质量是不可能有好的大学的。因而，我们应该贯彻教育部"巩固、深化、提高、发展"的"八字方针"，巩固成果，深化改革，提高质量，持续发展，认真地考虑如何提高质量，如何提高中山大学的教学水平。

从提高质量这个话题，我想到了我校的专业设置问题。近几年，我校的新专业设置得太多，据教务处给我的一个统计资料，我校近三年新设专业数在8所著名高校中排名第一。

我并不认为这个第一是值得自豪的。在新专业设置这个问题上，要注意学校的导向。我们不能因为有了一两个老师，就要为这几位老师新设一个专业，往往一个新专业的招生数也就二三十人，这对于学校并没有太大的帮助。由于仓促上马，许多新设专业普遍存在着师资力量不足，实验条件较差，专业计划执行不规范，教学规章制度不完善，学生的学习积极性不高等问题。当然，我校与国内其他高校还有不同之处，我们还面临着广东省的扩招任务，如果一些新设专业可以大规模招生，则是可以考虑的，例如刚刚成立的翻译学院，今年就将招生500人，这种专业有市场前途，因而是可以发展的，除此之外，都应严格控制。学校的资源永远是有限的，我们不可能处处用力,这一点,下面我还会讲到。而且中山大学发展到今天,硕士点、博士点的数量已经不是最重要的了,关键还是要把现有的专业做好。在专业设置上,我们要牢牢抓住质量这条主线,一些不具备条件的,或者与学校的长远发展目标不相适应的新专业应该从严控制。与此相适应,今后学校的资源配置也不应该再以专业点、硕士点、博士点为标准,而应该以学生人数为标准,我认为这是一个导向。

医科是我校的精英教育部分,新设专业更应慎重,目前,如检验医学、康复医学、麻醉医学等新设专业同样也面临着管理体制不顺、师资力量不足等问题。为此,我和汪建平副校长已经与医学教务处以及附属第一医院的同志开过若干个座谈会,这些新专业所存在的问题相信会逐步得到解决。

上面是对提高教学质量的一些看法。下面新专业设置的问题是目前本科教学工作中的一个比较大的问题,当然其他的问题还有很多,我相信,只要我们坚持以提高质量为导向,这些存在的问题一定会找到一个解决方案的。教育部强调要将工作重心转移到质量上来,要提高质量,当然就只能是有的放矢,有针对性地去解决问题,而不是无限度地扩大专业数量,战线太长,提高质量就无从谈起。我们要迎接2006年的本科教学评估,最关键的就是专业质量,从现在开始,我们就必须要认真地、用挑剔的眼光去审视现有的专业,把它们建设好。

再谈谈对"985工程"二期建设的一些新的思考。

上个月11日至14日,我与徐安龙等人走访了华中科技大学、武汉大学、北京大学、复旦大学的生命科学学院以及中科院北京生物物理研究所和上海药物化学研究所等6个研究机构,获益匪浅。

我看完以后,一个总的感觉就是紧迫感,这种紧迫感来自我的一个强烈印象,就是科学院系统在科技体制方面已经远远强于大学,大学的科研体制已经整体落后于科学院系统。从某种意义上说,要干大项目,出大成果,大学是比不过科学院的,大学目前的科研体制,大概只适合于自由的研究。据资料显示,目前我国的经济地位在逐年上升,但是科技竞争力、创新力却在逐年下降。事实上,这个问题已非常严重,我们大学必须要有紧迫感和使命感。

我们知道,"985工程"二期建设的一个重点,就是机制的创新,在此之前,我们也已经有了许多想法。这次的武汉、北京、上海之行,我最为关注的也是他们的科研体制。

关于实验室管理,中科院生物物理研究所的做法是:公共的实验装置、仪器，集中管理；而最高级的设备，则跟着教授走，要求教授把设备的功能开发好，不放在一个公共平台里。他们的说法是，尖端的仪器只有尖端的人才可能用好。他们还规定，实验室人员发表论文，负责操作的实验人员不准署名，这一点，在合同中就写得很清楚，强调实验人员的职责就是做好服务，而不是想着发文章、升职称。我觉得这有一定道理。

关于奖励，中科院生物物理研究所的做法是：SCI影响因子3点以下的论文，乘一个零点几的奖励系数；3点到5点，1点可以有差不多5000元的奖励；7点以上的，1点大概可以有1万元，但25万元封顶。在他们的实验室里，PI（学术带头人）或者大牌教授的工资与大家差不多的，如果真有本事，就去拿奖励。去年，这个所影响因子10点以上的论文就有20多篇，全所论文的影响因子平均为4.6。而复旦大学的奖励办法则不同，他们规定，每一个二级学科可以确定一种该学科最好的杂志，有的杂志3点最高，有的杂志12点最高，只要是最好的，则3点和12点是平等可比的。他们不单纯地按点数来算，有其道理，而且更具借鉴意义。

关于教授的水平评价，复旦大学也做了一件事情，就是将所有的教授、副教授的论文列一个目录，送到国外大学请同行去评，而且这个目录里还混有其他学校教授的论文，例如北大的、武大的，这样，教授的水平究竟到哪里，一看就知道。复旦大学生命科学学科去年在中国大学中是排在最前面的，影响因子在7点以上的论文有10篇。

关于团队，这次也给了我很大的震动。科学院系统的团队体量都很大，往往一层楼就是一个团队，里面有若干个PI，一个方向由一个教授带着，若干个教授在一面统一的旗帜下做一件事情，因此，他们的方向很集中。北大、复旦也是这样，他们的实验场地是收费的，但并不是凡是教授、副教授都会有一块场地，大多数人都必须参加到一个团队中去，由PI负责场地的费用。

上面的这些做法对我们是很有借鉴意义的。我校的"985工程"二期将建设三个理科医科的一类平台，五个文科的一类基地，三个理科医科的二类平台，如果要改革我们的整个科研体制，我认为还没有到时候，是否在三个一类平台里面首先推开，其他的则按原有的体制来做。例如说，我们现在的考核，科研编制是没有考虑的，三个一类平台里是否可以设一定的科研编制。再比方说，关于奖励，是否也可以参考上述的做法。又例如，PI制究竟应该怎么实施。生物物理研究所的做法是三三制，他们的一个团队中的PI，三个由所里出钱，三个由团队自己短期聘任。我想我校是不是可以"一二三",团队中一个 PI,带两个公费的,三个自费的。这些都应该是可以认真考虑的。

生物物理研究所中一共有 8 个方向,共 50 多个 PI,每个方向有若干个 PI,体量都很大,他们说这叫"扎堆干",要干出气氛来。我们学校团队的体量就远远不如他们,我们差不多是一个教授带几个助手就是一个团队。我们也应该提倡教授"扎堆",把人凝聚起来。我们"985"二期有个说法,叫做"凝练方向",我想我们每个平台和基地都应该做到凝练方向,我以前对这四个字的体会没有现在深。我们在引进人才的时候,不是什么人都进,一个学科里的方向什么都做,而是要选择几个方向,集中力量,把它们做成国际一流,这就是凝练方向,如果方方面面都照顾到,就不会有什么影响。学校的资源永远是有限的,我们不可能有力量在每个方向都养着一队人,我们必须要选准几个方向,培养出一批一流的教授来。以前我们引进人才,是看他的水平,水平可以,我们就引进了。我觉得这个方法是值得再考虑的,我们应该选准若干个方向,然后在这几个方向"扎堆"地进人,我们现在也确实已经到了要集中力量进人的时候了,如果只是平均使用力气,凡是优秀的人才,不管他是否与学校学科布局有关,都给他一笔启动费,这样做,我认为出不了大成果,在社会上的影响力也是不会高的。

关于文科的模式,也可参照理科的 PI 制,所有文科基地加起来大概需要 15 个 PI,学校要准备不超过 10 个相当于长江学者的钱来招聘一流的学者,聘期三年,三年后合则再续约。

最后,再讲一讲听了昨天的讨论后想到的一些问题。徐俊忠同志的发言,对我校参加全国高校一级学科评估的结果进行了分析,这个分析是中肯的,看到了我们的不足和问题的所在。从这个分析中,我们看到,首先还是一个科研总量的问题,其次是这一评估十分强调"百篇优秀博士论文"的重要性。

在我校已经实施的教师职务聘任制中,对每位教师的教学工作量和科研工作量都有明确的要求,在实践的过程中,我们应该严格地执行这个要求,这对提高我校的科研总量是有好处的。现在聘任制已实施了近两年,因此我希望科技处、医科处和社科处可以做一件事情,叫"考核提示"。在临近三年考核期满的时候,对一些工作不太积极、有可能不合格的教师应该有一个提示,一方面对这些教师有一定的推动作用,同时也可以制造一些舆论压力。我一直强调,研究生是发表科研成果的生力军甚至是主力军,提高研究生发表论文的数量和质量,对于学校科研总量的提升是会起到推动作用的。

希望研究生导师们要对自己的研究生尤其是博士生的论文负起责任来。我们提倡老师和学生共同署名。这一点，在理、工、医等学科中是一个惯例，而文科则有其特殊性，我希望文科如果文科教授可以达成共识，则可以在这方面作一些探索。

此外，我们还是要强调对研究生在学期间的论文发表数量和质量作出规定。南京大学在前几年十分重视研究生发表 SCI 论文的数量，结果他们的科研总量得到了很大的提高。我校则考虑到了各学科的区别，只对研究生在核心刊物上发表论文的数量作了最低要求。我们希望各学院、各学科根据各自的特点，适当地提高这一要求，对研究生的 SCI、CSSCI 论文定一些更高一点的标准。在这方面，学校不作统一规定，希望院长们与学校共同承担起这个责任来。

关于"百篇优秀博士论文"，我们也应该有一些特殊的政策，例如，对一些有可能冲击"百篇优秀博士论文"的优秀博士研究生，学校是否可以考虑延长其学习的年限，在延长期内，学校可以考虑给予这些优秀的学生以 B 系列教师的待遇。希望研究生院和人事处就这个问题想出一些办法来。

上面所讲，比较分散，其中有一条主线，就是质量，不管是本科教学还是科学研究，最关键还在于质量。我相信，只要我们始终抓住质量这条主线，中山大学的事情就一定能够做得更好。

我们需要一个有道德感的大学*

——在中山大学 2005 年纪检监察工作会议上的讲话

同志们：

在目前的形势下，在高校大力开展反腐倡廉工作已到了刻不容缓的地步。反腐倡廉，关键在于制度。制度先行，强调法制，是现代社会的一个基本特征。党和国家是十分重视反腐倡廉工作的制度建设的，从中央到地方，已经有了一系列的制度，以防止腐败的滋生。教育部在今年反腐倡廉工作的要点中，强调要在基建、招生、财务、干部任用、物资采购、招投标等 6 个高校中可能存在腐败的领域加强制度的建设。我校的纪检监察部门也先后出台了一系列的规章制度，以防范可能存在的腐败现象。我认为，学校的纪检监察工作，立案、查案是一个方面，而查漏补缺、防微杜渐则是更重要的一个方面。要做到这一点，一系列行之有效的制度是成功的关键。

目前的中国高校，可谓"家大业大"，在我们手头，掌控着大量的资金，稍有不慎，就可能出问题，近年来，也确实有个别高校出现了资金流失甚至亏空的严重问题。因此，我们要尤其强调深化财务管理制度的改革，全面落实"收支两条线"规定，继续推进会计委派制，实施财务公开，加强资金管理，防范资金风险。这一点，必须引起我们的高度重视。近年来，我校的财务工作总体而言是好的，全校的财务状况整体运转良好，资金是安全的。但尽管如此，我们仍然要十分警惕，要立一些规矩。我校财务工作的首要任务是确保资金的安全，学校的资金必须存入学校指定的专门账户，当学校财务处以结算中心的名义进行金融活动的时候，首先考虑的不是效益，而是安全。想通过金融活动使学校获利，愿望当然是好的，但安全永远是第一位的。我们必须看到，也必须承认，在目前复杂的金融形势下，我们还没有条件和经验能够保证我们可以有效地进行金融操作。

除了资金的安全，我们还要再次强调杜绝校内各类"小金库"的存在。大家可能已经知道，此次学校有几位干部受到"双规"，一个问题就是私分

---

* 本文系 2005 年 3 月 16 日在中山大学纪检监察工作会议上的讲话，后刊登于 2005 年 3 月 28 日《中山大学报》（新）第 93 期。

单位"小金库"。事实上，即使时至今日，我们的许多同志对"小金库"的危害性仍然是认识不足的。有个别院系和部处的领导总是认为"小金库"是为所在单位谋利益的，是为了所谓的群众利益。必须看到，私设"小金库"对这些单位的队伍建设是有腐蚀性的，而且私设"小金库"的人一开始总是以"为集体谋利益"为旗号的，但到最后，所谓的集体利益往往就会演变为一小部分人的利益。学校每年都会进行一次财务大检查，检查"收支两条线"制度的落实情况，单位"小金库"在减少，但还没有完全禁住，可以说是年年查，年年有。更严重的是，由于现在银行实行存款实名制，非法人单位无法开设户头，于是有些单位就以个人的名义存款。要知道，这种公款私存的后果是很严重的，实质上可以视作贪污公款。这些做法，如果不是明知故犯，至少也是无知。在有一年的财务大检查中，有一个学院的出纳将公款私存的存折拿回了家里，最后连他本人也想不起这些钱的来历了，结果一笔一笔地回忆，最后一共拿回了十几万元。大家要知道，这个数目如果被认定为贪污，已经可以坐牢了。

因此，"小金库"的危害性必须引起大家高度的重视。学校将进一步制定各类财务方面的规章制度，并严格执行这些规章制度。同时，也希望我们的干部们要真正地警醒起来。

招生工作也是大学中最可能出现腐败现象的领域。最近，教育部提出要实行"阳光招生"，确保高校录取工作的公平公正。高校招生工作是我国社会生活中的一件大事，关系到群众的切身利益，关系到社会的稳定。近年来，有的地方和高校受利益的驱动，擅自突破国家政策，违规送档，违规录取，搞所谓的"点招"，乱收费。去年被曝光的"北航事件"已在社会上引起了轩然大波，足以引起我们的高度警惕。对此，教育部党组是高度重视的，提出要从严治招，逐步建立起适应新形势要求的"惩防并举，重在预防"的高校招生工作体系，要切实做到招生政策、招生计划、工作程序、咨询服务、录取结果、投诉举报的"六公开"。我校近年来的招生工作是严格按照教育部的要求去做的，采取了一系列的措施，保证招生工作公开、公平地进行，没有出现过像接受赞助而降分录取那样的违规事件。我校的博士生招生，申请破格录取的学生材料以及推荐材料必须向社会公示，这一制度受到了社会的好评，从今年开始，硕士生的破格录取也将采取同样的方式。但是，我们也曾经出现过一些问题。如在前两年，纪委就曾经查处过一起招生中介案件，一个饭堂的职工，在校内租用了一个房间，收取考生家长的金钱，承诺可以作为中介，帮他们去走关系。此事很快被发现取缔，没有造成不良的影响,但也给我们敲响了警钟。我们可以保证在学校的层面决不违规招生,决不乱收费,但我们难以保证校内的个别人在利益的驱动下,去做违规的事情。要制止招生过程中可能出现的腐败现象,关键还在于制度的建设和监督的机制。大家都知道,在目前的中国大学中,每逢招生,总是会有来自各方各面的条子,但据我所知,有一年,在某一所高校,几乎一张条子都没有,为什么呢?因为这所高校的两位校领导闹着矛盾,彼此都在盯着对方,希望抓住对方的把柄。这是一个反面的例子,但也说明了一个问题,只要是有一个有效的监督机制存在,招生中的条子问题是可以杜绝的。

现在,一年一度的招生工作又将来临,在这里,我想学校应该定一些原则,我本人考虑,有四条:第一,学校将坚持招生工作公开、公平的原则,不搞"点招",也决不乱收费。必须看到,放弃原则而"点招"某些学生,学校可能会在短期内得益,可以得到一些资源,但从长远来看,则是得不偿失的,因为这将极大地损害学校的声誉。第二,学校将在制度上保证招生工作的公开与公平,今年的招生,学校将加强招生工作领导小组和招生工作监察小组,使之成为两个并行的系统。第三,学校希望各位校领导和各院系、各机关部处的领导要以身作则,在招生工作期间不递条子。这同样也是对从事招生工作的工作人员的要求。第四,学校也呼吁各级政府机构包括上级主管部门的各级领导也能够支持学校,不写条子。对于接到的条子,学校将做细致的解释工作,以得到他们的理解。我想,做到上述四点,我们的高考招生工作就一定会成为一次真正的"阳光工程"。

能不能管好财务和实现招生的"阳光工程",是对我们执政能力的一个检验,也是从大学工作的层面支持和谐社会的建立,特别是招生工作,一定要做到机会均等、制度平等。

制度的重要性是显而易见的。但制度是人制定的,而且归根到底是要由人来遵守的。因此,一方面,制度的价值向度是与人密切相关的,制度的建立必须要有一种良好的道德指引。另一方面,人们所具有的道德感则是一种好的制度是否可以顺利推行的必要条件。因此,在充分强调制度重要性的前提下,我们仍然要回过头来,讨论一下人的道德感问题。

在我个人看来,目前的反腐倡廉教育,在很大程度上其实还是一种道德感的教育。按理说,大学应该是一块净土,是道德感最强的地方,但是,从现实来看,目前的高校却已经不再是一块净土了。应该看到,在市场经济这柄双刃剑下,随着实利主义、物质主义的抬头,目前中国社会的道德感削弱了，因此，开展党风廉政建设，开展反腐倡廉活动在高校中同样有其现实的必要性。

但是如果从一个更深的层面去看，反腐倡廉教育在大学中提出，实在是值得我们深思，甚至是值得我们羞愧的。我觉得，在大学中谈反腐倡廉，不能仅仅停留在"反"和"倡"上，我们应该有一种更高的高度，有一种更为深刻的理解。"不贪"，实质上是做人的一条底线，这不是对一个人的高要求，更不是对一个共产党员的高要求，现在我们不断地要求党员"不贪"，实在已经是一件十分令人悲哀的事情了。宋代的民族英雄岳飞说过一句话，流传颇广，他说"文官不爱钱，武官不惜死，则天下太平矣"。"不贪"二字，实质上也是古今中外吏治的一种理想。要求一个人"不贪"，虽说是最低的要求，但实际上能够真正抵抗一切诱惑并不容易。所以，我们一要强调教育，提高人们的道德水平，二要加大打击的力度，最重要的是要强调制度建设，要使为官者"不敢贪、不能贪、不想贪"。

具体到高等学校，具体到我们中山大学，一种本来应该有的道德感的再次强调将是我们反腐倡廉工作的一个重点。培养人才是大学的根本任务，目前，我们高校也正在尤其强调要全程育人和全员育人，从育人的角度来看，我们大学可以教给学生些什么，是一个至关重要的问题。学生在大学中学习的，不仅仅是课堂上所讲授的内容，更重要的是一所大学本身所给予他们的观感和印象。我们常说，老师应该为人师表，应该是"经师"更是"人师"，大学的老师不仅要传授知识，更要教学生如何做人，这种教育是在潜移默化中实现的，事实上，在学生的求学过程中，大学中的每一个部门、每一个人都在给大学生们以影响。那么，我们正在给学生以什么样的影响呢？现实是堪忧的。由于物质主义、实利主义的冲击，社会上的道德底线正在日益降低，社会上的种种不良风气也正在日益侵蚀着大学的肌体。我们的个别老师甚至忘记了作为老师的最基本的底线。每次考试，总会发现有老师任意给分的现象。有一个典型的例子，一名学生已经出国，而在他的成绩单上赫然有一门他从未修过的课程成绩，而且是 95 分。还有一个例子，在一次研究生入学考试评卷过程中，我们发现有一位老师在改卷时将试卷私自拆封，并授意评卷老师在这份试卷上加了 70 分。这位老师的廉耻之心到哪里去了呢？

还有屡禁不止的作弊现象。在目前的中国高校，学生作弊可以说是成风的，而且，在一些学生的心目中，作弊并不是一种可耻的行为，如果作弊了而没有被发现，就视作成功。还有一些学生，考试以后便开始走老师的关系,甚至要求老师改成绩,使许多老师不堪其扰。不仅是一些学生对作弊没有羞耻之心,更为可悲的是,在我们的一些老师那里,对于学生作弊同样也是不以为耻的。曾经有一位由于连续三次请人代考而被勒令退学的学生向学校提出申诉,申诉是正常的,不正常的是,居然有老师为这位学生出具了证明,说这位学生品学兼优,一直是一个好学生,希望学校可以再给一次机会。这位学生的学习成绩或许不差,但既然三次请人代考,品德何在?真实的成绩何在?又何来"品学兼优"这样的评价呢?考试作弊这种现象可谓古已有之,从有考试以来,这种现象就一直存在着,因此,要讨论考试作弊这一现象,重要的并不在于作弊本身,关键在于我们对作弊这种行为的看法。如果认为这种行为是可以原谅的,甚至认为这种行为是理所当然的,不以为耻,反以为荣,那才是比什么都可怕的。

令人痛心的是,作弊这一现象并不单单存在于学校,同样也是我们现在这个社会的一个痼疾。在刚刚结束的全国政协十届三次会议上,国家统计局局长李德水披露了一组令人吃惊的数字:2004年各省区市上报的全年GDP汇总数据,与国家统计局公布的GDP增速相比,高出3.9个百分点,总量差距高达26582亿元。李局长认为,目前,我国地方年初通过的经济增长预期目标,往往自上而下"层层加码"。为了实现这个目标,一些地方就会出现统计数据自下而上"层层加水"的现象。一些地方过于看重经济增长指标,常以此作为评价考核主要领导干部的重要标准之一,甚至还搞"末位淘汰"。"官出数字,数字出官",在某些基层是客观存在的。如果说现在对地方官员有什么考试的话,可能就是这个GDP的增幅,这种"加水"的数据,也就是一种作弊。

或许在一些人看来,有这样的大气候,假酒、假烟、注水肉、有毒食品都比比皆是,区区的考试作弊可能真的是小菜一碟,大可不必如此较真的。但作为一个大学校长,我仍然要较这个真。作弊现象,即使是在中国古代的科举考试中也是严令禁止的,明清时期的几次科场大案,多少考生、考官还为此丢了性命。古人尚且可以做到对作弊深恶痛绝,更何况现代大学。大学应该是社会的良心,应该成为道德的灯塔,诚信是做人的基本道德底线,这条底线,是大学必须坚守的。目前在高校中存在的作弊成风以及个别大学教师对作弊宽容的现象,是恶性的实利主义在大学中不良影响的显著表现,这种道德情感的麻木是当前社会上非道德现象大肆流行的一个重要条件,非道德现象的大量出现,正在恶化着我们的生活质量和生存环境。这种风气,说得严重些,可以说是道德沦丧,其对学生的不良影响,对学校肌体的危害程度，更甚于校内的个别人贪污了十几万元钱。

我们始终不能忘记大学的使命，我们最根本的任务是育人，从我们大学中走出去的毕业生们，应该是社会的栋梁之才，他们不仅应该有知识，有技能，更应该有道德感，或者说，他们应该是一个有良知的人。因此我认为，与目前存在于我们大学校园中的种种不良风气作斗争，应该成为在大学中反腐倡廉工作的一个重要组成部分，而且是一个非常紧迫的任务。

如果说上述诸如作弊等的不良风气对学生的影响存在于学生的求学过程中，那么在招生工作中"点招"的影响就在学生入学之初就产生了。

众所周知，目前实行的高考制度，是所谓"成绩面前人人平等"，这一形式，是在目前中国的国情下的一种不得已的唯一的选择，但这种表面上的公平，实质上是一种脆弱的公平。由于我国长期实行的城市和农村区别对待的户籍制度，城市和农村中的青年受教育的机会以及所匹配的教育资源事实上从一开始就是不平等的。中国的农村人口有9亿，占中国人口的大多数，但在中国的高校中，出身于农村的大学生的比例却远低于来自城市的大学生。最近从报纸上读到一组数据，自20世纪90年代以来，清华大学、北京大学、北京师范大学等国家重点大学招收的学生中，农村学生的比例呈下降趋势。这方面的统计我们学校没有做过，但如果有这样的统计，其结果一定也是一样的。这种受教育机会的不平等不仅存在于城乡之间，也同样存在于城市之间。例如，在一些城市，全国重点大学高度集中，这些城市的考生进入当地名牌大学的高考分数明显低于从外省考入的学生，这些城市的考生进入外地名牌大学的成绩也大大地低于其他省份的考生，也就是说，这些城市的青年接受优质高等教育的机会是远远高于其他城市的青年的。像这种国民接受高等教育的种种不平等现象并不是在短期内可以改变的，正因此，营造和谐社会、提倡社会的公平与正义才成为目前中国社会的一个理想，这个理想的实现是需要全社会的共同努力的，其中也包括我们高校，我们也当然要为这一理想的逐步实现而作出努力。"点招"这一痼疾之所以深受社会各界的批评，正是由于它的不公平性，而且这种不公平是在上述种种事实上不公平之上的又一次叠加。这一现象加剧了社会的不公平是一个方面，而更为严重的另一方面，则在于对大学生们心理的影响。那些通过"点招"进入大学的学生，从进入大学那一刻起，他们就已经知道，原来这个社会只要有权、有钱，就可以得到别人不可能得到的东西。而其他通过正常途径进入大学的学生，心中也是清楚的，某位同学的分数远低于他们，他们可以读上好的大学，是因为他们的父母有权或者有钱。要知道，这种心理上的影响，会跟着学生一辈子。从小的方面考虑，这可能会影响到他们对社会正义的信心以及向善的理想；从大的方面来考虑，我们甚至可以认为这是事关中华民族的前途的大事。古语有云："哀莫大于心死，"如果我们这些风华正茂的大学生们，这些中国社会将来的栋梁之才在年纪轻轻的时候就"看透"了这个社会，对这个社会的种种不公都习以为常，那我们又如何可以期待中华民族的伟大复兴呢？因此，如何看待"点招"，其实是在拷问我们自己的良心。教育的公平是最大的公平，一个人接受高等教育的权利是否平等，是关系到他一生的大事，因此，受教育权利的不平等，是一种最大的不平等。目前存在的"点招"现象加剧了这种不平等，而且这种不平等伤害的恰恰是最容易受到伤害的弱势群体。如何在招生工作中维系目前这种事实上已不公平的脆弱的公平，应该是我们大学必须做到的事情。大学应该是社会良知的灯塔，不管大学中的人如何看待这一点，起码这是社会对于大学的期待，如果大学也不再是一块可以信赖的净土，如果大学也使我们的社会失望了，那我们的社会还将何去何从呢？

我以为，上面所说可以归结为一点就是，如果说要在大学中反腐倡廉，我们首先应该要求自己要做一个有良心的人，我们需要一个有道德感的大学。目前，全党正在开展保持党的先进性教育活动，按我的理解，所谓保持党的先进性，归根到底就是要让全党牢记中国共产党的根本宗旨，那就是"为人民服务"。说到这一点，让我想起了毛主席的一句话："为什么人的问题是一个根本的问题"。确实，我们党实质上是有着强烈的道德感的，它是一个为穷人谋幸福的政党，它代表的是广大人民的利益，它的成立，就是要给灾难深重的中华民族以希望，为老百姓做好事，全心全意为人民服务是它的根本任务，这就是我们党的立党之本，因此，是否可以"立党为公，执政为民"，是衡量我们党员先进性的一个最基本的价值尺度。具体到高等学校，我们最起码就要做到尽一切可能来维系全体人民接受高等教育的公平权利，尽一切可能把我们的学生培养成一个有道德感的人，一个有良心的人，一个向善的人，一个有社会责任感的人，一个对社会的公平和正义有着坚定信念的人。这个任务，看似简单，其实很难，还需要我们不懈地努力。

"道德感"三个字，是我在准备这次讲话时想得最多的。"不贪"，是人之所以为人的道德底线，作为大学中人，我们理应有更高的追求。我们的身上正承担着育人的重任，大学中风气的败坏绝不仅仅是关系到一两个人的事情，它确确实实关系着国家的未来，民族的未来。因此，当我们无可避免地要面对一些诱惑时,我们不仅应该计算一下接受这些诱惑的成本,看看我们是否有勇气搭上自己的前途和家庭,我们更应该问一问自己的良心,问一问我们是否还是向善的。我想,如果我们都有一颗向善的心,那么中山大学的反腐倡廉工作就一定会产生持久的成效。

理解他们，关心他们[*]

——在 2005 年就业工作会议上的讲话

2004 年，我校的就业工作取得了很好的成绩，无论学生就业率还是学生的就业层次，都是令人满意的。这个成绩的取得，是与各位从事学生就业工作的同志们的努力分不开的，借此机会，我想代表学校对大家的工作表示感谢。

学校的就业工作应该贯串于学生在学期间的全过程。参与这个全过程的，是学生线的各位老师们，其中包括各院系主管学生思想政治工作的书记和副书记，也包括我们工作在第一线的各位学生教育管理教师，大家可以说是中山大学学生就业工作的中坚和骨干。因此，我今天的这个发言，想专门谈一谈这支主力队伍，谈一谈我对教育管理教师队伍的一些想法。

之所以以此为话题，是有感而发的。去年的八十周年校庆系列活动，使我对学生线干部和老师的工作能力和成效有了很深的印象。学生线的干部和教师是这次校庆组织工作的一支重要力量。活跃在校庆活动各个角落的上千名青年志愿者们是一个很好的例子，这些同学有着很好的素质和很高的工作热情，成为校庆活动中的一个亮点，受到了来自各方面的一致好评。这支青年志愿者队伍的组织和培训工作主要是由学生线的干部和教师们完成的，校庆的圆满成功，与他们出色的组织能力是分不开的。

学生教育管理教师这支队伍是有能力的。这是一支特殊的队伍，他们是教师，同时也是学校管理干部队伍中的一支重要力量。我也注意到，在学校各职能部门的领导岗位上，都有从学生工作这条线上出来的干部，而且他们都干得很好。别的我可能没有发言权，就在我身边的校长办公室，近几年得到提拔的几位科长，都曾经做过学生工作，我听校办主任说，这些学生教育管理教师出身的同志，工作能力强，能够独当一面，可以放心大胆地使用。

学生线的同志之所以能干，我想是与他们的工作特点有关的。从事学生工作，必须直接面对学生，我以前也说过，一代更比一代强，当代大学生与

---

[*] 本文系 2005 年 3 月 18 日在中山大学就业工作会议上的讲话，后刊登于 2005 年 4 月 6 日《中山大学报》（新）第 94 期。

我们那时候相比有很多明显的优势与特点：他们获取信息、知识的手段和途径更为广阔，他们的思想更少受到约束，个性更为张扬，思维更为活跃，创新性也更强。他们在整体素质上是强于我们这一辈的，这也要求现在从事大学生思想政治工作的同志更加需要创造性的劳动。与这些大学中最具活力的学生们工作生活在一起，我们的教育管理教师们当然有可能保持一颗年轻的心，这种年轻的心态，决定了他们的工作是有热情的。他们要经常组织各类学生活动，这对于他们的组织能力、协调能力是一个很好的锻炼，因此，他们的工作往往是学校内最富于创造力的。正因为如此，学生线的干部队伍也就成了我们学校中一个难得的人才库，当学校要选拔干部的时候，往往是这条线上的同志脱颖而出。这些干部的特点和能力，用我的话来说，就是他们有正气，有热情，"能折腾"，富于"侵略性"，而这些特质，正是作为独当一面的部门领导干部所必须具备的素质。大家知道，在机关呆久了的人，工作起来往往会按部就班而缺乏热情，但热情恰恰是有创意地工作的一个前提。我们提倡学校的各级干部们在工作中要有热情，要有一种敢想敢干、有创意的态度，如果在工作中凡事都认为"不过如此而已"，认为自己什么都"看透"了，那就是一种老人心态，在这种心态下，就不会有什么创意，工作起来就可能会因循守旧，也就可能会缺乏开拓性。这种"看透了"的心态，迟早会来的，这是客观规律，但我想这种心态在学生教育管理教师出身的干部身上，或者会来得更晚一些。

因此，从事学生教育管理工作是光荣的，大家一定要有一种自豪感。这种光荣感和自豪感决不能仅仅来自于"可能当大官"，而应该是来自于大家肩上的责任，来自于大家的使命感。大学生的思想政治工作是我国高校工作中的一件大事，目前，从中央到教育部都十分重视学生的思想政治工作，出台了一系列文件，将这一工作提高到了一个很高的战略高度，学校也十分重视这项工作，已将之列为今年党委的中心工作。记得在一次校党委中心组学习会上，陈伟林副书记说，他分管的学生工作很难有"显示度"以及"标志性"的成果，许多事情做了，大家也不容易看到，所以这条线一般不会有什么声音。李书记与我马上就说，这要看是什么声音，学生工作这条线，没有什么不和谐的声音可能就是对学校最大的贡献，这说明学生线同志的工作是卓有成效的，也说明我们这个学校是稳定的，正是大家的辛勤工作，维护了学校大局的稳定，中山大学能够取得今天的成就，在学生线上工作的同志们实在是功不可没的。

据学生处的介绍，目前我校教育管理教师还不足 100 名，而目前我校共有2万余名本科生,还有1万余名研究生,也就说,我们平均一名学生教育管理教师要面对超过300名的学生,压力之大,可想而知。据统计,单就本科生而言,目前我校绝大多数院系学生教育管理教师和学生的比例都在1:200以上,有些学院甚至达到1:400乃至1:500。这些数字让我真正感到了这些从事教育管理工作的教师的压力。学生处的领导告诉我,学生教育管理教师的工作,从表面上看似乎没有什么事情可干,有的老师就曾对他们说,你们上班的时候,学生在上课,学生下课了,你们也下班了,你们究竟干了些什么呢?我想这种看法可能很有普遍性。其实,我们的教育管理教师们的工作是全天候的,他们的责任是要随时掌握他们所面对的几百名学生的思想和生活状况,有时候,即使在深夜,因为某位学生出了事情,他们都会被叫醒,连夜处理。在很多时候,他们还要充当学生的心理咨询员。据学生处的调查,有一些教育管理教师们也有很大的心理压力,他们的工作是为学生们疏导心理压力,但这些压力又往往转嫁到了他们自己身上,要知道,我们的许多学生教育管理教师本身也刚刚离开学校不久,比学生也大不了多少岁。特别是在珠海校区和东校区工作的学生教育管理教师们,由于工作的需要,他们必须长驻在那里,事实上,他们已成为了各院系在这两个校区的"特命全权大使",除了与学生相关的事务外,他们还要承担大量院系行政方面的工作,压力之大,也可想而知。因此我想,要讨论学生教育管理教师队伍的建设,首先就要对他们抱有一种理解之心。我也希望,各院系的领导也要看到这些教师对于院系工作的重要作用,应该更多地关心他们,关心他们的工作、学习和生活。要善待学生,也要善待从事学生工作的老师们。

在我看来,就个人的工作岗位而言,学生教育管理教师并不是一个终身的职位,很难想象这个长期与年轻学生打交道的岗位可以一直做到60岁退休,即使是目前正在推行这个岗位的职业化、专家化,但可以成为终身职业的,也可能只是其中的一小部分人。这个岗位与行政岗位不同,在学校的行政系统中,可以有资深的普通职员存在,而且事实上行政部门也十分需要这样的资深职员,而在院系中终身担任学生教育管理教师这个职位的可能性就很小,这是由这个职业的特殊性决定的。所以,要讨论这支队伍,我们可能就首先要考虑这支队伍中的教师将来的出路问题。我想,这也是为什么在与学生线的同志交谈时,大家往往都会提到彷徨感,提到希望有更多的培训机会,希望得到更多的关爱的原因所在。

说到学生教育管理教师在校内的出路,我觉得不外乎有三种:第一,往上走,成为院系的党委副书记、书记;第二,进入学校的行政系统;第三,通过深造,成为专业教师。第一条路,可以视作学生教育管理教师职业化的一条路子,但书记、副书记的职位毕竟是有限的。第三条路,由于长期在学生线工作,这些同志成为专职教师的竞争力可能相对会较弱一些,即使如愿以偿,将来的竞争压力也会很大。在我看来,在这三条路中,进入行政系统,可能是一条不管是学校还是教育管理教师本身都会感到有利的事情。当然,除了校内的出路,我们还应该把眼光转向校外,中山大学在广东省的地位,决定了我们的教师是有较大的"势能"的,例如,通过深造转为专业教师,在中山大学可能会比较吃力,但如果应聘到其他高校,则可能会人尽其才,这就是我们的"势能"所决定的。除了专业教师以外,我们还可以不断地推荐优秀的教育管理教师到校外去任职。当然,有一点是必须强调的,所谓出路,归根到底还要靠自己的努力。而学校所能做的,就是要尽最大的可能开通各种渠道,为我们的教育管理教师们提供更多的机会。我们必须承认,学生教育管理教师队伍从整体的态势而言必定是流动的,这种流动并不是这支队伍的不稳定,也不是这支队伍不重要,从另一方面来看,良性的流动可以保持队伍的活力,也只有流动才能够更好地发展,古语有云:"流水不腐,户枢不蠹",说的就是这个道理,而且我坚信我们是可以达至这种良性的循环的。

  从目前的状况来看,我校学生教育管理教师队伍建设的整体情况是好的,是处在一种良性发展的状态之中的,学校所提供的渠道也是畅顺的。据校办的主任对我说,校办最近正准备在校内招聘秘书科长,他们第一时间就给学生处打了电话,希望可以推荐一些能干的学生线上的干部教师,可见,学生线的干部能干、好用,已经成为了学校行政系统中的一个共识了。当然我们也可以更多地考虑一些措施,使这支队伍更加具有活力,更加具有战斗力。例如,在选留流动编制时,是否可以扩大选留的面,不单纯以成绩作为评判标准,而更多地关注选留学生的能力和兴趣等等。学校行政也一定会配合党委,一起来解决在这支队伍建设中可能存在的问题。

  上面谈了学生教育管理教师队伍建设的一些看法,说句实在话,对于这一点,我其实是一个门外汉,平时,对这方面的工作也关心不多,思考较少。今天之所以要选择这个题目,是看到了这支队伍对于学校工作的重要性。正是由于其重要,这支队伍的建设就不应该仅仅是党委要考虑的事情,也应该是我们行政必须考虑的事情。我上面所说的这些,只是引玉之砖,希望得到各位专家们的指正。我唯一的希望,就是我校的学生教育管理教师队伍越来越强,为中山大学事业的发展作出更大的贡献。

关于大学的"入行"*

——在2005年新教工上岗前学习交流会上的讲话

各位同事：

很高兴与大家在这个上岗前的学习交流会上见面，与大家交流一些我的体会。我一直要求自己要向陈寅恪先生学习，陈先生是"三不讲"：书上讲过的不讲，别人讲过的不讲，自己讲过的不讲。我没有陈先生这样的大才，他这"三不讲"我都不能做到，只能要求自己每次讲话都要选一个不同的题目，所以我为今天的这个讲话找了个题目，叫做"关于大学的'入行'"。

人生在世，一般而言，总是要有一个职业的，这个职业，俗话就叫"行"，从事一个职业，就叫做"入行"。各行各业都有职业准则，都有着各种各样的必须遵守的规矩，所以在"入行"之前是要有准备的。从现在开始，诸位就要在中山大学这所有着悠久历史和光荣传统的中国名校中工作了，也就是说大家要"入"大学这个"行"了，在"入行"之前，就有必要强调一下大学这个"行"的职业准则，讲一些规矩。大家现在都已经在学校的人事部门完成了"组织上"的入职手续，但要真正成为让同行、让学生认可的教师，成为让校内教师、学生认可的管理人员，成为让病人认可的医生、护士，成为一个真正合格的大学从业者，诸位还要付出一番努力。要真正合格地服务于一所大学，除了上面所说的"组织准入"之外，还要有一个"行业准入"的过程。

今天我准备从两个方面讨论大学的"入行"：一是怎样才是一名合格的大学教师，二是大学员工的角色定位。

一、怎样才是一名合格的大学教师

我以为，要成为一名合格的大学教师，应该具备三个方面的素质：教学能力、科研能力和服务社会的能力，我们也可以将这三个方面看做是入大学

＊ 本文系2005年8月26日在新教工上岗前学习交流会上的讲话，后刊登于2005年9月8日《中山大学报》（新）第103期。

教师这个"行"的准入条件。

第一，教学是教师的天职，是大学教师入行的前提。

从进入学校开始，中大的教师就面临着两个任务：不仅要成为一名学有专长的、以学术为志业的学者，而且必须要成为一名合格的教师。从某种意义上说，后者更为重要。教师是诸位的身份，是教师，就要教书，这是大家的天职，是一件天经地义的事情。所以我们说，教学是一个前提。

人才培养尤其是本科人才培养是大学的基础。我常说，大学与科学院最大的不同，就在于大学是教书育人的地方，没有本科教学也就不会有大学。重视本科教育也是世界上许多著名大学的一个共同特点，对优秀生源的争夺，最主要的就是对本科生源的争夺。诸如哈佛、牛津、剑桥等大学，他们的本科招生，都有一个在学校的层面对申请入学的学生进行面试的程序，而研究生的招生则只是由导师本人面试而已，可见本科学生对于一所大学的重要性。目前中国的大学，已经完成了从精英教育向大众化教育的转化，学生与学校的关系，在某种意义上已转化为一种消费关系，他们有理由要求得到更好的更高质量的教育。这也是为什么从教育部到我们学校，都要求教授必须为本科生授课的原因所在。对学生来说，一所大学有多少科研成果，得了多少奖项，并没有多少实际意义，他们在大学中学习，最关键的是要得到名师的指点，要有一批好的老师给他们上课，为他们传道、授业、解惑。如果教授们不上课，或者教师们上课仅止于应付，那么学生们在大学消费的就是伪劣商品。

在我们中山大学，从本科到硕士到博士，各个学历层次都有，但从人的一生来说，本科无疑是最重要的。本科阶段，是一个人的人生观、价值观和世界观形成的关键时期，在这个阶段接受什么样的教育，碰上什么样的老师，至关重要。所以，我们不仅要强调教授上本科生的课，而且还要强调每一位为本科生授课的教师都要兢兢业业。学校要求所有教师都必须重视本科教学，如果一位教师在教学上马马虎虎，那他肯定不是一个合格的大学教师，即便他在学术可能是优秀的，也难以在大学立足，原因就在于他失去了一个"入行"的前提。

大学教师的任务，是以恰当的方式将科学问题呈现出来，使一个未曾受学但具备领悟力的头脑能够理解这些问题，进而能对它们进行独立的思考。我们中山大学的本科学生，是百里挑一的优秀青年，如何认真地培养他们，使他们在走出校门的时候成为国家和社会的栋梁之才，这对我们来说是一件最重要，也是最艰巨的任务。我们中山大学的教师，同样也是百里挑一的拔尖人才，诸位就是这样的人才，但是读书读得好，科研做得好，未必就意味着一定能成为一名合格的、优秀的教师，诸位加盟中山大学，首先要过的一关，就是要成为一名优秀的老师，成为一名可以给本科生上课，并且得到学生们认可的老师。诸位中的大部分刚刚获得博士学位，大家应该尽快使自己从学生的角色向教师的角色转变，适应教学岗位，这个过程中还有诸如教育学、心理学以及教学方法等多种学科知识的积累，因此，大家不仅要注意自我学习，更要向老教师们学习、请教。从今年开始，在李延保书记的倡议下，学校启动了"新教师和首次开课教师培训"计划，李书记有一个观点，一个好的学者，他可能可以做很好的研究，可以带硕士、博士研究生，但他未必能够上本科生尤其是一年级新生的课，上一年级的基础课，是一件神圣的事情，因为这些学生刚进大学，一切都刚刚开始，如何开好这个头，至关重要，所以，我们要对新教师和首次开课的教师进行培训。我非常同意这个观点。今后，学校将把这一培训纳入教学队伍建设的常规性工作，并把培训情况作为教师职称晋升的依据。

我们提倡大学教师要"崇教厚德，为人师表"，在学生面前，我们应该既是"经师"（教学生以知识），又是"人师"（教学生做人的道理）。孟夫子说，得天下英才而育之，是人生最大的乐事，教师的职业是光荣而神圣的，我们应该尊重自己的这个职业，而不能仅仅把它看做一个谋生的饭碗。为人师表，是一个很高的要求，它要求我们有高尚的人品、渊博的学识，也要求我们不断地学习和提高自身的素质。教书育人的过程是一个教师自身不断成长、不断"养成"的过程，是一个人全面发展的动力。

第二，具备科学研究的能力是中山大学教师的生存条件。

在中山大学这样一所研究型大学里做教师，除了教书，还必须要有较强的科研能力，我们应该成为一名学者型的教师，我想，这可能会是大家在中山大学工作的一个立身之本，具备科学研究的能力是我们中大教师的一个生存条件。相信在不久的将来，诸位中的大部分人都会开始带研究生，诸位即将感受到，过去做研究生，是"跟着别人"做研究，现在做老师，就要"带着别人"做研究了。这里有一个逐渐转变的过程，完成了这个转变，就可以说诸位在中山大学站稳脚跟了。

说到科研，我想在这里强调一下科研工作中的团队意识。随着社会的进步和科学的发展，大学在组织自身的科研时，科研团队的作用已越来越重要，单靠一个人的力量是做不成大事的，几乎所有的重大科研项目的完成和现实问题的解决都要通过科研团队的协作来实现。

团队精神是一个优秀学者的重要素质，具有良好团队精神的人，不仅要善于领导别人，还要善于被领导。对于学校来说，如果每位学者都想当头，最终也就只能是"群星灿烂，没有月亮"。我们常说"不想当元帅的士兵不是好士兵"，这句话当然对，但还是有其片面性，一个团队如果人人都想当元帅，最终也就无所谓团队精神，我们也就有可能一事无成。我们强调科研中的团队精神，这不仅是一种从事科学研究所必备的素质，而且也是大家在处理其他社会关系时应具备的一种与人群良好合作与沟通的立身处世的素质。

当然，学校也充分考虑了各学科的差异性，出于这种考虑，各个学科的科研组织形式各不相同。就拿科研团队来说，其组织的形式也是不同的，可以是一个教授牵头，带领一批教授合作攻关的紧密型组织；也可以是一种松散型的组织，比方说在人文学科的许多领域，个体的探索可能会更多一些，但是，如果营造一个学术氛围，让不同学科的学者在一起碰撞、形成一个争鸣的局面，我认为这也可以说是团队的一种形式。我觉得，组织一种什么样的团队，关键要有一个合理的制度，通过制度把我们的学术精英们整合起来，让他们建立一种彼此合作、相互认同的关系，共同去争取大的项目，取得大的成就。

我们强调团队，强调要通过跨院系、跨学科、跨地区的大型合作来组织国内外科研资源的集体攻关，但同时也决不排斥学者们基于个人兴趣的自由探索，我们把这些自由探索的学者叫做"孤独的思考者"。我们始终认为，大学之所以成为大学，核心在于"大"字，在于包容，"有容乃大"。但是，我也必须向大家说明，大学的资源永远是有限的，从学校的层面，在现阶段，学校的投入必定是倾向于团队的，因为我们希望要有突破，要建设中山大学的学科"高峰"，就只能是认准少数的几个科研团队加大投入，这也是国内外著名大学的普遍做法。

说到资源，我想大家还应该确立这样一个意识，大家都知道，要做学术研究，没有资源是不行的，但是大家要资源，眼睛不能只盯着学校，也不能仅仅盯着国家以及省、部级的有限的科研基金，大家的眼界不妨放得更宽一些，要放眼全社会，这样做，不仅可以打开你的学术视野，而且也可能争取到更多的科研资源。中山大学的学者要学会从市场中获取学术资源，与企业合作、与社区合作，我认为，从某种意义说，这种通过市场中的竞争而取得的学术资源或者更有意义，因为说明了我们的教师的研究能力是得到了社会的认可的。学校对教师的横向课题与纵向课题在政策上是一视同仁的，我们把这个叫做给横向课题以"国民待遇"。

争取横向课题的意义还不仅仅在于争取科研资源。目前，在广东高校的科研总经费中，纵向经费超过60%，也就是说，政府投入还是大头，但从国际流行的规律而言，企业才应该是自主创新的主体，所以大学应该在产学研合作中发挥更大的作用。在这方面我们做得还不够，还要加倍努力，希望大家在今后的研究中，为广东企业自主创新能力的提高多做一些事情。

第三，社会公共服务是大学教师的应尽义务。

我们要看到学术的社会责任。学者要以学术为志业，同时也应该以人类的文明与进步为己任，以自己的知识为社会服务。毫无疑问，大学应该是研究高深学问的机构，但同时它还是推动社会文明进步的发动机，现在的中国仍处在发展中阶段，就更需要大学为之提供社会、经济发展的动力。这是民族所赋予我们大学的责任，我们要勇敢地担当起来，责无旁贷。

诸位一定知道孙中山先生为我校亲笔题写的校训："博学、审问、慎思、明辨、笃行"，这"学问思辨行"，归根到底落实到一点，就是要"行"，这个"行"，我想是可以理解为"服务社会"的，上面所说的"人才培养"、"科学研究"和"服务社会"三个方面，其实是三位一体的，最终还在于对国家、对民族、对人类社会的回报。诸位应该把服务社会看成是一件快乐的义务，助人乃快乐之本。我们大学用的是纳税人的钱，我们对这个社会有所取，就应当有所回报，作为大学教师，应当有这样的境界。

上面，分三个方面说了作为一名大学教师应具备的素质，也就是大家要入大学这个"行"首先要注意的问题，也可以说是大学教师的"准入条件"。在这里谈这个"准入条件"，实际上也是一个动员，我是希望新同事们在入校之初就具备一种意识，养成一个习惯，以教书育人为天职，以学术为志业，以服务社会作为自己的义务，共同在中山大学营造一种良好的氛围，成为一个真正合格的中山大学的教师。

下面，我还想从角色定位的角度对大家提一些具体的要求。

二、大学员工的角色定位

在座诸位不久就将走上各自的工作岗位，虽然同在中大，但大家的工作性质不同，所处的角色不同，应该注意的地方也不一样，因此，我想与大家讨论一下作为一名大学从业者的角色定位。

第一，大学教师的定位。

1. 要正确对待教学与科研的关系。记得在一次青年教师座谈会上，有一位青年教师对我说，学校什么都好，但对他而言，就是教学的压力太大，无法完成教学工作量，没有时间去搞科研了。我觉得这位老师的思路可能有些问题，他将教学和科研对立起来了。前面已经说过，作为教师，教书是天职，把书教好是成为一名大学教师的前提，这是一种本分，在这一点上，是没有什么讨论余地的。做一个优秀的学者与做一个优秀的教师并不矛盾。我们学校有很多优秀的老师，他们同时也是很优秀的学者。我是学数学的，就以我们数学系作为例子。邓东皋教授，学问很好，是老一辈的学者了，直到现在，他都坚持上一年级的高等数学。朱熹平教授，一位十分杰出的青年数学家，杰出青年科学基金获得者，教育部"长江学者奖励计划"特聘教授，去年他还获得了全球华人数学家的最高奖"晨星奖"，今年9月，他还将到哈佛大学去做一个系列讲座，他在数学界的地位已得到了国际同行的公认，他自入校以来，每个学期都给本科生授课，从未间断。所以，科研决不是忽视本科教学的一个借口，杰出的科研水平应该成为更好地教好本科的底气。从某种意义上说，一个大学的老师能够上好一门本科课程，正是他在大学中实现其人生价值的一个基础和起点。作为一名中山大学的教师，是必须要成为一名学者的，成为一名学有专攻的学者，是诸位成为一名优秀的教师的"底气"所在，因为中山大学是一所研究型而不是教学型的大学，我们所要教给学生的不仅仅是知识，更重要的是进一步获取知识的能力，这种能力，关键就在于创新，而要将这种创新的能力教给学生，首先就要求我们教师本身是一个学者，是有创新能力的。所以，既然你是一名中山大学的教师，那你就必须教学科研两不误，否则你就不会合格。

2. 要明确研究型大学在科学研究上的要求。在科学研究的过程中，应强调以科学问题为导向，以创新为追求目标的原则。大家要有这样的准备，即任何科学研究，特别是原创的研究都是长期积累的结果，应该而且必须是一个长期坚持的过程，它是探索未知领域的工作，要取得重大发现有较大的随机性，需要长期积累，锲而不舍。研究者的刻苦与成功往往不成正比，可能不成功，但不能不努力。请大家记住，大家的追求目标不是发表论文，科学研究以发现问题、解决问题为目的，而论文只是阶段性研究成果的记录。从事科研，我们要着眼长远，要力争避免学术上的浮躁心态。

3. 正确对待大学的考核制度。大家一定都已经知道，学校现在实施的是真正意义上的岗位聘任制，诸位成为中山大学的教师，是有合约约束的，诸位在学校工作，必须要通过学校对诸位在教学以及科研方面的工作量的要求,如果不合格,那么,三年以后,就有可能会被淘汰。这看上去有些无情,但认真想一想,其实也很正常,世界上是没有不对员工进行考核的大学的,只不过是在形式上有所不同。目前中国高校的考核制度很容易引来非议,认为现在的考核制度只会要求老师们去追求数量,从而引发了中国高校中学术上的浮躁现象。当然,我们的考核制度一定还有缺点,但我们不能因为有缺点而不实行,我们只有尽可能通过不断地改进去避免这一缺点,尤其重视教师的科研质量。但我也要说句可能比较刺耳的话,目前学校里有一些教师,几年都没有一篇论文,我想,这些老师大概就不能以质量为托词吧。我们当然也知道学问上要"十年磨一剑"、厚积薄发的道理,但我们担心的是,如果没有一些硬性的规定,不作一些数量上的要求,那用十年"磨"的那把剑,到头来还是一把"锈剑"也未可知。

我们的考核制度,是充分考虑了科研的差异性的,学校也有"养士"的决心,目前,全校有近200名优秀教师是免考核的,因为我们知道,不管考核与否,这些优秀学者都会认真地去对待自己的学术的,因为学术是他们的生存方式。但同时我们还必须要立一些规矩,督促大多数教师,尤其是青年教师要认真地对待自己的岗位职责,要出成果,说得更直白些,就是希望大家要对得起国家给的这份薪水,对得起大学老师这个光荣的称号。

事实上,我们中山大学的考核制度中对教师的要求应该是十分宽松的,相信以在座诸位的才华,完成这些工作量是不会有问题的。6月份学校开了一次全校院长、系主任会议,会议的主题是"考核预警",就是要提醒全校教师,三年一考核的期限即将到来,学校在考核到期时,是一定会动真格的,教师职务聘任制,如果不动真格的,最终只会是一句空话,我们是不会让这个制度流于形式的。因此,借此机会,我也想提醒诸位,希望大家在入职开始就充分了解学校的考核制度,明确自己的任务,并认真加以对待。

第二,医务人员的定位。

医务人员在我们这里是一个特殊的群体。因为作为学校的附属医院,与其他医院不同的地方就是我们的医生也是教师,也要从事科学研究。因此,我在上面所说的对大学教师的要求,对医生们也是同样有效的。

救死扶伤是医生护士的天职,对于一所医院来说,首要的是医疗水平,这个水平决定了我们的附属医院在社会上的地位。但作为大学的附属医院,还有着与普通医院不同的特质,这就是教学和科研,一所医院在国际上的地位,则是与它的科研水平密切相关的。作为一名中山大学附属医院的医生,首先应该要求自己成为名医,但同时,也应该要求自己成为名师,成为一个杰出的学者。

第三，管理人员的定位。

在座还有即将从事学校行政管理工作的同事，据我所知，你们是通过了百里挑一的筛选才进入中山大学的，管理队伍的建设是学校人才队伍建设的一个重要组成部分，没有高水平的管理，也就不会有高水平的大学，诸位的加盟，正是对高水平的管理干部队伍的一个补充，学校对你们是寄予厚望的。

我有一个观点，大学的校级领导以及一些主要职能部门的正职应该是做过教师的，原因只有一个，就是由于任教的经历，会使他们对学生、对老师会有天然的感情，说得学术一些，这叫做"理解的同情"。当然，我们不可能要求所有的大学行政人员都是教师出身，但这种对学生和老师的感情，这种为学生、教师服务的真心诚意，是每一名中山大学的行政人员都必须具备的，我想，这就是我对即将从事行政管理工作的同事们的一个定位。作为大学行政人员，与政府机构的公务员是不一样的，大学的行政人员，不应该是一个权力的敬畏者，而应有对学术的敬畏，对知识的敬畏，希望大家要有这种敬畏之心。这里并没有一个高下的问题，这只是一种职业的选择。希望大家寓管理于服务之中，请大家记住，服务师生是大学行政管理人员最重要的责任，请大家在今后的工作中，善待我们的学生，善待我们的教师，尽最大的努力为他们服务。记得学校曾开过一次杰出青年科学基金获得者的座谈会，我参加了，我专门要求全校各职能部门的处长们也参加，在会上我对处长们说，希望大家要记住这些学者的面孔，我们的行政部门最重要的就是要为教授们服务，为全校教职工服务，为同学们服务。

我个人把对学术和学问是否有敬畏之心看做是一个大学行政人员的基本素质，我对我的秘书就是这样要求的，我当然不能要求他是一个学者（如果他能成为一个学者，可能也就不会吃这碗饭了），但我要求他起码是一个"读书人"，因为是读书人，所以他对学生、对老师、对学术就会有一种天然的情感，就不会做出一些诸如对着老师打官腔等的举动来，现在我换了一个秘书，我对他的要求同样也是如此。

保持有一颗对学术的敬畏之心，善待学生，善待教师，就是我对各位即将从事行政管理工作的新同事的最大希望。你们即将直接地面对学生和老师，你们的形象，很大程度上就是学校的形象，你们的一举一动，会成为学生和老师们对学校的一种观感，甚至有可能影响一个大学生对大学、对社会的信心，因此，成为一名合格的大学行政人员是诸位职业的责任。

这就是我在大家"入"大学这"行"前所想对诸位说的，诸位皆是青年才俊，能够通过激烈的竞争来到中山大学从事大学的职业已属不易，但是，对于大家来说，现在还仅仅是诸位大学职业生涯的一个开始，大家还需要不懈地努力。大家知道，目前的中国高等教育正在越来越成为社会各界拿来"说事"的对象，从学界人物，到政府官员，到各种媒体乃至普通百姓，都可以站在各自不同的立场发表对中国大学的看法。本人作为大学校长，由于所处的角度不同，无法对目前的这种状况作出准确的判断，但我会将之看成一种压力和动力，目前的这一现象，不管说法如何，在某种意义上都说明了现在的中国高等教育正越来越受到重视，爱之深，责之才切，说明了国家和社会对大学的高度的期待。现在大家刚刚成为大学中的一员，我希望大家要感受到这种社会的期待，明确自己身上的责任，努力地干好这份职业，做好自己的事情，通过自己的努力，成为一名真正合格的大学员工，为中山大学，也为中国的高等教育增光添彩。

　　谢谢大家。

"985工程"二期建设若干问题[*]

——在"985工程"二期建设情况通报会上的讲话

诸位：

根据校党委关于保持共产党员先进性教育活动要重在实效的统一部署，由我在这里向大家通报我校"985工程"二期建设的基本情况。我的这个报告分为两大部分：一是我校"985工程"尤其是"985工程"二期的基本情况，二是关于"985工程"二期建设的一些思考。

一、我校"985工程"建设的基本情况

（一）"985工程"和我校的具体做法

1998年5月4日，江泽民同志在庆祝北京大学百年校庆大会上讲话指出："为了实现现代化，我国要有若干所具有世界先进水平的一流大学"，为此，教育部开始实施高水平大学建设计划，加大投入，选择若干所高校，建设世界先进水平的一流大学。这个计划简称为"985工程"。我校在2001年10月合校后，由教育部与广东省共建，进入了这个行列，得到了来自教育部和广东省的高强度投入。这一计划到2003年底已经结束。这就是"985工程"一期的建设。

通过以重点学科建设为核心，突出重点、兼顾一般的"985工程"一期的建设，我校在学科建设、科学研究、人才培养、师资队伍、公共服务体系和基础设施建设等方面均取得显著的进展，学校的综合实力得到了明显的提高，实现了学校的跨越式发展，并已跻身于全国一流大学的前列，为中山大学的全面振兴奠定了基础。应该说，我校"985工程"一期的建设是成功的。

下面，向大家着重介绍一下我校"985工程"二期的一些具体情况和学

---

[*] 本文系2005年10月14日在"985工程"二期建设情况通报会上的讲话，后刊登于2005年10月24日《中山大学报》（新）第107期。

校的基本做法。

2004年春节期间，在了解教育部有关"985工程"二期基本思路后，学校召开了多次小型工作研讨会和座谈会，就我校"985工程"二期的运行机制、建设思路、管理体制等进行了讨论，确定了若干原则，成立了由校长任组长的"985工程"领导小组和学校"985工程"办公室。

2004年3月底和4月中旬，根据教育部的要求，学校分别将科技创新平台和文科创新基地的初步建设方案向教育部、科技部、财政部组织的专家组进行了汇报。根据教育部专家组的意见，学校"985工程"领导小组重新设计建设方案，并确定了立项原则。

2004年6月初，教育部召开"985工程"二期工作布置会，正式下发有关文件。学校向各学院负责人、学科带头人和职能部处负责人传达教育部有关文件精神，介绍了清华大学、北京大学、中国科技大学的基本做法和思路，布置了我校的工作要求和科技创新平台和文科创新基地的立项原则。

根据教育部、财政部有关文件精神和学校发展的实际需要，学校"985工程"领导小组对各单位和团队申报的材料进行了讨论，对平台和基地的建设方案和建设内容进行了调整。

2004年8月底至9月初，教育部组织专家组对我校的建设方案和论证材料进行审核，并反馈了意见。学校985工程领导小组根据教育部的审核结果和建议，对我校的建设方案进行了进一步调整。最后确定的建设方案为：

Ⅰ类科技创新平台3个：广州生物资源、分子医学研究、光电及功能材料。

Ⅱ类科技创新平台3个：创新药物筛选评价、GIS与遥感的地学应用、环境与污染控制研究。

Ⅰ类创新基地5个：民间文化遗产研究、马克思主义与当代文明研究、公共管理与社会发展研究、港澳研究、产业与区域发展研究。

省部级科技创新平台5个：食品安全与公共卫生、神经与认知、太阳能系统、公共安全数字化技术、诊疗设备。

2004年11月12日八十周年校庆当天，教育部整体审核专家组对我校"985工程"二期整体可行性研究报告、平台和基地建设项目进行了审核，由本人进行了答辩。

2004年11月底，教育部、财政部批复同意我校的"985工程"二期建设项目可行性研究报告。

2005年1月至2月期间，学校下发"985工程"二期Ⅰ类科技创新平台、Ⅱ类和省部级科技创新平台、Ⅰ类哲学社会科学创新研究基地试行管理办法等3个文件。文件的主要精神包括：

1. 平台与基地实行目标责任制，人员采取逐级公开聘任与考核。平台与基地负责人由学校聘任，平台或基地须成立管理委员会、学术委员会等决策机构和咨询机构，并由学校聘任；学校与平台或基地负责人签订建设项目任务书；平台或基地负责人和管理委员会负责招聘各级项目负责人、研究人员和行政管理人员等。各平台和基地确定主攻的研究方向后，由平台和基地提出各级研究人员的招聘条件、待遇、目标、任务、考核办法等详细要求后，面向校内外和国内外公开招聘。所有进入平台或基地人员必须与平台或基地负责人签订合同，合同中必须明确工作目标、工作内容、考核指标、待遇、中止或解聘条件等。

2. 中央财政专项经费的下拨过程是：由学校向教育部和财政部申请年度预算，教育部初审后，由教育部、财政部委托中介公司进行审核，最后由财政部和教育部根据中介公司审核情况以及国家的当年的财力情况确定和下达各校当年的经费预算额度。因此，学校"985工程"二期的经费也按年度预算下达，按年度决算，预算经费不跨年度。学校每年度对各平台和基地的工作进展、经费使用、科学研究、人才培养、学科建设、条件建设、学术交流、为地方服务等情况进行考核。平台和基地各级研究人员、行政管理人员也实行从上向下的逐级考核。

（二）"985工程"一期和二期的不同

国家"985工程"二期建设的总体思路是：集中资源，突出重点，体现特色，发挥优势，坚持跨越式发展。强调要坚持以国家目标为导向，瞄准世界先进水平和国家重大需求，增进国家核心竞争力，解决国家建设的重大问题。这一思路决定了"985工程"二期的建设与一期有着明显的不同。下面，分五个方面就二者的不同之处作一个介绍：

1. 建设目标不同。一期强调学校的整体建设，其目标是改善和提高学校整体学科建设、科学研究、人才培养、条件支撑的水平，二期强调科技创新平台、文科创新基地以及人才队伍的建设，其目标是要在几个优势领域取得突破，尤其是要解决国家和地方急需的重大需求，取得具有国际水平的标志性成果。

通俗地讲，一期是建设"高原"，二期是建设"高峰"。

2. 立项审核过程不同。一期仅审核学校的整体规划，具体项目和资金由学校立项和安排，学校拥有较大的自主权；二期必须根据国家和地方的重大需求和学校的优势学科进行科技创新平台和文科创新基地的策划，平台和基地的建设项目必须通过教育部专家组的评审方可立项，学校的整体规划必须在平台和基地审核通过后再进行审核。

教育部对科技创新平台和文科创新基地的建设强调跨学科的交叉与融合，强调管理及运行机制的改革，强调团队建设以及高水平和重大应用价值成果的产生等。

3. 资金下达和拨付方式不同。一期审核学校的整体规划后确定建设经费的额度，分年度直接下拨到学校，具体使用由学校根据实际情况进行安排，学校有一定的调配权，二期在批准立项和基本资金安排后，每年实际的建设经费必须根据教育部下达的额度进行申报预算，由教育部初审后，汇总到财政部，财政部委托中介公司进行审核和实地考查，财政部和教育部根据当年国家的财力情况和中介公司的审核意见核准各校的经费预算，方可下拨。

一期分年度直接拨付，二期按年度预算拨付且当年进行决算。

4. 建设方式不同。一期是学校整体的建设，二期更接近工程类项目建设。

一期是以提高学科建设整体水平为目的，二期是以解决科学问题和重大需求为目的。

一期的检查、评估和验收均由学校自查为主，教育部抽查为辅，二期的检查、评估、验收均由教育部、财政部联合聘请专家组逐个学校进行。

一期按学院和学科进行建设，二期以相对独立的科研实体进行建设，且专项经费的使用权归平台和基地。

5. 管理方式不同。一期按学院学科建设的总体水平和国家重点学科情况直接下达额度到学院，实行院长负责制，二期实行目标责任制。

一期主要是在提高学院整体学科建设水平的基础上进行重点建设，考核、评估和绩效按学院进行，二期根据教育部的要求集中资金对科技创新平台和文科创新基地进行高强度的重点建设，考核、评估、绩效等均以平台和基地为单位进行。

一期是学院根据学科建设需要进行立项，不签订合同；二期是根据主攻方向和领域公开招聘，各级研究人员必须签订合同，明确目标、任务、考核指标和待遇等，并接受各级的考核。

明确了上述五个不同，就可以对我校"985工程"二期建设的方式有一个比较清晰的了解。

下面我想着重讲一下学校对"985工程"二期建设的一些思考。

二、关于"985工程"二期建设的一些思考

（一）"985工程"的实施应该适应于大学的终极目标

国家实施"985工程"，是要在中国造就若干所高水平的乃至世界一流的大学，这是国家对我们大学的希望。目前，我国一批资质比较好的大学也都提出了要把学校建设成为一流大学的目标。但是，什么是一流大学其实并无一个一定的标准，如果说有标准，大概就是排名，而排名的衡量标准就是各类数字，比如有多少院士、有多少学科排在第几位等等。从中国高校急于摆脱落后、赶超先进的愿望来看，提出这种目标也是不无道理的。但是，我们也必须看到，着眼于排名，就容易过分着眼于目前而非着眼于长远，如果过分地拘泥于各种数字，那大学发展的眼界就无法打开。

通常而言，大学的办学目标应当体现大学的本质，应当反映大学的终极追求。我们所认为的大学的本质是：大学具有以科学思想为基础的世界精神，大学忠诚于真理的探索，大学总是严肃地批判地把握人类的一些永久价值。而大学的功能则是，要通过学术性的教学（以此区别于职业教育）、科学性的研究和创造性的文化建设，把学生塑造成一个完整的人，从而传承和创新人类文明，并服务于社会。因此，大学的终极目标应该是要使大学成为时代精神的表征，成为社会良知的灯塔，成为学生接受全面素质教育的园地，成为科学创新思想的源泉，成为经济社会发展的思想理论发动机。

这一终极目标决定了大学的建设是千秋万代的事情。大学，不管其文化还是其科研成果，都是需要积累的，大学的进步，是不可能仅仅靠推行几个"工程"就可以达到的，而需要长期的投入和一代又一代人的不懈努力。在我们谋划大学发展的时候，时刻不能忘记这一终极目标。从某种意义上说，因为人类的文明是不断向前的，因而大学的建设和发展也是永无止境的，我们只能通过不懈的努力去追求"更好"，但我们永远都无法达至"最好"的境地。所以，我们才会不断地提醒自己，必须要有长远的眼光。目前国家进行的"985工程"建设，实际上就是学校长期发展过程中的一个重要推动力，这样的推动力现在有，将来也一定还会有，关键是看我们如何去把握好这些机会，不断地提升大学的事业。正基于此，我校在实施"985工程"时，不论是已经完成的一期，还是刚刚开始的二期，都有一个总的指导思

想,就是切不可急功近利,我们再三地强调,"985工程"的建设,关键在于着眼长远。

当然,"985"既然是一个"工程",那么就一定会有各种各样的指标,就会有根据这些指标的检查和验收,这些都是可以理解并且必要的,因为我们用的是纳税人的钱,国家既然投入了大量的资金,就完全有理由来检查这个投入的效果,这实际上正是由"工程"这两个字决定的。"985工程"实质上是一所大学得到国家的重点投入进行建设的过程,所以,在进行"985工程"二期建设布局的时候,我们希望所建设的创新平台和创新基地在学科建设、师资队伍、科学研究、人才培养等各方面有较大的提高,整体实力迈上一个新的台阶,为国家和地方作出更大的贡献,为了这个目标我们正在努力做好各方面的工作。但我们同样也清醒地认识到,要使重点建设的平台和基地达到世界一流水平,仅仅4年的建设期是不够的,还需要更长时间的努力。在对待"985工程"所应取得的效果和成绩这个问题上,我们不能急功近利,应该更从容些,我们应该把"985工程"的建设纳入到一所大学的长远发展过程中去,使之有利于大学对终极目标的追求。

(二)高层次人才积聚的质与量将最终决定大学的水平

当我们要讨论一所大学的水平的时候,有很多考量的因素,例如这所大学的学科建设、人才培养、科学研究、社会服务以及管理体制等等,但如果我们将这些考量的因素简单化,我们就会发现,大学的水平其实关键在于人才,从某种意义上说,大学的水平并不在于得了多少的奖项,而在于这所大学中教授的水平,更确切地说就是,高层次人才积聚的质与量将最终决定大学的水平。我们说一所大学是一流的大学,实际上就是要看这所大学有多少一流的学科,而要看有多少一流的学科,归根到底还是要看这所大学有多少一流的乃至大师级的教授。因此,从这种意义上说,大学的建设过程实质上就是一个高层次人才不断积聚的过程,我们现在实施"985工程",是一个手段,其目的归结为一点,就是要不断地培养人才,引进人才,积聚人才。有了一大批高层次的人才,大学的水平才可能得到提高。

人才的成长需要一个过程。我们现在培养和引进的人才,其实是在为5年或10年以后作准备。目前我校的一些优秀的中青年学者,都是在20世纪90年代中期引进和培养的,他们都有着相似的成长轨迹,先后获得杰出青年科学基金的资助,成为"长江学者",期间承担了一些重大的科学研究任务,获得了一些重大的国家级奖项,现在,他们都已在各自的学科领域崭露头角。

人才的积聚也需要一个过程。去年，经教育部批准，我校聘请了6位"长江学者"特聘教授和讲座教授，今年，我校有7位青年学者通过了国家杰出青年科学基金的答辩，我认为，这并不是我们学校去年或者今年的成果，而是对我们前些年来花大力气不断引进和培养优秀青年学者的一个回报。

然而，积聚人才恰恰是最不可能成为"政绩"的，因为现在的一些人才要真正地成为大师级的学者，成为学科的领军人物，可能会是10年以后的事情，这也就是我们在"985工程"建设过程中尤其强调着眼长远的原因所在。我们清楚地看到，办大学与抓经济是不一样的，经济建设在某种意义上是可以量化，可以考核的，有时候也是可以有一些"政绩工程"的，但办大学却不行，大学一定要有长远的眼光，即使我们不得不要面对各种各样的评估，我们也仍然要坚持着眼长远，坚持不断地引进、培养和积聚人才，为大学的长远发展奠定基础。如果说近年来中山大学的工作还取得了一定的成绩的话，最主要的就是我们通过大学管理体制的改革，初步形成了一种良好的氛围，使各类高层次的人才都能在学校里有自己的用武之地。与此同时，我们也很清醒地认识到，我们学校仍然处于人才积聚的初级阶段。最近一位文科教授对我说，他生活在中山大学，感受到了一种良好的氛围。他说，他参加很多的学术会议，发现其中的大部分人都有着各种各样的头衔，而他仅仅是一名普通教授。然而正是这样，他更深切地体会到了学校对学者的真正重视和尊重。在这种氛围下，教授们的价值取向自然是崇尚学术、追求知识的，而不会太在意头衔或名分。我想，我们常说的良好的氛围看来并不是不可捉摸的，这位教授所说的就是一种良好的、宽松的氛围，我甚至觉得，他的这个说法，是对我这个校长工作的最大肯定。在一所大学，如果教授们都能够安安心心、心情舒畅地从事于学术，那才是一所大学的希望所在。这种良好的氛围的营造仍将是我校今后工作的一个重点，也是我们进行"985工程"建设的一个大的思路和总的指导思想。

（三）关于重点投入问题

国家和教育部关于"985工程"二期建设的总体思路已经决定了此次的经费是对科技创新平台和哲学社会科学创新基地的重点投入，我校在"985工程"二期建设资源配置上的思路也是如此。涉及学校整体资源配置的时候，我们将重点向科研团队倾斜。

与此同时，我们也知道大学的本质在于包容，大学应该为各类学者提供发挥他们才华的舞台。在大学里，基于各种原因，有部分学者不适宜或不愿意加入科研团队，而习惯于做个人的自由探索，我们称之为"孤独的思考者"，对于这些学者，学校也将给予适度的支持，尤其强调要为他们营造良好的学术环境。

在我校的"985工程"二期建设中，团队的重要性得到了充分的强调，"985工程"的资源优先向团队倾斜，强调学科交叉，强调组建大的团队，承担大的项目，出大的成果。我校对3个一类科技创新平台进行了重点投入，已在广州东校区（位于广州大学城）建设了2幢大楼，分别用于广州生物资源和光电及功能复合材料两个科技创新平台，在广州北校区将建设3万多平方米的功用楼，主要用于分子医学科技创新平台。这3幢大楼的建设，是我校"985工程"二期建设中的一个重要的举措。

上述资源配置原则的提出是基于我校对通过"985工程"二期的建设能够在学科水平上有所突破的一种希望。因此，我校在"985工程"二期建设规划时，提出了创新平台和创新基地建设规划的指导思想，叫做"国际水平，国家需求"。具体而言就是，我们的平台和基地的研究方向和建设目标应该是国际水平的，所谓国际水平，就是强调解决重大科学问题，强调自主创新。但其立足点则应该在于满足国家尤其是地方社会经济发展的战略需求，更具体地说就是，我们所研究的科学问题应该是从满足国家尤其是地方的需求中提炼出来的。例如，我校分子医学I类平台重点攻关的5种疾病，我们要求在分子水平上克隆出易感基因，希望在理论研究和临床应用上取得大的突破。之所以选择这5种疾病进行研究，因为它们都是严重影响我国尤其是南方人民身体健康的高发病种。目前这一研究已取得了一些阶段性成果。只要是符合国家尤其是地方社会经济发展战略需求的学科，即使目前还不是我们学校的强项，出于大学对于国家的责任，我们也应该在学科规划中适当布局，这是我们坚持的一个方针。在"985工程"二期建设项目论证的时候，我校的这个想法得到了教育部领导和专家组的认同，我校在II类省部级创新平台中专门就地方的需求进行了规划。

我们应该根据上述指导思想不断地努力，建设学科的高峰，尽力取得大的成果。当然，我们也要提醒自己，要心里有数，所谓大的突破，所谓学科的"高峰"并不是轻而易举可以达到的，还需要全校师生的不懈努力。我以为，这也是一种着眼于长远的观念。

（四）尊重差异，分类指导

今年上半年，围绕生命学科，本人曾先后到武汉大学、华中科技大学、北京大学、复旦大学、中国科技大学、四川大学、南京大学、中科院北京物化所、中科院上海药物所等单位进行访问和学习。今年5月，我校还组团对美国的霍普金斯大学、麻省理工学院、明尼苏达大学、安德森癌症研究中心、马里兰大学、宾夕法尼亚大学等一批著名大学和科研机构进行了考察。通过学习，深受启发，我们更加明确了一点，对于"985工程"二期创新平台和创新基地的建设其实并无一个现成的、放之四海而皆准的模式可循。每一个机构的学科建设和科研管理都有其成功经验，他们的经验因各自的传统、文化、发展阶段，乃至领军教授的性格不同而各有特点，呈现出明显的差异性，因此，在制定"985工程"二期平台和基地的规划时，都应充分考虑到这种差异性。同样的，在同一学校里，不同学科的建设也有不同的模式。因此，在"985工程"二期建设规划时，我校对于平台和基地的建设在形式上没有采取一刀切的做法，而是在教育部、财政部的总体框架下，充分重视了各学科由于学科的特点和发展阶段不同所产生的差异性，采取了不同的组织模式和建设模式。我们强调，要尊重差异，分类指导，学校对于平台和基地的组织与管理，有一系列的文件和规定，但这些都是指导性的，而不是指令性的，学校允许各平台和基地根据各自学科不同的特点采取不同的组织模式，学校还要求各创新平台和基地应充分发挥教授们的积极性和创造性，根据学校的文件精神和自己的具体情况制定各自的管理细则，经学校"985工程"领导小组批准后实施。

我们认为，就像对全国1000余所大学套用同一评估体系是不合适的一样，对于校内的各个学科用一种模式来建设继而用一个评估体系来评价也是不合适的。学科的差异性和多样性是必须正视的，而针对学科之间这种必然存在的差异性，考虑不同的评价体系，则正是我们进行科研管理，进行学科建设的要义所在。学科规划的目的在于给予各学科以发展的空间，给予充分的投入，大学校长的作用，则在于争取资源，进而制定一种良性的制度，为学科带头人以及各位教授们创造充分发挥的空间。大学的成绩是教授们做出来的，大学的地位同样也是如此。

（五）"985工程"二期的建设应该融入国家创新体系的建设中

着眼长远是我们工作的一个指导思想，但如果要落实到现在，我们还是要扎扎实实地做一些事情，要更多地着眼于国家尤其是广东省的需求，着眼于国家创新体系和广东省区域创新体系的建设，我们应该要有一种紧迫感，只有在一件又一件实事积累的基础上，着眼长远才会成为可能。

目前，国家提出要建设国家创新体系，周济部长在"985工程"二期建设经验交流会上的讲话中指出："国家创新体系是以政府为主导、充分发挥市场配置资源的基础性作用、各类科技创新主体紧密联系和有效互动的社会系统。现阶段，中国特色国家创新体系建设重点，一是建设以企业为主体、产学研结合的技术创新体系，并将其作为全面推进国家创新体系建设的突破口。二是加快建设科研院所和高等学校有机结合的知识创新体系，形成一批高水平的、资源共享的基础科学和前沿高技术研究基地。三是建设军民结合、寓军于民的国防科技创新体系。四是建设各具特色和优势的区域创新体系。五是建设社会化、网络化的科技中介服务体系。建设创新型国家对高水平大学建设提出了更高的要求，需要高水平大学在这五个方面发挥重要作用。"技术创新、知识创新、国防科技创新、区域创新以及中介服务等五个体系组成为国家创新体系。

我认为，我们目前所要关注的，就是我们能够在上述五个体系里做些什么。事实上，我们高校在国家创新体系的建设中已经落后了，所以我们一定要有紧迫感。

目前，国家自然科学基金一年大约是30亿元，现在大学大约能够拿到80%，看起来量非常大，高校的研究力量也非常雄厚。但是，国家自然科学基金的总量在全国科研经费总量中所占的份额是很小的，而且国家自然科学基金的增长速度也远低于全国科研经费总量的增长速度，所以，别说高校拿了80%的自然科学基金，就算是100%又怎么样，最关键的是在全国科研经费的总量中，大学所占的份额在逐年下降，这实际上说明我们大学在整个国家创新体系中的重要性越来越弱了，或者说，在目前的国家创新体系中，大学有可能被边缘化。现在也有一些舆论认为，大学只适合于从事一些探索性的基础研究，而国家创新体系则应以科学院为主。大学如果在国家创新体系中被边缘化的话，要向国家去争取更多的支持是不可能的。在最近一段时期，大学正越来越成为被拿来"说事"的对象，不管是地方官员，还是学者，甚至是普通的社会公众，都站在各自不同的立场对大学发表意见，大学办学的外部环境正变得严峻起来，如果我们大学在国家创新体系中不能争得一席之地的话，我们的外部环境会更加严峻。

最近，温家宝、贾庆林等中央领导同志先后考察了中南大学。我认为，这是国家给我们大学的一个信号，就是说，国家希望大学融入国家创新体系中来，希望大学的科研成果直接为国家的经济建设服务，国家现在太需要大学的贡献了，但我们大学做得还不够。中南大学去年拿了 8 项国家奖，他们的校长曾对我说，担心今年是个小年，但结果也还有 6 项。他们拿了一个发明一等奖，解决了国防科技中的一个材料问题。我想这就是为什么中央领导同志会到中南大学考察的原因。中南大学还提出，"研究型大学"的提法可能不一定科学，他们要建设"创新性的大学"。我觉得他们的这个提法很有道理，创新对任何一个部门都是重要的，管理要创新，教学要创新，科研也要创新。

创新应该是我们学校首先考虑的问题，我们应该主动地投身到国家创新体系中去，我们更应该主动地投身到广东省的区域创新体系中去，这是我们的使命所在。广东省与教育部最近签订了第二个共建协议，把全国重点高校引进广东，参加广东的区域创新体系建设。这一方面说明了广东省和教育部的眼光和胸怀，另一方面也说明我们中大在这方面还做得远远不够。广东对于我们中大是寄予厚望的。最近，我和中共广东省委欧广源副书记去了一次湛江，欧书记是管农业的，他对我说，广东的经济发展非常希望中大能够参与进去，我向他介绍了中大在湛江的两个点，一个是生科院与恒兴集团合作的水产养殖基地，另一个就是工学院做的光伏水泵，这个技术对解决湛江地区的干旱问题可能会有贡献。我陪欧广源副书记去徐闻专门考察了光伏水泵，欧书记看后很高兴，要求农业厅长先在湛江推广这一技术，然后向全省推广。这说明广东省的领导对中大所做的一点一滴的贡献都是非常肯定的，同时对我们也有着很高的要求。

我们一定要认真地思考，中山大学在广东的区域创新体系中能够做些什么。我们学校"985 工程"二期的目标提得很清楚，叫做"国际水平，国家需求"，所谓国家需求指的就是国家的重大需求，特别是地方需求。在学校的层面，在未来 3～5 年内，理科科技在应用开发方面，主要目标是"一个新药"：新药或药用基因，"一种材料"：光电材料（显示材料、稀土材料），"一个标准"：虾健康养殖标准与示范，以及"六项关键技术"：车辆导航与监控技术、水产（鱼、虾）养殖与病害控制技术、水污染控制与修复技术、太阳能光伏技术（并网发电、光伏建筑）、LED 照明系统技术和数字家庭中心技术。这些目标的提出也正是基于国家需求特别是地方需求方面的考虑。

在我们的学科建设中有一个问题是值得研究的，就是到底我们做研究的目的，是发表论文呢？还是解决科学问题？如果你只是以发表论文作为目的，就可能产生学风的浮躁，去拼凑，去造假，去生产学术垃圾。但如果把写论文看做是解决科学问题过程中一个阶段性的记录，那么它就是很自然的，这篇论文的水平就是高的。所以大家想一想，究竟我们是在做研究还是在做论文，以做论文为目的和以解决科学问题为目的，会导致两个不同结果。我们还希望院长们在研究科学问题的时候，要重点考虑一下学科的布局，要和"985工程"二期的规划联系起来。希望大家结合国家的重大需求，结合广东的区域创新体系的建设去考虑我们的学科布局，考虑学校的长远发展。

我最近经常在考虑一个问题，就是我们中大的科研经费的构成是怎么样的。在我们的科研经费中，实际上绝大部分来源于政府，我们还是在拿政府的钱，有些是中央的，也有地方政府的，还有就是地方政府下面局一级的，说到底还是政府给的，真正从企业拿的只是很少的一部分，这一点值得我们思考，为什么会这样。实际上原因很简单，就是企业的钱难拿。企业是要求我们的科学研究要真正地解决问题的，是实打实的，是不能发几篇论文就可以交差的。所以，我们希望基础研究和应用研究都要兼顾，我们的眼光要更多地面向企业，这也是国际上流行的一种科技创新的模式。当然，我们不能要求每一位学者都要既做基础研究，又做应用研究，但对于一个科研团队来说，你就要有这两方面的考虑，在团队的发展规划上，在团队人员的搭配上，都应该有考虑。我在湛江的时候，就看到生科院有20个博士生和硕士生长期在企业里工作，还有五六个教授，他们每个月至少会两三次到企业去，我觉得他们很了不起，应用研究就应该以企业为主体。湛江的那个企业，投入8000万元搞实验室的建设，从育种育苗，到饲料配方，到鱼虾的病害防治直至深加工，这么大规模的研究只在学校里做是不可能的，我们养不起这么多人，也不可能有那么大的地方。我们生科院的教授一直在企业里做着研究，一干就是几年，取得了很好的成果。我觉得这是我们可以借鉴的一种方式，要把基础研究和应用研究结合起来。

在湛江的时候我曾与生科院一位著名教授有过较多交谈，收获很大。我问这位教授，我们经常说生命科学院要高举海洋和农业的大旗，学科建设的链条要和产业链结合起来，要注重食品深加工和食品安全方面的研究。你们学院的食品深加工到底做出了什么？他说，他的团队里有几位年轻的副教授和几位快要退休的老教师，这几位老师，如果说做深层次的基础研究可能不一定合适，但如果做应用研究，以他们的水平却是绰绰有余的，因此，他的团队，给这些老师拨了一些经费，请他们做应用研究，找项目，通过项目来做食品的深加工，取得了很好的效果。我认为，这是一个很好的例子，就是说，说到人才，我们不能只看到领军人物，以往我们认为讲人才，主要就讲学科的领军人物，现在看来，这个观点明显是有偏差的。实际上，中山大学全校的老师都是人才，大家都可以在不同的领域取得各自的成就，关键是他们要有施展才华的空间。所以，我觉得我们的人才观应该有所改变，我建议各学院的领导们都应该关注这一点，看看在我们的学院里有没有一些不太合适做基础理论研究，但做应用研究、解决某些实际问题则非常有能力的人才。实际上，做应用研究并不是一件简单的事情，它要求我们的学者不仅要有学识，而且还应该具备一种长期在企业第一线工作的毅力和恒心。关于这一点，我想我们都应该深入地思考一下，要从学科建设的角度，从对我们的教师负责任的态度，来考虑这个问题，为各类人才创造发挥他们才干的空间。

目前，我们正在开展"保持共产党员先进性教育"活动，联系到这一点，我想就是一句话，在考虑学校发展，考虑学科布局的时候，要时刻把国家的需求放在心上，把老百姓的利益放在心上，把广大教师的利益放在心上，只要你心里有老百姓，就什么都好做。我想，如果做到了这一点，就可以说我们的保持共产党员先进性教育活动真正落在了实处。

上面所说，主要针对理工科和医科，相对而言，这些学科与国家的经济建设联系得更紧密些，那么文科又如何呢，我认为，对于人文社会科学的学科建设，同样也应该提倡面向社会，面向现实问题。最近我和一些文科的教授们也有过一些讨论，觉得我们的人文社会学科的教授们还是要注意一条：不要回避现实。我们虽然是在做研究，当现实问题摆在面前需要你去解决的时候，还是应该有所应对的。有的教授可能会认为，我不是"御用文人"，我不能去做那种文章，似乎一做就掉价了。这种想法，在人文学科的教授中可能会更多地存在。我觉得，这种观点也有些偏差。人文社会科学一方面要研究人的精神现象，传承发展人类文明，为社会创造新思想；另一方面也要研究社会现象，为把握社会发展规律和方向，选择社会运作方式提供理论说明和操作方案。对于前者，要求我们必须进行创新性的研究；对于后者，要求我们必须面向现实，研究经济社会发展中提出的重大理论和实践问题，解决国际国内各种复杂的矛盾。这是衡量人文社会科学研究水平和质量的两个基本标准。人文科学和社会科学在研究的侧重点确有不同，但基础理论研究与实践的或应用的研究之间并没有不可逾越的鸿沟。就拿我校的历史学科来说，他们的基础研究水平相当高，得到了学界的公认。但他们在学术研究的国际方面,在研究方法的创新方面,在不同学科的交叉渗透方面,在关注经济、政治、社会和文化的现实问题方面也都做出了出色的成绩。历史系的做法是值得我们认真思考和总结的,也非常值得在文科各院系中推广。我一直认为,如果说马克思主义是一种科学的世界观和方法论的话,那就是其中有一个精髓,那就是具体问题具体分析。马克思主义在中国之所以可以取得成功,关键就在于它是与中国的具体实践相结合的,任何理论、学说、主张如果不能与具体的社会现实相结合,那他就会被边缘化,也就有可能会随着社会的进步和发展被淘汰。回顾20世纪70年代末期以来,我们经历了对"文化大革命"历史教训的总结、真理标准问题的大讨论、改革开放一次次的重大理论突破、社会主义初级阶段理论的提出、社会主义市场经济理论的提出、民主与法制的大讨论、依法治国的提出,直到今天科学发展观、和谐社会等理论的提出,我国的人文社会科学界为此作出了巨大贡献。我校的文科就应当瞄准这样的一些重大理论和实践问题来开展研究。当前,国际社会和国内经济社会正处于一个矛盾突显期,许多涉及经济体制改革、政治体制改革、企业经营管理、民主法制建设、精神文明建设、传统文化与现代文化、对外开放和国际政治方面的一系列重大问题都有待我们去拿出答案,这也是我们人文社会科学的学者的任务,希望学校文科的学者们给予充分的重视。

"985工程"的建设,对中山大学的长远发展而言,是一个重要的契机,它是一个推动力。在这个"工程"实施的过程中,我们应该考虑的是大学的长远发展,这是我们中山大学对于国家,对于民族,对于中国的普通的百姓们所应肩负的责任。同时,我们还要尤其强调科学研究应该在着眼长远的基础上,面向国家的重大需求,尤其是广东省的重大需求,要面向国家创新体系和广东省区域创新体系的建设,面向民生,面向现实。

这就是我的一些思考,我想把这些想法告诉大家,也希望大家能够有更多更新的思考,把我们中山大学的事业不断地推向前进。

谢谢大家。

在 2005 年学士学位授予仪式上的讲话*

各位同学、各位校友:

今天,我们在这里隆重举行中山大学 2005 年学士学位授予仪式。首先,请允许我代表中山大学向获得学士学位的 2005 届本科毕业生们,以及专程前来观礼的同学、校友的亲友们表示热烈的欢迎。

礼仪文化是大学文化的重要组成部分。中山大学要构建大学礼仪文化,弘扬大学精神,就要重视各种"礼仪"制度的重建与规范。我们今天举行的中山大学学士学位授予仪式就是在这一方面的一个尝试。虽然有许多同学已经毕业,走上了社会工作岗位,但这个仪式实际上是中山大学教育的一个延续,是学校教育不可或缺的重要环节。大学教育的终极目标是将"大学精神"和素质教育融入学生的生命之中,让中山大学的学生形成一种超越"工具理性"的人文素养,从而进一步实现大学"社会服务"的责任和作为人类"精神家园"的角色,进而由此潜移默化地影响整个社会的礼仪变迁,实现大学在整个和谐社会构建过程中的使命。

为此,学校经过长期策划和精心准备,举行此次学士学位授予仪式。这一仪式,希望将成为中山大学的一个传统,每年举行。

同学们、校友们,今天,是孙中山先生创办中山大学 81 周年的纪念日,也是孙中山先生的诞辰日。学校在这一天,在这里,举行这样的仪式,我想还有一个更重要的意思,就是请大家要永远记住,你们是中山先生亲手创办的中山大学的一员,要深深地意识到"中山大学"这四个字对于自己一生的意义。

作为中山大学的学生,你们理所应当为拥有"中山大学"这个名字而感到光荣和自豪,同时也应该理所当然地要通过自己的努力,为这个名字增光添彩。

中山大学的学生要有一种社会责任感和使命感,要树立起做大事的"舍我其谁"的气度与抱负。81 年前,在我们学校的第一次毕业典礼上,孙

---

* 本文系 2005 年 11 月 12 日在学士学位授予仪式上的讲话,后刊登于 2005 年 11 月 18 日《中山大学报》(新) 第 110 期。

中山先生向毕业学生致训辞：

　　学海汪洋，毓仁作圣，大学毕业，此其发轫。植基既固，建业立名，登峰造极，有志竟成。为社会福，为邦家光，勖哉诸君，努力自强。

　　我以为，中山先生的这一训辞在今天仍然有着重要的意义。大家正处在人生旅途中一个全新的起点，现在正是你们施展自己才华、为将来事业发展奠定基础的大好时机。诸位要有"建业立名，登峰造极，有志竟成"的志向，要继承和光大中山先生"天下为公"的精神，志存高远，有所作为，成为无愧于中山大学的时代骄子，成为国家和社会的有用人才，"为社会福，为邦家光"。中山先生对中大学子的训辞希望诸位能够谨记于心。

　　八十多年前的1923年，中山先生在我身后的怀士堂曾经发表过著名的演讲，希望学生立志，要做大事。在演讲的最后他说："我贡献诸君的，就是要诸君立志，要有国民的大志气，专心做一件事，帮助国家变成富强。这个要中国富强的事务，就是诸君的责任；要诸君担负这个责任，便是我的希望。"我想中山先生的话，也正表达了我此时此刻的心情，这也正是我对于大家的希望。

　　最后，祝同学们事业精进，前程远大。

关于大学管理中的"另类浪费"*

——在2005年中山大学财务工作会议上的讲话

诸位：

此次财务工作会议经过长时间的筹备，开得很成功，关于学校的财务现状相信诸位通过大会发言和小组讨论已有了一个基本了解，我的这个讲话，主要想谈谈学校管理中的节约问题，重点讲一下学校在管理中存在的"另类浪费"情况，然后谈谈我自己的一些想法。

我曾经在一次讲话中说过，一所大学要维持良性的运转，或者说要更好地"经营"一所大学，需要有强烈的成本意识。目前，学校管理中的物质浪费现象较为严重。以水电支出和公房使用为例，近年来我校水电费用支出每年均大幅增加，2003年超过5000万元，2004年则突破6000万元，2005年的校内预算还要再增加1400万元，水电费开支已经成为学校公共事业经费支出的大户。分析个中原因，学校事业的迅速发展是一个主要因素，但同时我们也不能不看到，学校在水电管理中还存在不少漏洞和不足，浪费水电资源的现象在某些局部还是很严重。学校在今年6月份组织了一次水电使用情况抽查，抽查的结论是"我校某些局部水电浪费惊人"。如果不能尽快有效遏止水电费支出的非正常增长势头，减少浪费，提高资源的使用效益，必然会挤占学校的其他办学成本，阻碍学校事业的健康发展，最终吃亏的还是我们中大人自己。基于以上认识，学校决定进行水电管理改革，明确了"分类管理，核定指标，超额交费，节约奖励"的改革原则和思路。为完善用水用电指标体系，使下达的水电指标尽量合理，学校总务部门前段时间对全校各单位开展了水电基本情况调查，为改革做了较充分的准备。我希望在座各位能够积极配合学校这项改革工作的开展，同时在管理中能够自觉培养一种成本观念，在厉行节约上带个好头，并做好检查督促工作。

学校的公房管理也存在一系列问题，学校的公房资源还没有得到应有的优化配置，许多二级单位的各类用房没有得到合理充分的利用，存在着严重

---

* 本文系2005年11月3日在中山大学财务工作会议上的讲话，后刊登于2005年12月8日《中山大学报》（新）第112期。

的资源浪费现象。因此，学校计划对全校所有公共用房实行定额分配、超额有偿使用的管理办法，支持和鼓励各单位资源共享，如用于全校共享的会议室和教室不列入所在的委托管理单位用房面积等。出台这个办法的目的绝非要通过收费来赚钱盈利，增加学校收入，而是希望通过制度来规范学校公房资源的管理，优化公房资源的配置，有效控制办学成本，以期解决上述实际问题。

水电和公房管理是学校成本浪费中较为显见的一个方面，在这里，我还想提醒大家要特别重视在学校中可能存在的隐性浪费或"另类浪费"的现象。例如，我们是否应该考虑，我们全体的教职员工从事教学、科研和行政工作的积极性有没有被调动起来？我们的科研成果有没有及时地转化成社会生产力？我们的实验室、课室有没有得到最充分的利用？我们的仪器设备有没有解决重复购置、使用效率低下、甚至长期闲置的问题？等等，我们常常容易看到有形的浪费，而忽视了这种无形的浪费，而后者可能是学校最大的资源浪费。

我始终认为，所谓人才的流失，并非只是走掉一两个人的问题，因为大学之间的人员流动是很正常的现象，我们所应该关注的是要让学校里的每一个人都发挥作用，如果现有教职员工的工作积极性和潜力没有充分调动和发挥出来，那么这种人才的闲置就是对人力资源成本的最大浪费。大致说来，这种"另类浪费"表现在以下几个方面：人力资源配置不合理，结构不平衡造成了人才的浪费（有的专业教师过剩、教师没有课上、科研项目少）；条块分割太细，不利于优势互补，造成教学研究人员的资源浪费；人员素质不高或人员内耗，造成学校的人力成本的无效消耗；政策贯彻不畅通，执行不力，造成学校的行政资源的浪费；等等。

在教学工作中，学校有许多知名的学者、教授，他们是学校最宝贵的资源，他们是这个学校的"明星"，学生们尤其是本科生们渴望与这些"明星"们见面。要知道，在本科阶段，正是一个人的人生观、价值观和世界观形成的关键时期。我经常说，教书是教师的天职，因为学生们在这个阶段接受什么样的教育，碰上什么样的老师，是至关重要的，如果我们的学生能够经常地接触到这些优秀的学者、教授，他们就容易形成对知识和学术研究的敬畏和尊重，这种"榜样的力量"对于学生的影响是无穷的，他们将受益终生。所以，如果我们出色的学者、教授不能登上讲台，面对学生，实际上就是对学校"最宝贵的人力资源"的最大浪费。

在科研领域中，从事基础研究总体上是以主攻学科前沿的重大难题、探索和创新知识、创建理论和新思想为目标的，基础研究常常耗时较长，其价值是潜在的，评价基础研究成果的主要标准是学术性和创新性，因此对基础研究而言，粗制滥造的、低水平的、重复性的研究，对于一所大学来说就是人才和智力的最大浪费。

应用研究则是运用基础理论解决现实问题，应用研究常常是当前急需的，效益是显性的，评价应用成果的主要标准是看一个成果能否向现实生产力转化，能否为决策层提供有价值的决策咨询，因此对应用研究而言，如果成果转化不力，成果转化率低，对于一所大学来说就是人才和智力的最大浪费。

在实验室设备的利用方面，今年3月底设备处曾对我校有关单位的10万元以上设备使用（运行）情况进行检查，本次共检查了10个学院，5个附属医院等部门，抽查设备共192台（套）。在抽查的仪器设备中，正常运行（即运行率达到国家规定有效时数）的共有86台（套），占总数的45%；未能正常运行共有106台（套），占总数的55%，其中运行率低于国家规定有效时数的50%以下的有59台（套），占总数的31%，11台为0记录（未实际运行过），占总数的6%。虽然，这里面肯定有一些实际情况，如检查时有些仪器刚刚完成验收工作，尚未正式投入正常使用等客观原因，但这组数字仍然值得大家深省。我们经常强调避免设备的重复购置，其实学校的目的并不是不让老师们购买仪器，而是因为我们现有的实验仪器设备确实有些还不能充分利用起来。从这种意义上说，实验室设备利用率不高，就是学校有形资产的最大浪费。

此外，造成学校有形资产巨大浪费的另一个方面是学校公共设施的利用率低下。比如目前学校课室资源出现的紧张现象，有很大一部分原因可能是由于排课方式不合理造成的。其实道理很简单，提高了课室的利用率，就相当于节省了建设教学楼的费用，我们就可以将节省出来的资金用于现有课室的条件改造，改善教学的环境。再比如，学校的公用场地存在的重复建设现象也比较严重，很多部门的想法是"麻雀虽小、五脏俱全"，但事实上，如果每一个部门都要求"自我完备"，那其实就是对学校整体资源的极大浪费。

必须看到，上述的种种"另类浪费"现象，其后果远比学校其他的日常浪费现象更为严重，应该引起我们的重视，应该成为我们今后工作中重点解决的问题。

下面我想就上述的浪费现象简单谈谈自己的一些想法。总体而言，我以为，要减少乃至杜绝校内存在的人力资源和物质资源的浪费，需要我们在资源利用方面作一些新的考虑。

第一个想法，是要完善制度，要通过制度保障来制约资源的浪费现象。例如，学校的教师考核规程里考虑到我们有一部分教师担任重大课题负责人时的科研压力，对他们实行了在一定时期内免于教学考核的政策。但是，我们的学院和学校的教务部门是否可以请这些老师每个学期抽出几个小时为我们的学生作一两场讲座呢？学校的有关部门是否可以统筹规划，真正实现我们学校文理医的学科融合，让我们的学生体验到综合性大学的氛围，让学生们之间能够彼此沟通呢？

再比如，我们在继续重视发挥科研领军人物的作用的同时，要想办法充分调动更广大科研人员的积极性。我曾经在"985工程"二期的动员会上讲过，我们要转换过去的人才观，中山大学的全校老师其实都是人才，大家都可以在不同的领域取得各自的成就，关键是要有他们施展才华的空间，各司其能、各尽所用。

对于科技成果转化的工作，其实也是学校一直予以关注的工作。最近，学校专门成立了科技成果转化中心，派专人负责，目的就是要最大限度地提高科研的参与率，提高基础研究成果的精品率，提高应用研究成果的转化率。

对于提高实验室仪器设备特别是贵重设备的使用效益问题，关键也在于管理体制和运行机制的改革，应该建立起有利于贵重仪器设备开放共享的管理大平台，实行学校或校院两级管理的体制，对贵重仪器设备实行相对集中的统管共用或专管共用的管理机制，在效益和成本管理层面上推动贵重仪器的开放共享，解决设备使用率不高和闲置问题，提高贵重仪器设备的使用效益。最近一段时期以来，在校级的管理体制下，学校先后设立了珠海校区基础实验教学中心、基础医学实验中心和东校区实验教学中心，实行人、财、物的统一管理。这样做的结果是，学校不但建立起了符合现代大学教学科研需要的、水平先进的教学实验平台，同时节省了大量的经费投入。以珠海基础实验教学中心为例，原计划投入1.2亿元建设本科教学实验室，实行一级管理体制后，运行五年多来，至今实际投入仅5000万元，担负着近1万学生的实验教学工作和部分科研工作。东校区实验中心原预计投入1亿元，将完成两万多学生（包括本科生、研究生和相关学科科研）的教学研究任务，而目前仅投入3000多万元，就已经解决了近7000学生的教学和实验工作。这样的情况在过去的管理体制下是难以想象的，我相信在全国同类大学新校区的建设中也是少有的。另外,学校还在二级管理体制下,以学院为单位设立了实验中心,将所有仪器设备相对集中在实验中心的平台里,解决了开放共享和提高仪器设备的使用率问题。如我校的化学学院实验中心,现有贵重仪器设备 35 台(套),其中 80% 为学院共用仪器,由于实行了集中放置、专人管理、统筹安排、开放使用的管理模式和运行机制,绝大多数仪器设备的年有效使用率均达到 1500 小时以上,其中有 5 台仪器年使用率超过了 5000 小时。

说到完善制度保障和机制创新,我想再说两件事情。

第一,针对课室周转不力而产生的使用率低下问题,我想,我们是否可以考虑顺应形势的发展,适当改变学校的作息时间,如可否考虑将作息时间改为早上 8:30 上班、晚上 5 点下班,中午有一个小时的午饭时间。这样,学校的行政部门就可以大大提高工作效率,也可与广东省的公务员作息制度接轨。同时,学校的教学工作也可以通过作息时间的调整,提高课室的使用率。更重要的是,现在我们已有越来越多的老师住在校外,调整作息时间可能会更加方便他们,不必再为中午无处休息而苦恼。当然,作息制度的调整将会涉及诸如教务、后勤等一系列问题,具体如何操作还有待我们综合各方意见后进一步论证。

第二,对于科研经费用于研究生培养的问题,不少老师用自己的科研经费作为学生从事研究的补助,学校对此不仅没有异议,而且也鼓励这样的做法。此外,国家教育部、财政部也有文件规定,允许科研经费通过适当的渠道作为研究生从事科研活动的补助或报酬,接下来我们要使这一行为规范化,还要解决一些操作层面的问题,例如学生的科研费是否可以通过校园卡账户转入等等,学校有关部门可以就这些问题进行论证,尽快拿出一个解决方案。

第二个想法,就是希望大家要有全局意识。在完善制度保障、实现制度创新的同时,大家还要意识到,每一个人、每一个部门都是学校的一分子,应该有一种全局意识,学院之间、学科之间要有共享的意识,搭建共享的平台,只有这样学科交叉才能真正地实现,学校的人力资源才能得到最充分的开发和利用。在学院内部,也要打破"山头",更要强调资源的统一调配和共享,例如学院的科研用房不是教授的私人财产,要由学院统一调配;再比如系所中心甚至学术团队的科研人员的调用,也不能由某个负责人安排,而要站在学院以及学校的角度上统一调配;学校对院系的经费下拨,学院也应该根据具体情况统一安排,真正实现人、财、物的共享,实现学校有形、无形资产的充分和有效利用。

说到这个"全局意识",我还想说说两件事情。

一是收费问题。学校规定了各单位所有创收收入都必须纳入学校预算,在学校统一管理、统一核算的前提下,按有关经济政策再进行分配。请大家注意,不要认为学院通过办学收来的学费就可以归学院自由支配。学费主要包括学历教育和非学历教育收费两大块。学历教育的收费基本是由学校财务处统一收取,收费标准和程序都是比较规范的。而研究生专业学位和非学历教育的收费目前大部分还是由各办班单位直接收取后再统一上缴学校财务处。对于后面这一块,学校在每年的收支两条线检查中都会发现不少问题。比如,某学院2003年办专业学位班,根据学校审批,合计学费收入应为1700多万元。而该学院为这批学生专门设计了一项奖学金制度,在未经学校批准的情况下自行进行学费减免操作,实际只收了800多万元的学费,这就造成了学校800多万元的收入损失。去年出台的《中山大学收费管理办法》,里面明文规定了各类收费项目和收费标准都必须依照规定的程序报批,收费标准一经确定,任何单位和个人都无权擅自修改。

二是合同管理问题。各单位使用"中山大学"的无形资产对外合作、投资、办班、办企业,都必须严格执行《中山大学合同管理暂行办法》的规定,重大合同要报学校财经工作领导小组审批。目前在合同管理方面还存在几个问题:一是签订合同没有经过必须的审批程序,擅自以院系的名义对外签订合同。二是对合同条款没有认真审核,条款不完善,存在明显的漏洞,甚至还有损害学校权益的条款。三是合同合约期过长,导致潜在风险。这些问题随时都有可能导致学校的经济损失和名誉损失。合同管理办法中提到,未按规定报批、审核、备案,擅自对外签订合同给学校造成经济损失的,负责签订合同的人员须承担相应的经济和法律责任。因此,希望各单位对待合同一定要慎之又慎,最好能在签订合同之前找一些专业人士把关。目前,校长办公室已设立了法律事务室,学校各单位一般性质的合同的审核可以递交校办的法律事务室,并通过他们向法律顾问咨询审核。当然,涉及财务问题等专业性很强的重要合同时,还要请学校的财务部门以及其他相关部门所聘请的专门法律顾问来进行审核。

学校规模的日趋扩大和多校区的管理模式对我们在优化资源配置、控制办学成本等方面提出了更高的要求。现实迫使我们应该采取可持续的长远战略去规划学校的良性发展。大学管理中的成本观念应该深入人心,特别是中层管理干部和各级管理人员,不管是在哪个部门从事何种性质的工作,都应该在工作中注重培养成本观念,重视各种"浪费"现象,优化资源配置,培养规范意识和全局意识,建立健全规章制度,只有这样,学校的长远发展才有根本的保障。

谢谢大家。

拥有更加美好的明天[*]

——在中山大学法政学科成立一百周年庆典上的讲话

尊敬的肖扬院长，尊敬的罗豪才副主席：
各位领导，各位来宾，各位校友，老师们，同学们：

　　自清光绪三十一年，即公元 1905 年，现代中国最早的高等教育机构之一广东法政学堂成立至今，中山大学的法政学科已历经百年春秋。今天，我们在这里隆重举行中山大学法政学科百年庆典大会。首先，我谨代表中山大学向应邀专程前来出席庆典大会的各位领导、来宾和各界朋友表示热烈的欢迎和衷心的感谢，向中山大学法政学科的全体师生和海内外校友们表示热烈的祝贺。

　　百年岁月，弹指一挥间。作为近代中国第一批官办新式学堂，广东法政学堂与京师法律学堂、北洋法政学堂一起揭开了中国法政教育近代化的序幕。新式学堂逐步突破了传统的教育模式和内容，开始传播西方先进的法学、政治学、经济学思想，以西方先进教育的理念和方法来培养人才。中山大学法政学科的诞生，开创了中国法政教育近代化的先河。从开办广东法政学堂到更名为广东公立法政专门学校和广东公立法科大学，再到 1924 年并入国立广东大学，中山大学的法政学科从无到有，从教授零散的法政知识发展到系统的政治学、法学教育，中山大学法政学科逐步形成了独立而有自身特色的办学体系，为今天法政学科的发展奠定了深厚扎实的基础。

　　中山大学法政学科与中华民族动荡的命运相随。抗战期间流转迁徙，几经变革，同时也在不断成长，逐步发展。从 20 世纪 30 年代后期开始，中山大学法政学科随中山大学初迁云南澄江，再迁粤北坪石，三走东江和连县，直到 1945 年 10 月复校广州。尽管遭遇了十多年颠沛流离、辗转迁徙，经历了三十几年的动荡不安和社会变迁，然而，中大法政学科推动中国法政教育近代化的目标没有变，关注社会转型、服务国家的初衷没有变。

　　在这半个世纪的岁月里，作为近代新式教育的开拓者，中山大学法政学

---

[*] 本文系 2005 年 11 月 13 日在中山大学法政学科成立一百周年庆典上的讲话，后刊登于 2005 年 11 月 18 日《中山大学报》（新）第 110 期。

科在法政教育方面进行了一系列卓有成效的探索。在课程设计方面，中山大学法政学科较早地开设了比较宪法、国际公法、中国法制史、政治哲学、政治学史、行政学、市政学等课程，并结合现实需要开设战时经济政策、战时国际金融、战时财政学等课程。在教学制度方面，中山大学法政学科早在30年代初就开始尝试推行导师制，同时还改良英语教学教授方法，积极开展实践调查，聘请章乃器、叶剑英等人结合时局做报告演讲，这一时期的创新性教学改革，使得中山大学法政学科形成了独具特色的办学风格，法政学科的办学水平在国内处于一流水平。

新中国成立后，中山大学法政学科随全国其他法政教育机构一起进入一个新的发展阶段。由于历史的原因，中山大学政治学系在1952年的院系调整中被取消，法学院等院系也被调入武汉的中南政法学院。这一时期，中山大学法政学科的发展脚步也变得缓慢。1979年3月，邓小平同志在一次重要讲话中明确指出，"政治学、法学、社会学以及世界政治的研究，我们过去多年忽视了，现在也需要赶快补课"，这就使得中国政治学和法学得到迅速恢复和重建，由此迎来了中国政治学和法学教育和学科建设的又一个春天。

从1952年的院系调整，到1979年中山大学法律学系复建和1988年中山大学政治学与行政学系复建，再到今天相继成立的中山大学法学院和政务学院，历经半个多世纪的岁月变迁，中山大学法政学科在动荡中求生存，在稳定中求发展，今天已经逐步走向成熟。

现在，中山大学法政学科已经形成了从博士、硕士研究生到本科生的完善的人才培养体系，建成了包括中山大学行政管理研究中心、法学研究所、政治学研究所、行政学研究所等在内的一大批实力雄厚的科研基地和研究中心，逐渐凝聚了一大批专业过硬、经验丰富的中青年科研骨干。自20世纪70年代末复办以来，中山大学法政学科已经为社会输送各类学生近万人，为国家尤其是广东省的经济社会发展培养了大量高层次的法政人才。同时，通过公共管理硕士（MPA）教育的开展、广东省高级公务员公共行政管理知识专题研究班的开设、全国首部政府信息公开的地方立法以及知识产权学院的成立，中山大学法政学科一直以来秉承的关注社会、服务国家的办学宗旨得到了进一步加强，更昭示了中山大学法政人投身社会、服务国家的不懈努力。

在一个世纪的历史变革中，中山大学法政学科亲历了晚清的失败，经历了民国的曲折，见证了中华人民共和国的诞生和改革开放的巨变。中山大学法政学科始终关怀着中华民族的命运，着眼于中国民主法治的进程，以建设国家、服务社会为己任，为中国社会转型作出了重要贡献。

在一个世纪的发展过程中，中山大学法政学科不断前行、日渐繁荣，涌现出了以何思敬、张君劢、邓孝慈、王世杰、史尚宽、王亚南、端木正、夏书章、王乐夫等为代表的一大批学术名家，极大地推动了中国法政学界的学术进步。

今天，身处盛世的中山大学法政学科，正秉承中山先生"博学、审问、慎思、明辨、笃行"的校训，积极推动国家民主法治建设和现代化事业，关注社会变革，研究现实问题，为发展社会主义政治文明而努力，为建设社会主义民主法治而服务。

回首百年，我们将永远铭记法政学科前辈的功绩。同时，我们也衷心感谢一直关爱着中山大学法政学科的各级领导、各界朋友和广大校友，感谢所有为中山大学法学院和政治与公共事务管理学院的建设和发展作出贡献的师生员工。

现在的中山大学已进入了良性的快速发展的轨道，全校上下形成了宽松和谐、奋发向上的良好氛围。正处于蓬勃上升时期的中山大学以及中山大学法政学科，必将为广东省率先实现社会主义现代化，为中华民族的伟大复兴作出新的更大的贡献。

让我们祝愿中山大学和她的法政学科，祝愿她的事业薪火相传，延绵不绝，拥有更加美好的明天。

2006 年

学校面临自主创新体系建设的若干想法*
——在 2006 年中山大学中层干部大会上的讲话

诸位：

今天的讲话有两个内容：一是关于落实全国科技大会精神的一些想法；二是关于学校近期若干重要工作的安排。

1月9日至11日，我参加了全国科学技术大会，亲临其会，思绪万千，深感高校面临的巨大压力。胡锦涛总书记在会上提出要以"自主创新、重点跨越、支撑发展、引领未来"为指导方针，提高我国的自主创新能力，建设创新型国家，这是党中央、国务院在我国经济社会发展的重要战略机遇期提出的一项重大战略任务。

参加此次科技大会，给我震撼最大的，是中科院计算技术研究所李国杰所长的大会发言，他说："事实证明，包括中国科学院在内的科技国家队是值得信赖、善于攻关、能打硬仗的队伍，是我国自主创新的战略力量。国家对这支国家队的投入不是一般的公共财政支出，而是一种高回报的战略投资。"

李国杰院士的这番话充满底气。我想，大学尤其是高水平的研究型大学也应该有这样的决心，要立志成为我国创新型国家建设中的重要战略力量。目前，从整体上来说，大学在体制和机制上的确还只适合于从事自由探索的研究，而要成为"科技国家队"、成为我国自主创新的战略力量，大学还要做好准备、花大力气，走一段很艰苦的道路。

---

* 本文系 2006 年 2 月 28 日在学校中层干部大会上的讲话，后刊登于 2006 年 3 月 10 日《中山大学报》（新）第 117 期。

温家宝总理在此次大会的讲话中指出:"科技体制改革是科技事业发展和推进自主创新的动力。"大学与科学院系统相比之间存在的差距,关键在于组织体制。在建设创新型国家的过程中,要使高教系统在与科学院系统的竞争中不至于落后乃至超越,我们必须深刻地认识到我们大学的科研组织形式所存在的不足,学习、借鉴科学院系统的做法,围绕自主创新这一目标,根据大学所具备的优势,完善和创新科研组织形式,使自身的科研体制有一个真正大的突破。到那个时候,我们就可以响亮地向全社会宣布:国家对高等教育的投入,绝不仅仅只是实现教育改革的问题,而是建设创新型国家的一种战略投资。

对目前学校科研组织形式改革的一些想法

一、关于人事体制问题

经过近几年来的校内人事制度改革,我校已建立起了相对合理的用人机制和考核体系,改革取得了一定的成效。面临着创新型国家建设过程中的科研组织形式的改革,我们的人事管理体制和考核分配体系有必要作出相应的调整,使之成为推进自主创新的有力保障,这些调整有以下两个方面。

(一)关于教学、科研人员的聘任工作

学校 2003 年制定的《中山大学教师编制核定、职位设置与职务聘任规程》中明确规定:进入学校创新科研团队的成员,在保证完成本院系总体教学工作量的前提下,根据实际情况,由团队负责人提出申请,可以免于教学工作量考核。我认为这是具有前瞻性的,学校的用人机制就是要强调在现有的基本架构下,更好地为学校自主创新服务,为"构建大平台,组建大团队,承担大项目,贡献大成果"这个指导思想服务。

古人云:"不谋全局,不足以谋一域。"学校的发展一定要着眼于长远,立足于学科发展的战略高度上。仍然是那句话,我们要有"养士"的决心,要"养"一批优秀的青年人才,让他们能够真正长时间地专注于科学研究,对他们可以考虑在一定的时间段内减少甚至免于一般性教学工作量的考核,他们的教学工作量,可以更多地以研究生培养以及举办科学讲座等形式来实现。

目前,在校内各类创新科研团队中工作并免于教学工作量考核的人员总

数不超过 200 人，这是比较符合学校目前科技实际需要的。我们要用好用活这个政策，要把它用在"刀刃上"，保证这个政策向创新平台、重大项目倾斜。

事实上，只要能够提供足够的发展空间和良好的学术氛围，大学里是完全可以聚集起一批高素质人才的。因为大学有其独特的优势，我们有十分优秀的生源，这就意味着有了高水平的科研助手。专职科研人员的教师身份也可以为他们的将来留下"退路"：在创造力最旺盛的时候，他们可以专注于创新性的研究，把他们的科研智慧贡献出来；而当他们的科研巅峰过去，他们就可以到教学的工作岗位上去，培养学生。这种机制是能够比较充分地调动科研人员的能动性的，而这种优势也恰恰是科学院系统所不具备的。只要体制对头，我们大学就完全可以吸引一大批富于创造力的青年科学家组成大的团队，取得大的成果。

（二）关于博士后管理模式改革的思路

目前，我校的博士后工作还存在一些问题，如博士后在站规模没有做大、在站工作效益不明显、培养质量有待提高、博士后流动站的影响不大等等，博士后工作还有很大的提升空间。要解决这些问题，关键是理顺两个关系：学校与导师的关系、导师与博士后的关系，使博士后培养工作逐步与国际上通行做法靠近。

学校与博士后导师的关系应该是：由导师根据研究计划和科研项目的需要，向学校提出招聘博士后的申请，学校则根据其科研实际情况分配博士后名额。学校对计划内博士后指标的分配将重点向院士、长江特聘教授、"国家杰青"获得者等高层次优秀人才以及高水平的科研团队倾斜。学校还将改革博士后经费的发放模式，仅向计划内博士后提供基本生活费和社会保障的费用。

导师与博士后的关系应该是：由导师根据科研岗位的需要对博士后进行招聘、管理和考核，并提供基本的科研条件和必要的科研经费，指导和支持他们完成博士后阶段的研究任务，导师还可以根据博士后的工作情况、科研情况和项目经费情况，在一定范围内调整博士后的待遇水平。要充分发挥博士后作为学校科研生力军的作用，就要扩大导师对博士后管理的自主权，明确博士后要成为导师的科研助手。

明确这两个关系，相信还有一个观念转变的过程，要真正用好博士后资源，就要强调"使用"也是一种培养方式。对于博士后来说，做导师的助手是接受深层次科学训练、提高研究能力的重要经历；对于学校和导师来说，"用好博士后"不仅完成了国家交给我们的任务，而且也为学校增添了一支重要的科研力量，这是一个双赢的结果。

我校的博士后工作还有另一个问题，以往为了避免"近亲繁殖"，我们规定本校的博士毕业生只能通过跨学科的方式来留校从事博士后工作，这是有道理的，但不能"一刀切"，因为这样做将或多或少地限制导师对优秀生源的选择空间，我们应该采取适当的措施，扩大我校优秀博士毕业生成为博士后的比例。

有关我校博士后工作的改革，有关职能部门已有了比较充分的准备，学校将于近期召开博士后管理工作会议，对以上问题进行研究和讨论，并提出具体的工作方案。

二、关于研究生培养模式问题

（一）调整培养思路，切实提高研究生尤其是博士生的培养质量

我国目前通行的研究生培养体系，基本上是由20世纪70年代末，国家恢复研究生教育时所确立的。在这个体系中，对于硕士学位给予了特别的、甚至是超出欧美国家对于该学位学术定位的要求。在研究生教育恢复初期，这种做法是可以理解的，也是必要的。但是，时间已经过去了近30年，我国的高等教育已经取得长足的发展，科技事业以及社会发展对于研究生教育提出了新的要求，随着高校国际化进程的加快，学位的学术规范性和国际可比性的要求也日益突出，因此，我们有必要对研究生的培养目标进行再认识。

从我校实际办学的情况来看，既有本科层次的学士，也有研究生层次的硕士和博士。从世界高等教育的通例看，高等教育的质量认证和培养目标主要是从大学本科和博士两个层面来区分的。硕士，尤其是非专业学位的硕士，基本上是一个过渡性的学位。举个例子，在英语世界的称谓系统中，我们可以说 Dr. Li，也可以说 Mr. Li，却没有人说 Master Li 的。这从一个方面说明，在世界主要发达国家运行的教学体系中，硕士学位主要是一个过渡性的学位。

我认为，对于非职业性的硕士学位的培养定位，应以强化本科后的专业性学习为主，辅以必要的科研训练。我们应将非专业学位的硕士视为博士培养全过程中的一个中间阶段，在博士考试的资格认定中，如仅获得了硕士水

平的资格,那么,再完成一个能够满足目前国家学位条例要求的学位论文,并办理了其他必要手续之后,就可以授予硕士学位,并在学位证书上以写实性的文字,说明学位获得者是在哪一个时段内完成了硕士阶段的学习,而不必强调硕士学位的学制概念。

作为一所研究型的大学,研究生教育的首要任务是要培养具有强烈创新意识并做出创新性成果的博士。为此,有必要调整博士生的培养模式。我们是否可以将博士研究生的培养周期设定为5年,期间包括硕士阶段的学习,在条件允许的学科专业中大规模地扩大硕博连读和直接攻读博士的名额。这样,不仅有利于提高博士生的培养质量,而且也有利于促进研究生教育对于导师科研工作的支持,提高研究生的科学贡献率。

与此同时,根据我国目前高等教育发展趋势,在研究生教育中,学校与导师以及学生的关系机制迟早会发生变革。在这一背景下,学校希望导师能够加大对研究生的管理和投入力度。我们可否考虑这样的做法:由导师根据自己的科研情况向学校提出招收研究生的名额申请,学校则在统筹考虑的基础上,将研究生招生名额通过院系分配到导师名下,同时将研究生培养经费以及普通奖学金等,也一起也交由导师统一支配,导师同时从他的科研经费中提供一定额度的配套经费。对研究生的具体资助额度,导师可以根据研究生的学习和科研情况作出必要的调控,包括拥有决定是给予全额还是给予部分资助的权力。这样,导师就可以根据研究生的生活和科研情况,调整薪金的水平,从而对研究生的学习、科研负起全面的管理责任。目前,已经有不少导师用自己的科研经费作为学生从事科学研究的薪酬,学校鼓励这样的做法,国家教育部、财政部也出台了相关文件,允许科研经费通过适当的渠道作为研究生从事科研活动的薪酬。

要达成上述设想,重要的还是转变观念。要让研究生们意识到,今后得到奖学金,包括现在所谓的"普通奖学金",都不是"天经地义"的事情,而是要通过努力学习,以及辅助导师进行教学和科研劳动来获得的。其实,国外大学中针对研究生实行的TA、RA等制度,就是通过研究生申请助教或助研的岗位,由导师逐年筛选、考核他们的工作而支付报酬的。我想,有过留学经历的老师们对此都应该深有同感。

(二) 以行业为背景,大力发展专业学位教育

与学术型学位相对,专业学位作为一种职业型学位,在强调构建终身教育体系的今天,有着巨大的社会需求。最近,我和郑德涛书记前往东莞,与

时任东莞市委书记的佟星同志进行了座谈,当谈及中山大学希望在东莞建立东莞研究院的时候,佟星同志提出,为东莞企业中各类人才提供更高层次的职业训练,是东莞最希望中大做的事情。我想,这是当今中国社会对终身教育强烈需求的一种体现,我们应该积极主动地顺应这种社会需求,大力发展专业学位教育。这样做,不仅有利于学校经费收入的增加,同时也有利于学校学术地位的提升和社会影响的扩大,更有利于提高社会各行各业的职业素质,从而造福于全社会。

要达到大力发展专业学位教育的目标,一方面可以采取更加积极进取的态度,通过扩大专业学位授权学科的领域体系,另一方面也可以在已有学位授权领域的基础上,通过嫁接、调整等措施,努力寻找新的学科生长点。我们应该在全校范围内,统一调配教学资源,以行业为背景,实现专业学位教育的新突破。

学校研究生院应该做好这方面的工作,充分利用现有的专业学位授权学科领域,最大限度地整合办学资源,根据社会需求,有计划、大面积、多方位地推进专业学位教育的发展,尤其要大力发展具有长远意义的专业学位教育。例如,目前社会前景良好的 LNG 工程培训、药学专业学位等培训教育,就可以在现有培训课程的基础上进行专业招生,授予工程硕士或工商管理硕士等专业学位。

当然,在这个过程中一定会遇到教学、管理上的各种困难。但我始终认为"成功者想办法、失败者找理由",只要全校上下都认识到发展专业学位教育的重要性,大家统一思想、齐心协力,就一定能把这件事情办好。

三、关于服务国家和地方重大需求的问题

服务国家和社会的重大需求不仅仅是学校的事情,更是学者们提升学术空间的重要途径。当今社会面临的问题越来越复杂,需要组织跨学科的团队,运用多学科的知识去解决。这里就有一个文、理、医学科间交叉融合的问题,已经有人提出,在科学研究层次,已经产生一大批边缘交叉科学或综合科学,被称之为"自然的社会科学"或"社会的自然科学";在工程技术层次,这种融合也体现在"自然的社会工程"或"社会的自然工程"的大批涌现上。当今科学前沿的重大突破,重大原创性科研成果的产生,很多都是学科交叉融合的结果。因此,高校的科研人员应该深入基层,与需求者进行零距离交流,发现需求、满足需求。这是摆在我们的科学工作者、社会科

学工作者以及医务工作者面前重要而且亟待解决的问题。

从整体上说，学校满足国家重大战略需求、为社会服务的能力还需要大大加强。

首先，要认识到争取重大项目的重要意义。重大项目凝聚着相关行业今后发展的方向，对于提升科技水平和培养高层次创新人才具有极其重要的意义。温家宝总理指出："国家重大科技项目和工程要成为凝聚拔尖人才、培养科学家的大熔炉，成为砥砺科技领军人物的主战场。"人们常说，一个千万元项目的意义远大于十个百万元项目，就是因为重大项目往往具有唯一性。

其次，要认识到争取重大项目的紧迫性。按照国家相关部委的工作部署，国家重大项目的大部分安排都将在今年上半年启动。如发改委、科技部、国防的项目等。我们只有主动而迅速地进入，才能抢抓机遇。各学院的领导都要把争取国家重大项目的任务摆在当前工作的优先位置。同时，我们要特别关注4类重大项目：基础研究、前沿技术研究、社会公益研究和"十一五"攻关项目。

我想，争取重大项目主要有两条途径：一是以学科交叉为主，请政府部门支持、参与；二是以企业为主，各学院要迅速建立与企业的联盟。

为社会服务，关键还是要注意与企业的合作。目前，国家重点攻关项目都已经要求由企业牵头，企业已经成为了科技创新的重要力量。在国家创新体系建设中，也明确要求要"建设以企业为主体、产学研结合的技术创新体系，并将其作为全面推进国家创新体系建设的突破口"。所以，我希望在这一点上，大家要有这个意识，要注重以行业为背景、与企业合作，以此作为学校自主创新重点突破的切入点。

以上就是我参加全国科技大会以后一些个人的想法。

关于学校近期若干重要工作的安排

一、关于首次教师聘期的考核工作

首次教师聘期考核将采取校、院（系）二级考核的方式进行。

学校将对各院系的实际完成工作总量进行评估，对各院系提出针对教学、科研、社会服务的合格要求。学校对受聘教师的聘期考核指标提出最基本要求，各院（系）在不低于这一刚性要求的基础上，可以根据本单位的实际情况，制定适合于本学院学科特点的考核评估标准和实施细则，根据本单位教师的教学工作量、科研课题、科研成果、为院系学科建设和发展的服务与贡献、为社会服务的工作和成果等要求，对本院系教师进行分类考核。

由于此次考核是首次进行，可能会出现工作量较大的情况。我希望人事部门要切实地做好这项工作，组织好院系的人事秘书，尽量不要打扰教师，不要让干活的人被填表等事务性工作拖累而感到有负担，我们的真正目的是要让一些工作量少的人感到压力。

二、关于国家重点学科重新评估的工作

今年初，教育部下发了关于加强国家重点学科建设的文件，明确提出"国家重点学科将按一级学科和二级学科进行统筹规划"。3月份，教育部将进行针对现有国家重点学科的考核评估工作。7月份，将根据国家重点学科按一级学科和二级学科分设的指导思想，对已有国家重点学科结构进行调整，认定若干个一级学科国家重点学科，增列部分二级学科国家重点学科。

这次评估十分重要，具体工作将由学校发展规划办负责落实，请涉及的部门积极配合。

三、关于"211工程"和"985工程"二期建设的若干工作

春节前，学校已经组织完成了"211工程"的校内验收。今年5月底，我校的"十五""211工程"将面临国家全面验收。"十一五""211工程"将于下半年启动。各个部门必须予以高度重视、认真对待、积极配合，根据学校"211工程"办公室的要求做好相关的验收工作。

"985工程"二期按计划将于今年底对现有基地和平台做一次评估，届时将会对部分研究方向作出调整，同时增补个别项目。

在这里，我想特别提醒各平台和基地的负责人，大家要吸取经验，在"211工程"校内验收的过程中，我们发现有个别项目出现了研究结果与项目设计目标不一致的情况，这将对该项目的全面验收产生严重影响，希望在"985工程"二期的建设中，各位负责人要吸取这一教训，不断对照项目设计的目标，以免在验收中出现类似问题。

"985工程"二期的国际交流与合作项目也将于今年启动，该项目将有重点地推进学校的国际化战略。其中，重点要落实和推进"国际合作战略

伙伴项目"。下个月,国际交流与合作处将邀请"985工程"二期的平台和基地负责人就如何切实推动"国际合作战略伙伴项目"作进一步探讨。

此外,学校还将继续实行"管理干部国际化培训项目",具体工作由国际交流与合作处进行策划和准备。

四、做好本科教学评估的相关工作

明年,我校将接受教育部本科教学水平评估,这是学校面临的又一件大事。学校各级领导要充分重视,相关部门要密切配合、积极围绕"迎评促建"做好筹备工作,一定要在评估工作中取得好的成绩。就这方面的工作,我想再多谈一些个人的想法。

几天前,我去北京参加教育部组织的关于本科教学评估的研讨会。会上一位著名高校的校领导发言说,在他们学校,有大约三分之一的学生学习积极性不高,有厌学的情绪。我听了震动很大,因为他们没有掩盖事实,说明他们在正视问题,并且一定在采取措施解决这个问题。我回来以后也向学校教务处领导了解了一下,他说我们最低的到课率为70%略强。

我想,我们并不是多么重视数字,关键是要采取有效的措施,想办法解决部分教师不重视教学、学生学习积极性不高的问题。学生学习的积极性不高,固然有其自身的原因,但是我认为,在很大程度上也是由于部分教师对教学责任心不强、教学态度不够认真造成的,学校里确实有一些教师没有把教书当作自己的事业来干,甚至连职业也谈不上,仅仅是在应付一个不得已完成的任务。我们需要的是能够带领学生走创新道路的老师,我相信,任何一个具有创新意识、真正将自己的研究奉献给学生的老师,不可能不受到学生的欢迎。我们决不是要求用生硬的方式将学生们拉回课堂,而是要用教师的魅力把学生们吸引住。大学承担着对大学生的教学任务,这是我们与科学院系统的最大区别,我一直说,本科决定了一个人的出身。所以,我们大学教师的标准应该是"崇教厚德,为人师表",大学生应该是立志、修身、博学、报国的人才。学校有必要加强这方面的教育。在这方面,我想我们的院系领导在重视学科建设和科研工作的同时,也要同样高度重视教风、学风的建设。对于学生中存在的厌学情绪、旷课现象、滥用互联网等问题,学校的学生管理部门也应该会同教务部门进行专门讨论,研究如何解决这些问题。

我在这里强调教学工作,并不仅仅是针对明年的评估工作,而是要真正建立起一个教学质量长效保障机制,切实提高学校本科教学质量。在这一点上,我们与国家对大学进行评估的目的是一样的。

　　学校已经通过多种手段来进行教学质量监控工作,例如学生评价、督导评价、同行评价和管理部门评价等。我想,如果有一个方面的评价反映不好,就应该引起教师的警惕,如果有几个评价系统都反映不好,那就说明教学一定有问题。我想,对于存在这种情况的教师,就可以在晋升职称的时候实行一票否决,因为他连教师最基本的教学工作都不合格,也就没有资格获得更高的职称。当然,也并不是说评价合格了就都是好教师,我们真正关心的还是教师是否具有创新意识,是否能激发起学生的学习积极性,而所谓的"监控"仅仅是为了能够保证达到教学质量的最低要求而已。我在这里再三强调要构建教学质量长效保障机制,并不只是针对教学评估工作,我真心地希望大家能够认识到这一点,那就是只有提高教学质量,我们才能对得起学生、对得起社会、对得起我们自己的良心。

五、关于"医院管理年"的相关工作

　　根据卫生部有关文件的精神,今年,我校将继续组织实施医院管理年活动。学校将借此机会,对我校现有的医疗资源进行合理整合和共享,建立和强化系统内协作机制。为此,医学部和几家附属医院已作了比较充分的筹备,学校以"走进一家医院,七家医院为您服务"为宗旨,发挥多家附属医院的综合优势,进一步增强作为大学附属医院的竞争力,让患者享受到更好的医疗服务,扩大附属医院的社会影响。

　　谢谢大家。

以"质量第一、适度发展"
为指导方针发展我校现代远程教育*

——在中山大学现代远程教育2006年工作会议上的讲话

诸位：

刚才，赵过渡院长对学校网络教育工作的现状进行了介绍。下面，我想就学校网络教育的发展谈几点看法。

学校的网络教育要明确以"质量第一、适度发展"为总的指导方针。目前，国内高校的网络教育规模的总量并不大，而且，在教育部内部对于网络教育如何发展也存在一定的分歧。另一方面，一部分高校也没有把握好网络教育的办学方向，出现了不太好的态势，甚至有个别高校以盈利为目的办学，造成了恶劣的影响，比如，有的网络教育学院就由于乱收费而受到教育部等有关单位的严肃处理。相比之下，我校的网络教育在平稳中取得发展，特别是对网络教育学生的文凭、费用等方面的承诺也都是严格按照招生简章来兑现。因此，我校网络教育的总体环境还是比较宽松的，为它的进一步发展提供了良好的前提条件。

但是，面对目前国内网络教育总体整顿的背景下，我校的网络教育首先还是必须将提高教学质量作为一项重要工作常抓不懈。那么，如何保障教学质量，让学生满意，这就要根据网络教育自身的特点，狠抓网络课程建设。下面，我就这个问题谈一下个人的看法。

一、关于网络教育课件制作的相关问题

第一，学校可以考虑将教师制作网络课件的工作量纳入聘任考核范围。今年6月份，学校将对首批三年聘任期满的教师进行考核，考核的思路十分明确：实行学校、院（系）二级考核。学校仅对各院（系）提出针对教学、科研、社会服务的合格要求，对各院系的实际完成工作总量进行评估。同

---

* 本文系2006年3月16日在中山大学现代远程教育工作会议上的讲话，后刊登于2006年5月19日《中山大学报》（新）第125期。

时，学校要求院系在不低于对教师刚性要求的基础上，可以根据本单位的实际情况，制定适合于本学院学科特点的考核评估标准和实施细则。我想，网络课件的制作虽然是课程的前期工作，但是教师们需要投入大量的精力，因此，学院在对网络教育工作进行考核的时候，完全可以考虑将教师制作课件的工作量纳入考核范围。

第二，关于课件的知识产权问题。我认为，既然教师制作课件的工作量已经作为教师考核的内容，那么网络课件的制作应属职务行为，其知识产权应该由教师与学校共同拥有，学校有权无偿使用。至于随之而来的课件转让问题，我想，我们可以像对待科技成果转化一样，充分保证创作人应有的利益。我们科研成果的转化是三七分，个人以及他的团队利益占70%，学校只占30%。因为课件转让的利益分配比例没有专门研究，所以尚未有一个具体的数字，但是，学校的原则是不会改变的，就是要充分保障教师的利益，学校获得社会效益。

二、关于网络教育学习过程的质量保证

为了保证网络教育学生的学习质量，网络教育学院为此做了大量的工作。一方面，他们专门租用了一种新型的学习平台：就是叫做 Blackboard 的软件系统；此外，还建立并完善了一套称为"网上巡学"的教学制度，具体由网络教育学院的同志负责。据统计，在开学一周之内，网络教育学院的教师通过软件的形式，回答了学生们在网络上提出的 400 多个有关学习方面的问题，而且这些问题和解答继续挂在网上，从而方便学生们以后进一步学习。

另一方面，我想，网络教育学院是否可以利用聘用校内高质量的研究生资源，鼓励和聘用研究生来担任网络教学或者辅导教学的工作。我本人带的三个博士生有两个就在做这方面的工作，他们自己也很热爱这个工作。我想，我们的研究生应该是可以胜任诸如课程答疑、批改习题作业等助教工作的，同时也可以考虑聘请他们担任辅助管理的工作。我认为，学校完全可以把研究生从事网络教育的教、研、管的工作纳入到"三助"计划里面去。

我想，网络课件的制作和解决学生学习过程中的各种问题是网络教育成功与否的关键，必须给予充分的重视，希望各个学院在这个事情上要给予网络教育学院一如既往的支持。当然，目前也有个别的学院感觉教学和科研的压力很大，没有力量再来做网络教育，我想这种情况也是可以理解的。面对

这个问题，我想，可以考虑直接把这个任务下达给网络教育学院，由他们专门组织教师和辅助人员来完成这个专业的课程设置和课件制作。

三、要建立一个适合于网络教育的教学管理平台

这个问题可能主要是网络教育学院，特别是信息与网络中心来完成。这是一个更高层次的管理问题，同时也主要是一个技术问题。这个教学管理平台要改变目前单机操作的形式，更多地适合网络教育的性质，这样就可以大量地解放人力，从而为我们进一步的扩大招生创造条件。

下面，我想就学校网络教育如何进一步发展再谈几点想法。目前，学校网络教育的学生有 6000 多人，这个规模还有进一步提升的空间。那么如何才能做到网络教育的适度发展呢？我认为网络教育学院的指导思想很明确，就是三点：

第一，要发展我们的优势学科专业，打中大的优牌。我们学校的优势专业，比方说，行政管理、法学、旅游管理、公共卫生、护理学等等，我们可以利用这些学科专业丰富的教学资源和教学经验，为网络教育提供支持。

第二，要发展社会特别需求的专业。例如工商管理、会计学等等，当然，这两点并不矛盾，有一部分专业既是我们的优势专业，同时也是社会急需的专业。

第三，要发展适合于网络教育的学科专业。我想，我们要以积极的态度来对待这个问题，比如有的学科实践性很强、操作性很强，从这个意义上说，并不适合于网络教育的开展，但是，通过一定的保障措施，就有可能会把这个劣势转化为优势。例如，护理学专业由于技术性和操作性很强，显然就并不适合于网络教育的开展。但是，我们通过吸收本身从事护理工作的人员来参加学习，那么，工作实践的教学环节就在其本身的医院工作中得到了保证。另外一个例子，就是旅游管理专业，这个专业本身也具有较强的实务性，但是我们走一条跟企业合作的路子，那么这个社会实践的环节也就可以由合作企业来帮助完成。

此外，我想，除了社会实践可以通过与企业合作来解决之外，我们在扩大网络教育招生规模的时候，也应当充分考虑到行业的特点。我想，只有以行业为背景，才能把我们的专业办得更有特色，更有吸引力。其实，我们花大力气在报纸上刊登招生的广告，钱花得多，但收效不一定大。有调查显示，通过广告这个渠道知道中山大学网络教育的比例其实是比较低的。所

以，我想，我们应该换一个思路，要积极地去联系企业，探索与行业协会打交道。通过与大企业和行业协会的合作，可以扩大对相关领域在职人员的招生宣传，这样也许会起到事半功倍的作用。

这里要特别强调的是，在与企业或者行业协会合作的过程中，要保持谨慎的作风，签订合作协议更要慎之又慎，要避免日后产生法律上的纠纷，尤其是要严格遵守学校的财经制度，不要因为合作而产生的经济问题损害了学校的利益，更不能损害到学校的声誉。

我想，我对于学校网络教育工作的想法就是这些，提出来供大家参考，谢谢各位。

中山大学科研工作报告（节选）*

大学尤其是高水平的研究型大学应该立志成为我国创新型国家建设中的重要战略力量。目前，从整体上来说，我国大学在体制和机制上可能更多地还只适合于从事自由探索的研究，而要成为"科技国家队"，成为我国自主创新的战略力量，大学还要做好准备，花大力气，走一段很艰苦的道路。

温家宝总理在全国科技大会的讲话中指出："科技体制改革是科技事业发展和推进自主创新的动力。"如果说，大学与科学院系统相比，在自主创新方面还存在着较大差距的话，那么这种差距最关键的还在于大学组织体制，我们应该围绕自主创新这一目标，根据大学所具备的优势，完善和创新科研组织形式，使之更适合于鼓励学科交叉融合、技术集成和攻关。支持开展原创性研究工作和面向区域经济社会发展的技术创新研究工作，大学自身的科研体制应该有一个真正的、大的突破。我们应该从全局的高度综合考虑，使学校的各方面的管理体制更加适应于科研创新这一主题，从而改革和完善我校的科研组织体制。下面，我就这个问题谈一些思路。

一、进一步深化人事制度改革，使之成为科研创新的重要保障

（一）在学校重点支持的创新型科研平台和基地中设立专职科研编制

学校的用人机制应该强调在现有的基本架构下，更好地为学校自主创新服务，为"构建大平台，组建大团队，承担大项目，贡献大成果"这个指导思想服务。

学校的发展要着眼长远，立足于学科发展的战略高度，学校应该要有"养士"的决心，要"养"一批优秀的科研拔尖人才。为此，我们决定在学

---

* 本文系2006年4月20日在中山大学科研工作会上的讲话，后刊登于2006年6月20日《中山大学报》（新）第130期。

校重点支持的创新型科研平台和基地中设立 100~200 名专职科研编制，使这些科研人员可以根据科研需要，在他们创造力最旺盛的"黄金时段"中，集中精力，在较长的一段时间里专注于创新性的科学研究，为学校的发展贡献他们的科研智慧，力争 3~5 年后取得有重大创新的标志性成果，成为学校具有重大显示度的科研品牌和亮点。（此项工作的管理办法将另行制定。）

（二）改革工程实验系列人员的聘任方式，保障科研基地和平台更为良性地运作

学校已经制定了相应规章制度并开展了对工程实验系列人员的聘任工作，为保障学校科研基地和平台的运作，我还想明确几项原则。

第一，学校只负责解决与实验教学相关的校级公共实验平台的工程实验人员编制，以及学校重点支持的创新型科研平台的部分工程技术人员编制。同时鼓励各科研平台和科研项目负责人通过自筹的经费聘请工程、实验技术人员，但此类人员不纳入学校编制。

第二，鉴于学校已经建立了较为完善的人事选拔和聘任机制，因此，纳入学校编制的工程实验系列人员，应统一由学校人事处进行招聘和管理。

第三，对于目前原有工程实验系列人员中的遗留问题，学校将专题研究予以解决。此事由人事处牵头，实验室与设备管理处配合，制定具体实施方案。

（三）改革博士后管理制度，加强对博士后的管理

最近，学校正在修订《中山大学博士后管理工作暂行办法》，通过改革博士后的管理模式，进一步完善我校博士后管理工作，合理配置博士后资源，使之成为学校科研创新团队的重要力量。此项改革的重心是实行博士后管理导师负责制，并以此改革博士后经费的发放模式，学校仅对计划内博士后提供基本生活和社会保障费用，同时，学校对计划内博士后指标的分配将重点向高层次优秀人才以及以他们为首的高水平的科研团队倾斜。博士后导师应根据科研岗位的需要对博士后进行招聘、管理和考核，并提供基本的科研条件和必要的科研经费，指导和支持他们完成博士后阶段的研究任务。

此外，为吸引优秀博士后生源，学校将适当扩大我校本学科优秀博士毕业生成为博士后的比例。

二、鼓励学科的交叉与融合，大力加强科研团队建设

目前，我校多数课题组可以简单概括为"导师+学生"的组织形式，即大部分的项目负责人直接带领一批博士生、硕士生从事科学研究。一方面，这些科研队伍中缺乏科研助手，而另一方面，还有不少副教授、讲师没有被很好地组织起来。事实已经证明，这种科研组织形式只适合从事于小规模的、探索性的、单一学科的基础研究，无法形成具有一定规模、开展学科交叉的科研团队，从而无力承担重大科研项目，具有很大的局限性。

学校和学院都应该努力来改变这一现状，各级考核评价体系应当对科研团队中的成员给予政策倾斜。在开展职称聘任工作时，对在科研团队中工作的人员同样予以支持，尤其是对于具有重大贡献的团队成员，要给予特别扶持。

学校将继续实施"百人计划"引进人才工程，在此过程中，应更加强调学科发展的重点，主要向各科研团队倾斜，对于学校尚未有基础的学科的人才引进，应慎重考虑。学校将从政策上鼓励科研团队建设，新招聘的青年教师都应该是某个团队所需要的人才，他们的科研启动费由团队予以支持，学校鼓励由若干位教授联合组织成为一个团队，整合资源，集中力量从事具有显示度的重大课题。医科科研应加强学科的交叉与融合，充分利用各附属医院丰富的临床资源，形成高水平的科研团队，开展各种临床研究，深入挖掘医科科研的潜力。学校鼓励临床医院与基础医学院的合作，鼓励临床医院与生命科学学院的合作，鼓励医科与其他学科的交叉合作。学校将对这些合作给予包括经费等各个方面的支持。

学校还将高度重视在医科及其他生命科学科研发展过程中存在的生物安全问题，设立生物安全办公室，配备专职人员，加强学校生物安全的管理，要把生物安全工作的责任落实到单位，落实到人，杜绝生物安全事故的发生。

学校还将尤其强调人文社会科学领域的科研团队建设，组织、孵育新的重大课题。我校的人文社会科学在历史上是有突出贡献的，近年来也有像"全元戏曲"这样有重大影响的成果，但是，我校文科学者应该有一种紧迫感，我们还未能有组织地培育一些重大研究课题。重大课题并不是立项以后才产生的，应该是先有基础性的工作，有了积累，才能发展成为重大的项目。文科学术委员会可以考察一下，目前正在进行的科研项目，有没有可能

发展成为重大课题，是否需要作出新的部署，培育新的重大项目，应该使现在重点建设的基地，在若干年后贡献出有影响力的成果。

学校将为人文社会学科中已经作出一定成就、承担重大课题的拔尖人才如"长江学者"特聘教授等专门调配人员，形成有活力、有战斗力的科研团队，承担大的项目，贡献有显示度的大成果。

三、加强国际科技合作，扩大学术影响，促进科研水平的提高

学校将从科技长远发展战略需要出发，推动国际科技合作工作。要遵循务实和互惠的原则，促进我校科技创新平台、文科研究基地和实体院系与国际上具有一流学术水平的研究单位的交流，建立科学技术研究的战略合作伙伴关系。为此，我校将筹备成立国际合作区域项目拓展中心，为学校的国际合作与交流提供更大的支持。

要通过国际交流与合作提升我校科技创新平台、文科研究基地和实体院系的科学技术研究、人才队伍建设的水平，特别重视培养和锻炼一批具有国际视野和国际科技竞争力的科技人才，帮助教师们逐步进入国际主流学术圈，立足于国际科技前沿，扩大我校在国际主流学术圈中的学术影响。

要通过国际科技合作研究，形成一批稳定的优秀国际合作群体。要支持和鼓励教师们参与重大的国际合作项目，扩展视野，接触最前沿的知识和最尖端的科学技术，以达到提高教师们的科研创新能力和学术研究水平的目的，并产生一批在国际上有较大学术影响的研究成果。

此外，合作培养研究生是我校与境外高校和科研机构进行国际合作的重要途径，学校将继续通过"中山大学博士生国际合作研究项目"，选送优秀的博士研究生赴国际著名高校或科研机构学习和开展合作研究，将博士生培养和科学研究结合起来，提高博士生的培养质量和学校整体的科研水平与实力，促进我校与国际著名高校与科研机构的学术交流，全面提升学校的科技国际化水平，为我校未来发展做好科技人才储备工作，为我校与国际著名高校或研究单位建立长期战略伙伴关系打好基础。

四、实施分类指导，改革和完善科研评价体系和分配机制，充分调动科研人员开展科研创新的积极性

学校将认真贯彻落实科技部、教育部的有关文件精神，根据我校的具体

情况，完善科研评价体系，对于不同类型的科研工作采取不同的管理模式。对于基础研究，要鼓励学科的交叉、联合和流动，继续坚持和加强 SCI、EI、SSCI、AHCI、CSSCI 论文的导向作用，并注重论文发表刊物的影响因子和引用情况，鼓励科研人员在本学科领域的顶尖刊物上发表高水平的论文，实现从重视论文数量向重视论文质量的转变。目前，一些学院对博士生的毕业提出在高水平学术刊物上发表论文的要求，学校鼓励和支持这样的做法。对于应用研究，要鼓励技术集成和联合攻关，并注重发明专利及其推广应用。我们鼓励科研人员申请发明专利，开展发明专利的许可应用或转让推广。

对于从事不同类型研究的科研人员，学校在职务聘任、年度业绩考核中，要建立不同的评价考核标准，如理工科以基础研究和应用开发为不同侧重点，医科以科研和临床为不同侧重点，文科以学术研究和对策研究为不同侧重点，以实现基础研究和应用研究并重发展的目标。针对我校新兴的工程技术类学科，学校将设立工科学术委员会，以加强对工科学科发展和科研发展的指导，同时制定工科科研工作评价体系，以国家的重大技术需求为导向，加强对工科的技术引导，加快工科的发展。

今后，学校将定期公布各单位的科研投入产出情况，并以此作为学院（医院）、系科研工作考核的指标，科技资源共享也将列入考核指标之一。

学校将继续改革科研收益分配机制，修订《中山大学科研成果转化暂行办法》，完善分配制度。在科研收益分配中，要充分体现第一发明人或科研成果第一完成人的贡献，其收益可占科研成果转化收益中课题组部分的 50% 以上。

学校还将继续完善科研经费的管理，纵向科研经费有规定者按规定执行，横向科研经费按预算执行。根据科研工作的需要，横向预续研经费（即横向课题结余经费）中，用于研究生生活补贴的费用和课题组聘请人员的费用，不限制其开支比例；纵向预续研经费（即纵向结余经费）中该项支出的比例，最高可达 60%。

五、大力推进科技成果的转化工作

学校将进一步强调与地方政府和企业的合作，建立稳定的战略伙伴关系和长效合作机制。各应用学科应瞄准行业需求，立足解决地方经济社会发展和企业面临的共性科研问题，与企业共建技术创新平台，参与企业的技术创新，还应着眼于与企业联合申报承担国家重大科技攻关任务，增强我校为地方经济发展和企业发展服务的能力。

学校已决定成立技术转移中心，进一步推动科研成果的转化工作。该中心是学校负责并开展科技成果推广应用的机构，也是中山大学科技园的科技成果推广平台。技术转移中心应建立新的运作机制，将工作业绩与人员待遇挂钩，充分调动中心人员的积极性。

在科技成果转化的过程中，应重视和加强知识产权的保护。科研管理部门要制订中山大学知识产权管理规定，实行知识产权承诺制度。所有在岗的教师、科研人员以及在读的研究生均需与学校签订知识产权承诺书，遵守在知识产权管理方面的有关规定。要将发明专利的申请与授权作为科研人员考核和职务聘任的重要指标。

学校还将进一步加强大学科技园的建设力度，抓紧科技园区的二期建设，创新管理运作机制，为师生员工和校外创业者营造良好的科技创业氛围，搭建科技成果的转化、孵化平台，力争在今年内将我校科技园建设成为国家大学科技园。学校还将充分发挥科技园的品牌效应，条件成熟时，在珠海、东莞等地设立若干分园区，组建新的科技产业集团，作为学校为地方经济建设服务的平台，发挥龙头作用，改变过去主要依靠科技人员开展科技成果推广和技术服务的做法，把我校的科技产业做大做强，提高学校为地方经济建设服务的力度。

六、改革研究生培养模式，充分发挥研究生的科研潜力

学校将进一步改革研究生的培养模式，调动研究生投身科研的积极性，鼓励研究生积极参与各种课题组的科研工作，发挥博士生、硕士生在学校科研创新中的生力军作用。

作为一所研究型的大学，研究生教育的首要任务是要培养具有强烈创新意识并做出创新性成果的博士。为此，学校将调整博士生的培养模式，制定将硕士培养包含在内的统一的博士学位培养计划，并逐步将硕士学位作为一种过渡性的学位，在条件允许的学科专业中大规模扩大硕博连读和直接攻读博士的名额，以提高博士生的培养质量，促进研究生教育对于导师科研工作的支持，提高研究生的科学贡献率。

教授从事科学研究的重要环节是要提炼出科学问题。他们在指导研究生的时候，应该把学生的研究方向与自己所从事的科学问题的研究结合起来，

或成为其研究课题的一个部分。但是,目前有一些导师让研究生自行选择研究方向,自行选题,这种情况需要改变。学校鼓励有大项目的教师多带研究生、博士后人员,即便有的老师目前没有立项的课题,也必须要提炼出明确的科学问题,并对学生的研究方向进行学术上的引导,并切实指导他们完成研究工作,从而在本学科领域有所积累。

与此同时,学校希望导师能够加强对研究生的管理,加大投入力度。由导师根据自己的科研情况向学校提出招收研究生的名额申请,学校则在统筹考虑的基础上,将研究生招生名额通过院系分配到导师名下,同时将研究生培养经费以及普通奖学金等,交由导师统一支配,导师同时从其科研经费中提供一定额度的配套经费。对研究生的具体资助额度,导师可以根据研究生的学习和科研情况作必要的调整。这样,导师就可以根据研究生的生活和科研情况,调整薪金水平,从而对研究生的学习、科研负起全面的管理责任。

在研究生名额资源的配置上,部分学院还存在这样一种误解,由于研究生名额不足,因此规定博导只招收博士研究生,而让硕士研究生导师招收硕士生。这个问题应当给予纠正。硕士研究生的招收名额,应该优先分配到博士生导师名下,制订出包括硕士阶段学习在内的博士培养计划,从而贯彻学校将硕士学位作为过渡性学位的这一原则。

七、制订学术道德规范,加强科研道德建设

科研工作者应具有良好的科研道德操守,学校将制定有较强操作性的《中山大学学术道德规范》,以在中山大学营造一个良好的科研道德氛围,这是学校科研工作健康发展的重要保证。

学校要求科研人员在申请科研项目、申请专利和申报科研奖励时应有本人签名,不得代签;科研人员发表学术论文应对其真实性负责,不得弄虚作假;科研人员应保证所提供的任何科研数据和资料的真实性,并对其负责;研究生导师应对其指导研究生的学风进行监督和检查,导师共同署名发表的研究生论文,导师应对其真实性负责。要加强科学道德和学风的监督和检查,对任何弄虚作假、抄袭、剽窃他人成果的行为,对违反科研道德规范的科研人员,学校将坚决按规定进行严肃的处理。

同志们,作为一所由伟人手创,以高水平的综合性研究型大学为目标的中国名校,中山大学理应为国家、为民族、为全人类的科学发展承担更为重

要的使命。在目前创新型国家建设的大背景下，我们应该对自身的科研发展提出更高的要求，这就是此次科研工作会议的目的。我们相信，随着我校科研体制改革的进一步深化，在全校师生的共同努力下，我校的科研工作必定会更上层楼，我们再铸中山大学鼎盛与辉煌的目标也必定是可期的。

谢谢大家。

善用权力　勇担责任　享受过程*

——在新任处级干部培训班上的讲话

诸位：

很高兴与诸位见面。借此机会，我想对学校的行政管理工作谈一些看法，与诸位共勉。

中山大学事业的发展离不开全体师生员工的共同努力，中山大学的荣誉是由全校教师、学生和管理人员共同创造的。我校的各级党政管理人员承担了学校最为繁杂的事务性工作，特别是中层管理干部，是学校改革与发展的推动者、支持者和执行者，是我校管理队伍的中坚力量。可以说，我们的管理干部队伍，尤其是中层管理干部队伍，是国内高校管理干部中最优秀的一部分，诸位能够成为这样一支优秀队伍中的一员，应该感到自豪和骄傲。

走上了中层干部的岗位，说得更直接一些，就是大家"当官"了，在这个时候，我想大家就有必要明确一下，什么叫做"当官"。大家都知道中山先生的那句名言，就是"要立志做大事，不可要做大官"。我想，在大学里"当官"，应该有这么一个基本的认知："当官"，是要"做事"，是要"做大事"。我希望大家在当了这个"官"以后，能够再重新考虑一下自己的人生目标。现在，学校里面的中层管理干部越来越年轻了，三十几岁就升了副处甚至正处的干部大有人在，我想，如果我们的这些年轻干部们只是将自己的人生目标定位在做更大的"官"，如果副处们只想着做正处，而正处们也都只想着何时成为副厅，那么我想大家在"仕途"上大概就只能不断地感到"生不逢时"，"此恨绵绵无绝期"了。道理很简单，职位永远是一种稀缺的"资源"，这就像是一个金字塔，越往上，可能性必定会越来越小的。就以我们学校为例，我请组织部和人事处统计了一下，学校实职岗位的校级领导有15人，处级干部214人，科级干部303人，很明显，数字之间的比例差距甚大，不可能所有的科级干部都会晋升到处级，处级干部更不可能都晋升到校级，如果我们的干部们都以升官作为人生的终极目标，那么失

---

* 本文系2006年5月18日在新任处级干部培训班上的讲话，后刊登于2006年5月30日《中山大学报》（新）第126期。

望的必定是大多数。我经常说，做行政工作，付出与获得在很大程度上是不成正比的，其中有机遇，还有很多偶然的因素在起作用，是否可以晋升，在很大程度上是"可遇而不可求的"，如果我们只是单纯地追求晋升，就难免会做出一些"动作变形"的事情，就有可能不择手段，也有可能自暴自弃，那我们的工作和生活又还有多少意义可言呢？当然，有人可能会问，如果不把官阶的晋升作为人生的目标，作为一个行政人员还有什么"奔头"呢？我想，晋升固然是"奔头"之一，但行政人员的"奔头"是绝不仅仅在于"升官"的。大家现在成为处级领导干部，其最大意义，就在于大家已经得到了一个更大的平台，我们所要做的，就是要在这个平台上，更好地发挥自己的才干，实现自己的抱负，在"做事"和"做大事"的过程中克服一个又一个工作中出现的难题，享受这个工作过程给自己带来的快乐。所以我说，从事行政工作，"当官"、"升官"决不是目的，从事行政工作的过程，就是享受在工作过程中不断闪现的自我实现的瞬间的一个过程。我想，现在大家最关键的，是要保持一颗平常心。

　　说到"做事"，大学的行政部门是不同于政府机构的，政府是科层体制，明确要求下级必须对上级负责，这种体制的存在有其合理性，它可以保证政令的畅通，但同时也往往会导致另一个后果，就是会产生对权力的敬畏，唯上级之命是从，导致人们对官位的级别特别看重，而责任又往往被忽视。我想，在大学的行政体制中，当然也可以借鉴政府科层体制，因为政令的畅通也是我们所需要的。但是必须明确的一点是，大学的行政人员与政府机构的公务员是不一样的，大学的行政人员，不应该仅仅是一个权力的敬畏者，而更应该是一个学术的敬畏者和知识的敬畏者。大学的行政人员，应该牢记自己最重要的责任是为师生服务，要给他们以方便，要为他们排忧解难。我们是不是可以定一个原则，叫做"不拒绝原则"，就是在遇到师生们提出要求的时候，只要是没有明确规定禁止的，我们的行政人员就不要立即拒绝。尤其是处级领导干部，当面对师生们提出的要求时，是不是应该首先不考虑"能不能"办的问题，而是应该考虑这些要求"该不该"为他们去解决。"能不能"，就是要按规矩办；"该不该"，就是要动脑筋看在规矩之中甚至规矩之外还有没有办成的余地。有了这个"不拒绝原则"，我们做起事情可能就会更加"人性化"一些了。比如，我们学校的人事处，过去曾经被老师们称为最怕进的部门之一，而现在，我已经听到了这样的评价："到了人事处就像回到了家的感觉一样。"所以，希望大家牢记，在任何时候都不要对我们的师生轻言"不行"或者"不能"，在可做可不做的情况下，只要不违反党纪国法、不违反校规校纪，就应该尽量为他们提供方便，帮助他们。

上面所说的，是我希望作为一名处级干部应有的最基本的意识，在这个前提下，我觉得，我们的处级干部们在工作中还应该注意以下几个方面。

一是要慎用自己手中的权力。学校里有一些事情是必须通过集体讨论才能通过的，个人无权作出决定。比如我们研究生招生工作中的破格录取，一定是研究生招生领导小组集体讨论后作出的决定。请大家注意，特别是遇到操作周期较长、涉及范围较大、连带问题较多的事情，尤其要通过集体讨论，并请示分管的校领导以后才能作出决定。

二是要善于协调工作，勇于承担责任。一方面要求处级干部慎用权力，另一方面又要求善于协调，勇于承担责任，这个要求可能高了些，这其中的尺度，希望大家认真把握。在任何组织体系中，部门的设置永远都有边界，都是有一定职权范围的。但是在实际工作中，无论怎样分工，怎样划清边界，也还总会遇到一些边缘性问题的归属是可能模糊的，好像你也可以管，我也可以管，但实际的结果往往就是大家都不管。我想，这个时候，我们的处长们就应该有一种"全局观"，不要把自己局限在本部门之内，而是要作为学校全局中的一员，站在中山大学的角度上来思考问题，要善于协调工作，勇于承担责任。举一个例子，不久前，医管处和研究生院的相关负责同志向我反映学校医科临床专业的研究生面临职业医师注册的问题，这里面涉及医院、医管处以及研究生院等若干部门，情况比较复杂，为此我还专门请教了教育部高教司的负责人，都没有得到一个满意的答复。我心有不甘，请医管处和研究生院学位办的负责同志尽其所能咨询其他兄弟高校的做法，很快，他们回复我说，上海某些兄弟高校对类似事件的处理做法是可以借鉴的，这件事还是有办法做好的。一个问题看似超出了有关部门的职权范围，但是通过变通、通过想办法是可以促成问题的解决的。所以我想，衡量一个处长是否合格，不是要看他是否具备履行规章制度的能力，履行规章制度的工作应该交给科长甚至科员们来完成，对处长们的要求，关键是看他们在遇到新情况、新问题时能否变通、能否想办法协调各种资源去解决新问题，去解开那些看似"无解"的问题。

学校经常会遇到一些突发性的事件，发生这些问题，我们的处长们往往会第一时间赶到现场。比如，现在学校保卫处在面临突发事件时，处长会第一时间赶到现场，及时处理，事后，我会接到处长的电话，报告事情的处理结果。我记得保卫处长曾对我说，"我能做的事情，我就做了，这样可以少个人担心"。这很好。我想，处长们这样处理问题的方式，可以让学校领导从繁杂的事务性工作中解脱出来，当然，处长们的任务就更重了，而且还要有承担责任的准备。同样地，我们的学生管理部门，例如学生处的几任处长、研究生院管理处的处长们等等，也都是敢于直面问题、解决问题的好同志。我还记得研究生管理处处长在处理最近一次比较棘手的事件时说的一句话，她说："校长，有我在就可以了。"我当时真的是非常感动。我想，中山大学正是依靠这么一批出色同志的辛勤工作才能正常运作，我真心地向他们表示钦佩，在这里，我要向他们表示由衷的感谢。我认为，面对突发性问题，他们不是推卸责任，而是通过采取适当方法、妥善处理，尽可能地减少给学校带来的负面影响，这体现了处长们的水平，体现了他们出色的协调能力和工作能力。我曾经说过，"成功者想办法、失败者找理由"，他们就是去想办法解决问题的典型，希望大家都去做"想办法"的成功者。

　　三是希望大家要享受工作的过程，而不是享受开会的过程。首先，大家要明白，无论是座谈会还是协调会，目的都是要做成事情、解决问题，决不是为了开会而开会，会议不是目的，而是布置工作、解决问题的手段。其次，大家也要记住，在召集会议之前，组织者应该对会议内容心中有数，不能把解决问题的会议开成"神仙会"。对于开会，我自己有个原则，对与经费相关的和与家属区生活相关的问题尽量不在校长办公会上讨论，因为类似这样的问题比较复杂，众口难调，短时间内往往无法达成统一的意见。例如要在校内建垃圾站，大家一定都会觉得这个地方不能离自己太近，当然也不能太远，无论选在哪里总会有人提出不同意见的，所以，这样的问题，应该由职能部门去协调，通过征求各方面的意见，就可以确定了，开会反而会降低工作效率。即使是座谈会，也是要为了解决某些问题才开，什么时候是小范围的会议，什么时候是大范围的会议，组织者要对会议的设计十分清楚。总之，千万不要把开会当成一种嗜好，我说过，会议的组织者如果不能控制会议时间，不能有效地解决问题，那是执政能力不强的表现。

　　四是希望我们的处级干部们在工作中要"多汇报，少请示"。我始终认为，如果遇到问题，在一线工作的干部应该要比分管的领导更清楚形势的发展，更具有发言权。所谓"汇报"，就是处长们在与分管领导讨论之前，对所讨论的问题应该已经有了自己的想法或者解决办法，他们在汇报的时候，是给出一道"选择题"，而不是事事"请示"，问上级应该怎么办，让他们做"填空题"。我想，假如学校的中层管理干部都有了这种意识，在工作中更加具有自觉性和主动性，那就会有利于工作效率的提高。

五是希望我们的处级干部们要在空闲的时候多读一些书，多看一些报。我认为，虽然现在的职务存在上下级的级别，但是上下级之间的差别很多时候并不在于水平的高低，而在于信息量获得的区别。比如我去教育部开了会，回来传达，我掌握的信息无论如何都比没有去开会的人要多，理解也会更深刻。所以，在现代社会中，我们的干部们要学会获取信息，并且要善于分析，以此来指导我们的行动。获取信息的途径是很多的，除了要学习诸如国家、广东省的中长期发展规划等这样的文件之外，一个重要的途径就是要习惯于读书、看报。当然，我是反对在工作时间看报的，看到有的人上班的时候看报纸，心里总是会有些不舒服。我的意思是希望大家能够形成一个不断学习，不断积累的习惯，我想"书到用时方恨少"这句话，大家一定是深有体会的，所以，各位要学会从书报中学习、向别人学习，不断地充实自己。

记得去年深圳市委书记李鸿忠同志联系我，说他收到了我们学校八十周年校庆期间出版的一套系列丛书，看了以后觉得非常好，说可否再送一些类似的书籍给他。我请几位教授收集了一批共五十多本，包括我自己的一些书，让校办的同志直接送给了李书记。还有中共广州市委林元和副书记，曾经有与他见过面的美国大学教授对我说，他是一个懂得科学、可以与之讨论科学问题的市长（林元和同志时任广州市常务副市长）。再比如当时的中共东莞市委书记、现在的副省长佟星同志，中共珠海市委书记邓维龙同志等等，我在和这些地方政府高级官员的交往中，常常会感到他们视野开阔，知识广博，思考问题很深刻。我想，这绝不仅仅是通过一般的学习、传达文件就能达到的层次，也不是临时补一下课就可以的，特别是他们往往能够在问题的表面现象后面一下子将本质的东西拎出来，这种一针见血的功夫绝对不是天生的，一定是通过平时不断学习、慢慢积累才能达到的。对此，本人也深有感触。

《论语·子张》有"仕而优则学，学而优则仕"这句话，大家可能对后半句比较熟悉，知道前半句的可能就不多了。对其中的"优"字，一般的理解是"优秀"的意思。所谓"学而优则仕"，就是说如果书读得好就可以去做官了。但是按照朱熹的解释，"优"，是"有余力"的意思。我觉得朱夫子的解释是有道理的。他说："仕与学理同而事异，故当其事者，必先有以尽其事，而后可及其余。然仕而学，则所以资其仕者益深；学而仕，则所以验其学者益广。"意思是说，"仕"与"学"虽有不同，但道理是相通的，"仕而学"，"官"可以当得更好，"学而仕"，则可以通过当官检验其学识。

我觉得"仕而优则学"这句话最简切的意思，就是说做官而精力有余，就应该去读读书，做做学问，因此，我觉得"仕而优则学"这句话的境界特别适合在座诸位的情况。大家今天到了这样的位置，读书已经没有功利目的了，作为学校的中层管理干部，希望大家能够在工作之余的闲暇时候"非功利"地读读书，去体会一下读书过程中那种愉悦的心情。

鼓励大家读书还有一个意思，就是希望大家不要忘记自己是一个读过书的人，而且大家现在还在大学里工作，因此就要立志做一个读书人。我对我的秘书就有一个要求：他不一定是一个学者，但他起码应该是一个"读书人"，是读书人，对老师，对学生，对学术，他就会有一种天然的情感，就不会做出一些诸如对着老师、学生打官腔的举动来。我想再说个例子，我与欧广源同志有几次工作接触，深深感受到他作为分管农业的省委副书记，确实是对农业十分熟悉、对农民充满感情，是真心实意地替农民说话，为农民办事。同样的道理，我们的管理人员如果不能对师生充满感情，也就不会急师生之所急，想师生之所想，就更谈不上为师生服务了。所以，我希望大家要做一个读书人，这样才会对师生们有一种"理解的同情"，更好地为他们服务。

今天在座的大部分是新任的副处级干部，所以，接下来我想再专门对诸位新上任的副处级干部们说几句。

民间有句话，叫做"吃饭要吃素，当官要当副"，意思是说副职在一个部门中，上面有正职承担责任，下面有人跑腿、做具体工作，应该是一个悠闲的职位。但事实上，你们可以看看学校的领导，我的体会是，作为校长，我的感觉是"越来越不忙了"，因为学校中大部分事务性工作已经由分管的副校长们完成了，而我则是越来越多地做一些关于学校发展的增量，做一些"加法"，所以，我要感谢副校长们努力而出色的工作。同样，学校里大部分部处的副职也都是既出谋划策、又亲力亲为的干将，正是通过这些人的努力工作，我们的学校才得以正常的运作。在讨论这篇讲稿的时候，我和校办的同事回忆，我经常会直接咨询和布置工作的副职有哪几位，他们说，印象最深的就是人事处和财务处。的确，由于更多地关心人事工作和分管财务工作，我会经常就不同问题咨询两个部门的副处长，反而是与处长见面的机会比较少。此外，我也会经常直接向科技处、医科处和教务处等部门的一些副处长请教问题和布置工作，也都能够从他们那里得到比较满意的结果。我想，这一方面说明这些副职非常熟悉所承担的工作，工作也很努力，同时也说明了这些处的处长们的工作是得力的和成功的，因为他们很好地发挥了副职的作用。

但是，我也知道，在个别的处室，是规定副职不能越级向校领导汇报工作的，我觉得这并不是一个明智的举动。部门领导之间应该加强沟通，相互信任，一种良好的校内工作氛围的关键就在于言路的畅通，否则是不利于提高工作效率的。我想，一个合格的部门正职应该用好自己的副职，要尽可能地让副职独当一面，去处理本部门日常事务性工作，而正职则应该从全局的高度更多地去考虑日常工作以外的增量，思考处理一些边缘性的工作，以及应对突发性的情况，我想，这与校长与副校长的关系是同样的道理。

此外，我还要提醒大家，要有一种紧迫感和危机感，要有随时可能被后来者超越的心理准备，"长江后浪推前浪，一代新人换旧人"，这是自然规律。现在的大学已经成为优秀人才最向往的地方之一，从我们每年招收管理人员百里挑一的激烈程度就可见一斑，新进人员的素质一茬比一茬高，能力和素质也越来越强，他们会有很强的后劲，大家作为"前浪"，一定要不断地充实和提高自己。

总而言之，我是希望大家要牢记自己的责任和使命。有人说，所谓"大师"就是"有匠心、无匠气"之人，意思是说大师的水平是通过自己的学术素养和真才实学体现出来的，而绝不会在生活中流露出一点自以为是的傲气。我想，"做官"是否也可以借鉴一下这个说法，"好官"就是"有官心、无官气"的人。所谓"有官心"，就是要知道自己"是个东西"（或者说"要把自己当作一回事"），要有责任感；而"无官气"，则是要懂得，作为大学的行政人员，说到底是为师生们服务的，千万不要以为自己是一个"官"，"太把自己当回事儿"。行政人员和从事学术研究的专业人士是不一样的，学者有点脾气并不奇怪，人们可以忍受他们身上一些突出的个性。但是，行政人员在工作中是不能容许有太大的脾气、太强的"个性"的。目前，学校对管理人员的招聘，已经形成了一套有效机制，可以说是走出了一条创新的路子，在这个机制下，应聘者的专业背景已经越来越不重要了，考核的关键在于他们的综合素质，要看他们是否能够融洽地与人相处，要求他们在工作中要成为一个"职业化"的人，这是对任何行政工作人员提出的一个基本要求。

当然，在工作中没有"个性"并不等于没有原则和底线，要严于律己，宽以待人，但这条原则和底线是深藏在心里的，中国传统文化提倡的"君子"应具有"外圆内方"的人格，说的就是这个意思。用现在的话来说，就是既要有较高的情商来处理人际关系，又要在内心中有一个心灵的家园和基本的处事原则,这个"外圆内方",应该成为我们大家努力追求的目标。

最后我还是希望大家牢牢记住这样一点:在大学里,教学与科研永远是第一位的,如果说大学的职能部门手里还有一点权力的话,那也只是国家和人民给予的为师生服务的权力,还望诸位善用之。

谢谢大家。

我心中的中大*

——在 2006 年新教职员工岗前学习交流会上的讲话

诸位：

按照每年的惯例，今天，人事处安排我为新上岗的教工作一个讲话，我也很愿意能通过这个机会同大家见面，并把我的一些想法与大家交流。

多年来，我与全校的师生一同经历了中山大学的改革与发展，我深切地感到，我早已深深地爱上了这所学校，早已完全成为一个中大人了。

今天，在座诸位加入到中山大学中来，为这所学校增添了新鲜血液，作为校长，我非常高兴。当然，我们也知道，大家来到中大工作，是一个双向选择的过程，不仅仅是中山大学选择了诸位，同时也是你们选择了中大，说明大家愿意并且喜欢来到这里，相信中大能够为自己提供一个学术事业和人生发展的平台，而且我还以为，这里一定还有着各位与中大之间的缘分。

每个人都有自己的人生目标，我们所共同热爱的中山大学也有自己的办学目标和努力方向。下面，我想谈谈我心中的中山大学，也可以说是作为校长对于心中大学的一个期待和展望。

一、大学的使命与教师的责任

(一) 大学精神与大学的使命

我们知道，大学是时代精神的象征，是社会良知的灯塔，也是人类精神家园和民族文化的守护者。大学应该既体现着某一时代的精神，同时又承载着人类终极的价值追求。只要人类的文明延续，大学前进的步伐就不会停止。

目前，社会上对大学的各种讨论越来越多，但无论如何，我认为大学的本质并没有改变，那就是，大学是以科学思想为基础，是追求真理、创造知

---

* 本文系 2006 年 9 月 1 日在新教职员工岗前学习交流会上的讲话，后刊登于 2006 年 9 月 15 日《中山大学报》（新）第 134 期。

识的地方，大学总是严肃地、批判地把握人类社会发展的一些永恒价值。而大学的功能则是要通过学术性的教学（而不是职业教育或者技术教育）和创新性的科学研究，全面地塑造学生，传承和创造人类的知识与文化，并服务于当下社会。简言之，大学就是要以培育人才、创造知识为根本使命，以服务社会、造福国民为己任。

美国加州大学前校长克拉克教授曾经对1520年以前成立的各类组织做过一个统计，迄今仍以同样的名字存在的，全世界只有85个，其中，70个是学校，15个是宗教组织。追求永恒是绝大多数组织的终极目标，看了这个例子，也许有人会说，大学具有永恒的属性，是可以一直延续下去的。但是，1520年前，世界上的学校一定不止70个，为什么只有70个迄今仍然存在，我想，那是因为它们传承着某种精神，所以我们或许可以得出这么一个结论：那些承载着大学精神的大学才有可能是永恒的。

（二）教学与科研是大学教师的天职

中山大学就是这样一所承载着大学精神的大学。作为中山大学的教师，应该牢记大学的责任和使命，把传承知识、创造知识作为自己最根本的任务，因为这是一个大学教师的天职。

在中山大学，我们要求教学与科研并重。因为，教书与做研究是分不开的，我相信，不做科研的教师是很难成为出色的教师的，也就是说，在中山大学这样的学校，要把书教好，有一个前提，就是要做研究。这里，我想讲一个例子，有一位学生从其他学校转入我校学习，过了一段时间，父亲问他感觉如何，他说中大的老师上课"有意思"，更能吸引自己，为什么呢？他说原来的学校老师总是照着教材讲，而我们的老师没有现成的教材，是"讲自己的东西"。

听了这个故事，我颇有感触。事实上，学术史上的许多经典著作，正是从学者们的课堂讲义演变而来的。我也相信，今天我们中大许多教师的学术论著，出自教学讲义或者通过课堂火花启发完善而形成的，也一定不在少数。我想，这就是中大与一般的教学型学校的不同之处。中大的教师应该具有从事独立研究的实力和志气，中大的教师应该有信心开辟出一片自己的学术天地。当然，大学课堂的主要任务还是传授知识和文化，我们鼓励大学教师独立研究，更多的是希望老师们创造性地传授知识，让我们的学生也学会独立思考，学会批判地继承。总之，教学和科研是中大教师最根本的任务，是天职，诸位必须尽力为之。

服务社会，是大学义不容辞的责任，大学不仅是社会良知的灯塔，同时也是促进经济社会发展的发动机。大学应该融入社会中去，为经济建设和社会发展提供支持与服务，这是我们多年来一直强调的办学指导思想。中山大学的总体定位和建设目标应该是"国际水平，国家需求"。具体而言就是，学校各个学科应该以"国际水平"作为研究方向和建设目标，而其立足点则应该在于解决国家尤其是广东省的经济建设和社会发展的战略需求。更具体地说就是，我们所研究的科学问题应该是从解决国家尤其是广东省的战略需求中提炼出来的，只要是符合这一需求的学科，即使目前还不是我们学校的强项，出于大学对国家和社会的责任，我们也应该在学科规划中适当布局，这是学校应该长期坚持的一个方针。长期以来，我校的发展得到了广东省的大力支持，我们理所当然要为广东省的经济社会发展作出应有的贡献，中山大学要成为广州的名片，广东的名片。

这个问题还有另一个方面，我认为，服务社会，大学当然责无旁贷，但这个功能并不应该全面地落实到每一个教师的头上。大学教师的任务是很明确的，就是教书育人和创造知识。各学院可以而且也应该根据各学科的特点组织老师们承担政府或企业的项目、课题，各位学者可以根据自己的研究，针对当下的社会事件对媒体发表参考性的评论，为社会舆论提供学术性的意见，一些有社会影响力的学者也可以担任校内外的公共学术职务。我曾经在湛江参观过生命科学院的对虾养殖基地，最近还到林芝地区参观了生命科学院的冬虫夏草孕育基地，他们的工作是寓科学研究于服务地方建设当中的，这是非常值得肯定的。总之，我的看法是，对于大学教师而言，服务社会的任务可以与教学科研相结合，与学科的特点相结合，希望诸位量力为之。

在这里，我还想请老师们注意，学校里有个别教师在得到了讲师或副教授职称以后，学术上就不思进取了，以"自己不愿与别人争教授"为借口，不做研究，教学也得过且过，有的还顶着中大的招牌热衷于在外面干私活。我认为，这种做法对自己对学校都是不负责任的。对于中山大学的教师而言，讲师和副教授都应该是过渡阶段，学校之所以会聘一位教师，是在于认为他是一个人才，最后是可以当教授的。如果没有这样的发展潜力，从讲师升不了副教授，这位教师是要离开的。副教授升不了教授的，虽然可以在副教授的职务上当下去，但我们也不希望这样的人太多。在这里，我想表明学校的态度，学校对于每一位教师的聘任，包括在座诸位，都是通过聘任专家委员会严格筛选、讨论通过的。学校相信大家具有学术研究的潜力，应该在学术道路上有更好的发展。如果有个别教师主动放弃以创造知识为己任的学术信念，根据学校教师职务聘任条例的规定，他们将"不适合"继续从事学校教师岗位的工作，学校也不再与他们签订新的聘任合同。关于教师职务聘任的相关内容和规定，大家可以向学校的人事部门进一步了解。

总之，大学不同于企业，不是一个营利组织，如果说获取尽量多的利润是一个成功企业的标志，那么一所大学，则一定是以为社会创造了知识，并培养出了具有创新精神的合格学生作为成功标准的。历史已经告诉我们，若干年以后，人们不会记得一所学校在某个时期曾经有过多少经费，而只会记得这个学校某个时期培养的人才和涌现出的著名学者，我希望诸位为中山大学能够成为这样一所成功的大学而共同努力。

二、我心中的中大

（一）中山大学的气质

大学如果失去精神，就是一所普通的教育机构，大学如果没有文化，那也将是一所平庸的学校，就无法在历史的长河中留下自己的位置。中山大学承载着大学的精神，并且从立校之初就逐渐形成了自己的文化，这就是中大的"气质"。由于地处岭南，中大的气质深受岭南文化的影响，可以说，是既开放又内敛，既维护原则又包容差异。

中山大学是开放的。中大地处广州，而广州是近代中国对外开放的一个窗口，对吸收外来文化有着天然的优势，岭南文化兼具中国文化与外来文化的特点，兼收并蓄，这些都深刻地影响着我们这所学校，影响着生活在大学里的人们。可以说，中大的内外环境让我们具有开放性的特点，我想，在中国大陆，即使目前我们并不是国际化程度最高的学校，但我们起码是比较容易国际化的大学，是放眼世界的大学，因为我们有这样的文化和传统。

中山大学又是内敛和务实的。我想，这一点更加可以从岭南文化的特点中找到依据。广东人务实，喜欢实干而不愿争论，这种文化性格同样影响着我们的大学，中大应该脚踏实地、厚积薄发，而不应去追求一时的"辉煌"。我的看法是，大学不要成为舆论的中心，更不要成为社会上"说事"的对象，所以我认为我们学校的一个重要经验就是"不要出经验"。作为校长，我想，没有什么比在校内拥有一个和谐的氛围更重要了。我们推行的校内人事制度改革，学校的态度是务实和低调的，效果也很好。我想还是那句话，发展是硬道理，只要学校真的发展了，这就够了，经验还是让别人去"出"，只要我们的改革有利于教学、有利于科研、有利于师生就可以了，不必去图那个虚名。

中山大学有自己"有所为有所不为"的原则,即使面临压力,也必须顶住。最近,我们的软件学院接受了评估,评估专家组的一条意见是我们没有按照所要求的那样用企业化的方式来运作软件学院。其实,我们认为,学院与企业合作是没有问题的,但是否应按照企业化的模式运作却是值得探讨的。检验一个学院甚至学校是否成功,其中一个标志就是它培养的学生是否在社会上受到欢迎,人才市场的反应和学院的社会声誉是可以说明问题的。在这件事情上,我们觉得问心无愧,因为我们对得起学生,对得起社会。我想,我们常说的大学的自主性,其本质的含义不仅仅在于它可以做什么事情,更重要的是在于它有能力拒绝某些事情。一个有责任感的大学必须要有自己的原则,要有自己的核心价值,要有一种不随波逐流的品格、信心和勇气。

中山大学还是包容的,海纳百川,有容乃大,这是我们中大更为重要的一种气质。兼容并包是岭南文化重要特征,这种文化性格包容"异类"的存在,允许人们有新的尝试。我们学校有位教授曾经说过:"中大之所以是中大,不在于大,而在于中。""中"指的是对事情把握适度,"中"还包括忠恕宽容的内涵。我想,中山大学就应该以包容的精神,最大限度地发挥教师们的积极性和创造性。当然,大学的包容也是相对的,这里还有一个立场和取向的问题,例如,当我们在关注国家和地方的各方面建设时,就应该有一个正确的取向。我想,正确的取向应该包括以下几个方面:第一,在从事相关的问题和课题研究时,要端正学术立场,提出具有建设性的、有利于国家稳定和发展的对策性意见,而不能添乱,更不能被别有用心的组织和机构所利用。第二,教师在讲坛上和在指导学生的过程中,要把先进的科学、正确的理论传授给学生,用正确的观点、方法去引导学生认识现实中的困难、问题和某些复杂事件,不能误导学生。第三,要充分认识到,我们在大学里必须营造宽松、和谐的学术环境,但是决不能宽容和放任错误的思潮和出格的做法,这两者之间是有根本区别的。对待错误的思想和出格的行为,如果宽容和放任,最终会破坏良好的学术环境,会损害学校的声誉。不能因为满足了个别学者的学术自由而影响了学校大部分学者的学术自由。总之,我们鼓励教师理论联系实际,研究国家和地方经济社会发展中的重大实践问题,我们也将努力营造有利于科学发展和学术研究的良好环境和氛围,但是必须把握正确的方向和导向,这一点是不能含糊的,希望大家对此有清醒的认识。

（二）尊重差异性是大学管理的精髓

上面说到了包容，其实这里面也有尊重差异的意思，下面，我想着重来谈谈大学管理中的差异性问题。

一直以来，我始终在思考大学管理中的差异性和多样性问题。作为校长，在与不同学科、不同教师的交往过程中，我都可以领略到他们各自独特的风采。我本人是学数学的，又长期在以理工科见长的浙江大学工作，初来中大时，我就被中大文科教授们的风采所吸引，他们的博学让我敬畏，觉得就算不能与文科的教授们结成知音，也一定要做他们的朋友。但是过了一段时间，我发现，在文科的领域，也许我只能做他们的学生。学校合并以后，中山大学有了7家附属医院，我又对医生们有了更为直接、更为深入的了解，他们严谨求实的科学精神和维系生命的责任感也经常令我感动。俗话说，隔行如隔山，正是因为如此，在大学管理的过程中，我们应当充分考虑到不同学科所具有的不同的发展规律，充分重视由于学科特点以及发展水平不同所产生的差异，从而制定出不同的学科发展规划、建设模式以及评价标准，绝不能采取"一刀切"的方式。

我的体会是，实行统一管理在某种程度上是十分必要的，但是，统一管理的政策必须是涵盖共性的，是指导性的，而不应该是指令性的，否则，遇到具体问题就不能具体分析，忽视了差异性就容易产生"一刀切"的不良后果。这种差异性其实体现在社会生活的各个方面，比如，国家制定法律，既要制定宪法以及刑法、民法等上位法，同时又允许各地方政府根据各个地区的实际情况制定地方性的法律法规，这就是尊重地区差异性的体现。上个月，我在北京参加一次会议，当讨论到国家宏观调控政策等问题时，与会的一些西部大学校长认为，由于历史的原因，已经造成了西部地区社会经济的落后，现在正在进行西部大开发，西部地区必须抓紧一切时机大力发展，而且发展速度还应该高于全国的平均水平，这样才有可能缩小与发达地区的差距。如果国家的宏观调控政策不区分各个地区的情况，而要求所有地区都把发展速度降下来，那么西部地区的发展将永远无法赶上发达地区。因此，国家的宏观调控也应该根据不同的地区采取不同的政策，有区分地对待。我认为这是非常有道理的。

与国家的管理需要尊重差异性一样，教育管理部门更应该正视大学之间的差异。每一所大学，无论是它的历史传统、地域文化还是所处的历史发展阶段都有各自的特点。因此，教育管理部门应当充分考虑到这种学校间的差异性，除了严格规定最基本的办学条件以外，应该尊重大学的独立性和自主性，给大学提供更广阔的办学空间，为大学创造一个更为宽松的社会环境。

而作为大学的管理者，则必须认识到，尊重差异性是大学管理的精髓所在。这就对大学的管理人员提出了更高要求，他们不但要了解不同学科的特点，了解教授们的工作，而且要成为他们的朋友，甚至成为他们的学生，要做到"心中有人"。只有这样，我们才能为教师提供更好的治学环境，学校也才能形成一个和谐、宽松的氛围。

我想举几个例子。一是学校的人事制度改革，这一制度我们已经实行了3年，今年6月份学校完成了对首次教师聘期的考核工作。在制定人事制度条例的时候，我们有一个说法，叫做"为中才立规矩，给天才留空间"，学校通过各个学科专家组的评议，决定对200多位教授的教学科研工作免予考核，学校下拨特殊津贴而不硬性规定他们的教学或科研工作量，因为大家相信，不管考核与否，这些以学术为生存方式的优秀学者都会认真地去对待自己的学术事业。在制定考核标准时，我们充分考虑了不同学院、不同学科的差异性，学校仅对学院的教学、科研总量进行评估，学院则根据本学院的学科特点制定考核评估标准和实施细则，学校要做的就是为老师们营造一个良好的学术环境和生活空间。

再有就是经费投入的例子，学校经费在重点向科研创新团队倾斜的同时，也为那些由于学科特点等原因从事个人自由探索的"孤独的思考者"以适度的支持，中大希望能够为所有学者都提供发挥才华的舞台，我想，在大学里，如果教授们都能够安安心心、心情舒畅地从事学术研究工作，那才是一所大学的希望所在。

还有一个比较"新鲜"的例子。日前，学校发布了关于申报2007年博士生招生计划的文件，在制定这个文件时，我们考虑到了学校文、理、工、医等不同学科的差异，征求了各方面的意见。但是，对于这个文件，一位文科的教授8月2日给我写了一封信，信中说，她深感中大基础文科优良的治学传统，学风醇正朴厚，这样的学术环境让她对中大产生了由衷的热爱之情，她希望学校在制订新的博士生培养方案时，考虑基础文科的学科背景和实际情况，保护基础文科教授招收和培养博士生的权利。8月15日，我与几位教授讨论这篇讲稿时，向他们提及此事，他们认为可以考虑这位教授的意见，希望学校在新出台的博士生培养机制改革方案中采取措施，充分考虑学校人文基础学科的特殊性，设置保护的底线。我与他们进行了深入的探讨，后来又与研究生院的同志进行了沟通，最后认为，教授们的意见是十分好的，在今年的实施中我们会做局部的调整和弥补工作，明年，学校将会对博士生培养改革的试行方案作进一步修订。

我想，在学校的管理中会经常遇到这类事情，无论是学校的领导还是普通的管理人员，都应该尽量避免"一刀切"的做法，要让尊重差异性这个理念深入人心。

最后，我还想对教师们说，尊重差异性也同样应该体现在教学的过程中。孔子提倡"因材施教"，就是要求老师要根据每个学生的能力、性格、志趣等具体情况施行不同的教育方案，强调的就是要尊重学生之间的差异性。而在我们以往的教育模式中，强调共性过多，强调个性过少，影响了对学生创新意识和创新能力的培养，影响了学生性格的塑造，现在我们提倡的博雅教育，其特征就在于要尊重学生之间的差异。我想，既然大家已经立志以教师为自己的事业，就有必要来探索教学中的各种规律，因为"得天下英才而育之"，既是一件乐事，更是一件责任重大的事。

总之，我阐述这些想法，就是希望让大家牢记，尊重差异性是大学管理的精髓，同时也是大学教学的精髓。

（三）大学应该集中资源为教师提供优质的服务

众所周知，大学在现代社会中的分工就是培养人才、创造知识和服务社会。但是由于历史的原因，我们的大学承担了太多的社会功能。在计划经济的时代，大学要为她的职工提供全面的服务，但是在市场经济情况下，大学必须优化自身的资源配置，集中力量为其教学与科研的根本使命服务。

在暑假期间，我参加了两个附属医院的签约仪式，一个是广州市越秀区政府将原东山区人民医院以及6个社区卫生中心全部移交给我校附属第一医院进行管理；另一个是广州市萝岗区政府投资，全新建设一座医院，交由我校附属第三医院经营和管理。最近又将有一家市级医院纳入我们中大附属医院的队伍，成为我们的一家专科医院。

我举这个例子，说明政府已经看到了专业化管理的重要性，他们并没有认为将原有的医院交给我们的附属医院管理以后，自己会有什么损失，相反，他们相信，在由专业医院统一整合资源后，新的医院会管理得更好。

因此我想，我们大学必须要继续改变学校办社会的局面，从而集中资源为教学和科研服务。最近，教育部下发了关于高校产业规范化的文件。近年来，我们学校也一直致力于后勤、产业向社会化转型，包括我们将校内的电话所取消，将电话业务推向市场管理；将有线电视业务从原来工会管理推向专业机构管理；等等。这些措施作为后勤社会化的一部分，只是学校资源优化配置的开始，今后我们应该把步子迈得更大一些。暑假期间，我参观了广州电信公司的总部，向他们请教了校园网络建设等有关问题。其实，学校与专业机构在技术水平上是不可同日而语的，我想，我们是否可以考虑将学校网络等信息平台通过某种形式交由社会的专业企业来管理，如果这样，将不仅可以实现校内资源的优化配置，节约管理成本，而且通过更为专业的社会企业管理，师生们也可以得到更为优质的服务。

同样的道理，学校的修缮、园林等服务，也可以像委托物业公司一样逐步委托给社会企业来管理，这样，学校庞大的机构才能逐渐小起来，运作成本才可能降低，大学才能够集中力量做应该做的事情。

此外，大学服务社会的功能，也不一定完全直接由大学作为主体来实现，应该考虑通过其他渠道来完成。8月初，我校通过了国家大学科技园的评估认定工作，学校经过研究，决定成立大学科技园股份公司，通过公司化的专业运作，来实现教师科研成果的技术转移和专利转让，从而为学校承担服务社会的功能。总之，学校的这些做法和想法，就是要优化配置现有资源，集中力量为教学和科研工作服务。

三、我心中的中大人

（一）中大人要立志

在座诸位都是青年才俊，你们能够进入到中山大学工作，都经历了重重筛选，我知道在党政部门工作的一些同志，是需要通过几轮的笔试、面试才最后入围，是百里挑一的人才。希望大家珍惜现在的工作，新的环境可能遇到新的困难，我相信你们有信心、有能力去面对、去解决。站在学校的角度，我希望所有的中大人共同努力，为中大的事业尽一份心力，为中大的发展贡献自己的力量，这是我们的责任。

当然，我也想提醒诸位，成为中山大学的一员，是有合约的约束的，从事教师的工作，必须要通过学校对大家在教学以及科研方面的考核；从事行政工作的，也必须达到所在岗位的工作要求，如果不合格，那么，三年以后，就有可能会被认为不适合从事学校的岗位而淘汰。希望大家在入职开始就充分了解学校的考核制度，明确自己的责任和使命，并认真加以对待。

（二）中大人要学会相互欣赏，构建校内的和谐氛围

中山大学是一个整体，在这个整体中，每个人都是其他人的外部环境，和谐的整体正是由每一个"互为外部环境"的个体共同营造的，有赖于其中每一个个体的共同努力。但是，知识分子往往有"文人相轻"的毛病，学科之间、学科内部也容易存在相互轻视，看不起对方，甚至互相诋毁的情况，这是很不好的现象。我曾经提出过，教授、学者之间应该相互尊重、相互欣赏，要承认学科之间的差异，尊重别人研究的学问。现在，我觉得，这种"相互尊重"、"相互欣赏"的品质应该是全学校共有的品质，不仅教师、管理人员内部要互相尊重，而且教师与管理人员之间也要相互尊重，教师与学生之间更要相互尊重，因为只有形成这样一种氛围，才能有助于营造宽松、和谐的校内工作环境，有了这种环境，我们才能实现学校发展的目标。

（三）中大人要明确自己的定位，维护大学的声誉

大学老师应该具备"崇教厚德，为人师表"的品质。"师者，传道、授业、解惑也"，在学生面前，我们应该既是传授学生知识的"经师"，又是教导学生做人的道理、帮助他们树立正确人生观和价值观的"人师"。大家要知道，师生关系并不仅仅是简单的"权利与义务"的关系，如果只是这种关系，学生们就感觉不到那一份师爱了，我们培养的就可能只是些没有爱心和奉献精神的人了。教育事业是神圣的，教师的职业是光荣而崇高的，只有那些对学术抱有兴趣，愿意献身于学术，献身于教书育人事业的人，才能够参加到这个学术的共同体中来，所谓"师道尊严"，这是我们所有中大人应当共同维护的一个核心价值。

然而，当前的社会舆论似乎并不利于维护大学的这一核心价值，例如，针对教育收费的问题，媒体似乎都热衷于报道境外大学的高额奖学金，那么他们有没有看到这些大学高昂的学费和生活费用呢？在报道境内学校的教育费用时，媒体总是单方面地强调学生家庭因学致贫，他们又是否看到了各级政府和学校为保证不让贫困学生们失学而做的工作和努力呢，是否看到了孩子们在接受高等教育之后，他们以及他们家庭的生活发生的变化呢？我想这样的报道有失偏颇，是容易误导社会的。这让我联想起我曾经讨论过的媒体对医患关系的一些报道，要知道，正如不正常的医患关系不利于医生对患者进行医治一样，目前不公正的舆论环境也同样不利于教育事业的发展。舆论要有一个正确的引导，媒体要向民众传达的，是要正确认识到政府的有限责

任，不要把因学致贫、因病致贫都笼统地认为是社会责任，都应该由政府、大学以及医院来"埋单"，因为这种对政府和社会的过高期望，往往会转而导致一种对政府和社会的不信任，有可能激化社会矛盾，引发社会不稳定的因素。

大学的荣誉需要所有大学中人的共同维系。下面，我想对行政管理人员再提几点要求。首先希望大家记住，在大学里，教学和科研永远是第一位的，因为大学的特质决定了大学行政人员从事的就是辅助性的工作，行政工作必须从属于教学和科研工作，是服务于它，这是职业的要求。既然我们的行政人员选择了这个工作岗位，就必须遵守这个职业最基本的入行条件，这个要求是刚性的，是没有讨论余地的。

同时，我也希望在座的行政管理人员忙碌之余能够多读些书，不要忘记自己是一个读过书的人。同志们现在在大学里工作，应该要立志做一个读书人。虽然你不一定是一个学者，但应该是一个"读书人"，是读书人，对老师，对学生，对学术，就会有一种天然的情感，就不会做出一些诸如对着老师、学生打官腔的举动来。我们的管理人员如果不能对师生充满感情，也就不会急师生之所急，想师生之所想，就更谈不上为师生服务了。所以，我希望大家要做一个读书人，这样才会对师生们有一种"理解的同情"，更好地为他们服务。希望诸位保持有一颗对学术的敬畏之心，善待学生，尊重教师，尽最大的努力为他们服务。

最后，希望大家能够尽快融入新的生活中去，同时，我还希望大家更多地了解我们的学校，因为我觉得，你越是深入地认识自己的学校，越是融入她的生活和工作之中，你就会越深切地热爱上她。

祝大家身体健康，家庭幸福，事业有成！

谢谢各位！

黄达人演讲录

在中山大学中山医学院 140 年庆典上的讲话*

尊敬的韩启德副委员长、黄洁夫副部长、蔡东士副书记、姚志彬副主席、唐豪副秘书长，

各位领导、各位嘉宾、各位校友，

老师们、同学们、朋友们：

今天，我们在这里隆重举行中山大学中山医学院 140 年庆典。我相信，此时此刻，中山大学的全体师生和医护工作者们，原中山医科大学、原中山医学院及其前身院校的广大海内外校友们，都一定沉浸在喜悦和自豪之中。

在这里，请允许我代表中山大学全体师生员工，尤其代表中山大学医科的全体师生员工和广大医护工作者，向长期以来支持中山大学医科事业发展的各位尊敬的领导，向远道而来的各位嘉宾和海内外校友们表示最热烈的欢迎和最衷心的感谢。

中山大学医科 140 年的历史，是中国现代医学发展的一个缩影。这里是中国西医的发祥地，也是现代中国医学教育最早开始的地方。

原中山医科大学的三所前身院校，均有着悠久的历史。原中山大学医学院前身为广东公医医科专门学校，创办于 1909 年，1925 年并入广东大学，为广东大学医科学院。1926 年改名为中山大学医学院。

原岭南大学医学院前身为建于 1835 年的博济医院和 1866 年开办的博济医学校。这就是中国西医和中国现代医学教育的开始。1879 年，博济医学校改名为博济医院南华医学校。1886 年，孙中山先生以孙逸仙之名入校学医，从事革命活动。"孙逸仙博士开始学医及革命运动策源地"纪念碑迄今仍矗立在我校附属第二医院。1931 年，博济医院归并岭南大学。1936 年正式成立孙逸仙博士纪念医院，即岭南大学医学院。

原广东光华医学院前身为建于 1908 年的广东光华医学专门学校，1929 年正式定名为广东光华医学院。

1954 年，由上述三所医学院合并，成立华南医学院，1957 年 3 月，命

---

* 本文系 2006 年 11 月 12 日在中山大学中山医学院 140 年庆典上的讲话，后刊登于 2006 年 11 月 20 日《中山大学报》（新）第 139 期。

名为中山医学院。

中山医学院的组建,是新中国成立以后中国医学教育一个里程碑式的事件。从1955年至1984年,杰出的医学教育家柯麟同志曾先后任院长长达15年,柯麟院长融会、吸收三校的优秀学术传统和办学精华,团结了一大批国内医学界的精英。病理学家、中国科学院生物学部委员梁伯强教授,放射医学专家谢志光教授,寄生虫学家陈心陶教授,眼科学家陈耀真教授和毛文书教授,病理学家秦光煜教授,生理学家林树模教授,内科学内分泌与代谢病专家周寿恺教授,儿科学家钟世藩教授,内科消化学病专家陈国祯教授,内科肾病学专家李仕梅教授等一批在中国现代医学发展史上具有奠基意义的一级教授曾长期在学校工作,开创了中山医学院在20世纪50和60年代的辉煌。1961年,中山医学院被确定为卫生部直属全国重点医科高等院校。在此期间,肿瘤防治中心、第三附属医院以及中山眼科中心等一批附属单位相继组建,中山医学院的科研成果层出不穷,人才培养成果显著,为中国医疗卫生事业的发展和广大人民的健康作出了杰出的贡献。陈心陶教授在血吸虫防治方面的科研成果,有效地控制了当时中国南方血吸虫病的流行,使无数民众免于病痛,并多次得到了毛泽东主席的亲切接见。陈耀真教授和毛文书教授在眼科学方面的研究也取得了突出成就,由他们创建的眼科医院在当时就是中国最好的眼科专科医院,在此基础上还成立我国第一个集高等教学、临床医疗、前沿研究和防盲治盲多种功能于一体的中山眼科中心,在中国眼科学的发展史上具有重要的意义。

前辈的功绩锻铸了中山医学院辉煌的昨天,同样也是作为后辈的我们不懈前行的精神动力。今天,我们在这里举行庆典,首先就是要向这些先贤们致敬,我们现在所取得的每一分成功,都是与他们的智慧,与他们的辛勤劳动分不开的。让我们深切缅怀为中山医学院的创立、发展和壮大作出贡献的先辈们!

1985年,中山医学院改名为中山医科大学,邓小平同志亲笔题写了校名。在新的历史时期,中山医科大学的事业也与时俱进,在教学、科研以及医疗等方面取得了重要的成就,成为医学科学研究和医学教育在中国南方的一个重镇。

2001年10月26日,在中国高等教育快速发展的大背景下,中央和广东省决定,原中山医科大学与原中山大学合并组建新的中山大学,两所同样以孙中山先生的名字命名的中国著名学府血脉交融,走到了一起,中国南方的医学科研和医学教育从此开始了一个新的篇章。

两校的强强联合，为中山大学注入新的活力，目前，中山大学已形成了文、理、医各学科三足鼎立的局面，医科的成就为中山大学在学术界和高等教育界地位的提升起到了举足轻重的作用。从并校之初开始，新中大就一直在探索综合性大学背景下医学教育、科研和医疗卫生事业发展的新路，努力在基础医学与临床医学的结合上下功夫，实施国际化的发展策略，提高国际竞争力，不断地提高医科的教学质量，提升医科的科研水平和医疗水平。五年来，中山大学医科在原中山医科大学奠定的良好基础上，取得了新的进展，实现了新的跨越。

两校合并以后，我们考虑到"中山医"这块牌子在海内外享有广泛声誉，在设立中山大学医学部的建制时，保留了"中山医学院"的名称。最近，我校进行了医学教育机构和职能调整，重新设置了临床与基础教学结合的中山医学院的组织架构，为我校临床医学与基础医学研究的交融提供一个良好的平台。我们的目的，就是希望不仅要永远保留"中山医"这个牌子，而且要通过不懈的努力，把这个牌子擦得更亮，要让"中山医"成为享誉海内外的金字招牌。

我校尤其重视医药学科与其他学科的交叉与融合。2002年6月成立了药学院，该学院以生命科学学院药学系、化学与化学工程学院以及医学院有关药学科学研究的资源为基础，依托学校的学科综合实力组建而成，是两校强强联合的结晶。药学院的成立使我校的学科体系更趋完善，同时也给广东省乃至我国的药学研究领域注入了新的活力。

"十五"期间，经过国家"211工程"和"985工程"的重点建设，中山大学医学重点学科建设取得了长足的发展，总体优势明显。现有肿瘤学、眼科学、药理学、神经病学、外科学（普外）、内科学（肾病）等6个国家重点学科和一批广东省重点学科。2004年，我校获教育部、国务院学位委员会批准，成为首批开办八年制医学教育，即医学博士学位的学校之一。

"十五"期间，我校医科科技成果共获得124项省部级以上科技奖励，其中国家自然科学二等奖1项，国家科学进步二等奖4项。"十五"期间医科发表科技专著近200部，论文9300余篇，其中被SCI收录近500篇。

"十五"期间，我校医科年度获准的科技项目及经费数逐年增加，"十五"科研总经费相当于"九五"期间的3倍多，国家自然科学基金项目和经费也有了快速增长。学校承担重大科研项目的能力得到了进一步提高，今年，我校医科已获得3项国家自然科学基金重点项目，在最近的"十一五"国家"863项目"申请中，医科各单位也显示出非常好的竞争力。

"十五"期间,我校医科的人才队伍和科研基地建设取得了显著成就。新增中国科学院院士1名,教育部"长江学者奖励计划"特聘教授3名,国家杰出青年科学基金获得者5名。新增华南肿瘤学和眼科学两个国家重点实验室。

"十五"期间,我校医科的科技成果转化工作取得了重大突破,2004年8月9日,中山大学达安基因股份有限公司成功上市,成为广东高校唯一一家上市企业。

"十五"期间,我校附属医院的各项事业取得了长足进展,中山大学附属医院系统已形成了一个完整的医疗协作网络体系,其规模和医疗水平都已迈上了一个新台阶。我校接管了珠海医疗中心和黄埔区人民医院;最近,又接管了原东山区人民医院,并将与萝岗区举办合作医院,为地方卫生医疗事业的改革和发展作出了新贡献。

2003年3月,广东"非典"爆发,中山大学是全国受到SARS疫情最早、最严峻挑战的高校,也是与SARS抗争时间最长的高校,涌现出了一批如邓炼贤烈士、范信德烈士为代表的优秀医护工作者。与此同时,中山大学整合全校科研力量,积极主动开展抗击SARS的科技攻关工作,为抗击"非典"作出了重大贡献。

各位领导、各位嘉宾、各位校友,老师们、同学们、朋友们,一直以来,国家卫生部、广东省长期支持原中山医科大学的建设与发展,原中山医科大学是卫生部与广东省共建的"211工程"重点建设高校。两校合并以后,国家教育部与广东省人民政府签署了共同建设中山大学的协议,我校进入了"985工程"重点建设的行列。值此庆典之际,请允许我代表中山大学,向国家卫生部、教育部、广东省委、省政府以及广东省的教育卫生主管部门,长期以来对中山大学以及中山大学医学事业发展给予的大力支持,致以衷心的感谢!向一直关爱着中山大学以及中山大学医学事业发展的各级领导、各界朋友和海内外广大校友们致以崇高的敬意!

各位领导、各位嘉宾、各位校友,老师们、同学们、朋友们,140年在漫长的历史长河中只是短暂的一瞬,但对于中山医学院而言,对于中山大学医科而言,140年却足已承载我们的荣耀,足已承载中山大学医科先贤们为中国的医学教育、科研和医疗卫生事业发展所付出的艰辛努力和获得的卓越功勋,也足以令我们满怀信心,沿着先贤的足迹,去开创中山大学医科更加美好的未来。

今天,我们正身处中山大学医科发展进程中的重要时期。一方面,党和国家已经提出了建设创新型国家的战略目标，国家对科学研究的重视已经提到了前所未有的高度；另一方面，随着我国国民经济的日益发展，广大人民群众正越来越强烈地关注国家医疗卫生事业。我们正面临着千载难逢的历史机遇，同时也面临着严峻的挑战。逆水行舟，不进则退。在我们肩上，担负着中山大学以及中山大学医科未来发展的历史责任，同样也担负着中国医学教学、科研和医疗卫生事业发展的重任。我们坚信，凭着全校7000多医科教职员工和医护工作者的共同努力，凭着近12000名中大人的不懈进取，有着悠久历史和光荣传统的中山大学医科事业必将再攀新的高峰，在医学教育和医学科研领域抢占新的制高点，取得更加辉煌的成就。我们坚信，中山大学医科必将在中国乃至全人类医学事业的发展进程中占据更为显著的地位，作出新的更大的贡献。

谢谢大家。

中山大学对于我们一生的意义*

——在 2006 年学位授予仪式上的讲话

各位同学、各位校友：

今天，我们在这里隆重举行每年一度的中山大学学位授予仪式。首先，我要向学位获得者们致以衷心的祝贺，向前来观礼的同学们、朋友们表示热烈的欢迎。

礼仪文化是大学文化的重要组成部分，是大学塑造学生成人、进行人文教养的重要载体。在这庄重的仪式中，"大学精神"得以融入生命之中，神圣与崇高得以永恒见证。学位授予仪式的完成，代表着诸位大学生涯的完满。此刻，你们将被永远定格在中山大学的记忆之中。

同学们，校友们，明天是孙中山先生创办中山大学 82 周年的纪念日，也是孙中山先生的诞辰日，学校将在北校区隆重举行中山大学中山医学院 140 年庆典活动。在这校庆期间，我们举行中山大学学位授予仪式，就是希望大家要深刻意识到"中山大学"这四个字对于自己一生的意义。作为中山大学的学生，你们理所应当为拥有"中山大学"这个名字而感到光荣和自豪。同时，你们身上也担负着母校的殷切期望，更应该要通过自己的努力，为这个名字增光添彩。

我认为，中山大学的学生要有一种社会使命感和荣誉心，要树立起做大事的"舍我其谁"的气度与抱负。82 年前，在学校的第一次毕业典礼上，孙中山先生曾向毕业学生致训辞：

> 学海汪洋，毓仁作圣，
> 大学毕业，此其发轫。
> 植基既固，建业立名，
> 登峰造极，有志竟成。
> 为社会福，为邦家光，
> 勖哉诸君，努力自强。

---

* 本文系 2006 年 11 月 11 日在 2006 年学位授予仪式上的讲话，后刊登于 2006 年 11 月 30 日《中山大学报》（新）第 140 期。

我想，中山先生的训辞至今仍然有着重要意义。当前，大家正处在人生旅途中一个全新的起点，现在正是你们施展自己才华、奠定事业基础的大好时机。诸位要有"建业立名，登峰造极，有志竟成"的志向，要继承和光大中山先生"天下为公"的精神，"为社会福，为邦家光"，要成为中大精神的传承者，成为母校的荣耀，成为国家和民族的脊梁。

大学时光应是一生中最弥足珍贵的记忆，一代代中大学子都把最美好的青春留在了校园，与这里的花草树木一起春华秋实。今天，诸位走出了校门、走向了社会，此刻，作为校长，作为老师，我还有一些希望：

首先，希望大家能在逆境中保持坚韧不拔的意志，锲而不舍。未来的道路不会一帆风顺，挫折随时可能不期而至，如何对待事业和生活中的困难将是人生能否成功的关键。希望大家永远葆有一个值得追求的理想，并将它践行于世，在这个过程中，你们会发挥自己的才干，实现自己的抱负，并学会去享受工作给自己带来的快乐，学会去享受在工作过程中不断闪现的自我实现的瞬间。

其次，希望同学们在走出校园之后，要有甘于为社会作贡献的道德心和责任感。作为国家培养出来的高层次人才，国家和社会要求你们承担起更多的责任，勇敢地在国家和人民需要的时候站出来，为国家的富强和民族的昌盛作出自己的贡献。无论你们将来从事何种职业，都希望大家谦虚谨慎、求真务实、不辱使命。

80多年前的1923年，中山先生在我身后的怀士堂曾经发表过著名的演讲，希望学生立志，要做大事。在演讲的最后他说："我贡献诸君的，就是要诸君立志，要有国民的大志气，专心做一件事，帮助国家变成富强。这个要中国富强的事务，就是诸君的责任；要诸君担负这个责任，便是我的希望。"我想中山先生的话，也正表达了我此时此刻的心情，这也正是我对于大家的希望。

最后，祝各位前程远大，事业精进。

谢谢大家。

关于学校发展规划的若干考虑*

——在第六届教代会第四次会议上的讲话

各位代表：

本次教代会的议程主要是讨论学校的发展战略规划等三个规划，关于学校的发展战略规划，我的考虑主要有以下几点：

一、关于学校发展的战略目标

在此次制定的学校发展战略规划中，明确了我校的总体发展战略目标是："立足广东，面向全国，放眼世界，按照综合性、研究型、国际化的办学思路，力争到2024年建校100周年时，把我校建设成为居于国内一流大学前列，具有国际影响的高水平大学。"

这一目标，并未改变我校原来所确定目标的基本含义，只是在表述上进行了一些调整。之所以作这样的调整，我们的考虑是："综合性"是我校已经发展形成的形态，并且是大学的一种类型；"研究型"是我校已经具备的实力水平，同时也是一种大学的层次类型；"国际化"则是现代大学的发展选择，这三者构成了一种大学的办学思路。考虑到在表述上尽量做到精练和简洁，我们认为，"建设居于国内一流大学前列，具有国际影响的高水平大学"，应该可以作为对我校发展战略目标的一个描述。

二、关于学科建设和科研体制改革

我校一直强调学科建设在大学发展中的重要性。在学科建设方面，我们有"一个龙头、两个强调、三个注重"的提法。"一个龙头"，即以重点学科建设为龙头，带动全校学科建设；"两个强调"，即基础研究强调国际学术前沿和国际学术水平，应用研究强调解决国家和地方的重大问题，为经济

---

* 本文系2006年11月18日在第六届教代会第四次会议上的讲话，后刊登于2006年11月30日《中山大学报》（新）第140期。

建设和社会发展服务；"三个注重"，即注重凝练学科方向，注重汇聚学术创新队伍，注重构筑学科交叉的高水平学科科研平台。

我们始终强调大学要融入社会，要为国家的经济建设和社会发展提供支持与服务，这是学校多年坚持的办学指导思想。也许有人会说，这是应用学科的事情，基础学科的情况有所不同，应该主要从事"自由探索"的科学研究。就这个问题，我想特别举一个例子。昨天，我陪同佟星副省长参观光电材料等技术国家重点实验室，遇到了理工学院的一位著名教授，我问他，目前论文发表情况如何，他说，以目前的情况，发表论文已经不是最重要的目的了，最近他正在筹备一个论坛，准备对国家目前可能遇到的战略性问题进行研讨，希望能够从中提炼出科学问题，然后组织相关领域、拥有共同兴趣的学者们，让他们与自己的"自由探索"结合起来，一起进行有针对性的合作研究，只有这样的合作研究，才能形成自己的特色。他说，以往人们都认为，科学研究就是科学家根据个人兴趣去研究一些有科学价值的问题。但是，实际上，科学家的研究还必须承担社会责任，因为科学家是在使用纳税人的钱，有责任去解决国家与社会所面临的各种问题。他认为，所谓"自由探索"，并不是无目的的研究，更不能为了发表论文而"跟风"，这样的研究是没有意义的，基础研究可以而且也应该瞄准对国家发展有重要作用或重大应用前景的问题，要持之以恒，才能有真正的贡献。他还认为，"科学发展观"的概念具有十分积极的意义，有责任感的教授应该贴近社会，去考虑将国家面临的重大问题与自己的研究相结合，"科学发展观"的理念应该融入科学工作者的思想当中去。

这位长期从事基础领域研究的学者能够对科学家的社会责任有如此深刻的认识，我非常振奋，也十分欣慰，可以说，他说出了我的心里话。我曾经在院长会上不断呼吁，中山大学的教授们要放眼校外，要关注社会、关注民生，要将研究的立足点放在解决国家尤其是广东省的经济建设和社会发展的战略需求上，这是我们学校应该长期坚持的一个方针，也是我们应该坚持的办学特色。

三、关于校区发展规划与定位的设想

目前我校共有4个校区，面临着多校区办学的局面，我们在多校区办学管理模式上的探索取得了很好的成绩，得到了国内高等教育界的好评，但是也应当看到，多校区也带来了特定的困难。这次在发展战略规划中对校区的定位作了这样的表述:"从各校区实际出发,遵循各有侧重、动态调整、逐步完善的原则,规划和调整4个校区的定位。推进珠海校区办学模式和管理体制的转型;推进广州3个校区结构整合,建立布局优化、结构一体的大广州校区体系。"

对于上述校区定位的表述,我想着重讲两个问题,也可以说是我对学校未来发展的一个设想:

(一) 关于学校办学模式的设想

大学的改革不仅仅要革新学校内部管理体制,而且可以从大学发展的整体模式上进行改革。

多校区办学存在天然的缺陷,这是我国高等教育界的一个共识。多校区这一现状的产生,是历史的产物,并不是学校"规划"出来的,甚至可以说,是"不得已而为之"而形成的一个局面。

我清楚地记得,1998年,中国高校开始扩招,如果没有新的办学空间,中山大学是无法完成国家和广东省下达的扩招任务的。为了解决办学空间问题,我们经历了一个到处寻找的过程。先是在广州市海珠区寻找,然后是在广州市更大的范围内寻找,我自己就曾经去过从化,去过南海,寻找适合学校发展的用地。后来是当时王珣章校长与珠海市的领导达成了共识,在珠海市筹建珠海大学的地方,建设我校新的校区。1999年9月,我校与珠海市人民政府正式签约,开始建设中山大学珠海校区,2000年9月,珠海校区正式开学。2003年,广东省委省政府下达任务,要求我们进驻广州大学城,并对我校提出扩招的要求。

珠海校区和广州大学城校区的建立,对于中山大学的长远发展而言,是具有里程碑意义的大事,新的校区极大地拓展了中山大学的办学空间,也为中山大学在新世纪的跨越式发展奠定了物质基础。但是,多校区管理毕竟存在着一些固有的问题,我们也必须正视这些存在的问题,例如,办学成本的提高,学校管理的困难,对教师授课造成的不方便,校园文化建设有可能遇到问题,对师生员工的凝聚力也可能造成一定的影响等等。特别是进驻广州东校区以来,学校在珠海校区教师住宅、土地使用等方面感受到了来自珠海的压力。就这个问题,我也与学校其他领导在各种场合向珠海市进行了说明,由于2003年广东省下达了中山大学进驻广州大学城并完成扩大招生的任务,并要求学校在2007年内使在大学城中的学生规模达到2万人,这对中山大学在珠海校区扩大招生和成立整建制学院的布局进度确实产生了一定的影响。目前，广州东校区的建设已经取得了一定成果，学校将可以有精力来兑现当初对珠海市的承诺。

然而在学校内部，我们对4个校区的定位仍然在慎重考虑，大家也许已经注意到，我们在规划中使用了"动态调整"的说法，说明学校对校区的明确定位还是一个过程。但是，对于学校发展整体模式的改革我还是有一些个人的想法，我想借此机会与各位交流一下。

1. 构建类似美国加利福尼亚大学（University of California，U.C.）系统的大学体系。

改革开放以来，广东一直是全国经济发展的领头羊，去年，广东经济总量占全国的比重已达到1/9，预计到2020年广东经济总量可占全国1/7强。如果以美国作为对比，广东在中国的地位与加州在美国的地位相似。作为地处广东的国家重点大学，我深感中大有责任去为广东的高等教育发展作出自己的贡献。在加州，U.C.作为美国最好的公立学校之一，建设了10所大学，U.C.系统的许多分校都是赫赫有名的，实际上，U.C.系统的这些高校也为加州的高等教育乃至社会经济的发展作出了巨大的贡献。我想，相对于U.C.在美国加州的作用，中山大学在中国广东也应该发挥更大的作用，二者是具有可比性的。我们应该借鉴U.C.建设大学系统的经验，在广东承担起类似U.C.在加州所承担的责任，要成为引领广东文化教育，推动广东社会经济发展的重要力量，进而为中国的社会经济发展作出更大的贡献。我们必须要有这样的气度和决心。

珠海校区在办学模式和管理体制的转型上，我想，是否就可以考虑采用U.C.建设系列大学的模式，朝着"中山大学（珠海）（SYSU – Zhuhai）"或"中山大学珠海分校"的模式发展。经过努力，目前我们已经在珠海建设了旅游学院、翻译学院、国际商学院，正在筹建海洋学院等整建制学院，逐步建立完整的人才培养体系。我们可以考虑使珠海分校逐渐自成体系，淡化"延伸管理"，在教师聘任等方面采用新的管理模式，大学总部可以向分校任命"分校长"，分校长将具有比目前校区管委会主任更大的决策权、管辖权和独立性。

在珠海校区建设的整建制学院，应该注重面向地方经济建设，促进区域经济的发展。广东海岸线长达3380多公里，广东省既有雄厚的经济实力，又有丰富的海洋资源，中大理所应当为广东建设"海洋大省"作出自己的贡献。正在筹建的海洋学院，建设初期以海洋生物技术为主要研究方向。教授们认识到，自古以来国人就有"上九天揽月，下五洋捉鳖"的梦想，现在"上九天揽月"的步伐已经开始迈出，但是如何深入"五洋"探宝却似乎还缺少门路，因此，海洋学院未来的研究有可能朝着"深海海洋工程"的方向，争取得到国家的支持，建立与企业（例如中海油公司）的合作研究关系。同样地，依托珠海毗邻港澳的优势，旅游学院也可以挖掘培养潜力，大胆吸收、创新，尝试开设休闲业的专业方向。

此外，既然我们在珠海是按照分校的模式建设，就不存在学院、专业在各校区不能重复的问题。因此，我们可以根据学科发展需要，特别是根据珠海的需求来组建学院。这样，我们就可以依托中大的学科力量，结合珠海的特点，建立起一个全新的校园——中山大学珠海分校。需要强调的是，珠海分校同样是按照高水平大学的标准来建设的，仍然是一所"原汁原味"的中山大学，招生的录取分数线与广州校区是统一的，仍然在重点线以上，把它建成与中山大学（广州）同一水平的名校，是我们的责任。有了"中山大学珠海分校"的经验，将来的中山大学就可以考虑不断地拓展，根据学科的发展需要，特别是根据广东省各地市的实际特点，建设各地分校，最终形成一个类似 U. C. 系统的中山大学系统。当然，这是一个远景，是一件比较遥远的事情了。

2. 树立"大都市意识"，构建大广州校区体系。

按照上述思路，中山大学（广州）将成为学校的本部，广州的 3 个校区将进一步整合，而不强调某一个校区的功能或分工，中山大学（广州）（SYSU – Guangzhou）将成为大广州校区的统一名称。

这里我想强调的是，目前广州的经济建设和社会发展是朝着国际大都市的目标发展的，但是我觉得，广州人似乎还没有建立起作为国际大都市人应有的心态。现代都市的空间距离不断扩张，人们活动的时间半径也越来越大，我们就必须在心态上去习惯这种由于空间距离扩大而产生的时间半径。举个最近的例子，我们的教务处长刚从北京大学参加会议回来，他说有一件事对他触动颇大，他在北大工作的同学邀请他去家里做客，说家就在北大附近，很快就到。结果两人上了出租车，一路畅通地开了近半个小时还没有到，广州的就问北京的说，怎么这么远还没到，北京的回答说，半个小时车程怎么能算远，我住的地方已经是北大附近了，在北京一个小时以内的车程都算近的啊。据我所知，教育部的工作人员中有许多人上班都是要用一个小时甚至一小时以上车程的。我想，用这例子来说明心态问题再合适不过了。

还有同学提出所在校区"住校教师少的问题"，同学们的初衷是担心没有教师的指导，学校里难以形成良好的学术氛围，这是可以理解的。但是我认为，大学学术氛围的形成并不在于教师是否住校，而是在于校园内师生们是否有良好的工作、学习条件，是否有高水平的学术机构和学术活动，我相信，有条件一流的实验室、有高水平的学术活动，就应该能形成良好的学术氛围。前不久，我接待法国奥委会副主席、巴黎第五大学教授嘎里恩博士时，他对我说，十分羡慕我们在市区里有这么大的校园，在巴黎，市区里是不可能想象有如此大面积的大学，学生们都不住在学校里，更不要说教授们了。可见，大学是否具有学术氛围与老师甚至学生是否住校并无必然关系。

从另外的角度来说，即使教师住在校园里，也不一定就会到教室、到宿舍去与学生面对面接触的，这可能仅仅是同学们心理上的一种感受，需要我们的学生管理干部给予解释。

我之所以大篇幅地讲这个问题，就是希望大家能够接受并且培养一种"大都市生活"的心态，如果大家能够习惯于站在"大广州"的角度上看待我们分布并不遥远的3个校区，那么，我们的大广州校区体系的概念也就会被大家逐渐地接受，接受了这个观念，也就接受了中山大学（广州）作为一个统一体系的观念了。我想，这对于学校的管理来说，无疑将起到积极的作用。

（二）关于医科发展规划的考虑

上个星期，我们隆重举行了中山大学中山医学院140年庆典，活动非常成功，也让我回想起了几年来对医科发展规划的一些思考。

长期以来，我校的医科教育只是局限在200余亩的土地上，医学教学和科研的发展在空间上受到了很大的制约。庆典大会当天，我在局促的北校区运动场，看到周围林立的高楼大厦，心中总有一种压迫感，面对台下的医学生们和中山医的校友，我心里有一种说不出来的滋味。

中山大学的医科开启了中国近代西医学教育的先河，140年来，虽然历经沿革，但医科在办学空间上始终没有大的突破。然而，现代医学特别是临床医学的迅速发展，客观上要求基础医学提供更强大的理论和实验支撑。我校医科的发展必须坚持基础医学和临床医学相结合的道路，临床医学离不开基础医学的支持，基础医学也需要临床医学不断地提出问题，才会有更好的发展。只有这样，我们才能让"中山医"这块金字招牌发挥更大的品牌效应。但是，目前我校基础医学日益发展的扩张性需求与医学教育局促的办学空间之间的矛盾越来越突出，我深感这可能将成为制约我校医科发展的主要矛盾。

在医科庆典活动期间，来自中央和卫生部的领导同志也曾主动询问，为何中大不考虑为医学教育寻求新的更大的空间，比如利用新建的广州大学城校区为医科拓展空间。我听了以后，感慨万分，我向各位领导回忆了当初的过程，遗憾的是，时至今日，为医科拓展空间仍然是我的一个梦想。

2003年，当广东省将广州大学城的建设提上议事日程的时候，我就想对我校在广州大学城的校区整体规划作一个全面的考虑，计划将大学城校区作为医学教学、基础研究的新的空间。我曾到医学院征求大家的意见，但未能立即达成共识。当时分管医科的副校长也支持这一设想，并为此组织了医科的同志进行调研，在一定范围内进行了民主投票。但是，最终由于种种原因未能提交常委会讨论，导致的结果就是维持现状。

按照当初的设想，我校的医科将会获得比目前大得多的发展空间，长期存在的发展空间不足的局面可以得到彻底改观。但是，现在广州东校区的学科分布的初步格局已经基本完成，我校医科办学空间得到扩大的最佳机遇已经错过了，何时再有这样的机遇，已非我们所能掌握了。

即使如此，我仍建议有关部门可以组织医学院的教师们去大学城看看，参观一下那里的广州中医药大学和广东药学院，体会一下那里的气息和氛围，看看那里学生们的学习条件和生活环境，对比一下我们北校区的情况与人家有什么差距。我甚至建议有条件的老师去浙大医学院看看，感受一下人家的办学条件。我想，大家可以尝试站在另一个角度，以不同的视野看待这个问题，这样可能就会有不同的想法了。

以上就是我对于学校发展规划中若干问题的一些考虑。

谢谢大家。

2007 年

胸怀天下　追求卓越[*]
——在 2007 年发展战略研讨会上的讲话

这次战略研讨会我们用了整整两天的时间，请各位院长、系主任发言，总结一下成绩，对今后尤其是 2007 年的工作设想作一个说明。之所以作这样的安排，就是希望通过这个形式请各位院长、主任对本单位的情况有一个清醒的认识，对工作有一个通盘的考虑。年前，我给诸位信中的内容也是这个意思。我在信中说，希望大家不要做"维持会长"，就是有感于学校现在有些学科气度不够，小进即满、小富即安的思想还很严重，缺乏"侵略性"和大局观。对于这些问题，作为校长，我有责任，但我认为，解决这些问题的关键还在于各位院长、各位主任，既然大家承担了这个职务，就应该对学科、对学院、对学校有所贡献。今天，借这个机会，我想讲两个问题，一是谈谈我心目中的大学院长所应具备的最基本素质，二是讲讲大学院长最重要的工作。

一、大学院长应具备的最基本素质

记得当初我刚来到中山大学，在访问日本时与池田大作先生曾有过一段交谈，他曾问我，"作为中山大学的校长，你对孙中山的哪一句话印象最深刻"。我回答说是"天下为公"。这些年来，我本人对这四个字也有了更深入的认识，我想即使我们做不到"为公"天下，起码应该让自己保持一颗

---

[*] 本文系 2007 年 3 月 2 日在中山大学发展战略研讨会上的讲话，后刊登于 2007 年 3 月 12 日《中山大学报》（新）第 145 期。

"公心"，这或许应该是我们作为大学领导、学院领导应该具备的一个最基本的素质。

什么是"公心"呢？我理解，"公心"就是中山先生所说的"为社会福、为邦家光"的使命感和责任感，"公心"要求我们应该具有"胸怀天下"的大气度和"公正诚实"的道德心。

"天下为公"这四个字出自《礼记·礼运》，原来的意思是说天下是天下人的天下，为大家所共有，只有消除"家天下"带来的弊端，才能使社会充满光明，百姓得到幸福。正因为如此，孙中山先生曾不止一次地题写"天下为公"这四个字，并一生持有一颗"公心"，将毕生力量贡献国家、贡献社会。我想，中山大学作为中山先生亲手创办的大学，我们每一位中大人都应该谨记先生的教诲，按照"天下为公"的意蕴去身体力行。

《孔子家语》中有一个"楚王失弓"的故事。故事讲到，春秋时楚恭王出游打猎，不慎将自己的一只十分精美的弓弄丢了，手下人四下寻找都找不到，楚王说，"楚人失之，楚人得之，又何求之"，意思是我楚王虽然丢了弓，但毕竟是在楚国的境内丢的，最终还是被楚国人捡到，不用找了。后来，孔子知道了这个事情，说楚王的气度是很大了，但还不够，如果说"人失之，人得之"就好了，何必一定要局限在楚国呢。

楚王和孔子的态度都有值得借鉴的地方，但是他们在认识层面确实存在不同。在楚王的心目中，他自己与他的臣民一样，都是"楚人"，"楚失楚得"从一个方面体现了气度和"公心"，这不能不说是一种认识上的飞跃。我想，从学校到各个学院，都可以看作是大大小小的"楚国"，如果负责人都能达到楚王的境界，都能持有一颗"公心"，那么学校就会营造一个更加宽松和谐的人际氛围。

孔子"人失之，人得之"的评价，比楚王更胜一筹，因为他的视野更宽了，体现了一种更广泛的人文主义的关怀，或许可以将其理解为人与社会的和谐关系。我们一直提倡大学的科技成果"零转让"的理念，目的就是希望促进大学更好地服务社会，从而能为学校的发展营造一个和谐的外部环境，这里面也就有"天下为公"的意思了。

大家知道，现代大学自其存在的第一天起就肩负着人类传承知识、创造知识的社会责任。作为追求真理的象牙塔，大学总是要以培育人才、创造知识为根本使命，作为社会经济发展的发动机，大学又要以服务社会、造福国民为己任。大学肩负的使命与责任归根到底也就是要使社会进步、人民幸福，因此，大学必须具有"公心"。

大学作为一个由众多学者构成的学术共同体，其"公心"体现在学者的"公心"上。"学术乃天下之公器"，学者就是手持公器的人。学者的言行对培育人才、引导社会理念都具有潜移默化的影响。国内外许多大学者的成长经验表明，没有"公心"的学者是做不出大学问的，这就是我们经常说的"做学问先做人"的道理。因此，学者必须拥有社会的良知，拥有"天下为公"的胸怀，对社会负责就是对自己负责。这里，我要特别强调的是，目前学校施行了教师聘任制，大学与教师签署聘任合同，双方存在着合同关系，但是，这种合同关系并不是大学与教师之间关系的全部。大学老师所从事的知识创新与传播是一项神圣的事业，而不能简单地归结为一种普通的职业。如果把学者简单地等同于企业中的雇佣工，那就大大降低了社会赋予学者的"齐家、治国、平天下"的责任，从而也就失去了学者持之以恒地勤于思考、不断创新的内在驱动力。所以，对于学者来说，有"天下为公"的胸怀，才有做大学问的抱负。这是我对我校教师的一点希望。

我认为，大学任命的院长，同时也是优秀的学者，应该具有学者的"公心"，还需要拥有"胸怀天下"的大气度、"公正诚实"的道德心和"追求卓越"的进取心。

我曾经说过，中山大学地处岭南，深受岭南文化的影响，形成了既开放又务实、既维护原则又包容差异的气质，这是我们作为一所优秀大学理应具有的大学精神。但是，岭南文化也有自身的一些弱点或者称之为局限性，就是容易小进即满、小富即安，奋斗到一定程度就不争了，当然他们也常常是换一个地方或领域进行新的开拓，但似乎并不愿意向北跨过南岭，逐鹿中原，如果在学术上也是如此，对于我们来说，那将是一件很危险的事情。我认为，在我们的大学文化中，似乎还缺乏一个重要特质，就是我们一直在提的，缺乏一种"侵略性"，用目前教育界比较时髦的话来说，就是缺乏"追求卓越"的气魄。追求卓越意味着要去不断地超越自我，意味着我们要尽可能地做到更好。不追求卓越，就不会对历史和现实进行反思；不追求卓越，就不能对以往工作进行创新；不追求卓越，大学就不能为国家、为社会贡献最大的力量，而且还有可能偏离这个方向。

中大是中国的中大，我们必须放眼全国，在经过了一段时间的积累，我们就应该在国家和社会需要的时候发扬"亮剑"精神，积极地展现自己，在学术圈里赢得自己的一席之地。否则，如果教授们只是陶醉于有限的学术小圈子，整天奔波、忙碌于承接一些小项目，是不会有大作为的。这样，我们的教授、我们的学科又怎能"扬名天下"呢？所谓的"十年磨一剑"又怎知不是一把锈剑呢？

此外，我还想提醒各位，作为一院之长，必须持有一颗公正、公平之心，这也是我从事多年大学领导的体会。院长要带领学院发展，除了要有目标、有思路之外，还必须让别人信任你，愿意为你做事。靠什么？靠给别人好处，靠封官许愿行么？你这次给了好处，他愿意听你的，你下次不给好处，他不但不会支持你，还会反对你。群众的眼睛是雪亮的，作为一个领导，有众多目光在期待，你的一举一动、一言一行群众都在关注。

因此，要得到绝大多数人的信任，跟着你做事，你就必须有一颗"公心"，如果院长们真正地做到公正诚实，言而有信，坚持原则，我想，即使触犯了别人的利益，也会逐渐得到别人的体谅，自己也会问心无愧。人们是不是信任自己的领导，很大程度上并不取决于他的决策对自己是否有利，而是取决于他的决策是否公正。

因此，我希望院长们葆有这颗"公心"是葆有一种"胸怀天下"的大气度、"追求卓越的"进取心和"公正诚实"的道德心。这是我心目中的大学院长应有的基本素质。

二、大学院长最重要的工作

我觉得院长们最重要的工作就是两个字：找人。或许有人会说还应当包括"找钱"，但我认为还是"找人"最重要，因为只要找到了合适的人，他们就能拿到项目，找到钱，组织起好的研究团队。对于学校来说，学科发展的关键就是人才队伍的建设，可以说，大学人才队伍建设的重要性怎么形容都不过分，这里我就不必过多论述。

其实，找人也要有"公心"，《礼记·礼运》中说，"大道之行也，天下为公，选贤与能，讲信修睦"，意思就是说懂大道理的人，一定具有公心，高明的人最重要的就是选择有才能的贤人，发挥其作用，同时要讲诚信，懂得与他们和睦相处。

那么，大学究竟要找什么样的人，我们如何才能找到要找的人？这是我主要想讲的内容。

我们要找什么样的人呢？我曾讲过，一流的院长找一流的教授，二流的院长找三流的教授。前面的一句容易理解，一流的院长愿意而且能够招募那些学术水平比自己还高的教授，并组织、支持教授们开展科研工作，承担研究项目，这对于一个学院来说是十分重要的。院长除了要善于找人进门落户，还要善于找人与自己合作。我深有感触的是学校几位长江学者讲座教授的例子，比如，生科院聘请的吴仲义教授、数计学院聘请的许跃生教授，都与学院积极组建团队，培养科研梯队，这样我们的学者才能进入国际学术前沿领域，加强国际学术交流，而学院的学科也才能生机勃勃地发展。

二流的院长找三流的教授，这是个十分糟糕的事。这样的院长是"武大郎开店"，容不得比自己强的人存在，只能聘任那些不如自己的人，或者只知道招募自己的弟子徒孙。希望大家不要做这样的院长。

有一位教授对我说，找人应当重点找两种人，一种是比现有优秀教授还优秀的人，一种是与优秀教授的学生年龄相仿甚至更年轻的人，我觉得很有道理。那么，我们如何才能找到这样的人呢？我想，我们目前施行聘任制的目的就是找这样的人。

到去年9月，我们学校的教师聘任制已经施行了三年，也就是一个聘期。可能还有很多人到现在还没弄清楚学校为什么要施行这个聘任制度，聘任制其实是一个选择过程，或者说是一种淘汰机制，学校聘任一个教师，并不是给他一个称号，更不是一种待遇，而是认为他能够成为一个优秀的教授，能够成为一个优秀的学者。

聘任制的目的就是要最终选择一个好的老师，一个好的教授。所以，有人说"我不愿与别人争教授，不当教授行不行"，我就告诉他，不可以。对于中山大学的教师而言，讲师和副教授都应该是过渡阶段，学校之所以会聘一位教师，是在于认为他是一个人才，最后可以当教授，能够成为一个优秀学者的。

如果经历了一段时间，大学所聘的学者还没有展示他的学术才华，从讲师升不了副教授，那就应该知道自己并非做学问的料，应该有自知之明了，应该离开了，而学校也就不会与其签继续聘任的合同。那这"一段时间"应该多长呢，我想，这与"知识的生产特点"，或者说与创造知识的周期有关，根据国际大学选人的普遍体制，应该是六七年。六七年内应该可以表现出来他的学术水平，可以确定他是否具备从事大学教师的条件。我想，这与我们学校施行的聘任制的规定也是吻合的。

我们实施聘任制的初衷是希望在全球招聘到一流的人才，起码也应在国内的范围内招聘，但是，有的院系教师职位招聘信息的宣传不够广泛深入，在一定程度上难于吸引更多的优秀人士应聘教师职位；一些院系发布招聘信息的时间很短，留给校外人员应聘的时间不充分；个别院系甚至不公开发布招聘信息，只是在院内教师中发通知，甚至对申报者的资格审核把关不严，将教师聘任作为解决学院遗留问题的一个手段。

我认为，我们必须改变这种不好的文化。如果说上一个聘期是作为学校教师聘任的"缓冲期"，是聘任改革阶段性的探索和尝试，个别学院利用这个机会处理一些"遗留"问题还可以理解，那么，请各位注意，从这个聘期开始，我们将不会再容忍以所谓的"遗留问题"为借口去为某个人解决待遇问题了，不会再容忍学院"搞平衡"或者"内部繁殖"的要求了。

我们必须要形成这样的文化，教授不是靠时间"熬"出来的，而是凭真本事得到的，到那个时候，我们的教师就会同国外大学的一样，即使在副教授时退休也看做是一个很高的荣誉。

作为本单位教学、科研工作的组织者，我希望院长、系主任们能够营造一个宽松和谐的学术氛围，但和谐的氛围并不等于"搞平衡"，因为和谐的氛围是为了学院、为了学校进一步发展，而"搞平衡"最终只会阻碍学校的发展。

各位，目前的中大正处于学校发展的一个关键时期，有人问，学校能否在目前的基础上再迈进一个台阶，摆脱排名十名左右的"怪圈"，向更前面的目标挺进。我想，这也正是所有关注学校发展的人们共同关心的问题。我认为，以我们目前的发展态势，中大在我国高等教育的地位继续向前迈进是完全可能的，关键就要靠在座诸位了，希望我们齐心协力，共同迎来我们中大更加美好的明天。

以评估为契机　以育人为根本[*]

——在2007年本科教学工作水平评估动员会上的讲话

明年5月18日至23日,我们将迎来教育部本科教学工作水平评估。这次评估是学校近期的一项十分重要的工作。此次评估是对长期以来我校各方面工作,特别是本科教学工作水平的一次检阅。为做好评建工作,我们必须至少提前一年进入紧锣密鼓的筹备阶段,因此,今天的这个工作布置会议已经十分紧迫了。

最近,我认真阅读了几本有关如何建设研究型大学的书,作者们对我国研究型大学的建设提出了种种建议。遗憾的是,这些书中对研究型大学中的人才培养尤其是本科教学讨论不多。我想,研究型大学最根本的使命还是在于人才的培养,如何通过若干年的大学教育使一大批具有良好潜质的青年"成才",是我们必须时刻关注和思考的问题。也就是说,对于大学生的培养,我们应该有一个预设的目标,从而为实现这一目标而努力,这是一所大学对国家负责、对社会负责、对学生本人负责的一个基本态度。应该说,在这个最根本的问题上,我们可能是有所缺失的,我想,这次迎评工作的开展是一个契机,它可以促使我们认真思考"育人"这个大学的根本问题,我希望这次在全校范围内开展的对本科教学评估工作的重新认识和积极准备,可以成为我校全面改革,特别是教学改革的一个新的加油站,这是中山大学对此次迎评工作的一个基本态度,也就是:以评估为契机,以育人为根本,着眼于发展,着眼于未来。

今天的这个讲话,我想主要谈两个问题:第一,我们应该培养什么样的人才,或者说我本人心目中对大学生所应具备的素质的看法和期待;第二,如何认识本科教学工作水平评估,我们应该怎样看待和对待这项工作。

一、我心目中的大学生应具备的素质

说到大学生的素质,如果全面而言,那就是"德、智、体、美"的全

---

[*] 本文系2007年3月28日在本科教学工作水平评估动员会上的讲话,后刊登于2007年4月5日《中山大学报》(新)第147期。

面发展,如果要具体而言,可能是见仁见智的,人们对这个问题或许会有不同的理解。我认为,大学培养学生的目标是要让他们成为人才,就是既要"成人",又要"成才"。所谓"成人",也就是说我们应该着眼于培养学生的理想人格;所谓"成才",就是要培养智力和能力,使他们成为有知识本领、对社会和国家有用的人。说到理想人格,我们的先贤们曾有各类阐述。例如孔夫子就说,人都应该成为君子,他认为"君子"讲"仁、义、礼、智、信","君子"讲"孝、悌、忠、信","君子"讲"廉耻","君子"讲"大勇"。在中山大学讲大学生的培养目标,就不能不讲我们的校训,孙中山先生希望中大的学生应该"博学、审问、慎思、明辨、笃行",大家知道,这十个字同样也出于儒家的经典,它们是达至孔夫子的"君子"境界的途径。我想儒家的"君子",就是古代圣贤眼中的一种理想的人格,它对于我们现在对大学生"成人"和"成才"目标的讨论是有着重要的借鉴意义的。随着时代的变迁,理想人格不断被赋予具有时代感的新的内涵。在这里,我不想就理想人格过多地谈古论今,只想谈谈我个人心目中作为一名优秀的大学生所应具备的一些素质,这些素质大概有以下七个方面:

(一) 知礼

"礼"是一个宽泛的概念,简单说,它强调的是社会的规范和秩序。而"知礼",则是一个人自处于社会的一个行为准则。中国古代历来重"礼",但目前的中国,随着社会的迅速转型,礼仪的缺失已成为了一个必须正视的现实。前段时间国家旅游局发布了一个中国公民在国外旅游的规范,其中还说到不要随地吐痰,不要在公共场所大声喧哗等,真是让人汗颜、让人感慨。孔子说过"不知礼,无以立",我们的大学生作为将来中国建设的栋梁之才,"知礼"自然是其必备的素质之一。我们应该培养"知礼"的学生,在传授知识的同时,首先应该对他们的价值观念、行为模式乃至言谈举止有一个恰当的引导。一个"知礼"的学生,他们应该有敬畏之心,应该遵守社会的基本规范和秩序。在这方面,在现在的中国,我们可能还要从最基础的地方做起。比如,我们要让学生们知道应该尊重别人,让他们知道各种场合都有不同的礼仪,要自觉地去了解、遵照这些礼仪。这两年我们学校开始在校庆日举行学位授予仪式,其目的,就是希望学生接受一种礼仪的教育,知道何为"敬畏",何为"感恩"。重视各种礼仪制度的重建与规范,是中山大学乃至全中国的高校都必须面对的一个问题,我们应该通过这种"知礼"的教育,使我们的学生形成一种超越"工具理性"的人文素养,从而成为一个"文明"的人。

（二）诚信

我认为，这是做人最基本的准则，是一条底线，也是现代社会良性运行的基本保障。如果说"知礼"的教育强调的是对社会秩序的遵守的话，那么诚信的教育强调的就是一个人内在道德感的培养。只有内诚于心，才能外信于人。诚信是由内心诚实表现的自愿行为，同时也需要家庭、学校和社会的共同熏陶。诚信危机是当今中国社会的一个痼疾，建立诚信的社会道德体系是我国当今社会进步的基本要求。因此，大学要为社会进步贡献力量，首先就要培养具有诚信素质的学生。讲"诚信"，首先就要"知耻"，内心不知耻，就无所谓"诚信"。例如大学中的作弊现象，对待这一现象，在大学中甚至还不能说有着共同的价值观，许多学生在作弊的时候，并不以此为"耻"，反而视之为理所当然的事情，"诚信"并不是第一考虑的选项。甚至有一些老师，还会为因作弊而受处分的学生求情，说这个学生"品学兼优"。大学应该是社会良心的所在，如果在大学里都不能形成一致的诚信的价值观，那我们整个社会的道德就真的令人忧虑了。这就是为什么我们学校一直以来对作弊行为严惩不贷的原因所在。

（三）担当

敢于担当，是一个大学生社会责任感的体现，孙中山先生对中大学生"做大事"的期待，也正在于"担当"二字，他亲笔题写的校训中强调"笃行"，意义也在于此。我们知道一句话，叫做"国家兴亡，匹夫有责"，我们也知道李大钊的话，"铁肩担道义，妙手著文章"。大学生要敢于接受并承担责任，首先是要有责任心去担当社会责任，其次要有能力去担当起社会责任。一个有担当的责任心的大学生，进入社会就是社会的建设者，而不是社会发展的观望者。这种责任心，从大处讲是将自己的发展与社会进步和国家、民族的发展联系在一起，是一种爱国精神，是一种勇于将责任放在自己肩头的精神；从小处讲是一种遇事不折不挠、意志坚韧的精神。如果一个人总是遇事推诿，逃避责任，那么与此同时，他们就可能错过了成就事业的机会，担当和成功是相伴随的，是离开校门后有所建树的基本素质。

（四）勤奋

勤奋原是学生之为学生的题中之义，本没有太多值得讨论的余地。但我们面对的现状是，我们的学生在上大学前一定是刻苦学习、拼命读书的，非如此不可能进得了中山大学，但一旦进了大学，有一些就松懈了，甚至还有些学生产生了厌学的情绪。因此，我们还是要强调读书的勤奋。知识的获得和积累是一个长期的过程，如果不勤奋，一切无从谈起。如果说，在义务教育阶段，我们要提倡给学生减负，那么在大学阶段，我们的学生已经是成年人，大学生应该自觉的"加负"，自觉地勤奋学习是一种发自内心深处的"非功利"的求学态度，是一种脚踏实地的风范，是一种自强不息的品质。勤奋就是好学，是善于学习，一个善于学习的大学生，在学习过程中就会主动地训练自己从而达至提升自身综合素质的目的。

（五）超越

敢于超越，是社会进步、国家强大的要求，中国的发展需要一大批富有创新精神和创造能力的人才。我们培养的大学生要在国家现代化和社会进步中扮演重要角色，就必须要有超越意识，要敢于超越前人，敢于超越自我，敢于超越常识，只有敢于超越，才会产生创造力，才会成为我们常说的"创新型人才"。还有一点，超越又具有人生态度的意义，如果我们培养的学生，真正具有超越的意识，遇到各种事情的时候都能够超越世俗，超越个人的利害得失，能够理性、通达地直接面对内心不愉快的感觉，能够"将心比心"地去理解自己不喜欢或有感情冲突的人和事，那么，我们所取得的，就不仅仅是一般意义上的"教书育人"的成就，而是某种道德上的成就。

（六）阳光

我们培养的年轻人应该胸襟宽广，自信向上。孔子说："君子坦荡荡，小人长戚戚，"我曾经在一些场合说过，如果要交朋友，千万不要和那些经常抱怨世事不公，总是觉得人生暗淡的人做朋友，因为这样的人是不会给你阳光和力量的。青年人应该总是能够首先触摸到时代的脉搏，跟上社会前进的脚步，一个阳光的青年，应该表现出积极的精神面貌，体现出时代发展的特征。有一句话说：人，要诗意地栖居。我想，人首先要热爱生活，才能像诗一样地生活。我想起了去年毕业的一位女同学，由于骨癌，她从大学一年级起就开始化疗，但是她始终以乐观的精神支撑着自己，每当有老师同学看望她时，她总是用充满阳光的笑脸面对，从没有过抱怨生命对她的不公，在治疗的过程中，她曾经休学过，但只要有可能，她就申请复学，最终，她在大剂量化疗的后遗症中以顽强的意志完成了大学学业，在去年顺利毕业，我想，她这种对生命的阳光态度正是我们所提倡的。

另外，我还想强调体育对于阳光心态培养的重要性，生命在于运动，体育对于一个人的阳光心态的培养是非常重要的，大学生在年轻的时候应该养成对体育的爱好，培养一项或几项擅长的、可以陪伴你一生的体育活动，这将使你受益终身。

（七）职业准备

我曾在一次全校就业工作会议上说过，我们的就业教育应该贯串于整个大学教育的始终。我们的学生应该有一种切合社会发展要求的职业观，如果大学生的就业产生困难，对于中国这样国民平均素质较低的国家来说，就是人才的最大浪费。大学生应该在就学期间就不断地重新评价自己，认真考虑自己今后的职业取向，做好充分的职业准备。我校的校友、凤凰卫视的主持人马鼎盛就是一个例子，他在我校读历史学，但他对自己的职业期待则是传媒，因此，他读书时，尤其关注的是军事史的学习，现在，他已经是著名的军事评论员了。大学在课程的设置上也应该为学生的就业做好准备，我们一直坚持的主、辅修课程制度就是这方面的一个努力。当然，对于中山大学的学生而言，他将来的职业不应仅仅看做是"一个饭碗"而已，我们还应该看到更崇高的职业使命，看到我们将来所从事的职业是否能够推动社会的进步，我们大学生的职业期望应调整到与社会进步联系在一起。这与前面所提到的敢于担当的社会责任心是联系在一起的。

以上七点就是我对大学生素质的一些个人看法，或者说是我所认为的中山大学对人才培养的一个预设目标。既然是列举，就必会有疏漏，如果要作个总结，那么可以说，我心目中理想的大学生，应该是一个"文明的现代人"，他们诚信知礼，积极向上，敢于超越，勇于担当，他们顺应时代的发展，善于吸收现代世界文明，富有开拓进取的创造精神。我相信，这样的大学生，才是真正适应中华民族伟大复兴事业的人才。

说到大学生的素质，每个人都可以有所侧重，我希望各个学院都可以提出各自学院对学生素质的要求，并通过各种行之有效的措施去塑造它、实现它。

二、评估是大学提升育人质量的新契机

应当注意到，这一轮本科教学工作水平评估，是在我国高校大规模扩张

之后展开的。扩招要求我们基本的教学条件（包括硬件和软件条件）也必须随之迅速提高，而评估正是对关系到本科教学的若干指标进行全面检查，评的是我们本科教学工作水平是否达到了要求。这次评估共设 7 个一级指标、19 个二级指标，我研究了一下，这些指标测量的是大学人才培养所必要的理论指导、必备的师资要求和必须的物质准备，评估归根到底是为了学生，这与我们大学的根本目的是一致的。因此，我们首先必须明确，这一评估作为对大学办学基本条件的检查是非常必要的。

当然，我们也应该认识到，本科教学工作水平评估所着眼的其实是办大学所必备的一些基本要求，考察的是我们给学生提供的基本学习条件，即使我们按照评估指标全部达到 A，也只能说明我们具有办像我们这类大学的资格，可以招收学生了而已，如果仅止于此，是不能保证培养出如上所述具备优秀素质的人才的，对于具有 80 多年悠久学术积淀和历史传统的中山大学而言，如果我们培养的学生只是达到教育部对一般大学的要求，那我们就愧对中山先生，也愧对学校的先贤们。因此，我们中山大学必须在达到评估指标的基础上，对自身有一个更全面、更深层次的认识，我们要在迎评的过程中，超越评估本身，我们要站在培养高层次人才的角度来要求自己。也就是说，中山大学培养出来的本科生，应该是与众不同的，用时下流行的话来说，他们应该是"社会的精英"。举一个不一定恰当的比喻，大学本科可以说是一个人的"出身"，因为大学本科阶段是人生知识技能奠基、思维方式形成和人格日趋成熟的重要时期，在一所名牌大学所受的四年大学教育，完全可以改变一个人，甚至重塑他的性格，我希望我们中大的毕业生们都能在中大的学习过程中塑造和完善自己，在自己的血脉中注入中大精神，并终身以此为荣。

从这个意义上说，我认为，这次评估不是目的，而是我们中山大学提升自身人才培养质量的新起点。我注意到，在这一轮的评估要求中，教育部已将与本科教学有关的测评资料（如毕业论文或毕业设计、考试试卷等）准备的年限从三年改为一年，这绝不是一个简单的时间跨度的变化，不是一个量的变化，而是质变。准备三年的教学资料，往往容易让受评学校陷入应付的境地，甚至还可能滋生造假现象。而测评一年的工作，则有利于受评学校在评建过程中重新审视自身人才培养的理念和办学特色，从而可以借评估这个东风作为本校实施教学改革等新措施、新规范的起点。这样的评估，就不仅仅是审视过去，而是着眼于未来。

事实上，这一着眼未来的工作在我们学校已经开始了。我们近期调整了奖励办法，加大了教师绩效工资的比重，总额大幅提升，其中，绩效工资的构成重点主要来自本科教学，这无疑是提升本科教学质量的有力措施。此外，学校的教师职务聘任工作也引入本科教学的衡量指标，在教师职务聘任时，我们会特别"提醒"评委们要尤其注意候选人的本科教学情况，那些在教学工作中出现问题的候选人往往会失去竞争优势。

学校的办学实质上是依托各院系的，因此，学校要求每个院系也应该站在学校和本学院未来发展的高度，根据自身的特点形成特色培养的机制，进一步明确办学思想、理清办学思路，要将评估作为一个改革的契机，在迎评的同时形成新思路、制定新规范，进一步提炼本学院的办学特色，并且按照这样的特色和思路去准备评估，真正将评估作为我们教学改革的新起点。学校里几个学院的院长已经主动向我提出，要借此评估的机会，全面改革本科教育的课程体系和人才培养的模式，推进本科教学深层次的改革。个别学院甚至还在积极策划出版几套教材的可能性。我想，这样的学院就是真正读懂了评估的意义。

说到这里，我想特别强调一个问题，那就是，我们的管理必须以培养学生、培养人才为轴心，如果我们的管理制度和机制不利于甚至阻碍了学生的培养，就一定要调整、要改革。好的管理一定是有利于办学、有利于学生的，而不能是只求管理的方便和省事。例如，现在有些老师跨院系上课没有积极性，学院之间讨价还价，这就不利于学生形成更好的知识结构，甚至不利于他们的就业。而在国外许多大学，这已经不是个问题，学习多学科知识，乃至双学位都已经很普遍。关键是他们有一个适合于学生学习的制度和机制。我们要尽快改进这方面不足，决不能让管理成为培养人才的瓶颈。

总之，希望大家能够站在提升人才培养质量的高度上去看待评估。如果仅仅将此次评估的通过作为一个目的，那么大家就可能会认为这样的评估没有意义，其准备过程也会非常被动和痛苦。如果我们从深层次上重新审视此次评估，那我们就会将其作为学校教学改革的一个崭新起点，就会感受到评估所带来的鞭策力量，就会认识到教育部本科教学工作水平评估的重大意义，也就会领会到"以评促建，以评促改，以评促管，评建结合，重在建设"这一方针的真正内涵。如果大家对此达成了共识，那么今天这个动员大会的目的也就达到了。

"好风凭借力，送我上青天"，如果把评估比喻为一股东风，那么，我希望我们学校能凭借这股东风，把我们的办学水平提升到一个新高度。

我心目中的中大学生[*]

各位同学：

今天是学校党委组织的"中大学子气质大讨论"活动的启动仪式，我很愿意、也很高兴借这个机会与同学们面对面，同大家交流一下我对大学生素质建设的一些想法。

我今天准备与同学们交流的题目，叫做"我心目中的中大学生"。众所周知，人才培养是大学最根本的使命，如何通过若干年的大学教育使一大批具有良好潜质的优秀青年"成才"，是我们作为大学老师和管理者必须关注和思考的问题，而如何通过在大学中若干年的学习使自己"成才"，则又是诸位同学们必须认真关注和思考的问题。这是一个双向的问题。今天，借这个机会，我想对心目中理想的中山大学学生所应具备的素质发表一下个人的看法。

一、我心目中的大学生应具备的素质

说到大学生的素质，如果全面而言，那就是"德、智、体、美"的全面发展，如果具体而言，可能是见仁见智的，人们对这个问题或许会有不同的理解。我认为，大学培养学生的目标是要让他们成为人才，就是既要"成人"，又要"成才"。所谓"成人"，也就是说我们应该着眼于培养学生的理想人格；所谓"成才"，就是要培养智力和能力，使他们成为有知识本领、对社会和国家有用的人。在中山大学讲大学生的培养目标，就不能不讲我们的校训，孙中山先生希望中大的学生应该"博学、审问、慎思、明辨、笃行"，大家知道，这十个字同样也出于儒家的经典，它们是达至孔夫子的"君子"境界的途径。我想儒家的"君子"，就是古代圣贤眼中的一种理想的人格，它对于我们现在对大学生"成人"和"成才"目标的讨论是有着重要的借鉴意义的。随着时代的变迁，理想人格不断被赋予具有时代感的新

---

[*] 本文系2007年5月10日在"中大学子气质大讨论"活动启动仪式上的讲话，后刊登于2007年5月15日《中山大学报》（新）第150期。

的内涵。在这里，我不想就理想人格过多地谈古论今，只想谈谈我个人心目中作为一名优秀的大学生所应具备的一些素质，这些素质大概有以下七个方面：

（一）知礼

"礼"是一个宽泛的概念，简单说，它强调的是社会的规范和秩序。而"知礼"，则是一个人自处于社会的一个行为准则。中国古代历来重"礼"，但目前的中国，随着社会的迅速转型，礼仪的缺失已成为了一个必须正视的现实。孔子说过"不知礼，无以立"，我们的大学生作为将来中国建设的栋梁之才，"知礼"自然是其必备的素质之一。

我们应该培养"知礼"的学生，在传授知识的同时，首先应该对他们的价值观念、行为模式乃至言谈举止有一个恰当的引导。这里我想讲两个例子。一个是2002年在我们学校珠海校区举办的"五月的鲜花"活动的例子，那次活动是由教育部主办，我校与珠海市人民政府等几个单位联合承办的一次大型诗歌咏唱会，并且由中国教育电视台和浙江卫视现场直播。但是在演出当日，天公不作美，大雨一直相伴，尽管如此，却丝毫未能减低来自全国各地的大学生们的表演热情，整场演出一直持续了近三个小时。然而，令我感动的是我们所有在场的珠海校区的同学，尽管大雨瓢泼，但是为了能够让活动继续，让现场直播不至于中止，他们坚持观看到整场演出的最后，而且秩序井然。演出结束时，现场一点纸片都没有。当时，我也是和教育部的领导与同学们一同举着伞看完了演出，当老师和同学们接过工作人员准备好的姜汤时，负责整场节目电视直播的教育部高教司和教育电视台的领导热情拥抱，祝贺活动成功，他们盛赞中大的学生高素质，认为他们是盛开在珠海最美的"花朵"。

第二个例子是在2004年我校80年校庆期间青年志愿者的例子。由校团委组织培训的1000余名青年志愿者在校庆期间承担了大量繁重具体的工作，他们对嘉宾实行了一对一的服务，他们出现在校庆活动的每一个角落，成为校庆活动中一支生气勃勃的力量，他们热情周到、积极主动、彬彬有礼，成为校庆工作中一道亮丽的风景。青年志愿者们在校庆活动中所体现出来的爱校情怀、良好素质，给各级领导、校友和嘉宾们留下了美好而深刻的印象，很多参加校庆活动的同志都跟我提及这些学生，认为他们展现了中大学生的精神风貌，中大精神在他们身上得到了生动的体现。

我想，无论是珠海校区那些可爱的同学们，还是出色完成校庆工作的青年志愿者们,从他们身上,我看到了中大学生的综合素质,看到了泱泱大校学子所应表现出来的风范。

一个"知礼"的学生,应该有敬畏之心,应该遵守社会的基本规范和秩序,应该懂得去尊重别人。作为教育者,我们应该让学生们知道各种场合都有不同的礼仪,要自觉地去了解、遵守这些礼仪。这两年我们学校开始在校庆日举行学位授予仪式,其目的,就是希望学生接受一种礼仪的教育,知道何为"敬畏",何为"感恩"。

最近我又向校长办公室提议,从今年开始是否对学位授予仪式再作一些调整,我想我应该给所有从中山大学毕业,获得学位的学生,尤其是本科生们一一授予学位,当然,如果这样做,大概要进行近二十场,但为了学生,我认为值得去做。同时我也相信,通过不断的探索,我们一定能形成一个符合中大实际、又具有鲜明特色的中山大学的学位授予仪式的,学校所作的这种种尝试,并不是心血来潮,而是重建大学礼仪的一种努力。重视各种礼仪制度的重建与规范,是中山大学乃至全中国的高校都必须面对的一个问题,我们希望通过这种"知礼"的教育,使我们的学生形成一种超越"工具理性"的人文素养,从而成为一个"文明"的现代人。

(二) 诚信

我认为,这是做人的最基本准则,是一条底线,也是现代社会良性运行的基本保障。如果说"知礼"的教育强调的是对社会秩序的遵守的话,那么诚信的教育强调的就是一个人内在道德感的培养。只有内诚于心,才能外信于人。诚信是由内心诚实表现的自愿行为,同时也需要家庭、学校和社会的共同熏陶。诚信危机是当今中国社会的一个痼疾,建立诚信的社会道德体系是我国当今社会进步的基本要求。因此,大学要为社会进步贡献力量,首先就要培养具有诚信素质的学生。讲"诚信",首先就要"知耻",内心不知耻,就无所谓"诚信"。例如大学中的作弊现象,对待这一现象,在大学中甚至还不能说有着共同的价值观,许多学生在作弊的时候,并不以此为"耻",反而视之为理所当然的事情,"诚信"并不是第一考虑的选项。甚至是一些老师,还会为因作弊而受处分的学生求情,说这个学生"品学兼优"。大学应该是社会良心的所在,如果在大学里都不能形成一致的诚信的价值观,那我们整个社会的道德就真的令人忧虑了。这就是为什么我们学校一直以来对作弊行为严惩不贷的原因所在。

说到诚信,我还想到了学校"仲明助学金"的例子。"仲明助学金"与其他的奖助学金不同，它是一种道义贷款性质的助学金，受过资助的同学都知道，凡是符合条件的申请者，都还要与助学金的基金会签订一份道义契约，这份道义契约是道德约束而并非法律合同。根据契约，受助者毕业后要从"受惠社会、回报社会"的道义出发，在有能力偿还时再将助学金归还至基金管理委员会。令人欣慰的是，我们已毕业的受助学生大部分恪守道德契约，并把这种内心的道德信条转化成为现实行动，很多同学工作后陆续返还了助学金，为以后的受助同学树立了榜样。我想，这项助学金不仅解决了受助同学的生活问题，而且也让他们有了一次诚信教育的经历，懂得应该为自己的行为负责，或许这个经历对于他们的人生而言具有更大意义。

（三）担当

敢于担当，是一个大学生社会责任感的体现，孙中山先生对大学生"做大事"的期待，正在于"担当"二字，他亲笔题写的校训中强调"笃行"，意义也在于此。我们知道一句话，叫做"国家兴亡，匹夫有责"，我们也知道李大钊的话，"铁肩担道义，妙手著文章"。

大学生要敢于接受并承担责任，首先是要有道德心去担当社会责任，要有爱心去奉献社会。我想举一个我们学校政务学院学生的例子，学院2004级的一位同学患了重病，而且家境拮据，班级的同学得知了这件事，就组织了一次捐助活动，捐助活动几天内就筹集了上万元。一位该班作为交换学生留英的同学，还将自己的奖学金全部捐赠出来，但是，受救助的同学知道后却坚决不要，她说自己不能让同学们为她付出这么多，后来捐赠活动的组织者找到了患病同学的父亲，才最终说服她接受了这笔捐赠。我是在一个很偶然的机会，从参与这个活动的同学家长那里知道这件事的，我听了以后非常感动，我们的同学多么可爱啊！我想，这其实也体现了我们的学生对社会的承诺，有爱心、有正义感，才能承担社会责任。

其次，大学生要有能力去担当起社会责任。记得我还在浙大工作时，曾与宝钢有很多接触，宝钢人事处的干部告诉我，每年都有很多来自不同学校的应届毕业生同时进厂，在培训过程中，厂方要组织一些活动，就问同学们某某工作谁愿意做，举手的往往是清华的同学，争着说"我来干、我来干！"我当时就想，这就是清华的学生，他们在这培训的过程中就能够脱颖而出。今天回头来想想，这种敢于担当、舍我其谁的领袖气质，正是我们要求大学生们应该具备的品质。

一个有担当、有责任心的大学生，进入社会就是社会的建设者，而不是社会发展的观望者。这种责任心,从大处讲是将自己的发展与社会进步和国家、民族的发展联系在一起,是一种爱国精神,是一种勇于将责任放在自己肩头的勇气;从小处讲是一种意志坚韧而富有爱心的精神。如果一个人总是遇事推诿,逃避责任,那么与此同时,他就可能错过了成就事业的机会,担当和成功是相伴随的,是离开校门后有所建树的基本素质。

对于家庭来说,青年是家族的希望,因为从物种进化的角度,年轻的一代担负着这个种族继承与繁衍的责任,所以,青年人都被父母亲朋寄予厚望,希望他们能够安身立命、光宗耀祖。对于国家来说,青年更是国家的希望、民族的希望,青年人肩负着兴国安邦的使命。梁启超先生说得好,国家的责任,"不在他人,而全在我少年。少年智则国智,少年富则国富,少年强则国强,少年独立则国独立,少年自由则国自由,少年进步则国进步"。因此,在同学们身上,肩负着家国的责任,任重道远。

(四) 勤奋

勤奋原是学生之为学生的题中之义,本没有太多值得讨论的余地。但我们面对的现状是,我们的学生在上大学前一定是刻苦学习、拼命读书的,否则是不可能进得了中山大学的,但一旦进了大学,有一些就松懈了,甚至还有些学生产生了厌学的情绪。因此,我们还是要强调读书的勤奋。知识的获得和积累是一个长期的过程,如果不勤奋,一切都无从谈起。这里我想强调的是,如果说在义务教育阶段,我们要提倡给学生减负,那么在大学阶段,你们已经是成年人,应该自觉地"加负",主动地去汲取知识。

我想,这里其实包含了两种态度,一是要"非功利"地读书,一是要"去惰性"的生活。首先,自觉地勤奋学习应该是一种发自内心深处的"非功利"的求学态度,是一种脚踏实地的风范,是一种自强不息的品质。与此同时,大学生活自由而多彩,而求知与读书确实是一件辛苦的事情,因此,同学们还要注意克服惰性,要把读书、尤其是"非功利"地读书当作一种习惯,成为自己的生活方式,这样才有助于克服惰性的生活。总而言之,勤奋就是好学,是善于学习,一个善于学习的大学生,在学习过程中就会主动地训练自己从而达至提升自身综合素质的目的。

(五) 超越

敢于超越,是社会进步、国家强大的要求,中国的发展需要一大批富有创新精神和创造能力的人才。我们培养的大学生要在国家现代化和社会进步中扮演重要角色，就必须要有超越意识，要敢于超越前人，敢于超越自我，敢于超越常识。只有敢于超越，才会产生创造力，才会成为我们常说的"创新型人才"。

还有一点，超越又具有人生态度的意义，如果我们培养的学生，真正具有超越的意识，遇到各种事情的时候都能够超越世俗，超越个人的利害得失，能够理性、通达地直接面对内心不愉快的感觉，能够"将心比心"地去理解自己不喜欢或有感情冲突的人和事，那么，我们所取得的，就不仅仅是一般意义上的"教书育人"的成就，而是某种道德上的成就。

（六）阳光

同学们应该有所理想，应该胸襟宽广，应该自信向上。孔子说，"君子坦荡荡，小人长戚戚"，我曾经在一些场合说过，如果要交朋友，千万不要和那些经常抱怨世事不公、总是觉得人生暗淡的人做朋友，因为这样的人是不会给你阳光和力量的。换一个角度理解这句话的意思，就是说有阳光心态的人会有很多朋友，可以说这是一个人有所成就的必要条件。

似乎可以这样说，越是担当重大的责任，可能遇到的"麻烦"就越大。以此推理，大家目前即使遇到了麻烦，也只能算是"小烦"，如果被这些"小烦"就击退了，当然更不用说去承担更大的"烦恼"了。比方说，有的人因为失恋了一次，就说看透了感情；因为找工作失败了几次，就说看透了社会。这种所谓的"看透"，其实是一种老年人的心态，是消极的态度。西方有一句谚语，叫做"有三岁之翁，有百岁之童"。所以，我在这里说要"阳光"、要"永葆朝气"，没有朝气，只有暮气，那不是一件好事。在座诸位是青年人，更应该有一股蓬勃朝气，那是一种阳光的、向上的、不循规蹈矩的、充满扩张性的精神状态。有一句话说：人要诗意地栖居，我想，人首先要热爱生活，才能像诗一样地生活。

说到这里，我想起了去年岭南学院毕业的一位女同学，由于骨癌，她从大学一年级起就开始化疗，但是她始终以乐观的精神支撑着自己，每当有老师同学看望她时，她总是用充满阳光的笑脸面对，从没有抱怨过生命对她的不公，在治疗的过程中，她曾经休学过，但只要有可能，她就申请复学。最终，她在大剂量化疗的后遗症中以顽强的意志完成了大学学业，在去年顺利毕业。我想，她这种对生命的阳光态度正是我们所应该提倡的。

我想，青年人应该总是能够首先触摸到时代的脉搏，跟上社会前进的脚步，一个阳光的青年，应该表现出积极的精神面貌，体现出时代发展的特征。另外，我还想强调体育对于阳光心态培养的重要性。生命在于运动，体育对于一个人的阳光心态的培养是非常重要的，大学生应该养成对体育的爱好，培养一项或几项擅长的、可以陪伴你一生的体育活动，这将使你受益终身。

（七）职业准备

我曾在一次全校就业工作会议上说过，我们的就业教育应该贯串于整个大学教育的始终。我们的学生应该有一种切合社会发展要求的职业观，如果大学生的就业产生困难，对于中国这样国民平均素质较低的国家来说，就是人才的最大浪费。大学生应该在就学期间就不断地重新评价自己，认真考虑自己今后的职业取向，做好充分的职业准备。

我校的校友、凤凰卫视的主持人马鼎盛就是一个例子，他在我校读历史学，但他对自己的职业期待则是传媒，因此，他读书时，尤其关注的是军事史的学习，甚至在大学二年级的时候还组织了一个专门讨论太平天国史的4人读书小组。前些年，已经是著名的军事评论员的马鼎盛回到了母校，给我们的同学作了两场演讲，题目叫做"中大的不比哈佛的差"，讲他如何论证海湾战争美伊军事力量的对比，与哈佛、牛津的专家学者唱反调，以一个中大本科生的学历打败了世界顶尖大学的博士，预见性地论证了战争的结果。他说："我为什么不比哈佛的人差，因为中大是个加油站，而且加的油都是环保的，可以循环利用。"他认为，中大的老师、中大的学风和治学传统对他的成长及职业生涯的影响是深远的，正是超脱地、历史地看待问题，才能够看清事实的真相。

对于中山大学的学生而言，他不应将未来的职业仅仅看做是一个"饭碗"，还应该看到更崇高的职业使命，看到我们将来所从事的职业是否能够推动社会的进步，我们大学生的职业期望应调整到与社会进步联系在一起。这与前面所提到的敢于担当的社会责任心是联系在一起的。

以上七点就是我对大学生素质的一些个人看法，或者说是我所认为的中山大学对人才培养的一个预设目标。既然是列举，就一定会有疏漏，但还是可以对上面几点作个总结：我心目中理想的大学生，应该是一个"文明的现代人"，他们诚信知礼，积极向上，敢于超越，勇于担当，他们顺应时代的发展，善于吸收现代世界文明，富有开拓进取的创造精神。

总之我想，中山大学培养出来的本科生，尤其应该与众不同，用时下流行的话来说，你们应该是"社会的精英"。举一个不一定恰当的比喻，大学本科可以说是一个人的"出身",因为大学本科阶段是人生知识技能奠基、思维方式形成和人格日趋成熟的重要时期,在一所名牌大学所受的四年大学教育,完全可以改变一个人,甚至重塑性格。我希望我们中大的学生们都能在中大的学习过程中塑造和完善自己,在自己的血脉中注入中大精神,并终身以此为荣。同时,我也相信,这样的大学生,才是真正适应中华民族复兴伟大事业的人才。

正如我曾对院长们说过,各个学院都应该对本学院的特色、对学生培养有一个预设的目标一样,我想,每一位同学对于大学生的素质都可以而且也应该有自己的理解,有一个自我的期望。但是,我认为,关键并不在于我们的目标内容如何、期望值有多么高,而是要为实现这个目标去不断实践和努力,我们应该找到适合自己而又行之有效的途径去实现各自的梦想。那么我们能否实现这个梦想呢,这就是今天我要说的第二个问题。

二、中大具有培养学生良好素质的精神土壤

也许有人说,大学培养人,无非就是组织大学老师上课、保证学生修满学分、最终顺利毕业而已。我想,这是对大学、尤其是像我们这样具有大学精神的学校的一种误解。我刚才说,大学教育可以重新塑造一个人,这绝非仅仅通过进修课程就可以实现的,否则,中山大学就与普通的教学型学校没有区别了。我坚信,中山大学是具有大学精神的大学,所谓大学精神,应该是大学悠久的历史传统,是厚重的学术积淀,是和谐的校园氛围和蓬勃的发展趋势。这种精神不可捉摸,但可意会,它时刻在塑造着大学中每一个人,尤其是像诸位这样可塑性更强的青年学生。

中大的文化传统毫无疑问地具有塑造人格的功能。这里,我不能不谈我们的校训。校训是一所大学精神和大学文化的集中体现,代表着这所学校的终极追求,它可以潜移默化地影响大学中的每一个人。因此,校训给我们留下的丰富涵义,已经成为我们学生素质形成的文化基础。我们的校训出自中国儒家经典《礼记·中庸》,原文是"博学之、审问之、慎思之、明辨之、笃行之"。1924 年,孙中山先生为其亲手创办的国立广东大学题写训辞,写下了这十个字。1926 年,为纪念故去的创办者,国立广东大学改名为国立中山大学,而这十字校训则一直沿用至今。

"博学、审问、慎思、明辨、笃行"的校训,比较简单的解释就是:要有广博的学识,能仔细地探究,去谨慎地思考,可以明确地辨别,最后要切

实地去实行。这十个字其实是儒家对于读书、治学、做人的经典诠释，是达到"至善"之境的途径。今天，我不想对此作过多的学理化论述，只想通过几个例子并以我个人的理解来解释一下，这样让大家对我们校训的内涵有一个更深入、直接的了解。

先说博学。这个很好理解，就是有学问嘛，但怎么样才算有学问呢？我听过钱钟书与黄永玉之间的一段故事。有一次黄永玉先生画了一幅以凤凰涅槃为寓意的国画，作为国家送给广岛的礼物，一位国家领导请黄先生说说"凤凰涅槃"的文字根据，他原以为很简单，但找了《辞源》、《辞海》、《中华大辞典》等典籍，结果都是没有，实在憋得没办法了，他忽然想到了当时住在隔壁的钱钟书，就打了电话过去，于是钱先生就在电话里给他解释说，这是郭沫若1921年在自己一首诗中编出来的题目，是三教九流之外的发明，确实没有地方找出处。但是凤凰跳进火里面再生的故事是有的，在古罗马钱币上有过浮雕纹样，但却不是罗马的发明，可能是希腊传过去的故事，说不定和埃及、中国都有点关系，可以去《大不列颠百科全书》中文本第三册找找。黄永玉一去找，果然找到了。

我想，这个例子可算是博学了，但钱钟书先生毕竟和中大没有直接的关系，下面我想讲5个中大的例子或故事，分别说说中大校训中的"博学、审问、慎思、明辨、笃行"。

说到博学，我们就自然而然地想到了国学大师陈寅恪先生。陈寅恪是清华研究院四大导师之一，被公认为是继司马迁和司马光之后中国最杰出的史学家。陈先生的最后20年是在中大度过的，晚年他视力不好，几乎失明，住进康乐园后，学校为了保护他，专门在他的住所周围修筑了一圈栅栏，还在门前砌就了一条白色的水泥路，这也是因为陈寅恪的视力只能辨别浅色而铺设的。陈寅恪故居和那条水泥路都还保存着，大家可以回南校区康乐园探询一下这些建筑，或许可以体会到与大师之间近距离接触的感觉。我记得2001年金庸先生来中大访问时，特别提到希望到故居凭吊陈寅恪先生，我还陪同他满足了这个愿望。

下面说说陈寅恪的博学，有一个例子，陈先生在写他的鸿篇巨著《柳如是别传》时，眼睛已经看不清东西了，书稿是通过口述，由他的助手帮助撰写而成的。在书中，他总是引经据典，当遇到不确定的问题时，他总可以告诉助手，在他书架的哪一层的哪一本书中的哪一页，可以找到问题的出处。我想，如果不是对治学抱有强烈的欲望，不是饱读诗书、博学强记，一般人是不可能做到这一点的。这与钱钟书先生在电话中解释"凤凰涅槃"

的故事可谓异曲同工，应该是对博学最好的诠释了。

说了"博学"，再说"审问"。所谓"审问"，就是仔细地探究，要善于提出问题。什么叫善于提问，怎么样能够提出好的问题，我认为，只有通过详细地探究、认真地考察才能做得到。这里我想举一个德国总理施罗德来我校演讲时的例子。2003年，时任德国总理的施罗德来广州访问，他在中大的怀士堂为我们的学生作了一场演讲。说到怀士堂，这是我们中大最具标志性的建筑之一，当时德国外交部的官员们在为施罗德演讲选址时还在考虑应安排在广州还是在成都，在看到了我们的怀士堂并了解到它的历史以后，当即就决定将演讲地点安排在广州了。现在想想，我还真的佩服他们的眼光，因为就在去年，在国家邮政总局发行的纪念孙中山诞辰140周年的纪念邮票中的第四枚就是中山大学，邮政总局的设计师们选取的票面内容也是这座怀士堂。据我所知，这是继北大和复旦之后，第三所国内大学登上"国家名片"。

当然，施罗德总理在演讲的时候并不知道这么多故事，但是他对中大还是充满了兴趣，我记得他在演讲之后说，期待与我们的同学进行热烈的讨论，我当时就特别说明，"请总理阁下亲自指定同学提问"。因为，我相信，中大的学生是能够通过自己的思考，提出有深度的问题的。事实也确是如此，这些同学的问题提得非常好，涉及中德关系、中欧关系，民族历史观的问题，他本人的从政经历等等。但我印象最深刻的还是我们中大获得国际大专辩论赛冠军的一个成员的问题，他说德国学者海德格尔曾经说过，人要像诗一样地生活，请问总理在繁忙的工作中，如何保持轻松的心态，享受生活？施罗德对这个问题非常满意，他十分认可这种生活态度，他说生活中应有美好的因素，什么是美好，要自己去努力寻找，比如他自己就喜欢打网球，并从中体验到了快乐。我想，这些问题如果不是通过认真思考是不可能提出来的。比方说刚才的问题，我也不曾知道海德格尔这样的名言，这对我来说也是一种学习，因为我曾经对中大的师生们说过，希望他们学会享受在工作、学习中自我实现带来的快乐，而海德格尔却要人"像诗一样地生活"，比我的想法更高了一个层次，对我来说，当然也是一种提升。

施罗德总理也对中大学生的提问给予了高度评价，他说"同具有这么广泛知识的学生交流非常有意义！"而更有说服力的应该是当时陪同来访的外交部官员的评价，他们说，中大学生提出的问题，不亚于清华学生的水平，这应该是中国最好大学的学生了。

其实，我听到自己的学生提出这些问题，心里也是感到十分欣慰，因为我知道，能否提出高水平的问题是衡量一所大学学生素质的重要标志，从某种程度上说就是代表了这所学校的水平。所以，去年我来这里与东校区的同学们做讲座的时候，曾开玩笑地提醒大家不要提肤浅的问题，要提有深度的问题，结果很多人后来就真的不敢站起来提问了。当然，我是鼓励大家提问的，只是希望你们在提出问题之前，要经过仔细地探究，要让提问的过程同时也成为自己增长知识的过程，这才是我的目的。

"审问"之后说"慎思"，就是要通过自己的思想活动来细致、谨慎地考察、分析问题，要将所学为己所用。我认为这是十分关键的一个阶段，通过对已知问题的真正吸收，然后融会贯通，进而进行反思，这是在治学过程中思想的一次飞跃，只有这样，学者才能将"别人的东西"变成"自己的东西"，才有可能对知识有所创新。这里，我想讲朱熹平教授的例子，可以说是对"慎思"的完美解释。

大家一定知道朱熹平教授与他的伙伴合作破解了"庞加莱猜想"的报道。正如朱老师自己所说，他是通过对"庞加莱猜想"相关理论的系统研究，运用美俄数学家的理论方法完证了猜想。他曾说过，国际上很多团队都对"庞加莱猜想"的证明作出了很大的贡献，特别是俄国数学家，这个猜想的完成，是国际数学界的同行们你一步我一步，共同做出来的。他说自己只是比较幸运，完成了"临门一脚"。

我觉得，用简单的话来说，就是朱熹平教授真正读懂了美国数学家汉密尔顿的东西，真正读懂了俄国数学家佩雷尔曼的东西，并且吸收成为自己的知识，这篇论文——《"庞加莱猜想"暨几何化猜想的完全证明：汉密尔顿-佩雷尔曼理论的应用》，其实就是用自己的方法说明了运用佩雷尔曼的思路来证明"庞加莱猜想"是行得通的。吸纳前人思想，融会贯通，然后再有所创新，我想，这就是"慎思"的真正意义吧。

我们校训的第四点是"明辨"，学理越辨越明，不辨就难分真伪，不辨就难分是非。说到"明辨"，我想举夺得国际大专辩论赛冠军的中大辩论队的例子来说说。先要弄清楚，此"辩"非彼"辨"，也就是说，辩论的"辩"不同于辨别的"辨"，既然不同，为什么还要举这个例子呢？因为在辩论赛场上，每一轮比赛的辩题都是现场抽签决定正反方立场的，所以，我们的辩论队在准备比赛的时候，并不是简单地站在正方或反方的立场来准备比赛，因为那样最多就只有50%的获胜机会。如何才能做必胜的准备呢，那就是必须认真分析每一场比赛的辩题，通过透彻的分析而让自己具备驾驭问题的能力，这样在比赛中，无论抽取到何种立场的辩题，都会处"辩"

不惊。因此，要"辩论"，必先"辨析"，只有做好了辨析的工作，才能有必胜的把握。也正是如此，我们的辩论队才能披荆斩棘，夺得全国大专辩论赛的冠军，继而摘得国际大专辩论赛的冠军。总之，我觉得正是运用了"明辨"的方法，才有了中大辩论队夺取世界冠军的成绩。

说完了"学、问、思、辨"，最后还要落实到"行"，可以说"笃行"是治学的最后阶段。"笃"有踏踏实实、坚持不懈的意思，只有实践所学的知识，做到"知行合一"，才能对社会有所贡献，从而体现人生的价值。我想了一下，在中大，"笃行"的例子还是有很多的，这里我就讲一件我亲身经历的事情。去年，我到湛江一家很有名的海产养殖企业参观，这家企业与我们的生科院建立了长期良好的合作关系，我们的研究成果应用在养殖技术上取得了非常好的效益。记得那次我一走进那里的养殖基地，就有几个渔民样子的年轻人冲着我微笑，说"黄校长好"，我还十分"得意"，以为连湛江的"渔民"都认识我这个校长，谁知等到他们报了家门以后才知道，原来这几位年轻人是中大的动物学专业的博士生，他们长期沉浸在企业里，为企业解决技术上的问题，风吹日晒，看上去好像和渔民没什么两样，以至于他们有次返回学校，还被门口的学校保安误认为是外来闲杂人员，拒绝他们进校。此外还有五六位我们的教授，每个月至少会有两三次到企业去工作，我觉得他们真的很了不起。还有一个例子，也是几位生科院的教授，他们常年在平均海拔3000多米的西藏林芝地区从事虫草的人工养殖试验，去年暑假我去看望过他们，那里环境十分艰苦，每天要驱车几个小时往返于驻地和养殖基地之间，还要承受高原反应给身体带来的不适，现在，他们的工作已经取得了重要进展。国家提出对西藏的支持要变"输血"为"造血"，我想，我们这些教授从事的就是一项"造血工程"，因为他们的工作不仅可以改善当地因挖掘虫草而破坏的环境，更可以提高当地人民的生活水平。请大家想想，什么是"笃行"，我觉得这些教授及其学生们的行动就是最好的诠释。

同学们，我们的校训体现了大学求知、求真、求善的道德感和贡献社会的使命感，这里面闪耀着大学精神的光芒。校训为我们指明了读书、治学、做人的途径，如果我们能够体会到"学问思辨行"其中的逻辑意义，真正做到"博学、审问、慎思、明辨、笃行"，那么也就可以"修身、齐家、治国、平天下"了，如真能如此，那么我们的学生培养目的也就达到了。

我想，中山大学已经形成了一个良好的文化传统，这是中山先生和学校的先贤们给我们留下的宝贵财富，值得我们每一个中大人珍惜和传承。然而，在传统之外，我们大学还需要宽松和谐的学术氛围、蓬勃向上的发展态势以及以人为本的管理理念，这是我们所有中大人都应为之努力的目标。我想，这个目标，大学的管理者尤其应该重视，因为大学作为一个学术共同体，教师和学生无疑是主体，学校制定一切规章、制度都应以发展学术、尊重教师、善待学生为出发点，必须要以培养学生、培养人才为轴心。

当然，大学的管理不仅是保证大学课程的设置，还要为同学们营造良好的文化环境，例如，这次在东校区举行的"我与校区共成长"的植树活动，就是在校长办公会议上讨论通过的。学校认为，植树不仅是美化生活环境的活动，更可以让同学们产生热爱母校、热爱生活的感情。我从来不认为爱校甚至爱国仅是个口号，爱校也好、爱国也好，从来都是具体的，是要通过培养对母校、对国家的感情而逐渐形成的。当然，植树仅仅是一种形式，我们希望同学们都能够亲自动手，当你们的汗水浸入到这块土地之后，你们也就自然对它产生情感，在你们毕业之后，这将成为大家美好的回忆。更重要的是，你们的行动也将被定格在中山大学的记忆之中。

最后，我想针对大学排名的问题谈谈自己的看法。我想，这的确是一个比较现实的问题。大学的发展是要有一个目标，但大学排名只能部分地说明问题，而且他们的测量指标和评价体系也不一定很科学。我相信我们中大是在向前发展的，而且是稳定地前进，但是别人也在发展，否则中国的高等教育整体水平就要下滑了。可喜的是，我们现在有很多重要指标都是比较好的，比如近年新晋的长江学者、"杰青"、甚至院士的情况都较理想，近年入选"百篇优博"的形势也很好，说明我们的师资队伍建设、人才培养质量水平是高的。我觉得，大学的发展，校长负有最重要的责任，但是，中大的希望更是在于大学中每一位老师、每一位同学的努力，当然也就包括在座诸位。如果大家都能认为这个学校是值得我为之热爱的，愿意为学校的发展而付出努力、为之奋斗，我们的学校就一定会因你们的努力而发展、而进步。总之，我们不能浮躁地看待大学排名，中大的发展就在于你我他，在于我们共同的努力。

同学们，今天我所讲的算是个漫谈，但其中有一条主线，也是我的一个期望，就是中山大学的学生应该具有怎样的素质。中山先生说，"学生要立志做大事"，对于什么是"做大事"，他说"专心做一件事，帮助国家变富强"。我的理解是，我们专心做一件有意义的事，就是在做大事，就会对国家、对社会有所贡献，这也可以说是大学培养人才的终极目的。

总之，我希望同学们能够传承中山大学的精神，继承中山大学的血脉，要葆有蓬勃向上的朝气,成为一个有责任感和使命感的人,而最终成为社会的栋梁之才,这就是我作为校长对心目中学生的期望。我想今天就讲到这里吧,希望能够与大家共勉。

谢谢大家。

我所感受的中大文化[*]

——在2007年新教工岗前学习交流会上的讲话

诸位:

很高兴同大家见面,与大家交流一些想法。在新教工岗前学习会上讲话,今年已是第四次了,今天,我想谈谈大学的文化。

担任大学领导职务的十几年来,我越来越深地体会到文化对一所大学的重要性,它对一所大学的发展具有潜移默化的促进作用,它是大学核心竞争力的最重要的组成部分。

不久前,我主持了对上海中医药大学的本科教学评估工作,在一个欢迎场合上,他们的老校长一见到我,就说:"己欲立而立人,己欲达而达人",这句话出自《论语·雍也》,也就是我名字的来历。这让我感到了主人的善意和"可亲",感觉这应该是一所有些"文化"底蕴的大学,也很自然地引起了我对中医中药的敬畏之心,同时也对这所学校有了另一层面的认识。这大概就是"文化"的力量了。

当然,所谓大学文化并不仅限于此,它还应有更深层次的内涵。下面,我想谈谈我所理解的大学文化的含义,以及我所感受的中山大学的文化。

一、我所理解的大学文化

对于文化,学术界有很多的定义,但在我看来,"文化"这个东西其实是很难定义的,一个国家和民族有自己的传统文化,一个行业领域里有其行业文化,与我们生活相关的还有各种各样的所谓"文化","文化"这个词容易给我们一种包罗万象的感觉,似乎任何东西都可以囊括。

在大学里谈文化往往也容易这样,凡是与大学相关的东西都可以归纳为大学文化的内容,或许这可以称之为广义上的大学文化,但这并不是我所想讲的内容。今天我所要讲的大学文化,是大学所具有的一种精神状态,是大

---

[*] 本文系2007年8月30日在新教工岗前学习交流会上的讲话,后刊登于2007年9月6日《中山大学报》(新)第158期。

学所特有的精神气质，这个东西可以意会，但难于言传，如果一定要试图说清楚，那么或许可以总结为以下的内容，即在大学这个以学术为核心的共同体中，人们都认同什么观念，在遇到问题时，大家都会有什么样的行为，以及有哪些适合大学自身发展状况和有利于促进大学发展的制度。

目前，学校正在积极准备明年5月教育部本科教学工作水平评估，我想，评估一所大学，最重要的内容可能就是评估它的文化。因为大学文化是一所大学在长期的办学过程中积淀而形成的，越是历史悠久、负有盛名的大学，其自身的办学特色就越加鲜明，其文化内涵就越是深厚。我曾参加过几所高校的评估工作，给我的感觉是，越是有深厚历史传统大学，其文化的影响力量就越是巨大，那些约定俗成的传统，就如同一根无形的指挥棒，影响着大学的运作。而在一些新办大学里，大家对传统的认同就比较弱，所以主要靠规矩甚至是行政指令来管理学校。其实，即使在同一所学校，不同学科也是具有这样的特点，对此，我感受颇深。例如我总是感觉对文、史、哲、数、理、化、生、地、医等这些老学科比较"放心"，因为这些学科秉承了一代代前辈留传下来的传统，无论是教学还是科研大都已经形成了自己的特色。相反，我感到对一些我们亟须发展的新办学科（比如工科等）、交叉学科以及新型的边缘学科则要立规矩、定制度、聚人才，要努力形成有自己特色的东西，因为只有这样，这个学科才能有所积淀、有所发展，逐步形成自己的传统和文化。

由此可见，无论是评价一所大学，还是评价一个学科，文化在里面都起着重要的作用。也正是这样的原因，教育部在本科教学工作水平评估中特别要求重新审视和凝练大学在办学过程中形成的教育理念和办学特色，这个特色就是在长期办学过程中积淀形成的、本校特有的风貌。为此，学校最近组织了一系列座谈会，希望能够科学地总结和精确地提炼出我校的办学特色，从而在全校范围内达成基本共识。我认为，这是一件很有意义的工作。毫无疑问，中山大学是一所承载着大学精神的高等学府，80多年来，我们逐渐形成了自己的文化，这也就是我们中大的精神气质。中大的气质深受岭南文化和海洋文化的影响，既开放又务实，既严格又包容。对此，我曾在去年"我心中的中大"的讲话中作过阐述。当然，对于中大气质的表述只是我个人的看法，不一定全面。每个中大人都可以见仁见智，对学校，对自己所在院系的特色有着自己独特的评价，关键是这些总结的内容是不是我们中大人都能够认可，是不是真正能够代表我们中大的文化。

前面说过，我们所要讨论的大学文化，可以归结为一个大学里的成员所共同认同的观念、行为和制度。我在这里想说的是,在中大,我们已经形成了许多很好的传统,这是我们的宝贵财富,是值得发扬光大的。下面,我想谈谈我所感受的中大文化,以及对于大学文化建设的一些思考。

二、我感受的中山大学的学术文化

(一) 以教书育人为本,视教学质量为办学的生命线

我们有很多老教授、老领导从学校不同岗位上退下来后依然活跃在教学、科研的第一线。我最近参加的医科几项活动令我感受颇深。上个学期,我在北校区参加了医学教务处主办的青年教师中英文授课比赛,这类比赛已经举办很多年了,参赛老师们的水平都很高,尤令我感动的是,我们原中山医的老校长卢光启教授亲自主持中文的授课比赛,并对每一位参赛老师作了点评;老书记卓大宏教授主持了英文授课比赛,并且亲自用英文进行点评。我觉得,这其实体现了我们中山大学医科的优良教学传统,学校老领导关注教学的行动,是很了不起的事情,这是对学校最大的支持。我想,我们应该珍惜这种传统,并且将它发扬光大。前不久,我在肿瘤医院与一位现任领导谈及肿瘤专业领域的现状时,他说,医院有几位老领导,从行政岗位上退下来后,仍然是各个医科委员会的主委,在医院里起着"定海神针"的作用,在医院和学术界传为美谈。还有就是原副校长、生科院的李宝健教授,他继 2005 年在 *Nature Medicine* (《自然医学》) 杂志上发表了一篇高水平的学术论文后,目前还在科研的第一线,与助手和学生们进行着一系列的高水平研究。

正是因为这样一批老学者的努力,我们中大优良的学术传统得以代代传承。学校也采取了一系列有效措施,切实保证教学质量。例如,我们对教师的教学质量采取了学生评价、督导评价、同行评价和管理部门评价等多层次评价体系,如果有一个方面的评价反映不好,就应该引起教师的警惕,如果几个评价系统都反映不好,那就说明教学一定有问题。这几年,对教学质量存在严重问题的教师,学校在职务聘任的过程中采取"一票否决"的办法,因为我们认为,如果连最基本的教学工作都不合格,当然也就没有资格受聘更高的教师职位。

又比如,根据研究生院统计的情况,今年我们学校的博士生从论文申请答辩到最终答辩的一次不通过率达到27%,有的学院甚至达到了40%。我想,这充分说明了学校狠抓教学质量落到了实处,说明了我们提倡严谨、踏

实、创新的学风落到了实处，说明了中山大学培养的博士有着足够的"含金量"。除了在研究生培养过程中采取严格措施，保证培养质量以外，我们还建立了博士学位论文抽查制度，这个举措已经进行了3年。每年我们从应届博士学位论文中随机抽取10%，寄往国内有研究生院的兄弟高校进行匿名评审，并将评审结果在校内进行通报。去年，我将论文匿名评审中有不合格评价的博士生导师逐一请到办公室，我称之为"诫勉谈话"，就是告诫和劝勉这些导师，要关心自己的学生，要对自己和学生的学术行为负责。

（二）在中山大学的优秀教授看来，学术不仅是一份职业，更是一种生存方式

我想，可以用四个字来理解和概括这一点，那就是"学术至上"。这里我想结合我们的教师职务聘任工作说说这个问题，今天在座诸位中的很多人将开启学术之路，走上讲台，从事研究。然而作为中大的老师，是有合约约束的，你们必定会经历职务聘任的考核，这里，我想特别向大家说明的是，学校所列出的教师职务聘任指标，是我们对候选人申请某一职位的最低要求，而不是说你达到了这个指标，就一定能够申请成功。这是一个必要条件，不是充分条件。这就如同一个门槛，你能够跨过这个门槛，只能说明有资格去申请受聘更高一级的教师职务而已。很多学院都根据学校《教师职务聘任规程》，在学校标准的基础上，制定本学院更高的标准，我认为这是一种积极的做法，应予肯定和鼓励。因为学校人事处和各个学院的工作，就是筛选出一个可以提交学校聘任委员会讨论的名单，最终的结果，则取决于每一位评委心中的那"一杆秤"，因为他们十分清楚中山大学的教授应该是一个什么样的水平。我时常会接待一些"落榜"老师，听取他们的"申诉"，我会告诉他们这些道理。我希望大家明白，在中山大学，对学术的评价，最终体现的是在学术共同体中学者之间的"清议"。"清议"什么呢？就是看你对待学术的态度，看你是否把学术作为生命的一部分来看待，同时也看你是不是真有水平，真有本事，是不是真正达到了职务水准。学者间的"清议"其实就是一种纯学术的评价，其力量是巨大的，它是一种评价的标准，它甚至可以决定一个人能否在学术圈中立足。我想，这就是我们倡导的学术至上的理念。

我还想举个例子作为佐证。前不久，我听校办的一位同志说过这样的事情，他们有一次同门聚会，一位毕业后任职于省内某高校的同学说，他们学

校招聘处长，教授们都争相报名。他的导师听了感觉非常不解，想不通为何有那么多教授愿意竞争这个处长的职位，他说，在我们中大不是这样的。确实，我们学校的几个处长岗位，要物色到合适的人选，相当困难，学校选中了合适的教授，需要再三动员，甚至我本人也曾找过几位教授谈话，请他们出山，但还是被婉言谢绝。我十分理解这些教授们的选择，因为教授从事的是学术研究，从事行政工作，就是改变了他们的生存方式，在学术上就一定会有所损失。这其实也说明了中大不是一所"官本位"的学校，我们的行政部门领导更多的是为教学科研服务，说明我们有一种学术至上的风气。当然，我也希望在学校需要的时候，我们选中的教授能够出山，在学术上作出一些牺牲，为学校做事。

（三）教师们视大学为安身立命之所，对这个学术共同体有着深切的认同

教师是大学的主体，学校的一切工作都是围绕教学和科研来开展的，学校的各项工作也要得到教师们的理解和支持。上个学期末，学校举行了学位授予仪式，这次仪式与以往不同，历时4天，共14场，我为每一位学位获得者颁授了学位。学校的这个工作得到了教授们的支持，每一个院系都派出了德高望重或深受学生喜爱的教授作为主礼教授，特别是当我们的工作人员逐一落实执中山大学权杖的教授时，得到的都是他们肯定而爽快的答复，尤其是年近九旬的夏书章教授接到电话，当即表示"我愿意来"，更令我肃然起敬。我想，这不仅仅是因为执大学权杖是一种荣誉，更因为他们是出于对中山大学这所学校的认同感和责任感，是出于对学生的深厚感情，是出于对教育这一神圣事业的热爱和执著。

我还想到了另一例子，上个学期学校进行了博士研究生培养机制的改革，原则上要求招收博士生的导师应为学生支付一定的培养费用和生活费用，虽然学校对基础学科设置了保护底线，但相对来说，这个政策还是比较有利于应用学科尤其是有课题经费的教授们招生。然而，在一次座谈会上，一位基础文科的系主任表示了对这一政策的理解和支持，他说，制定这个政策并不仅仅是鼓励教授多争取课题，多拿经费，而是鼓励学生融入导师的课题研究当中，在导师的指导之下从事科学研究，无论文科还是理科，无论是基础研究还是应用研究，都应在这种理念下完成我们人才培养任务。我当时就想，这就是我们中大教授的水平，他对政策的理解和诠释，有一些甚至连制定政策的职能部门都没有意识到，这令我十分欣慰，也非常感动。

(四) 我们的学生尊师重道，既脚踏实地，又志存高远

我们的学生，是百里挑一的优秀青年，认真培养他们，使他们成为国家和社会的栋梁之才，是我们办学的应尽之责。这里，我想说的是，学生也是大学的财富，学生们的精神面貌同样也反映了大学的传统和文化。

我们学校有一个系列讲座，叫做《艺术与人生》，邀请国内著名的艺术家来为同学们作讲座，这个讲座，我夫人很愿意去听，她说不仅是可以看到一些名人，感受他们的人生经历，而且她很享受现场的气氛，因为学生的提问很精彩，并且他们知道什么地方应该喝彩。听到这些，我不免就会有些得意，我想，这就是因为我们的大学是好大学，我们的学生是高水准的学生。最近在讨论这篇讲话稿时，我与陈春声教授谈到这个话题，他说也深有同感，他刚从台湾待了一个学期回来，走访了许多学校，他的感觉是可以从学生的提问中感受到这所学校的水平的，好大学的学生提问，决不会只是去问如何找工作啊，如何考研究生啊等这些急功近利的问题，他们求教于人的往往是高深的学术问题，是有关国家民族大义的话题，是富于建设性而引人深思的问题。我想，我们中大所拥有的就是这样的学生。

三、我所感受的中山大学的制度文化

最近，在关于学校办学特色的讨论中，许多人提到了"包容"，这是很有道理的。说到包容，也就有尊重差异的意思。我曾说过，尊重差异应该成为大学管理的精髓。因为在大学管理的过程中，不同学科具有不同发展规律，在政策制定的过程中，必须充分重视由于学科特点以及发展水平不同所产生的差异，从而制定出不同的学科发展规划、建设模式以及评价标准，绝不能"一刀切"。这里，我想讲讲学校差异性管理的几个例子。

一是学校的人事聘任制度。一方面，我们要求教师要达到学校规定的工作量，每三年考核一次，并续签聘任合同。在制定考核标准时，我们充分考虑了不同学院、不同学科的差异性，学校仅对学院的教学、科研总量进行评估，学院则根据本学院的学科特点制定考核评估标准和实施细则。另一方面，学校专门设立了免考核的岗位，通过各个学科专家组的评议，对200多位优秀教授的教学科研工作免予考核，不硬性规定他们的教学或科研工作量，由学校下拨特殊津贴，因为大家相信，不管考核与否，这些以学术为生存方式的优秀学者都会认真地去对待自己的学术事业。学校在聘任制度上的

差异性安排,就是要为老师们营造一个良好的学术环境和生活空间。

二是学校博士生培养机制改革方案。这个改革方案原则上要求招收博士生的导师应为学生支付一定的培养费用和生活费用,改革的目的是希望将博士生这支科研的有生力量进行资源的有效配置。在方案的制订过程中,学校考虑到文、理、工、医等不同学科的差异性,根据一些基础学科的情况,对基础学科,特别是基础文科设置了保护底线,专门划拨40个名额,以博士生专项指标的形式,通过配给的方式,支持基础文科的优秀学者进行研究生的培养。

三是学校教师岗位设置。目前,我们正在根据国家的要求,开展教师岗位设置工作。这项工作能否顺利开展,关键在于能否形成一个可行的操作办法,为此,学校成立了包括文、理、医、医院等有关专家和部门负责人在内的专家组,对岗位设置方案进行调研,形成了一个初步的设岗方案。在这个方案中,我们既制定了在国内学术界得到一致认同的、经过严格同行评审程序的评价指标作为参照条件,又综合考虑了教师的任职资历与学术水平、学术贡献等方面的关系。我们还特别提出,由于我校学科的多样性和特殊性,对于那些在所在学科领域具有重要学术影响的教师,如果所在学科暂时未建立上述评价指标,可以由本人提出,经院系推荐,学校通过一定的程序,可以给予认定相应的岗位等级。这样,在开展教师设岗的工作时,大部分都可以先以参照条件核对,套出相应的岗位等级,而对于个别情况,则可以提交学校,按程序处理。学校就不必向学院下达名额指标,避免了同一单位教师之间恶性竞争,甚至制造矛盾的情况,从而维护我们和谐的校园氛围。

四、我所感受的中山大学的行政文化

(一)我们的领导班子是以大学的发展作为共同目标,并为此努力工作的

我认为,我们学校领导班子成员,是在"做事",而不是在"做官",这是我们形成良好行政文化的一个重要基础。我还记得在两校合并时,我们提出以"和气待人,大气处事"的原则来做好两校合并过渡时期的各项工作,当时新的领导班子的定位是要团结一致向前看,这些都为学校的融合与发展奠定了良好基础。

大学领导一定要有一颗"公心",我们的工作方向是为了中山大学更好的发展,学校发展了,在中大的历史上就会留下我们这一代的印记,否则,

后人就会说我们这一代碌碌无为。如果我们都想通了这个问题了，那么任何的个体私利、个人权威就都显得微不足道了，我们要怀着对历史负责的态度，形成共同促进学校发展的合力，而不是反作用力，这才是我们努力的方向。曾经有几位院长同我说过，在中大做事，只需考虑做好事情就行，而不必去考虑做这件事是校长高兴还是书记高兴，不必去考虑有可能会"得罪"谁。我想，这就是党政团结给学校带来的优势，班子团结才能彼此尊重、互相信任，才能使学校在稳定中得到发展。我希望学院、机关里也应该这样，教授、学者们可以专心思考学术问题，行政人员认真做好本职工作，不必有所顾虑，不必去揣摩别人的心理。

（二）我们的机关行政部门已经树立了为教学、科研服务的自觉意识，形成了步调一致，服务大局的工作氛围

我们已经形成了一个共识，那就是，学校努力集中一切资源为教学、科研服务，所有人都必须围绕这个中心工作，这也正如前面所说，中大不是一所"官本位"的学校。我甚至曾经向学校机关的行政人员提过"二等公民"的概念，大家看到，这个"二等公民"是打引号的，意思并不是说行政人员与教师在人格上有差别，而是要强调在大学里教学和科研的首要性，大学行政人员的职业要求，就是必须从属于教学和科研工作，并服务于它。现在，我感到，学校机关的服务理念已蔚然成风，深入人心。从暑假期间学校各个校区许多部门尽职尽责地工作就可以说明这一点。我认为，评价一所大学可以从其假期中的状态来判断，看看假期教师们在做什么、行政人员在做什么。我想，那些一放假就找不到人的学校一定不是好学校，因为大学里出色的教师都会利用假期做学问、争项目、找资源，教师没有休息，为他们服务的行政人员当然也就没有休息的时间，这或许就是一所大学是否在蓬勃发展的一个标志。因此，我还希望学校的人事部门应该对我校行政人员（包括校级和院系）的寒暑假有一个更明晰的指引，严格地说，对于高校行政人员的休假，应称为"轮休"，而不是"放假"，其时间相对于教师应该适当缩短，寒暑假的值班必须切实执行，必须保证在放假时学校的正常运作不受影响。这是大学行政人员的职业要求决定的，我相信一定会得到我们广大行政人员的理解。

其次，我感觉，机关的部处长们也是在做事，而不是在"做官"。学校机关各部门已经逐渐形成了一种善于协调工作、勇于承担责任的职业精神，这种职业精神正是在以大学发展为共同理念的前提之下形成的，这是一种

"全局意识"。我们的机关人员,特别是部处领导们,不是局限在本部门之内,而是把自己作为学校全局中的一员,不是去计较小单位、小集体的局部利益,而是站在中山大学整体的角度上来思考问题,面对新情况、新问题,他们勇于担当、善于协调、相互配合、彼此默契,这一点,还是可以通过这次学位授予仪式看出来。今年的学位授予仪式是一项大型的组织工作,由校长办公室会同研究生院、学生处、团委、宣传部、医学部办公室、教务处、医学教务处、网络中心、保卫处、总务处、后勤集团,以及全校各个院系等部门共同实施。在整个组织实施过程中,无需校领导出面协调,各部门相互支持,通力合作,任务的分配和落实未出现任何障碍,没有谁推诿,没有人叫苦,也没有一句怨言。学校各级行政部门表现出令人欣慰的合作意识、令人赞叹的办事效率和令人为之动容的勤奋精神。我想,通过成功举办这样一个参与者近2万人、4天14场的大型仪式,从一个侧面表明,我们学校已基本形成了善合作、高效率、高品位的行政文化,同时,也展示了学校的管理水平。

(三)我们已经有了一个不仅在学术上可以领军,而且具有先进管理理念的院长群体

可以说,学校现在的一批院长、系主任们是非常出色的。他们有良好的教育背景和学术经历,在相应的学科领域有重要的学术影响,更重要的是他们有着宽阔的胸怀和出色的科研组织能力。他们学术造诣深厚,在本学科领域拥有较大的话语权,带动学科的发展;他们视野宽广,能够理解学校提出的办学思想和发展思路,并将大学的办学目标作为本学院的发展目标;他们心胸宽广,有容人的气度,是一流的院长。我想,也正是因为我们有这样一批一流的院长、系主任,学校才在近年规模迅速扩张的情况下继续保持了长期以来的办学特色,保证了高水平的教学质量,并在此基础上有序、稳步发展。在这里,我真心地感谢院长、系主任们为学校事业发展作出的贡献。

但是,我在为院长们的出色工作和各个学院的发展感到高兴的同时,不能不对目前个别院、系行政人员的工作作风感到忧虑。据我所知,部分院系一到放假,办公室里就找不到人了,只是请几个学生助理值班,办公人员遇到有事情就想办法"往外推",个别学院在放假期间,遇到像人才引进这样的重要事情都没有办法推进,这与学校大部分机关假期办公形成了鲜明对比。我想,这些由于放假而暴露出来的局部问题,实际上反映的是部分院系行政体制存在的深层问题。一些院系的行政机构还残留着无所作为、凌驾师

生之上的不良习气，一些行政人员不仅缺少行政效率观念和服务意识，而且缺乏责任心，极个别人甚至行为散漫、态度不好，得过且过混日子。

我想，学校的发展已经到了一个新的阶段，校级机关行政部门已经逐渐形成了为教师服务，为教学、科研服务的良好风气，个别院系行政部门的消极作风已经影响到学校的进一步发展，势必要进行改革。我建议党办、校办会同人事处与院系一起考虑这个问题，要建立一个院系行政人员尤其是办公室主任的培训、考核和轮岗制度，形成竞争机制，优胜劣汰，从而建立一支更加年轻、素质过硬、爱岗敬业、气氛融洽、有效率、有大局观念和良好服务意识的院系行政人员队伍。

以上就是我所感受的中大文化，有我们引以为荣的地方，也有发人深省之处。下面再谈谈我对如何开展大学文化建设的一些思考。

五、对大学文化建设的几点看法

（一）要全方位促进和谐校园建设

中山大学一直以来都在倡导和谐的校园氛围，这是我们学校得以发展的关键条件，也是大学文化建设的重要内容。郑德涛书记在刚刚闭幕的中山大学第十一次党代会所作的以"坚持科学发展，促进学校和谐"为主题的报告，对这个问题已经作了非常全面的论述。下面，我想结合一些具体的例子，就这个问题谈谈自己的感想。

1. 中大人要相互尊重、相互欣赏、相互理解。

好的学术文化包括了良好的师生关系，关爱学生是教师首要的职业道德，这体现在关心学生的成长，帮助他们在心智上取得进步。我们提倡大学教师应该"崇教厚德，为人师表"，在学生面前，我们应该既要做传授学生以知识的"经师"，又要做教学生做人的道理的"人师"。"得天下英才而育之"，是人生最大的乐事，更是一件光荣而神圣的使命，在座诸位无论是教师还是行政人员，都希望大家牢记。我想，在我们学校，如果师生关系不和谐，首先要问责教师。

大学里每个人都是其他人的外部环境，和谐的整体正是由每一个"互为外部环境"的个体共同营造的，虽然我们每个人都有短处，都有弱点，但"尺有所短、寸有所长"，我们应该学会看到别人的优点和长处，这样，彼此之间才能融洽，大家心情才会愉悦。因此，不只是师生之间，教授、学者之间也应该相互尊重、相互欣赏，要承认学科之间的差异，尊重别人研究的学问。同时,这种"相互尊重"、"相互欣赏"的品质应该扩散到整个学校,成为全校共有的品质,教师、管理人员内部要互相尊重,教师与管理人员之间也要相互尊重,因为只有形成这样一种氛围,才能有助于营造宽松、和谐的校内工作环境。

除了要有相互尊重、相互欣赏的心态,我们还要尝试站在别人的立场上看问题,要尝试去"理解"别人。我给自己定过一个规矩,凡是老师约见,我一定见,我并没有希望说一定能够解决什么事情,我只是想给他们一个陈述的机会,一个沟通甚至是发泄的渠道,因为一些心理包袱是可以通过交流和疏导而化解的。我想,学校不能积累怨气,要想方设法去疏导矛盾,这一点,学校的院长、处长们尤其应该注意。总之,中大必须要有一个适合自身发展的和谐环境,有了这种环境,我们才能实现学校发展的目标。

2. 中大人应该热爱学校,努力维护学校的声誉。

今天,诸位来到中大工作,中大的发展就是我们共同的事业,这里也就是我们共同的家园,值得我们每一个人去珍惜和爱护。尽管当下的舆论环境似乎对于教育界并不有利,大学经常被拿来成为"说事"的对象,我们仍然有责任共同维系大学的核心价值,维护大学的声誉。我们每一个人都可能在今后的工作中遇到各种问题甚至困难,我希望大家还是要持有一颗热爱中大之心,相信学校的主流是公正和公平的,我们应该采取积极的态度去面对,通过正常的渠道去沟通和解决,而不应采取极端的措施,做出损害学校形象、影响学校声誉的事情。因为一时的冲动,往往会导致不良的后果,而这种后果还是要由本人来承担,得不偿失。

我想,我们要营造一个好的大学文化不是一朝一夕可以完成的,需要所有中大人共同努力。我相信,这种好的文化将推动中大走上不断前进的轨道,也将有助于大家实现自己的理想。

(二) 要更深刻地理解"学术自由"的涵义

"学术自由"是中山大学最重要的办学理念,我们强调大学的自主性,其根本含义不仅仅是大学有决定自身事务、掌握发展方向的自由,更重要的是,大学有不受外界干预的自由,有能力拒绝某些对学术发展不合理的干预。

同样地,对于学者而言,有从事各种学术研究活动的自由。在不触犯法律、不妨碍他人自由的前提下,个体行为不应受到来自外部的干涉。但是,如果某些学者的研究立场不利于国家和社会的稳定,不能正确地引导学生,就会对大学营造宽松和谐的学术环境造成负面的影响，甚至会破坏大学中好的学术环境，损害学校的声誉，从而可能影响到大部分学者的学术自由。在目前的国情和社会环境之下，这一点，尤其希望大家有个清醒的认识。我期待着各位同事在各自的学术研究活动中，都能达到"从心所欲而不逾矩"的精神境界。

（三）要充分认识大学服务社会的使命意义

众所周知，服务社会是现代大学的三大功能之一，然而究竟如何实现"服务"，这里面可能有一些问题需要明确，要走出两个误区。也许有人认为，服务社会是应用研究的事情，基础研究从事"自由探索"的工作，无法也不必服务社会。我想，这是第一个误区。基础研究并不仅仅是根据研究者个人兴趣而进行的自由探索，我们鼓励教师理论联系实际，研究国家和地方经济社会发展中的重大实践问题，基础研究可以而且也应该瞄准对国家和社会有重要作用或重大意义的问题，因此，所谓的"自由探索"并非是无目的的研究，为了发表而发表的学术论文是没有意义的。真正有责任感的学者应该懂得把自己科学研究的兴奋点与社会发展和人类进步联系起来，他们能够持之以恒，因此才能作出真正的贡献。也有人把服务社会仅仅停留在个人拿一些课题、到各地讲讲课的层次上，这是第二个误区。争取课题和讲课当然也是服务了社会，但是对我们中大这样的大学来说，还远远不够，我们服务社会应该有更高的要求，发挥更大的作用。我的看法是，我们为地方服务，应该是高层次、有明确定位的，应该是面向行业和专业领域的。

对于应用理科来说，为社会服务，就是要能够面向行业解决关键技术。前段日子我参加了广州市的一个座谈会，我告诉徐志彪副市长，学校正在筹备成立电子通讯研究院，并准备研究汽车电子，他说，为什么不研究船用电子，广州的造船业很发达，但是船用电子领域却缺乏新的技术支持。对此我感触很深，的确，如果我们建立了针对行业的研究平台，并深入下去，解决行业中的关键技术，就是具有指导意义的贡献，而且也很容易在全国拥有地位。我想，这就是我们服务地方应该坚持的一个方向。其实，学校成绩显著的几个学科领域走的就是背靠行业的路子，例如，何建国教授在对虾的养殖领域，陈瑶生教授在生猪的养殖领域，许宁生教授在平板显示技术领域，罗笑南教授在数字家庭技术领域，等等，都是在为行业解决关键技术，他们的工作不是广东水平，而是国家水平，甚至是国际水平。

对于人文学科来说，为社会服务，就是要为解决重大实践问题贡献思想发明。要有针对性地提出与人类进步和社会发展面临的重大挑战密切相关的新思想、新理论、新方法。我以为，如果只是在本学科内部的逻辑中去寻找研究题目，往往就会画地为牢，学问越做越小；只有从现实世界的实际问题出发，才有可能引申出跨学科的研究，学问越做越大。

对于社会科学来说，为社会服务，就是要在专门领域中胜任行业智囊。这个要求是相当高的，它要求社会科学的教授不能只了解宏观的、一般的规律性知识，而是应当成为既掌握某一专门领域的专精知识，又具有参与实务和决策能力的专家。例如法学院的刘恒教授，他承担和制订的广州市行政法规的课题，完成以后由广州市正式颁布，成为政府的法规。又如政务学院的马骏教授，他搞财政预算的研究，不仅能发表高水平的论文，还成为真正的政府顾问，国务院有关部门经常向他咨询政府预算方面的问题。如果只从学科上看，财政预算只是个小学科，但它是政府管理、公共管理的核心部分，从财政预算上可以看出政府的钱花在了什么地方，为什么这样花钱，因此是关乎整个政府行为和国计民生的，这样看，它的领域又很宽了。我希望有更多社会科学的教授熟悉专门领域，希望这样的专家更多一些。

对于医科来说，为社会服务，就是要满足人民群众的健康需求，征服重大疾病。我们的附属医院每天都在诊治病人，这是一种重要的也是最基本的社会服务。但是，我们说到医科学科建设和科学研究，无论是临床医学还是基础医学，都要努力追求更高的目标，要为人民征服疾病，尤其是要征服那些具有"地方特色"的疾病。陈心陶教授的例子大家都耳熟能详，20世纪50年代，他在广东四会发现了"大肚病"病人，发现了血吸虫的存在，通过10多年对血吸虫病的不懈研究，终于送走了"瘟神"。我想，陈心陶教授作为我国寄生虫学界泰斗和国际著名学者的历史地位，不仅是由于他的学识和聪慧，更重要的是源于他高度的社会责任感，以及身为一个基础科学家却勇于担当征服疾病之使命的眼光，还有超越于书斋和实验室之外的、亲力亲为不畏艰辛的学术与社会实践。同样道理，今天曾益新院士的团队围绕鼻咽癌这个广东特色病进行的攻坚式、多层次、理论与实际相结合的研究，以及学校集成基础医学、临床医学、预防医学、生物学乃至产业研发力量组建的多学科作战、目标明确的热带病防治研究平台等等，都是针对老百姓的健康需求，解决国家尤其是地方面临的重大疾病的挑战。我们都知道，对于文化来说，越是民族的就越是世界的。同样道理，对于征服疾病来说，攻克地方性疑难疾病，也就是攻克了世界性难题。科学问题源于地方，作出的贡献却在于世界。

总之，我们中大的学者们要更多地关注社会、关注民生，要考虑将国家面临的重大问题与自己的研究相结合，要将研究的立足点放在解决国家尤其是广东省的经济建设和社会发展的战略需求上，依靠行业为社会服务，这是学校长期坚持的方针，同时也是我们办学的一个特色。

今天的这个讲话算是一个关于大学文化的漫谈，之所以在这个场合选择这个主题，也是为了能够让大家对中大的文化有一个了解，知道我们这所大学倡导什么、反对什么。总之，我希望诸位能够尽快融入新的生活和工作之中，成为一名真正的中大人，有一番作为。

最后，祝大家身体健康，家庭幸福，事业有成！

谢谢各位。

关于大学提升育人质量的一些想法[*]

——在2007年本科教学工作水平评估中层干部工作会上的讲话

我始终认为,研究型大学最根本的使命还是在于人才的培养,在今年初学校的评估动员会上,我提出了中大要以评估为契机,认真思考"育人"这个大学的根本问题。这段时间以来,通过在全校范围内开展的对本科教学评估工作的深入认识和准备工作,我们对迎评工作形成了一个基本思路,那就是:着眼于发展,着眼于未来,以评估为契机,将进一步提升育人质量作为大学最重要的工作。今天,借这个机会,我想着重对如何提升学生综合素质谈谈自己的一些想法。

(一)建立"师生互动时间"的制度

我想先说个例子。不久前,一位广东的厅长来学校公干,当双方谈及学校将稳定招生规模、狠抓教学质量的话题时,他说:"黄校长,我给学校提一个建议,希望你们能关注学生尤其是本科生与教师交流的问题,现在往往是学生一下课就找不到老师,师生之间缺乏沟通。"我当时有些语塞,因为我知道,这位厅长的女儿就在中大读书,他说的情况确实存在。目前,学校的人事聘任规程对每一位教师都规定了教学、科研的要求,但对学生而言,虽然有的院系要求教师抽出时间与学生交流,但并没有作为评价教师教学的指标。而在国外的大学里,都规定教师必须设定一定的时间与学生交流,称之为"Office Hours"。我想,我们也应该而且有必要在教师聘任规程中明确规定老师们必须安排一定量的时间用来与学生见面,权且可以称作"师生互动时间"。这段时间的内容不一定只谈学术问题,还可以为学生疏导心理矛盾、共商人生规划等等。我们一直提倡,大学老师既是教学生以知识的"经师",又是教学生做人的道理的"人师",我想,通过这种形式的师生互动,或许可以更好地实现这个目的。此外,这个"师生互动时间"一旦写入教师聘任规程之中,就意味着它将成为教师考核的指标,是个刚性的规

---

[*] 本文系2007年在本科教学工作水平评估中层干部工作会上的讲话,后刊登于2007年12月10日《中山大学报》(新)第166期。

定,任何人都必须执行。当然,为了尊重不同学院之间的差异性,学校制定的将只是最低标准,各个学院完全可以根据学科与专业特点再作进一步的要求。

(二) 完善保送研究生的"推免制度"

我们的教育改革目的之一就是改变应试教育为素质教育,然而,高考这根指挥棒,对应试教育的影响是挥之不去的。而且,大学生一进学校,各种考核又以考试成绩为主,我们稍不留心,培养的可能就是只会考试的"人才",如果是这样的原因,那么我们就有必要重新审视校内研究生的"推免制度",而不应再延续应试教育的模式。最近,我与研究生院、教务处等部门的负责同志沟通过,有这样的考虑,即目前学校正在开展教师岗位设置工作,对于教授二级岗,我们设置了较高的标准,因此,是否可以给予获得二级岗的教授这样的权力,学校每年划拨名额,让他们自主选拔一名本科学生作为自己的研究生,甚至是硕博连读的候选人。也就是说,只要教授点名,不必经过其他考核,本科生就有机会成为博士生。因为学校相信这样的教授具有"慧眼",能够选中那些做学术的人,而不是只会考试的人。当然,这里只是一个想法,学校将在时机成熟时建立相应的保障机制。

(三) 克服多校区办学的困难

珠海校区和广州大学城东校区的建立,极大地拓展了学校的办学空间,也为学校的发展奠定了物质基础。但是,多校区管理毕竟存在着一些固有的问题,这是客观存在的,我们必须正视和正确处理这些问题。多校区办学的问题体现在办学成本提高,学校管理增加困难,综合性大学的优势有可能会削弱,对教师授课造成的不方便等等,但我们不能只停留在不利,不能因为多校区办学存在困难,就说我们做不好。我曾经说过,"成功者想办法,失败者找理由",多校区办学,重在建设,面对困难我们采取了什么应对措施,我想,这是学校管理部门应该特别重视的事情。

首先,要注重多校区的文化建设。我们提出的多校区办学的定位是要办成"原汁原味的中山大学",我们的四个校区,每一个校区都源自中山大学,每一个地方都是我们的管理干部,每一堂课都是我们正宗的老师,每一个同学都是正规的学生,我们曾经有一篇总结珠海校区办学经验的报告,从学术传统、管理模式和人文精神三个方面说明珠海校区是延伸了中山大学的传统。今年8月底,我做了一场关于大学文化的报告,从我个人理解的角度,提出大学应形成自身的学术文化、行政文化和制度文化。我认为,多校区办学也是可以从学术文化、行政文化、制度文化方面延续中山大学的传统。在我们准备教学评估的工作中,我特别注意到,教育部在本科教学工作水平评估中特别要求重新审视和凝练大学在办学过程中形成的教育理念和办学特色,这个特色就是在长期办学过程中积淀形成的、本校特有的风貌。我想,怎么样总结办学特色,我认为就是要总结大学的文化。说到文化建设,其中一个重要内容就是大学开设讲座的情况。这个学期初,我邀请教务处、医教处、校友会等部门的负责同志,专门就在四个校区开设讲座进行了讨论,会上几个部门进行了分工,领了任务,现在,我们可以保证每个星期在每个校区都有一个由大学组织的讲座,通过统一口径对外发布。除了讲座之外,我们还充分利用学生会、社团等学生团体把我们的大学文化延伸到每个校区,加强同学们之间的交流,丰富他们的课余生活。此外,在校园的建设上我们也动了脑筋,例如在珠海校区、东校区修建了孙中山的铜像或者大学牌坊等等,这些建筑物也可以说是我们南北校区文化的延伸。

其次,在人才培养上,我们还坚持了厚基础、宽口径知识平台的搭建。例如,学校的公共必修课目前有9门到12门,这个数字听起来比较多,但根据这个暑假学校派团赴美国大学考察的情况,它们也有10门左右的公共必修课。此外,我们每个学年设立了800多门公共选修课,受益学生3万多人,平均可以保证每个学生一个学期选2门课程。此外,我们在四个校区施行辅修、双学位的制度。由于多校区跨地域,学生跨专业选课存在一定困难,根据调查,经贸类、工商管理类课程是比较受学生欢迎的,因此,我们在珠海校区建设了几个整建制的学院,例如国际商学院等等,很大程度上也是出于为珠海校区的其他院系的学生提供选修课程的考虑。再比如,我们在每一个校区都建设了基础教学、基础试验的大平台,这同样是在为本科教学动脑筋。在这里,我要特别感谢那些为学生着想、为教学出力的每一个院系。最近,学校评估办组织了学校包括30多个院系、50多个职能部门在内的80多个单位汇报了自身的迎评工作,我参加了两次,听到很多学院阐述讲如何针对多校区办学而做的工作,他们考虑如何优化课程设置,最大限度地为学生着想,我想,这才是积极的做法,是大学应该提倡和鼓励的。

(四) 鼓励学生适当参与学校管理

中大学生有一个优秀的传统,就是被称为"自我教育,自我管理,自我服务"的"三自"模式。学校注重学生实践经验的获得,为他们创造许多锻炼自己的机会,使得校园文化建设丰富了独立自主、开拓创新的内涵。正是由于有这样的良好传统,我们更应该鼓励学生参与到学校的管理中来,尤其是涉及学生生活休戚相关的事务当中。这个暑假,很多学生由于实习、准备考研等原因留在大学城,然而,饭堂、超市等与学生生活密切联系的设施很多处于休业状态,给学生的生活造成了极大不便。如果买块肥皂就要让他们跑到城里去,地铁费要比肥皂还贵,碰到这种情况,我希望我们的管理部门,不管是在上课时间还是假期,多为学生着想。我想,今年暑假大学城的情况是值得我们反思的,在这些后勤配套设施的招标过程中,是否真正考虑到了学生的利益,我们是否可以采取进一步的措施,能够听到学生的声音,又使得学生能有机会参与到学校管理之中。

　　提升育人质量、培养合格人才是一所大学对国家负责、对社会负责、对学生负责的一个基本态度,这与我们准备迎接的教学评估工作从根本上说是一致的。我真心地希望大家能够认识到这一点,还是要爱护学生、善待学生,只有这样,我们才能对得起国家、对得起社会、对得起我们自己的良心。

关于学校近期发展的若干问题*

——在中山大学第七届教代会第一次会议上的工作报告（节选）

各位代表、同志们：

目前，中山大学的发展已经进入了一个新的阶段，我们不应只是注重在量上的简单积累，而是应该根据学科发展的战略布局以及国家和地方社会经济发展的重大需求来设定学校的发展方向。对此，学校有如下的考虑。

一、关于人才战略的若干问题

（一）继续加大对青年教师的培养力度

1. 设立青年教师启动基金。

为了支持青年教师的科研启动工作，提高青年教师的科研能力，争取承担国家级、省部级的科研任务，学校于1999年设立了"中山大学青年教师启动基金"，用于支持理工科35岁及以下的中青年教师开展科学研究，到目前为止，共支持195位教师。据不完全统计，在学校科研基金的支持下，有43人次申请并获得国家级科技项目的进一步支持，103人次申请并获得省部级科技项目以及其他项目的支持。

此外，文科和医科的青年教师启动基金也已经于今年启动。

2. 结合学科发展需要选拔青年教师境外培训。

目前，国家留学基金委每年给予我校大约20个出国（境）研修的名额，由学校和留学基金委1:1配套资助，学校正在积极争取更多的资助名额。这里要强调的是，我们在选拔出国（境）人员时，应该转变目前以个人申请为主的方式，学院必须坚持在推荐这类人员时以学科需求为导向，要把教师的学术背景与学院的学科布局结合起来，从加大力度培养重点支持学科、跨学科以及交叉学科的角度来遴选、培养亟须的中青年骨干人才。说到

---

* 本文系2007年12月14日在中山大学第七届教代会第一次会议上的工作报告（节选），后刊登于2007年12月26日《中山大学报》（新）第168期。

这里我要顺便提一下，目前，国家启动的"建设高水平大学公派研究生项目"，我校每年有100个左右的名额可以派出研究生从事国（境）外交流，这个项目同样希望学院、导师要有重点和有意识地推荐、选拔学科团队的骨干力量，而不是让学生去"漫无目的"地自由申报，学院有权力、有责任去推荐那些重点发展学科的研究生。

（二）关于博士后工作改革的考虑

我国的博士后制度是20世纪80年代初，国家为了吸引、培养和使用高层次特别是创新型优秀人才而建立的一种有利于人才流动的用人机制。经过近30年的发展，博士后已成为国家的重要科研力量和高校师资队伍的重要后备力量。

但是，目前博士后体制还存在着一些问题，主要集中在两个方面，一是导师招聘博士后的积极性不高，二是博士毕业后从事博士后工作的积极性也不高。因此，如何使博士后在学校学科建设、师资队伍建设中发挥更大的作用，是我们亟须解决的重要问题。

针对导师积极性不高的问题，学校认为，必须要理顺博士后与导师的关系，从"合作导师制"转变为导师指导的形式，这里面，需要明确两个关系：学校与导师的关系，导师与博士后的关系。这两个关系，我曾经在之前的讲话中讨论过，这里就不再赘述了。我想解决了这两个关系，应该可以在某种程度上解决导师积极性不高的问题，从而使博士后真正成为导师科研团队的重要力量，从而有利于学科发展和团队建设。

博士毕业后从事博士后工作的积极性不高是一个更加重要和紧迫的问题。应该开辟一个新的渠道，提高博士后工作的吸引力，我想，这个渠道可以概括为一句话，就是"教师的身份，博士后的工作"。

所谓"教师的身份"，是指将博士后作为学校师资的一部分，履行作为教师的部分职责，如完成科研任务，承担部分的教学任务（如助教工作）及其他社会工作，完成学校规定的新教师上岗前的分项培训和考试等。在工资以及其他福利水平上，博士后按照教师的工资标准，并包括住房公积金、住房补贴、公积金、养老保险及统筹医疗保险等补贴和福利。此外，如果博士后出站后能够继续被聘为学校的教师，那么他们在校教龄将从博士后时期算起。

所谓"博士后的工作"，是指博士后将与学校签订合同，并按合同进行考核。博士后主要是在导师的指导下，以从事科学研究的工作为主，较其他教师而言，教学任务的负担相对较轻。而根据合同的要求，博士后的聘期或称为考核期则是两年，较普通教师更短，更有利于选拔和流动。

我想，对于这一类型的博士后可以有个比较形象的说法，叫做"师资型博士后"，学校鼓励各院系招收国内外优秀应届博士毕业生从事师资博士后工作。我们初步的设想是，通过院系申请，学校审批，师资博士后进站后签署两年协议，院系则可根据本学科特点提出科研、教学工作量的基本要求，进站一年后经中期考核不符合师资博士后要求的，将视情况终止其师资博士后待遇，调整为普通博士后，严重者则作退站处理。而对年度考核优秀的博士后，根据需要并通过一定程序，可调整为师资博士后。这样，博士后工作就不仅仅是导师个人的事情，而是使博士后成为学院师资队伍建设的一部分，成为学科建设的重要力量。

（三）岗位设置的进展情况

实施岗位设置管理制度，是事业单位人事管理制度的重大改革，它既是事业单位推行人员聘用制的重要基础，也是分步实施收入分配制度改革的关键环节。国家整体推进岗位设置管理改革的一个重要起因，是国家在事业单位实施了收入分配制度改革，改变了原有的职务等级工资制度，全面实施了岗位绩效工资制度。

根据教育部的部署，我校认真组织，慎重实施岗位设置管理工作。学校分别成立了教师系列、卫生系列、管理系列、工程实验系列、图书档案会计审计出版编辑系列、工勤技能系列等6个小组，根据教育部有关文件精神和与兄弟院校交流的情况，结合学校实际，在深入调研、充分研讨、广泛征求意见和多次测算的基础上，已制定出各系列的岗位设置实施方案。目前，人事部门正与各单位逐一商谈实施方案。

此外，学校为了最大限度争取教职工的利益，还专门就岗位结构比例、岗位等级比例等关键性的指标向教育部作了积极争取。

二、关于科研工作问题

关于科研工作，我还是想特别说明一下"应用"与"基础"的关系，我们既要营造有利于基础研究的宽松环境，又要创造促进应用研究和科技成果转化工作的良好氛围。

不久前，我参加了理工学院的科研工作研讨会，有教授提出，学院搞基础理论的人最好要与从事实验科学和应用研究的学者结合起来，而不是单纯凭兴趣做理论研究，但也有人对此持反对意见，认为科学家应该有自己的研究兴趣和研究自由。我认为，这其实是两个范畴的问题。后者讲的是学者的学术自由，这毫无疑问是大学学术研究的根本；而前者考虑的则是在学科建设以及人才引进的过程中，要取决于学科布局的考虑，取决于学科重点建设和重点支持的需要。

目前，在大学里讲"应用"，讲与企业合作、与政府合作已经是大势所趋。据统计，世界上90%的技术发明源自大学的科学研究。欧美的大学都十分重视并且加强了应用研究和科技成果转化工作，专门设立大学技术转移中心，推动学校的科技成果转化，比如大家所知的斯坦福大学，以及麻省理工学院、阿尔伯达大学，甚至古老的牛津大学都在这方面取得了惊人进步。由此可见，大学不仅是基础研究的主力军，也是应用研究和科技成果转化的重要力量。

我曾多次强调，大学不仅是社会的"象牙塔"，也已越来越成为社会经济发展的"发动机"。现代研究型大学的发展趋势、国家和地方对大学的要求，都促使我们应该对大学的科研工作重新评价和定位。首先，大学科技工作者应该在学术自由和国家以及地方重大需求之间找到平衡点，基础研究并不仅仅是根据研究者个人兴趣而进行的自由探索，基础研究可以而且也应该瞄准对国家和社会有重要作用或重大意义的问题，研究国家和地方经济社会发展中的重大实践问题，特别要考虑广东的需求来选择研究课题，开展应用研究和科技成果转化，真正为区域经济发展提供技术支撑，为国民经济和国防建设贡献力量。

其次，要根据学科发展需要、技术创新需要、特别是国家重大需求，整合基础研究和应用研究的多方力量，要善于组建跨学科的大团队，构建大平台，承担大项目。上个星期，我与学校有关人员专程赴长沙，到中南大学学习他们如何构建大团队、启动产学合作创新战略联盟的做法，在黄伯云院士领导的"高性能炭/炭复合材料研究"的项目团队中，有6个不同方向的课题组，他们最后的成功，是将6个方向成果的一次大集成，这个大团队共有61人，被人们称为"61个阶级兄弟"。在这方面，我校生科院也作出了有益尝试，在种苗培育与病害免疫防治方面开展了原创性的基础研究，形成了自主知识产权。生科院通过多学科的技术整合和交叉，形成了多层次的海洋水产养殖技术体系，广泛应用于海洋生物的产业链上。最终，通过技术辐射和龙头企业的带动，使我们的技术惠及千家万户农民。

再次，要建立有利于应用研究和科技成果转化的评价体系和考核体系，形成在高度开放环境中从事科研工作的新思维、新机制。应用研究不同于基础研究，不能仅用论文来评价，各学院领导要用新的理念、新的眼光、新的标准来评价从事应用研究的科技人员和开展应用研究的科研机构，给从事应用研究的科技人员与从事基础研究的科技人员享受一样的"国民待遇"，营造一个良好的研发创新的氛围。

最后，从基础研究到产品生产是一个过程，不同阶段需要不同的实验条件，我们要根据需要，在建设基础研究实验室的基础上，通过自建或与企业共建的方式，为攻克关键技术提供实验条件。这其实是科研创新过程中最艰巨的一项任务，这可能比发表论文的实验工作要困难得多。

三、关于学科建设问题

(一) 关于国家重点学科评审

新一轮的国家重点学科评估与增列工作已经结束。我校一级学科国家重点学科只有两个，在全国排位很不理想。其中有许多客观原因，但更重要的是，此次评审反映出我校重点学科比较分散，以及在一级学科国家重点学科建设上，从学校到学院的战略考虑和重视程度都不足这两个大问题。

通过对重点学科评估与增列工作的总结和反思，学校基本理清了下一步的发展思路，并与若干学院领导、学科带头人交换了意见，接下来学校将更加重视学科群的发展。各学院的院长要更多地考虑学科群的建设，一级学科下应有若干个强势学科，而不能仅仅是一枝独秀。学校对现有的国家重点学科、国家重点培育学科都给予一定的支持，希望能够将强势学科做得更强，将培育学科尽快做成强势学科，为下一轮一级学科国家重点学科评审蓄势。学校还将结合学科群的发展，在人才引进和岗位设置上向有潜力冲击一级学科国家重点学科的单位倾斜。

(二) 关于"985工程"和"211工程"的工作布置

二期"985工程"明年即将进行国家验收。但目前仍有部分项目的进展比较缓慢，希望各项目抓紧时间加快建设进度。各项目负责人要高度重视验收工作，要注意加强对标志性成果的培育，现在就要做到心里有数。

据目前我们了解到的情况，三期"211工程"将在年底启动。三期"211工程"建设的思路及做法将和以往有很大的不同。三期"211工程"

建设项目将不再给学校"打包"建设，而是分领域，由学校组织项目申报，再由教育部组织专家进行审批，这一形式类似国家科研项目的申请。也就是说，所有"211学校"的建设项目都要一起到教育部去打擂台，争取资源。尤其要注意的是，以某个二级学科甚至一级学科去申报三期"211工程"的重点学科建设项目是几乎不可能的，只有围绕共同科学问题、跨学科组建团队去申请，才能增加命中的机会。所以在这里，我们必须要强调建设学科群的概念，一定要有学科交叉的意识，而且这是一个大的趋势，据了解，三期"985工程"也将采取这种形式进行建设。

关于学科，在这里我还想强调一点，就是我们学校的不少院长、教授被推荐聘为各类国家级的专家委员会的委员，请各位明白，这些委员的资格，不是仅仅代表个人，而是还代表了学院的利益、学科的利益，如果放弃参加学术会议或者交流，其实是没有承担学校赋予的责任，是不合格的。

四、关于教学工作的若干问题

（一）关于本科阶段人才培养的考虑

1. 本科招生规模维持现有水平。

目前，广东省下达给学校的扩招任务已经基本完成，今年本科招生规模与去年数量基本持平，略有减少。今后我校的本科生规模也将保持稳定，招生数量将不再扩大。

2. 以多元化的人才培养模式贴近社会需求。

扩招给学校带来的不仅仅是教学资源配置紧张的压力，更体现在就业方面的压力，虽然我们的毕业生在就业市场上并不缺乏竞争力，但是面对全国扩招的压力，学校必须要在就业质量的方面考虑学生的利益。因此，我们考虑在传统的"厚基础、宽口径"的精英培养模式之外，开拓面向行业、培养高素质应用型人才的培养目标。学校成立了软件学院、旅游学院、翻译学院、国际商学院等以应用学科为主的学院，这些学院承担了大部分的扩招任务，学校在教学管理、课程体系的建设等方面，对这几个学院都采取了相对灵活的措施，学校希望这些学院培养的学生，在就业时能够占据相关行业的高端市场，而绝非类似高职、高专所对应的领域，这也是我们衡量这些学院办学成功与否的重要标志。同时，我们看到这些学院的院长们也为此作出了巨大努力，学校以及教学管理部门也会一如既往地支持这些学院的发展。

(二) 关于研究生教育的一些考虑

1. 优化研究生结构，实施分类培养。

我校作为我国恢复研究生教育和实行学位制度后的第一批博士、硕士学位授权单位，经过20多年的建设，已形成了一个较为完整的、与研究型大学相匹配的学位授权体系。目前，我校研究生教育坚持"保护基础学科、支持优势学科、扶植特色学科、大力发展应用型学科"的指导思想，积极推进分类培养，以期达到研究生教育结构的调整。

博士生的教育是体现研究型大学研究生教育层次和质量的最重要指标，它的培养目标仍应以学术型为主，为学校的科研上水平、上规模作贡献。我校始终坚持以创新性作为博士生培养的目标，并通过建立多元化的招生考核体系、全面试行硕博连读制度、推进国际化教育等措施，集中资源和精力，确保质量。

随着社会对人才需求的变化，研究生教育特别是硕士生的培养，必须对目标定位作出相应的调整。近年来，我校不断地探索推进研究生教育结构调整的新路子，在此之前实施的研究生课程班制度已经不能满足各方的要求，学校考虑在适度扩大专业学位硕士生比例的同时，尝试在一部分有着强烈行业背景的学科领域培养"类专业学位"人才，今年已经在2个学科推出"类专业学位"的试点，明年将计划推出"类专业学位"招生的学科专业近20个，计划招收600名硕士生。

为了更有效地推动这一工作，我校本年度自主设置学科专业的重点，是在硕士学位层次中培养"类专业学位"人才的专业。希望经过三年左右的努力，将我校硕士生培养类型调整到"三三制"，即学术型、专业学位、类专业学位各占三分之一。

2. 建立提升博士学位质量的长效机制。

在研究生教育工作中，学校强调充分发挥导师的积极性和创造性，但是，对于培养的最终结果，不能有丝毫的放松。学校不断强化对于研究生特别是博士生培养质量的监控机制，今年我们学校的博士生从论文申请答辩到最终答辩的一次不通过率达到27%，有的学院甚至达到了40%。这充分说明了学校狠抓教学质量落到了实处，说明了我们提倡严谨、踏实、创新的学风落到了实处，说明了中山大学培养的博士有着足够的"含金量"。

学校于2005年建立了博士学位论文的抽查制度，这个举措已经进行了三年。每年我们从应届博士学位论文中随机抽取10%，寄往国内有研究生院的兄弟高校进行匿名评审，并将评审结果在校内进行通报。对有不合格评审意见的论文，由我本人约见论文作者的指导教师，目的是告诫和劝勉这些导师，要进一步关心自己的学生，要对自己和学生的学术行为更加负责。对于连续两次抽查均有不合格评审意见的导师，学校将考虑控制甚至暂停其招生资格。

（三）关于准备本科教学工作水平评估的若干问题

关于迎评工作，我想强调以下几个问题。

1. 评估对每个单位来说都是展示自我的机会。

学校各个单位都为中山大学办学和发展做了出色的工作，而评估的准备，就是对以往工作的一个总结，我们的自评报告，是放在教育部网站上公开的，这其实是展示自我的机会，让全国的高校都知道各个部门出色的工作，我们要浓墨重彩地总结、展示出来。因此，我希望每个单位的一把手要重点思考这些问题，到底我们在人才培养过程中作了哪些贡献，还有哪些不足，从而真正将此次评估作为我们提升工作水平的一个契机。

2. 各单位主要领导要在评估准备过程中明确任务，承担责任。

从 4 月份集中准备评估到现在，每个单位都做了不少工作。目前，很多职能部门、直属单位提交的工作总结和观测点总结，尚不足以体现所在部门的工作能够达到评估的 A 级标准。每个单位的领导必须高度重视，要集思广益，提炼出精华，挖掘典型、感人的案例，而决不能靠科长们的工作罗列来代替处长的思考。学校对总结材料的要求是，形式规范、内容个性、突出重点、注意效果。

对每个学院和职能部门来说，一般是由分管教学的副院长或副主任整理和搜集材料，再由院系部门的一把手介绍情况。经验表明，院系部门一把手要对本科教学工作介绍到位，就必须高度重视评估工作，熟悉指标，并直接参与到各项评估的准备工作中来。

在接下来的工作中，迎评材料的搜集、整理、归纳、提炼，也需要各个部门通力配合，学校对此已有了统筹安排，我们也希望各个部门主动承担责任，共同配合，把学校的评估准备工作有序地向前推进。

此外，学校要求在明年 5 月的评估期间，校领导、各院系、机关部处负责人必须坚守岗位，不出访、不离校。各位教学一线的老师，尤其是在岗位设置中将聘为教授二级岗的教师，也必须留在学校。在教学安排上，课程不得调整，更不得停课。

各位代表，经过全校师生员工的共同努力，近年来学校各项事业取得了蓬勃发展。中山大学已经奠定了建设高水平大学的基础，形成了研究型大学的基本格局，当前，我们正处在一个关键时期，希望全体师生员工团结一致，为把中山大学建设成为居于国内一流大学前列，具有国际影响的高水平大学而共同努力！

2008 年

关于附属医院发展的若干考虑*

——在医政工作会议暨医院管理年总结大会上的讲话

诸位：

这里，我想就学校附属医院的管理与发展谈一些想法。

一、关于部省共建附属医院的工作

一直以来，学校积极推动卫生部与广东省共建学校附属医院的工作。去年8月，省政府办公厅发来卫生部关于部省共建部管医院意见的函，拟与广东省共建我校6所附属医院，并要求对部省共建部管医院的协议进行修改。经过校内外一系列的沟通和准备工作，学校形成了对共建协议的修改意见，并集中于两个方面：一是争取更为有利的财政拨款额度，二是希望将附属五院、附属六院纳入共建范畴。

日前，省政府组织召开了关于部省共建医院的协调会，我与汪建平副校长参加了会议，继续表达了学校的立场，并就省府经常性拨款额度在会议上进行了争取。会后，省府办公厅发来会谈纪要，明确表示广东省将对学校附属医院在原有离退休人员等拨款外，对医院的基础建设还将给予支持。

二、关于医院发展的和谐环境

多年以来，我一直在校内的各种场合强调，要营造一个适合学校发展的

---

* 本文系2008年1月15日在中山大学2007年医政工作会议暨医院管理年总结大会上的讲话，后刊登于2008年3月13日《中山大学报》（新）第172期。

和谐氛围。虽然医院管理我是外行,但是,在营造和谐氛围方面,是可以有相通之处的。为医院的发展营造和谐的环境,需要大学和附属医院共同努力。

首先,要积极营造有利于医院发展的外部环境。

去年6月,我和郑书记、汪校长带领学校医管处负责同志及8家附属医院院长或书记前往广东省卫生厅,与卫生厅领导班子全体成员以及相关部门的处长进行了座谈。可以说通过这次会谈,双方加深了了解,增进了信任。后来,姚志彬厅长对我说,中大的书记校长带队拜访,让他很感动。

再有,我有感于学校科技处、医科处与科技部的紧密联系,曾多次向医管处提出应该与卫生部的司局等相关部门进行沟通。去年12月中旬,在李巧兰处长的沟通下,我们与卫生部医政司的领导有了一次十分友好的交流。正是那次会面,医政司的张宗久副司长和赵明钢处长答应参加我们这次医政工作会,昨天,他们还专门为大家作了报告,虽然报告的内容是宏观的,但我认为,作为医院的管理者,必须具有宏观的眼光,"不谋全局者不足以谋一隅",因此,我们了解国家和广东省的医疗卫生政策,对于医院的管理和发展是十分有用的。因此,我们与卫生主管部门的这类沟通是十分必要的,因为这不仅有利于我们更加深入地了解、领会国家和地方的卫生政策法规,更重要的是,通过沟通才能加强双方之间的了解,从而有利于营造一个好的外部环境,让我们更加顺利地开展工作。昨天,张司长的报告中有一点引起我的共鸣,他讲到20世纪50年代政府对医疗卫生事业的免税政策之后,总结了一句话,"听政府的话就免税"。我觉得很有道理,现在也是一样,我们的医疗政策、资源基本都掌握在政府,无论医院做到什么水平,院长都不能"翘尾巴",要知道自己处处是"受制于人",必须老老实实听政府的话,这不是院长个人的事情,而是牵涉到医院发展良好外部环境的重要问题。

其次,要努力营造适应医院发展的内部氛围。

最近,有篇报道讲一家医院的两个医生由于对患者病情诊断持有不同看法而恶言相向,进而相互暴打。这个现象也许只是个案,但我想,医院内部人员之间相互排斥的现象一定是有的,这就要求我们医院的领导特别是院长、书记们要有一个"公心",营造医院内部的和谐氛围,提高自身的凝聚力。做到这一点,关键在于医院的领导班子。本来郑书记准备在这次会议上重点讲医院班子建设,但因公务不能到会,此前我们也进行了沟通,这里我就代表郑书记讲讲这方面的内容。这段时间,附属二院、附属三院、眼科、口腔等附属医院接连进行了班子换届工作,郑书记亲自与班子成员谈话,学校党委广泛征求意见，使得医院的换届工作得以顺利完成。可以说，学校党委对医院换届工作的投入力度，远远高于任何一个学院班子换届的力度，原因很简单，医院是独立法人，"班长"确定了，这个班子就交给他了，学校今后就必须信任他，学校也不会去过多干涉医院内部事务，即使学校和医院之间对于某个问题有争议，学校在表达了意见之后，最终决定权还在于院长，因为他作为独立法人，学校是会尊重其决定的。

对于医院的领导班子，学校要求医院领导班子成员要舍得投入精力。二院的报告很有建设性，他们规定了医院领导每周必须投入专门时间处理行政事务，建立了院领导坐班的制度。我要强调的是，医院领导不仅是医生，既然你愿意接受学校的任命，就必须牺牲自己的时间，承担学校和医院职工托付给你的医院管理的责任，这时，你优先考虑的是一个管理者，其次才是教授和医生。我想，做好一个医院领导，要对自己的业务没有影响，是不可能的，除非只有一点，那就是你这个院领导不称职，因为那一定是不肯投入精力，只是挂一个名而已。

此外，我还要提醒各位医院领导，要加强民主管理，注意建立畅通的征求建议、反映意见的渠道和平台。例如，在资源配置上，要注意公平性。再有，希望院长们能够与普通职工建立一个交流甚至是"倾诉"的平台，附属医院是院长负责制，与大学党委领导下的校长负责制不同，院长必须面对员工，听取他们的意见和建议。特别是在医院班子内部，院长要爱护、尊重、团结班子其他成员，其他成员要维护院长的权威，这样才能维系医院健康的发展。

最后，我们的附属医院之间要互相支持、互相配合。

中山大学的8家直属附属医院，是我们医疗体系的核心团队。长期以来，我们的附属医院之间教学、科研、人才交流、技术支持等方面都形成了良好的协作关系。在当今医疗市场竞争激烈，和谐医患关系尚未形成的情况下，我们各医院，特别是医院领导更应该形成一个共识，那就是8所医院互为兄弟，只有兄弟团结，才能有利于中山医这个大家庭的发展壮大。我们应把各附属医院看成一个整体，形成一个有实力、有凝聚力、有竞争力的医院团队，团队成员对医院团队要保持高度的认同感、荣誉感。说话做事，都要考虑团队利益、团队形象。特别是遇到重大事件时，希望各医院一如既往，扭成一股绳，帮兄弟医院排忧解难，一致寻找解决问题的办法。

这方面医管处给我提供了一个很好的例子。最近，中山二院影像科主任梁碧玲教授鉴于广东省影像质控中心落户南方医院（但专业委员会正副主委仍在我校），感觉不是滋味，就主动联系附属一院、附属三院、肿瘤等医院的影像学专家，准备制定中山大学附属医院团队的高水平的质控标准。先不说结果如何，单是这种责任意识、这种团队荣誉感、这种竞争意识、这种主动为学校争取话语权的精神，就足以令我们敬佩。我希望学校能有一批这样的专家勇于主动出击，为学校、为医院团队争光，学校将大力支持他们的工作。

说到这里，我要讲讲关于医疗资源共享的问题。目前，在医管处的协调下，我们正在开展医院信息平台工程的建设，我个人认为，这个进度已经有些慢了。最近，学校准备投入1000万元，并已与IBM合作，开展了大量前期工作，希望得到附属医院的支持，并能在今年推动医院信息平台建设方面取得实质性的进展。当然，这项工作以医院自愿为原则，学校不搞行政命令。

三、关于医院管理年和医疗资源共享的工作

首先，我认为医院管理年工作是富有成效的。其中，医院费用下降最能说明问题，因为这个指标使老百姓真正得到了实惠。我们医院在自身谋求发展的同时，能够响应并落实政府号召，为老百姓着想，为政府解忧。在为患者提供优质医疗服务的同时，努力控制运行成本，降低医药费用。近年来，附属医院单病种收费在13所省部属驻穗医院中居中或靠后，出院人均医药费用也是中等水平。与2005年相比，广州地区26间大医院2006年平均每天住院医疗费用，市属医院上升了6.12%，省属医院上升了1.03%，部属医院下降了0.15%。而我校各医院则分别下降了3.18%～5.23%，而要注意的是，我们的医院解决的大部分是大病、重病和疑难杂症。在总诊疗人次上升10.92%的同时，业务收入仅增加了6.69%，老百姓真正得到了实惠，取得这样的成绩实属不易，我想，这就是医院管理年中以病人为中心的最有力的说明和表现。

其次，关于医疗资源共享工作，在上次的医政工作会议上我们启动了医疗资源共享工程，提出了构建走进"走进一家医院，八家医院为您服务"的医疗服务模式，希望能够进一步向患者提供安全、优质、便捷、廉价的医疗服务，促进医院团队建设，打造我校附属医院优质的医疗品牌，创造良好的社会效益。

当时，部分医院还有一些顾虑，主要担心法律问题、隐私权、具体操作

等问题,这不无道理。但通过各方面的努力,学校启动了影像结果共享,大型医疗仪器设备、人才资源、医疗文书共享等项目,得到了各医院和院领导的理解和支持,效果很好。各医院都在具体实施中,总结了很好的做法、成效和经验,有的还进一步提出了建议和可提供共享的资源以及需兄弟医院提供协助的资源。

四、关于附属医院的其他问题

这里,我其实主要想对各位院长谈几点个人的想法。

(一) 医院要站在全局的角度上考虑问题

医院的领导有没有一种责任感和使命感,有没有站在全局的立场上考虑问题,有没有在"国难当头"的时候挺身而出,真正为国家和地方排忧解难,而不是仅仅考虑医院的局部利益。所以,在这里我们还是要强调国家的利益、民族的利益,社会的责任,很明显,忽视了这些,也将严重影响到医院自身的发展。

说到作贡献,我在这里要特别向支持学校四个校区门诊部的附属一院、附属二院和五院致谢。由于历史的原因,南校区的离退休教职工对南校区门诊部的运行情况提出许多意见,为此,附属二院的领导非常重视,经过充分调研,附属二院改革了南校区门诊部的管理方式,改善了相关的软硬件条件。对于北校区以及东校区门诊部所遇到的问题,附一院站在替学校考虑的立场,表示不再谈钱的问题,要将这项工作作为任务来完成。对此,我代表学校,向他们表示由衷的谢意。

(二) 医院要建设适合自身的科研组织形式,坚持特色,科学发展

这里其实说了两个问题:一是讲基础研究与临床研究如何有机结合,最终达到提升医院科研实力的目的;二是讲医院如何在发展的过程中坚持科学发展,注重质量与特色,而不是盲目地扩张。

先说第一个方面。也许大家注意到了,今年附一院的科研成绩十分突出,仅 SCI 收录论文就有 109 篇,这说明我们的科研实力已经达到了一个相当的水平,我与王深明院长以及附属一院其他几位学科带头人交谈过,发现附一院在科研的组织形式上有值得我们借鉴的地方。我帮他们总结了一下,

就是在临床科室配备专门从事基础研究科学家的这种模式。

为此，我在准备这篇稿子的时候专门打电话给附一院神经内科的曾进胜教授，他对我说，2005、2006年神经科每年的SCI论文不超过2篇，在引进了专门从事基础研究的裴钟研究员一年多的时间里，去年神经科实验室的SCI论文达到了18篇，裴钟进入附属一院时虽然具有医生资格，但约定只是从事基础研究，他们的研究选题从临床中提出，由他组织临床和基础研究人员攻关，他也带博士后，培养研究生，负责实验室日常管理，起到了表率作用。附一院肾内科的聂静教授也起到这样的作用。此外，附属一院还注意到了奖励机制，在政策上保证从事基础研究的学者与临床医生有同等的待遇。

前天，汪副校长向我引见了华盛顿大学副校长及学者，介绍了他们希望与附属六院合作建设关于肛肠病研究所的想法，我当时就提出，如果要合作建设研究所，必须要保证全职脱产的从事基础研究的科学家，否则工作难以开展。这一看法也得到了对方的认同。随后，附属六院表示会将这一要求写入双方的合作协议当中。我想，我们国际合作坚持的原则是为我所用，而不是去撑面子、不是作秀，我想，对方也一定在想为他所用，所以，这里面一定要达成双赢，没有双赢的合作是不会持久的。说到这里，我要提一下附属三院的疫苗研究所，虽然目前疫苗研究所已经取得一些成果，但我总觉得有些欠缺，就是因为目前尚未有一个长期脱产专门从事基础研究的人能够结合附属三院的实际开展工作，这样，我们就很难有所积累，很难将人家的先进技术为我所用，所以，我希望附属三院的领导认真考虑一下疫苗研究所未来的发展方向。

当然，我们在强调基础研究的同时，还要认识到医院的社会影响力还取决于医疗水平，而培养、引进从事临床研究的高水平人才，更是院长们须予以重视的问题。

目前，学校已经采取一些措施。去年，国家启动的"建设高水平大学公派研究生项目"，学校每年有100个左右的名额可以派出研究生从事国（境）外交流，这个项目同样希望医院、导师要有重点和有意识地推荐、选拔学科团队的骨干力量，而不是让学生去"漫无目的"地自由申报，医院有权力、有责任去推荐那些重点发展学科的研究生。此外，学校与留学基金委1:1配套资助青年教师进行的境外培训计划，医院也可以申请，但要注意的是，必须坚持以学科需求为导向，要把推荐医生的学术背景与医院的学科布局结合起来，从加大力度培养重点支持学科、跨学科以及交叉学科的角度来遴选、培养亟须的中青年骨干人才。我认为，派什么人、到什么地方进修、达到什么目的，这应该是医院院长予以考虑的问题。

去年，学校还专门启动了旨在提升临床医学研究的"5010计划"，即每年资助50个临床研究课题，用10年使中山大学的临床医学研究走在全国前列，进入世界先进水平。希望通过这一计划，学校能够取得一系列在国际上有重要影响的临床医学研究成果，培养出一批国内外知名的临床医学专家。去年学校共接收了163个临床研究计划，经过校内外两轮严格评审，已由学校医科学术委员会终审出50个临床研究课题，涵盖了内、外、妇、儿、口腔、眼科等各临床学科。实施"5010计划"有利于提高中山大学临床医学研究的整体水平，对临床医学的基础条件建设起着推动作用，也有利于大学培养一支高水平的临床医学研究队伍，从而推动学校整体学科的建设水平。

下面再说说医院发展应注意的问题。当前，各个附属医院正在致力于拓展新医疗服务市场，如中山一院接管了东山院区及越秀区6家社区卫生服务中心，中山二院正在洽谈托管增城市人民医院，中山三院与萝岗区政府签约共建萝岗中心医院，不久前也搞了奠基仪式，眼科中心也正在珠江新城筹建分院，等等。在这里，我要强调的是，医院的发展不仅仅是在空间上的扩张，而且还要注重科学发展。昨天，张司长的报告中特别提到，大医院应该占领高端的医疗市场，应该成为国家医疗中心，应该成为国际医疗交流的平台。我希望大家要牢记这个定位。

最近，我在学习十七大精神，对其中关于领会科学发展观的四句话很有感触，这四句话是"科学发展观的第一要义是发展，核心是以人为本，基本要求是全面协调可持续，根本方法是统筹兼顾"。我想，这对于我们医院的发展也具有重要指导意义。目前，我们面临新的历史时期，机遇与挑战并存，学校也在考虑诸如珠海校区、东校区发展的定位等战略问题，对于医院而言也是一样。我想，医院的发展应该继承存量、做活增量。例如，在考虑医院建设资金的筹措时，是否可以考虑引入社会资金、考虑争取捐赠等方式；又如，多院区的管理定位中，是考虑延伸管理还是考虑相对独立的管理模式；等等。总之，我希望院长们认真思考在发展过程中的各种问题，真正做到解放思想、科学发展。

最后，我还是希望附属医院继承和发扬中山大学医科的光荣传统，共同打造医院团队品牌，擦亮"中山医"的金字招牌，为老百姓提供优质的医疗服务，为国家和地方作出更大贡献。

谢谢大家。

关于学校发展的若干问题[*]

——在中山大学 2008 年工作研讨会上的讲话

诸位：

今天我主要讲以下几个方面的内容：一是关于提升教学质量，二是关于人事工作，三是与大家讨论一下关于学校发展的其他一些问题。

一、关于提升教学质量、开展"师德工程"的若干考虑

众所周知，质量是大学教育的永恒主题，而提升教学质量的关键，则毫无疑问地在于教师。所以，今天借这个机会我想谈谈提升教学质量以及开展"师德工程"一些考虑。

（一）有几个问题需要明确

1. "在大学里还有什么比本科教学更重要吗？"

这个问题源自地理科学与规划学院的一件事。该学院准备在本科生中推行导师制，要求每一位教师都必须抽出时间面向本科学生，有位教师向院长提出，说自己其他事务很多，可能没有时间承担本科生导师的工作，院长就向他提出了这样一个问题："在大学里还有什么比本科教学更重要吗？"这位教师听过之后没有再说什么，接受了学院的安排。

我想，这个问题问到了关键，大学最重要的使命就是培养人才，大学与其他科研院所最大不同之处就是肩负着本科教学的使命。因此，教书育人就是大学教师的根本任务，是大学教师的"天职"。我希望诸位在今后的工作中，当面临类似要有所选择的情况时，也冷静下来扪心自问一下："在大学里还有什么比本科教学更重要吗？"

2. "教师仅仅是大学的雇员吗？"

1952 年，艾森豪威尔将军接受了哥伦比亚大学的聘请，担任这所大学

---

[*] 本文系 2008 年 2 月 23 日在中山大学 2008 年工作研讨会上的讲话，后刊登于 2008 年 3 月 3 日《中山大学报》（新）第 171 期。

的校长。上任伊始,将军巡视校园,会见校董会、行政人员和学生,最后参加了学校教授为他举行的欢迎大会。艾森豪威尔谦恭地表示,有机会见到在场全体哥伦比亚大学的"雇员",万分荣幸,这时,德高望重的物理学教授、后来成为诺贝尔奖得主的拉比教授站了起来,对将军说:"先生,教授们不是哥伦比亚大学的'雇员',教授就是哥伦比亚大学。"

这段故事给我留下了深刻的印象,因为我将它与中国大学的情况作了对比。美国大学是要与教师员工签订聘用合约的,但是,长期以来的大学传统让教师们并没有把自己仅仅当作是大学的"雇员",而是把自己当作大学主体,因而才得出"教授就是大学"的结论。而在中国的大学,在我们学校,岗位聘任制度虽已为广大教师们所接受,但还是"新生事物",学校与教师签订聘用合约,形成了一种契约关系,然而这种契约关系不能简单地被视为教师与大学关系的全部,不能因为聘任制的实施,就将教师与大学的关系等同于雇佣关系,否则,就容易理解为教师是在为学校"打工",就会产生"打工心态"。什么是"打工心态"呢?我想,那就是有极个别的老师一方面在学术上不思进取,在教学上得过且过,甚至顶着学校的牌子热衷于在外面干私活;而另一方面,则是对学院、学校的所谓领导们恭恭敬敬,而对同事、对学生则是另一副样子。因此,在这里我要强调,大学——在中国起码是我们中山大学,不是官场,也不是公司企业,作为大学校长,我从来没有认为与教授、老师们之间是领导与被领导的关系、是上下级的关系,我认为我们之间是平等的同事关系,更多的是一种朋友关系。我也希望,大家都能够首先将中山大学看成一个学术共同体,并对这个共同体有深切的认同。希望每一位教师都应该有自由之精神、独立之思想,有超越个人生活经验的学术追求,都应该负起"传道、授业、解惑"的责任,教授不是雇员,"教授就是大学"。

3. "学生是上帝吗?"

这几年,中国高等教育完成了从精英教育向大众化教育的转变,学生进入大学,交钱读书,很容易让人将学生与学校之间的关系理解为一种消费关系。有人说,"消费者就是上帝",那么"学生是上帝吗?"

我们一直倡导要"善待学生",我也曾讲过,现在学生交钱上学,在某种意义上确实与学校形成了一种消费关系,但那是从学生要求得到更好、更高质量教育的角度而提出的一种思考。但是,学校与学生的关系绝不仅仅只是消费关系,我们也不能把学生看做是普通的"消费者",他们更不是"上帝"。大学拒绝学生抱有所谓的"消费者心态",学生的要求并不是所有都要满足的，因为大学不是商号，追求利润绝对不是大学的终极目标，大学的目标是要为社会创造知识，并培养出具有创新精神和良好综合素质的合格人才。所以，在大学里还是要讲"师道尊严"的。

"师道尊严"这四个字出自《礼记·学记》："凡学之道，严师为难。师严，然后道尊，道尊然后民知敬学。"意思是说老师受到尊敬，他所传授的道理、知识、技能才能得到尊重。我想，今天我们所说的"师道尊严"，是否可以包含这样几层意思：首先，我们对学术要有敬畏之心；其次，从学之人（包括老师和学生）要相互尊重；最后，治学的态度要严谨、严格。"师道尊严"与"善待学生"这两个观念并不矛盾，关键是我们要在其中找到一个平衡点，这个平衡点在许多优秀的老师身上是一直存在的，这个平衡点的取得，就是一种良好的师生关系。我想，只有这样，学术才能得以延续，大学才具有存在的意义。

（二）我心目中的好教师应具备的素质

1. 要有较高的学术造诣。

大学是传授知识和创造知识的地方，没有学问就会误人子弟，而误人子弟本身就是最不道德的行为，这是涉及师德问题的根本和基础。当前，很多有关师德的论述都强调要提高教师思想政治素质，改善教师的教学和工作态度，要善于与学生沟通，等等。我认为，这些确实很重要，但绝非是最重要的内容。大学教师最基本的入行条件就是要有相当的学术造诣，这才是关于"师德"的最重要因素。

2. 要爱护学生、善待学生。

大学老师除了要有较高的学术造诣之外，还要有一颗尊重学生、关心学生、善待学生的心。也许大家还没有忘记上学期生科院艾教授的网络事件，有一些人特别是一些网友认为，学校对艾教授的处理过于"仁慈"，但是我认为我们处理方式，其实也反映了学校对教师治学的一个态度。首先，艾教授在学术上是有水平的，对学生严格要求也无可厚非，这是影响我们处理结果的关键因素。其次，学校一直倡导要善待学生，要关注学生、爱护学生，因为师生之间在人格上是平等的，所以，即使是事出有因，他以粗暴态度和方式对待学生也是十分错误的。我知道教师们教学和科研的压力很大，他们对学校、对学院、甚至对我本人发发牢骚，都可以理解，但是，无论以何种理由打骂学生，都决不能容忍，所以，艾教授必须向学生道歉。这件事情的结果是，艾老师发表了"道歉与反省"的公开信，信中言辞比较诚恳，我们认为他真正触动了自己的思想，认真吸取了教训，所以并未对他进行停招研究生的处分。这次事件是一个极端的例子，告诉我们，教师在严谨治学的同时，更要注意去爱护学生、善待学生，我们坚决反对教师粗暴地对待学生。

3. 要注意教学态度和教学方法。

在大学里，也许某位教师学问很好，与学生交往也很融洽，但如果他上课迟到或者早退、在课堂上接听手机、衣冠不整甚至穿拖鞋背心地来上课，这样的人无论如何我都不会认为他是一个好老师。还有一个例子让我印象深刻，上个学期我在北校区随机选了一间教室进去听课，站在教室后面足足十分钟，我多么希望那位主讲教师能看到我，但是很遗憾，这位老师就坐在讲台后，深深地埋着头，只是面对电脑操作着他的 PowerPoint，始终没有看我一眼，更不要说在课堂上与学生进行交流了。在后面的内容里，我还将谈谈对于课堂展示 PPT 的一些想法。总之，我想，好的老师应该注意细节，应该谨言慎行，因为在课堂上的表现其实就是"言传"和"身教"，展示的是自己做人的标准，教师只有对自己负责任、对学生负责任，他们培养出的学生才可能对社会负责任。

（三）大学要为师德建设营造良好的环境

1. 要在全校树立"教授就是大学"的理念。

首先，学校机关、学院的行政人员要增强服务意识。这些年来，我们的机关行政部门的工作作风的确有了较大改善，但是，最近我感到反映部门意见的投诉增多了，希望各位职能部门的负责人认真考虑一下，我们的机关作风是不是"回潮"了，各个学院也必须要重视办公室建设，做到以人为本，为教师们提供更好的条件。

2. 要采取措施，帮助任课教师提高教学质量。

学校一直在强调要建立教学质量长效保障机制，例如，学校启动本科教学质量监控"三个一"计划，要求校、院系领导每学期至少听 1 门本科课程，至少抽查 1 门本科生课程的考试试卷，至少检查 1 个班的毕业论文，这件事，我本人就是积极的执行者。学校还一直强调在教师职务聘任的过程中采取"一票否决"，学校教师职务聘任委员会在每轮投票之前，都会请教务处长宣读当轮参评人的教学考核情况，那些教学评价排在后面的教师，即使其他评价很好，也不能得到更高一级的聘任，至今无一例外。那些没有能得到更高一级聘任的教师，若向学校提出"申诉"或者"解释"，往往也比较集中说明他们在教学方面的情况，这从另一个角度说明重视教学的观念已经深入人心。

除此之外，对于如何帮助任课教师提高教学质量，我还有以下两点想法。一是建议组织名师教学观摩活动。目前，学校已经开展了"新教师和首次开课教师培训"计划，目的就是在于引导教师尤其是青年教师树立本科教学的神圣感和使命感，认清本科课程主讲教师的教学职责，掌握教学的技巧与规律，提高教学质量。我想，我们是否可以在此基础上，开展一系列名师教学观摩活动，教务部门可以会同各个学院，组织青年教师进行授课观摩以及学位论文答辩、开题报告等教学实践观摩活动。此外，对课堂多媒体（PPT）的使用也应该认真考虑一下，要考虑两个问题：是否所有课程都适用PPT？如果一定要用PPT，应该采取怎样的形式？在讨论这篇文章时，几位在场的教授都怀念当初老师板书的时代，板书可以让老师穿梭在讲台上，抓住学生的眼球。板书不仅仅是书写课堂内容，更是老师对讲台、对整个课堂的驾驭，出色的板书其实就是教师授课风采的展示。当然，我并不是说不让老师们使用PPT，其实，我在武汉理工大学进行评估时，就见过一位老师利用PPT授课相当成功，他可以将授课难度较大的思想政治课通过PPT演绎得十分精彩，我建议教务部门可以联系他来，专门为我们的教师进行一场观摩课。

二是我们还可以考虑实行一种特殊的"教学假"制度。目前，学校的教学质量监控工作相对而言是比较完善的，我们建立并有效实施了学生评价、督导评价、同行评价和管理部门评价等多种渠道的评价体系，如果有一个方面的评价反映不好，教师就应该有所警惕，如果有几个方面的评价都反映不好，那就说明教学一定有问题。我想，对于存在这样问题的教师，除了在教师职务聘任上要"一票否决"之外，学校还将考虑实施特殊的"教学假"制度，即暂停排课一个学年或一个学期，工资可以照发，但奖金和津贴暂时停发。我想，一方面，这是一种带有惩戒性质的硬性假期，教师可以利用这带薪的"教学假"反省一下，参照我前面提到的做一个好老师的标准，要么提高自己的学术水平，要么重新审视自己如何与学生沟通、是否做到了善待学生，要么好好思考一下如何改进自己的教学态度和教学方法。这种特殊的"教学假"制度实际上也体现了学校对教师的关心和保护，可以说，是一种积极的帮助。同时，这也是从根本上为学生负责的考虑。因此，我希望教务、人事部门研究一下这个问题的可行性，制定出实施方案来。

今天，我之所以在这里花大篇幅谈这个问题，就是希望全校都对提升教学质量、开展师德建设有一个再认识，希望各位院长、处长们在重视学科建设和科研工作的同时，也要同样高度重视教风、学风的建设，我强调这些，并不只是针对教学评估工作，而是因为只有这样，我们才能对得起学生，不辜负国家和社会对我们大学的期望。

二、关于人事工作的若干问题

（一）关于海内外公开招聘院长的问题

在寒假期间，我请组织部、人事处邀请了一些学院的院长，就学校面向海内外公开招聘院长的计划向他们征求意见。我对这件事的理解是，随着学校的学科建设的发展、科研实力的增长，我们已经上了一个新的台阶，在这一历史时期，中山大学要取得新的发展，就必须引进高层次的人才，而面向海内外公开招聘院长无疑是一项重要措施。为此，学校积极募集资金，上学期碧桂园董事长杨国强先生个人捐赠了3000万元人民币设立"国华讲座教授基金"，就是用于高层次人才引进和扶植的工作。当然，我们要借鉴一些兄弟高校的经验，在开展这个工作的时候，要注意舆论的导向，避免媒体炒作。同时，学校的院长选拔也会将公开招聘与校长提名结合起来，争取工作的主动。

此外，经过这次讨论，几位专家也提出了极具建设性的意见。他们认为，这种招聘应该成为一种常态，而不仅仅是学校某一次的"政策"，也就是说，每个学院院长的4年聘期届满，就应自动地对外招聘，而且应该是包括面向海外的招聘，对于即将任职届满的院长而言，这种制度化了的公开招聘，也不会让他们自己以及外界产生"当不上了"或者"被赶下台"的尴尬心态，形成一个很好的"退出机制"。我认为这些看法十分有道理，今年学校准备面向海内外公开招聘十几个学院院长的职位。即使出现在短时间内找不到更合适的人选，以及现任院长继续留任的情况，我认为学校也应该将院长招聘的程序制度化。同时，我也建议起草《中山大学章程》的同志，考虑将"面向海内外公开招聘院长"列入章程的可行性。

（二）关于开展管理干部考核交流工作的问题

目前，学校中层管理干部的聘用、考核、轮岗的制度已经比较成熟，我认为可以将其推广到学校科一级的管理干部中。机关、学院的科级岗位承担着所在单位的基本工作,这些岗位上的很多同志一干就是很多年,人事部门对科级岗位人员现状统计的结果是"年龄偏大、学历偏低",这种情况对于工作的开展以及个人的发展都不一定有利。此外,在学校近几年公开招聘的党政管理干部中,也涌现出很多优秀的青年干部,他们综合素质好,工作能力强,学校的基层管理工作中需要充实这样一批有活力的年轻人。因此,随着今年下半年科级干部首次聘期考核的开展,学校将调整出一批机关、学院的科级岗位,面对全校特别是青年干部,择优选拔,而原有的部分科级干部将保留待遇、让出岗位,学校将逐步实现科级管理干部岗位考核与交流的制度化,要让科级干部考核、交流成为学校人事工作的一个常态。在此,我希望处长、院长们要任人唯贤、按岗设人,要以事业发展为重,有魄力去运用学校赋予的权力来进行科级岗位干部的调整,鼓励、支持干部的交流。

我在这里强调这个问题,目的是提醒诸位不要轻视科级干部的选聘工作,要把科级干部的选拔工作作为学校干部梯队建设的一部分,将其提升到培养学校后备干部的高度来重视这个问题,只有这样,我们的干部队伍才不会断层,大学才能够稳定持续地发展。

(三) 关于博士后工作的问题

博士后工作的相关问题,我已经在去年教代会的报告中有所阐述,当时提出了学校将实行"师资博士后"的制度,提出了师资博士后就是"教师的身份,博士后的工作"。今天利用这个机会,我想再就"师资博士后"强调几点内容。首先,学校提高了师资博士后的福利待遇,具体措施人事处会有比较详细的说明,但可以总结成一句话,就是师资博士后的待遇水平要高于讲师。其次,我希望各位院长要形成这样的共识,并带回学院传递给各位导师,那就是学校希望将当年选留的最优秀的教学人员优先作为师资博士后,从而给他们提供更高、更好的平台。

三、若干其他问题

(一) 关于校区定位的问题

关于各校区定位问题的讨论由来已久,在近年召开的党代会、教代会上,校区定位问题一直是学校教职工关心的核心问题,几个校区定位不够明确也是制约学校发展的一块心病。

目前，学校新一届的行政班子已经确定，我们在5月份即将完成本科教学评估工作，而且学校招生规模也逐步稳定，在这时候考虑校区定位问题，时机是恰当和成熟的，而且机不可失，时不再来。为此，我与郑书记曾多次讨论，寒假期间，我们还专门组织了一次务虚会，探讨学校的校区定位问题。下面，我借这个机会，将一些想法和做法向大家介绍一下。

首先，我们还是以构建"大广州校区"的概念来统一考虑在广州的三个校区，即将南校区、北校区和东校区视为一个整体来考虑其发展战略，同时希望教职员工要更新观念，培养"大都市意识"。对此，我曾在2006年的教代会上有过说明。

其次，关于珠海校区的定位，我认为是学校面临的比较紧迫的问题。去年底，我与郑书记在北京开会，曾多次讨论此事，我还专门与山东大学和哈工大的校长就山大威海分校和哈工大威海校区的办学模式进行了深入沟通。目前，我们形成的对珠海校区的发展定位是进一步加强属地管理，提高办学层次。为此，在寒假期间，我分别邀请了几个学院的领导，确定和落实今年在珠海校区招生的新办学院的相关事宜。目前的情况是这样的，除了现在在珠海校区的旅游、翻译和国际商学院三个整建制学院之外，学校还将依托理工学院在珠海校区筹建与核技术相关的专业，依托化工学院筹建与检验、检测技术相关的专业，依托生科院筹建海洋资源与环境方面的专业，这些新建专业都将采取新的模式，整建制地在珠海校区办学。此外，学校将逐步调整部分学院一二年级在珠海、三四年级在广州的模式，今后的珠海校区由整建制学院组成。

总之，对于校区定位，学校将通盘考虑、整体推动，总的调整方向是一个学院尽量只在一个校区办学。

（二）关于医院商业贿赂以及"红包"问题

上个学期，附属三院连同广州市内几家医院的个别医务人员因收受药商贿赂而面临检察部门起诉，学校经过努力，目前这些人员被同意免予起诉。据我了解，涉案人员有一些已经退休，金额大多在万元左右，我实在为他们感到不值。

还有一件事对我触动很大。我的几位亲戚曾经跟我聊起我们的附属医院医生收受红包的事情，开始我还解释说我们的医院水平很高，这种事情以前可能会有，现在应该不大有了。他说水平是很高，但形象很不好，然后就讲述了他在附一院某个科室做手术的全过程，而且还把收红包的医生的大名告诉我，甚至将当时某位索要"红包"的动作都学给我看，我心里很不是滋味。而在上个星期，我参加全国人大的学习班，有一位代表跟我聊天，说她的亲戚在附一院妇产科做手术，他们再三给医生"红包"都被拒绝，甚至在手术之后给的"红包"也退回来，他说自己当时只是想由衷地表示感谢，而现在则更多的是对妇产科医生的敬重和对医院的信任。

这一前一后两个故事对比鲜明。前不久，我遇到肿瘤医院的一位副院长，谈到医生收"红包"的事，她跟我分析了一下，她认为医生收"红包"可以有两种情况，一是主动索要，二是被动接受，无论那种情况，她都认为是令人不耻的事情，尤其对那些主动向患者索要"红包"的行为更加深恶痛绝，认为这样的行为令人憎恨。而对于"被动"接受"红包"可能包含了中国社会中一种人情关系，患者这样做可能会让自己的心里踏实些。对于医生来说，他们在接受"红包"前后的心态是否有变化，对患者的态度有无不同，可以说这是测量医生品德的关键，我觉得她说的有一定的道理。

作为校长，我希望中山大学的教职员工，不要收取任何形式的"红包"，最起码不要主动索取"红包"，要把不索取作为自己的一条"底线"。要知道，医生无论是主动索取还是坚决拒收，你们的"英名"都会在社会流传开的，但最后造成的影响确是截然不同的。我在这里讲这些事情，是因为学校真心实意地把各个附属医院的所有医务人员都作为大学的一分子，希望广大医务人员不要去做那些"划不来"的事情。

目前，中山大学的发展已经进入了一个新的阶段，面对新的历史时期，我们要真正地"解放思想"，要认真思考大学发展可能面临的新的挑战和新的机遇，不断地探索解决问题的有效办法，只有这样，我们才能真的做到对学生负责、对国家负责、对历史负责。

谢谢各位。

谈谈本科教学评估*

我国对高校评估已经提出 20 多年了，近几年实施的教学评估引起了广泛关注。20 世纪 80 年代，中央就提出要定期对高等学校的办学水平进行评估。我国的教育法和高等教育法都明确国家实行教育评估制度，高校要接受监督和评估。本科教学评估就是国家高等教育办学质量的监控机制，是执行国家法律的重要举措。

此外，以评估、审核或认证等各类评估措施实现政府对高等教育质量的监控是高等教育质量监控的国际惯例，许多国家以法律规定高校要接受政府或政府认证的评估机构的评估。不少西方发达国家也都通过设置专门机构以及被政府认可的民间机构来实施对高等教育的评估。例如，在美国，质量认证是保证大学教育质量的一个底线，没有通过认证的美国大学将在办学上面临招生和就业等方面的极大困难。所以，美国的大学都会非常积极、主动地去申请评估。

这其实说明了一个道理，国家给高校拨款，就有权利知道这笔钱的投入是否有价值；社会要给钱办大学，就应该知道钱应该往哪所大学投。因此我认为，中国的大学开展评估工作是十分必要的，当然，目前评估工作确实要克服一些问题，但不应就此否定教学评估工作。

在此，我想要特别指出的是，这几年我国经历了从精英教育到大众化教育转变的高等教育扩张时期，而我们一直坚持高校的评估工作，并将其作为保障高校教育质量的重要手段，从而在相当程度上保证了本科教学水平没有因大规模扩招而产生大面积滑坡。

目前，社会上反对评估的主要理由之一就是评估造假。造假问题在某种情况下确实是存在的，尤其是在评估工作开展的初期阶段。对于这一问题，我们需要理性分析。

教学评估标准是政府要求高校保证教学质量的基本条件，目前我国高等教育快速发展，部分大学和一些大学的部分条件尚达不到基本要求。在评估最初几年，教育部要求检查近三年的考卷和毕业论文，少部分学校自我检查

---

* 本文曾刊登于 2008 年 3 月 17 日《中山大学报》（新）第 173 期。

时发现离标准有差距或者差距甚远，但求"优秀"心切，确实存在一定程度的造假行为。为评估而造假的行为当然是十分错误的，但这也恰恰说明了这些学校没有将"教学"这一中心工作真正落到实处，如果他们真的能够通过评估而改善了教学工作，那在某种程度上也就达到了评估的目的。

值得高兴的是，对于评估工作中的造假现象，教育部充分重视并采取了积极措施予以应对。前年，教育部调整将检查三年的教学资料改为只检查近一年的资料，而高校在开始准备迎评工作到接受评估的时间一般都在一年以上的时间，因此，高校完全可以将教学资料按照评估要求进行规范管理，从而达到相应的办学标准。这无疑是促进高校在教学工作上向前看的积极措施。

这几年开展的教学评估是对我国高校的第一次大规模评估，涉及所有普通高校。也因为这是第一次，要大面积地将高校的办学水平达到国家标准，涉及的教师、学生和行政人员自然都会认真而紧张地对待，感觉确实是增加了学校的工作负担。但我认为，并不是所有人都在批评和抱怨，要具体分析情况，区别对待。首先，学生是评估的实际受益者，很少有反对评估的，只是大部分学生的声音被湮没了。有不少学生反映，学校在评估期间校园更干净了、课室更整洁了、老师教学更认真了，甚至饭堂的饭菜都增加了种类，而且，评估的根本目的就是提升教学质量，学生是最直接的受益者。其次，对于管理部门而言，迎接评估期间的工作量确实比平时要大，但学校主要领导都亲自抓教学管理，教学赢得应有的主导地位，某些滞后的工作借评估而推动了，这当然让从事教学管理工作的干部欢欣鼓舞。而批评声音最响亮的也许主要来自教师，因为教师要按照高标准做好教学工作，确实要比平时付出更多的时间和精力，更何况有些学校还超过评估要求层层加码，搞形式主义的工作，大学教师多是具有些"自由之精神、独立之思想"的，当然会对这些现象发表自己的不同看法。也正是考虑到这方面的原因，我在担任评估专家组组长时，都会特别地在第一次大会上对受评学校的老师们说，在专家组进校期间可能对正常教学秩序造成干扰，事先表示歉意。

当然，如果教学评估工作能够成为高等教育质量监控的常规手段，让评估真正成为高等教育管理的常态行为，就不会干扰大学的正常教学。

今年，包括我们中大在内的全国普通高校都将完成评估工作，我们会积累经验，进一步提升教学质量。我想我们是否可以注意以下几个方面的建设。

首先，经过这一轮评估建设，今后的评估工作应该注重学校分类别的常态质量监控。对于学校的整体评估应着重在合格评估上，检查其师资队伍、基础设施、教学管理与改革、教学效果等方面是否达到办学条件，如果不能达到基本的办学标准，就应该坚决停办，这样才能体现评估工作的权威和意义。而对于那些办学历史悠久、社会信誉好的学校，教育主管部门应该充分信任并给予他们足够的办学自主权，以定期的巡视督查为主。

其次，要重新考虑评估指标体系。例如，在原来评估体系中存在对所有的高校都没有区分度的指标，基本上每所学校都能达到A级标准的项目，其设置需要在下一轮的评估方案中重点研究、重新设置。此外，在实施评估过程中，建议要吸纳一批工作在教学第一线的高校教师参与到教学评估专家队伍中来。

再次，要使评估成为学校教学质量的常态监控手段，尽快采集高校教学日常状态数据，建立管理高校教学的经常性信息管理系统。教育部质量工程中已经设立研究下一轮评估方案和建立教学基本状态数据库课题，我们中山大学也积极参与，并主持了研制教学基本状态数据库的项目。

最后，我认为，教育主管部门还是应该尽快启动专业评估。当然，全面开展专业评估可能有一定困难，因为这将牵涉到较多管理部门、行业协会等机构，需要进行多方协调。但是，我想是否可以尝试从基础学科开始，逐步积累经验，从而推进专业评估的开展。专业评估的结果可以在学校整体评估时采用，这就在一定程度上简化了学校整体评估程序，并促进学校教学质量的常态监控。

干部要谋事[*]

诸位：

今天，我想面向全校的中层干部，谈谈我对干部工作的一些想法，与大家交流。

我曾经在新任处级干部的培训班上对新任处级干部们提过几点要求：希望大家要慎用自己手中的权力；要善于协调工作，勇于承担责任；要享受工作的过程，而不是享受开会的过程；要能够形成一个不断学习、不断积累的习惯，能够在"非功利"读书的过程中体会到一种愉悦的心情。这些内容也是我对学校中层干部的要求，有兴趣的同志可以找来看看。

今天讲话的主题是"干部要谋事"。

首先，希望大家摆正态度。所谓"干部"，尤其是学校的中层干部，我开句玩笑，是否可以将其解释为"为学校干活的部队"，大家晋职成了副处、正处，不仅意味着大家"升官"了，更重要的是大家肩上的责任更重了。学校各项事业的改革与发展，都是由处长、院长们来具体执行和推动的，作为中层干部，你们是学校事业发展的骨干力量。同时，大家还必须明确，学校的中心工作毫无疑问是教学和科研，因此，无论是机关还是学院的管理干部，都必须紧紧围绕学校的这一中心工作，都必须时刻将尊重教师、善待学生作为我们开展一切工作的出发点和根本归宿。在这个意义上，所谓"升官"，就是有了更大的责任去为师生员工服务。对于大学的职员来说，"同事"的意识特别重要，不管是讲师还是院长，是普通科员还是校长，大家都是在大学这个学术共同体中做事的，我们有共同的事业、共同的理想、共同的目标、共同的利益和共同的荣誉。

其次，中层干部是学校各职能部门和学院的管理者和服务者，更是一个部门工作的组织者。孔子说，"不在其位，不谋其政"，换言之，"在其位"就必须"谋其政"。因此，作为一个组织者，中层干部的首要任务，就是要充分发挥自己的聪明才智，审时度势，在服从大局、服从学校事业发展总体

---

[*] 本文系2008年4月20日在中山大学中层干部大会上的讲话，后刊登于2008年4月21日《中山大学报》（新）第176期。

目标的前提下，主动细致地思考问题，找出解决问题的最佳办法，就是要"谋事"。思想决定行动，只有善于"谋事"，最后才能"成事"，也许这就是古人所说"知行合一"的意思吧。

最近有两个例子让我感触颇深。

第一个例子。最近，学校准备依托理工学院筹建与核工程与核技术相关的专业，为此，王彪院长利用与广东核电集团已有的合作基础，主动接触，并介绍了学校将与法国企业界合作建设核专业的情况，结果得到了"广核电"最高层的认可，表示愿意参与合作，并将支持这一项目。我想，在对待新建专业这个问题上，王彪院长没有被动等待，他积极利用社会资源，主动谋划，从专业的发展乃至毕业生的就业问题都考虑到了，他让这个专业从一开办就迈入了很高的层次。学校的有关决策，说到底是要由学院去落实的，如果我们的院长不动脑筋，不去"谋事"，那么这些决策也就只能是一个设想。而王彪院长则脚踏实地地去谋划了，于是这个专业的设想也就落实在了实处，这样的院长就是谋事的院长。

第二个例子。前些天，一位处长邀请我参加他们组织的学术沙龙。我了解到，这个沙龙已经办了11期，虽然叫做"医学学术沙龙"，但每一期都会邀请南北校区的教授一起来座谈，沙龙的目的是"促进学科交叉，真诚为教授服务"。我觉得这是一个非常有创意的想法。两校合并后，学科的交叉与融合一直是大家关心的主题，我们听过很多的建议，也有很多抱怨，但是坐而清谈不如起而行动。当初的合并是政府行为，而合并后的发展融合就是学校自己的事情了，因此需要大家都来为南北校区、文理医等学科的交叉融合出主意、想办法并付诸行动。这位处长为学科交叉、南北校区融合而动脑筋想办法，就是一位谋事的处长。

记得一年多以前，在春节前夕，我曾经给每位院长写过一封信，信中希望院长们要立足长远，要为本单位发展而积极谋划，切不可做"维持会长"。所谓"维持会长"，就是得过且过，安于现状，所有工作只是等待上级的指示，而不主动地去谋划发展。我们不需要"维持会长"式的干部，一位优秀的中层干部，要敢于挑战自我，带领本单位的同事去谋划未来，为学校的发展寻求突破，要有思路、能谋事，要谋大事、谋公事，最后还要谋成事。

学校对行政序列中不同位置的同事有不同的期待。对普通职员、科以下干部而言，学校更多的是期待他们兢兢业业、勤勤恳恳地做好本职工作，保证大学日常工作的正常运行，大致说来，可以讲是"无过便是功"。实际上，在校内津贴和薪酬制度改革中，学校也努力体现这样的理念，对职位不高但年资较长的同事，适当有所照顾。但是，对于在座诸位这样的处级干部来说，学校更希望你们要富于主动性、积极性地去谋划学校的发展，成就大事。对于诸位来说，上面那句话可能要调过来说，即"无功就是过"。因为组织上把这么重要的（甚至可以说是"稀缺的"）职位给了你，就是希望你能积极谋事、成事的，饱食终日、无所用心，就会辜负学校和同事们的期待。

这就是我对诸位的希望，下面将这个希望分而言之。

一、干部谋事，要谋大事

诸位是学校的中层干部，到了这个层面，大家心里考虑的就应该是某种具有全局意义的事情，也就是通常所说的"大事"。干部谋事，要谋大事。

谋大事必先谋全局。"不谋万世者，不足谋一时；不谋全局者，不足谋一隅。"因此，大家必须在熟悉本职工作的前提下，对学校全局工作以及本部门的大局有一个了解和把握，才能在工作的开展中得心应手。

首先要了解学校全局，也就是要弄清楚学校的中心工作是什么。前面我已经说过，学校的中心工作就是教学与科研工作，一切行政管理部门都是为这个中心服务的，这是对大学行政人员的职业要求。此外，还有两点是我们应该特别重视的，一是要注重营造校内和谐、宽松的氛围，无论是学校的领导班子，还是部门领导、部门内部以及部门之间，都要相互团结、相互信任，这样学校才能在稳定中得到发展；二是要强调大学的社会责任感，现代大学不再仅仅是象牙塔，更是社会发展的发动机，大学要得到社会认可、获得更多资源、实现自身发展的最重要途径就是要为社会服务，为国家和地方的经济社会发展服务。我想，这些应该算是学校的中心工作，大家应该心中有数。

其次要清楚本部门工作的大局。一方面，各位要熟悉涉及本部门工作的各类政策动态。这些年我校一直派出借调人员在北京的相关主管部门工作，借调人员的作用，不仅在认真地为主管部门工作，更重要的是使我们有机会了解到决策层的动向。中山大学地处广东，属于"偏远地区"，我们有必要加强与主管部门的沟通，了解政策的操作依据和弹性，对政策尽可能早一步预知，先一步了解，这样才能使学校早做准备、赢得主动，让学校在国家行政性资源的分配中，得到更大的份额，从而维护学校的利益，促进学校的发展。在这方面,很多部门都作出了卓有成效的努力。另一方面,无论是学科专业的带头人还是管理部门的领导,还必须要了解相关领域国内的形势,了解兄弟院校的同行在做什么,要清楚自己在全国的位置,比方说院长们应该知道本学院的学科在全国的地位,处长们应该清楚同类高校的相关部门的工作动态,等等。

知全局才能谋大事。对于大学而言,我们所说的大事,就是人才培养、师资队伍建设、科学研究、学科建设等等,这些既是学校的经常性工作,也是综合性、长远性的中心工作,其重要性不言而喻,无论如何强调也不过分。除此之外,我想,合格的中层干部还要为学校谋资源、谋话语权,这些对学校而言,也是大事。

先说谋资源。我们目前还是发展中国家,各方面的投入很有限,资源分配的游戏规则也有自己的特色。如何争取更多的资源,这是牵涉到学校长远发展的重要工作,不仅中国高校这样,国外高校也是如此。那么,如何争取资源呢?我想,第一要靠教授们的学术影响和学术地位,第二就要靠管理干部、特别是中层干部的组织谋划。中层干部既熟悉学校的优势和特色,更了解其他高校的特点,这样就能够知全局而谋全局,更有针对性去组织策划争取资源。这一点,学校的科研管理部门就做得很好,他们协助老师们争取了可观的科研资源,例如去年的国家自然科学基金项目,学校就获得资助经费近1亿元。

此外,我还想强调一点,那就是除了申请项目、经费是争取资源的一种方式以外,名额也是一种十分重要的资源。最近,学校人事部门正在组织推荐享受政府特殊津贴专家的人选,我看到一位医科十分著名的教授也在申请人之列,觉得很奇怪,因为他是该学科全国的主委,按学术水平和影响,理应早就享受政府特殊津贴了,一问才知道是名额所限。目前,我校每年可以申请政府特殊津贴专家的名额甚至少于合校之前,我感到如果名额问题不能解决,将有可能伤害到很多教授的积极性,甚至可能影响学校的和谐氛围。这件事情给我的触动很大,让我再一次深深感到"名额"作为一种资源的重要性。学校在这方面也有很成功的例子。比方说,虽然省内的名额有限,但研究生院还是争取到单独向教育部上报"百篇优秀博士论文"的名额,使得学校连年在"百优"上都有收获。还有就是"长江学者"的申报名额,学校也尽力争取推荐更多的教授,事实也证明这些努力是有成效的,从2004年到2007年四年间,学校共新增"长江学者"16人,这在国内高校中是不错的。

再说说谋话语权。岭南文化有务实的因素，广东人愿意只做不说或者先做后说，这固然有积极的一面，但负面的影响就是难以进入主流，难以"逐鹿中原"，因此，在国内无论政界还是学界都很少听到广东的声音。就大学而言，这样的局面对学校发展是很不利的，我想，无论是在学术研究上还是在行政管理上，院长、处长们都应该融入主流圈之中，甚至参与到政策制定的过程之中，应该在政府主管部门中听到中山大学的声音。企业界流传这样一句话，"一流企业做标准，二流企业做品牌，三流企业做产品"。我想，这句话所蕴含的道理同样可以用来评价教授和处长。什么样的教授是好教授呢？我想能参与国家"十一五"发展规划制定的教授，能成为"973"、"863"以及各类支撑计划等重大项目首席科学家的就肯定是出色的教授，当然还有其他方面的情况。比方说，政务学院的任剑涛教授，他主持的《湛江市建设城乡协调、生态文明的科学发展试点市规划纲要》，就取得了很好的阶段性成果，他在广东省思想解放学习讨论中所表达的声音也得到了省委主要领导的高度重视。再有陈广汉教授关于粤港澳从合作到融合的专题调研报告，汪洋书记批示说报告有一定深度，要求广东省粤港澳合作专题调研组所有领导及成员单位参阅。我想，毫无疑问，这样的教授就是出色的教授。同样地，那些能够参与到上级部门决策讨论和制定过程的处长就一定是出色的处长。当然，这并非一日之功。我们有些同志在这方面是很出色的，他们的共同体会是，要参与主管部门的决策，光靠感情沟通是不够的，要融入决策圈，关键还在于自己的眼界和工作能力，要坦诚地提出有建设性的意见，要善于出点子，要成为政府主管部门的工作助手。说到这里，我又想到一个问题，鉴于目前处长薪酬低于教授的现状，我认为还应在推行职员制的同时延用教育管理研究系列的职务聘任，让处长们也能够有申请高级职称的机会，但是，评聘标准不是按照发表文章数量等传统标准，而是要根据处长们的工作成绩，而成绩是否突出的标志之一，则在于他们是否能参与到相关政策制定的主流圈中去。

二、干部谋事，要谋公事

我们强调干部要谋事，要谋大事，有一个前提，也就是所有的"谋"，必须出于"公心"，干部谋事，要谋公事，不是谋官位、更不能谋私事。组织和人事部门提供过一些材料，显示有个别干部刚应聘到一个岗位工作不久就去又应聘另一个岗位，我想这些人要求"进步"的心情也过于迫切了些，当然，如果确因学校需要而调整岗位的情况则另当别论。我想强调的是，我们学校需要的是脚踏实地、尽心谋事的干部，而不是朝三暮四、急功近利的谋官位之人。

我认为，无论是处长还是院长以及学院书记，甚至是校领导，涉及资源分配，是无权为自己或者自己所在的学科谋利益的，因为这个岗位是为大家服务的，是绝对不能用来为自己服务的。走上领导岗位，意味的是牺牲，包括牺牲小团体的小利，包括牺牲个人的时间、兴趣、健康等等，甚至还包括牺牲某些人之常情，而决不意味着利用这个岗位获取利益。为官不谋私，这一点是关键，是我想再三提醒诸位的。

院长、书记、处长们如果真正地做到公正诚实，言而有信，坚持原则，我想，即使触犯了别人的利益，也会逐渐得到别人的体谅，更重要的是自己问心无愧。保继刚院长曾告诉过我一件事情，地理学院"985工程"一期的自然地理建设经费有几百万元，已经分配给几位教授，但还没有使用。后来学院决定要在珠海建设实验站，分到钱的几位教授大都同意，只有一位保留意见，等到基地建成之后，有保留意见的教授也没意见。因为他看到了这笔钱用在了刀刃上，看到了学院是真正地在干事情。

还有一位负责重大专项经费管理和使用的处长，在处理一件违反经费管理使用规定的事时，他说："违反专项经费管理制度的事，校领导签字了也不能办，即使是校长签了也不行"。我想，这样的干部是有公心的，他谋的是公事，他是在为学校而不是为自己考虑事情。像这样的干部，是我们中山大学的脊梁。

我们提倡"谋事"，但坚决反对"谋人"。我所反对的"谋人"，指的是揣摩别人尤其是揣摩领导的心理，这样的"谋人"，在任何时候都是非常可怕的，长此以往，必定会损害人与人之间的正常关系，乃至损害学校和谐的氛围。因此，我们必须再三强调并且理直气壮地明确这样一个观念，大家目前所谓的"官"的位置不是为领导服务的，而是为师生服务的。我认为我们党用了最经典的一句话，十分清楚地表达了这个党之所以伟大的根本理由，那就是毛主席所说的"为人民服务"，我希望大家可以再次认真地思考一下，一个中层干部如果将自己的心力过多地放在揣摩领导的心理上，那么他对服务学校大局、服务师生员工的考虑就必然会有欠缺，因为在这个"谋人"的过程中，已经掺杂了许多个人的利益，也就是说有了私心。有了私心，动作就会变形；有了私心，就会不择手段，在我看来，这真是一件很可悲的事。作为一校之长，我也经常会对一些人的态度心存忧虑。本人对那些过分恭敬甚至恭维领导的人没有什么好感，甚至会反感。因为我相信，如果他总是一味地"恭敬"上级，心理一定很难平衡，不平衡的结果，就会要求手下对他同样地"恭敬"，"媚上者必欺下"，说的就是这个道理。我们学校也确实有个别中层领导将所管辖的部门视为自己的势力范围，要求下属要对自己毕恭毕敬，行为举止不得越雷池半步，甚至尽力防范上级领导了解本单位的实际情况，这是十分错误的。

我真心地希望诸位能够依着正道，坦坦荡荡地去做人做事，这样做人做事，再苦再累，心里也必定是充满着阳光的，如果总是想着"谋人"，那或许晚上睡觉也会不安稳的。

我还希望诸位树立这样一个观念，就是大学的干部不是政府机关中的公务员，大学中层干部也不是政府官员，理由只有一个：大学不是政府，不能按照政府的运行机制来运作大学。政府组织采用科层管理体制，要求下级必须对上级负责，以保证政令的畅通和高效率，自有其组织上的合理性。而作为学术共同体的大学则不同，大学自有其理想和追求，大学自有其气质和品格，大学肩负着传承人类文明薪火、创造知识、固守信念的责任。正是基于此，警惕大学的行政化倾向已经成为目前中国高等教育界最为关注的问题之一。我们学校也特别强调在干部任用的过程中淡化行政级别，尤其是对本人身份是教授的中层干部，任职时是院长、书记、处长，不任职了，还是教授，在医院还是医生。这个理念至关重要。我认为，在我们中山大学，教授或者医生愿意成为中层干部，那是牺牲了个人的研究工作而为大家服务，不再任职后回到教授的岗位，回到医生的岗位，那就是回到了学术、回到了本职工作，这是一件理所当然并且让人高兴的事情。要知道，我们强调"教授就是大学"，而没有说"处长就是大学"、"院长就是大学"或者"处级干部就是大学"。我强烈地感到，淡化行政级别这一观念必须重申，必须让它深入人心，在大学里，行政工作永远都是从属于教学和科研的，行政人员无论什么级别，他的工作就是服务师生。如果不能确立这样的观念，大学的发展就会受到这样那样的阻碍，就势必会影响到大学作为一个学术共同体的存在，影响到学校来之不易的和谐氛围。

三、干部谋事，要谋成事

干部要谋事，归根到底是要成事。谋事而不成事，就只是清谈家，中山大学需要的是坐言起行的实干家。我们常说"谋事在人，成事在天"，在开展工作的时候，我们的确总会遇到许多不可控的因素，很多时候要成一件事情，确实要看机遇，要看"天意"。但我们还是要强调事在人为，我们要相信"谋事在人，成事也在人"。

在我个人看来，要成事，应该注意下面几个问题，这也是我对诸位的几点希望。

首先，要有一个积极的态度。随着工作的不断开展，诸位应该成为各自所在岗位具有专业性的权威，因为在这个岗位上，可能没有人比你更熟悉情况，更清楚形势的发展，因此你应该比别人（包括校领导）更有发言权。处长们要有一个积极的态度，要把工作考虑在校领导的前面，要成为一个"谋士"，要对事件有一个从本岗位专业角度理解而得出的想法和处理方案，而不是事事请示校领导该如何做。这也就是我曾经说过的，处长们应该"多汇报少请示"，如果要请示工作，也应该给校领导出"选择题"，而不是"填空题"。我记得有一位校领导对他分管的部门有三句话的评价："他们的工作不用具体去管，遇到重大事情他们会有方案来请示，方案得到认可后也不用再具体去管了。"我觉得这三句评价很精彩，说明这个部门在谋事直至成事过程中所体现出来的自觉性和主动性，这是一种积极的态度。

积极的态度还体现在处长们不墨守成规，"没事找事"，去找对学校发展有利的好事。有位副处长曾对我说，任职后，总在考虑如何在做好日常工作的同时拓展与本职岗位相关的其他工作。这些工作是衍生的，要办成它，需要付出很大的精力，但不能不去做，因为这些工作只有在这个岗位上的人才能考虑，如果不去做，心里就会觉得不安。我想，这也是一种积极的态度。我们的处长如果只满足于完成日常事务性的工作，而不去考虑如何将自己的工作有所拓展，有所延伸，就不是一个优秀的处长。中山大学的持续发展，靠的就是处长、院长以及所有关心热爱中大的人们所想出来的"增量"。换句话说，如果没有大家在工作上积极的态度，没有这些自己"找来"的事情，学校也就不会有更大的发展。

其次，要乐于并善于合作。我注意到，现在无论什么部门招聘，总会看到有这么一条要求，希望应聘者要具有"团队精神"，"团队精神"已经被认为是员工最需具备的一种素质。我想，这是完全正确的，具有"团队精神"是成事的一个重要因素，所以我希望诸位要有团队精神，要乐于并善于与他人合作。

团队精神的本质就是处理好人与人之间关系。在中国古代，儒家就非常推崇"忠恕之道"。"忠"者，尽力为人谋，中人之心，故为忠；"恕"者，推己及人，如人之心，故为恕。我的理解是，在人际交往的过程中，我们应该学会换位思考，习惯站在别人的立场上去思考问题，这样别人才会认为你是一个可以交流、合作的人。

最近的一件事情让我感触颇深。本科教学水平预评估结束后，我与医学部的同事讨论，认为医学教育体制的核心在于解决基础教学与临床教学衔接的问题，这是医学教育永恒的主题，也是永恒的难题，而究竟何种体制"好"并无定论，如果在评估期间讨论体制问题很容易让评估专家对我们的医学教育质量产生误解。医学部的同事们对此表示了赞同。他们还告诉我，在合校之初，中山医的校友们对合并其实是不太认同的，对中山医这个名字有着很深的眷恋，但是，参加最近一些校友活动的中山医校友包括香港的校友们的观念有了改变，大家都认为中大就是中山医，大家是一家人。听了以后，我深有感触。无论是对合校后医科体制的讨论还是中山医校友们对母校的怀念，其中体现出来的，都是对中山医的眷恋之情，而这种感情是真挚的，是完全可以理解的。我们确实应该换位思考，充分地理解和尊重这种浓厚的中山医情结，在我看来，中山医情结，其实就是一种爱校的情结。实际上，国内的许多合并大学同样都存在着这样的问题，既然是大学的合并，就总会有一些学校的校名不复存在，人们对原来学校的眷恋同样也应该看做是对合并之后的学校的爱。

在讨论这篇讲话稿时，几位处长都不约而同地提及这样一个问题，那就是在工作中总会遇到某种"边界"，某件事好像你管，又好像我管，结果是必须协调几个部门共同来参与完成。他们说，在这种情况下，如果对方是善于并乐于合作的人，大家都是为了学校的利益，遇到困难共同努力，多为别人着想，那么在工作中就容易产生火花、产生灵感，就会更强烈地激发起大家共同干事的欲望，因此工作也就容易顺利开展。相反，在工作的过程中，如果总是强调己方如何困难，推脱责任，甚至遇到困难就抱怨别人，这样的人就很难与之合作，甚至无法开展工作。

总之，学校的工作特别是涉及重大活动时，任何部门都不可能独立完成所有工作，因此，每个部门尤其是部门的负责人就必须要善于与人沟通，尊重别人，懂得以恰当的方式同其他人合作，学会领导别人与被别人领导。

最后，要注意细节、重视过程。有一种说法是，领导做事情要"抓大放小"，但我在这里要强调大家在工作中要谋成事，还必须"从大处着眼、从小处着手"，这就是所谓"细节决定成败"。正如我不相信那些在课堂上接听手机甚至衣冠不整来上课的老师是好老师一样，我也不相信心浮气躁、粗枝大叶的处长能够把一件事情做好。在我们现在的社会中，想做大事的人很多，但愿意把事情做细的人则不多；我们不缺少雄韬伟略的战略家，缺少的是精益求精的执行者；我们也不缺少各类管理规章制度，缺少的是对规章条款不折不扣的执行。总之，做事情多想一些、想得细一些总是会有好处的，希望大家做一个有心之人。年初在惠州举行的工作研讨会上，郑德涛书记也强调要有更加重视细节的工作态度，他谈到细节往往关乎人性，关系到对人的尊重和对人性弱点的理解，实际上这关系到事业的成败，是真正的"大事"。我是很赞同他的看法的。

说到要重视过程，是受到附一院孟悛非教授的启发。上个月，我参加附一院的工作研讨会，孟教授在发言中以申报国家精品课程为例，说明申报的过程其实就是一个建设的过程，我深以为然。可以再举个例子，比方申请"杰青"项目，学者往往是在申报的过程中凝练出自己的研究方向，看到不足并在今后的工作中不断弥补。行政工作也是如此，工作的过程其实就是一个不断集思广益、完善思路的过程，每一项工作的完成，实际上就是一次经验的积累，经验不断积累的过程就是一名行政人员不断走向成熟、成为一个"能干"的人的过程。重视过程，重视细节，确确实实是成事的关键。

总之，"谋事在人，成事也在人"，这就要考验我们的协调能力、组织能力、动员能力、沟通能力和执行能力，我想，我们中大需要的也正是这样的"全能"型人才。

当今时代，文化越来越成为社会凝聚力和创造力的重要源泉，因此，一种良好的大学行政文化也将对大学发展和大学精神的凝聚起到重要的推动作用。我认为，今天的中山大学已经形成了一种善合作、高效率、高品位的行政文化，希望诸位新任的中层干部都要主动融入这种良好的行政文化当中来，不仅要谋事，更要谋大事、谋公事，最终还要谋成事。我想，我们必须营造这样的氛围，让愿意谋事的人心情舒畅，让善于谋事的人大展拳脚，让懒于谋事的人坐立不安，让谋私事的人无地自容。我期望大家继续成为学校各项工作的中流砥柱，更好地实践学校"善待学生、尊重教师"的理念，把我们的中大建设得更好。因为说到底，中山大学是属于我们大家的。

谢谢诸位。

抓好人才培养质量　提高办学层次[*]

——在2008年珠海校区干部工作会议上的讲话

诸位：

今天，我和李建超部长来送校长助理保继刚教授上岗。关于珠海校区发展的问题，学校最近这段时间多次召开会议，形成了一些共识，当然，这些共识要成为学校政策还要经过常委会和教代会的讨论。今天来珠海之前，我又专门和郑书记商量了这个讲话，他也非常愿意让我一起代表他，借送保继刚校长助理上岗的这个场合，来谈谈学校对珠海校区建设与发展的一些想法。

第一，学校自始至终高度重视珠海校区的发展，我们在珠海校区办"原汁原味的中山大学"的初衷没有改变。

珠海校区是当时学校在办学空间十分紧张的环境下，由当时的王珣章校长在珠海找到筹建珠海大学的选址，并与珠海市商定了合作意向。1999年，我们与珠海市人民政府正式签约，开始建设中山大学珠海校区。2000年，教学大楼和荔园的教工、学生宿舍相继建成，9月，珠海校区迎来了第一批学生。此后，我们又建设了学生宿舍二期榕园公寓，进一步完善了教学和生活设施。

学校一直以来都是高度重视珠海校区的发展。在这里，作为校长，我想特别提出的是，学校两任党委书记都非常关注珠海校区的发展。在珠海校区成立之初的几年，当时的李延保书记为校区的建设倾注了大量心血，他几乎所有的节假日都是在珠海度过的，尤其为珠海校区正常教学秩序的建立和校园文化的积淀作出了重要贡献。郑书记来到中大工作以后，继续倾心珠海校区的发展，他特别关注与珠海市政府的沟通，同时也注意倾听校区师生所反映问题。

除此之外，学校也十分重视珠海校区的教学管理工作，我们探索出了一条延伸管理与属地管理相结合的路子，形成高等教育界所广泛认同的"中

---

[*] 本文系在中山大学珠海校区干部工作会议上的讲话，后刊登于2008年5月8日《中山大学报》（新）第177期。

大—珠海"模式。

但是,由于 2003 年广东省委省政府向省内 10 所高校下达任务,要求我们进驻广州大学城并完成扩大招生的任务,即在 2007 年要使在大学城中的学生规模达到 2 万人,这就使得学校建设珠海校区的进度放慢了。当然,广州大学城的建设与珠海校区一样,极大地拓展了学校的办学空间,对于中山大学的长远发展具有里程碑式的意义。目前,东校区的大规模建设已经告一段落,现在学校有能力来加快珠海校区的建设。

去年,学校召开了党代会,完成了党委换届,今年初,学校行政班子也完成了换届工作,这次,学校特别设立了一个校长助理的岗位,专门来从事珠海校区的管理工作,并主要考虑校区未来的发展规划。我想,这说明珠海校区不仅没有在学校的战略思考中淡去,而且对大学而言,设立专职负责珠海校区事务的校长助理,是加强了对校区的管理力度。

除了对干部的配备进行了调整以外,学校还十分关注珠海校区的基本条件建设,为珠海校区进一步发展创造空间。今年寒假,我与一位校友专程来到珠海,就捐建校区礼堂的选址进行了实地考察,并达成了基本合作意向。我的心愿是,要尽快让珠海校区的同学们在礼堂中进行开学典礼和毕业典礼。最近,又有一位校友表示愿意捐建一栋学院大楼。我想,学校将努力让校友们对母校的感情和捐赠的热情向珠海校区转移,鼓励校友企业家将捐赠重点向珠海校区倾斜,让更多的人来关心、关注我们珠海校区的建设。此外,保继刚还专门与我讨论过,考虑在珠海校区教工住宅区北区建设教师公寓,为新引进的教师、科研人员等提供良好的生活条件。我认为,校长助理应主要整体考虑珠海校区的发展,而保老师又是规划方面国内外知名专家,我相信他是能够承担起这一工作的。

当然,我们十分清楚,建设珠海校区的关键还是要抓好人才培养质量和提高办学层次。我们要更加注重中大学风在珠海校区的传承,继续注重校园文化的建设,要特别注意维护正常的教学秩序。上个学期,我专门邀请教务处、医教处和校友会的负责同志,就如何在四个校区开展全校性讲座进行了布置,要求每个校区每周至少一场学校层面组织的公共讲座,为此,校长办公室还专门承担了主讲老师往返珠海的交通工作。此外,学校将在珠海校区发展硕士、博士研究生教育,在一些学科开展博士后流动站工作。我想,一开始的规模可能会小些,但是任何一所学校的学科建设都是经历了由无到有、由弱到强的发展过程,一个新的校区建设也会经历这个过程。只有不断地积累经验、积聚人才,我们才能够在珠海校区办出具有鲜明特色的优秀学科专业，从而建立起一套完整的人才培养体系。同时，希望学校外事、教务部门以及珠海校区管理部门能够积极探索寻求国际合作空间的可能性，我们从在教育部国际司获得的信息，已经有一些学校由教育部获准并启动了国际合作办学的进程，我想，在我们珠海校区这么美丽的校园，也应该开辟国际合作办学的平台。

总之，学校在珠海校区建设原汁原味中山大学的初衷没有改变，除此之外，我们还必须认识到珠海校区对于中大整体发展所具有的重要作用，这就涉及下面一个问题。

第二，珠海校区的发展对于中山大学而言，具有极为重要的战略意义。

我们注意到，校区所在地——珠海市是珠三角的中心城市，发展潜力巨大，特别是启动港珠澳大桥工程、广珠轻轨项目以及中（山）深（圳）高速等建设项目以后，将逐渐凸显出珠海市的区位优势，学校必须把握住城市发展的机遇，实现大学与城市的共赢局面。

为了能够融入珠海市的发展当中，为珠海以及广东的产业升级服务，学校将在校区沿海地带建设中山大学国家大学科技园珠海园区。去年底的校长办公会讨论了"关于中山大学国家大学科技园珠海园区建设"的问题，原则上同意"中山大学国家大学科技园珠海园区概念规划"方案。科技园珠海园区将按照"一区二园"的设想规划，着力发展现代服务业和健康产业，总规划建设面积为40万平方米，总投资规模为18亿元人民币，分三期进行建设。此外，学校将以分期付款的方式收回珠海中山大学伍舜德国际学术交流中心，并负责中心日后的经营管理工作。控股公司还计划在该地块内，先行建设一幢孵化器大楼，建筑面积约为3万~4万平方米，总投资额为8000万到1亿元人民币，作为科技园珠海园区的一期工程的一部分，目前相关的建筑规划设计工作已经开始启动。

除了产业方面的考虑之外，学校更看重的是珠海校区对于大学的学科布局所发挥的重要作用。除了目前珠海校区的旅游、翻译和国际商学院三个整建制学院之外，学校还将依托理工学院在珠海校区筹建与核技术相关的专业，依托化工学院筹建与检验、检测技术相关的专业，依托生科院筹建海洋生物资源与环境方面的专业，这些新建专业都将采取新的模式，整建制地在珠海校区办学。同时，学校将逐步调整部分学院一二年级在珠海、三四年级在广州的模式，为新建学院、专业的发展提供充分空间。

需要注意的是，我们在珠海校区的新设专业，都是根据国家以及广东省的战略需求而布置的。例如，我们意识到能源在国家发展中所具有的战略地位，以及广东省发展核能与核技术的重大需求，因此计划从今年开始，招收"核工程与核技术专业"本科生，从而满足国家和广东发展核电这一清洁能源工业的人才需求，为大型企业、医院、大型科学平台和国家管理部门输送亟需的技术骨干和管理人员。此外，我们还将寻求国际优质教育资源，探索开设相关工程师培养的研究生教育。再比如，我们一直倡导中山大学要高举"农业大旗"和"海洋大旗"，因为海洋生物资源的开发与利用是我国发展海洋经济的关键，也是我国未来发展海洋高科技领域的关键，国家要可持续地开发与利用海洋生物资源，就必须大力发展海洋技术这一多学科交叉的高技术领域。广东地处南中国海域，拥有我国最长的海岸线和最大的海洋经济总量，面临我国最大的海域——南海，这是我国唯一的深海海域，拥有丰富的矿藏资源和海洋生物资源。通过海洋技术开发和利用这些资源不仅能加速我国海洋经济又好又快地发展，而且能保护我国海洋国土的战略安全。我们作为一所综合性研究型大学，具有长期从事海洋科技研究的历史，建设海洋生物资源与环境专业，不仅能够培养海洋经济发展所亟需的专业人才，而且还将加强多学科的融合，从而建立起具有南海研究特色的海洋技术研究领域，为国家和广东经济社会发展提供新技术和新成果。

总之，珠海校区是中山大学整体发展的重要组成部分，珠海校区不会成为独立的分校，更不会降格为二级学院，我们将根据国家和地方的战略需求来发展学科和设置专业，我们培养的学生将是为国家战略需求服务的高层次人才。

最后，我代表学校衷心地感谢为珠海校区作出贡献的老师和管理人员！没有你们的辛勤工作，就不会有珠海校区今天的发展。同时，我希望校区的同志们也能够站在学校全局的角度来思考珠海校区今后的建设，并希望大家支持保继刚助理在珠海校区的工作。

谢谢各位。

本科教学评估意见反馈会上的讲话*

纪宝成校长、李立明书记、季平主任，
各位评估专家，
各位同事，
同学们：

经过前后6天紧张的工作，教育部本科教学工作水平评估专家组圆满完成了对我校的评估任务。刚才，纪宝成校长代表专家组宣读了对我校的评估结论，教育部高等教育教学评估中心季平主任发表了期望殷殷的讲话，肯定了我校本科教学工作所取得的成绩，也提出了中肯的意见，指出了我们今后努力的方向。

此时此刻，我们的心里充满了感激之情。

我们不会忘记各位专家忙碌的身影。他们仔细查阅材料，深入课堂听课，检查毕业论文和试卷，测试学生的基本素质和基本技能，走访教学单位、机关部门，考察办学设施、校外实习基地和用人单位，召开各种类型的座谈会，他们的足迹几乎遍及中山大学四个校区的每一个地方。

我们不会忘记专家房间中直至凌晨还未熄灭的灯光。由于我校的此次评估正值全国抗震救灾的非常时期，许多担任着各自学校重要领导职务的专家在紧张的评估工作之余还要处理校内事务，为了在有限的时间里完成大量的工作，专家们夜以继日地工作，其间的辛苦可想而知。这种对评估工作的高度责任感，令我们感动，他们为中山大学全体师生员工树立了学习的榜样。

我们不会忘记，许多专家在听课之余，还与任课老师交流授课的心得，循循善诱，以自己的师德风范教育我校的青年教师。他们不仅仅是教育部的评估专家，而且还是我们中山大学师生的良师益友。

因此，请诸位专家接受我代表全校师生员工向你们表达的由衷的感谢和崇高的敬意！

我们同样也不会忘记，各学院（系）等教学单位的广大教师在此次迎

---

* 本文系2008年5月23日在本科教学评估意见反馈会上的讲话，后刊登于2008年5月30日《中山大学报》（新）第179期。

评以及接受评估的过程中所体现出的高度的主人翁精神。他们在开展正常的教学活动、教书育人的同时，对照评估的要求，认真地总结在教学工作中的经验，检查自己的不足，以自己的实际行动证明了"教授就是大学"这一理念，所言非虚。

我们同样也不会忘记，各职能部门的广大行政人员在此次迎评以及接受评估过程中所作出的努力。从自评报告和校长报告的撰写，到各类评估材料的准备，及至评估过程中的周密安排，广大行政人员体现出了为教学、科研服务的自觉意识，以及善于协调工作、勇于承担责任的职业精神。

我们同样也不会忘记，我们的学生在评估期间表现出的无愧于中大学子称号的高素质，更为可贵的是，在这次抗震救灾的关键时刻，他们捐款、捐物、献血，加入到救灾志愿者的行列，以实际行动践行了中山大学知行合一、学以致用、关注民生的优良办学传统，体现了应有的社会责任感和历史使命感。

我们更加不会忘记，在全国抗震救灾的特殊时期，我校各附属医院一方面以高度认真负责的态度迎接评估专家组的考察，另一方面，也以同样高度认真负责的态度投入到抗震救灾的大局中去，各附属医院的医生踊跃报名参加赶赴地震灾区的医疗队，其间的种种事迹令人感动，让人流泪。

因此，请中山大学的全体师生员工和广大医务工作者接受我由衷的感谢！

中山大学是教育部本轮评估的最后一所全国重点大学，学校在高度重视的同时，也充分强调要以平常心去对待此次评估，正如郑德涛书记在评估报告会的致辞中所说的，中山大学在此次评估中要做到"不添乱、不做假、有作为"，我们一直努力着，希望可以达至这样的目标。我注意到，评估期间，无论是在学生BBS还是在教工论坛上，评估并未成为大家关注的所谓"热点"，有限的一些议论，也是师生们惊讶于我校评估的风平浪静。我觉得，这是一件令人高兴的好事，它说明，此次评估，我们真正如教育部所希望的那样做到了"平常心"，中山大学基本上是以一种常态接受了诸位评估专家的考察。我们没有因为评估而干扰学校正常的教学秩序，我们也没有因为评估而影响学校的正常运转。我们知道，专家进校，是为我们的本科教学把脉诊断，我们可以像朋友一样交流，因为我们目标是一致的，就是要总结经验，找出差距，为提高中国的高等教育水平而共同努力。我同样也相信，这正是教育部开展本科教学工作水平评估的本意所在。

从中山大学在此次评估中所体现出的平常心之中，从广大教师对评估工作的支持和理解之中，从广大行政人员体现出的高度职业素养之中，从评估期间我校广大师生员工和广大校友为灾区踊跃捐赠的感人场面之中，尤其是从我校附属医院广大医护工作者组成医疗队赶赴灾区的义无反顾的坚强身影之中，我们都可以深刻地体会到，中山大学是一所好大学，工作和学习在中山大学这一学术共同体中的广大师生员工是优秀的，我们中山大学的医务工作者更为我们昭示了什么叫做"医者的大爱"。作为校长，我深以作为中山大学的一员为荣，并为此感到深深的自豪！

回首中山大学近十年来的迎评历程，我们深刻体会到教育部提出的"以评促建、以评促改、以评促管、评建结合、重在建设"这一评估20字方针的重要意义。对于大学而言，评估确实是一个契机，它使我们有机会认真、全面、系统地审视全校的本科教学工作，找出差距，寻找对策，使我们可以更好地着眼于发展，着眼于未来，使我们可以更好地实现"善待学生"这一"知易行难"的核心理念。古人说："看似寻常最奇崛，成如容易却艰辛"，"善待学生""看似寻常"，或者还会有人认为立意低了，但这却是一所大学办学的底线，坚决地守住这条底线，并将之贯串于学校的各项工作之中，中国大学的本科教学工作或者就可以立于不败之地了。

85年前的1923年，孙中山先生就在这个礼堂对岭南大学的学生说："诸君立志，要有国民的大志气，专心做一件事，帮助国家变成富强。"我想，对中山大学的本科教学来说，我们所要做的，就是将"善待学生"这一核心理念专心致志地做下去，从而不断地提升学校的办学水平。我以为，这就是本次评估给我们最大的启发。我坚信，只要我们以此次评估为契机，根据评估专家组的意见，发扬优势，弥补不足，发挥全体师生员工的积极性和创造力，营造更为和谐向上的校园氛围，我们中山大学的未来就一定会更加美好。

再次感谢诸位专家的辛勤劳动以及对中山大学的厚望。

感谢季平主任的亲临指导。

祝诸位身体健康，万事如意。

谢谢大家。

期待新一代学术带头人[*]

——在2008年新教职员岗前学习交流会上的讲话

各位同事：

很高兴与各位新同事见面。大家知道，今年对中国来说是极不平凡的一年，在短短数月之间，中国人共同经历了汶川地震的大灾大爱，也共同迎来了北京奥运的巨大成功与喜悦。在这大悲大喜之间，每个人都经历了一场心灵的洗礼，国人的团结与善良，尤其是我们的青年蓬勃向上的精神，足以让每一个人震撼与感动。青年人有希望，国家和民族才有希望，同样的道理，对于学校而言，中大的希望就在于诸位青年一代，因此，我今天讲话的主题就是"期待新一代学术带头人"。

一、改革开放30年中山大学的发展

今年是我国改革开放30年，我想先从这里开始，先跟诸位讲一讲改革开放30年来中山大学的发展。讲历史不是我的强项，所以今天我也不会正儿八经地讲中大的历史，要了解中大的历史，诸位可以找书来看。我只是想从个人体会的角度择要讲一讲30年来中大的一些概貌，告诉大家，中大是一所怎么样的大学。

如果大家对中山大学稍有了解，就一定会知道，我们学校的创办者是孙中山先生，在中国，乃至在世界上，像我们学校这样由伟人手创，有着"显赫"出身的大学，不说绝无仅有，也是非常少见的，所以如果要说特点，中大最大的特点就是"伟人手创"，这是我们中大历史最重要的部分。由于是中山手创，所以，在民国时期，中山大学一直是全国最重要的几所国立大学之一，无论是创校之初的20世纪20年代，还是达至鼎盛的30年代，中山大学都可以说是当时中国的标志性大学。直至新中国成立前，中山大学拥有文、理、法、工、农、医、师范等7个学院，还在国内最早设立研究

---

[*] 本文系2008年8月26日在2008年新教职员岗前学习交流会上的讲话，后刊登于2008年9月9日《中山大学报》（新）第184期。

院，是一所真正意义上的综合性大学。1952年，全国院系调整，由于历史的原因，中山大学的许多系科被分出，或并入其他高校，或成立新的大学，中大从7大学院变成了8个系，由一个全科性的综合性大学变成了一所以文理为主的综合性大学，可以说是实力大减。直至改革开放，中山大学才开始了新的发展，可以说，目前中山大学的格局，是改革开放30年来重新发展起来的。

改革开放30年，是中大不断发展的30年，在这一进程中，中山大学在很多时候引领了风气之先，在许多关键时期，中山大学抓住了发展的机遇。

1979年3月，邓小平同志在一次重要讲话中指出："政治学、法学、社会学以及世界政治的研究，我们过去多年忽视了，现在也需要赶快补课。"当年，中山大学就复办了法律学系，由我国著名法学家、后来出任最高人民法院副院长的端木正教授任首任系主任；1981年，复办社会学系，由著名社会学家、时任中国社会学会副会长的何肇发教授任系主任；1988年，复办政治学与行政学系，由著名行政学家、时任中国政治学会副会长的夏书章教授任系主任。中山大学是国内最早复办这三个学系的高校之一，这是中山大学为中国高等教育的发展作出的重要贡献。20世纪80年代末至90年代初，中大在学科建设方面积极拓展，先后成立了管理学院、地环学院、岭南学院和法政学院等多个学院，加强了应用学科的建设，为今后的发展奠定了学科基础。

中山大学地处岭南，深受岭南开放务实文化的影响。改革开放之初，百废待兴，中山大学以开放的姿态，以"敢为天下先"的勇气为当时的中国高等教育界注入了一股新鲜的活力。1979年改革开放伊始，中山大学就接待了中美建交后第一个到中国大陆访问的美国学术代表团，不久之后，学校又组织了改革开放后内地第一个出国访问的大学学术代表团和第一批访港的高校教师代表团。

在20世纪80年代，中山大学可以说是中国高校中对外交流尤其是与港澳交流最为活跃的高校。1984年，学校大礼堂——梁銶琚堂竣工，这是改革开放之后内地第一座接受海外捐资并以捐赠者姓名命名的校园建筑。1985年，原香港恒生银行董事长何善衡博士以名下慈善基金会拨款成立何氏教育基金会，专门用于支持中大开办管理学院。1988年，中山大学岭南学院董事会成立，带动岭南大学的校友以及热心支持教育事业的各界人士，资助改善岭南学院的学习环境和教职工的教学、科研和生活条件。

1993年，教育部与广东省在中山大学率先实施"部省共建"大学的模式。

1996年,在美国获得博士学位的12名留学生一起策划回到中山医科大学工作,这在当时是海外学子归国的一个创举,受到了广泛关注。今天,这批归国人才已经成为了中山大学医科的中坚力量。

20世纪90年代中后期,随着"211工程"、"985工程"的相继启动,中国的高等教育迎来了全面发展的新时期。当时学校发展面临的一个问题就是要拓展办学空间,经过多方努力,1999年,学校与珠海市人民政府正式签约,开始建设中山大学珠海校区。2003年,在广东省委省政府统一部署下,我校进驻广州大学城。珠海校区和东校区(大学城)的建成和启用,为学校扩大办学空间、提高办学层次创造了良好的条件,为学科建设提供了新的增长点,成为中山大学在新世纪实现新发展的重要契机。

2001年10月,原中山大学与原中山医科大学合并组建成立新的中山大学,实现了强强联合,为提高学校的整体综合实力、实现学校发展的总体目标奠定了坚实的基础。

可以说,从20世纪80年代初至90年代末,中山大学一直是一所敢为人先的大学,我们是开放的,我们抓住了机遇,使学校始终与中国高等教育大发展的进程保持着一致,也使学校稳定地跻身于中国一流高校的行列。

近十年来,学校进行了人事制度和校内分配制度改革,提出要"为中才立规矩,给天才留空间",在制定考核标准时,充分考虑不同学院、不同学科的差异性,努力为老师们营造良好的学术环境和生活空间。

在科研体制方面,为了促进应用研究及科技成果转化,学校提出"零转让"的理念,执行了给横向研究以"国民待遇"的政策,目的就是通过产学研结合,在重视基础研究的同时,加大力度发展应用研究,提高大学的自主创新能力,从而在科研上取得更大的突破。

在学科建设上,我们的定位是"国际水平,国家需求",即学校各个学科的研究方向和建设目标应该是国际水平的,但其着眼点则应致力于解决国家和地方经济建设与社会发展的战略需求,具体而言,我们所研究的科学问题应该是从国家的战略需求中提炼出来的。根据这一方针,学校近年来学科布局的调整,都是以支持国家和地方的产业结构调整为目的,实现学科建设与区域社会经济发展需要的主动对接。为此,学校还专门调整了教师聘任的考核与评价体系,有倾向性地鼓励从事应用研究的学科和学者。

学校还提出,大学既是象牙塔,又是发动机,大学是学术的殿堂,同时又必须对社会有所贡献,成为推进社会经济发展的一种力量。因此,学校一直强调要为社会服务，而这种服务应该是高层次的、有明确定位的，应该是面向行业和专业领域的。对于基础研究来说，为社会服务，就是要围绕国家经济社会发展的重大需求，引领知识创新；对于应用理科来说，为社会服务，就是要能够面向行业解决关键技术；对于人文学科来说，为社会服务，就是要为解决重大实践问题贡献思想发明；对于社会科学来说，为社会服务，就是要在专门领域中胜任行业智囊；对于医科来说，为社会服务，就是要满足人民群众的健康需求，征服重大疾病。

在上个学期的教育部本科教学工作水平评估中，我在校长报告中强调了"善待学生"的核心理念，将人才培养视为学校发展的根本，指出学校的各项工作均应围绕这个核心理念而展开。注重建设优秀的师资队伍和管理队伍，注重为学生提供良好的求学条件，注重完善各项条件保障体系，注重学生的全面发展，注重建立完善的招生就业体系。

曾经有人问我，近十年来中山大学的经验是什么？我的回答是：首先，我一直认为，对于中山大学而言，最大的经验就是不出经验，不成为"榜样"，最重要的是扎扎实实地做好自己的事情。如果一定要说出近十年来我们所做的事情，我想归纳起来可能就是两条：一是我们在校内营造了一种宽松和谐的良好氛围，中大人的心是齐的。二是我们树立了大学要服务社会的观念，大学只有与国家的前途紧密地联系起来，才可能得以更为良性地、持续地发展。

除此以外，对于大学而言，还有三句话，或者说三个观念是至关重要的。第一，"大学是一个学术共同体"；第二，"教授就是大学"；第三，"善待学生"。这三个观念是最近我在许多讲话中多次强调的，具体的阐述，这里不再重复，如果大家有兴趣，可以找来看看。

了解了上述的两条所谓"经验"以及三个观念，大家大概也就可以在心里勾勒出中山大学的轮廓了。

二、对新一代学术带头人的期待

之所以要在这里借着改革开放 30 年的由头讲一讲中山大学的历史，说一说中山大学的理念，从学校的层面而言是为了中山大学更好地前进，对诸位而言，是希望大家从进入中大，成为中大人的这一刻开始，对学校有一种归属感，同时也具有一种通过共同努力，使中大变得更好的使命感、责任感和紧迫感。

(一) 关于紧迫感

纪念改革开放 30 年，关键是要继续解放思想。在中山大学继续解放思想，在我看来，关键还在于要振奋全体中大人的士气。我们是一个团队，一个团队要共同前进，士气至关重要，气可鼓，不可泄，士气是一种精神，这种精神，在现阶段，我觉得就是我们必须要有一种紧迫感。

近十年来，中山大学的事业之所以可以取得很大的进步，主要是因为十年来，学校有一批在国内、国际学术界具有重要"江湖地位"的学术带头人脱颖而出，而这些目前在学科建设和学校管理中拥有很大话语权的人物崭露头角之时，都相当年轻。我回忆了一下，1999 年底，学校任命了一批青年学者出任院长，当时徐安龙任生命科学学院院长时是 36 岁，陈小明任化工学院院长时是 38 岁，朱熹平任数计学院院长时是 37 岁，魏明海任管理学院院长时是 35 岁。陈春声在路上拦住我，与我谈学校人文学科的发展，当时他 38 岁。十年前，我与保继刚谈话，挽留他在中山大学工作，那时他只有 35 岁。还有一批年轻的学者，也在这十年中成为中山大学学术的中流砥柱。时隔十年，我们学校这些当时的年轻的学术带头人，都已超过了可以获得"杰青"的年龄了。现在，他们当然还在"当打之年"，而且在国内乃至国际的学术主流圈中拥有地位，中山大学的发展还要继续依靠他们。但是，自然规律是无法抗拒的，依常理而言，当一个人进入中年，"功成名就"的时候，其进取心、创造力就难免会有所衰退，学术、行政事务日益繁多，不免心烦气躁，前进的动力也就难免有所减弱，而且变得不如以前单纯了。从学校发展的大局和长远考虑，目前的中山大学迫切地需要有一大批年青的学术带头人。青年天生富于进取心和创造力，我希望诸位青年学者应该始终保持一种紧迫感，要敢于挑战权威，挑战上一辈的学者，要超越他们，甚至"打倒"他们，到国内国际的学术主流圈中去争取一席之地。

青年是最富于朝气、最富于创造力的人群，如诸位这样能够加盟中山大学的青年学者，都是百里挑一的人才，事实上，我们学校也已经有着一批优秀的青年教师。我让科技处做过一个统计，2007 年度国家自然科学基金我校共有立项项目 222 项，其中中级职称的有 42 人，他们绝大部分都是入职年限不长的青年讲师，有 10 人还是入校不到一年的青年教师。今年，信息学院共获得自然科学基金面上项目 14 项，其中青年基金 8 项，有 7 项的负责人为讲师，其中有 4 人是去年 9 月份才到校的青年学者。我认为这些都是非常了不起的成绩，这些年轻人，入校时间不长，但已经具备受聘为教授的必要条件之一了。我觉得，从这些青年教师中，将成长出我校新一代的学术带头人。我相信，他们之所以可以取得这样优异的成绩，正在于他们在科研上的紧迫感。青年时期是在学术上出成果的黄金时期，如果错过了这个黄金时期，就很可能一辈子一无所成。我希望诸位应该以他们为榜样。

在我们学校，许多教授是有着强烈的紧迫感的。最近，地理科学与规划学院的黎夏教授给他的GIS团队的全体同事发了一封邮件，起因是今年国家自然科学基金的申报，他们团队没有人成功。他提出了几个问题，希望团队中的同事从凝练科学问题的角度寻找自己的不足。他还有点不客气地指出，团队中的每一位教师都是拿了学校"985工程"的钱的，现在却没有拿出成果来，心中应该有愧。我觉得，这种敢于直面问题，并对团队中的教师严格要求的态度，是值得赞赏的，因为在其中显示出了一种紧迫感，我也相信，有了这种紧迫感，黎夏教授的团队是一定会取得出色的成绩的。

事实上，紧迫感应成为目前中山大学更快发展的一个基本动力，它应该存在于学校工作的各个层面。就我个人而言，这种紧迫感就无时不在。我与郑德涛书记每次到教育部或者省里开会，都会感受到巨大的压力，因为我们知道国家对我们大学的期待，也看到了兄弟高校的突飞猛进，我们都深深感到加快发展学校的紧迫性。我同样也希望我们的院长、处长们，希望我们的全体教师和行政人员，都应该具有这种发展学校的紧迫感，有追求，才会有激情，才会迸发出创造力。

再举一个例子。前段时间，为了筹建海洋学院，我专门去同济大学拜访了我国海洋科学方面的泰斗人物汪品先院士，汪院士已经70多岁了，每天还在实验室里工作，他对我说，他每天一早都会到实验室工作，夫人已经退休，也仍然在他的实验室工作，老两口中午只是在实验室吃盒饭，晚饭则回家吃，吃完他再回实验室，一直到晚十一点回家，只要在学校，每天都会这样。我很惊讶，问他是什么支撑着他如此刻苦地工作，他对我说，现在的科学日新月异，如果不努力，就会落伍，他凭的就是一股气，而工作，已是他的生活方式了。听完汪院士的话，我非常感慨，我曾经说过，在学术上，并无年轻年老之分，人的心理年龄与生理年龄是不一样的，只要始终保持一种紧迫感，保持一种旺盛的求知欲，那么我们就可以保证自己的学术之树常青。如果我们中大的每一位教师都能够像汪院士那样对自己所从事的工作充满紧迫感，中山大学水平的提高一定是指日可待的。

(二) 关于压力

说到这里，我想说一说青年教师普遍反映的"压力"问题。在目前学校考核评价体系下，青年教师确实承受着较大的压力，这种压力一方面来自学术，例如获得项目、发表文章，另一方面来自生活，例如住房问题等等。这些压力是客观存在的，关键是我们怎么去看待它。在我看来，一个人在年轻时候没有压力是不可能的，或者说，一个人的成长，必须要有一定的压力。没有压力，就不会有紧迫感，也就不会有动力。曾经听一些年轻教师说过，本来选择进入大学就是为了这里的安稳，压力较小，没想到进来以后，觉得各方面的压力都很大。我想，在这个充满着竞争的社会，没有压力的地方是不存在的，如果认为高校没有压力，那真是一个误解。一个年青教师如果要摆脱这些压力，首先就必须要直面这些压力，通过不懈的努力，在学术上有所成就，这才是摆脱压力的最佳方式。如果现在在压力面前选择轻松，选择逃避，或者干脆为了能够尽快买得起房子而选择去挣钱，那今后的压力就会更大，而且这个压力可能会伴随你一辈子。所以，面对压力，我们最重要的还是要有紧迫感，以只争朝夕的态度去争取成绩。

在大学从事学术工作，与在政府或其他行政机关工作，最大的不同就是，对你的学术工作的评价，远远超越你的工作单位的范围，是由具有国际性的学术界同行来进行的。你如果真的有贡献，是不会因为单位领导或同事的忽视、妒忌而被埋没的。但同样可怕的是，如果你在中山大学工作了十几、二十年而一事无成，那么唯一要被责怪的，也只能是你自己。以我在大学工作几十年的经验看，只有死心塌地在学术上努力进取，取得成绩的教师，才有可能真正心安理得地直面自己的职业选择，也才可能真正摆脱各种世俗的压力。

我们说，"教授就是大学"，说的是教授是大学的主人，如果没有教授，也就没有了大学。诸位刚刚进入大学，作为教师，首先就要抛弃"打工心态"，如果只是认为自己是一个"打工仔"，做一天和尚撞一天钟，领一天薪水干一天活，像社会上的普通人那样混日子，那你就会缺乏斗志，也就失去了工作上的进取心。

当然，有压力，有紧迫感并不意味着急功近利。我在这里尤其想再三强调学术道德对诸位的重要性。做学问是一种需要耐得住寂寞的事业，如果你以学术作为你的生存方式，那做学问也是一种快乐的事业。但是，如果为了一时的名利而在学术上做假，那就会害你一辈子。我们学校里也存在着各种学术道德问题，例如一稿多投，例如抄袭，例如伪造实验数据，例如"以译当著"等等，学校对待这类问题的态度是严肃而鲜明的，一旦查实，一定严肃处理。过去几年中，已经有若干位教师，经学术委员会组织专家鉴定，认定剽窃他人学术成果情节属实，被要求离开中山大学。更重要的是，学术道德在本质上是学者的良心和自律问题，若要人不知，除非己莫为，学界中清议的力量是强大的，一个学者，如果在学术上作假，那就不可能在这个圈内立足，就可能身败名裂。学术不能造假，只是作为一个学者的底线，一个真正的学者，还应该致力于创新与发明，如果只是满足低水平的重复，那就只会生产一批"学术垃圾"，这与学术的真谛是背道而驰的。

中山大学是一个学术共同体，学术是大学最重要的指标，因此，前面我主要是对即将成为教师的新同事提出希望。但是显然，对于行政人员而言，这种紧迫感同样也是必需的。一流的大学要有一流的管理，近年来，进入学校管理队伍的青年人的素质正在日益提高，诸位同样是中山大学的希望所在，学校同样也希望你们可以发挥自己的聪明才智，为现代大学制度在中山大学的建立和完善而努力。

（三）关于制度的设计

要培养新一代学术带头人，青年学者增强紧迫感、认真刻苦地努力固然重要，但就学校而言，更重要的是在于通过制度的设计，为大家的成长搭建一个平台。

我曾经与某附属医院的院长有过一次谈话。这所附属医院近年来取得了显著的成绩，但同时，我也对他们提出了希望，就是要给青年人以希望。只有青年有希望，一个单位才会有希望。在我校的附属医院中，一直推行科主任和学科带头人制度，在这个制度下，争取科研项目，必须由科主任和学科带头人牵头，发表学术论文，第一作者和通讯作者必须是科主任或学科带头人，年轻人总是处于从属的地位。要知道，能够做到科主任和学科带头人，大多是中年以上了，他们的学术地位已经奠定，再把各种"荣耀"集中在他们身上，其实是不明智的。衡量一个单位的学术地位，关键是要看这个单位有多少具有竞争力的学者，在现阶段，这种学者的竞争力更多地体现在每一位学者身上的学术荣誉。目前，这种将学术荣誉制度化地集中到少数人的做法，明确地说，是不利于年轻人的发展的，是不利于青年人才的脱颖而出的。

长江后浪推前浪。学校应该在制度的设计上为青年搭建一个可以施展才华的舞台。我想借此机会，再三请求各单位（尤其是各独立法人单位）要正视这个问题，在课题组织、项目申请、论文发表等方面，尽量将青年人推到前台，尽快让他们进入学术的主流圈，从而获得应有的学术地位。

在考虑学科建设时，我们也应该反思，怎样才能为青年教师提供更好的学术研究条件。暑假期间，我们讨论了这个问题，并作出了一个决定，从今年开始，学校将为新入校的、具有博士学位的青年教师提供一定的科研启动费，以使他们的科学研究尽快进入轨道。我相信，随着讨论的不断深入，学校一定会出台更多的有利于青年学者成长的制度。现有的制度也要抓好落实，包括年轻教师休学术假、出国进修等等。

在前面的讲话中，我希望各位在大学工作的同事要脱俗，做人做事要尽量摆脱日常生活琐事的干扰。但作为校长，我还是想学校应该在制度建设上，尽量为大家解除生活方面的后顾之忧。上个月在浦东举行的中管高校主要领导座谈会上，我准备了一个发言，内容之一就讲到目前大学的住房政策亟须调整。住房制度已经成为学校人才建设的瓶颈之一，这个问题也确实让许多青年教师感到困扰，学校正在采取各种措施，争取各级政府的支持，借鉴香港地区各大学的经验，建设与大学长远发展相适应的教职员住房制度。

中山大学学术的发展，还需要校内其他各项制度的匹配，例如，在现阶段，我们就应该对学校长期以来实行的行政人员的寒暑假制度作一个认真的考虑。

我曾经说过，看一个教授是不是好的教授，只要看这位教授在假期里忙不忙就可以了；看一所大学是不是好的大学，只要看这所大学在假期里有多少教授没有休息就可以了。在假期里停不下来的教授就一定是好教授，同理，在假期里停不下来的大学就一定是好大学。基于这样的观念，我曾经提出，一流大学的行政人员是不应该与学生一样放寒暑假的，原因在于，大学教师在假期里工作是不会停顿的，我们的老师都在备课、做研究、搞调研、带学生，那么为教学科研服务的行政机关也就应该与之同步，可惜的是，这个观念并未受到大家的认可。上个学期，我请校长办公室发起了一个办公室建设的活动，校长办公室也就行政人员取消假期实行轮休制度作了一些调研，可能是反对的声音较多的缘故，这个暑假的放假通知仍然按以往的惯例下发了，通知中是这样表述的："行政干部、图书资料人员、工程、实验技术人员及其他各类专业技术干部和工人，从2008年7月13日起按学校有关规定放假，8月27日（星期三）全体回校上班，轮休六周。"结果刚一放假，就有院长跟我投诉，他们学院办公室已经没有人了，问为什么，说是学校文件规定，7月13日放假了。为此，我批评了校长办公室。我觉得这件事情已到了非解决不可的地步了。事实上，国内的许多一流大学，行政人员在学生放寒暑假期间实行轮休的制度已经实施多年了。厦门大学在几年前就作出规定，学生放假期间，各行政部门必须有三分之二的人员在岗，以保证学校的正常运转。我想，我们可以参考厦大的这个做法，要求校级以及各学院的行政部门从下一个寒假开始，实行轮休制度。当然，我们可以循序渐进，从实际出发，先要求各部门必须保证有三分之一的人员在岗，一些人数较多的部门，也可以根据情况自定比例，但原则只有一个，就是我们必须要做到在假期里，学校的运转不能停下来，整个学校应该跟没有放假时一样。我想，起码有两个部门必须首先做到：一是校长办公室，它是学校行政运作一个中枢，应该要有足够的人力来保证学校的正常运转；二是财务处，起码报账不能停，停止报账，对在假期中工作的老师影响是很大的。我知道，这样做，与以往相比，我们的行政人员可能会付出更多（事实上，休假的时间还是远远比上班的时间多），但我们相信，这样的制度安排，对于学校的整体发展一定会有好处的，因此，我们应该下这个决心。此事我想仍然交给校长办公室去落实，也希望学校各级行政部门能够支持校长办公室的工作。

（四）关于理想和现实

在前面，我们说到，在大学里，有三个观念至关重要：第一，"大学是一个学术共同体"；第二，"教授就是大学"；第三，"善待学生"。在我看来，这三个观念决定了大学的气质，也就是说，大学是不同于寻常的，它关乎理想和精神，大学理应与世俗生活保持某种距离。我们不时会听到这样的抱怨，说是各类媒体对大学要求太高，例如，每当大学出现自杀的现象，媒体总是会刻意渲染。我们或许会觉得，如果按照社会上的百分比来算的话，大学中的自杀率其实是很低的，媒体这样做对大学是不公平的。其实，这种看法是有偏颇之处的，媒体之所以关注大学，正是因为大学是不同于其他机构的一种特殊的社会组织，社会对大学有着更高的期待。我们常说，大学应该是一方净土，应该是象牙塔，说的就是这个道理。当然，现在的大学已与社会有着太多的联系，早已不是净土，也已不完全是一个象牙塔，但相对而言，大学仍然是比较干净的一个所在，大学仍然是应该崇尚某种理想主义的。即便浊世滔滔，大学也应该唯我独清。

人是靠精神支撑的，而大学则是靠理想支撑的。我们非常遗憾地看到，在现在的大学里，在现在大学里的年轻人身上，现实的东西越来越多，而理想的东西则越来越少了，我们的许多青年，做人做事的"目的性"太强，目的性强，则难免会急功近利，从而做出一些不恰当的事情来。因此，我想诸位进入中山大学，对于理想和现实首先应该有一个比较清晰的认识，我们应该有能力固守某些东西，也有能力去拒绝某些东西，这是大学精神的真义所在。

我们说"大学是一个学术共同体"，那么我们在做人做事的过程中就应该首先以此为依归，一些社会上行得通的事情，在大学里就未必是行得通的。一些在世俗生活被视为自然而然的观念，在大学里应该是没有其存身之地的，例如，官本位、等级观念、性别偏见等等。

我们说"教授就是大学"，那么大学里的教授首先就要像一个教授。对于大学教师而言，我们应该提出更高的要求，他们应该以学术作为生存的方式，他们应该具有较高的学术造诣，更重要的，他们还应该有着相对较高的道德底线。

我们说"善待学生"，那么我们首先就要将师道尊严落在实处。大学是培养人的地方，这是天底下最神圣的事业，作为大学的教师以及行政人员，在学生面前，我们应该讲规矩，举止言行应该得体，应该杜绝不良的言行，以良好的人格去影响学生，用实际行动去维护师道尊严。

说到这儿，我想到了前不久在参加学校学生系统的工作会议时，面向学生系统的干部时的一个讲话。之前，大家讨论辅导员的定位问题，学生期望辅导员应成为"服务者"，而辅导员自身定位为"教育者"，如何将这二者结合起来呢？我想，这可能涉及一个如何在工作上摆正自己位置的问题，我们的辅导员也好，管理干部甚至教师也好，在开展工作时，既要把自己当一回事，又不要太把自己当一回事。要把自己当一回事，是因为我们的确肩负着管理和教育学生的责任，为人师表、作育英才，事关重大；但又不能太把自己当一回事，因为即使是教育，我们也不要把自己孤立在一个简单说教的范畴，不要认为自己是一个理所应当的"教育者"，甚至为了所谓的"教育"而把自己伪装起来。我理解的教育，应该是通过不断自我学习、不断提高自身的素质，从而达到影响学生、感染学生的目的，这是一个潜移默化的过程，而不是一个简单生硬说教的过程。所谓的"为人师表"，其本意也是要在人品、学问方面做别人学习的榜样，是要以身作则的。

这一点，无论是辅导员、机关部门的工作人员还是任课老师，都应该认真思考，如果我们的教职员工都从这个角度上考虑和开展工作，那么对于学生而言，这样一个平等的、率真的形象往往会感觉更为可亲、更为丰满、更容易为他们所接受。

今天到会的还有很多机关部处的负责同志，我想，上面说的这个要在工作中摆正自己位置的情况其实也适用于行政管理的领域。对行政人员而言，在接受任务和听取工作布置时，当然要把领导的话当一回事。但是，在某些场合，又不要太把领导的话当一回事，例如在讨论某项未成熟的计划时，或在讨论一些方案的选择时，领导不是专家，不是所在领域的权威，所以即使参与了讨论，也不一定就是真知灼见。因此，对于领导而言，也就不要太把自己当一回事，就我而言，在面临问题时我一定会充分考虑分管校领导的意见，尊重当事人的看法。因为我相信，大家的智商都差不多，而副校长们和部处长们对各自分管工作信息的掌握一定比我更为全面，对事情的理解也更为深刻，所以他们才是各自领域的权威。同样地，在学术界也是如此，比方说，现在社会上把院士的头衔"神话"了，其实院士只是所在学科领域的专家，离开了这个领域，他们也只是普通的人，如果发表"高见"，我们听听也就算了。

今天的讲话，可以说是漫谈式的，内容很多，逻辑性可能也不是太强，不过无论是讲改革开放30年中大的发展，还是讲紧迫感，讲压力，讲制度设计，讲理想与现实，总而言之，我想表明的一点是，中山大学目前迫切地希望有一大批青年人脱颖而出，中大期待新一代的学术带头人，中大也期待着一个更好的明天。

最后，祝各位同事身体健康，家庭幸福，事业有成！

谢谢大家。

关于校区布局调整的若干想法[*]

各位同事：

学校校区布局调整的总体方案已经在党委常委会上讨论通过，这意味着我校校区布局调整的工作将立即进入到全面实施的阶段。这里，作为校长，我想就此次校区布局调整谈谈自己的一些想法。

中山大学多校区办学的现状是历史的产物，我想不必再赘述学校发展的这个过程，大家一定都是非常清楚的。至于校区定位的问题，从党代会到历次的教代会总会有代表提出疑问。在过去的几年中，学校的招生规模一直处于发展的动态之中，同时又长期面对本科教学评估的压力，因此学校也就没有制定出一个系统而明确的方案。今年五月，我们顺利通过了本科教学水平评估，在可以预见的未来，学生的规模也将基本保持稳定，学校终于有机会腾出手来，从学科发展的角度，立足于学校的长远发展，比较细致地考虑校区布局问题。现在，《中山大学校区布局调整路线图》（以下简称《路线图》）已经由学校党委常委会决议通过，并以学校文件的形式颁发，这就是一份具有行政效力的文件，因此我们必须坚决地执行，这也是历史赋予我们的使命，也是我们这代人对中山大学的未来应负的责任。

然而，在校区布局调整实施的过程中，有可能还会遇到一些困难，为此，我还想对全校的师生员工，特别是对现在还心存余虑的同事们说以下三句话。

我想说的第一句话是："40分钟车程不应成为难以逾越的心理鸿沟。"

这次校区布局调整的重要原则是：兼顾历史与现实，实事求是，循序渐进、逐步置换、平稳过渡。所以，目前通过的《路线图》不是一个打破现有格局、重起炉灶的方案。相对来说，对珠海校区和北校区现有办学格局触动较小，南校区与东校区之间的调整幅度比较大，特别是东校区的研究生比例将大幅度上升，部分院系的实验室、研究室也将从南校区搬迁到东校区。其结果是，南校区与东校区的空间距离，就成为影响这次布局调整工作的一

---

* 本文系2008年10月31日在中山大学关于校区布局调整工作会上的讲话，后刊登于2008年10月31日《中山大学报》（新）第188期。

个重要的制约性因素。

实际上，从南校区（或北校区）坐点对点班车到东校区，大约需要40分钟。本来，对于广州这样的大都会的居民来说，40分钟车程的上班距离，应该是完全可以接受的。何况，学校已经考虑到校区间的空间距离，决定从下学期开始，在东校区和珠海校区实行"朝九晚五"的作息制度。这40分钟的车程，真的不应该成为一道难以逾越的心理鸿沟。现在到东校区上班的老师和同事越来越多了，他们告诉我，开始时有点不习惯，几周过后，也就不觉得那么远了。陈春声副校长每周两次去东校区上班，都是搭乘地铁或班车等公共交通工具，就是为了体验师生们的感受。我希望大家也能够去体验一下，提出一些具有建设性的建议和意见。我想，也只有按照我们的方案，大规模地搬迁到东校区，交通问题才有可能真正解决。到东校区的老师和同学越多，各种便利的交通方案的运行效益自然就会越高，也就越容易被采用。

各个学院也可以借校区布局调整的机会，以对历史负责的态度，对今后的发展进行长远规划。必须承认，在调整中被要求搬迁的学院，短期内的工作难度和工作量都会大大增加。但是，我希望学院领导和老师们要立足长远，基于对本单位的未来发展负责的态度去对待搬迁。本学期初，我到东校区看望了刚刚搬迁过去的药学院的老师们，这个曾经犹豫不决的学院，现在已经将搬迁东校区视为学院发展史上里程碑式的重大事件，学院老师职工们的精神面貌感觉都焕然一新了，因为他们获得了更大的发展空间。药学院是一个例子，它告诉我们，所谓搬迁的困难，其实远没有我们一些学院领导想象得那么大，我曾经说过，我们的学院领导，不能仅仅安于现状，更不能安于做"维持会长"，应该有更多的思路，去直面困难，解决问题。

在听取意见的过程中，我还感觉到，40分钟车程之所以会成为一道心理的鸿沟，很重要的原因，是一些老师、一些同事心里，可能还存在着与其他学院、其他部门相比较的"小气"的想法。有一些院系的报告，强调不同学科之间互相依存、互相依赖的关系，要求参照其他的学科，将本学科也留在南校区发展，实际上其背后可能还多多少少地存在着比较和计较的心理。就我个人而言，我基本上是不相信40分钟的车程，在一个21世纪的现代化大都市里，会成为学科之间相互交流的不可逾越的障碍。

毋庸讳言，南校区和北校区有旧楼、有大树、有老人，似乎显得更有文化、更有历史感，也更有品位一些。学校也理解老师们、同事们对老校园的感情。但是，南、北两个老校区加起来就是这么1000多亩地，充其量只能接受 18000～20000 名学生就读，对于我们这样一个有近 40000 多位全日制学生的大学来说，无论如何，总得接受超过 60% 的学生要到东校区和珠海校区就读的事实。因此，在这个问题上，学校恳请大家要更大气一些，更大度一些，更多地体谅学校的难处。

如果大家有机会看看 20 世纪初康乐园的旧照片，那个时候的康乐园也是光秃秃的，没有大树，只有疏疏落落的新楼，同样是没有"文化"的。几代学者筚路蓝缕，才有我们今天这样的所谓有"文化"的校园。不难想见，50 年后，东校区和珠海校区必定也会是满目旧楼、大树和老人的。中国高等教育的跨越式发展，让我们这一代人注定要当新校区的"开荒牛"，我们只能直面这一现实，肩负起历史对我们的重托。更何况，我们今天的教学、研究、交通和生活条件，比起我们的先辈来，不知道要好多少。

千言万语，就是要请大家理解：40 分钟车程算不了什么。

当然，学校会尽力改善校区之间、校区内部的交通条件，尽量改善东校区的工作条件和生活条件，大家都看到了，近几个月来这方面的情况有了较大的变化，包括增加点对点班车的班次、开通地铁口到教学区的交通车、改善用餐条件、与教学和学生工作有密切关系的职能部门搬迁到东校区上班等等，这些工作也都是郑书记和我十分关注、直接过问的。我还有一个愿望，就是在保证教师乘车的前提下，尽快让校区之间的点对点班车可以让学生乘坐。

我想说的第二句话是："我们要多为青年教师着想。"

其实，校区布局调整对于青年学者来说是一次发展机遇。在方案出台之前征求意见的过程中，特别是对于到东校区还是留在南校区工作的情况，我感觉到，在南校区已有了较大的工作空间和和较好的工作资源的老师们是不太情愿搬迁的，这部分老师大都已经有了一定的学术积累，许多人也已在南校区安家，因此就不可避免地有了些"重土安迁"的心理。而青年教师的情况则有很大不同，南校区的工作空间有限，而很多青年教师又都逐渐在校外置房，东校区的建设为他们的事业发展提供新的广阔的平台，因此他们大部分是愿意到东校区工作的。我曾经与不同学科的几位所谓"大佬"聊过，大家都知道，他们这一代人退休以后，住在南校区的中大教师将越来越少，所以，我们不能用眼前的标准去考虑未来的发展，更重要的是，我们一直在强调，中山大学在期待新一代的学术带头人，因此，我们更应该为那些初出茅庐、资源并不充裕的青年学者考虑，让他们通过进驻东校区的机遇，搭建起学术发展的平台。

说到这一点,我想就此介绍一下学校筹建周转房的工作。目前住房制度的现状,是当年住房体制改革没有继续完善所导致的结果,这是我们无法改变的,然而,如果按此状态,若干年后,在我们几个校区居住的居民绝大部分都将不再是中大的教工。虽然在欧美国家,大学教师住在校外是很普通的事情,但我们的国情不同,特别是刚刚留校工作的青年教工,他们面临的最大困扰就是住房问题,我感到,住房问题已经成为制约学校发展的一个瓶颈,也是制约中国高等教育发展的一大难题。因此,学校一直致力于校内周转房的建设,在校园周围建设一批周转房,作为学校的永久物业,提供给教师租用,这是学校为帮助青年教师发展而迈出的重要一步,也是我们培养新一代学术带头人的一个重要举措。目前,这一工作已经在南校区和东校区启动。

此外,学校已经出台了多项鼓励年轻一代学术带头人尽快成长的措施,还有一批新的措施即将出台。

这次校区布局调整的实质,就是要使各学院(直属系)立足某一校区,着眼于20年后、乃至50年后,安下心来谋求发展。20年后中山大学各个学科的"大佬",就在现在30岁出头的这批青年学者之中。所以,我们在考虑各个学科布局的过程中,不仅要关注那些已经享有较高学术声誉、因而也有着较大话语权的"既得利益者"们的需求和愿望,而且更要倾听我们年轻的同事们相对比较微弱的声音,因为他们才是中山大学的未来。说句实在话,现在学校各方面都比较平稳,本届党政领导班子之所以愿意启动具有一定难度和风险的校区布局调整工作,正是为了他们这一代,也就是为了学校的未来。

我想说的第三句话是:"要把'善待学生'的理念落到实处。"

学校力图通过这次校区布局调整,进一步完善教学体制和机制。这次布局调整的一个基本原则是低年级本科生强调通识教育,高年级学生尽可能与研究生在同一校区学习,这是符合高等教育的规律和研究型大学办学规律的。校区布局调整以在各校区形成相对完整的本—硕—博人才培养体系为基本的办学定位,强调优质教育资源的共享,这也正是在实践我们一直提倡的"善待学生"的理念。此外,我们希望学院在安排办公空间时,不要再以教研室为单位进行考虑,而是要尽量为教师安排相对独立的办公空间为原则,我想,这不仅是为教师提供教学、科研的空间的问题,更重要的是,这样做可以为老师提供一个与学生们交流的场所,根本上也是在为学生着想,在善待学生。

《路线图》草案公布后，用了一个多月的时间听取各方面的意见，许多院系提出了建设性的、切实可行的建议，但也有某些意见，如果说句不太客气的话，可能更多的是从教师的利益出发去考虑的，名义上是为了学术发展和学科建设，但更多的是将学生当成了做实验的"劳动力"，这对学生的培养是不利的。在我们这个学校，现在许多人都能脱口而出地讲"善待学生"这四个字，但我们要知道，这个理念不是空洞的口号，是要"融化在血液中，落实到行动上"的。

有关"善待学生"的问题，我已经讲过多次了，今天就不多重复了。

在已经过去的这段时间，我更多地感受到了教职工们的理解和支持，曾有老师表示说，"我们必须反映自己面临的困难，但我们坚决服从学校的决定"；还有老师说，虽然有困难，但他"愿与学校共进退"，每听到和想起这些话，我都感动于老师们的豁达真诚与理解支持。

我们一定要以高度的责任感和历史使命感，按照这个方案的总体目标，边调整边实施，做好校区布局调整的有关工作。同时，我们要尤其强调坚持以人为本、善待学生的理念，在校区布局调整的过程中所需要做的和所能做的，都要以学生、老师的需要为第一考虑因素，要认真了解师生们在调整过程中面临的困难，并切实地为他们解决这些困难。在此，我真诚地希望全体教职员工立足于长远、着眼于未来，共同推进校区布局调整工作，共同支持我们中大的发展。

谢谢大家。

在值年校友日大会上的讲话[*]

各位校友：

欢迎大家回到母校。

今年是中大的第一个值年校友日，我很欣赏校友总会把今年的值年大会放到20周年。40年前，我从浙江大学毕业，40年后的校友聚在一起，讲退休、讲儿孙了。而20年的校友们，正处在事业发展的黄金期，正是朝气蓬勃的时候。刚才，我听了两位校友的发言，心中也感觉非常的年轻，非常的亲切。

借今天的这个机会，我想向大家通报两件事。第一，学校今年通过了本科教学工作水平评估。算上这个月，我到中大整整10年了，也迎接了10年的评估，今年5月份终于顺利通过了。评估组长、中国人民大学校长纪宝成教授在最后的总结大会上给了我们学校这样一个评价：大度、淡定、从容、有序。我想，评估专家们的评价当然有很多是源于中大的学生们的表现、教师的表现，但是，他们说印象最深的是校友的座谈会，因为他们觉得校友的发言，充分反映了中山大学的办学思想，与评估中校长报告所提出的大学办学理念高度一致。这说明，我们的校友们时刻关注着学校的发展，校友们是出色的，当然同时也说明，我们这所学校是一所好大学。

第二，我要讲的是，中大目前正在进行校区布局调整工作，这是学校的一件大事。目前，我们有四个校区，分别是广州南校区、集中进行医科教育的广州北校区、珠海校区，以及位于大学城的广州东校区。关于校区定位的问题，从党代会到历次的教代会总会有代表提出疑问，有四个校区，大学作为一个整体应该如何布局。从暑假开始，我们就着手进行校区的布局调整工作，目前已经基本完成，并通过了学校党委常委会的决议，接下来就将要进入执行的阶段。在此，我想对校友们说，四个校区，都是中大不可分割的一部分，希望校友们关心大学的每一个校区，把现在的四个校区都作为你们所热爱的母校的一部分，关心、支持每个校区的发展。

在介绍了学校的情况之后，我想再对各位校友提一个请求，目前，受全

---

[*] 本文刊登于2008年11月10日《中山大学报》（新）第189期。

球金融危机的影响，就业形势比较严峻，我昨晚还询问了学校就业指导中心主任今年企业来校招聘情况，他说大企业来中大演讲的场数减少了大约20%，学校感受到了金融风暴所带来的就业压力，所以，现在我最担心的就是你们师弟师妹们的就业问题。中山大学一个核心的办学理念是善待学生，在学生进校的时候，我们就对社会承诺，中大的每一个学生，绝不会由于经济困难的原因而辍学。而我们的许多校友，在这方面就曾对师弟师妹们提供大量无私帮助，他们通过各种渠道设立各类奖学金、助学金，很多校友还要求匿名。而今天，在金融风暴席卷全球的时候，我希望校友们能够提供更多的就业机会给你们的师弟师妹们，帮助他们度过这一困难的时期。同时，我也希望通过你们，把我的这个呼吁传递给其他校友，也希望校友会把这个信息向我们的校友广泛宣传。因为，我始终相信，中大的办学过程，就是校友积极参与、鼎力支持的过程。

最后，我代表母校再次感谢校友们对母校的恒久支持。祝校友们工作顺利、家庭幸福。

谢谢大家。

关于学校当前工作的一些思考[*]

去年 11 月中旬,我和学校科技处、医科处、发展规划办的同志一起,到学校的理工科、医科等十几个学院,与有关负责人就如何做好教学、科研、学科建设以及社会服务等方面的工作进行了交流,去年 12 月初,我又与文科院长们就上述内容进行了讨论。这些交流富有成效,我深深感受到学院对学科发展和科研工作的紧迫感,也深深感受到教授们对学校教学与科研事业所倾注的热情。在与院长们的对话中,我不断受到启发,一些想法和理念也慢慢成形。此后,我也与郑书记交换了意见,并取得了共识。因此,在这里我想就教学、科研及学科建设等方面谈谈本人的一些思考。

一、关于院长任期目标问责制的问题

学校希望学院在近期内要完成两件事情:一是学院领导班子要制定四年的任期目标,提出任期内学院在教学、科研、凝练学科方向、队伍建设、社会服务、国际交流与合作等方面的清晰目标;二是学院要根据任期目标,制定任期内以上各方面的每年工作计划和考核指标,目前先制定一年的工作计划和考核指标。学校将在今年年底进行考核,并将考核结果与"985 工程"三期对学院的投入挂钩,这也是投入和绩效挂钩的要求。这个任务我在部分学院已经布置过了,在此就不多说,但我还想举一个例子,就是我到陈新滋院士实验室去的时候,陈院士的工作介绍只有两页纸,第一页写目标和成绩,包括发表了多少篇文章,取得了多少项专利;第二页写目标,要建一个什么样级别的实验室和工程中心等等。我想,我们要的就是这种实实在在的目标,希望对各学院能够有个借鉴作用。在这次交流中,我发现实力越强、起点越高的学院,对学科、科研等方面的考虑就越多;或者反过来说,对学院各方面建设所作的谋划越多,学院的科研和学科建设水平也就越高。当然,我很清楚每个学院的领导班子都在努力,他们对学院的工作也有较全面

---

[*] 本文系 2008 年 12 月 26 日在中山大学科技工作会议上的讲话,后刊登于 2009 年 1 月 13 日《中山大学报》(新)第 194 期。

的考虑，我们实施任期目标问责制，目的就是要求学院理清其定位和目标，帮助学院更上一个台阶，同时也是我们实行绩效管理、完善现代大学管理制度方面的尝试。因此，我认为制定任期目标和每年度的工作计划是十分必要的。

但需要强调的是，我们看重的不是目标本身，而是制定目标的过程，我希望这是一个团结教授、凝聚人心的过程，因为只有通过发动教授，集思广益，对学院的各项工作进行科学合理的定位，并确定学院未来几年的主要发展方向，才能把学院内游离的人聚集到团队方向里来，避免出现各自为政的现象。我们的目的是希望把更多的人整合到科研团队里，使每一个人都能找到位置，明白自己的方向，为共同的目标而努力。当然，我们也允许游离于学科主流方向的"孤独的思考者"的存在，但由于学校的资源有限，因此更多的资源将向团队倾斜。

我到中山大学十年来，从来没有给院长们下过任何指标，这次也没有硬性的规定，学院的目标和每年的考核指标都由学院自己定。我的要求是不要把任期目标变成短期行为，要与远期目标相结合，从学科发展的实际和长远发展的需要出发，同时要制定具有可操作性的工作计划。

二、关于学科建设与科学研究的关系问题

这次到学院的交流，我对学科和科研的关系有了更深的认识，二者密不可分，学科建设是开展科研活动的基础，科研是学科建设的推动力。

学科建设的关键是凝练学科方向。我们要求学院在任期目标中，一定要凝练出学科发展的方向，因为只有确定了学科发展的方向，才能根据方向组建队伍，搭建平台，组织科研活动。凝练学科方向不但要根据学科的现有基础和优势提出科学问题，还要考虑国家和地方的迫切需求，要与国家的中长期发展规划、地方政府中长期发展规划密切结合，形成有效对接，为社会服务。还要强调的是，"十一五"马上过去了，国家"十二五"计划的筹备工作已经开始，我们的院长、教授们要有一个全面的考虑，"十二五"期间想做什么、怎么做，这些应该提到议事日程上来了。

科研的关键则是解决科学问题和掌握关键技术。我认为，大学的科研实际上面临两方面的要求：对学校而言，我们希望科研与学科发展的主要方向保持一致，这样科研就能进一步支持学科的发展；对社会而言，我们希望科研能与社会需求相结合，能对行业造成影响，为社会提供服务。对学科来

说，解决科学问题是首要任务；对社会、行业来说，掌握核心技术是首要任务，因此，这两者都是科研的关键。

在科研方面，一定要抓住制高点，解决科学问题或者掌握核心技术就是这样的制高点，只要抓住其中一项，学科乃至学校的地位就都有了。一位院长曾对我说某个领域的科研项目竞争太激烈，我回答说那就是因为你没有掌握关键的核心技术，没有关键技术很难占领市场，靠公关拿来的项目并不值得高兴，特别是一些横向项目，不能只看经费，还要看水平，看是否拥有关键技术。作为学校科研的旗帜，我希望教授们要着眼于解决科学问题和掌握关键技术，这才是科学研究的真正出路。

总之，学院制定任期目标时应认真考虑学科与科研的关系，在学科方面，要凝练出既兼顾现状，又具有前瞻性的发展方向；在科研方面，要考虑解决什么科学问题，掌握何种关键技术，重点攻什么，关键技术的突破点在哪里等等，这些问题需要学院领导和各位教授认真思考。

三、关于队伍建设的问题

在这次交流中，我们发现学院对师资队伍建设都十分重视，我也十分期待新一代学术带头人的涌现，在许多场合都讲过这个问题，但这里我想再强调几个原则。

第一个原则是看引进人才的学术专长是否与学科凝练的发展方向一致。我认为现在的中山大学已过了"铺摊子"的阶段，而是处于需要"堆人"的阶段。在引进人才的选择上，要更多地从学科发展的主流方向考虑，加强这些方向的队伍建设，形成强势团队。我去中南大学时，发现他们的材料学科有一支庞大的队伍，一共有61个人，号称"六十一个阶级兄弟"，他们做出来的成绩有目共睹，这就是"堆人战术"的效果。从国家重点学科的评估与增列的情况来看，我们学科的体量也是不够的，因此，在资源有限的情况下，我们选择在同一个方向上堆积一部分人，造出一片声势来，才是明智的选择，我们并不怕人多，怕的是没有用的人多。

第二个原则是看水平。"堆人"当然要看水平，我与陈新滋院士有一个协议，他的实验室可以配5个人，但有只要水平达到或接近杰"青水"平的，就可以不算入5人名额之列，我与孔祥复院士也有相近的协议。同样地，学院也要对拟引进人才学术水平进行评价，在这方面，我们需要改善以往的评价标准。我认为，不能光看这个人发表文章的数量，而是要看他的学术贡献，即其文章对学科的贡献度。今年，地理学院一位教授有位博士毕业留校，作为学科的代表作，他有7篇论文是与这位博士合作发表的，我听了之后马上就同意了，因为这样的人对学科来说一定是非常必要的。因此，看待一位老师的水平，不光要看他发表文章的数量，更是要看其学术贡献，看他在学科里有没有代表作，这一点不但适用于引进人才，也同样适用于在校人才。

我想，今后我们在教师聘任和导师遴选的工作中应该着重考虑这两方面的内容：一是学术贡献，看他对学科的贡献，看是否解决了学科里的科学问题，看其论文是否是学科的代表作，这是纵向的指标；二是社会服务，看他对行业的贡献程度，看他是否掌握了关键技术、产生了社会影响，这是横向的指标。我想，这应该成为一个指挥棒，引导教师向这两个方面发展。

我在环境学院时说过，人才引进工作的主导权在学院手里，学院需要引进什么人，由学院物色，包括拟引进人才的待遇和其他问题，也应该由学院先提出。学校的任务就是尽力满足要求，提供协助；我在地理学院时也说，不要因为编制问题而停止进人，关键是水平要高，如果能找到高水平的人才，对学科的主流方向的发展十分有利，学校不但支持甚至可以加强投入。此外，我们也鼓励通过灵活的方式来加强师资队伍的建设，一些学院如海洋学院、生科院等可以双聘一部分教师，前提是要经过充分的协商。因此，我希望学院领导在制定任期目标时，也应对学院的队伍建设有所考虑。

四、关于公共平台建设的问题

在这次走访中，有的学院提出了加强学院公共平台建设的建议，这和学校的思路也是不谋而合的。学院的公共平台是学院学科建设和科研的重要支撑，因此我们目前在教辅人员编制改革中有一个初步想法，就是只支持学院一级的公共平台，即学院教学实验室和科研公共平台的教辅人员，由学校负责编制和薪酬，而教授个人实验室的教辅人员，则按学校有关人事制度的规定，由教授利用自己的科研经费聘请B岗人员担任。我们希望这个措施一方面可以提高仪器设备使用的共享程度，加强公共平台的建设，鼓励教授之间的合作；另一方面也可以集中资源，为大家服务。

在这里，我还想说说"985工程"和"211工程"专项经费使用的问题。国家设立"985工程"和"211工程"的初衷，是为了提高大学的科研水平和竞争力，进而可以争取到各种外部资源。因此，学校一直提倡把大部分的专项经费用于公共平台的建设，而不提倡把经费分到每位教授手里单独使用。许多学院确实是把专项经费用在了刀刃上，他们利用专项经费建设了学院的公共平台，有力地支撑了学科的发展。但也有一些学院，将"985工程"、"211工程"的专项经费大量用于科研业务费，不但没有提升竞争力，还产生了依赖性，失去了战斗力，这是让人非常痛心的。我们认为，"985工程"和"211工程"的专项经费是用来武装学科的钱，那些消耗性的经费应该向社会去争取。

目前，国家"211工程"三期建设启动在即，其经费使用要求相当严格，国家明确通知在专项经费中，必须有95%以上用于资料建设和仪器设备购置，业务费不超过5%。因此，在进行"211工程"三期建设的预算时，我希望各学院能多考虑为青年人建设公共平台，在安排有限的业务费时，也能更多地考虑给青年人使用。

五、关于本科教学工作

在这方面，我也希望学院能够结合实际来提出目标。前不久，我参加了八年制医科班的教学工作会议，参加会议的有教师和学生，特别是有学生在会上提出了许多建设性的问题，与教师们共同探讨如何上好课，我觉得这样的教学效果非常好。

应该承认，学校部分教师的授课水平还亟须提高。有一次，我到某校区听课，在后排站着听了十几分钟，授课那位青年教师一直低头照本宣科，我多么希望他能抬头看到我，但始终没能如愿，台下的学生也各忙各的，我想，这样的老师显然是不合格的。

我原来以为青年教师改进授课水平将是一个漫长的过程，但生科院给了我不同的答案，他们在教学方面根据不同专业组成了不同的教学团队，每个团队负责几门课，进入教学团队的老师都要先通过试讲才正式成为教学团队的成员。这种教学团队的形式不但保证了授课的正常进行，还保证了教学的质量，而且，团队里有经验的教师还可以帮助年轻教师的成长，据说有位老师从评价"不太好"到受学生欢迎，只用了一个学期。

以上这些都是在教学方面很好的经验。当然，各学院的具体情况不同，生科院的做法放到其他学院未必适用。但这里我想强调的是学院可以根据自身的实际情况，对当前的教学工作进行反思，并采取恰当的措施，切实提升教学质量。

2009 年

大学是一个学术共同体[*]
——在中山大学 2009 年工作研讨会上的讲话

诸位：

昨天，郑书记就学习《珠江三角洲地区改革发展规划纲要（2008—2020）》（以下简称《纲要》）发表了讲话，对我校应该如何围绕《纲要》，提升服务社会的水平，为广东乃至国家的社会发展和经济建设作出更大的贡献，作了部署，这是我校最近一段时期的一件大事。应该认识到，强调对《纲要》的贯彻和落实，不仅仅是为了服务社会，更重要的，是要在服务社会的过程中提升我校的科研实力和学科水平，希望大家认真学习和领会《纲要》的精神，从本单位、本部门的实际出发，找准切入点和突破口，使对《纲要》的学习贯彻真正落在实处。

无论是人才培养、科学研究还是服务社会，就其本质而言，都直接牵涉大学、学术与学者三者之间的关系。探究大学的本质，对于中山大学的长远发展，无疑是有着重要意义的。今天，我想围绕"大学是一个学术共同体"这个问题，谈一些自己的思考。

一、学术共同体是大学的基本定位

现代意义上的"大学"（University）一词源于拉丁文 Universitas Magistrorum et Scholarium，简单的解释就是"教师与学者的共同体"（Community

---

[*] 本文系 2009 年 2 月 19 日在中山大学 2009 年工作研讨会上的讲话，后刊登于 2009 年 3 月 3 日《中山大学报》（新）第 195 期，2009 年 3 月 23 日《中国教育报》第 5 版。

of Teachers and Scholars），这就是我们常说的"学术的共同体"的由来。

我们今天为什么还要一再强调大学是"学术共同体"这个概念呢？

首先，强调"学术共同体"的概念，有助于我们重新回归大学的本质。在今天的中国社会，大学越来越被人们等同于一般的行政单位和社会组织，逐渐淡忘了其原本应有的品格。大学作为"学术共同体"，是由它产生的历史因由和固有使命决定的。大学必须以学术为目的，以科学精神为核心凝聚力，并具有某种对绝对精神的追求，如果脱开因时代变迁和社会发展而赋予大学的各种相对具体的任务，从理想的层面而言，大学在本质上应该为学术而学术，为科学而科学，对真理的向往不会因为外在环境的变化而改变。同时，大学必须有所作为，能够通过创造知识，培养优秀人才，传承精神和物质的知识力量，大学应该面向未来，并服务乃至引领社会的发展。总之，大学以科学思想为基础，是追求真理、创造知识的地方，大学总是严肃地、批判地把握人类社会发展的一些永恒价值。而大学的功能则是通过学术性的教学（而不是职业教育或者技术教育）、创造性的科学研究，全面地塑造学生，传承和创新人类的知识与文化，并服务于当下社会。从这个意义上说，当前社会上某些挂牌为"大学"的机构，未必具备"学术共同体"的禀赋，因为它并未具备追求真理、创造和传承知识的大学精神，也没有形成自己独特的理念和品格，这样的大学，也就是一所普通的"职业养成所"，谈不上"学术共同体"。作为"学术共同体"的大学应该拥有自己的核心价值理念，这个问题我还将在后面再进行讨论。

其次，我们常说，大学既是象牙塔又是发动机，如果说，"象牙塔"作为人类精神和知识存在的某种象征比较抽象的话，那么"学术共同体"这一概念可能会比较具体。作为一个学术共同体，它不仅要有大家共同认可的核心价值体系，而且其成员还应有共同的向往学术的兴趣和追求，从一种理想的状态而言，作为一名学者，学术应该成为其生存方式，在此基础上，所有学者应共同遵循学术道德与学术规范的制约，并相互联系、相互影响、相互尊重，从而在这个共同体中形成一种较强的学术凝聚力。当然，这是一种理想的状态，以这一标准去要求眼下许多只是以学术作为职业的大学中的学者，可能会太苛刻了一些，但正如古人所云："身不能至，而心向往之"，我们的大学要发展、要有未来，就必须要高悬这样的理想，并且不断地朝这个方向去努力。

二、作为学术共同体，大学应该有核心的价值理念

十年前，合并前的中山大学为庆祝建校75周年拍摄了一部专题片，虽然我十分清楚，包括校办工作人员在内的摄制组花费了大量心血，片子内容很翔实，也颇具观赏性，但我后来还是对校办的同事说，按这部专题片所描述的中山大学，可能只能算是一所"三流学校"，因为里面只强调了历史，很少描述现在，更看不到未来。

我讲这个例子，是想强调，我们的大学应该面向未来。面向未来，大学就必须要有自己的发展理念，因为这是一个学术共同体得以维系的核心价值。这一点，在与国内外大学交往的过程中，我有较深的体会。每所学校在自我介绍时，中国大陆的大学大都只是介绍现状，有多少个博士点、硕士点、院士、"长江"、"杰青"，各类重点实验室等等，给人家的感觉就是一大堆数字，非行内的人很难明白其意义。而境外的大学则不同。我们最近走访了台湾的8所大学，在与校长们的交流中，我感到他们都着意地介绍本校的育人理念。我上个月应邀前往菲律宾雅典耀大学参加该校的校长论坛，雅典耀大学创校150年，其办学的核心理念就是以培养有社会担当、为国服务的人才为己任，而随着时代的发展，大学也在不同的时期赋予其理念以新的内涵，这说明自始至终，雅典耀大学都有自己的理念支撑。此外，她的几个学院也都有各自明确的使命和人才培养目标，尤其令我印象深刻的是该校新创办的医学与公共卫生学院（Ateneo School of Medicine and Public Health），其模式是四年大学本科毕业，进入该学院学习五年后，同时获医学博士和公共卫生管理硕士学位，这个学院遵循大学的办学宗旨，提出要将学生培养成为"五星级"医生，即医疗保健的提供者、卫生政策的制定者、与民众的沟通者、社区公共卫生的领导者与管理者。

雅典耀大学在菲律宾属于前三位的大学，但在国际上未必是名校，可是我认为，她具备了作为一个学术共同体应有的最基本的特质，是一所有理念的大学。更重要的是，这所大学的学院和多数教师都认同这个理念，并愿意为实现它而去努力。由此，我想到了我们这所学校，是否可以说，"善待学生"就是我们的核心理念之一，这一理念，我在去年本科教学评估的校长报告中也作过描述。我认为，"善待学生"的理念如果体现在目标层面，就是我们要培养"具有领袖气质的文明的现代人"，他们知礼、诚信、勤奋、阳光，敢于超越，勇于担当，并具有职业准备。这样的目标，让我们着眼于

学生的未来发展,对他们的一生负责,这是"善待学生"这一理念更为深层的内涵。总之,强调知行合一、学以致用,强调大学与国家、社会的紧密联系,强调关注民生,强调培养富于社会责任感和历史使命感的学生,是中山大学的优良传统,也是我们这个学术共同体的价值追求。

学校的各个学院大都已经历了开创之初的扩张时期,经过一段时间的积累,我们是否也应该考虑提出各自的发展理念和人才培养目标,有意识地去凝练本学院的发展方向。上个学期,我和科技处、医科处、发展规划办的同志一起,到学校的理工科、医科等十几个学院,与有关负责人就教学、科研、学科建设和社会服务等问题进行了交流,后来又与文科院长们就上述内容进行了讨论,达成的共识之一,就是学校要求院长制定四年的任期目标,学院的目标和每年的考核指标都由学院自己制定,学校不作硬性的规定。我是希望通过这样的梳理,各个学院能够总结和提炼出符合自身特点的发展方向和目标,而不要把任期目标变成短期行为。要面向未来,从学院的实际情况出发,从长远发展的需要出发,而且要从现在做起,脚踏实地地为之努力。

我还要强调的是,学院凝练发展方向、制定目标的过程,应该也是一个让教授们深度参与、进一步凝聚人心的过程,因为学术共同体的成员——学者之间的和谐与共识,正是大学赖以长远良性发展的关键之一。这就涉及了下一个内容,有关学术共同体内部成员的生存方式。

三、在学术共同体中,学者应该以学术作为生存方式

(一)以学术为生存方式,体现在学者对自身的要求上

一个真正的学者,学术就是他的生存方式,如果一所大学里没有这样的学者,那就不是一所好的大学,学术共同体这个概念就更是无从谈起。一个学者,在受聘到大学工作以前,就应先考虑在这个学术共同体中是否有适合的位置实现自身的发展;在进入大学后,既然已经选择成为这个学术共同体的一员,就必须努力为此作出贡献。

作为校长,常常有机会听到老师们反映这样那样的问题,现在想想,可能比较多的是以下几种情况。有的老师会提出经费要求,说获得的支持不够。碰到这种情况,我就会引导来访者谈谈他对学术工作的设想,因为能不能得到支持,应不应该给予支持,关键在于他的工作目标是什么、他想要解决什么科学问题。这些说清楚了,如果是有学术价值的,学校就会支持,甚

至比他期待的更多。上个学期，某学院要引进一位学者，希望学校给予科研启动经费支持，我当即请来学校"985工程"领导小组的有关同志，一起听取他的学术研究计划，结果决定在他原有的经费申请上加倍支持，一次性建设学科研究的平台，因为大家认为他要解决的问题非常有意义。我想，中山大学发展到今天这个地步，我们更关注的是学者的学术工作是否能为大学的学科建设、为科学的进步作出贡献。但如果说不出有价值的计划，而只是要钱，那就是无的放矢。

还有的人在谈话中会评价甚至批评自己身边的同事做得不好。遇到这种情况，我总是希望他能够先谈谈自己的工作，了解一下他本人对学科、对学校的发展尽了什么努力。因为我觉得，在评价别人的时候，应该先反省一下自己。这样，学校才会有一个更加和谐、同事间都能以"同理心"真诚相待的氛围。

也有个别老师抱怨自己的收入低。我首先希望他们了解，中大的平均工资水平连续多年在教育部直属高校中排在前列；其次，教师的收入水平是与教学、科研工作的质与量紧密相关的，为此学校制定了一系列相应配套的政策，例如，我们大幅提升了教师绩效工资的比重，而其中的构成重点又主要来自教学。此外，我还可以肯定地说，中山大学教师的收入水平一定在学校人均收入的平均线之上，他们的薪酬一定高于相应级别的行政人员。如果一名中山大学的教师总是抱怨收入低，可能恰恰反映他对教学、科研的贡献还不够多。而一味抱怨的人，或许不经意间表达的是，他们失去了改变自己的能力。我认为，这样的人如果不奋起直追、迎头赶上，是很难在这个学术共同体中惬意地生存的，学术生涯对这样的人来说，甚至有可能是一场噩梦。以学术作为自己生存方式的学者，自然就会对大学这个学术共同体有很强的认同感和契合度，具体表现就是，这样的学者有着强烈的学术使命感，而其学术工作、学术成就也符合学科发展和学校发展的方向，二者相得益彰。

（二）以学术为生存方式，还体现在学者之间的关系上

共同体（Community）这个词本身就含有互动、相互支持的意义，而一个学术共同体的维系，也是靠具有学术价值认同的人们内聚在一起，彼此尊重、相互支持。我曾经在一次会议上，听到校内一位很出色的年轻学者做报告，当谈到学术成绩时，他较多地强调了自己的努力和贡献。会后，我提醒他注意那样表达是否合适。他马上意识到自己的欠妥之处，并认真地说明了导师对其研究所给予的肯定、指导以及经费支持和宽松条件。后来我见到了

他的导师，谈起此事，这位导师马上充分肯定学生的成绩，并且一再强调学生的独立贡献。我听了深有感触，心想，也许正是这样一种和谐的师生关系，才是他们能够取得学术突破的重要原因。

我曾经讲过，在大学这个学术共同体里，每个人都是其他人的外部环境，和谐的整体正是由每一个"互为外部环境"的个体共同营造的。我们知道，在欧美发达国家的一些社区，家家户户都习惯于把自己的门前打扫得干干净净，特别是在重要的节日，主人们总是将家里最漂亮的装饰朝向窗外，将美丽留给别人，他们是在共同营造一个良好的社区环境。同样的道理，我想，在共同体中工作、相处的我们，也应该学会更多地看到别人的优点和长处，这样，彼此之间才能融洽，大家心情才会愉悦。因此，在这个共同体中，不仅在师生之间，在教授、学者之间也应该相互尊重、相互欣赏。同时，我们更加鼓励学术上的挑战与争鸣，并且十分期待青年学者脱颖而出。而在不同的学科之间，要承认差异，尊重别人研究的学问。一方面，要保障学者有从事各种学术活动的自由，学术自由的根本价值在于为创新提供氛围，有了学术自由才可能创新；另一方面，如果某些学者的研究立场不利于国家和社会的稳定，影响甚至破坏了学术共同体的外部环境和内部氛围，这时就不能抽象地谈学术自由了，必须有一定的约束机制，从而保证其他绝大多数学者的学术自由。我想，只有认识到了这些，才能有助于在共同体内形成宽松、和谐的氛围，从而调动起所有成员的积极性和创造性，并形成强大的凝聚力。

大学这个学术共同体不仅仅是学者们的工作场所，更是我们共同的精神家园。作为共同体的成员，学者在学术界和社会上的影响，其实与大学的社会声誉有着紧密的关系，人们对某位中大教授的第一印象，往往首先联想到中山大学在社会上的声誉。而中山大学这个学术共同体的声誉也正是每一个成员共同努力的结果。我们既得益于此，也为之付出了贡献。简而言之，这就叫做荣辱与共，一损俱损，一荣共荣。

四、作为学术共同体的大学，应该不断完善制度安排

要维系任何一个组织的正常运作，离不开相应的制度；要让一个组织的运作富有效率和成效，必须有好的制度安排。学术共同体也不例外，在这里，大家认同学术道德与学术规范，并遵循这些道德和规范的制约。这些制约，为的是在大学中尽可能地维护学术的纯洁性，大学是一个学术的共同

体,如果学术腐败了,大学就腐败了。而制度又分为两种,一种是正式制度,一种是非正式制度(即制度文化)。前者容易理解,是指人们有意识建立的,并以正规的方式加以确定的各种制度安排;后者则是指一种文化与传统所形成的内在约束,虽无明文规定,但人们心中自有标准,并会忠实地遵守。对于中山大学这样有着悠久办学传统的学校来说,后者的作用可能更加深刻而持久。

举个例子,在职称聘任的过程中,总有落选的老师来向我反映,说自己达到了申请职位所要求的标准,为什么还落选?其实,对这个问题我也是不止一次地说明了,学校相关文件所列出的教师职务聘任条件,是我们对候选人申请某一职位的最低要求,而不是说你达到了这个条件,就一定能够申请成功。这是一个必要条件,而不是充分条件。这就如同一个门槛,你能够跨过这个门槛,只能说明有资格去申请受聘更高一级的教师职务,仅此而已。至于学校人事处和各个学院的工作,就是要根据《教师职务聘任规程》筛选出一个可以提交学校聘任委员会讨论的名单。因为学术发展没有终极,整体水平总在提升,满足教授水平的标准一直在变化着,总的趋势是不断提高的,所以我们只能制定"准入"的标准,最终的结果,则取决于申请者的学术贡献能否得到多数评委的认同。而这个环节,更多的是依赖学术共同体内部的"清议"。或者可以说,"清议"是一种纯学术的评价,是一种"共同体认同",虽然没有明文规定,但在每位学者心里却有"一杆秤",衡量或者认同中山大学的教授应该是一个什么样的水平。然而,"清议"的力量还不仅于此,如果学无所成或者不学无术又或学术不端,"清议"的力量,是足以决定一个人能否在学术圈中立足的。据我所知,学校实施教师聘任考核以来,就有 30 多人在考核后离开了教师岗位。这主要是学术共同体中"清议"所造成压力的作用。

那么,怎样才能取得"共同体的认同"而不因"清议"而出局呢?我想,一方面,毫无疑问地,学者必须作出学术贡献,要有学术影响,并得到同行的认可,体现在职务聘任上,就是在"跨过那个门槛"的群体中脱颖而出。另一方面,既然作为这个共同体的成员,你的为人、学问和品行还要得到共同体的认同,能主动融入共同体中来,这时,论文数量可能就显得不那么重要了。当然,我们也要提醒那些拥有学术评审权力的人,必须对学术共同体负责,不能为了"小圈子"的利益而去排斥他人,处理学术的公共事务时,情绪和感情不能战胜理智。

在学术共同体中,类似"清议"这样的非正式制度,其实是一种文化和传统，历久弥新、不易改变。但是，对有意识安排的、明确建立的成文的正式制度，则需要不断反思，止于至善。例如，随着人事制度改革的进一步推进，学校将不可避免地面临各类投诉。按照以往的做法，这些投诉只是由人事处等职能部门负责解答，而许多问题最终往往都会归结到我这里来裁定。这就出现了一个问题，校长和职能部门也是政策的执行者，把在政策执行过程中发生的争议，再交由政策执行者来裁决，是不合适的。而且，这种情况又让职能部门背负了相当大的压力。因此，学校确实需要设立相对中立的机构，来受理各类申诉，就申诉提出的问题进行裁决。现在学校也设有多个受理申诉的委员会，但是，这些委员会的组成人员仍以职能部门负责人为主，在执行的过程中颇难中立。为了使大学的行政运作更加有序、有效，营造公正、公平、和谐的大学文化环境，有必要在原有各申诉委员会的基础上，成立一个校级的学术与行政申诉受理委员会，下设教师职务聘任、人事争议、学位授予、学籍管理等分委员会，成员应包括教授及学生代表，必要时可以公开听证的方式处理相关申诉。职能部门工作人员最好不进入这个委员会，只在必要时向委员会做解释或提供咨询意见。这实质上也是不同的"事权"相分离的一种尝试。当然，这个委员会必须认同大学作为学术共同体的核心价值，其组成人员应该兼具学术成就和个人威望，既守法理性，又富于理解力和同情心。至于其如何具体组织和实施，与之相关的学校各种制度、条例如何配套与规范，则还需要进一步研究。

五、作为学术共同体的大学，要明确行政部门的责任与义务

行政机构是现代大学根据发展需要逐渐演进而成的，可以说天生就是从属于学术的，行政机构也理所当然是学术共同体的必不可少的一部分。虽然习惯上将大学的行政部门叫"党政管理机构"，但我们强调"管理就是服务"，要"寓管理于服务之中"，这也是我们行政工作的基本理念。应该说，中山大学行政人员的服务精神和工作态度，在国内同类高校中，是比较好的，服务的理念已经逐渐深入到学校行政人员的心中了。在继续做好"服务"的同时，在这里，我要强调的是责任。

首先，大学行政机构最重要的责任，在于维护学术共同体的利益。这个命题看似简单，其实不然。学校职能部门的领导，在处理问题特别是那些重复信访的问题时，要十分敏感，因为这些问题极可能会触及现行政策的一些很敏感的原则。行政部门的负责人是政策的掌握者，一言一行代表的是学

校，因此，必须理性、公平、公正地处理问题，决不能凭借个人的好恶来作出判断，也不能为了迁就个人的、小团体的、局部的需求而牺牲公平的原则和整体的利益。必须时刻考虑到政策的原则性，必须时刻考虑到大学这个共同体的利益，这一点，我想无论是学校领导、中层干部还是普通工作人员，都应该慎之又慎。

其次，行政部门要为大学这个学术共同体到外部去争取资源和机会。评价一位处级干部是否称职，还有一个标准，就是看他在上级主管部门那里是否有较大的话语权。我始终认为，那些能够参与上级部门决策讨论和制定过程的，一定是出色的处长，因为要做到这一点，不是光靠感情沟通就可以实现的，要融入决策圈，关键还是在于眼界和工作能力，要能够坦诚地提出有建设性的意见，善于出点子，才能成为上级主管部门的工作助手，从而实现学校工作的拓展。

我今天讲的内容，主要是对大学、特别是我们中大作为一个学术共同体的一些思考。我想，在中山大学这个学术共同体里，我们承载着共同的理想、共同的目标、共同的事业、共同的利益和共同的荣誉，我们有责任把她建设得更好。因为归根结底，这是我们共同的家园。

谢谢各位。

就业心态与职业准备[*]

——在2009年全校就业工作会议上的讲话

诸位：

今年的就业工作会议或许与往年不同，由于世界金融危机的影响，今年全国大学生的就业形势是严峻的，中山大学也不例外。在温家宝总理的《政府工作报告》中，有很大篇幅提及大学生的就业问题，国家对大学生就业的关注令人感动。我们学校也采取了一系列的措施，以期对同学们的就业有所帮助。

借今天这个机会，我想以漫谈的形式，与同学们交流一下我个人对职业和就业方面的一些想法。我主要想讲两个方面的内容：一是关于就业心态，二是关于职业准备。

一、关于就业心态

在今年"两会"的新闻发布会上，我与北京大学周其凤校长、南开大学饶子和校长、山东大学徐显明校长和华中科技大学李培根校长一起回答了记者的提问。当时，也有记者问及大学生的就业问题。在回答提问时，周校长说，他大学毕业后砌过墙，做过下水工，李校长说他大学毕业后做过工厂里的翻砂工。现在想想，我们身边的很多人也都有类似的经历，比如我身边的同事，现在50岁以上的校领导中，郑德涛书记曾经在吉林公社插队5年，李萍副书记曾经在海南农场做过3年知青，梁庆寅副书记曾在黑龙江农场下乡5年，颜光美副校长曾回乡务农2年，许家瑞副校长在海南农场当过3年知青，汪建平副校长当过3年兵，许宁生副校长下乡插队3年，喻世友副校长做过3年工人，陈春声副校长也在粤东的山村里当过近3年知青，等等。我无意评价工作的贵贱，只是想说明人生是可以通过个人的努力来改变的，他们无一例外都当过工农兵，应该具有统计学上的意义了。

---

[*] 本文系2009年3月20日在全校就业工作会议上的讲话，后刊登于2009年3月31日《中山大学报》（新）第197期。

在这里，我也愿意回忆一下本人的经历，我 1968 年在浙大数学系毕业后，分配到临安县，到一间集体所有制的电机厂做了一名技术员。我当时真的很珍惜那个岗位，所以也就很安心并且非常努力地工作，一呆就是 10 年。我和工人师傅们共同生活，共同劳动，也为工厂解决了一些技术问题，同时也得到了工厂的认可——被评为全县的先进。这个 10 年对我的人生观、价值观的形成起到了十分关键的作用。说来也许大家并不相信，10 年间我从没想过要离开，直到 1978 年恢复高考，才重新勾起我对当老师的向往。当我把自己的想法表达出来时，也得到了工厂领导的支持，他们甚至在我读研究生期间，还给我加了两级工资。

现在回想起来，当时我去的那间工厂，如果放在当下，大概也不会有同学愿意去的。当然，我并不是让大家去重走我们曾经走过的路，也没有让大家都去工厂、农村工作的意思，时代已经变化，社会的价值观也在变化，职业的参照标准、就业的期望值也发生了变化，我们不能也不应该对学生作过分苛求。因为，我们当时读大学是不用交学费的，而且有的还有国家补贴，就业也是国家统一分配的，我的许多同学还到了边远地区，而对我来说，当时能够进工厂工作，算是属于好单位了，比较起我的弟弟妹妹到黑龙江和浙江的农村劳动，我已经很知足了。但现在的大学生是不同的，大家交费上学，自主择业，而且可能还有许多同学的家庭要很困难地去筹集学费，而且，社会的职业结构也发生了很大变化，许多学生和家长考虑职业选择时，参照的是公务员、外企白领这类工作机会，所以同学们在就业时有更高的期望值是无可厚非的。

我在这里想说的是，正因为相信中大学生的就业层次普遍不会太低，所以，一旦选择了某个职业，我是鼓励大家就要安心、努力地去做好它。中山先生不是说学生要"立志要做大事"么，我的理解就是要专心做一件事，并把它做好，这就是"做大事"。即使我们眼前的工作距期望值有一定的距离，或者认为有一定的困难，也不要草率地离开，因为渡过难关、战胜困难的历练对一个人的人生来说是一笔财富，所以古人才说，要作出一番成就之前必须得"苦其心智，劳其筋骨，饿其体肤，空乏其身"。

当然，在当今这个充满着机遇的社会中，我也认为一个人的第一个职业并不意味着就是终身职业，第一个岗位更不意味着就是要终身服务的岗位。记得在若干年前的一次就业工作会上，我曾经说过，在中山大学谈就业率意义不大，我们更应该关注我们的毕业生就业的层次，我认为这个观点到现在还是适用的，中山大学的学生就应该有这样的心气。但是，在目前的大环境下，如果过分地强调就业的层次，同学们可能就会失去一些机会，因此，在目前的大环境下，我建议大家在第一次择业时，是否可以适当地降低自己的期望值，先使自己可以顺利就业。即使你现在找到的职位不是太合适，也不要紧，仍然可以通过自己的努力，改变自己的命运，改变自己的人生。

当然，同学们要做好到基层去，甚至到自己不太喜欢的岗位上去工作的准备，这是一种就业心态的转变，与往年中大毕业生"皇帝女不愁嫁"的状况比起来，这种转变可能有些痛苦，但还是必须经历的，既然形势如此，我们只能面对。

在就业的过程中，也难免会遇到各种各样不如意的人与事，但是我还是想请同学们相信社会的主流，只要自己真是有才能的，就一定会有用武之地的，关键还是在于自己的核心竞争力。在就业的过程中，要保持一种阳光心态，一味地抱怨是没有意义的，正视现实，不懈进取才能成功。在讨论这篇讲话时，学校的校办主任，也是我以前的秘书讲了这样的事情，他是本校86级的学生，在1990年毕业那年，由于政策的原因，全系100多个同学有将近一半回到原籍，而且被要求必须是在县一级单位工作，即使是可以留在广东的同学，大部分也不在珠三角，但20年后，他们中的大部分都转变了职业，不少人还作出了一番自己的事业。

40年前，"文革"期间，社会环境对个人而言，是一种不可抗力，但我其实对自己的工作是非常满意，也是全身心地投入的。20年前，当时的社会政策对于大学生来说也是不可抗力，90届的同学们也没有放弃，他们通过努力改变了自己的境况。今年，我们面对全球金融风暴，大环境如此，这同样也是一种不可抗力。举一个不一定恰当的例子，地震破坏了我们的家园，但还是可以暂时住在活动板房，实在不行还可以暂时住帐篷，生活总是要继续，抱怨是没有用的，逃避更不可能。因此，我希望同学们在这特殊的时期更要珍惜机会，不放弃，不沉沦，要为实现自己的理想去努力。更何况，与40年前或者20年前相比，国家、社会和学校已经采取各种措施，想方设法扩大就业渠道，以期能对大学生就业有所帮助。我也希望同学们发挥能动性，对就业工作提出有建设性的意见。

二、关于职业准备

我曾经说过，就业教育应该贯串于学生求学的全过程，在中山大学人才培养七大目标中，就有"职业准备"一条。大学生的就业，关键还在于自己的综合素质，在于自己的核心竞争力，而这一竞争力的获得，则在于在校期间的"职业准备"，也就是说，我们在大学里究竟学到了些什么，面对将来的就业，我们准备好了没有？

现在的中国教育，是中学紧而大学松。我曾经说过，只要我们仍然以高考作为选拔人才的方式，这种现象就是不可避免的。我特别想说明的一点是，在我看来，尽管高考有着这样那样的毛病，但是这个制度在当今仍然是唯一可行的，起码我们还找不到一个新的制度可以替代它，因为它是目前最具操作性的相对公平的制度，短期内确实难以被取代。高考是一座独木桥，要走过这座桥进入大学，我们的学生一定是努力刻苦的，经过千辛万苦进入大学，想放松一下，也是自然的，是可以理解的。但是，这种放松和调整只能是很短的一段时间，大学四年的光阴转瞬即逝，同学们应该珍惜这段大学的时光。在目前的中国大学里有一个比较普遍的现象，就是学生对学习有倦怠感，放松了对自己学业的要求，这实际上是对自己的未来不负责任。中等教育与高等教育最大的不同之处在于，在中学里是老师主导，而在大学里则是学生主导。我曾经在很多场合都强调，如果说，在基础教育阶段我们提倡减负，那么在大学里，我们就要强调增负，要强调学生自加压力，主动地刻苦努力。我的这个观点，曾在《政府工作报告（征求意见稿）》的座谈会提出过，得到了温总理的积极回应。

在大学里，我们要强调非功利地读书学习。我们在大学中所学的知识，并不会直接地指向就业，但对于学生综合素质的培养一定是有益的。事实上，社会经济的发展日新月异，社会对于人才的需求年年在变，如果要求通过专业的调整去紧跟这种变化，也是不现实的。这次在北京的人大会议期间，我与同是人大代表的一位厅长以及其前来汇报工作的一批下属聊天，他们也很关心教育问题，有的人就问，现在学生就业困难，大学的专业设置是不是应该考虑要适应社会的变化啊。我回答说，大学应该根据国家和地方的重大需求来调整学科发展的方向，这毫无疑问是必要的。但是就具体专业而言，无论怎样改，都比不上社会的需求变化快，今年是热门的专业，四年后很可能就是冷门。我还请他们考虑，当时在座的人中，有谁是学行政管理的？又有谁认为自己在大学的几年时间是白白浪费、毫无用处的？其实，我想说的是，一所好的大学，除了有着优良的师资、先进的教学设备之外，更重要的是有着深厚的学术传统，有着在长期的学术传承中形成的办学理念，我们是一个学术共同体，从事的是"学术性教学"，而不是一个"职业养成所"。中山大学和那些直接与职业技能挂钩的高职高专学校是完全不一样的。因此，要求中山大学的学生在毕业时要完全地"专业对口"，是不可能的。

在大学里，同学们应该在具有一定专门知识的同时，广博地吸收知识，培养自己学习的能力，更应该通过社会实践，培养自身与人交流沟通的能力。中山大学培养的学生，应该是一个具有一定专门知识的复合型人才。所以，我希望同学们不仅要认真努力地学习，还要注意多与人交流，多做一些社会工作，例如去尝试做学生会的干部，做班干部、团干部，甚至是一个寝室长也是值得做的，因为这样可以培养与人沟通的能力。我认为，这正是最好的"职业准备"。

学校也正在通过各种措施帮助同学们做好"职业准备"。我们设立了主辅修制度，强调社会实践，为了方便同学们修习主辅修课程、参与以志愿者活动为代表的社会实践，学校还准备如国内许多著名大学一样，从下学期开始实施三学期制，暑期前的短学期就是为公共课和社会实践而设的。最近，学校还在考虑将学生宿舍区的一些"文化室"拿出来，作为学生的创业实习基地，团委可以考虑在学生中组织一些创业策划大赛，大赛的优胜者可以免费得到学校提供的空间，学校的大学科技园，还可以向这些创业的学生提供一定的风险资金。学校还将加强对老师教学工作的严格要求，对课程设计、课堂教学、实验教学、毕业论文指导的质量进行考核，不仅学生要自加压力，自主学习，老师也要对学生严格要求，要重视对学生的课业考核。

我希望通过这些措施，能够让我们学生的学业更上层楼，当然，关键还是要靠同学们的自觉学习，非功利地读书，这样才有助于完善职业准备的要求，在就业时更加具有竞争力。

今天，我既没有讲就业政策，也没有给同学们带来新的就业渠道，但是，我希望通过这个讲话，能使同学们增强信心，对自己更有信心，对未来更有信心。

谢谢大家。

从大学精神谈起[*]

——在2009年中山大学深入学习与实践科学发展观活动专题报告会上的讲话

诸位：

我今天的这个报告，主要是想结合学校"学习实践活动"第一阶段的内容，谈谈对学校发展的一些想法。我们知道，科学发展观的实质是要实现经济社会又好又快的发展。科学发展观是用来指导发展的。发展是硬道理，发展是第一要务，离开发展，就无所谓"发展观"。因此，我们开展学习实践活动的出发点和最终归宿都是为了实现中大又好又快的发展这个核心问题。

今天，我主要讲三个方面的问题：一是想再谈谈对大学精神与大学文化的思考；二是与诸位探讨关于"岭南学派"的问题；三是讲讲学习实践活动以来学校遇到的一些具体问题。

一、大学精神与中大文化

（一）关于大学精神

我们曾经说过，所谓现代意义上的大学，是以科学思想为基础，是追求真理、创造知识的地方，它总是严肃地、批判地把握人类社会发展的一些永恒价值。大学既是人类精神家园和文化的守护者，也是社会良知的灯塔。大学既承载着人类终极的价值追求，同时也体现着时代的精神。只要人类的文明延续，大学前进的步伐就不会停止。因此，我认为，大学精神所包含的，并非某一个特定大学的精神面貌或者文化特质，它包含的是人类文明进程中一些最本质、最美好的东西，诸如对真理的向往，对自由、独立的精神等一切真善美的东西的追求。

---

[*] 本文系在中山大学深入学习与实践科学发展观活动专题报告会上的讲话，后刊登于2009年4月30日《中山大学报》（新）第199期。

就我而言，我并没有能力去对什么是"大学精神"下一个定义。在很多情况下，我们能够感悟到的东西却往往无法用理性或者简单的言语表达出来，可以意会，但难于言传。而且，对于大学精神，不同大学的理解与作出的反应是不同的，即使同一个大学，在不同的时代，也会有不同的理解。大学的发展是一个薪火相传的过程，大学精神的形成也是一个传承不息的过程，它不断积淀，不断发展，与时俱进，因此，我们不能、也不应该用几个确定的字眼来固化它的内涵，正如西方先哲所言，"凡不可说的，应当沉默"，因此，对于大学精神，只能靠我们慢慢地去感悟。

（二）中大的"大学精神"

然而，大学精神并不虚无缥缈。中山大学是承载着大学精神的大学，这种精神，在学校日常的学术生活中可以时时处处地感受到。

我想举几个例子。2004年，哈佛大学将哈佛学院喜乐斯图书馆（The Hilles Library）捐赠给我校，这是国外大学图书馆第一次比较完整地向中国高等院校捐赠其图书馆藏书，后来，我们的图书馆馆长告诉我，对方捐赠的初衷之一就是他们认为中大校训所表达的思想与哈佛大学的办学理念是一致的，因此决定选择中山大学。

去年，我们学校接受了教育部本科教学工作水平评估，评估组驻校一个星期，在总结大会上，评估组组长、中国人民大学校长纪宝成教授对中大作了八个字的评价："大气、淡定、从容、有序"。我并不认为我们已经达到了这样的一个水平，我想，这也许是纪校长感受到了我们正在努力形成的这样的一个文化氛围，我更愿意认为这是评估组对我们的鼓励和鞭策。

几年前，由于与我们有长期的密切交往，哈佛大学教授、哈佛—燕京学社社长杜维明先生在有一次闲聊时对我说，他能够感受到中大继承了岭南大学平等和谐的文化传统，也继承了陈寅恪先生追求的"自由之思想、独立之精神"的学术精神。我深以为然，又补充说，除此之外，中大也继承了中山医严谨治学的优良传统，而中山先生为我们题写的校训，更是引领和激励着一代代中大人不断成长。

总之，大学精神蕴含在与中大相关的一个个故事里面，体现在中大人对待事物的态度和行为中，我们无法用固定的言语去进行总结。对于这个问题的看法，我想是与我的同事们相互启发、相互影响而逐渐形成的认识。在与我共事的两任书记中，李延保书记曾经在校内发起关于中大精神的讨论，但只是讨论，不作结论。郑德涛书记也十分重视中山大学对于大学精神的承载与挖掘，他提出要继续开展中大承载大学精神的讨论，并且组织开展了中大学子气质大讨论等活动，不要求有定论，更重要的是，他认为我们深入讨论的过程就是中大人不断感悟大学精神的过程。

（三）大学精神与中大文化

中山大学的发展过程始终渗透着大学精神的光芒，这说明我们的大学是一所好大学，但好大学很多，由于历史背景、地域环境等影响，不同的大学可能具有不同的文化性格。中山先生为了国民革命的成功，在中国的南方亲手创立中山大学，因此中大的气质是深受这些因素影响的，其文化气质可以说是既开放又内敛，既维护原则又包容差异。

受这种文化气质的影响，中大形成了自己的办学理念，我们提出，"大学是一个学术共同体"，"教授就是大学"，"善待学生"。在这些理念的影响下，我们探索了人事制度改革，以期营造校内宽松和谐的氛围；我们尊重学院的发展而从不给学院设定指标；我们提出"国际水平、国家需求"的学科发展定位；我们强调大学必须承担为社会服务的责任；等等。对于这些中大文化气质的感悟，我曾经在以前的几次讲话中说过，就不再赘述了。

我在这里想说的是，在开展"学习实践活动"第一阶段的过程中，我就感受到了中大这种文化气质所体现出来的一种气度和风范。在学校层面，我们没有追求校园里到处飞扬的标语横幅，没有追求规模宏大的万人动员大会，在各位的座位上也没有贴着自己姓名的标签。郑书记告诉我，习近平同志和李源潮同志对学习实践活动不搞形式主义、要注重实效有过非常明确的指示。郑书记还对于大会开得多会不会"扰民"一直存有顾虑，我们学校开展活动的根本出发点是要让教职工满意、让学生满意。因此，学校的"学习实践活动"从一开始就提出"要注重突出实践特色"，并将其作为我们开展活动的一个重要原则和最大特点。我认为，这体现了中大的文化气质。在学院层面，我也感受到，院系领导不走过场，求真务实，将学习实践活动与解决本学院实际问题结合起来。师生员工充分发挥主观能动性与创造性，积极参与，建言献策，同心同德，有条不紊，通过"学习实践活动"促进院系的发展。我认为，这也体现了中大的文化气质。值得一提的是，从报送的材料上看，我们的附属医院也是如此，医院领导深入基层，解决具体问题，例如有的医院领导在科室调研时现场办公，简化了检查程序，从而减少患者的平均住院天数，这些的的确确是让"人民群众得实惠"的事情。我认为，这同样体现了中大的文化气质。

说到"学习实践活动"提出的"人民群众得实惠"的要求,我想,对于大学而言,这就是"办人民满意的教育",关键是要培养高素质人才。为此,学校出台了或准备近期出台教育教学改革的若干举措,我想着重讲讲。一是从 2009 年学年度开始,实行三学期制;二是积极推动通识教育,学校正筹备成立通识教育中心,推动有特色的通识教育;三是全面修订本科教学计划;四是把医学教学经验推广到全校,组织全校性的中、英文授课大赛,提高中青年教师的课堂教学能力;五是加强实验教学与实践教学,学校近期将分别召开实验教学工作会议和实践教学工作会议,共有十几条措施。凡此种种,说明我们对教育教学改革与提高人才培养质量的关注。

总之,我们在"学习实践活动"过程中所展示出来的面貌与实际行动,体现了我们这所学校的大学精神与文化内涵。

二、关于"岭南学派"

对于这个问题,我想先做个说明,"岭南学派"或者"华南学派"的称谓,不应是自封的,而应该是得到学术界的共识与认可的。此外,要为之努力的也不仅仅是中大一家,华南学者都应当或许正在为打造"岭南学派"而共同努力。

当然,我们所说的学派是一个比较模糊的界定,我也没有作过概念化的研究,但或许具备了以下三个条件,其边界可能就比较清晰一些:一是要形成一个科学的共同体,在学术界都有学者在共同关注、研究这一学科领域的问题;二是要有一个公开出版的学术刊物,能够刊登这一领域学者们的成果;三是要能够招收这一研究方向的研究生,以实现学术的传承与创新。下面我将要提到的几个学科或者研究团队,都具有以上的条件。

中大地处岭南,岭南文化的影响渗透到大学的学术领域,使得我们的不少学科被学术界称作为"华南学派"或者"岭南学派"。在此,我想对这个问题的思考进行一下梳理,或许对我们中大未来的发展会有所裨益。

(一) 岭南的文化:以岭南画派为例

说到这里,一定有很多人会想到"岭南画派"。为了了解岭南画派的渊源,我曾专门前往广州美院讨教,美院的黎明院长、赵健副院长和杨珍妮书记主要从绘画技法上向我们介绍了岭南画派的起源及其特点。前不久,我又去参观了岭南画派纪念馆,陈永锵馆长更多地从岭南画派几位代表人物的历史背景和人格精神上作了介绍。听了他们的介绍，我感觉在心灵上都是一次洗礼。岭南画派是公认的中国画的一大流派，起源于被称为"岭南三杰"的高剑父、高奇峰、陈树人，他们都曾追随孙中山先生参加辛亥革命，首先是革命者，其次才是画家，或者说他们是喜爱国画创作的革命者，他们将革命的理念注入艺术之中，吸收西方和日本的绘画技法，赋予中国画以清新的艺术气息，因此，岭南画派应是我们这个民族在特定的历史环境下所产生的一种艺术思潮。当代的关山月、黎雄才等大家，也有其高尚的人格，以及对真理和美好事物的不断追求。此外，他们虽然在名义上有师徒名分，但在绘画的艺术表现上，却不一定要体现出非常明显的沿袭师辈的特点，弟子在老师的基础上不断创新，又自成一格，并不断地在求变与折衷的过程中体现生活化的艺术形式。岭南画派自己的概括就是"融汇古今、折衷中西"，他们"求变、折衷和生活化"。其中，求变但不求全变，渐变体现了其灵活性所在。折衷则主要指技法的包容性，吸收东西方的绘画手法，洋为中用。生活化则主要是指表现对象，虽不善于体现内容的深度，但有广度，以艺术再现生活，其中应该有许多"务实"的因子。

我认为，岭南画派是在艺术领域充分体现了岭南文化的特征。其实，广东人有着非常鲜明的性格特征：一是灵活求变，从辛亥革命到改革开放 30 年的中国历史，足可以说明广东人不安现状、求变革新的性格特点；二是开放包容，广东话有个说法叫做"生猛"，是说愿意去冒险，什么东西都敢试的意思，敢饮"头啖汤"，这说明广东人愿意接纳新事物，有一个开放包容的心态；三是求真务实，广东人的追求非常实在，他们很平民化，生活得真实、淡定也非常热爱生活。

（二）我所理解的岭南学派

我想，中大地处岭南，作为中国学术与文化在南方的重镇，打造岭南学派自然有其责任和义务。而且，我认为，岭南学派不仅仅在于地域上的意义，更重要的是将岭南文化渗透到学术研究之中，从而形成一种与众不同的学术风格。

在自然科学领域，我们在华南地区的研究较多地受区域因素的影响，也就是说运用自然科学的一般方法来解决具有华南甚至广东特色的问题，例如我校华南肿瘤学国家重点实验室，鼻咽癌是其重要的研究领域，我曾经访问过与肿瘤防治中心开展合作研究的瑞典卡罗林斯卡医学院，他们也关注这一领域的研究，但是在瑞典那一年的鼻咽癌病例总共才有一个，最多的年份也不过是个位数，而鼻咽癌号称是"广东癌"，在广东的发病率较高，因此，我们进行鼻咽癌的研究不仅具有广东意义，也具有世界意义。又如我校热带病防治教育部重点实验室，与港大合作建立粤港传染病监测联合实验室，并牵头国家传染病重大专项，为国家提供包括禽流感和呼吸道传染病的防控策略等在内的决策咨询，并成为华南地区传染病联合防控机制中的重要力量。再如海水养殖、海洋药物等领域的研究也都是根据地域特色而凝练出的科学问题，从而发展起来并形成了自己的研究特色和学科地位。

但是，自然科学较多地强调规律性、可重复性，对于岭南文化特性的吸纳则不如人文社会科学来得鲜明，因此我们谈岭南学派或者华南学派或许更多是指人文社会科学领域。

中大的人文学科，例如古代戏剧的研究，在詹安泰先生的诗词研究、各体文学的基础上，20世纪50年代，戏曲学家董每戡、王季思教授创建了古代戏曲研究方向，培养了一批中青年研究骨干，90年代以来，他们有意识地培养学术团队，在继承传统的基础上，不断引入新的研究方法，以期形成独树一帜而不同于京派和海派的研究风格。近年来，他们建立了教育部人文社会科学重点研究基地"中国非物质文化遗产研究中心"，创办了自己的学术刊物和出版了一系列著作。2002年，王季思教授主编的《全元戏曲》获全国高等院校人文社科研究成果一等奖，去年完成的《全粤诗》也是国家社科基金的优秀成果。

又如历史人类学的研究，在梁方仲教授奠基的社会经济史学科的基础上，许多学者的工作注重文献分析与田野调查相结合，构成了我校历史人类学学科发展的重要学术基础。除了既有的学术基础之外，我校历史人类学的学者们之所以被同行们称为"华南研究"或者"华南学派"的一部分原因还得益于地缘优势，正因为是地处广东，香港的一些优秀学者会很自然地与中大教授合作，并扩大到海外，有的甚至加入到他们的研究团队中来。对其而言，并没有去刻意追求国际交流合作，反而这些早已是日常学术生活中自然而然的部分，已经成为一种常态。单线的师承关系并非是其学术联系的纽带，而是志同道合的人走到了一起。还有一个例子体现了他们的研究地位，去年哈佛大学拟聘请一位历史人类学方向的终身教授，在世界各大学邀请的7位评审人中，有4位是中大"985工程"基地团队的成员。因评审是匿名进行的，直至获知该教授聘任案顺利通过，几位评审人一起谈天时，才发现大家都应邀提供了评审意见。这其实说明了历史人类学团队及其研究已经得到了国际学术界的认可。

例如民族考古学的研究，从20世纪30年代中大的学者就开始在华南和西南地区从事民族文化史的研究，以华南和西南地区物质型文化遗产的发现、保护和研究作为主要发展方向，尤其重视泛珠江流域物质型文化遗产的研究。将民族学与考古学相结合，坚持人类学田野调查研究，并形成自己的一套研究方法和学术传统，从杨成志、梁钊韬等老一辈学者开始，这一脉络始终没有中断过，这也是为什么目前中大的考古学专业设置在人类学系，而不是设置在历史学系的缘由，这样的学科专业设置在全国也是唯一的。

中大的社会科学，尤其是在港澳珠三角研究领域，我们已经具有一席之地。例如珠三角地区的专业镇研究就凸显了务实的特征，他们借鉴日本学者提出的"一镇一品"的概念，结合意大利等国家的研究经验，抓住珠三角地区民营经济体系中的行政边界问题这个切入点，从地方的实际需求出发，引入"专业镇"的概念，从而在地方经济体系的发展中，将政府的力量安排在比较恰当的位置。值得一提的是，这支队伍集中了经济学、社会学、管理学等多个学科领域的教授，而有趣的是，这些教授们也是来自五湖四海，他们运用各自学科的理论和方法来研究共同的问题，并将成果整合在一起，被称为是"面向实践的集群研究"，他们研究的虽然是珠三角区域性的问题，但却得到国内外学术界的共同关注。

港澳珠三角的问题，既是地域的，更是全国的。特别是《珠三角地区改革发展规划纲要》（以下简称《纲要》）的实施，已经将加快珠三角地区改革发展上升为国家战略，我们必须深刻意识到其中的责任，学校积极采取了一系列的落实措施，最近，我们主办的"珠三角一体化"论坛已经开讲，期望为拓展粤港澳三地合作、实施《纲要》作出自己的贡献。在今年初温总理召集的《政府工作报告（征求意见稿）》座谈会上，散会以后，温总理特别向我询问关于中大的情况，我回答说，除了理科、医科努力承担国家重大课题之外，学校最关注的还有港澳及珠三角地区研究的问题，如果说中大能够为国家有所贡献，那么最大的贡献之一就是这方面的研究成绩了，温总理听后表示了认可和赞赏。省委书记汪洋同志也曾表示，对于广东而言，学习实践科学发展观的最重要任务就是把《纲要》落实好。对此，我甚有感触，中山先生曾经说过，"世界潮流，浩浩荡荡，顺者则生，逆者则亡。"我希望大家能够意识到这个道理，如果没有中大，社会一样能发展，《纲要》也一定能实现，但中大如果没有抓住这个机遇，发展就一定会受到制约，甚至会被社会所抛弃。

(三) 打造岭南学派的一些启示

1. 学术研究更应关注特殊规律。

我曾经提出,中大的学者不应只是关注一般规律,更要去研究特殊规律。比方说,我们学校的附属医院水平都是比较高的,但在全国具有比较大影响的、并且建立了国家重点实验室的还是两所专科医院,这说明要真正深入到某个领域研究,才有可能比较容易作出成就。在学术研究方面同样如此,这些年来,国内引进了西方经济学、管理学的很多理论,但这些理论是一般性的知识,而且很多是建立在解决西方国家经济管理问题基础上总结出来的,因此,不一定适用于中国的问题。如果要解决中国的问题,就必须与中国的实际情况相结合。所以,我也一直强调,我们的学科不要只去研究学科的一般规律,而是特别要去结合某个行业研究特殊规律。特别是中山大学处于改革开放最前沿的广东,更应该在探索中国特别是广东的社会经济的特殊问题上先行先试,作出我们的贡献。这也是中山大学服务社会,实现科学发展的最好体现。

我们也一直强调,大学要为社会服务,而这种服务应该是高层次、有明确定位的,应该是面向行业和专业领域的。而且,中大的学者应更多地关注社会、关注民生,要考虑将国家面临的重大问题与自己的研究相结合,要将研究的立足点放在解决国家和广东省的经济建设和社会发展的战略需求上。大学应该主动建立为支柱行业发展服务的平台,通过对行业和专业领域的研究来实现为社会服务的目的,这是学校长期坚持的方针,同时也是我们办学的一个特色。

2. 团队或学派不应以单线的学缘关系为基础。

对于这个问题,我想再举个艺术领域的例子,无论是在京剧还是越剧等传统戏曲中,"唱念做打"十分程式化,讲究"像不像",从一个动作、一句唱腔,内行就知道你是哪门哪派的,师承或者说完全继承是他们追求的目标。而我们前面讲过,岭南画派中"学生"的画里可以完全看不到"老师"的影子,其艺术表达形式并不追求程式化,也不强调继承,而是体现为不断求变、不断创新。

我不懂艺术,或许在艺术领域追求师承是其一种特殊的发展规律。但我认为,在学术上一味追求那种单线的师承关系肯定是没有前途的,毫无疑问,在以创造知识为目的的学术研究中,我们应该学习的是岭南画派,学习他们开放、包容的态度,学习他们追求多元、不断创新的精神,这一点对于大学的团队建设或者学派形成是十分重要的。

在我前面讲过的例子中，可以看到，从历史人类学研究到珠三角的专业镇研究，都不是以单线的师承关系来作为维系纽带的。学者之间以共同关注的学术问题相联系，团队构成要么是由多学科交叉而成，要么是具有多元的国际化的特征。在此基础上形成的学术团体，就很少会有论资排辈的现象，即使有师承的关系存在，彼此间的地位也都是平等的。我想，只有在这样的学术氛围中，才能有利于实现学术创新。如果学校的每一个学院都能够营造这样适宜发展的环境，那么，团队建设或者学派形成就是健康的和有生命力的，中大的发展也指日可待。由此我也想到了学校聘任教师的一个政策，就是强调要严格限制本校的应届博士生留校任教，避免近亲繁殖，鼓励跨专业、跨学校的学生留校，这其实也是符合学术规律的。

3. 中大的经验就是不出经验。

这个问题以前也曾经讲过。我这里想强调的是，大学应该坚持脚踏实地，不要去刻意追求某种"辉煌"的头衔或者地位，尽量不要成为舆论的中心，因此，我说我们学校的一个重要经验就是不要"出经验"。因为经验不能是刻意追求的结果，而是根据实际需要，在工作中自然而然形成的。

长期以来，我一直坚持，即使某件事真的是我们第一个做的，也没有必要去说。在一些场合，我听到有的老师和干部说做了某件事，是全国第一，我认为没有必要刻意追求这个"第一"，即使是首创也并不说明什么问题。因为在中山大学，我们绝对不会因为要成为"第一"而去做某些事情，只要看准了、值得做，当然要"敢为天下先"，但不能刻意去追求这个，应该是自然而然的、水到渠成的事情，也就无所谓"敢"或"不敢"的问题了。几年前，我们推行人事制度改革时，相比其他兄弟高校，态度是务实和低调的，没有成为舆论的中心，实际的进展也很好。我想还是那句话，发展是硬道理，只要学校真的发展了，只要我们的改革有利于教学、有利于科研、有利于师生就可以了，没有必要去图那个虚名。

同样，有些是学习兄弟院校或者海外高校的先进经验，只要是适合学校发展的好办法、好制度，我们都会吸收，而且是发自内心、自然而然地去学习。因为学习人家的经验也是很光荣的事，而且，"首创"毕竟是少数，更多地还是彼此间的相互学习。我想，这其实也体现了岭南文化的包容与务实。

我又想到了另一个例子，原来《中山大学学报》（社会科学版）编辑部的"内规"之一，是为了提高转载率和引用率，规定所刊载文章的篇幅一般不超过 8000 字。前年我们的学报（社会科学版）改版，文科的学者们纷纷要求学报改变这一规定，能够发长文，因为人文学科有分量的学术论文，常常要写到 2 万字左右。当时学校对新上任的主编说，中大的学报不应再以引用率高低来评价编辑水平，学校也不会以此来考核主编的工作成绩，只要坚持严格审稿，按照学术发展的内在规律，坚持用高水平的论文就可以了。结果两年下来，根据统计，在 2008 年度"复印报刊资料"全文转载率方面，反而从原来的十几位跃居全国学报第 2 位，转载率也在全国 4000 多种社科报刊中排在了第 4 位，真的可以说是"无心插柳柳成荫"了。

总之，我们相信大道自然、相信天道酬勤，按照学术的内在规律，做好自己的事，不刻意追求某项东西，反而可能收到意想不到的效果。

三、关于一些具体问题

最后，我想讲讲在第一阶段的"学习实践活动"中，我们发现的一些具体问题，主要可以归纳为两类。

第一类是学校既有的政策有待进一步贯彻落实的问题。

这里我想举两个具体问题。一是关于人事聘任制度的问题。虽然我们的聘任制度已经实行了几年，但"不升即走"聘任观念仍要继续深入人心。二是关于 B 系列人员的聘用问题。我想，上面提出的这些问题并不是没有相关的政策，而是在执行的过程中具体部门、具体负责同志理解和把握的问题，甚至有些是观念上的问题。

第二类是我们在调研中发现的新问题，需要继续在学习实践活动的过程中不断探索。

这方面我简单举几个问题。例如关于学科建设的问题，在第一阶段的学校中心组学习会上，大家讨论比较集中的问题之一就是学校学科建设整体布局。我认为，学科建设必须着眼于长远，并且要以发展的眼光来对待，目标不能太细，除了考虑学科发展方向定位之外，还必须要考虑到社会需求的调整等一些外部因素。因此，学科建设可以说是事关大学发展的永恒主题，贯串学校发展的始终。

又如，学校人事部门围绕"完善人员考核评价机制，促进人事工作科学发展"进行调研，进一步提出了"对于被聘为副高以上并签订无固定期限合同的教师，学校应该建立怎样的激励机制，进一步提高他们的工作积极性"的问题。学校党委也提出"如何进一步完善学校中层干部的考核评价体系，使得考评更客观、更准确，更好地发挥中层干部的作用"的问题等等。

这些问题都是在第一阶段的调研活动中梳理出来、具有全局意义的、值得我们深入思考和研究的问题。

今天的时代，文化越来越成为社会凝聚力和创造力的重要源泉，因此，一种良好的大学文化也将对大学发展起到重要的推动作用。这一点，已经充分体现在我们学校"学习实践活动"第一阶段的过程当中。我今天的报告从大学精神谈起，就是希望全校师生员工继续发挥主人翁精神，继续积极参与到"学习实践活动"接下来的各个阶段，不仅要共同发现问题，更要共同分析问题、共同解决问题，因为这个过程，是我们不断凝聚人心、感悟大学精神的过程，更是我们实现中山大学不断发展的过程。

谢谢大家。

边学习,边整改,针对问题部署工作*

——在2009年学院(医院)院长、书记会上的讲话

诸位:

刚才,许宁生和陈春声两位副校长分别布置了学校关于学科建设、外事和本科教学等方面的一些具体工作,请各位院长、书记回去传达并切实落实。

按照"学习实践活动""边学习、边整改"的要求,学校对梳理出的一些重要问题进行了多次研讨,并形成一系列工作思路和具体措施。其中,有的措施会以学校文件的形式正式发布,而有的就以工作会议的形式进行布置,今天的会议就属此类型,因此,希望各位认真对待。

下面,我想讲几个方面的内容。

首先,我要谈谈对各位院长、书记以及中层干部的一个要求,那就是领导同志们要"轻装上阵"。一方面,希望大家将与学院业务尤其是学科发展相关的机构牢牢抓紧,相反,与学院主流发展或者与学科建设不相关的一些公司、企业的兼职要坚决放掉,我讲这一点,尤其针对学院的主要领导。只有将不应浪费精力的地方放掉,才有可能集中精力去做好自己应该做的事。另一方面,希望大家进一步明确"为谁服务"的问题,我们常说,群众的眼睛是雪亮的,各位的言行是不是为师生说话、替师生办事,大家心里都很清楚,所以务必摆正自己的位置,要明白手中的权力是为大家服务的,而不是为自己或者小圈子谋利益。例如,最近中央再次清查"小金库",接下来学校也会转发文件要求各单位自查。总之,我不希望我们的中层干部成为别人"说事"的对象。

其次,根据这一阶段"学习实践活动"梳理出的问题,我想将学校下一步准备实施的一些政策,在这里先作个布置。

先谈谈关于学科建设的问题。最近,我注意到《国家教育中长期改革与发展纲要(初稿)》里,将学科水平作为评价学校和资源配置的主要依

---

* 本文系2009年5月14日在学院(医院)院长、书记会上的讲话,后刊登于2009年5月26日《中山大学报》(新)第202期。

据，可见学科建设在国家高等教育中所处的位置。因此，我们必须主动谋划，认真考虑学校学科建设的顶层设计。这段时间以来，学校连续召开了文、理、医三个学术委员会扩大会议和"985工程"领导小组会议，形成了对学院以及学校学科规划的一些想法。下面，我就主要谈谈这个问题。

一、关于学科规划的一些想法

（一）确定学校重点发展的学科

学校已经要求各个学院在近期提交本学院的学科发展规划，在此基础上，学校将确定重点发展的学科。对于一级学科在建设的过程中所涉及的跨学院的问题，学校会指定相关的某位校领导专门负责某个一级学科的建设。

（二）重点实验室申报与重点发展学科相结合

鉴于申报国家重点学科时需要省部级的重点实验室支撑，今后的省部级的重点实验室、工程中心、文科基地等的建设必须与学校重点发展的学科相结合。特别是各级重点实验室、基地的规划立项工作应由科研主管部门和"985办公室"协商后统筹考虑。

（三）人事政策配合重点发展学科

在教师职务聘任方面，根据重点发展学科需要，在达到聘任标准的前提下，优先支持该学科领域的教师聘任更高一级职务。学校考虑将部分教师聘任指标直接下达到拟重点发展的学科。

在人才引进方面，逐渐改变目前只看基本条件、不考虑学科重点建设、符合基本条件就按层次引进的情况。对于高层次人才，将主要根据重点发展学科的需求来进行人员物色和引进的工作，对拟引进人才，也以其对学科发展的贡献作为最主要的评价标准。另外，对于青年人才，今后学校的引进重点应是具有海外博士后经历的青年学者，当然，这主要针对理工科、医科和部分社会科学的学科领域。

在培养和扶植青年学者方面，学校将继续实施重点培育计划，有倾向性地资助与学科发展相关的青年学者到海外交流访问。学校还将要求"985工程"、"211工程"重点建设项目提出重点支持的青年学者名单，划定资金比例直接用于支持他们的工作。此外，也希望学院加大力度培养和扶植本学院、本学科的青年学者，例如在邀请国内外一流学者来校访问时，陪同工作是否可改由具有优秀的专业发展潜质的青年教师或者博士生主要负责，从而为他们创造与大师直接密切接触、进而融入核心学术圈的机会，等等。

（四）研究生招生指标向重点发展学科倾斜

学习和参照国外大学经验，逐渐改变按导师均分研究生指标的现状，将研究生招生指标作为支持学科发展、进行学科调节的杠杆之一。

下面说说关于人事工作的问题。上面已经提到了一些人事方面的工作，这里我讲几个具体问题。

二、关于人事工作的几个问题

（一）要坚决执行人事聘任考核政策

通过最近这段时间的调研，我有一个很深的感触，就是学校的一些政策还没有深入人心，个别单位在执行的过程中甚至走了样。在人事聘任方面，6年前，我们学校出台了《教师编制核定、职位设置与职务聘任规程》，但今天来看，一些学院在教授职务聘任时并没有真正考虑到岗位的需要、考虑到学科发展的需要，在很大程度上还是因人设岗，是为了"解决"历史问题，因此，我感觉我们的教师聘任在某种程度上又"回潮"到原来"晋升"的老路上去了。个别学院还以"强调学科的特殊性"为理由，随意降低学校设定的基本条件或者认为评不上就是对他们学科的特性不了解。我们认为，无论怎样强调特殊性，也不能够超越学校规章制度的基本原则。又如，聘任规程中对教师的聘期考核有明确规定，讲师3个聘期后"非升即走"，现在6年过去了，还有一些学院领导问我，"再过3年讲师'非升即走'会是真的么？"可见，直到今天，我们的一些院领导还在怀疑。我在这里强调，学校对教师聘任考核的政策不会动摇，必须坚决执行下去，希望院长们心中有数，对已满两个聘期的讲师，在第3个聘期签约的时候，建议学院附送一纸提示，明确至本聘期期满之时，受聘人如未能受聘更高一级职务，学校将不再续聘。当然，各位院长也可以采取其他的办法分流，避免将问题和矛盾积压到3年后。

类似这样的问题还体现在其他一些方面，比如两年前我们进行了研究生培养机制的改革，取消了研究生培养中招生计划内（相当于公费）和招生计划外（相当于自筹经费）的划分，学校按照一定比例把奖助金分配到院系，通过选拔、考核等动态管理的办法，给予学生奖学金的资格（免交学费），再通过助教（该工作应由学院统一安排，学校即将发布相关文件）、助研、助管岗位的工作，给予学生生活津贴。这样，同一位同学，即使是原来已经取得奖助金，也可能由于考核不过关，失去享受奖助金的资格。从这个意义上讲，每一位研究生都是自费的，他们是因为完成学习任务且担任了"三助"的工作，才得以获得奖助金的。但今天看来，这个政策还没有深入人心，因为现在还有院长向我来要所谓"公费生"的指标，说明他们还没有弄清楚学校的政策，心里还没有这个概念。而且，还有的领导、导师和研究生，把研究生参加"三助"工作视为额外负担，这是不对的。

我想，在目前的阶段，对我们而言，深化改革的意义当然是要制定、完善各项政策，但更重要的，是要踏踏实实地落实好已有的各项政策，要让改革的成果深入人心。这是我们当前工作的一个重点。

（二）设立类似"高级讲师"的岗位

不久前，我收到已经退休的王则柯教授的一封信，其中建议设立专门的教职，面向教学特别优秀的教师。为此，我与几位校领导和相关部门专门进行了讨论，认为学校已经出台了一些政策鼓励科研工作突出的学者，也可以考虑面向教学特别优秀的老师，采用类似"高级讲师"的职位设置，通过遴选留下一批这样的教学人才，至于具体办法和相关待遇，则将会在进一步研究后公布。有一条是肯定的，遴选"高级讲师"这类教师职位时，学生和教学督导员的评价，会是重要的指标。

（三）关于人才引进的工作方法

去年，国家实施了"千人计划"，面向海外招揽高层次人才，为此，学校也加大了人才引进的力度。关于这方面的工作，我想强调的是，人才工作必须由主要领导亲自来抓，即使是回复求职的电子邮件之类一些看似细小的琐事，人事秘书也可能因不了解情况而耽误，这方面我们的一些学院是有过教训的。日前，人事部门的负责同志随广东省人事厅代表团赴美进行人才招聘活动，应聘中山大学者甚众，人事部门已经将应聘者的简历和其他资料分发到各个相关学院，希望大家认真阅处。对于人才招聘和引进的事情，我恳请各个学院、医院的主要领导亲自研究和处理。

最后，我要讲讲与学生相关的两个问题。

三、与学生相关的两个问题

（一）关于就业工作

在目前的社会形势下，就业问题已经成为影响学校和谐稳定的最重要的因素之一，我们必须给予极大的关注。我认为，关心就业工作不等于简单地去询问就业率的高低，而应该采取更务实、更具可操作性的措施，切实帮助学生渡过难关。例如，学校宣传部近期出版了一期就业专刊，解释国家、广东省和学校的相关就业政策，宣传典型事例，并将报纸派发到每位毕业生和他们的家长手中。学校就业指导中心也计划组织更多的专场招聘会，其网页也将进行调整，便于同学们查找就业信息。学校还将安排出100个临时性的助管岗位，提供给那些暂时不能解决工作问题的同学，这里，我向各位院长、书记呼吁，并通过你们向教授们尤其是承担国家重大项目的教授们呼吁，恳请大家尽量多提供一些助研的岗位，尽可能地帮助我们的同学。

（二）关于教学工作

提高教学质量是高等教育的永恒主题，虽然我们在去年的本科教学工作水平评估中取得了较好的成绩，但那时是尽量展示了学校教学工作好的一面，我们深知差距和问题的存在及其严重性。例如，教学质量严重不平衡，课堂教学、实验教学和实践教学各环节之间的教学管理存在脱节现象，已经出台的提高本科教学质量的举措尚未深入人心，等等。因此，我们将积极利用"学习实践活动"的机会，切实贯彻教学改革的各项措施，进一步提升教学质量。为此，学校将继续推进校区布局调整路线图的落实，全面修订和完善教学计划，举行课堂教学、实验教学和实践教学三个教学工作研讨会，加强课程建设，规范教学内容，分阶段在全校范围内开展通识教育。学校将从2009年学年度开始实行三学期制，今年学校预算中所增加经费也主要用于本科教学工作，而"985工程"三期建设也将设立有关人才培养的专项。总之，我们将通过学习实践活动，让学校的教学质量更上一个水平。也只有切实地提升教学质量，才是真正地"善待学生"，才是真正对我们的事业负责。

今天这个会议，是学校按照"边学习、边整改"的原则，针对"学习实践活动"中梳理出的突出问题所进行的工作布置。我也十分清楚，学校目前存在的一些问题，尤其是行政方面的问题，不应归因到院长身上，主要责任应由我来承担，我本人也会在校领导班子的民主生活会上作出深刻检讨。我也认为，学习实践活动的确给了我们一个审视存在问题、明确未来方向的很好的机会，从而有利于更好地推动学校各项事业继续发展。这也是我对本次学习实践活动的认识。

最后，我希望今天的讲话能够在校报刊登，作为院长们开展工作的一个依据。

谢谢各位。

关于"沟通"*

——在 2009 年新教工岗前学习交流会上的讲话

各位同事：

每年这个时候，人事处都会安排我为新到任的各位新同事作一个报告，印象中已持续六七年了，每年的主题都不同，这似乎已成了一个惯例。我的习惯是不愿意讲以前讲过的东西，而且，我也很愿意借助这个同大家见面的机会，与诸位多交流一下个人的一些想法。今天，我想和大家讲的是关于"沟通"的话题。

"沟通"，是一个使用频率很高的词汇，辞典解释"沟通"，是指"挖沟使两水相通，比喻使彼此通连、相通"。这个词延伸的意思，就是人与人之间、人与群体之间的思想与感情的传递和反馈的过程，通过沟通，人们可以达到思想的一致和感情的通畅。从人类的原始本能来看，作为一种群居动物，人不能离开他人而生存，彼此之间必须相互依靠、相互配合，要达到这个目的，交流和沟通就成了一个重要的手段。

沟通可以是语言的，也可以是非语言的。沟通可以是直接的，也可以是间接的。现在的社会，通讯手段非常发达，也就出现了很多"宅男宅女"，通过电脑、网络和手机短信获得信息，与他人交往。我以为，其实这是有些问题的，特别是在大学这样的学术共同体内部，最有效的沟通还应该是面对面的，也即是通过语言和非语言两种沟通方式的结合，更容易"心有灵犀一点通"。即使原来相互间有些不理解或不一致，面对面沟通也容易达致所谓"相逢一笑泯恩仇"的效果，只有"相逢"了，面对面了，就容易"一笑泯恩仇"，问题就容易解决。

沟通可以在个人与个人之间之间进行，也可以在群体与群体之间进行，还可以发生在个体与群体之间。而作为教师，重要的是与学生的沟通；作为行政人员，除了与同事沟通外，更重要的是与自己的服务对象沟通；作为现代大学的从业者，我们还要与大学外部的同行、政府部门和社会公众沟通。

---

* 本文系 2009 年 9 月 7 日在新教工岗前学习交流会上的讲话，后刊登于 2009 年 9 月 18 日《中山大学报》（新）第 208 期。

我们除了要善于进行个人与个人之间的沟通外，还要努力做好个人与群体之间，个人与他人所代表的组织、机构之间的沟通。

上面说的，都是所谓"学理"上的事情，今天，我则是想将"沟通"这个概念落实在"大学"这个范畴中来，通过一些例子来谈谈我对于"沟通"的看法

一、沟通是促进社会组织良性运转的有效方式

一个组织机构如何可以顺畅地运作，从理论上说，当然靠的是各种各样的规章制度，制度可以规范各部门的责、权、利，制度也可以规范个人的各种行为，以及在这个组织机构中人与人之间的关系。但理论归理论，事实不仅仅如此。制度要面对的是一个个活生生的、充满着差异性的、有自己情感和利益的人，所以，要保证一个组织机构的顺畅运行，除了制度以外，更重要的，还是要靠人与人之间顺畅的沟通。因此，我们说，沟通是一种重要的工作、学习和生活的方式。

（一）学术研究离不开沟通

我曾经讲过，大学不是一般的社会组织，不同于一级政府部门，更不是一个营利机构，大学是一个学术的共同体，而与共同体这个词的英文 Community 同源的 Communication，就有传达、交流的意思。一方面，在学术共同体中，一个真正的学者，学术就是他的生存方式，而学者之间的相互沟通和交流，对于启迪思想、发展学术起着关键的作用。在学术圈里，特别明显是表现在国外的学术界中，很多重要的科学发现和思想发明，都来自于学者之间在饭厅、咖啡馆、教职员会所、休息室（Common Room）以至办公室走廊中有意无意地聊天、讨论。或许可以说，没有沟通与交流，就很难产生一流的学术成果，很难形成学术共同体的共识，也很难在同行间形成学术"清议"的气氛与压力。在这个意义上说来，沟通就意味着学术。

然而，在国内，这种为学术而沟通的工作伦理在学术界似乎还有待完善。比方说，大学里经常有各种各样的讲座，在我们学校，如果有的讲座与学者本人的研究并不直接相关，那么这位老师是很少会去听的，他们还没有形成这样的意识，就是要从其他的学科中吸收营养，得到思想的激励与启迪。更有甚者，即使那个讲座与他的研究相关，许多老师也不参加。所以，我们的不少讲座是学生多、老师少，与境外、国外大学形成明显反差。

当然，沟通还需要合适的空间，在大学的配套设施方面，中大还没有一个教职员会所，方便老师们轻松、自然地沟通的场所还太少，校内现有的几个场馆商业化氛围太浓，没法吸引普通的教师、学生。然而，我很高兴地看到，一些学院也正在努力营造有利于教师交流和沟通的氛围。药学院有每周一次的院内交流会，专门开辟了一个空间，设计成很舒适的 Common Room，还有一个规定，每次讨论会由一位教授负责，从水果饮料到点心雪糕，后勤保障一应俱全，讨论会的氛围轻松，但谈的都是严肃的学术问题。药学院的 Common Room 已经日常化了，咖啡、奶茶每杯 1 元，学院补贴一些，这里已经成为药学院老师们彼此交流的重要场所，很多来访问的外国学者也十分喜欢这个地方。生科院也有每周固定时间的教授午餐会，利用这个时间，大家可以一起交流。可见，我们的教授们也已经意识到学术上沟通的重要性了。像药学院、生科院这样的安排，在海外好的学术机构中也是常见的做法。我希望各个学院能够行动起来，先在本学院内部开辟一个类似的空间，而最终形成学者之间启迪思想、交流学术的氛围。

（二）教学活动离不开沟通

大学的根本任务是培养学生，在人才培养的过程中，沟通更是一种不可缺少的方式。我们强调，大学必须通过学术性的教学（而不是职业教育或者技术教育）、创造性的科学研究，来全面地塑造学生。大学与职业学院最大的不同，就是教师必须有自己的研究。也就是说，中大的老师上课，要"讲自己的东西"，这是中大与一般的教学型学校的不同之处。教师将自己的学术成果在课堂上与同学们交流，其实是思想上的交流，也应该是心灵的交流，要知道，我们面对的学生是非常出色的，是全部考生中最顶尖的前 1.5%～2% 的孩子（今年在广东省大约是前 1%），他们都非常聪颖，从心理学的角度说，人群中智力在前 3% 的都可以被称为"天才"。我们学生中的绝大部分完全可以领悟老师的思想，许多学生有很强的创造性学习的能力。所以，我要强调，我们的老师必须重视与学生的沟通，授课时要面对学生，眼神、心灵和感情要与学生交流、互动。这么多的好学生之所以来上中山大学这样的国家重点大学，而不是去念广播电视大学或网络学院，就是因为他们期待有一个能与老师面对面沟通的课堂，能享受关心他们的老师的"耳提面命"，而不仅仅是为了看那几张冷冰冰的 PPT，记诵一些书本上已有硬邦邦的知识。上个学期，学校专门开了课堂教学工作会议，文理医科的教学督导组长从不同角度对本科课堂教学进行深入分析，提出了很好的意见和建议。我想，只有通过加强课堂教学这个重要环节，让课堂上师生之间面对面的沟通有更好的效果，才能真正对得起信任我们的学生和家长们。

沟通是否做得好，关键是老师的"心"在不在学生的身上。这种沟通是一种爱护，是出于人类知识传承的合乎自然的本性，而不能居高临下，更不能"目中无人"。沟通里有老师对学生的关爱和尊重，更包含老师个人的自信和学术魅力。我们要把能否与学生很好地沟通作为一个老师是否合格的重要标准。当然，学校也会为此创造各种机会，例如我们规范了课堂教学的环节与内容，规定要有课堂讨论，规定老师必须与学生有一定的交流时间并提供了场所，从这个学期开始规定博士生要担任本科课程的教学助理，等等。学校鼓励师生之间的沟通，这对所有老师都是适用的。

除了教学工作之外，学校里修订与学生相关的制度，都应该以适当方式听取同学们的意见和建议。上学期末，我参加了学生口几个部门组织的"学生提案活动"的总决赛，深深地感受到同学们对学校发展的关心。我觉得，如果换个角度看，同学们提案的内容，也许恰恰是我们没有做好的工作环节，但同学们却非常正面、非常积极地和我们一起面对这些问题，而且还帮助学校分析可行性、核算成本，甚至连效果评估方案都详细地提供出来，我非常感动。活动结束后，我专门要了10本提案材料，在征求了几位校领导和相关部门的意见之后，在"十大提案"中筛选出了5个，学校划拨了专门经费，由学校的有关职能部门与学生提案者沟通，实施提案的内容。在实施这些提案的过程中，还尤其强调学生的参与。目前，各职能部门已经拿出了方案，在这个学期，相信这些提案都会得到很好的落实。

在讨论这篇讲话的时候，分管教学工作的陈春声副校长告诉我，他在与学生的沟通方面也有过"教训"，起因就是我们刚刚开始实施的三学期制。上个学期，学校筹备实施三学期制，适当缩短两个长学期，每学年增设一个短学期。这样做的目的，一方面是针对多校区办学的实际情况，在短学期中开设跨校区的主辅修课程和通识教育课程，另一方面则是希望利用短学期加强实践教学的环节，即夏季短学期与暑假连接，形成一个长约三个月的时段，用于实践教学。毫无疑问，学校实施三学期制的初衷，就是希望通过改革提高教学质量，归根到底是为了学生，特别是改善同学们的知识结构，提高学生的综合素质和社会适应能力。然而，这个完全是为了学生利益的改革，在筹备的初期却恰恰没有和同学们沟通过，以至于网络上一片质疑声，还有的同学建立了专门的网页，批评这一举措。幸好具体负责此项工作的陈副校长的女儿也在本校读书，她告诉了父亲同学们的反映，陈副校长专门跑到本科生最多的东校区，参加一个由《中大青年》报社组织的关于三学期制的论坛，面对面向同学们解释学校实施这个政策的初衷和相关措施，也就未能及早与同学们沟通表示歉意。最后，一位主持网络论坛并与他同台辩论的同学，也对学校的决定表示理解，从起初最激烈的反对者，成为这个政策的支持者。

上个学期，我有意识地参加了一系列学生活动，如"维纳斯校园歌手大赛"、"学生创业技能与策划大赛"、"校园十大提案活动"，还在"赴西部和基层就业学生表彰活动"仪式上为即将奔赴西部支教的"中山大学第十一届研究生支教团"授旗，也分别为学校支教团和舞蹈团出版的纪念文集写了序。参加学生的活动越多，我就越感到与同学们接触、沟通的重要性。我们的学生有着强烈的与老师、与学校沟通的愿望，再以前面提到的"校园十大提案活动"为例，同学们对于那些学校里有待改进的工作，从正面的角度提出极具建设性的解决方案。我想，对于组织者而言，这是一种创造性的工作，通过"提案"的活动，其实达到了化被动为主动、化消极为积极的效果；对于同学们而言，他们面对问题，没有简单抱怨和消极对待，而是勇于担当，勇于将责任放在自己肩头，我相信，在这些同学们的心中，必定有着强烈的社会责任感和使命感。无论是提案活动和创业大赛的参与者，还是西部支教团的志愿者，这些中大学子用自己的行动，不仅实践着中大"博学、审问、慎思、明辨、笃行"的校训精神，他们更参与创造着中大精神。

上个星期，我参加了一次学生线干部的会议，在那里，我表达了对从事学生工作的同事们的深深敬意，因为每次参与学生活动，我都可以看到学生处、研究生院、团委、就业指导中心、心理咨询中心以及校友会同事们的身影，领略到学校学生线干部的能力与风采，他们热爱学生、团结协作，我深深感到，中大的学生管理队伍是值得我们尊敬和信任的一支队伍。我希望今天在座的新教工同事，特别是学工干部和辅导员们，要多向老同事学习，用心与学生们沟通，保护同学们的热情，激发他们的责任感，引导同学们真正成为学校发展的推动者。

（三）大学的管理也离不开沟通

多年来，学校党政工作的一个共同目标，就是要营造和谐的校园环境。其中，学校领导班子内部首先应该是团结和相互信任的。在具体的工作中，有意见分歧是很正常的，做决定前多听取不同的意见，还可以避免工作的片面性。但班子内部要知道彼此的想法,而且,对外的声音也必须一致,这就需要沟通。拿我们学校来说,我和郑书记之间是经常沟通的。只有班子内部经充分沟通达成一致的意见,才能形成学校发展的合力,干部们做事也才会感到舒畅。我曾经说过,希望大学里的行政人员,尤其是中层干部要多谋事,而不要去"谋人",而领导班子的团结和相互信任,就会让大家感到只要努力做好本职的事情就行了,不需要花费心力去"谋人"。在这次学习实践科学发展观活动中,我和郑书记也非常注意沟通,针对学校领导班子的学习实践活动,我提了两点意见,一是要求在学校领导班子分析检查报告中,凡是涉及以副职作为批评对象的内容建议都予删除,二是根据学习实践活动班子成员内部要求开展批评与自我批评,建议我们两位正职通过与每一位副职进行单独谈话来完成批评的要求,而在班子民主生活会上都以自我批评为主。因为我觉得,正职应该为副职承担责任,更重要的是,领导班子由沟通而形成互信,进而达到一致的目标,对于大学的发展是至关重要的。

此外,大学要有效运作,还需要政策制定者与执行者、政策涉及的群体之间的有效沟通。许多问题学校不是没有相关的政策,而是在执行的过程中,当事人以及相关职能部门在理解和把握上存在着偏差,且常常只是观念上的问题。国家、社会对大学的要求变化和学校的改革进行得太快,我们的同事、老师和同学常常在观念上跟不上形势和制度的变化。因此,学校的各个职能部门应该有这样的气度和能力,不仅要制定政策,更要承担起宣传、解释和沟通的责任。还要提醒的是,在各个相关领域,职能部门其实代表的就是学校在这方面的带有专业性的权威,部门里任何一个人的言行,都在某种程度上代表了学校,所以,在各个职能部门工作的同事,要有更高的专业化程度,才能更有效地实现政策制定者、执行者与政策适用者之间的沟通。

这里,我想结合人事工作的两个例子说说这个问题。

一个是关于师资博士后接受过程的例子。目前,困扰我校博士后工作的一个问题是博士研究生毕业后从事博士后工作的积极性不高,为了提高博士后工作的吸引力,学校开辟了一个新的渠道,即"师资型博士后",用一句话概括,就是"教师的身份,博士后的工作"。一开始,大家对政策不了解,有的学院甚至指责人事部门把优秀的博士毕业生都转为了师资博士后,经过一段时间的解释、沟通,他们才了解到师资博士后的各种优势,发现师资博士后的福利待遇甚至要高于讲师,以至于一些学院又向人事部门提出,希望只接收师资博士后。实践证明,这个政策实行得比较成功,前不久,国家人事部的领导还专门对我校师资博士后的做法给予了批示肯定。由此可见，沟通可以改变对一件事情的看法。

第二个例子是关于教师职务聘任工作的例子。我们知道，教师是大学这个学术共同体的主体，但当教师们确定了"以学术为业"的道路，走上讲台，从事科研工作的同时，也要受合约约束，6年多以前，我们学校出台了《教师编制核定、职位设置与职务聘任规程》，规定教师的职务聘任必须考虑职位的需要、考虑学科发展的需要，而不是达到了某个标准或者工作了一定时间就可以理所当然地获聘更高一级职位。我还想再次强调，教师职务聘任规程所列出的教师职务聘任的业绩条件，是学校对候选人申请某一职位的最低要求，而决不意味着你达到了这个指标，就一定能够申请成功。这是一个必要条件，不是充分条件。这如同一个门槛，你能够跨过这个门槛，只是表明你获得了申请受聘更高一级教师职务的资格而已，而在通常的情况下，每一个职位都是有许多来自海内外的符合资格者在竞争着的。

聘任规程中对教师的聘期考核也有明确规定，例如，规定讲师3个聘期后"非升即走"，现在6年2个聘期过去了，未来3年中，目前已经受聘6年的讲师们，都面临着"非升即走"的问题。当然，学校也在考虑出台一些辅助性措施，例如，借鉴其他高校的经验，增加"非升即转"、"即升即走"的办法，缓解部分学院的压力；学校也在考虑实行"高级讲师"制度，面向主要从事本科教学且教学效果特别优秀的老师，通过严格的遴选程序，留下一批优秀的本科教学人才。

我想，与人事相关的一系列工作，学校制定政策固然重要，但学校职能部门宣传政策、把现有政策执行好更加重要，这无疑需要人事部门不厌其烦地与各个学院以及当事人好好沟通。当然，人事工作也需要得到全校教职工的支持，我希望大学里每一个人都应该把个人的发展与学校发展的大局联系起来思考。作为分管人事的校领导，我先在这里帮他们做个宣传。

二、沟通是一种人生态度

在以上的讨论中，我们从科研、教学、管理等三个方面，讨论了"沟通"作为一种工作方式对于大学的重要意义。事实上，沟通不仅仅是人与人之间的关系问题，而且还是让我们更好地产生学术思想的火花、更有效率地工作的一种重要工作方式。从这个意义上讲，沟通可被视为一种自己可以选择的工作态度，本质上也是一种人生的态度。

我曾听说某个学校领导班子的故事，由于种种原因，这个学校的领导班子成员之间,刚开始时是"不注意沟通",渐渐地,演变成"不愿意沟通",最后就出现"不能沟通"的局面了。这样一种状况,对一所学校发展所产生的负面影响,是可想而知的。也可以说,沟通实际上是一种"态度",并不是"不注意"、"不愿意"就可以搪塞过去的,为了大学事业的发展,这个学术共同体的成员必须要能够很好地沟通。

(一) 沟通是一种学习

在工作中的沟通,应是一种带有主动性的行为,而事实上,沟通的过程也就是一种学习的过程。在大学这个学术共同体中,学术研究意味着学者之间经常性的沟通和交流,在这个意义上,沟通当然是一种学习。沟通作为一种学习的过程,还不仅仅体现在学术上,在日常的工作、生活中,我们只要留心,总是能得到启发,体验和学习到别人的长处。孔子说,"三人行,必有我师焉,择其善者而从之,其不善者而改之",说的就有这个意思。

暑假期间,我接到肿瘤医院院长曾益新院士的电话,说想商议关于与广州市合作的事情,第二天,我到医院去与他聊了两个小时,受益颇深。从曾院长处得知,广州市拟通过建设"南方健康城",打造自己的城市品牌,他认为,广州要实现这个目标,学校以及附属医院大有可为。的确,这是十分符合广州作为国家中心城市定位的一项举措,而中山大学拥有全国规模最大和十分先进的附属医院医疗团队,广州市要建设"南方健康城"的目标,恰恰是我们最大优势所在,我们也有很大的把握,为广州实现这个目标做好服务。与此同时,我也开始反思,我们学校一直都在致力于为地方经济社会发展服务的工作,但都拘泥于产业服务,例如在广州我们就是主要针对华南新药创制中心和生物岛的建设服务,的确较少考虑特别去突出学校的医疗服务优势。通过这次交谈,我才意识到这一点,拓展了学校服务地方的发展思路。对我个人而言,这次沟通的确是一次学习的过程。

(二) 沟通是一种享受

实际上,沟通还是一个享受的过程。作为校长,我有机会与不同学科、不同教师交往,从而领略到他们各自独特的风采。我本人是学数学的,又长期在以理工科见长的浙江大学工作,初来中大时,我就被一些文科教授们的风采所吸引,他们博学而富有智慧,与他们聊天其实是一种享受。

上个学期的学位授予仪式,我给14000多名学生一一颁授了学位,历时4天,共15场。今年的学位授予仪式上,我和同学们进行交流是比较多的,由于国际金融危机的影响,就业形势非常严峻,因此,我在台上问得最多的就是"找到工作没有?"我大概抽样了10%,从现场随机询问的情况来看,我还是感到非常欣慰的。更有意思的是,外国语学院的一个学生,我问她,"找到工作没有?"她说还没有。我鼓励她,"肯定会有的,慢慢来!"后来学校宣传部在采访时刚好碰到这位同学,她说毕业典礼后一个小时左右,她就拿到一家上海公司在广州办事处的录用通知了!

那些天总是有很多人问我,每场一个半小时,连续站4天15场是不是很辛苦。的确,完成这样的仪式是需要一些体力上的付出,但是,当你面对一张张充满阳光的笑脸、听到他们一声声真挚的问候和对学校的祝福,那种愉悦的心情是其他任何人都无法体会和享受得到的。所以,我觉得与同学们以这样的形式沟通,其实也是一种享受。

(三) 沟通是一种理解和信任

在今天这个场合还有很多医生,其实,沟通对于医务人员而言也是很重要的。现在的医疗技术越来越发达,但是医患关系却不容乐观。前不久,我看了一篇报道介绍国内一项大样本调查,显示门诊医生平均只肯听病人述说病情19秒钟,超过这个时间,医生就会打断病人开处方了。我听说过,现在看病有所谓"三长一短"的现象,即"挂号时间长、候诊时间长、取药时间长和看病时间短",但平均只有19秒钟未免也太短了。如果我们站在普通患者的角度上考虑,遇到医生还没有听自己讲完病情,就已经开出处方或者验单的情形,当然会对医生的态度和水平大打折扣,他会想,连病情都不太了解就开出的处方怎么可能治好病?此外,现在绝大多数的医患纠纷并非医疗技术方面的原因,更多的是由于互信和情绪方面的问题,所以说,医务工作者除了要有过硬的医学理论基础和临床技能之外,多了解病人及其家属的心理,掌握一定的沟通技巧也是十分必要的。

如果我们将沟通作为一种工作、学习乃至生活的态度,那么,我们就确实可在沟通的过程学到许多别人的长处,同样,我们也可以在这个过程享受快乐。

三、沟通也是一种工作艺术

沟通是一种重要的工作方式,也是一种重要的人生态度,但如何可以进行有效的沟通呢?人与人之间存在着差异性,要达成有效的沟通,其实也是一种工作艺术。关于这个方面,我有以下几点体会。

(一) 沟通的前提是要相互尊重

既然人是有差异的,那么我们首先应该尊重和理解这种差异,在沟通的过程,我们应该抱着一种相互尊重、相互欣赏、相互理解的心态,去发现别人的优点、弥合彼此的分歧、宽容对方的过失、理解人性的弱点。我曾多次讲过,在一个人群中,其实每个人都是其他人的外部环境,一个和谐的整体正是由每一个"互为外部环境"的个体共同营造的,在我们工作、相处的过程中应该学会首先看到别人的优点和长处,这样,彼此之间的沟通才能融洽,大家的心情才会愉悦。

我一直认为,我周围的同事朋友,大家虽然阅历有异,但智商都差不多,特别是在第一线工作的同志总是会更加熟悉情况,对政策把握得也相对到位,在某个领域问题的处理上,只要没有违反原则,我总是会信任他们,并且尊重分管校领导以及职能部门的意见,因此,千万不要认为上级一定会比下属聪明。

同样的道理,我们不仅要尊重同事,更要尊重历史,尊重历史其实也是与历史沟通,是在继承历史。古人说"灭人之国,必先去其史",要想征服一个国家和民族,最有效的途径是消解其历史,使其失去记忆。对于大学而言也是如此,我们要认识到,一方面,现在的工作成绩都是在前人留下的基础上取得的,今天获得的一个重要奖项,也许是十年前工作的积累,而未必全是最近出台的某项政策的结果,我们不能贪天之功为己有。另一方面,我们更要继承好中大优良的历史传统。上个月底,我与学校部分教授访问了云南澄江,1939年的抗战时期,为躲避战火,中大师生西迁澄江,在十分艰苦的条件下坚持办学,他们开办学校、设立医院、调查民俗、勘探地质,70年前就在践行着教学、科研、服务社会的大学使命,因此,我在当时座谈会上提出,今天的中大人要向历史学习,要让澄江办学史成为具有我们中大特色的传统教育内容,让新教工、新同学们了解这段历史、感受这段历史,继承发扬中大的优良办学传统。其实,只要我们稍加留意和总结,就可以发现,我们有很多值得保持和发扬的工作优良传统,例如我们的研究生支教团,例如已有近700期的中外优秀文化讲座,甚至还有坚持办了23年的维纳斯校园歌手大赛,等等,这些都可以说是中大的文化积淀,能够形成我们的历史传统,这就是我们自己的办学特色,中大人应该珍惜,更应该坚持。

正是在这个基础上,我们也有理由相信,中大的未来会是更加美好的,我们的继任者总会比现在做得更好。总之，我们尊重历史，相信未来，大学一定是会继续向前发展的。

更重要的是，带着欣赏的心态去期待别人，往往会收到意想不到的效果。有这样一个例子，哈佛大学的罗森塔尔博士曾经在一所学校做过一个很著名的实验：在新学期，校长对两位教师说，根据过去几年来的教学表现，你们是本校最好的教师，为了奖励你们，今年学校特地挑选了一些最聪明的学生给你们教。记住，这些学生的智商比同龄的孩子都要高。校长再三叮咛：要像平常一样教他们，不要让孩子或家长知道他们是被特意挑选出来的。这两位教师非常高兴，更加努力教学了。一年之后，这两个班级的学生成绩是全校最优秀的，甚至比其他班学生的分数值高出好几倍。结果出来以后，校长不好意思地告诉这两位教师真相：他们所教的这些学生智商并不比别的学生高。这两位教师哪里会料到事情是这样的，只得庆幸是自己教得好了。随后，校长又告诉他们另一个真相：他们两个也不是本校最好的教师，而是在教师中随机抽出来的。

正是学校对教师的期待，教师对学生的期待，才使教师和学生都产生了一种努力改变自我、完善自我的进步动力，这种企盼将美好的愿望变成现实的心理，在心理学上称为"罗森塔尔效应"，也叫做"期待效应"。在这个大学当了10年校长，我一直相信中山大学的教师是最优秀的，学生是最优秀的，职员也是最优秀的。这不是在今天这个场合为了应景随便说说，这样的评价真的出自我的内心。我理解的"期待效应"，还有一层意思，就是我们在沟通的过程中是否应该留给别人一些思考的空间，比方说，这次我与教授们到澄江访问，我提出澄江之行是一次学习之旅，提出要向社会学习、向历史学习、向教授们学习，而教授们在参观了澄江几处办学点、了解了中大的澄江办学历史后，则纷纷表达要继承中大的办学传统，努力做好教学和科研工作。这正是我们访问的初衷之一，所以有些话不必说得过于直白，依旧能够达到我们教育的目的。

总之，我相信，以积极、正面的心态与人沟通，得到的将是双赢的结果，如果我们把"相互尊重"、"相互欣赏"的品质扩散到整个学校，成为大学共有的品质，那么毫无疑问，这对我们形成和维系宽松、和谐的校园文化氛围和工作环境将起到十分积极的作用。

（二）要做有所准备的沟通

要实现"有效沟通"，其前提是必须有所准备，有准备才会有自信，才能在关键时候体现出能力与水平。

梁庆寅常务副书记跟我讲过这样的事情,他曾经与政务学院的几位老师访问美国某著名大学,寻求开展学术合作,一开始,美方院长说,自己多年前曾来过中大,只是记得校园很美,再就是招待得很好。他虽然表达得很客气,但言外之意是,中山大学的学术并没有给他留下太深的印象。但梁书记一行是有备而来的,随行的几位老师英文也非常出色,他们通过几次会谈,充分展示了学术水平和研究实力,最终让美方改变了与一所韩国大学合作的想法,转而与我们建立了学术交流与合作关系。

学术上是如此,在行政管理领域也是这样。我一直强调,一个优秀的中层干部遇到问题应该"多汇报,少请示",也就是说,在与上级讨论一个问题之前,自己应该对这个问题已经有了一定的想法甚至解决办法,在汇报的时候,要么告诉上级这件事情的处理结果,要么提供对此事的处理方案,也就是说,要尽量给上级出"选择题",而不是事事"请示",问上级应该怎么办,让他们做"填空题"甚至"问答题"。我想,假如学校的管理人员都有了这种意识,在工作中更加具有自觉性和主动性,那么上下级之间的沟通就必然会更为顺畅,我们的工作效率也一定会有很大的提高。此外,"少请示"其实有利于工作的开展,试想一下,下级向两个上级请示,如果得到的指示一致还好,但很有可能会得到不同甚至截然相反的指示,无法开展工作,责任当在请示者本人。因此,我在中大要求尽量避免"多头请示",请示了分管领导的事情,不必再来请示我,只需要将事情进展结果"汇报"就可以了。

(三)沟通要注意换位思考

对于行政部门而言,大家在工作中会经常遇到这样的问题,就是在工作中总会遇到某种"边界",某件事好像你管,又好像我管,结果是必须协调几个部门共同来参与完成。不知诸位是否有这样的体会,遇到这样的情况,如果对方是善于合作的人,大家都是为了学校的利益,遇到困难共同努力,多为别人着想,那么在工作中就容易产生火花、产生灵感,就会更强烈地激发起大家共同干事的欲望,工作也就容易顺利开展。相反,在工作的过程中,如果总是强调己方如何困难,推脱责任,甚至遇到困难就抱怨别人,这样的人就很难与之合作,甚至无法开展工作。其实,学校的工作特别是涉及重大活动时,任何部门都不可能独立完成所有工作,因此,每个部门尤其是部门的负责人就必须要善于与人沟通,站在他人的角度思考一下,懂得以恰当的方式同其他人合作，学会领导别人与被别人领导。

（四）沟通要注意细节、重视过程

有一种说法是，做事情要"抓大放小"，但我认为在工作中更要善于"从大处着眼、从小处着手"，所谓"细节决定成败"。在待人接物的过程中，多想一些、想得细一些总是会有好处的，我们应该做一个有心之人。

例如，在学术方面，我们要引导青年学者主动融入本领域的核心学术圈，要尽快进入角色。有的学院已经支持了两三位青年教师主办全国或国际学术会议，学院搭台，让青年人唱戏，唱主角，通过学术会议实现学术交流，从而扩大其学术影响，逐渐建立其学术地位，这正是我们希望看到的。又如，在邀请国内外一流学者访问时，陪同工作是否可改由具有优秀专业发展潜质的青年教师、博士后研究人员和博士生主要负责，从而为他们创造与知名学者密切接触、逐步融入核心学术圈的机会，等等。

在座各位老师日后必然会申请各种科研项目的资助，我曾经听到个别老师申请纵向项目被 PK 下来，就抱怨说资源有限，是"千军万马挤独木桥"。的确，如果眼睛只放在政府教育部门、科技部门、基金委等"传统"的项目资助方，确实资源有限。但如果大家的视野更开阔一些，把目光投向自己所研究领域的政府职能部门，比方说农业部门、环保部门、水利部门、文化部门，甚至国家和地方各级的发改委，就会发现，争取研究和发展资源的空间，要开阔许多。当然，要在相关的政府部门有话语权，得到他们的信任和支持，前提是要有核心技术，更少不了与人沟通的能力。

除了科研工作以外，做思想工作也是如此，特别是与个别个性比较偏激、对有些问题有不同看法的人谈话时，更要注意细节，有的领导担心言语不慎被抓住把柄，就要求几个人在场，这样的谈话效果一定是不好的，因为多人对一人，弱势者必然会有心理上的抗拒，肯定难以起到说服教育的目的。相反，如果能够以理服人、以情感人，单独谈话也不失为进行有效沟通的一种方法。

说到这里，我想起前不久，广东省在全国范围进行了一次公选干部的招聘，但在面试过程中是几个评委听取应试者的自我介绍，而且为了防治舞弊要求评委不得提问。由于中大的干部也有参与，因此在组织部门前来考察时，我对他们说，按照这样的招聘方法，结果一定是文科多、理科少、医科基本没有，因为整个过程更像是演讲比赛，这样的方式更适合与具有文科背景、口才出众的应试者入选。组织部门的领导回答说，结果基本就是这样的学科结构。当然,我并不是说公选的结果有问题,而是感觉如果在招聘的过程中,更注重评委与应聘者沟通的细节,或许还能发现到其他一些人才。

我本人在这方面也有一些亲身体会,我到了中大以后,给自己定了一个规矩,告诉秘书如果有人约见,只要是中大的教职工,无论他是教授还是普通职员,都尽量安排,到目前为止还没有违例。我并没有希望说一定能够解决什么事情,我只是想给他们一个陈述的机会,一个沟通甚至是发泄的渠道,因为一些心理包袱是可以通过交流和疏导而化解的。有的人说,只要让我把话说完,至于结果怎么样已经不重要了,这样的例子有很多。

特别是在职称聘任结束之后,一些没能评上的老师总是回来"反映问题",如果一句"投票未过半数,我也无能为力"的话,其实也可以简单打发,但这未免过于冷冰冰了,有的时候,帮他分析一下不足,让他明白,在作为一个学术共同体的大学里,是有一股"清议"的力量存在的,除了做好自己的事情,还必须得到大家的认可,这样的解释往往比较容易得到来访者的理解。

记得有一次,我与一位市委书记聊天,谈到双方共建的研究院,他很满意学校派出院长的工作,我开玩笑说这个人除了学问做得好之外,还很能"忽悠",那位书记半认真半开玩笑地说,"忽悠也是生产力啊"。现在想来,换个角度看,所谓"忽悠",不就是沟通和说服么,沟通可以带来资源,沟通可以提高效率,沟通可以促进和谐,沟通可以建立良好的生产关系,沟通可以促进生产力的发展,这确实是一种工作艺术,而且,已经成为了一种社会的共识。

我今天围绕"沟通"讲了一些故事,权且当作漫谈。事实上,我也是想以一种比较放松的心态来与大家沟通的,希望大家通过这些故事,能够感悟到我们这所学校提倡的是什么、不提倡的又是什么。同时,我也更加希望大家通过不断的"沟通",尽快融入中山大学这个学术共同体中来。因为,对于个人而言,一个乐于并善于沟通的人,其心态总是阳光的,也更容易走向成功;而对于大学而言,由彼此沟通、理解而形成的宽松和谐的氛围,将更有利于这个学术共同体的不断发展。

最后,祝大家身体健康,家庭幸福,事业有成!

谢谢各位。

关于医科发展的一些思考*

——在全国医科八年制峰会开幕式上的讲话

诸位：

很高兴参加今天的会议，我谨代表中山大学欢迎各位的到来。大家都是朋友，客套话就不多说了。我今天其实是想利用这个机会，将自己对医科的一些思考与各位专家进行交流。

近年来，比较多的医科类院校与其他高校合并组建了新的综合性大学，这里我不想讨论大学合并这一行为的利弊，也不讨论在综合性大学中发展医科的所谓优越性，因为无论是医科独立办学还是并入综合性大学，一定是各有利弊，我们的探索都不过是一种选择而已。对于大学管理者而言，所应做就是要努力思考医科的发展规律，并将其作为大学整体发展不可或缺的重要组成部分，从而在根本上实现大学综合实力的提升。下面，我就关于医科发展的几个问题，谈谈自己的一些考虑，请各位指正。

一、关于尊重医科的爱校情结

以我校为例，2001年原中山大学与原中山医科大学合并组建了新的中山大学。在两校合并之初，"中山医"的校友们其实是不太认同的，他们对中山医这个名字有着很深的眷恋，校友活动也不喜欢一起开展。但是，经过一段时间的融合，特别是通过组织他们共同参加一些校友活动，让中山医校友包括香港的校友们的观念有了改变。他们逐渐认同，中大就是中山医，大家都是一家人。我想，中山医校友们以及员工们对母校的怀念和眷恋之情是真挚的，是完全可以理解的。我们确实应该充分地理解和尊重这种浓厚的中山医情结。在我看来，中山医情结，其实就是一种爱新中大的情结，反之，不爱中山医也不可能爱中大。实际上，国内的许多合并了的大学也同样存在着这样的问题。既然是大学的合并，就总会有一些学校的校名不复存在。人

---

* 本文系2009年11月8日在全国医科八年制峰会开幕式上的讲话，后刊登于2009年11月20日《中山大学报》（新）第213期。

们对原来学校的眷恋,同样也应该看做是对合并之后学校的爱,这种热爱应该被保护、被尊重。而大学应该做的,就是要充分爱护并正确引导广大师生员工和校友们的这种爱校情结,把各种爱校情结汇聚到学校发展的共同目标上。

二、关于医学教育的问题

这里主要谈五个方面的内容。

(一) 医学教育是最具有职业色彩的专业教育

医学教育的目的是培养合格的临床医生,这是与其他行业背景的专业教育的最大差别。大学文理工学科培养出来的学生,虽然也参加实践或实习,但他们毕业后不一定要求立即成为成熟的行业从业者。打个不一定恰当的比方,他们或者可成为"毛坯",有待日后在该领域工作的进一步磨炼。而医学教育则不同,其目标必须是培养出合格的、能够独立执业的临床医生,必须是一个"成品",否则这个医学教育就是失败的。

"接受医学教育"对于"成为一名医生"的重要性而言,还在于这是一个必要条件。因为目前的社会不可能接受一个未接受过正规医学教育的医生,这一点与其他职业的专业教育也是不同的。国家每年都组织的临床执业医师资格考试,对医学生而言就是一个重要的行业准入标准。从另一个角度来看,这也是目前衡量临床医学教育水平和医学人才培养质量的客观标尺。近年来,我校连续在国家执业医师资格考试中保持通过率名列前三位的水平,为此,我们也感到非常欣慰。

医学教育是最具有职业色彩的专业教育,还体现在人文素养在医学教育中的重要性。医生是要与人打交道的职业。在某种程度上,医生能否与患者进行良好的沟通甚至会影响到诊疗的效果。因此,我们在医学教育的过程中,还要注重培养医学生的健全人格,强调献身精神、协作精神、人道主义精神,强调爱心、耐心、高度的责任感,强调精益求精、追求卓越、艺术性地处理临床所面临难题的能力,这些无不与医生的人文素养密切相关。因此,医学教育不但要强调专业知识技能和科学精神的培养,还要特别注重人文修养和健全人格的养成。

(二) 基础与临床的融合是医学教育的核心问题

由于医学教育的特殊性,我们在培养过程中面临一个核心问题,就是如何能够让医学生将基础与临床的问题有机融合、统一起来，最终成为一名真正的医生，可以说，这是医学教育永恒的主题。

20世纪初，美国大学的医学院出现了以学科为中心的医学教学模式，即在课堂上系统地传授医学基础知识和临床理论，并在医学院的后期阶段进行见习和实习。这改变了此前"师徒式"的培养模式，解决了医生培养缺乏规范的问题，然而，这种模式也产生了基础与临床脱离的问题。为了解决这一问题，60年代，加拿大的一所医学院（McMaster University）采用了一种将医学教育的课堂教学设置到复杂的、有意义的问题情境中，让学生通过主动学习学会独立解决实际问题的教学模式，被称之为以问题为基础的教学模式（Problem Based Learning, PBL）。80年代，哈佛大学医学院发展了PBL教学模式，尝试以器官系统为中心来开展教学，并称之为新途径的课程模式（New Pathway）。此后，各国的许多医学院也纷纷探索课程模式的改革。由此可见，医学教育界对基础与临床融合这一问题的探索，从来都没有停止过。

其实，换一个角度来看，所谓的"基础"与"临床"也是一种人为的划分，本来人体是一个完整的机体，医学也是一门完整的学科，并不存在"基础"与"临床"之分。如果扩大了这种人为的划分，就会导致二者的"割裂"。医学的最终目的是为了征服疾病、维护健康，在生命科学飞速发展的今天，要达到这一目的需要多学科的通力合作，因此这种人为的割裂显然更不利于医学以及医学教育的发展。当然，这种"割裂"也会因大家的关注而得到弥合。

一直以来，我们也在不断探索医学教育的规律。例如，学校坚持"早期接触临床、早期接触科研、早期接触社会实践"的"三早"医学教育新模式，特别是早期感受病人、感受医生、感受医院、感受社区医疗现状，让医学生从大一开始就把成为优秀临床医师作为追求的目标。此外，为了狠抓实践教学，提升临床教学质量，我们斥资着力建设了临床技能培训中心，就是为了能够在基础与临床、理论与实践之间搭设一架桥梁，让我们的医学生更好地学以致用。我想，类似这样的办法、措施还有很多，兄弟院校也一定有更好的经验，但其目的是唯一的，就是为了能够将基础与临床、理论与实践有机地融合、统一起来，从而培养出合格的临床医生。

（三）医科管理体制可以而且也应该多种形式并存

我们应该认识到，医学教育作为最具有职业色彩的专业教育，其特殊性不容抹杀。同时，我们也看到，很多学校设立了医学部，而职能不尽相同，但我认为，医学教育的特殊性没有必要扩大为医学部的特殊性，因为在医科内部的药学、公共卫生学、生物医学工程等专业，它们与理科或者工科的培养模式更具有共性。

正是基于这个原因，我们在探讨医科管理体制时，或许也应该多一些灵活性。我认为，医学教育的管理体制并没有固定模式，只要是符合医学教育规律，有利于医学教育发展和高素质医学人才培养的模式，有利于实现基础教学与临床教学的统一和融合，都是可行的医学教育管理体制。而且，国外医学教育的管理体制也是因国情、校情而异，并无定论，究竟采取何种体制，都不过是一种选择。

（四）关于八年制医学教育的培养模式问题

我认为，与医科管理体制一样，八年制医学教育的培养模式也是不少高校正在探索的重要问题。有的观点认为，八年制的定位就是培养高级临床医师，在培养的过程中特别注重专科医师的培训。也有观点认为，八年制不仅要打好扎实的基础、掌握准确规范的技能操作，而且要注意培养科学思维和方法，在临床和科研领域都具有发展潜力的人才。或许对于八年制的培养模式还有其他的观点，但我觉得这些探索在目前并无对错，都是有意义的，究竟采取何种模式也是因校而异，同样也不过是一种选择。

但对于中大而言，我们的培养目标侧重于第二种观点，目前的培养模式也是按照这一思路设计的。为此，我们积极倡导以宽广扎实的科学、人文和博雅教育为基础，注重有目的地培养学生不同学科的背景知识和思维方法。通过对八年制"2.5+5.5"培养模式的设计，即前两年半分别在理工学院、化学与化工学院和生命科学院完成；后五年半进入医科专业课程的学习。在培养的过程中，注重健全人格养成与科学教育、人文精神与科学方法以及基础与临床三个方面的互相渗透，同时，继续坚持"三基三严三早"的教学特色。我们希望通过这样的探索，能够对国家八年制医科教育的发展做些有益的工作。

（五）关于探索医学专业博士、硕士与专科医生培训相衔接的问题

目前，卫生部有专科医师培训项目，教育部有医学专业学位培养项目，但二者之间并不接轨。国家学位办也正在致力于专业学位研究生教育的改革工作，并已在各个专业领域开展了试点。我想强调的是，医学专业学位研究

生教育在该体系中尤其具有特殊意义。一方面，正如前面提到，医学教育本身就是一种最具职业色彩的专业教育，如果能够取得有益的经验，那么对其他专业学位教育将更具指导和借鉴意义。另一方面，这一项目也存在一定的压力，如果我们的医学专业学位教育培养出的硕士、博士不被社会认可，老百姓还是"害怕找博士看病"，那就说明这一项目还不如专科医师培训，可以说是失败的。为此，我校已在附属第三医院和肿瘤防治中心等单位开展了一些尝试性的工作，并愿意围绕专科医师培训与医学专业学位教育接轨的问题，为医学专业学位培养模式和培养体系的改革继续做一些探索工作，同时也希望得到兄弟高校的帮助和支持。

三、关于医科科研的问题

关于医科科研，我想主要谈两点体会。

（一）医科科研必须坚持以人类疾病为研究导向（Disease Oriented）

这是医学之所以为医学，而不同于其他生命科学的根本原因。此外，坚持以疾病为研究导向，对于中国的科学家而言更具意义。这里我讲一个例子，我校华南肿瘤学国家重点实验室的一个重要研究领域是鼻咽癌研究，我曾经访问过与我校肿瘤防治中心开展合作研究的瑞典卡罗林斯卡医学院，他们也关注这一领域的研究，但是在瑞典那一年的鼻咽癌病例总共才有一个，最多的年份也不过是个位数，而鼻咽癌在中国特别是华南地区是高发病症，因此，我们进行鼻咽癌的研究不仅具有区域意义，更具有世界意义。可见，由人口资源带来丰富的临床案例，是中国科学家开展医学研究的一个重要优势。如果我们的医学研究与疾病越直接、越密切，发挥临床资源越充分，那么我们在世界上取得重要成果的可能性也就越大。

为此，我们启动了旨在提升临床研究水平的"5010计划"，即遴选50个临床课题，连续支持10年，期间将通过中期考核，进行淘汰与增补。我们希望通过这一计划，使得医科能够取得若干具有重要影响的临床研究成果，同时培养出一支临床医学研究队伍。

（二）医科科研必须注重基础与临床的结合

当今医学界科学研究的一个重要特征是，疾病问题的解决在科学研究上的突破点正在越来越向基础领域前移。如果说，20世纪，人类通过发现青霉素而取得了医学领域的重要突破具有一定的偶然性，那么，在今天的时代，科学家而不一定是医生就可以直接对某个疾病的致病基因进行研究，一旦成功，即是具有针对性的、本质上的突破，这样的例子数不胜数。今年的生理学与医学诺贝尔奖，就是美国科学家因发现端粒和端粒酶在细胞分裂中的重要作用，进而揭示其在引发衰老、癌症和某些遗传性疾病中的机制，对开发新的临床治疗方法起到了重大推动作用，这是基础研究应用在临床的绝好例证。另一方面，我们也不得不承认，仅仅通过改进医疗技术和手段来提高诊疗效果的空间也越来越小。因此，我们呼唤更多的临床医生进入科学研究领域，同时也呼唤更多的科学家进入对疾病的研究和诊疗的过程当中。

为此，对于医学院而言，所有的研究平台、中心都应该是以疾病研究为导向；教授们应该深入医院，参与相关科室的医疗、科研活动，我校生命科学学院有一对夫妇，双双是"杰青"、"长江"，他们取得科研突破的一个重要因素是将实验室建在了学校附属肿瘤医院，直接从临床病例中筛选问题、寻找规律。对于医院而言，要在临床研究上取得大的突破，就必须扎实地从事基础研究，非此不足以推动医学的进步。中山大学的附属眼科中心和肿瘤中心，就是在相关基础研究的积累上，分别建设了国家重点实验室。对于大学而言，我们也有可能通过资源配置、学科布局的合理调整等管理手段，将医科基础研究与临床研究的融合做得更好。

四、关于大学附属医院的发展问题

对于一所医院来说，首要的当然是医疗水平，这个水平决定了医院在社会上的地位；但作为大学的附属医院，还必须要有与普通医院不同的特质，这就是教学和科研工作，一所医院在国际上的地位，正是与它的科研水平密切相关的。因此，大学的附属医院，既要满足医疗市场的需求、扩大门诊量，又要考虑学科建设与发展的问题。对某所医院而言，这或许是院长面临两难选择的问题，但对于大学而言，其解决办法就是打造一支医疗集团，既要有实力强大的综合性医院，又要有特色鲜明、特征突出的专科医院。

正是基于这个思路，我认为，中山大学附属医院的发展方向应该是很明确的：一方面，我们要继续做强、做大综合性医院，满足医疗服务和医学教育和科研的需求；另一方面，专科医院对于学科发展最易产生成效，我校在医科的两个国家重点实验室均建在专科医院，因此，大学新建的附属医院则以专科医院为主,或在原有综合性医院内建设专科医院,原则上不新增综合性医院,从而使医疗布局向技术更精良、组合更合理、服务更全面的医疗集团模式发展。

以上就是我对医科的一些粗略思考。毫无疑问,大学合并是国家根据高等教育整体发展需要采取的一种战略性调整行为,不宜主观地根据个人好恶对其进行评价。但是,我们要清醒地认识到,合并带来的不应只是一些办学指标上的简单叠加,而应通过深度融合产生"1+1>2"的"协同效应",进而带动包括医科在内的大学综合实力的提升。在这其中,大学的管理者所应做的,就是尽可能多地思考,尽可能多地尝试,并及时总结和调整,实现大学的科学发展。同时,我们也衷心希望国家的政策可以日趋完善,为大学的发展创造更好的外部环境。

谢谢大家。

忠诚的力量　共同的荣誉[*]

——在中山大学 2009 年卓越服务奖颁奖仪式上的讲话

各位同事、同学们：

今天我们在这里隆重举行仪式，向获得中山大学首届卓越服务奖的 15 位同事颁奖，感谢他们在学校连续服务超过 50 年的忠诚与辛劳。

在向他们表示祝贺的同时，我想表达对 15 位前辈的羡慕之情，因为这是一个非常了不起的成就。到今天为止，我服务中大才 11 年，看来是没有机会得这个奖了。人生百年，能有约一半的时间为中山大学服务，这无论对于大学，还是对于个人，都是值得珍惜和祝贺的。

学校之所以在 85 周年校庆的时候设立这样一个奖项，并非为了标新立异，更深的一层考虑，是希望在中山大学能够建立起一种荣誉制度，这种荣誉不能带来晋升，也与金钱上的收益无关。这种荣誉制度，表彰的是关乎忠诚，关乎坚持，以及关乎对所从事职业的专业精神，因此，它表彰的是关乎人类社会所共同认可的基本价值。我们希望，通过这个奖项的设立，在大学的层面倡导这种基本价值。

学校设立卓越服务奖所倡导的价值取向，源于学术共同体内部平等的观念。今年我们为连续服务中大超过 50 年的诸位前辈颁奖，明年，这个年限也许会是 45 年，之后可能逐年下降，直至连续服务中大 30 年以上的教职员工。30 年，也是国际上许多知名大学为表彰自己职员的服务精神，所经常选用的一个年限。这样，无论是致力于教学科研的老师，还是从事党政管理工作乃至后勤服务的普通职员，都可能获得这个荣誉。我们相信，在大学里，应该有这样一种所有人都可能共享的荣誉，因为可以共享，所以它会为所有人称道并且铭记。

我曾在很多不同的场合讲到"大学是一个学术共同体"。人们常常习惯于用金字塔的结构来描述和理解我们所处的社会，实际上，在一个学术共同体中，所有的个体之间，不仅人格是平等的，而且每个人所从事的职业价值

---

[*] 本文系 2009 年 11 月 10 日在中山大学 2009 年卓越服务奖颁奖仪式上的讲话，后刊登于 2009 年 11 月 10 日《中山大学报》（新）第 212 期。

也是平等的、没有层次差异的。所以，如果要给这个共同体一个形象的比喻的话，那么它应该是一个棱柱体，组成大学的三个群体：教师、职员以及学生，构成了这个棱柱体的三个面，所有大学中人的目标应该只有一个，就是为了这个学术共同体的事业发展。而要实现这个目标，则有赖于这个共同体中各个个体的忠诚服务。

我们应该明确"服务"这个词汇的真正意义。当我们说"我服务于中山大学"，或者"我为中山大学服务"时，这里的"服务"，并无高下之分，更不是要在校内划分出等级，事实上，服务跟社会的分层无关，而只与社会分工相关。当一个共同体中的个体共同服务于这个共同体的时候，这种服务所体现的价值就是平等的。

明确了"服务"这个概念，那么我们就可以看到，当我们由于职业的要求而强调"服务"时，这种服务就是相互的。

我们说，"教授就是大学"，我们说，"善待学生"，其中最为明确的一个观念就是大学的职员要为教授们服务，还要为学生们服务，这里并不是要在共同体中分出高下，而是"服务"本身就是对职员供职于大学的一种职业的要求，或者说职业底线。同样的，大学教授也是要为学生服务的。而且，从某种意义上看，教授也是在为职员服务。因为如果教授们不好好工作，大学也就办不下去了。而所有的这些基于个体的"服务"，不管是大学教授还是大学职员，追根究底都是为大学这个学术共同体"服务"。

上面所说的服务的观念，是基于人人平等这个价值前提的，那么，当我们要评价"卓越服务"的标准时，就不应该仅仅局限于学术领域的成就或者管理方面的贡献。对于卓越服务的评价有一个很重要的标准，那就是对事业的忠诚。首先，从内涵上来讲，曾有学者提出关于忠诚的等级体系，即对个体的忠诚，对团体的忠诚，直至对一系列价值和原则的全身心奉献。从学校的层面出发，我们所说的忠诚不是指对某个人的忠心耿耿，而是对教育事业的执著态度。这种忠诚，从个人来说是一种精神，对大学而言就是一种力量，我们将其称为"忠诚的力量"。没有忠诚的职员就不可能留住忠诚的教授；缺乏忠诚的教授，就无法培养忠诚的学生。而一旦教授和职员这个忠诚的基础不存在，社会就不会再保持对学校的支持，而学校的发展就难以维系。其次，对于大学而言，比起行政机构和企业组织，大学有着自身的特点，它是文化的传承之地。而这种文化传承的重要载体就是为大学服务多年的教职员工，对他们的表彰，既是表达大学对于员工的珍惜之情，同时也是在形塑着我们大学的传统。最后，从教职员工的角度出发，我还要强调一点，我们倡导忠诚服务，不等于说希望我们的教职员仅仅安于自己的饭碗。

对于上述的这个忠诚标准，也许会有人提出疑问：现在强调人员的合理流动，会不会与希望在学校服务终身的愿望相悖？我在这里要说明的是，我们颁这个奖的目的，只是要表达一种对于忠诚服务的珍惜之情，向服务于大学的教职员工表达学校的一种感动，一个人，只要数十年服务于中大，就对得起这个荣誉。我们当然鼓励人员的合理流动，我也不会担心，有了这种荣誉，人员的合理流动就会出现问题。

今年是中山大学第一次颁发卓越服务奖，今天坐在领奖台上的各位前辈，是为这所学校付出了毕生努力的教职工的代表，但绝不是全部。在中大的办学历史上还有很多很多的人应该获得这个荣誉，他们为中大的发展奉献了毕生的精力。今年暑假，我与学校部分教授访问了云南澄江，1939年的抗战时期，为躲避战火，中大师生西迁澄江，在十分艰苦的条件下坚持办学，他们开办学校、设立医院、调查民俗、改良农业、勘探地质，70年前就在践行着教学、科研、服务社会的大学使命，因此，我在当时座谈会上提出，今天的中大人要向历史学习，继承发扬中大的优良办学传统。当然，澄江办学史只是中大的办学传统中的一个剪影，但正是每一个历史时期的办学经历形成了中大的文化积淀，最终形成我们的历史传统，这就是我们自己的办学特色，中大人应该珍惜，更应该坚持。我们应该知道，中山大学的今天，是85年光荣历史积淀的结果，我们所取得的成就，是与漫长的历史中众多先贤前辈的努力分不开的，而我们更应该相信，我们的后辈，也一定会做得比我们更好，中山大学的明天必定是美好的。

人的生命是有限的，但是中山大学则将永存。在中大这个学术共同体里，我们承载着共同的理想、共同的目标、共同的事业、共同的利益和共同的荣誉，我们有责任把她建设得更好。

服务中大的每一个人，他们的每一分努力，都将在中大的发展道路上留下印记。中大的荣光是由每一个中大人的忠诚服务所创造的，而中山大学的荣光也必将为全体中大人所分享。

谢谢大家。

2010 年

做一名称职的教学工作管理者*

——在 2010 年本科教学系统中层干部培训班上的讲话

诸位：

几周前，陈春声副校长告诉我，校党委组织部准备为分管教学工作的副院长、副系主任举办一个培训班，希望我能在开班仪式上作个报告。为此，我连续几天到了东校区和北校区，分别与教务处和医教处科级以上的同事们做了相当深入的交流，感触很深。通过调研，我更加感觉到，与教学相关的工作，仅仅靠分管教学的副院长、副系主任们的努力，是远远不够的，学院的党政正职当然对教学工作是责无旁贷，而且应该负有更重要的责任。因此，经过与郑书记沟通，我请培训班的组织者将开班仪式参加者的范围扩大到全校中层正职干部，希望借此机会，再次恳请院长、书记、处长们更加重视教学工作。

下面，我想就如何从事教学管理工作以及学校教学工作中的若干问题谈谈自己的一些思考。

一、教学管理者的定位

（一）学校恳请诸位，铭记自己首先是一名老师

教学管理干部的定位是否可以这样概括：来自老师、服务老师，植根教学、管理教学。

---

* 本文系在 2010 年本科教学系统中层干部培训班上的讲话，后刊登于 2010 年 1 月 13 日《中山大学报》（新）第 217 期。

大家作为学院的副院长，似乎是一个"官"了，但是各位要清楚，这个"官"与政府部门的官员是不同的。政府官员都是从基层做起，要达到某一个位置，必须经过一级级岗位的历练，这种科层制的选拔方式，能够让他们不断丰富自己的工作经验和人生阅历，在行政工作的过程中逐渐成熟和提高。

然而，在大学里，各位从一名普通老师到学院的领导，从教学者到教学组织者和管理者，这种角色的转变可以说是在一夜之间完成的。毫无疑问，各位必定是在教学、科研工作中取得了一定成绩，在本领域具有一定的学术水平，非此不足以被提拔和选任。但是，一旦当了领导，并不代表我们的智商突然提高了，一下子变得比别人聪明了，或者行政能力突然提高了，一下子就有了成熟圆融的与人沟通、理解别人并让别人理解接受的经验。相比而言，我们必须看到自身管理经验不足的弱项，特别是在教学管理工作中，更是要虚心求教，不断探索，即便是做了院长、处长甚至校领导，都不要把自己看得太重，要清楚我们的身份在本质上其实没有任何变化，还是一名老师。因此，教学管理干部的定位是否可以这样概括：来自老师、服务老师、植根教学、管理教学。

（二）学校看重诸位，是因为大家肩负重任

办学指导思想和人才培养目标明确的学院，在制定和执行教学计划时就能鲜明地体现出来，进而也能够充分地体现在对学生的教学效果上。反之，如果院长糊涂，那么老师也跟着糊涂，结果就可能会耽误学生。办大学，"误人子弟"是最大的罪过。

教学副院长这个岗位除了给各位带来一份重大的责任之外，没有其他附带的特殊利益，既不会增加工资收入，也不会对职称聘任有太大帮助，更不会在各位退休之后因为担任过这个职务而增加福利。而且，在我们这所大学，在院长或者处长的岗位上，不能占用更多的资源，而是要花更多精力去为师生们服务，这已经是我们这个学术共同体的一种共识。

中山大学的一个核心理念就是要"善待学生"，我们安排优秀的老师为学生上课、尽量为学生排出最好的课程，就是最基本也是最重要的践行"善待学生"理念的表现。对于在座诸位而言，这主要体现在精心设计、组织完善学院的教学计划上，而这应该与学院整体发展思路和人才培养目标是一致的。

学校将继续鼓励研究生交叉培养、双学位以及主辅修课程的培养模式，教务部门和研究生院接下来要重点研究，要为实现这类培养模式开辟政策道路，包括可考虑参照欧美知名大学的做法，实行本科生课程与硕士生课程

"双重编码"乃至"多重编码"的制度。

在某些具有浓厚职业背景的学科，一方面，老师常常从比较具有研究性和批判性的角度进行学术性教学，对我们这种类型的大学来说，这当然是正确和一定要坚持的；但另一方面，往往学生关注得更多的，是与就业相关的执业资格考试。因此，我们就要面对在学术性教学与行业准入资格培训之间如何定位、如何协调、如何辩证统一的问题。或许社会上、教育界甚至学术界都可能有不同的看法，但作为学院的院长应该有自己明确的定位和思路，并体现于学院的教学计划当中。

实践证明，办学指导思想和人才培养目标明确的学院，在制定和执行教学计划时就能鲜明地体现出来，进而也能够充分地体现在对学生的教学效果上。反之，如果院长糊涂，那么老师也跟着糊涂，结果就可能会耽误学生。办大学，"误人子弟"是最大的罪过。

（三）学校相信诸位，务请慎用手中的权力

中层干部很多时候是代表学校、学院在面对矛盾、解决问题、处置事务的。但大家要清楚，学校里有许多事情是必须通过集体讨论才能决定的，个人无权作出决策。特别是遇到操作周期较长、涉及范围较广、连带问题较多的事情，尤其要通过集体讨论，全面评估利弊得失、远近影响，并请示分管校领导综合协调以后才作出决定，更不能给学校、学院留下"后遗症"。

在面对教学工作时切忌操之过急。我们在教学工作中也应该奉行"不折腾"的原则，尽量去完善而不是否定现有的教学课程体系，在进行重大的教学改革时必须经过慎重考虑并在适当范围内讨论。

（四）学校感谢诸位，请大家以身作则、率先垂范

诸位能够走上今天的岗位，除了学院的信任之外，更重要的是在教学和科研上有所建树。在这里，我先代表学校感谢各位，也恳请各位能够继续发扬好的传统，以身作则，率先垂范，同时还要起到组织、动员的作用，要代表学校履行教学管理和人事管理的职责。

二、现阶段学校教学工作的若干问题

（一）关于公共选修课和通识教育的问题

学校还将加大力度鼓励公共选修课和通识教育课的开设，将其与教学业

务费的分配挂钩，注意相关政策机制及时配套与跟进。

目前，我校的本科课程结构由公共必修课、公共选修课、专业必修课和专业选修课四大类组成，其中公共选修课程占 16 左右的学分。每学期全校能开设公共选修课平均为 260 门次，面向四个校区除一年级外的本科生。校内公选课面临的突出问题是课程数量不足，东校区尤为严重，教学质量也严重地参差不齐。我认为，在某种程度上说，恰恰是公选课的水平反映了一所大学真正实力。

为此，学校在今年修订本科专业培养方案时，要求各学院提供至少 2 门公选课充实到学校已有的数量中。本学期又开展了第三批素质教育精品课程建设工作，旨在加强公共选修课的建设，提高课程质量，目前已有 60 多门申报课程将进入评审阶段。

目前学校在珠海校区开展的通识教育试点，正是利用了公选课的 16 个学分，主要来源于部分专业基础课程和优质的公共选修课程。学校希望通过在一个校区新生完整学年的运作来构建通识教育四大模块的基本课程，并建立相对稳定的模块课程体系，为在全校推广通识教育和完善课程结构打好基础。

本学期，在珠海校区就读的全部一年级本科生和设立于珠海校区的整建制学院二年级本科生，共约 5000 位同学，在已经开设的 26 门通识教育课程中每人可以选到 1 门；下学期可确保这批学生在已经落实的 46 门课程中，每人选修 2 门课的通识教育学分。我很清楚，这有赖于甘阳教授的努力以及在座各位院长们的鼎力支持，在此，我想代表珠海校区的同学感谢大家。

但值得注意的是，学校也发现了一些问题。在本学期珠海校区期中教学检查的一个座谈会上，有位学生的发言很有代表性，他除了上自己的选修课之外，还自己主动跑去听其他通识课，并对教学效果做了自己的分类：第一类是"很好"，课程的知识量与难度适中，可以比较好地吸收；第二类是针对部分"组合课程"（即几位老师合上 1 门课），他感觉不同老师的教学效果差异很大；第三类评价是"还没有高中老师讲得好"，我想他已经说得很清楚了，没必要再作解释；第四类是"听不懂"，这主要针对一些专业性很强的课程，例如一些全英教学的专业课，非本专业的同学选修可能来不及消化课堂内容，也就达不到教学效果。其实，我相信即使是用中文教学的专业课也存在这种现象，我也经常说，仅仅内行听得懂不能算是好老师，一个好的学者应该用简单而不是生涩的语言去解释自己的科学问题，让外行也听得懂才是真正的好老师。

我也了解到对教学工作的一些建议。例如博士生担任教学助理的问题，随着课程的展开，学校已经感到博士生资源不足的压力，而同时，一些学院由于理解上的偏差而改变了原来聘请助教的做法。其实，学校只是规定博士生必须担任教学助理，但没有否定聘请高年级本科生和硕士生的做法。接下来，学校将进一步完善教学助理岗位的规定，包括考虑请部分有意愿的硕士生担任本科教学助理。也希望各个学院根据学科特点和本院情况，有创造性地补充、完善学校的制度。总的目标，就是让本科生有更多的机会与研究生和高年级同学接触，有更多的教学助理对他们进行辅导、批改他们的作业和读书报告、组织小班讨论，让我们的学生更好地享受综合性大学的优质教育，更多地通过课堂教学（而不仅仅是课余活动或集体活动），感受大学的文化与精神。

此外，学校还将加大力度鼓励公共选修课和通识教育课的开设，将其与教学业务费的分配挂钩，注意相关政策机制及时配套与跟进。通识教育的关键，在于要配备好老师，开出好课程，我再次请求各位院长、系主任从全校学生素质培养的角度，支持学校的工作，也希望各位对通识教育提出更多有建设性的建议。

（二）关于三学期制的问题

三学期制实施的根本目的是深化本科教育教学改革，让学生从中得益。首先，我们要明确实施三学期制的目标和思路。这项改革的实质是课程设置与课程内容的深刻变革，我们实施三学期制的预期目标包括四个方面：一是促进各专业调整、重构课程设置，进一步优化课程结构体系；二是实现与国外高校的学期设置的逐步对接，增进学生的国际交流，推动开放性办学机制的进一步完善；三是缓解跨校区选课难、选读辅修专业和第二学位的问题；四是加强实践教学环节。

在三学期制之下，课程体系设置的基本原则是，将长学期的稳定性、连续性与短学期的灵活性、自主性结合起来。长学期（即秋季学期和春季学期）主要安排各专业（年级）理论教学，不提倡将专业主干基础课程、学分重的专业课、全校性公共必修课放在"短学期"。应通过课程重新设计和教学方式改革突出短学期课程的特色，形成系统的课程主题，避免短学期课程成为长学期课程的简单拆分。今年5月以前，学校会在深入调研的基础上，对短学期的课程开设、实践教学、实验室开放、注册和学生管理等问题，出台具有较强可操作性的具体规定。

在这里我想强调的是，在制定包括三学期制在内的教学方案以及其他与学生相关的政策时，我们必须注意事先与同学们沟通。现在同学们的自主意识很强，他们希望自己的诉求被学校重视，即使有时候不能全部满足他们的想法，也应该听取他们的意见，与他们进行充分的沟通。有时候，学生们可能不一定看重结果，而更看重对他们的尊重。对于大学和大学的管理者来说，这个过程其实也是一种教育、培养学生的方式，欧美的大学在这方面有许多好的做法和经验。我想，要让"被管理者"参与管理，这是我们各位院长在工作中应该注意的问题。

（三）关于研究生推免制度的问题

关于推免工作，我想谈几点原则：

1. 研究生推免工作必须以学术为根本出发点和主要依据，因此，应该明确这一工作由学院行政（即院长、教学副院长等）主导。

2. 校内推免指标的分配必然存在学科间的差异。

3. 在院系内部遴选中，必须以专业课成绩为主要依据，然后才适当考虑其他课程成绩以及学生的综合能力。

4. 今后应该明确，免试研究生外推工作以教务部门为主；校内保送则由学校教务处与研究生院共同负责，教务部门的主要工作应是协助院系确定具有推免资格的学生名单，而专业录取的工作，则主要应该由研究生院负责。此事请分管本科教学的副校长组织协调。在操作程序上，必须公开、公正，无论学校还是学院都必须按照有关制度严格执行。

推免工作与学生的切身利益密切相关，在确定推免资格的过程中，教务部门必须及时将情况反馈给学院，不能耽误学生。而教务部门的工作人员、院系教务人员和学生辅导员，除非得到学校授权，均不得私自对学生做出承诺或发表具有承诺性质的意见。

三、与教学相关的一些具体工作

（一）关于教务管理队伍、教学投入、教学档案的若干问题

在今天这个场合，我请求各位院长首先关心一下自己的教务管理队伍情况。据我所知，有规模较大且承担了大量全校基础课的学院只设一个专职的教务员；有的学院报了教务员的名字给教务处，但从来没有联系过；还有的学院两个月内换了三个教务员，恰恰这几个学院都在本科教学工作中存在颇多问题。而教学工作做得比较好的往往教务管理人员也比较充足，很多附属

医院（即临床教学学院）也非常重视教学队伍的建设，设立专门的教学科，配置专门的人员。虽然学校只控制院、系的行政编制名额，未对具体岗位设置做硬性要求，但毫无疑问，教学秘书和教务员是学院教学的关键岗位，是不可或缺的。我们办的是大学，本科教学是最基础、最重要也是最需要平稳运作的工作，每个学院办公室应该至少设立一个专职的教务管理职位，规模大、教学任务重的学院，应该有更多的教务管理职位，且教务管理人员也应该相对固定。

关于投入问题，我想对学校的本科教学业务经费做点说明。教学业务费的界定很明确，就是指本科业务费和教学差旅费。但是，部分院系并未将教学业务费用在刀刃上，一方面抱怨教学经费投入不足，另一方面却有相当数量的剩余教学业务费因执行不力而被学校收回。必须明确，教学业务费只能用于本科教学，用于本科生培养，不得用于其他用途。也许有的院系抱怨经费难用，我认为是没有真正动脑筋去思考如何合理用到提高本科教学质量上去，其实，开展院系级教学质量工程、学生科研创新活动、外聘专家为本科生开设讲座等都是使用这笔经费的很好方式。今后，学校将进一步规范教学业务费的使用，将教学业务费使用的绩效同院系教学领导的业绩挂钩，学校将在调查研究的基础上，编制教学业务费使用绩效考核标准，并根据各院系开设公选课和通识教育课程数量等因素，动态调整教学业务费的分配。

在迎接教育部本科教学工作水平评估的过程中，各院系、各部门群策群力，建立了完备教学档案，迎评时我们知道教学档案的重要性，因为教学档案是教学水平的集中体现，从档案中可以看出教学水平的高低，有较高的教学水平和教学工作制度，必然会有完备的充实的教学档案，两者是相辅相成的。评估之后，各学院、各教研室的教学档案管理工作上了一个新台阶，有法有章，但是，随着时间的推移、人员的更替，教学档案管理工作若不坚持下去，按照一定的操作程序固化下来，这一工作很容易出现断层，资料可能会流失，教学水平再高也无法得到体现，因此，我们要结合本科教学工作水平评估回头看的安排，继续做好教学档案管理工作。各单位要明确管理原则，建立长效机制，制定工作规程，这样就可以长期有效地做下去。

（二）关于完善教学评价体系的问题

目前，学校有多层次的课堂教学评价体系，例如学生评价、督导评价以及同行评价等等。然而通过评价体系得个分数，并不是教学评价的目的，根本的目的仍然应该是提高教师的教学水平和教学效果。有的学院在设置本院的评价标准时,简单模仿学校的指标,这对提升教师的水平可能没有太大帮助。我想,学校层面的评价是表象,更多强调"督"的作用,而在学院层面,则更接近提升教学质量的本质,应该"督""导"兼顾,以"导"为主,这样才能真正帮助教师改进教学质量。

(三) 关于跨专业、跨院系选课的问题

关于跨院系开课、选课的问题,我想谈几点原则:

1. 部分新办学院在发展和过渡时期,学校会协调相关学院在课程资源的安排上给予协助,但如果某个专业的大部分课程、特别是基础课程长期依赖其他学院,那么学校将重新考虑这一专业继续存在的必要性和可能性,如在一定时期内没有改善,将停止其招生直到取消该专业。如果整个学院都是这样的情况,学校同样会在必要时取消学院的建制。对于部分课程依赖其他学院的情况,学校将会调拨"被支援"学院的教师编制、教学业务费给予承担课程教学工作的学院。

2. 理顺学院之间互相开课的程序。各个学院需要外学院开设的课程,首先必须列入本学院的教学计划,同时应通过"官方渠道"及早与对方学院沟通,并在学校教务部门备案,形成制度化的操作规范,避免"临时抱佛脚",更不能变成老师个人之间私底下的"友情赞助"。

3. 无论是执行学院的教学计划,还是落实学校教务部门要求各学院承担的外院系课程和公共课程任务,都是刚性指标,都是必须完成的。如果诸位教学院长、系主任有认为完成不了的,唯一的解脱之道,就是及早向学校请辞。当然,学校教务部门下达教学任务时,会充分考虑各院系的承担能力。

专门为分管教学工作的副院长、副系主任举办一个培训班,说明学校对教学管理工作的重视。我也曾经说过,教学是教师最根本的任务,是天职,必须尽力为之。而诸位作为教学工作的管理者,不仅应该在教学工作中率先垂范,起到表率作用,而且更应该站在学院和大学角度,制定、完善并且实践、实现教学计划,如果真是如此,那么应该就算是称职的教学管理者了,因为我们做到了这一点,其实就是履行了我们对社会的承诺,履行了我们对学生的承诺,就是真正地"善待学生"了。

谢谢各位。

我不断被同学们感动[*]

——在 2010 届毕业典礼暨 2010 年学位授予仪式上的演讲

各位同学：

按照程序，本没有我讲话的环节，但我还是主动申请在这一场利用间隙讲一下这些天来我的感受。这段期间，是同学们最快乐的日子，也是我最幸福和最享受的日子。在校园里，看到到处飘舞的学位袍，感受着同学们散发出的青春气息与阳光活力，作为校长，我由衷地感到欣喜。在仪式上，一次握手，一声问候，同学们让我摸摸脑门，拍拍肩膀，或者抱一抱、击个掌，甚至要求捏捏我的脸，无不令我感到中大大家庭的温馨。有的同学搂着我说"校长，我舍不得离开中大"，我感受的是孩子们离别时对父母的眷恋；有的同学说"中大，我一定会为你增光"，我感受的是儿女们出征前的豪情。

一个多星期前，化工学院的一位同学敲开我办公室的门，说自己即将毕业，只想与我照一张相。在愉快的合影后，他留下一封信。在这封信中，我读到了一位学子对母校的深深眷恋之情，他说："中大是我们的家，是我共同成长成才的神圣殿堂，作为一名中大学子，我必将永生铭记中大的恩情，以实际行动来回报母校的爱。"这一刻，我已被他质朴而真挚的言语所感动。

过了不久，我在办公楼的走廊里又遇到了亚太研究院的一位同学，他告诉我，自己放弃了《南方日报》的职位，选择了回到梅州家乡，到农村基层做一名选调生。他希望我写几句寄语，我拍拍他的肩膀说，"我们还是照张相吧！"他走后，我不禁对校办的同事感叹："我们的同学真的很伟大！"后来，就业指导中心的同事告诉我，去西部和基层工作的同学有近 20 人，他们中间还有放弃高薪而选择了去甘肃基层的临床医学生。我读到去梅州工作的这位同学在会上的发言，他说："我对家乡、对农村、对农民怀着深深的感情，是他们养育了我。不管以后在哪里工作，我都要为家乡、为'三农'、为国家尽一份力，这才是一个合格的中山大学毕业生，一个敢于担当

---

[*] 本文系 2010 年 7 月 2 日在 2010 届毕业典礼暨 2010 年学位授予仪式上的演讲，后刊登于 2010 年 7 月 5 日《中山大学报》（新）第 229 期。

的当代青年应有的历史使命。"这一刻，我已被他平凡而又高尚的行为所感动。

在这之后，宣传部的同事向我讲述了生科院一位同学的故事，这位同学11岁时得知母亲身患癌症，就不断用自己的行动鼓励母亲，从高中到大学，他每天都给妈妈打一两个电话，即使是在哈佛医学院实习期间也不例外。他用自己的不懈努力和出色成绩给母亲以生活的信心，而伟大的母亲在儿子的鼓励下，11年间击退了三种癌症，创造着生命的奇迹。这位同学为了母亲而与生命科学结缘，今天他和大家一起获得了学位，并且同时得到贝勒医学院和达特茅斯医学院的全额奖学金，而他的母亲和外婆也正在我们的仪式现场，此情此景，我怎能不为他那殷殷儿女情所感动?!

在前两天的学位授予仪式上，一位同学对我说，她要到西藏工作，我叫住她问是哪里人，她说自己是四川人，是被中山大学研究生支教团的奉献精神所感动，成为追随支教团志愿者的一分子。当天下午，一位管理学院的同学上来就对我说"扎西德勒"，她告诉我，自己在西藏林芝中学支教一年，更令人高兴的是，她的学生也是这一天毕业。仪式结束后，我了解到，去西藏工作的那位同学曾受到"新鸿基助学金"的资助，并为其道义契约所感染，在学期间就多次组织慈善募捐，参加过在凉山彝族地区和云南西双版纳傣族地区的扶贫助学活动，甚至还将自己勤工俭学所得资助了贵州的一名苗族高中生，在毕业时她又毅然选择了去西藏工作。而那一位支教学生是第九届中山大学研究生支教团的团长，我们的支教团已经坚持了十几年，这是一支有着优良传统的队伍，也是一支体现中大精神的队伍，我知道，第十二届支教团的志愿者正整装待发，此时此刻，我感受到中大学子的热血激荡，又怎能不为他们拳拳赤子心所感动?!

这样的例子不胜枚举，透过你们，我看到了一个个知礼、诚信、勤奋、阳光，敢于超越，勇于担当的中大学子的身影，看到了我们这个国家和民族的希望。在你们肩上，担负的是社会责任感和历史使命感，在你们身上，凝聚着中山大学的一种精神力量。作为校长，我深以有你们这样的学生为荣，也深深地被你们感动。中大学生是伟大的！中国学生是伟大的！中国青年是伟大的！在此，我也希望一代代中大学子能够继承中山大学的血脉，传承中山大学的精神，继续为我们的国家和民族尽一份力量。

谢谢同学们，我也爱你们！

我们面对的机遇与挑战[*]

——在 2010 年新教工岗前学习交流会上的讲话

各位同事：

每年一度的新教工岗前交流会已经成为我们学校的一个传统，而我在这上面每年要讲不同的主题似乎也成了一个惯例，主要是我不愿意讲过去讲过的内容，所以，每年新教工交流会上的讲话主题已经成为我最费心思考的内容之一。

大家知道，"985 工程"三期建设已经启动，"985 工程"建设十年来，我们取得了一些发展，可以说，今天的中山大学正站在一个新的起点，在这个起点上，机遇与挑战并存，每一个中大人都应该把握机遇，迎接挑战，让自己的人生和中大的发展再向前迈一个台阶。

因为今天是以新同事的交流为主题，所以我想有必要先简单向各位介绍一下我们这所大学最核心的几个理念。然后，再围绕几个领域，谈谈我们面临的机遇与挑战。

第一部分 中山大学的核心理念（节选）

大学是一项千秋万代的事业。大学的发展必须面向未来，而要面向未来，就必须有自己的理念。我们在中山大学也试图提出一些理念，即"大学是一个学术共同体"、"教授就是大学"和"善待学生"，并希望成为中大教职工的共同信念。这些理念都曾有专门的文章阐述过，发表在《中国高等教育》和《中国教育报》上。因此，这里我不再详述，有兴趣的同事也可以在校园网或者校报上找来看看。

---

[*] 本文系 2010 年 9 月 7 日在 2010 年新教工岗前学习交流会上的讲话，后刊登于 2010 年 9 月 16 日《中山大学报》（新）第 233 期。

第二部分　我们的机遇与挑战

一、关于"985 工程"三期建设

(一) 关于 ESI 指标

在今年初"985 工程"二期验收总结的会议上，陈希副部长大篇幅地评价 ESI 指标，认为这是衡量大学的学科是否进入世界前 100 名的重要依据。此前我自己对这个指标并未特别关注，听陈部长讲话时，感到一种压力和紧迫感，就下决心要好好了解 ESI 的评价体系并朝之努力，还对同行的其他校领导讲，我们学校要争取在"985"三期结束的时候能有 2 个学科进入全球前 1%。一开完会，我就马上回来查，结果发现之前的那个目标定得太低了。原来，目前中大已经有 9 个学科进入全球前 1%。这让我们有种"蓦然回首"的感觉。

ESI 是美国科学信息研究所于 2001 年推出的"基本科学指标"（Essential Science Indicators），将 SCI 和 SSCI 所收录超过 11000 种期刊的最近十年文章而建立的计量分析数据库。数据库以引文分析为基础，针对物理、化学、工程学、免疫学、临床医学等 22 个学科领域，涵盖自然科学、工程、医学和社会科学，通过计算论文数、引文数、篇均引用数等数据，对国家地区、科研机构、学术期刊以及科学家的声誉和影响力，进行全面衡量，对科学研究和有突破性进展的科学领域进行直观反映。

ESI 数据统计是以 10 年为单位来计算的，其基数较大，数据具有信度，同时它每两个月滚动更新一次，又有较好的时效性。另一方面，ESI 不是简单的基于论文数来进行统计，还采用了"引文数"和"篇均引用数"等数据，旨在突出论文的质量，用这两个"数据"来衡量一个机构、一个学科，应该能够较好地反映说明其竞争力和平均水平。用教育部领导的话来说，心目中好的高校都排在 ESI 前面，而排在 ESI 前面的也都是心目中好的高校，看 ESI 排名的时候，都没有什么突兀的感觉。

上月 23 日，陈小明院士在《南方日报》上有一篇专访，他站在较高的国际学术视野上对 ESI 数据进行了分析。这篇专访校园网上也有转载，有兴趣的同事可以找来看看。

（二）"985工程"建设的成绩

2001年两校合并时，教育部与广东省签署共建协议，中山大学获得了国家高水平大学建设的支持。经过两期"985工程"近十年的建设，中山大学在各方面都取得了长足的进步。根据统计，在全国高校中，我校的学科门类覆盖面是最宽的，综合性大学的优势进一步彰显。

近年来，学科布局有所优化，人才培养规模和质量显著提高，教学科研条件根本改善，管理水平与校园文化建设成绩显著，学校事业实现了跨越式发展，与国内外一流大学在硬件条件方面的差距明显缩小，为学校下一步发展奠定了坚实基础，形成了建设现代研究型大学的基本格局。可以说，今天的中大已经站到了一个新的起点。

（三）国家的要求与大学的任务

1. 关于国家绩效评价指标体系的建立。

在今年的"985工程"二期验收工作会议上，我感受最深的就是国家已经逐渐形成了对"985工程"建设的验收评价指标体系，而据我所知，教育部在制定三期经费下拨额度时，也正是在这一指标体系的基础上，进行加权测算，由此得出各个高校的分配额度。也就是说，我们的每一分钱，都来之有因。最近，我看到《财政部、教育部关于建立中央高校预算支出绩效拨款体系的意见》的文件，里面规定了"中央高校预算支出绩效评价指标体系"，分为教学绩效、科研绩效和管理绩效三个一级指标，下设8个二级指标和30个三级指标，并配有计算公式。文件中明确提出，今后将"根据评价结果按照一定的分配方案安排绩效突出的高校相应的绩效拨款"，这其实也传递了这样一个信号，就是今后的国家对大学的拨款，人为的因素将大大减少，拨款额度测算将更趋于量化，并直接影响国家对学校的经费投入。正是基于以上的原因，我们在"985工程"三期建设的规划中，将不得不面对这一重大改变，关注这些指标的建设情况，也只有这样，学校才有可能在今后的发展中占据一些获取资源的优势，这也是学校发展面对的一个挑战。

上个学期末，国家下达了"985"三期的今年经费额度，并要求编报预算，同时，我们也争取到了广东省的配套资金。三期建设的指导思想是"长期规划、动态管理、分段实施"，具体体现是国家只下达给每个学校控制经费数的90%，余下的10%动态管理。也就是说，如果前期绩效不好，那么原有的10%就会划拨给其他绩效优异的学校。因此，与其说这是学校发展的机遇，还不如说是学校接下来将面对的压力和挑战。

2. 三期建设的两个原则。

一是既有普遍投入，又有重点支持。重点支持主要体现学校发展的战略方向，普遍投入是要兼顾院系与学科的自主发展。目前，中大已经基本完成了学科的布局工作，我们现在要做的应该是坚持"有所为，有所不为"的原则，着力于培育真正实力强大的、有可能在全国乃至在国际上能产生重要影响的优势学科，应是集中力量，"扎堆干"，争取重点突破。具体而言，就是我们将对有可能冲击国家一级重点学科的11个学科和已有的2个一级国家重点学科进行重点支持，同时，对国家和广东省亟需且学校迫切需要布局、但基础较弱或优势不突出的学科也予以加强支持，以期取得大的突破，并在国际学术界建有一席之地。

第二个原则是要实行目标管理，这是与前两期建设最大的不同。前面讲到，目前的社会环境与经费测算和下拨方式都发生了变化，中大要在今后的发展中占有一席之地，就必须关注那些量化指标，因此，我们在学科建设项目管理时，也不得不相应实施目标管理。校领导和"985"办及科研部门已经分别与各个学院进行了商谈，并对学科建设的各类相关指标进行了细分，院长们在领任务的同时，也对学校提出了相应的条件支持方面的需求。我要强调的是，各学院的"985工程"三期规划，应与学院的学科建设规划、任期目标、"十二五"规划以及年度工作计划相结合，同时要具备可考核性。我一方面要感谢院长们的理解和支持，另一方面也要和大家说明，学校将根据学院的实际完成情况适时调整支持的方向，这也符合国家对"985工程"三期建设要"长期规划、动态管理、分段实施"的原则。

这里要特别说明的是，我们一直以来倡导的大学发展要着眼于长远、着眼于未来的办学思想并没有改变，机械的量化指标并非我们追求的终极目标。我们对985建设强调目标管理的内容，主要是针对"985工程"的拨款测算方式和建设要求进行分解而提出的。一方面，国家投入了大量资金，就有理由来检查投入产出的效果，这实际上也正是由其"工程"的性质决定的。通过专项资金投入和建设，大学应有所发展，应在国际学术界有一席之地，为国家作出贡献，这是国家的期望，也是我们大学应该做的工作。另一方面，除了"985工程"的支持，我们还有其他的专项（如"211工程"、质量工程等）以及学校通过日常经费投入的倾斜来支持的各项教育事业发展领域（如基本科研业务费等），以保持整个学校能够均衡地、可持续地、良性地运行和发展。而且，学校坚持二级管理的体制，学校考核学院的总体完成情况，指标并非针对每一位教授，这就要求院长们承担更多的责任，进行统筹建设，更好地谋划学院的发展，提高建设的效益。总之，着眼于长远和重点建设这两个方面应该是相辅相成，而不是此消彼长或相互排斥的关系。

二、关于人才培养

（一）人才培养是大学的根本使命

上个月，我参加教育部直属高校工作咨询会，国务委员刘延东同志作了报告，特别强调了在全国教育工作会议和教育中长期改革发展规划纲要的指引下，必须要"把提高质量作为高等教育发展的核心任务和建设高等教育强国的基本要求"。会议重申人才培养是大学的根本使命，就大学的三大功能而言，从大学的发展历史来看，人才培养是大学的立身之本，科学研究和社会服务是逐步衍生和发展起来的，三大功能相互支撑、相互渗透。要正确处理三者的关系，必须坚持以人才培养为中心，衡量高校发展水平的首要指标就是看人才培养水平，而科学研究和社会服务都应服从、服务于人才培养，有利于人才培养。

陈希副部长在会上也指出，素质教育是高等教育的核心之一，人才培养是大学最重要的任务，学校的分配制度、聘任制度改革都要围绕这个中心来进行。他强调，对本科教学大学要舍得花力气、舍得花钱。我认为陈部长的话很有道理，而且，我们花的力气、投入的经费，必须要转化为教学质量的提升。毫无疑问，教学改革也是许多兄弟高校关注的焦点，例如，在咨询会上，南京大学就介绍了他们踏实做好教学改革的例子，这令我们感到差距所在。

其实，重视教学改革、重视人才培养不仅仅是国内高校的共识，世界上任何一所好的大学都毫无例外地重视教学工作。台湾大学李嗣涔校长曾经在我们的院校研究论坛上举例，在哈佛大学，科研暂时没有出成绩的老师，其职位或许不受什么影响，但如果教学不合格，一经学校确认，面临的就是被淘汰的处境。

还有一个比喻，说在大学里，科研工作有点像"下坡运动"，不需要太大的外力推动，学者自己会努力去做好；而教学是属于"上坡运动"，必须要有外在的支持和动力，否则就容易滑坡。这个比喻陈希副部长讲过，来我校访问的台湾成功大学原校长高强教授也讲过。高等教育界的共识是，重视教学、重视人才培养是大学的根本任务,其达成既要靠制度的保障,也有赖于在大学工作的各位同事、特别是教学第一线的老师们的共识和努力。

(二) 关于本科教学工作的若干考虑

在已经启动的"985工程"三期建设中,新增了人才培养的项目,其重点在于本科教学的建设。这也是我在前面提到的国家有关大学教育观念转变的一个象征,即把人才培养视为大学的根本使命。对我们而言,这既是机遇,也是压力。这里我想简单讲讲学校在教学工作方面的一些思路。

第一,关于本科招生工作,学校将尽快研究按一级学科目录大类招生的方案。目前的设想是,从明年开始,基本上以学院为单位,按一级学科目录大类招生,前两年宽口径培养,从三年级开始,再按二级学科目录,结合教育部批准设置的专业,让学生选择更具体的专业。相信这样的做法有助于提高学校的招生质量,有助于学生的通识教育,有助于提高学生的专业能力和综合素质。本科招生和培养制度的改革,牵涉到教学工作的许多方面,特别是教学方案和课程设置的修订,学校在实施之前,一定会逐个学院征求意见,顾及历史传统和专业差异,最大程度地凝聚共识。

第二,要继续发展通识教育,特别是建设好通识教育核心课程。学校从2009学年度开始,为珠海校区的5000多位同学开设通识教育核心课程,从这个学年度开始,在东校区学习的新同学也开始接受经过设计的通识教育。全校通识教育核心课程的覆盖面已经达到一、二年级的12000多位同学。通识教育不但是课程体系的设计、课程内容的变化,更重要的是教学理念、教学方式和教学组织形式的变化,同时,要逐步建立起博士生当教学助理和小班讨论的教学制度。学校通识教育部准备在开学前邀请下学期有通识课程教学任务的全体老师和相关院系分管教学的负责人,研讨通识教育相关问题。我们还要大力推动跨学院选课,鼓励学生辅修其他专业的课程,建立广义通识教育理念,使通识教育真正成为各个院系教学工作的重要组成部分。要知道,我们的教师多数是从专业教育背景下成长起来的,而要开出高水平的通识教育课是十分不容易的。因此,通识课就是要让同学们有机会面对最好的老师,大学要把最好的课程提供给学生,我认为这才是"善待学生"的核心。

第三,要落实拔尖创新人才培养计划。今年初,陈希副部长来我校调研时,专门就拔尖人才培养提出了要求,他认为像中大这样在中国大学里比较靠前的学校,是高等教育国家队的主力队员,要在整体保证学生培养质量的基础上，对那些拔尖的、特别优秀的学生的培养加大投入。

最近，我在南京参加中外大学校长论坛，清华大学顾秉林校长专门介绍了拔尖人才培养的情况，后来我问他，清华如此优秀的生源为何还要搞拔尖教育，他说："不管在什么地方，人的智商都可以分高中低，都可以选出更拔尖的人才来。"

我认为顾校长的话很有道理。在"985工程"三期建设中，拔尖创新人才培养计划也是教育部积极倡导的，我们应有更深刻的认识，更主动的措施。

第四，学校还重视推动实践教学的改革，除了实施"三学期制"等一系列措施外，我们还建设了创业学院。最近，在"昆山杯"全国大学生优秀创业团队大赛上，由管理学院和环境学院同学组成的代表队，获得了总决赛冠军。学校遴选的参加"挑战杯"的几支队伍，每支都有创业学院的同学参与。

上个星期，我们与研究生院、教务处的同事讨论了调整研究生奖助金方案，希望能够形成一个鼓励研究生从事教学助理、研究助理的有效机制。这个星期天，我们还与医教处、财务处的同事讨论了医科八年制的有关问题，力图建立起更具可操作性的医科拔尖人才的培养机制。今天在座诸位新同事里既有教师也有医生，在附属医院，医生也承担一定的教学任务，但同时，你们还要面对病患，从事医疗工作，这也是十分重要的工作。

第五，我们还要继续提高本科教学的国际化程度。我们学校本科教学的国际化已经取得很大成绩，包括与法国合作开设核物理与和工程学院，与美国、澳洲、香港的十余所大学合办10多个"2+2"培养模式的专业，与近百所海外大学建立了学生交换关系，有近6%的本科生有在海外修学一个学期以上的经历。我们还要加强这方面的工作，力争到2012年，有海外修学一个学期以上经历的本科生能超过10%。此外，学校还努力与国际一流大学合办新的学院。

三、关于人事工作

（一）营造学校人事人才工作的良好环境

这次与兄弟高校领导交流，我感到大家正在形成另一个共识，那就是办大学的关键是"办环境"，就是要营造一个学校各类人才都能发挥作用的和谐环境。

对于这一点，我想我们中大是非常明确的。从国家层面相继出台了人才和教育发展规划纲要，到广东省委省政府对中大人才工作的重视与支持，到学校党委贯彻落实"党管人才"的理念，这些都为我们培养人才和引进人才营造了一个良好的氛围。

以"千人计划"为例，上个学期，汪洋书记亲自带队来校调研，现场拍板，解决了创新团队经费一次性下拨等一系列关键问题。许跃生、蒋庆教授也曾告诉我，郑书记多次到他们的实验室去，有时是带职能部门现场研究问题，解决实验室的建设存在的困难，有时甚至怕耽误教授时间而未事先通知他们。

在准备这篇稿子的时候，工学院梁栋书记对我说，正是由于郑书记的充分重视和职能部门的高效支持，他们的实验室建设取得了超常规的进展，三个月完成了大半年甚至一年的工作程序。这个暑假，学院的党政领导和工作人员每天都到施工现场，生物医学工程实验室的建设已经不单单是这个学科的事，而是全院的工作。

其实，郑书记曾对我说，他召集职能部门为"千人计划"学者提供支持，工作刚刚展开，如果要宣传也应该等有些成绩时再说。我说，我们要宣传的就是这种做法，就是要努力在校内营造出一个氛围，让大家达成共识。这样，不仅职能部门、学院能体会到学校重视人才的态度，而且学者们也能够感受我们共同营造的这种氛围。

我在这里举这个例子，是想说明，像"千人计划"这样国家最高层次的人才计划，重视程度当然有别于其他，否则也无法凸显其意义。对于学校而言，引进人才只是第一步，更重要的是创造条件，发挥这些优秀学者的作用，这一点，一些学院已经形成了很好的模式，值得借鉴。

今天很多行政部门的中层干部也来了，我想，我们大学的党政部门必须要以汪书记、郑书记这种抓落实的态度去关注人才、为他们服务。当然，也有一些长期在国外工作生活的教授们，出国较久，不太了解国内日新月异的变化，有时会提出一些不符合国情或者有悖于国家相关规定的要求，对此职能部门要以理解之心，努力做好解释工作。

与此同时，学校也期待着青年学者能脱颖而出。学校的人事、科研等部门已经提供了一系列支持计划，努力扶植有潜力的青年教师有所发展，有所突破。但更重要的是，各个院系应该拓展视野，引进有良好教育背景和博士后经历的、具有较好科研潜力的青年学者。我还是想再次强调，在优秀人才的引进方面，院长必须承担起更大责任。

(二) 关于"卓越人才计划"

在完善分配制度方面，学校也已经有所考虑。"985 工程"三期建设的一个重要内容，就是增加了人员经费的比例，但国家又对人员经费的使用提出了严格要求，即不能用于普加工资，仅可用于提高骨干教师的待遇。

经学校人事、财务和"985 办"同事了解，与国内其他高校相比，我校的骨干教师的待遇还是偏低的。为了人才稳定，给优秀人才营造宽松的空间，学校经过广泛征求意见，经过人才领导小组讨论，并由学校党委常委会决议，从这个月开始实施"卓越人才计划"。

"卓越人才计划"主要分三部分内容，呈金字塔结构。第一部分是在学校原有特岗津贴的基础上，适当扩大资助力度和资助范围。将国家级教学名师、国家级精品课程第一负责人、承担重大军工项目的负责人列入特岗津贴扩容的范围，这样，教授中的受资助的人数预计将有所增加。同时，增加了副教授层面的特岗津贴。

我们将对享受特岗津贴的人员进行一定形式的考核或遴选，如请其填写近 5 年承担科研项目、发表论文、学生培养等情况，在有关部门审核后，报学校研究和调整。

"卓越人才计划"的第二部分暂时称为"特别资助计划"，即在原来高层次人才后续资助计划的基础上，适当提高标准，并扩大资助范围。例如包括"百篇优秀博士论文"导师，国家"三大奖"二等奖以上第一完成人等。对承担国家重大科学计划或重大专项的决策、咨询专家，在 ESI 指标方面对学校有突出贡献的人员，以及其他在科学研究、学科建设等方面作出突出贡献者，可由所在院系或职能部门向学校推荐。

"卓越人才计划"或者说在人才金字塔的最顶端部分，主要对象为近 5 年取得与学校发展目标相适应的高质量成果的创造性人才，将从业绩特别突出的享受"特别资助计划"的人员中遴选，同时将资助范围扩大至临床医学领域。

(三) 关于人事聘任制度

1. 基本原则。

2003 年，我们制定了《中山大学教师编制核定、职位设置与职务聘任规程》，当时，我们有一个说法，叫做"为中才立规矩，给天才留空间"。

所谓"留空间"，我们的做法是，通过各个学科专家组的评议，对 250

多位教授的教学科研工作免予考核，学校下拨特殊津贴而不硬性规定他们的教学或科研工作量。科学研究是容不得急功近利的，而且经常要面对失败，只要我们相信，不管考核与否，这些以学术为生存方式的优秀学者都会认真地去对待自己的学术事业。

至于"立规矩"主要是指是指考核，我们学校一直坚持二级管理，学校考核到学院、学院考核教师，学校考核到部处、部处内部考核管理人员。以校内津贴发放为例，对于教师系列，学校根据职称部分发放津贴，而学院则根据工作量的完成情况发放业绩部分。而在机关，学校根据岗位职务发放津贴到个人，又有专门的机关部处管理费统一到部门，行政领导可以根据内部人员工作业绩完成情况分配这笔经费。

我要向各位新教员强调的是，诸位成为中山大学的教师，是有合约约束的，诸位的工作必须要达到学校教学、科研和社会服务等方面工作量的要求。同时，如果在3个聘期内，仍不能获聘高级职称，就会被淘汰。

这看上去有些无情，但认真想一想，其实也很正常，世界上没有不对员工的进行考核的大学，只不过是在形式上有所不同。虽然在做学问上要"十年磨一剑"，要"厚积薄发"，但我们担心的是，如果没有一些硬性的规定，不作一些数量和质量上的要求，那用十年"磨"的那把剑，很有可能是一把"钝剑"。况且，以目前的评价标准，9年内从讲师成长为副教授或者高级讲师，并不是非常困难的事。

这一点，在各位的聘任合同上已经体现，人事部门也非常愿意向各位解释。其实，如果在大学里工作了9年，还不能获聘更高一级的职称，那可能就反映受聘者可能更适合从事非学术的工作，离开大学也是一种对自己人生负责的安排。

2. 关于2012年满3个聘期的出路问题。

绝大部分老师通过自己的努力，达到或者超过了聘任规程的要求，受聘于更高一级的岗位，但总有一些人经过实践，不适合担任教师，因此，自实施教师聘任考核以来，全校已有40多人经考核不再续聘，离开学校，20多人转为校内其他岗位。

目前，聘任制已经实行了7年多，完成了2次教师聘期的考核工作，正在实施第3个聘期。按照规定，讲师3个聘期后"非升即走"，现在2个聘期过去了，未来两年中，目前学校里已经受聘第3个聘期的讲师们，将面临"非升即走"的问题。

这些教师是2003年聘任制实施前就已经进入学校工作的，当然，如果严格按照学校制度并根据合同的法律效力，若他们仍未能受聘高一级职位，学校是可以不再续聘的。但他们是聘任制开始前就已进校的"老人"，为了更好地保证聘任制实施下去，学校针对他们进行了特别的考虑，并通过了人事工作领导小组的讨论认可。

为此，我们拟设立属于流动岗位的授课教师的职位，但这仅适用于2003年聘任制实施前就已在学校任职的教师，对聘任制后进入学校签订合同的讲师不适用。为此，学校和学院要尽早做好预警工作。

上个学期，我与人事处的同事分别邀请文理医各学院的院长、书记和人事秘书，商讨学校对实行聘任制前后进校人员采取的不同的政策，并请他们回到学院进行宣传，并与老师们逐一谈话，做好准备。今天我在这里再次强调，是全校范围内的通报，因为学校的中层干部也都在场，初衷只有一个，就是要把我们的聘任制更好地坚持下去。

各位同事，正如前面所说，今天的中大已经站在了一个新的起点，一方面我们要把握机遇，警惕急功近利的苗头，坚持着眼于长远、着眼于未来的原则，不能对取得的成绩和进步沾沾自喜。另一方面，我们还必须看到差距，迎接挑战，例如，对拔尖创新人才培养的办法不多、自主创新能力和国际竞争力不强等这类中国大学的通病，我们也同样存在。而且更要看到我们与世界一流大学之间的差距，从这个起点开始，我们还有更长的路要走。

各位同事，在这个新的起点上，在我们共同理念的指引下，未来的中大要有融入国际学术主流、追赶世界先进的雄心，我们的校领导要具有更高的学术眼光，更广阔的国际视野，投入更多的精力来谋划学校的发展。

我们的院长们要真正拥有一颗公心，培养和引进一流的人才、一流的团队。我们的青年学者要脱颖而出，传承学术传统，创造新的知识。我们的管理人员要善于谋大事、谋公事、谋成事，为教学和科研服务。总之，我们共同期望中大有一个更加美好的明天。

最后，祝各位同事身体健康，家庭幸福，事业有成！

谢谢大家。

在孙逸仙纪念医院 175 周年庆典上的致辞*

诸位：

今天，我们在这里举行隆重而简短的仪式，庆祝中山大学孙逸仙纪念医院成立 175 周年。在此，我谨代表中山大学，向长期关心、支持和帮助医院以及中大医科发展的领导们、校友们致以衷心的感谢和热烈的欢迎！向辛勤工作在医疗、教学和管理一线的孙逸仙纪念医院全体职工表示诚挚的祝贺！

孙逸仙纪念医院有着悠久的历史和光荣的传统，这里是中国西医科学的发祥地，是中国现代医学教育最早开始的地方，更是孙中山先生领导中国民主革命的始发之地。

孙逸仙纪念医院发展的历史，是中山大学医科发展的一个缩影。中大医科的发展，孙逸仙纪念医院功不可没。

中山大学医学教育的培养目标是要让医学生在毕业时成为合格的、能够独立执业的临床医生。这就使得我们在培养过程中面临一个核心问题，即如何能够让医学生将基础与临床的问题有机融合、统一起来，可以说，这是医学教育永恒的主题。在最近校内的一次座谈会上，有医科的教授提出，我们在制定培养科学家计划的同时，也应该制定培养"名医"的计划，我想，这就是对我们医学教学提出的新要求。一直以来，我们不断探索医学教育的规律，例如，学校坚持"早期接触临床、早期接触科研、早期接触社会实践"的"三早"医学教育新模式。我们还斥资建设了临床技能培训中心，希望能够在基础与临床、理论与实践之间搭设一座桥梁，从而让医学生更好地学以致用。令人欣慰的是，孙逸仙纪念医院在医学教学工作中成绩斐然，他们在医学授课比赛、临床教师技能大赛中连获殊荣，医院毕业的研究生黄莉文同学还在美国职业医师资格考试中获得第一名。

中山大学医科科研坚持以人类疾病为研究导向，注重基础与临床的结合。这是医学之所以为医学，而不同于其他生命科学的根本原因。此外，我

---

* 本文系 2010 年 10 月 30 日在孙逸仙纪念医院 175 周年庆典上的致辞，后刊登于 2010 年 11 月 10 日《中山大学报》（新）第 237 期。

国人口资源带来了丰富的临床案例，这是中国科学家开展医学研究的一个重要优势。如果我们的医学研究与疾病越直接、越密切，发挥临床资源越充分，那么我们在世界上取得重要成果的可能性也就越大。另一方面，在科学研究上解决疾病问题的突破点正在越来越向基础领域前移，而仅仅通过改进医疗技术和手段来提高诊疗效果的空间也越来越小。因此，学校呼唤更多的临床医生进入科学研究领域，同时也呼唤更多的科学家进入对疾病的研究和诊疗的过程当中。最近，孙逸仙纪念医院医学研究中心获评"恶性肿瘤基因调控与靶向治疗广东普通高校重点实验室"，就是在这方面取得的重要突破。

如果说，一所医院的国际影响取决于其科研水平，那么医院的医疗水平，则决定了他的社会上的地位。因此，大学的附属医院，既要满足医疗市场的需求、扩大门诊量，又要考虑学科建设与发展的问题。正是基于这个思路，我认为，中山大学附属医院的发展方向应该是很明确的：一方面，我们要继续做强、做大综合性医院，满足医疗服务和医学教育及科研的需求；另一方面，专科医院对于学科发展最易产生成效，我校在医科的两个国家重点实验室均建在专科医院，因此，大学新建的附属医院将以专科医院为主，或在原有综合性医院内建设专科医院，原则上不再新增综合性医院，从而使医疗布局向技术更精良、组合更合理、服务更全面的医疗集团模式发展。对于前者，孙逸仙纪念医院已经取得了非常好的成绩，他们不仅在海珠区拓展了南院的发展，更在2008年举行了"增城市人民医院整体移交签约仪式"，正式接管了这所医院，目前运作情况良好。至于后者，我希望医院能总结经验，凝练学科，重点发展出几个特色专科，为医院下一步发展奠定更坚实的基础。

各位领导、各位来宾、各位校友，老师们、同学们、朋友们，175年在漫长的历史长河中只是短暂的一瞬，但对于孙逸仙纪念医院，乃至中山大学医科而言，175年却足已承载我们的荣耀，足已承载中山医的医科先贤们为中国的医学教育、科研和医疗卫生事业发展所付出的艰辛努力和获得的卓越贡献。175年也足以令我们满怀信心，沿着先贤的足迹，去开创孙逸仙纪念医院和中山大学医科更加美好的未来。

今天，我们正身处中山大学医科发展进程中的重要时期，这是一个新的起点，我们的挑战与机遇并存。在我们肩上，不仅担负着中山大学以及中山大学医科未来发展的历史责任，更担负着中国医学教学、科研和医疗卫生事业发展的重任。我们坚信，凭着全校7000多医科教职员工和医护工作者的共同努力，凭着近12000名中大人的不懈进取，有着悠久历史和光荣传统的中山大学医科事业必将再攀新的高峰，在医学教育和医学科研领域抢占新的制高点，取得更加辉煌的成就。我们坚信，在包括孙逸仙纪念医院在内的中山大学医科，必将在中国乃至全人类医学事业的发展进程中占据更为显著的地位，作出新的更大贡献。

最后，祝愿孙逸仙纪念医院的明天更加美好！

谢谢大家。

坚持自己特有的气质和办学理念[*]

——在第二届中山大学卓越服务奖颁奖仪式上的讲话

各位同事、同学们：

今天我们在这里举行第二届中山大学卓越服务奖颁奖仪式，为在学校工作超过 45 年的 38 位同志授予奖项，首先，我代表学校对各位受奖者表示崇高的敬意和诚挚的感谢。

人生百年，45 年，几乎是一个人有能力为社会服务的最长年限了，能在这么长的时间里服务于一所大学，确实是一项非常了不起的成就。再过两天就是中山大学 86 周年校庆，86 岁对一个人来说，已经是高寿了，而对于一所大学，86 周年仍然年轻。每一位中大人都会觉得，86 年的积淀是一笔宝贵财富，但好大学永远不会衰老。能将自己有限的服务，投入到一项长青的事业之中，是很有意义的，所以我要向获奖诸位表示祝贺。

学校每年要举行各种各样的颁奖活动，多数奖励的对象，都是在某一领域作出突出成绩的集体或个人。只有卓越服务奖的遴选条件与众不同，是以服务的时间作为条件，无论是致力于教学科研的老师，还是从事管理工作乃至后勤服务的普通职员，只要在校工作达到一定年限，且在人事记录上没有瑕疵，都可获得这个荣誉。今年的 38 位受奖者，年岁最小者，也已到古稀之年，大家虽然从事不同的工作，有学者，有医生，有实验技术人员，有党政管理干部，但几十年来都在各自的职位上辛勤工作、默默奉献，中山大学每一个梦想的实现都彰显着你们的人生价值，你们的每一滴汗水都凝结成中山大学今天的荣耀，学校会永远记住你们，感谢你们。

很多老同志对这次受奖谈了一些感想，我认真拜读了，很感动。这些感言字里行间饱含着两种情感：一是感谢，感谢国家和学校的培养，感谢师长和同事，感谢家人；还有就是热爱，对本职工作的热爱，对后学诸生的勉励。要解读这两种情感，也许可以用两个词来概括：一个是感恩，一个是传承。感恩表明我们对中大的认同感，每一份成绩的取得都有学校的关怀，每

---

[*] 本文系 2010 年 11 月 10 日在第二届中山大学卓越服务奖颁奖仪式上的讲话，后刊登于 2010 年 11 月 19 日《中山大学报》（新）第 238 期。

一个人都因能为学校作出贡献而感到骄傲。如果说，这种认同还只是感性的表达，那么，传承则包含着更为理性的成分。

两者合起来理解，我认为就是一种对学校事业的忠诚。这种忠诚不是由于谋生的无奈选择，而应该是主观意愿的一种表达，这样的忠诚，真正是大道自然的，这就是一所好大学凝聚力的根源所在。我们设立卓越服务奖这一荣誉制度，希望传达的正是这样一种价值观，它不关乎金钱，也不关乎职位的升迁，要表达的是我们对共同事业的认同感。这份荣誉，对于受奖者本人、对于学校都是一种褒奖。

我曾多次说过，大学是一个学术共同体，在这个共同体中，每个人之间互为外部环境，互相帮助，互相影响。要实现共同事业的目标，营造一种平等和谐的氛围尤为重要。要强调的是，这种平等并不意味着强制性地要求同一化。在我们这样一所高水平的综合性大学里，对差异性的保护，怎么强调都不为过。道理很清楚，即便是对教授的评价，不同学科的区别都非常之大。良好的大学文化氛围，应该以尊重差异为前提，这也是我们希望通过卓越服务奖传达的第二种价值观：在互相尊重和理解的基础上表达同事间的平等。

本届受奖者的称谓问题，或许是一个比较直接的例子。日前，各位受奖者都收到了一封校长办公室的征询函，请大家选择本人用于这个仪式的称谓。很多人也许会问，对于一个称谓这样劳师动众，专门发函询问，是否显得过于谨慎。其实不然，称谓是礼法和礼仪最重要的内容之一，如何处理对受奖者的称呼，关乎这个奖项的定位和价值取向。

我们曾经考虑过用职称作为受奖者的称谓，"教授就是大学"，在大学的典礼中，用职称作称谓，也许是一种顺理成章的选择；我们也曾经考虑过，对受奖者统一称"同志"，强调"志同道合"之意，所有受奖者体现出来的对学校的忠诚应该是无差别的，"同志"的称谓似乎也有助于更好地诠释奖项的这一意义。但最后学校还是决定通过征询每位受奖者的个人意愿来确定称谓，这正是给每一位受奖者以相同的尊重。这也许是在更为本质的层面上，体现了大学执业荣誉奖励中想表达的平等内涵。

卓越服务奖所蕴含的价值观，还有一点应该被提到，就是对"卓越"的理解。

自去年奖项设立以来，也有过这样的疑问：既然受奖的标准只是工作年限，奖项也推崇平等的内涵，为何还以"卓越"命名？说实在的，学校对此也曾反复斟酌。我想，在这里"卓越"一词所表达的，其实是对这种荣誉价值更深层次的理解。

"卓越"一词，在字面上的解释，是杰出的、超出一般的、卓尔不群的，或与众不同的。这是一种通常的理解。但我们是否也应当认识到，以持之以恒的态度来追求卓越的过程，也同样是值得尊敬的。

中山先生关于"立志要做大事，不可要做大官"的名言，镌刻在怀士堂外的墙上，为大家所熟知，是中大精神的一个重要内核。那么，什么是"做大事"呢？中山先生有这样的解释，"大概地说，无论哪一件事，只要从头至尾，彻底做成功，便是大事"。可以看出，中山先生强调的并不只是事成结果的影响有多大，他所看重的，也包含这份做事的坚持。

坚持造就了卓越，卓越的内涵就在于坚持。能够几十年坚持于自己的事业，服务于学校，这份坚持就是卓越的。对于学校，每位成员的这种坚持，就形成了大学发展的内在力量，因此，大学很有必要用某种形式来加以褒奖。

首先，这种为追求卓越的坚持是大学精神回归的要求。

大学的本质是要追求卓越的，大学必须以学术为目的，以科学精神为核心凝聚力，并具有某种对绝对精神的追求。大学对真理的向往不会因为外在环境的变化而改变，它总是严肃地、批判地把握人类社会发展的永恒价值。大学既是人类的精神家园和文化守护者，也是社会良知的灯塔。大学承载着人类终极的价值追求，也体现时代的精神。大学精神所包含的，是人类文明进程中一些最本质、最美好的东西。

不同的时代，社会对大学会提出不同的要求，但是对大学应该有所坚守的期待，则是人们普遍的信念。因此，在大学设立卓越服务奖有着深刻的涵义，受奖者对事业执著追求的过程，或许可被视为大学精神回归的一个缩影。

再者，褒奖追求卓越的坚持，是大学尊重历史、面向未来的体现。

我们讲中大是一所好大学，说的就是这是一所有所坚守的大学，或者说我们是一所尊重历史的大学。尊重历史其实也是与历史沟通，是对历史的继承。我们现在的工作成绩，都是在前人留下的基础上取得的，从根本上说，大都是十几年、几十年工作的积累，而不是最近出台的某项政策的结果。例如，今年8月份，由我校教授牵头的"中国丹霞"申请世界遗产保护的成功，中山大学作为丹霞地貌研究的重要基地，先后有四代学者为之付出了毕生的努力。如果不是几代学人的这份坚持，很难想象能取得今天这样世人瞩目的成就。这样的例子在中大数不胜数。可以说，同样的坚持，蕴含在我们每一个学科的发展过程之中。

一所大学，如果能够在悠久的办学历程中，坚持自己特有的气质和办学理念，就有可能成为一所好的大学。由于历史背景、文化因素和地域环境等因素的影响，不同的大学可能具有不同的文化性格。既开放又内敛，既维护原则又包容差异是自中山先生建校开始就逐渐形成的中大气质。我们提出"大学是学术共同体"，强调"教授就是大学"，把"善待学生"放在学校工作的核心位置，这三者，可以说是中山大学的核心理念。事实上，由于对这些大学理念的坚持，我们学校的发展已经迈上新的台阶。例如，按照 ESI 统计，我校进入世界前 1% 的学科数，已居于国内前几位。在今年 9 月英国《泰晤士报》公布的 2010 年世界大学排行榜上，中大的综合排名也进入了世界大学 200 强。所有这些，都让我们有种"蓦然回首"的感觉。只要我们认认真真、扎扎实实地做好自己的事情，所取得的成绩甚至会超过我们的期望。

现在，我们已经站在了一个新的历史高地，我们应该更加珍惜，应该更加坚持。我们也有理由相信，中大的未来会更加美好，而从这个高地出发，我们的继任者也一定会比我们现在做得更好。

大学泱泱，山高水长。卓越服务奖褒奖的是我们的前辈，而学校设立这个奖项更重要的目的，是为了激励后学诸生。今天在座的有许多年轻的同事和同学，我想对大家说，学术事业和学术传统的传承，是大学永续发展的根基所在。受奖各位前辈追求卓越的坚持，应该成为每一位中大学子人生的榜样。

服务中大的每一个人的每一分努力，都将凝结成中大的宝贵财富。中大今天的荣光和明天的辉煌，是由每一个中大人对信念的坚持所创造的，而中山大学的荣耀也属于每一个中大人。

谢谢大家。

寄厚望于青年教师*

——在 2010 年优秀青年教师研讨会上的讲话

各位同事：

今天，我们在这里召开中山大学优秀青年教师研讨会，看到这么多年轻的学者济济一堂，作为校长，我感到由衷的欣慰。在你们身上我看到了中山大学的明天。

月初，学校领导班子召开了民主生活会，会上每位校领导都做了发言，大家不约而同地讲到了年轻教师，讲到了中山大学的发展后劲问题。大家都认为，目前在校领导与青年教师之间似乎缺乏对话的平台。这说明关注年轻人是校领导班子的基本共识，大家都明白一个道理，关注年轻教师就是关注学校的未来。学校高度关注 35 岁左右年轻教师的工作生活状况，以及你们对自己未来的期许。为你们创造一个有利于成才的良好环境是学校的中心工作。所以，我与郑书记商量，应该与大家交流一下想法，所以就有了今天这样的一个会议。我想，今天不只是想听听诸位的困难，也不只是泛泛地跟大家讲学校是如何地关心你们，作为一名从事高等教育工作几十年的老教师，我想与诸位就成长过程中普遍面对的一些问题，谈谈我自己的一些想法。

两年前，我曾经有一个讲话，叫"期待新一代学术带头人"。学校希望每一位青年教师都能在各自的学科领域，作出一些有影响力的成果。而事实上，许多年轻人的教学和科研水平得到了快速提升，有些在自己的领域里，已经取得一些令人瞩目的成绩。

在人文社会科学领域，已经形成了政务、管理、经济、历史人类和心理学等 5 个研究群体，每个群体都有 5 到 6 名优秀的青年学者，他们的工作已经引起了国际学术界权威人士的关注。好几位学科带头人跟我谈到这批年轻学者的时候，都评价说他们基础很好，研究作风扎实，还积极承担了很多院系的管理工作，关心学校的发展，非常值得肯定。

在理工科领域，在生科院、地理学院、化工学院等院系，已经可以看到

---

* 本文系 2010 年 11 月 17 日在优秀青年教师研讨会上的讲话，后刊登于 2010 年 11 月 19 日《中山大学报》（新）第 238 期。

若干名破格选拔的，30岁出头，甚至30岁不到的教授、副教授。我们有一位博士，是珠海校区的第一届学生，2000年本科入学，现在已经是副教授了，并取得了"特岗"资格。要说明的是，这些年轻人能够获得这样的资格，唯一的条件就是因为在自己的领域作出了不一般的成绩。曾经有一位从本科到博士都一直在中大学习的年轻人，毕业的时候，他的导师来向我推荐留校，我还在犹豫本校培养的学生这样安排是否合适，那位老师跟我说了这样一番话，他们这个学科10篇代表作，有7篇是他做的，其中又有一半是与这位青年学者合作完成的。如果别人问："为什么这个人能留校，我不能?"那么可以说，如果能与他取得一样的成绩，一样能留。我一下子就被说服了，这位青年学者也已被聘为副教授，同领域的中科院院士评价其是在国内外近期难得一见的优秀人才，在科研上表现出了惊人的天赋和潜力。

除了我们自己培养的人才之外，学校新引进的一批年轻人同样非常出色。前段时间学校召开了"百人计划"理科组会议，许宁生和许家瑞两位副校长评价，这些"百人计划"的年轻人"出身"好、履历好，看到他们的表现感到非常高兴。在应用研究方面，也有一些青年学者表现抢眼，化学院有位年轻的教授在惠州大亚湾挂职，与地方开展科技合作，取得了很好的成绩，地方政府、企业界和学术界都反映很好，我也亲耳听到浙江大学的学者对他学术水平的评价，一些地方领导甚至评价说再与大学合作，就是要求选派这样的人才到地方来开展工作，我认为这是对大学服务地方成效最实在的评价。

在医科领域，今年中山医学院有一位年轻的教授成为"杰青"，这是我校基础医学领域自颜光美教授十多年后的第一位"杰青"。孟枫告诉我，今后不担心了，医学院的杰青会越来越多，因为目前的中山医学院已经聚集了一批青年人才，这批人最突出的特征就是潜心于学问，把学术的进取作为自己最重要的追求，尤其值得欣慰的是，其中的大部分人经历过国外激烈的竞争，是大浪淘沙的成功者。而在临床医学领域，同样也有一批青年学者脱颖而出，表现突出。

此外，还有一部分青年教师在教学方面表现特别突出，这次评选"特岗"副教授也给予了专门考虑。

今天发言的三位年轻学者，王帆、贺雄雷和周家国，应该说他们的经历，在学校青年学者中有一定的典型意义。因此，会议之前，我要求他们不要说感谢的话，就讲自己的成长历程，就是希望在一些更本质的问题上，与在座的青年学者们进行交流，希望对大家有所启发。同时，也希望大家明白,你们的事情,院长和导师都很关心,你们做出的成绩,学校感到非常欣喜,并且高度关注。

学校也在继续为青年人才成长创造有利条件,为了进一步推动青年教师尽快地脱颖而出,今年,学校决定评选享受特别岗位津贴的副教授,就是为了给优秀的青年学者以更大的支持,解决一点实际困难。

下面我想就几个具体的问题,谈点看法。

一、如何看待我们的责任

诸位都是伴随着中国的改革开放长大的,你们的身上有着很多这个时代的特征,喜欢独立自主地思考做事,崇尚自由,乐于表现,这些性格要素对于充分发挥每一个人的潜能,推进社会发展有着积极的作用,也反映了当前时代对年轻人提出的要求。但也要认识到,无论在哪个时代,年轻人对国家、对社会发展都应该有所担当,这也是社会对青年的期待。

在中大86年的办学历史中,经历过很多次社会变迁,每个阶段办学水平的提升,都得益于一批著名学者的努力。在创校之初的20世纪20年代,学校吸引了当时一大批优秀学者,这是学校在30年代能达至鼎盛,成为当时中国标志性大学的重要原因。新中国成立后,陈寅恪等一批大师级学者宝贵的学术和精神遗产,至今仍然令中山大学的后学诸生受用不尽。改革开放以来,也正是端木正、何肇发、夏书章等一批知名学者,开风气之先,在国内最早复办了法律学系、社会学系、政治学与行政学系,这是中山大学为中国高等教育发展作出的重要贡献。

近10年来,中山大学的事业取得了很大的进步。今年9月英国《泰晤士报》公布的2010年世界大学排行榜上,中大的综合排名进入了世界大学200强,从一个侧面反映了学校的整体水平已经上到一个新的层次。学校有一批在国内、国际学术界具有重要"江湖地位"的学术带头人脱颖而出,而这些目前在学科建设和学校管理中拥有很大话语权的人物崭露头角之时,都相当年轻。我回忆了一下,1999年底,学校任命了一批40岁左右的青年学者出任院长,其中就有许宁生、徐安龙、陈小明、朱熹平、魏明海等教授。陈春声在路上拦住我,与我谈学校人文学科的发展,当时他38岁。十年前,我与保继刚谈话,挽留他在中山大学工作,那时他只有35岁。还有一批当年的年轻学者,也在这十年中成为中山大学学术的中流砥柱。

我曾经多次强调"大学是学术共同体",讲的是大学必须以学术为本。

"教授就是大学",强调的是教授的水平代表了大学的水平。从学校经历的这些"往事"来看,这是显而易见的。可以说,正是由于学校发展过程各个时期都有一批学术造诣高、勇于担当的学者,中山大学才有可能取得今天的成就。学界或社会上评价哪所大学、哪个学科好的时候,无一例外都会说,有哪几个著名学者在这所学校。在一所大学里,最能够代表学校的就是教授,尤其是教授中的领军人物的水平。

再过10年甚至更短的时间,在座的各位年轻教师就要担负起中大发展新的历史使命,承担起这个责任,将实现个人价值与学校发展紧密结合起来,在一个新的高地上推动中山大学实现新的辉煌,这既是时代赋予你们的责任,也是你们人生中最重要的机遇。

在最近的一段时期里,我经常听到有人反映,说有些年轻老师课讲得不好,有些青年教师,似乎更多的是将大学教师仅仅当成了"饭碗"而不是事业。我一直以为,作为一个老师,对学生应该有一种天然的感情,如果一个老师上课不认真,最大的原因就是他对学生是没有感情的,如果只是把上课作为一种谋生的手段,那就只能得过且过,这其实是没有尽到老师的基本义务。

我们说"善待学生"是学校的核心理念,强调大学要着眼于学生的未来发展,对他们的一生负责。这种观念不能只停留在口头和纸上,需要每一位教育者的身体力行。每个人都有这样的体验,当回顾我们成长经历的时候,总有那么几位老师给予更多的教育和帮助,让我们一辈子感激。试想一下,诸位现在教的这些孩子们,20年后再回母校,他们一定是来看你这位老师,而不是来看校长的。因此希望青年教师要珍惜"老师"这个世上最尊贵的称呼,要将高等教育作为自己毕生追求的事业,对中大的发展有所担当。这是我要跟各位年轻教师交流的第一个观点,也是学校对大家最大的期望。

二、如何看待事业初期的困难阶段

我知道,我们绝大部分的年轻老师,是将教书育人作为自己的抱负和志向的。同时,我也非常清楚,在工作和生活的压力之下,大家也存在很多困难,例如住房问题、收入相对较低等等。我们也曾经年轻过,知道年轻人上有老,下有小,要养家,现在正是经济上最困难的时候。我们也不能要求现在的年轻教师,满足于像我们这样的老一辈几十年前的生活水准。我在很多场合都说过，我做了十多年的中大校长，如果要说什么最对不起中大人，可能就是没有很好地解决住房问题，虽然这不是仅凭学校之力可以企及，但心中总还是觉得愧对大家。

然而，我们也应当认识到，无论哪个年代，在理想与现实之间，由于客观条件限制，总是会存在差距。面对这样的困境，通常有两种态度，一种是简单的宣泄，明知道做不到的事情，还要不断地要求，表达不满，不断地抱怨，这显然是一种消极的做法，是不可取的。例如住房就是一个例子，学校不断在努力，但受制于政策等因素，不能从根本上解决。在这个时候，如果还不断地纠结于此，就是一种消极的做法。我们常说，"成功者想办法，失败者找理由"。面对暂时的不如意，我们应当提倡的是一种建设性的阳光心态，提倡的是一种艰苦奋斗的精神，我们要始终坚信，只要能够坚持努力，在教学和科研中做出成绩，事业初期的困难阶段很快就能过去，这也就是"与其临渊羡鱼，不如退而结网"的道理。要改变自己的现状，我们只能抱一种积极阳光的心态，对于青年来说，在自己的本职岗位上有所成就，是唯一的人生出路。这其实也是一个很简单的人生道理，不仅对于教师，对于学校里所有年轻人来说，都是一样的。

从学校层面来看，目前年轻教师的奋斗路径其实已经非常清晰。近年来，在国家和地方的政策框架下，学校结合自身实际，已经形成了一整套帮助青年教师成长成才的制度体系，对青年教师不同的成长阶段都有了针对性很强的支持措施。

例如，对于青年教师，我们有"青年教师起步资助计划"。规定为新入校的35周岁以下的应届博士毕业、获聘讲师（包括师资博士后）职务或从其他单位出站、获聘我校教师职务的博士后人员提供学术研究起步资助。这一计划主要是为青年教师提供学术生涯开始之初最亟需的启动经费，以使他们的科学研究尽快进入轨道。

对于中青年骨干教师，我们有"青年教师出国研修计划"，选派一批45岁以下具有较大发展潜力的中青年骨干教师赴国外高水平大学从事合作研究和进修。我们还有"青年教师培育计划"和"青年教师重点培育计划"，对青年学者的科研工作进行较大额度的资助。今年起，学校又实施了教师特别津贴方案，对表现突出的副教授给予特别岗位津贴。近年来，在这些举措的支持下，学校已经有一大批中青年教师开始有能力承担国家和地方重要教学和科研项目，并取得了很好的成果。

对于学科带头人等高层次人才，学校也有相应的资助计划，已经开始实施的有重大项目培育和新兴交叉学科培育资助计划、高层次人才特别资助计划以及卓越学者奖励计划等。

最近，我参加了合生创展教育基金会理事会，基金会每年要给中大一些支持。昨天，我与许家瑞副校长商量，基金会的这些支持是否可以再用于对青年教师的资助上，在现有的计划之外，再选择一些限定年龄而且在学术上十分突出的青年教师给予支持。

我想，对于一名立志成才的青年教师，只要在中大勤奋扎实地努力，坚持自己的信念，你的前途就一定是光明的。上个星期，学校举行了第二届中山大学卓越服务奖颁奖典礼，为在学校工作超过45年的38位老同事授予了荣誉。他们缘于对事业坚持而所创造的卓越，已经凝结成中大精神的一部分，是学校宝贵的财富，很多受奖的老同事谈了感想，我很受感动。我以为，这对年轻人如何看待事业发展是一份很好的教材，校长办公室专门制作了一本纪念册，我建议大家可以找来看看。

三、如何看待学术影响力

很多青年教师也有这样的困惑，现在资助措施多，我们也很努力，为什么比我们老师那一辈学者成名要难。

我们也发现，现在40岁以下的年轻人能够在各学科中脱颖而出，成为学科带头人的，相比起你们老师那一辈的学者，确实还是少数。10多年前，许多三十五六岁的青年学者已成为学科带头人，有的还做了院长，而现在想选拔一个四十岁以下的青年任副院长都有困难。我想，之所以会产生这样的现象，并不是说现在的年轻人不出色，更多是因为时代已经发生了变化。当时，由于"文革"的原因，中国学术界造成了近10年的断层，50多岁的人退下来，只能由30多岁的人顶上去，这个"断层"恰恰成为了当时三四十岁的青年学者脱颖而出的一个机遇。而今天，改革开放已经30年了，国家已经步入正轨，学术界和学校内部各年龄段人才济济，这种正常的状态就很难避免地出现了一定的论资排辈的现象。当年的那批青年学者现在已经成为今天中大乃至国内学界的中流砥柱，在国际和国内学术主流圈中拥有地位，而且都还在"当打之年"，中山大学的发展还要继续依靠他们。另一方面，由于他们"光芒"的遮掩，我们的一些青年学者拔尖的可能性就大大减小了。这是我们必须面对的现实。

关于这个问题，我想有三个方面值得大家考虑。

首先，必须明确，这个问题并不是中大所独有的，更不是针对某几个年轻人的，这是你们这一代青年学者都必须面对的问题。同时大家也应当认识到，由于人生的客观规律，老一辈的学者也不可能总是保持着年轻时那样的创造力与冲劲，属于你们的时代必定会来临，当你们这批学者站上历史舞台、成为主流的时候，各类资源的分配必然会按照它以往的规律进行，很大程度上将由你们当中的杰出者来支配。诸位青年学者应该看到，你们最大的挑战是国际国内学术圈里同辈的学者，因此，年轻学者应当把眼光放得更高远一些，不仅要在中大找到自己的发展定位，更要在国内、国际学术界的同辈学者之中脱颖而出。事实上，中大目前已经有青年学者在国际学术界崭露头角，有的已经在 *Nature Genetics* 等国际顶级学术刊物上发表了高水平论文。所以，我希望大家要始终保持一种紧迫感，首先要争取在校内的学术科研团队找到自己的位置，进而取得成就；再者要敢于挑战权威，在同领域科研和学术的竞争中不断提升自己的实力，要勇于到国内、国际的学术主流圈中去争取一席之地。

其次，学术界里的"名气"不应该成为学术追求的目标，所谓"名气"只是做出优秀成果后的诸多反映之一。大家也只有做出了令人瞩目的成绩，才可能在学术界成名。事实上，按照学术的规律，你们现在正是一生中最富于创造力的时候。学校曾经对校内获得"杰青"的学者做过调查，结果显示，完成最有代表性成果的平均年龄是 37 岁。当然，学科不同，这种年龄与学术表现的相关性可能有差别，但 40 岁左右的阶段，积累充分，思维活跃，一般是被认为产出学术成果的黄金时期，希望大家能够珍惜当前的美好时光，能够潜心学问，真正地作出成绩来。

我还要特别提醒大家，虽然副教授和教授不再有聘任的压力，但学校绝不希望教师在获得这些职位后，就放松对自己的要求。作为青年教师，早早地在学术上产生退意是可怕的，这也是学术功利化的一种表现，会对科研和教学带来很多不利的影响，对学校不负责任，更是对自己不负责任的表现。学校有一群研究人类学的学者，十几年如一日地开展田野调查，始终默默地在自己的科研道路上坚持探索，我认为最可贵的，是他们从心底里觉得自己这么做都是应该的和必须的。我以为，对学术始终怀着敬畏之心，对真理始终保持着渴求，以学术作为自己的生存方式，是一名优秀学者最宝贵的品质。

另外，也要看到，由于学科性质的不同，学者成名的早晚也会有所区别。相对来讲，理工科、医科因为有比较硬性的评价标准，工作目标更为明确，学者成名可能也会早一些。人文社科方面，由于评价标准的原因，这些领域的学者可能一般要到40岁以后才会做出引人注目的成果，所以老一辈学者一直强调的，做学问要耐得住寂寞，要有甘愿坐冷板凳的精神，永远不会过时。

现在，学校已经形成了一个关心和支持青年人才的良好氛围，很多院长、处长也经常会向我推荐介绍优秀的青年人才，这说明，其实大家一直在关注着你们的成长。我也很高兴全校上下能够形成这样一种关心支持青年教师成长的共识。出席今天这个会议的，除了优秀青年学者，还有各学院的院长或书记以及机关部门的负责同志，我希望大家要以对中大未来负责的态度，更加重视青年人才的培养。例如，在"985工程"建设中学院要考虑进一步改善优秀青年教师的科研条件；又如，学校将在博导遴选过程中对青年学者予以倾斜，学院要在名额分配上给予保障。学院的院长、书记要更加主动关心青年教师成长，与他们交朋友，机关各部处也要更加主动地为青年教师服务，更好地为青年教师排忧解难。

今天的这个会议是交流会，前面已经有3位青年学者作了发言，后面还有4位年轻的副校长发言，大家可以互相借鉴；今天也是一个动员会，为大家鼓劲，希望大家作出成绩。更重要的是，通过今天的这个会议，让我看到了中大已经聚集了一大批优秀的青年学者，有了你们，我相信中山大学必定会有一个更加美好的未来。

谢谢大家。

一个大学管理者对文科的理解*

2010年12月4日，由教育部社会科学司主办、全国高校社科科研管理研究会和中山大学承办的"中国高校哲学社会科学发展论坛2010"在中大南校区举行。论坛以"社会责任与繁荣哲学社会科学发展"为主题。黄达人校长作了主题报告，以一个大学管理者的身份发表了关于学术自由与学者的社会责任、"孤独的思考者"与文科团队、国际一流与中国特色等思辨性见解，并提出重建文科的评价制度和荣誉制度。

诸位：

很高兴本次高校社科发展论坛在中山大学举行，首先，我再次代表学校，向与会的领导和嘉宾们表示热烈的欢迎。

作为一所有着近90年办学历史的综合性大学，中山大学的人文社会科学有很好的传统，校史中那些卓越的文科学者的名字，一直是大学的骄傲。进入新世纪这10年来，在教育部和广东省的大力支持下，学校在人文社会科学的很多领域，都有了"又好又快"的发展。回顾本校近10年的建设发展历程，确实可以说是中大文科的"黄金十年"。我们总结了一下，理由大概有下面几个：一是聚集了一批年富力强的优秀人才，通过学校人才计划，文科引进人才100多人。二是文科的科研经费从2000年的700万元增长到今年的近1亿元，这个数字的意义说明文科教师的科研积极性和创造性、科研能力和服务社会的能力显著增强。三是围绕文科的13个国家重点学科和6个教育部重点研究基地的建设，形成了一批高水平的学科。四是10年来文科产生了一大批优秀科研成果，其中有220多项成果获得省部级以上成果奖。五是文科教师转变了轻视应用研究的观念，在研究国家和地方重大经济社会问题方面取得了显著成绩。六是文科教师在研究方法和科研组织方式上发生了很大变化，在若干领域可以在同样水平层次上展开国际合作和交流。七是在港澳台问题的研究上发挥了优势，形成了特色，为国家和地方决策咨

---

* 本文系2010年12月4日在"中国高校哲学社会科学发展论坛"上的讲话，后刊登于2010年12月20日《中山大学报》（新）第240期。

询作出了重要贡献。

这些成绩的取得，主要得益于中大有很多学术造诣高，对学校发展有思考、有担当的文科教授。我是理科出身，1999年刚上任做校长的时候，就与当时的李延保书记约定，文科的事情还是要听文科学者的，因为他们是专家。我当时还给自己提了个要求，要争取做文科学者的朋友，后来，随着对文科理解的加深，我发现，要做好文科学者的朋友，可能首先要做好文科学者的学生。对于文科的工作，自己首先应该多学习，然后才可以更了解。我以为，在一所大学里，校园文化的传承，更多的是要通过文科，特别是人文学科。记得当年在讨论珠海校区的院系设置时，我们把文史哲等传统学科一、二年级的同学放到珠海去，就是出于这样的考虑：想让新校区里有多一些文科的教师，"被迫"在那里"漫步"。一个校区，经常有人文学者活动，自然而然地，大学的传统就在那里得到传播和传承。我在康乐园工作生活的这十几年里，每天都被中大特有的文化气质感染着，我们所做的每一项政策决定，其实都体现着中大的文化传统和办学特色，最直接的例子是，我本人每篇重要的讲话稿，几乎都经过文科知名教授的讨论修改，从这个角度而言，我确实一直是文科老师们的学生。上面这段话，不是到了今天这个场合讲出来"应景"的，梁书记可以作证，这些都是近年来我在校内多个正式场合反复地"公开宣扬"的，而且每次都在校报上发表了。

在座诸位都是人文社科管理领域的专家，今天，我想以一名大学管理实践者的身份，谈谈我对大学文科的理解，谈谈这10多年来，我们在文科科研管理和学科建设方面的一些体会，求教于诸位。

一、关于学术自由与学者的社会责任

当我们谈到人文社会科学的时候，学术自由始终是一个必须涉及的话题。自然科学的研究，是探索自然界的规律，研究的对象是自然客体。人文社会科学的研究，主要是研究社会一般规律和人类思维、伦理等等，其中哲学也要研究自然界的一般规律，但总体上说，人文社会科学研究的是人类和社会，相对于自然科学，研究的对象更为宽泛。因此，学术自由对于人文社会科学的研究来说，有着更为重要的意义。

康乐园是陈寅恪教授人生最后20年治学、教书和生活的地方，在这个校园工作，能更加真切地感受到学术自由对于人文社会科学研究的重要性。陈寅恪先生倡导"独立之精神，自由之思想"，我们几乎每天都能听到这

"十字箴言"被反复地引用，可以说是耳熟能详了。因为20世纪前半段国家长期处于战争和社会动乱之中，也因为新中国成立后一段时间里知识分子政策的失误，包括陈寅恪先生本人也受到一些不公平的待遇，后人在引用这句话的时候，常常把"独立之精神，自由之思想"理解为：学术要摆脱外在的政治和社会力量的束缚。这当然是对的。但还是有文科的学者们告诉我，如果仔细阅读陈先生80多年前写下的文字，可能对这"十字箴言"的真义，可以有更深刻和融通的理解。

其实，在《清华大学王观堂先生纪念碑铭》里，陈先生这"十字箴言"的前面，还有一段话，是这样写的："士之读书治学，盖将以脱心志于俗谛之桎梏，真理因得以发扬。思想而不自由，毋宁死耳。"可见，陈先生讲的"思想自由"，可能还有一层更深的涵义，就是讲读书人要"脱俗"。他认为学者要从自己的内心出发，摆脱世俗的束缚，才能达致真正思想自由。

我在大学里工作、生活了几十年，也体会到，对一个学者来说，要挣脱自己内心那些世俗的桎梏，做一个毛泽东老人家提倡过的"高尚的人"、"纯粹的人"、"脱离了低级趣味的人"，比起只是抗拒来自外部的各种各样的压力，要艰难得多。实际上，真做到这样，精神的境界也要高得多。内心越是能够"脱俗"，思想就越是能够自由，精神也就越是能够独立。不但文科这样，其他学科其实也是同样的道理。

经过30余年改革开放的实践，实际上我们国家的学术环境已经相当宽松，可以毫不夸张地说，在当今社会，一个文科学者只要做的是合乎学术规范的研究，他做什么课题，得出什么结论，到哪里去发表，再也不会受到什么外来的限制或者束缚。在这样的背景之下，强调学者自己心灵要"脱俗"，可能对达致"独立之精神，自由之思想"的境界，有更加重要的价值。

有文科的教授对我说，当一个所谓的"自由知识分子"，不时讲几句"出格"的话，出出风头，其实是没有任何代价的，只是浪得虚名，其实是很"俗气"的。我不能完全赞同这样的说法，但以为，一个真正严肃的学者，在学术的场合是不应该故作惊人之语去哗众取宠的，在课堂上更不应该这样做。在学术研究的道路上，我们要不断实现自我超越，才能够坚持对真理的追求。

作为大学的管理者，我们都知道学术自由对于人文社会科学研究的重要性，对于一所好大学学术发展的重要性。但我以为，在当代中国，大学管理者对"学术自由"的倡导和保护，更重要的应表现为在大学内部培植宽松的学术氛围与和谐的人际关系，关注相对弱势的年轻学者和边缘学科的成长，理顺校内各种学术组织和学术机构的关系，鼓励跨学科的交流与合作等方面，而不是去助长"走偏锋"、"搞极端"的风气。

我还想多讲一句，一个真正有"学术自由"精神的学者，一定是一个有社会良知的学者。在中国目前的社会背景下，强调学者的良知，强调对社会、对学生的责任，非常重要。有位广州市的主要领导曾对我讲过这样的话，他说他最讨厌的就是某些专家，官员和老板让说什么就说什么，对一些问题不甚了了，凭印象就说，说话不负责任。我们也看到，常常有这样一些专家，临时被邀请参加一个论证会或座谈会，遇到不是自己研究领域的问题，也敢临时发挥，信口开河，变成了"万能专家"；再比如，有的专家做环境影响评价报告，报告从技术上看似合理，实际上是甲方要你说什么，你就说什么。这些都是对学术不负责任的做法，绝对不是"学术自由"，甚至可以说是一种更严重的学术不端行为。

从这个意义上讲，学者的学术自由与学者的社会责任是一致的。缺乏社会责任感，丧失了学术立场，甘愿充当权力和金钱的代言工具，其实也就是一种未能摆脱内心世俗桎梏的表现。一位杰出的人文学者，应该是"从心所欲而不逾矩"，他们富于学术批判的精神，有自己独立的思考和判断，同时以积极的理论建构和思想贡献，来表达自己对学术和社会的责任。

二、关于"孤独的思考者"与社会科学研究团队

多年以来，我们一直提倡在人文社会科学领域，要保护"孤独的思考者"。这是基于对文科学者思想方式与工作习惯的"同情式理解"而产生的理念。

我原来在以工科为主的大学工作，对人文社会科学的研究方法比较隔膜，到了中山大学以后，才真正对文科学者的工作习惯有所了解。我还专门去哲学系旁听了半天的博士论文答辩，连答辩形式都与理科有很大的不同。其实，不但文科与理工科存在差别，就是文科内部，人文学科与社会科学之间，研究方法和学术研究的组织方式也有明显的差异。我注意到，人文学科更重视思想的发明，更需要个人的思考，更强调学者个人的力量；而社会科学注重社会的进步，许多学术成果的产生要依赖于群体的努力，必须加强科研团队建设。

正是基于这样的认识，中大强调文科科研管理更加应该注重学科差异。我们为建立尊重差异的科研组织形式做了很多工作，既可以建立科研实体组

织科研活动,也可以用虚拟的组织方式来承担科研项目;既可以通过跨院系、跨学科、跨地区的大型合作来组织国内外科研资源的集体攻关,也可以采取"独行侠"的方式开垦自己的学术园地。

大学之所以成为大学,核心在于有容乃大。面向大学科研管理差异性的组织,就是能够包容各种学科特性的组织,从而体现大学"有容乃大"的精髓。大学文科学术研究的组织形式,应该是不拘一格的。能够出优质成果,能够对学术进步或经济社会发展有所贡献,能够为独立思考或集体攻关提供良好环境的组织方式,都是好的组织方式。

我以为,对于人文基础学科,大学应该要有一种平和的心态,要有"养士"的气度,给"孤独的思考者"以空间,对于那些以学术为生存方式的学者,大学应该给他们良好宽松的学术环境和生活空间,给他们以足够的经费支持,而不应该有过多的规划上的要求,不应该以量化管理来制约其创造力。大学对这些学者的投入有些像风险投资,要有投入而得不到回报的心理准备,也要相信这些优秀学者"十年磨一剑",最终"厚积薄发",能对学术和社会有大的贡献。中山大学近10年实施教师职务聘任制,其中一个重要的出发点,就是要"为中才立规矩,给天才留空间",在改革中,学校给部分优秀的学者以特殊津贴,而不硬性规定他们的教学和科研工作量。我们还专门在文史哲等基础学科设立了"逸仙讲座教授"的岗位,给予他们高强度的支持,也是基于同样的考虑。

而对社会科学,特别是对那些与经济建设和社会发展密切相关的学科领域,还是要有必要的学科规划。需要强调科研团队的建设,强调学科的融合与交叉,强调科研应以科学问题为导向,而不应以学科画地为牢。只有这样,才有可能在一些关键性领域取得有价值的成果,才有可能为经济社会发展作出大的贡献,提高学术竞争力和社会影响力。例如,近年来,中大的政治与公共事务管理、历史人类学、社会学、逻辑与认知科学、港澳珠三角研究等学术方向,取得了很多引人瞩目的成果,在很大程度上得益于学者们组建的跨学科的研究团队。也可以发现,在一些比较传统的学科领域内部,如经济学、管理学等,团队建设比较完善的研究方向,也容易凝聚和长久保持研发力量,有利于高水平成果的产生。

三、关于"国际一流"与"中国特色"

关于人文社科研究,"国际一流"与"中国特色"之间似乎有时会存在某种紧张关系。大家比我更清楚,我们无法否认源于欧美的研究规范、表达方式、问题意识和学术价值观念长期占据主导地位的事实,我们也鼓励自己的学者到国际一流的学术期刊上,以西方人看得懂的方式发表学术论文。但我们也都知道,这几十年间我们所经历的中国社会、经济、政治、学术和文化领域的巨大变化,其速度之快、范围之广、影响之深远,在几千年人类历史上可以说是绝无仅有的,"中国经验"对传统社会科学理论提出了挑战,而且这种挑战还可能是"颠覆性"的。我们要从这样背景出发,去理解中国文科学术发展的新契机。文科的学者们告诉我,越来越多的欧美同行重视中国的经验,那么,我们这些在这片土地上生活,对中国文化有切身体验,又亲身经历这场巨大变革的中国文科学者,应该更有发言权,更有可能以"中国经验"为基础,作出"世界一流"的成绩。

在这方面,我们学校也有一些不错的案例。也许历史人类学的例子比较典型。我原来不知道历史人类学中心的学者们整天"跑田野",到底有什么用。今年暑假我带着顺便度假的心情,与陈春声、刘志伟、张应强他们几位去了一趟贵州,在黔东南苗族侗族自治州的清水江流域跑了几天,对他们的工作方式、培养学生的方法、学术如何为边远地区的经济社会发展服务,有了新的体验。有一天,在从锦屏到黎平颠簸的公路上,被侗族老乡灌醉了的刘志伟和陈春声喋喋不休,一遍又一遍地讲着同一个话题,吵得我睡不着觉。我想与其抗拒他们的声波,不如静下心来欣赏。听了半天,我才发现他们在酒醉状态说的,居然是他们这个被欧美和日本学者称为"华南学派"的研究团队最核心的、对欧美同行有"致命"冲击的一个命题。

传统的西方汉学家从外部看中国,把中国看成是一个具有很高同质性、"铁板一块"的研究对象,这是他们工作的出发点。这几十年欧美同行有更多的机会到中国进行实地调查和研究,发现中国有着巨大的地域文化差异,不同地方的中国人有着很不相同的物质生活和精神世界,结果就把中国地域社会的"多元化"当成重要学术发现。而对于我们这些"华南学派"的学者来说,中国地域社会"多元化"只是他们研究的出发点,那是不言而喻的,他们认为真正有价值的问题,应该研究中国这个有着如此多元的文化传统、地域差别如此之大的国家,居然能够在几千年的时间里,一直维持成为一个有共同文化认同的、统一的伟大国家,其背后有哪些历史的、制度的和社会的机制在起作用。其实,这两种结论的背后,牵涉对中国未来发展前途的两种判断,前者蕴含着中国会走向分裂的预言,而后者则说明了中国之所以能够长期统一的机制。听了他们的"酒话",我才知道两派学者在中国和美国的杂志上，已经打了两年的笔仗，现在欧美许多30多岁的年轻学者，已经接受"华南学派"的观点。要在这一类的学术争论中立于不败之地，必须有扎扎实实的研究作为基础，不能只是凭空构想一个理念。"华南学派"的结论，就是建立于他们20年来在华南、西南和华北乡村地区进行田野调查的基础上的。

也就是说，在人文社会科学领域讲"中国特色"，同样是要有"干货"的，不能只是"口水"。只有对本国经验长期的学术积累，才能达致"世界一流"，这是我们的一个基本认识。我们在"985工程"三期建设的经费配置中，专门有一块用于支持社科学者建设数据库，用于长期积累有关中国社会变迁数据，也是出于这样的考虑。现在是蔡禾教授在负责这个项目。我们认为这样的研究积累，意义重大。

我还想讲的是，社科研究在面向经济社会发展时，缺少能内行地真正解决问题的行业专家，可能是当前我们国家社科研究比较薄弱的一个环节。我感觉到，当前的社会学科的学者们比较重视大的理论阐述，而比较缺乏要成为行业专家的自觉。什么叫行业专家？我个人以为，这些学者有较强的深入行业内部实际问题的意识，不仅仅从事本学科一般规律的研究，更要深入某个行业，掌握其特殊规律，真正能够解决制约行业发展的一些实际问题。在实际的研究中，我们常常看到，成为行业专家的学者，更容易作出有影响力的成果。比如，作为经济管理领域的优秀学者，王珺和李新春两位教授分别担任了农业部设立的生猪和对虾养殖的首席经济学家，作出了卓有成效的工作。再比如，蔡禾教授关于农民工问题的研究报告、申曙光教授关于社会保险问题的研究报告，得到多位国家领导人的关注；马骏教授由于熟悉财务预算，从这方面研究政府管理，因此成为国务院、全国人大的咨询顾问。主要的原因，就是这些学者的成果抓住了这些领域的关键实际问题，以对社会负责、对国家负责的态度，在研究问题，解决问题。

四、关于文科评价体系

前段时间，我参加了"宝钢优秀教师"特等奖的评审，宝钢一位主要领导在理事会上说，他把票投给了中大一位文科学者，但当时就估计她不会当选，结果获奖者果然都是以理工科为主的学者。这件事情从一个侧面反映出了我们国家文科科研评价的某种窘境。目前的国家学术评价体系中，理工科有院士、有"杰青"等称号，还有各种国家级奖励，而文科明显处于劣势，没有国家级的学术奖，"长江学者"人数很少（像文、史、哲这样的基础学科，每年只有1个名额），"千人计划"也只限于经济管理类。

产生这种情况，可能关系到文科学科评价的特点，人文社会科学学术成果的价值，确实不如理工科的评价标准那么客观，那么容易把握。陈春声曾经有过一个比喻，说文科的成果就像齐白石画的虾，挂在客厅的墙上，只有品位，没有用处。我只是同意这个说法的一半，文科好的东西当然是很有品位的，但我们也都知道，"无用"其实是有"大用"的。我们认为，重新建立人文社会科学的评价体制和荣誉制度是非常必要的。

在这方面我们也做了一些探索，前不久学校出台了"中山大学卓越人才计划"，主要是对有突出贡献的中青年学者实施特别津贴，在确定评审条件的时候，学校坚持文科与理工并举，我们把教育部哲学社科基金重大课题攻关项目主持人、国家社科基金重大招标项目主持人、马克思主义理论研究与建设工程项目首席专家，与承担国家重大科技计划的首席科学家划归同一类标准；教育部高等学校科研优秀成果奖二等奖以上第一完成人，与国家科技"三大奖"获得者列为同一类。

更重要的是，在中山大学的日常学术管理和行政运作中，文科学者一直拥有相当大的话语权。这对学校良好管理文化的形成，尤为重要。这十年来，中山大学所有重要的改革举措，其专家组成员大多以文科教授为主，我个人与文科许多教授相识，都是以他们向我提意见开始的。我们有一位中层干部，曾经对学校这样评价，在一所学校里，愿意提建设性意见的人一般是不多的，能听进意见的就更少，而听得进去还能改正的更是少之又少，幸亏这样的人在中大都有。我认为，这是用一种通俗的方式，给学校总体的行政文化环境作了一个评价。

上面，就是我对于文科的一些理解，请在座的各位专家指正。最后祝本次研讨会取得圆满成功。

谢谢大家！

在哲学系复办 50 周年庆祝大会上的讲话[*]

各位领导、各位来宾、各位校友，老师们、同学们，朋友们：

今天，我们在这里举行仪式，隆重庆祝中山大学哲学系复办 50 周年。在此，我谨代表学校向中山大学哲学系的全体师生和校友致以热烈的祝贺，向长期以来关心和支持哲学系发展的各位领导、各位学者表示衷心的感谢。

中山大学哲学系是我校历史最悠久的学系之一，复办 50 年来，取得了很多成绩，特别是最近这十几年，我见证了哲学系良好而快速的发展。近年来，哲学系培养和引进了一大批学术上卓有建树的学者，在中国哲学、西方哲学、逻辑学、马克思主义哲学和宗教学等领域都至少有 2 到 3 位在国内叫得响的学者。哲学系注重学术传统的传承，近年来其科研水平位居全国最前列，拥有 2 个国家级的人文社会科学重点研究基地。多年来，哲学系为国家和社会输送了大批人才，在中大，学校里的 3 位党委副书记都有哲学的背景。

下面，我想借用这个机会，谈谈我所接触和了解的中山大学哲学系。1999 年初，我刚刚到中山大学工作，叶汝贤教授来到我的办公室，专门给我系统地介绍了马克思主义哲学理论和马克思主义哲学史，让我这个长期在理工科大学工作的校长对文科以及马哲有了初步了解。我当时就想，应该多和文科老师们交朋友。去年，在叶先生病重期间，我到医院探望他，我们还一起回忆了这段经历，虽然叶先生离开了我们，但我会和哲学系的师生们一样，永远尊敬他、怀念他。

记得有一段时间，社会上有一些对政府干部攻读学位的质疑声音，于是我就安排时间专门去哲学系旁听了一场博士论文答辩，那是在 1999 年 6 月，答辩者是当时中共广东省委常委、宣传部长于幼军同志。在答辩现场，于幼军同志阐述观点时口若悬河，面对提问时对答如流。一方面，我对领导干部攻读中山大学学位的质量就比较有信心了；另一方面，我感叹于文科与理工科在内容与形式上的差异，由此触动我去思考，如何在大学中进行差异化管

---

[*] 本文系 2010 年 12 月 19 日在哲学系复办 50 周年庆祝大会上的讲话，后刊登于 2010 年 12 月 24 日《中山大学报》（新）第 241 期。

理，后来我在《中山大学学报》（社会科学版）上，发表了"大学科研管理中的差异性问题"一文，这些都有赖于哲学系对我的启发。

我本人与哲学系的不少老师、校友有着良好的交往，是非常好的朋友，他们让我领略到了文科教授的风采，他们很多精彩的话语，至今记忆犹新。例如，哲学系逻辑学的一位著名教授与我都是浙江人，每次他到我办公室，一进门就用纯正的杭州话把我绑架到方言体系中。记得他曾半开玩笑地说："世界上有如此的'好事'，一边我在做自己喜欢做的事，另一边学校和国家又在支持我、奖励我、赞扬我。对科学和理论的探索，既是我生命的追求，同时也是我的工作，这两个事情完全结合在了一起。"我认为，哲学系有一批这样的教授，在大学这个学术共同体中，他们以学术为自己的生存方式，他们代表了哲学系、代表了中山大学，由此，我发出了"教授就是大学"的感叹。

2005年11月，我在南昌举行的全国高校人事人才研讨会上做过一次专题报告，会后中大的同事告诉我，当时就有与会者询问他们，"你们的校长是学哲学的么?"我想，这是对我任职中山大学校长12年来的最高褒奖和最好评价了。或许这也是我与哲学系老师们交朋友的最大收获。

今天庆祝大会开始前，我还专门去了工地现场，我看到校友资助的大楼正拔地而起，大楼有了，而在我心目中，大师就在你们中间。因此，我完全相信，哲学系的明天会更加美好。

谢谢大家。

在 2010 年全校教师干部代表大会上的讲话*

各位领导、各位同事、各位同学：

我于 1998 年 11 月来到学校工作，第二年 8 月被任命为中山大学校长。在中大工作的十几年，是我人生中最重要、也是最美好的一段时光。这里，我要衷心感谢全校师生员工多年来对我工作的理解和支持。同时，我还要向关心和支持中大发展的社会各界人士，特别是我们可亲可爱的校友们致以深深的谢意。这里，我还尤其要感谢广东省委、省政府和广东人民，中大人是喝珠江水长大的，没有广东父老乡亲的支持，就没有中大今天的发展。

我们正经历着国家历史上发展最好的时期，中国的高等教育的规模和水平也恰逢其时，得到迅速提升。作为一个高校的管理者，我能亲历和参与其中，深感幸运，也倍感光荣。虽然有关大学办学自主权之类的问题不时成为舆论关注的热点，但我的感受是，在目前的制度下，国家赋予大学校长的舞台是非常广阔的，大学校长完全可以而且也应该发挥自己的作用，有所作为。

一方面，对于大学而言，我们的办学环境是相对宽松的。广东省的领导对我们十分支持，我们的建议和要求都得到了充分的重视。教育部的领导对我们非常关心，给予学校充分的办学空间，大学的发展诉求也得到了充分尊重和满足。另一方面，作为大学校长，我们反映问题的渠道是畅通的。作为全国人大代表，我在每年的人大会议上，邀请兄弟高校领导附议的人大建议，都得到国家相关部门十分积极的回复，多数建议得到了落实。我也曾有机会参加温家宝总理召开的座谈会，当面坦陈对高等教育发展的意见和建议。因此，我以为，国家和社会对大学校长的期望很高，赋予的责任很大，授予我们权力也很大，大学校长有足够大的舞台去实现自己的抱负。

当然，我们在工作中，不可避免地会遇到一些困难，这就如同老师们在日常的教学科研工作和生活中会面临各种问题一样，是很正常的。我想，面对困难，有两种态度，一种是一味地抱怨，这丝毫无助于解决问题；另一种

---

* 本文系 2010 年 12 月 23 日在全校教师干部代表大会上的讲话，后刊登于 2010 年 12 月 24 日《中山大学报》（新）第 241 期。

是以建设性的阳光的心态，不断地去思考解决问题的办法，并付诸行动。的确，教育领域仍然存在这样那样的问题，但我们必须看到，我们国家高等教育的主流是发展，大学的水平在提高，这是任何人都无法否认的。在这种共识下，大学需要的是能够坐言起行的实干者，大学主要领导的精神状态，影响着全校教职员工的士气。

回顾这十几年的工作，我自认为是努力的。如果要说有遗憾，那么，我最大的遗憾，就是在解决教职工、特别是青年教工的住房问题上，还做得不够好，未能达到大家的期望。虽然有些事情受制于国家和地方的政策，仅凭学校之力不容易企及，学校也努力通过团购和建设周转房来缓解住房的压力，但毕竟未能建立起能让各位青年教师安居乐业的大学住房制度，因此心中还是觉得愧对大家，尤其是愧对青年教职工。还有，就是对学生，无论做了多少事，我都感觉是不够的，是不能让自己满意的。我自始至终，都认为自己还是一个老师。

我一直讲，今天在这里还要继续强调，我们中大今天取得的成绩是历史的积淀，是在前人留下的基础上取得的。我深深地体会到，对一所好大学来说，学术研究和学科建设等"硬件"的积累是重要的，而大学精神和大学文化的积淀也同样重要。令人高兴的是，"大学是一个学术共同体"、"教授就是大学"和"善待学生"等基本理念，在一定程度上，已经成为中大人的共识。现在，中大已经站在了一个新的起点，我相信，我们的继任者一定会做得更好，中大的未来一定会更好。我和大家一样，会继续全力支持学校的发展。

我是一个中大人，中山大学是我永远的精神家园。

谢谢大家。

附录一：媒体访谈

2002 年

【光明日报】

完善党委领导下的校长负责制
——访中山大学校长黄达人

"党的十五大以来的 5 年间，我国建设有中国特色的社会主义事业取得了重大成就，各项事业蒸蒸日上，靠的是什么？我看最关键的一点是毫不动摇地坚持和完善党的领导，始终不渝地保持党同人民群众的血肉联系，这是我们工作无往而不胜的根本保证。"十六大期间，记者见到中山大学校长黄达人，作为广东省高校的党代表，黄达人对过去的成绩满怀自豪。

"我们中山大学，这些年在教育、科研等方面有了长足的发展！学科结构有了明显改善，科研水平有了很大提高，不仅学生规模平稳增长，培养质量和结构更趋优化，学校的综合实力在国内高校中名列前茅，而且学校的凝聚力大大增强，这些成绩的取得靠的就是自觉地实践'三个代表'重要思想，尤其是切实坚持党的领导，坚持党委领导下的校长负责制。"

黄达人代表认为，坚持党对高校的领导，具体形式就是党委领导下的校长负责制。这是我国高校的一项根本制度，是基于共产党领导下的社会主义制度的高校管理体制的基本准则。实践证明，这一制度是符合高校客观实际，并且有利于高校稳定发展的。黄达人代表认为，有人把党委领导下的校长负责制说成领导的不负责，负责的不领导，这是短视的、片面的、有害的。党委与行政工作的最终目的从根本上来说是一致的，就是要调动全校教职员工的积极性，为学校的稳定和发展而努力工作。从具体的做法上来看，党委和行政的工作方式又有不同。在中山大学，党委书记更多地关注学校的稳定，校长更多地关注学校的发展。发展是硬道理，只有学校向前发展，教职员工才能看到希望，才会有不断努力的积极性；而稳定是发展的前提和保障，离开稳定，发展也无从谈起。

  黄达人代表指出，坚持党对高校的领导，坚持党委领导下的校长负责制，还必须根据实际情况，改革和改善具体的领导体制和工作制度，这样才能使高校的各项工作充满活力，卓有成效。我们制定了一套12字方针，就是："不抢事，不推事，做实事，抓大事"。"不抢事"，就是要给行政班子足够的负责空间；"不推事"，就是要使党委成为行政班子坚强的后盾；"做实事"，就是党委要围绕学校的发展做实实在在的事情，与行政班子一起为实现学校的奋斗目标而共同努力；"抓大事"，体现在两个方面，一是学校大局的稳定，二是党管干部的原则。近几年来，中山大学在国内外的声誉有了显著的提高，这与校党委的领导和支持是分不开的。

（光明日报　2002年11月13日　记者：戴自更）

【南方日报】

北大、中大"当家人":扩招不牺牲质量

在近年高校改革的浪潮中,既是科学家又是管理者的高校"当家人",在努力实现"创办一流大学"目标的过程中作了怎样的实践和思考?昨日(11月22日)应"中大逸仙生命科学论坛"之邀来演讲的北京大学校长许智宏教授和中大校长黄达人教授,在康乐园接受了记者的专访。

一

夜幕下的康乐园清新怡人,远远地就看见两位校长踱着步子,从校道上优雅地走来……

外国的大学校长比我们潇洒得多

记者(下简称"记"):感谢两位校长接受《南方日报》的专访。我记得许校长您曾经说过,当校长其实就是当"家长",两位"家长"这个"家"当得怎么样?

许智宏(下简称"许"):这真是一言难尽。今年暑假,在"中外大学校长论坛"上我也提了这个说法。我很羡慕外国的大学校长,他们活得比我们潇洒得多。首先,我想说的是,钱是很重要的,没有钱大学就办不成。外国的大学校长很清楚,办一流大学需要钱,需要人。但是,中国的校长只管人和钱还不行,小至学生的衣食住行,大至整个学校的管理都要管。我觉得大学现在最关键的是人事体制改革,要能够吸引优秀的人才,清退一些不合格的人。

黄达人(下简称"黄"):许校长说的这个"当家"的感觉,我真的也有很深感触。大学校长要管好这个家,有太多的无奈,既要管人,又要管钱,压力非常大。就说管人,能进不能出,一进来吃喝拉撒全都在学校里了,这是整个社会的大环境决定的,是社会转型期的特色。我们每天忙忙碌碌,处理各种各样的事情,需要解决的问题太多了。

学科建设才是建设一流大学的根本

记：北大提出 2015 年左右建设成为国际公认的世界一流大学，中大则要努力建设成为国内一流、国际知名的综合性研究型高水平大学，虽然建设一流大学没有一个具体的标准，但有一点是每所高校努力追求的，那就是世界一流的师资，要有足够分量的大师级人物，我们的高校现在有足够的吸引力去吸引这些大师吗？

许：我认为不是我们用什么去吸引这些大师，而是我们要主动去挖掘一些有潜力的年轻人。像哈佛大学，它并不是靠名气去把人才吸引过来，而是在它那种浓郁的学术氛围下，把年轻人好好培养起来。中国高等学府关键要有肥沃的土壤，才能够使这些人才茁壮成长。而照现在的情况来看，中国的土壤还不够肥沃。

大学是很容易出人才的场所，现在最重要的是要营造一种良好的人文氛围、创新氛围。为什么中国人总拿不到诺贝尔奖？就是存在没有良好氛围的这个问题。文科大学相对工科大学来说，人文氛围要浓郁一些，我非常珍惜我们文科大学这种人文传统。

我个人觉得现在整个社会环境还不是非常理想。大学的教师要更多考虑国家的需求，考虑科研成果的转化，这是非常重要的，但是不要忘记了，大学本身的基础研究也是很重要的，基础研究需要一个创新的氛围，一所大学的创新氛围是至关重要的。所以我们不能简单地认为，基础研究的目的就是为了得到诺贝尔奖什么的，这样想我觉得太片面了，基础研究本身对整个大学的氛围，对整个教育水平提高的作用也是要特别重视的，特别是重点大学，很难想象它的研究水平不高，教学水平怎么会高？在北京，很多人都不是一开始就搞技术的，但他们的功底打得很好，国家需要什么，他们就能全身心做好。我认为，大学校长头脑必须清醒，不要忘记，学科建设才是建设一流大学的根本。我对建设一流大学还是充满信心的！

黄：没错，引进人才必须与学校的培育人才相结合，如果只是引进，没有培育，哪来那么多人才给你引进？我们应该主动去培育有潜力、有作为、有责任感的人才，而不能单靠学校的名气去吸引他们。所谓"龙头一动，全盘皆活"，中大的奋斗目标是成为一流的高等学府，培育人才至关重要。

的确，衡量一所大学是否一流，是否重要，最关键的是要看它是否有一流的大师，一流的学术成果。学术界有京派、海派之说，广东在全国的经济地位与京、沪两地是可以分庭抗礼的，相比而言，文化学术上却似乎没有了这种分庭抗礼的资本。作为中国南方一所最具影响力的大学，我们要力争通过不断地营造一种有利于创新的宽松的学术氛围，经过若干年的努力，使中山大学的学风具有自己独特的个性，在学术风气和治学风格上打造一个在国内学术界独树一帜的岭南学派。

现在高校学术上有一种比较浮躁的倾向，我认为主要的责任不应该全推给教师，我们一年到头都在评估、检查，一年到头都在填表，你说怎么不会浮躁？我非常赞同许校长的想法，一所高校尤其是北大、中大这样的高校，基础研究非常重要，既然是基础研究，那就是探索型、创造型的，它就带有更大的不可预测性，有很大的偶然性，更加需要宽松的环境。如果你说一个基础研究一定要在多少年内出一个成果，我想这个基础研究就不是创新的东西。关键要有一个宽松的环境，学术才能够得到土壤去培育人才。

二

只要是中大的学生，没有人不知道黑石屋的，这栋颇具岭南风格的建筑曾经是校长官邸，现在成了中大迎接嘉宾的最高级场所，许校长就下榻这里。

每一所大学都应明确为自己定位

记：高等教育大众化已是一个大趋势，可也有不少校长私下里在诉苦，觉得连续几年的扩招给学校发展带来了压力，北大和中大也有这样的烦恼吗？发展规模和保证质量这个平衡点到底应该怎么找？

许：高等教育的扩招是有深层次原因的。中国高校现在存在最大的问题就是做什么都是一个模式，别的大学做什么都盲目跟风，一讲到大学要提高水平大家都去申报硕士点、博士点，弄得很多大专变成学院、学院变成大学了。

我认为，每一所大学都应该明确地为自己定位，清楚自己是研究型大学还是综合性大学。特别是研究型大学，不能盲目去跟从别的大学的做法，不要看到别的大学扩招也拼命扩招，要根据自身情况和条件是否允许来决定是否要扩招。毕竟有少数大学是作为研究型大学去扩招的，如果北大也盲目地去扩招，每年扩招20%～30%，我们的教育水平用不了多久肯定会下降的。所以北大必须把自己定位好，我已跟教育部反映过本科生和研究生不能再扩招了。不过也很难笼统地讲是要扩招还是不扩招，毕竟一个国家有那么多的人要念大学，国家也需要多方面的人才。但是关键要把大学分为不同层面来考虑，哪些大学要扩招，哪些大学不再扩招，要为国家输送人才，但又要根据学校自身情况来考虑。

黄： 在这个问题上我认为可以从两个方面来考虑。一方面，扩招是社会需求。如果说好的大学都不扩招，是不是优质的教学资源没有得到充分的利用？家长们除了希望孩子能够接受高等教育，更希望他们能到好的大学来读书。另一方面，正如许校长所说，不能够盲目地跟从，而是要根据学校自身的条件来考虑是否扩招。对大学来说，最关键的就是保证扩招不能以降低教学质量为代价，不能"稀释"教学质量。

高校原则上不要办企业

记： 中国的高校是比较重视基础教学的，但随着国家经济的发展、社会的需要，高校科技成果转化问题已备受关注，作为校长，你们认为大学应该怎样做，才能为国家、地方的经济建设作出更多贡献？

许： 实际上很多大学都在考虑这个问题，特别是重点大学。仅仅鼓励教授"下海"，是不能够解决根本问题的。一个教授又当董事长，又当总裁，又当科学家，到头来什么都做不成。虽然北大已有几个成功的例子，但是并不多。现在在这方面我们还做得不够完善，还处在转轨过程中。我个人认为，高校必须抛开这种思想，不要一心多用，而是全心全意搞科研。

黄： 在这点上中大与北大有所不同，北大至少有一些企业是成功的。从原则上来讲，中大不会投资办企业，我认为中大对社会的贡献主要是培养优秀的学生，另外，应该发展生产力，要有专利，有我们的知识产权。学校有责任做科研成果转化，但必须有个度，这个度就是要做到将科研成果转让给企业为止，而不要去办企业。今年中大的专利申请情况比较好，在这方面我们下了不少功夫，但还是要尽快地把这些科研成果转让到社会去，在保证研制这项科研成果的教授的利益不受侵犯的前提下回报社会，我提出要"零代价"转让给企业。

三

夜更深了，校园都静下来了，忙碌了一天的两位校长还淡定自如，从容对答。可摄影记者最满意的还是两位一北一南校长紧握双手的瞬间，他的点评是：真正的大家风范。

社会责任心对当代年轻人而言更为重要

记：在人们的印象中，北大的学生以独立思考、自由精神而闻名，而中大学生的求真务实已成为自己的特色。当校长的其实最欣赏什么样的学生？

黄：我认为学生一定要保持很强的个性，要有强烈的社会责任心，我认为后者对当代年轻人而言更为重要。这两点的结合体就是我最喜欢的大学生。

许：应该说，能考进北大的学生都是优秀的，我们北大的学生都是社会栋梁，包括从农村来的学生。这些农村学生，即使家里很穷，仍能成为一个人才。我希望北大的学生能多接触社会，对社会现象要有深层的理解。去年我们有5位研究生主动要求到西藏去体验生活，我非常支持。今年他们回来我见了他们，觉得他们大大不同了。在看到北京、上海、广州这些现代化大城市崛起的同时，不要忘了，中国有很多地方是很贫苦的。作为当代的大学生，应当想尽一切办法去了解整个中国的事情，而不能把眼光局限在大城市，要多积累些社会实践的经验，社会责任感、使命感才会油然而生。

我希望以后还是一名数学家

记：两位校长一位是植物生理学家，一位是数学家，担任校长以后还有时间去从事自己的科学研究吗？

许：我是1999年年底当北大校长的，一当校长搞科研的时间就减少了。我心里很清楚，虽然当校长，但是不能完全脱离科研工作，否则就对科研工作不了解，通过带研究生，还可以了解研究生们的想法，他们给我反映了很多问题。但是平时日常工作实在繁琐，不可能有太多的时间放在科研工作上，只好利用平时的空闲时间来从事科研，一到晚上我总要看看自己本专业的书，了解一些情况才能睡。

黄：我始终认为，我的本职就是一名教师，搞好科研工作是我的本职工作。作为校长，工作的确繁忙，但我又很不愿意荒废科研工作，我希望有一天当我不做校长的时候还可以站在讲台上，为学生讲课。

从前我是一名数学家，希望将来不当校长了我还是一名数学家。让我比较欣慰的是，去年、今年我还出版了专著。

（南方日报　2002－11－23　记者：梅志清　实习生：黄彬彬
通讯员：李汉荣、岳辉）

2003 年

【南方日报】

大学要有深厚基础学科作根基
——杨振宁与中山大学黄达人校长对话

著名物理学家、诺贝尔奖获得者杨振宁教授出现在庆祝香港中山大学高等学术研究中心基金会及中山大学高等学术研究中心成立20周年的庆典上。这天正好是杨振宁教授82岁生日，他说在广州过得真高兴。20年前，杨振宁教授倡议选址中大成立这个注重基础学科的研究机构。副省长宋海出席了大会。

阳光下的鸣泉居草木青葱，漫步在小路上已有些秋意，杨振宁教授开了一整天会，趁机出来散散步；而另一边，中山大学校长黄达人教授和副校长李萍教授早已恭候一旁，前来向大师讨教治校大计。《南方日报》作为唯一媒体，获邀采访。

从校长的角度来看，我觉得要抓住这一点：今天所要开的系、开的课，不可能和20世纪一样了……21世纪是生物学的世纪

黄达人：很感谢杨教授前来参加这个20年的庆典活动，这是对中大这样一所南国学府的厚爱。

杨振宁：我与中山大学第一次发生关系是在1973年，30年了，那时候我从长沙到九龙路经广州，去中山大学拜会当时的数学界元老姜立夫教授，那时候的他还住在一栋小楼里，我印象很深，现在想来，那时候的广州和今天相比，变化很大呀！

黄达人：那样的教授小楼中大有40多座，这次我们全部按原貌装修了，那可是中大的宝贝。20年前您倡导把一个这样纯学术的研究机构放在中大，这一点我们也是不能忘记的。

杨振宁：其实当时我们提议在广东的深圳设立一个学术研究机构，后来商量后觉得深圳的学术传统恐怕不够深厚，不是最合适的地方，最后还是决定选址中山大学。这个提议很快就得到了广州、中大以及香港工商界领袖们的支持，特别是冼为坚先生，给予了很多经济上的支援，当时80多岁的梁銶琚先生也给予了很大的支持。

黄达人：20年来，高等学术研究中心对于广州、对于中大基础学科的发展作出了很大贡献，我认为，基础学科的研究关乎大学的声誉与地位，中山大学作为南中国学术文化重镇，高水平的基础学科研究可以说是我们的立校之本。所以我们在不断强调应用学科重要性的同时，我们更没有忘记基础学科这一根本，基金会20年间不断支持基础学科的研究，这一做法和精神与我们加强基础研究的办学思想十分契合。

杨振宁：你讲得很好，但事实上，也许一般学生甚至大学领导人对于我以下要讲的认识不够，即每一学科在不同的时代最容易重点发展的方向有很大分别。

举个例子，20世纪物理学发展有惊人的成果，尤其是头30年发展是革命性的，那个时期不仅是物理学历史上的大革命，而且是人类历史上重要的发展，21世纪初会否也面临可能有的大革命？我认为不会，因为今天不一样了，因为在不同时代能够大发展的方向不一样。20世纪通过这头30年的发展，对于物理学，乃至整个社会的经济结构都有决定性的影响。取其一端来讲，因为有了量子学的发展，才有了半导体物理，从而才有计算机零件，才有21世纪全世界的通讯工程。

所以，20世纪头30年物理学的革命性发展不只影响物理学，更影响了整个世界的发展，其中一个结果就是打开了很多的"门"，每一个"门"都可以走进去，都能产生新的学科门类。就说激光，今天的激光研究已多得不得了，还在继续发展；再如光纤，也是在20世纪物理学原理革命的基础上发展出来的。

21世纪以后，就是要借助这些"门"来进行主体发展。我经常和我的研究生说，要掌握住基于那30年发展开出的"门"来做研究，你才有可能有极大的发展。从校长的观点来看，或者从国家科技部的领导人的角度来看，我觉得要抓住这一点：今天所要开的系、开的课，不可能和20世纪初一样了。

黄达人：站在前人的肩膀上，用更长远的目光看未来。

杨振宁：很多人认为"20世纪是物理学的世纪"，如果你问我21世纪如何？我认为21世纪是生物学的世纪，我的这一观点并没有得到一些物理学同事的赞同，但我认为这个趋势很明显，因为生物学的发展对于每个人都有切身影响，大家更注意这个问题，再加上基因等知识的支持，其前途不可限量。所以我很有信心，这将会是最后的评比得分——21世纪是生物学的世纪。

透过下榻房间的落地窗，看到大片的绿草地，蓝天白云间还时有白鸽掠过，杨教授为此感叹，在中国有这样的地方，以前怎么可以想象？

中国想在21世纪中叶成为世界大国，就必须为前途发展做重要的改革，这需要大家都来努力

黄达人：中国的国情是，一方面高校要为当地的经济发展作贡献，这是大学的责任所在，我们必须把注意力倾注在一些应用学科上。可另一方面，我们深知，基础学科是立校之本，是大学的学术地位和声誉所在，如果您是我这个角色，在学科调整方面，您会如何摆布应用学科与基础学科的位置呢？

杨振宁：我认为一个大学有三个目标：教育下一代，做尖端研究，还有就是服务社会，全世界的大学都意识到了这三个重要任务。可是应用学科的基础也必须建立在原理上，所以一个大学不管是教育学生，还是做尖端研究，都要有深厚的基础学科作为根基。要认清这一点，否则可能就要吃亏。好比1952年，清华大学院系调整时，把文科、理科都迁到北大去了，专门搞工科，现在清华大学认识到这个办法太偏了，所以清华现在正在努力恢复文理的一些课程。

我认为从校长的角度看来，一方面要掌握住"21世纪应用学科的比重要加重一些"的尺寸，另一方面又不能忽视基础学科，这是一个复杂的辩证关系。

黄达人：这的确有一个尺度、分寸的把握问题。

杨振宁：我们还不能忘记另一点，那就是所有大学都是一个有机体，是长在当地历史上。我常来中国，我知道我们的大学存在不少的问题，主要来源于中国在一百年来快速发展的同时，历史遗留下来的观念和体制问题，虽

然更改很快，但存在的问题不少。

例如，现在所有大学都有机构臃肿的问题，人推又推不出去，我听说北大、中大这次的人事制度改革震动很大，关于北大的改革好像还吵得挺厉害。

黄达人： 我们已经做完了，推进得比较平稳。中大的聘任制，目的是要建立一个与国际接轨的更具国际化色彩的大学人事制度框架，以便更多更好地吸引国内、国外的优秀人才，以满足学校发展的迫切需要。同时我们也强调，我们的聘任制，最终要做到"为天才留空间，为中才立规矩"，我们想告诉我们的老师，在大学工作，是应该有一个契约的，这个契约就是一个规矩，而在这个规矩之外，我们还尤其重视要为高水平的教师留下足够发挥的空间，因为我们认为，真正高水平的学者，学术是他们的生命，制度化的约束对他们意义不大，他们需要的是更为宽松的空间潜心于学术。强调契约的同时也强调宽松的学术氛围的营造，或者也是我校聘任制的一个特点吧。

杨振宁： 那非常不简单，这个问题我回头还要向您请教一下。我想说，中国的这种现象必须要改革，中国想在21世纪中叶成为世界大国，就必须为前途发展做重要的改革，这需要大家都来努力。

而大学要改革，不是下几条命令就能做到的，要通过社会吸收多余的人员，高校的人事改革才能顺利过关，其实现在行业增加了，有些人就可以去企业或其他地方发挥才能。

记者： 我们说高校是中国计划经济体制下的最后一块堡垒，这些您也听闻过，除了人事制度改革之外，您认为我们的高校要取得重大发展，还要在哪些方面"动手术"？

杨振宁： 现在前沿科学全世界竞争很厉害，中国的高校要在其中取一席之地，中国的高校要争取做一流大学。

记者： 现在不少高校都在朝这个目标努力，但在您眼中什么样才能称得上世界一流呢？

杨振宁： 我是这样看的，例如一个大学的某个系能够在全世界各个学校的同一个系里排名进入前20名，那么我们就把这个系定位世界一流的系。如果一所学校能有5个左右的系进入到世界一流行列中，我看就可以被称为世界一流大学。

在国际上，中国人研究中国文史自然可以占点"便宜"，容易处于世界领先地位，但中国的高校要想在理工类方面打造出一个世界一流的学科来，困难就大得多。不是我们不够聪明，现在美国国家科学院的2000名院士中，有200人是物理学院士，而这其中至少有20人是中国人，这可是1∶10的比例呀，可见中国人是有聪明才智的。为什么我们国内的学科研究还没有达到理想的水平呢，道理很简单，一是还没有足够多的钱，二是我们的研究者对于所在领域的研究信息掌握得还不够快，如果作为校长，我可能会先研究一下本校的优势，例如中大的人类学、历史学都曾有深厚的基础，然后再趁势打出本校的学科"王牌"，在世界上争一席之地。

黄达人：杨教授的这番话，给我很大的启发。目前，中国的大学排行榜十分热闹，我们中大对此始终持清醒的态度。我想杨教授的这个观点是否可以这样理解，大学的发展是百年大计，大学排名的提升也不是一朝一夕的事情，因此，对于大学而言，功夫还是要放在学科的发展上，这是我们这些管理大学的人所最应该注意的关键所在。现在中国许多著名的大学都有着追赶世界一流大学的雄心壮志，不能否认，中山大学也有这样的希望。但我觉得问题的关键不在于"言必称哈佛"，而在于脚踏实地做好自己的事情，铸造属于自己的学科品牌，杨教授说，有5个学科世界一流，这个大学也就世界一流了，真是说到了点子上。以哈佛作为目标是不错的，但更重要的是要有真正拿得出手的学科，说句玩笑话，我们只要"心中有佛"就行了，目标在我们心里，我们所要做的是做强中大的学科。

82岁高龄了，却是鹤发童颜，不知疲倦，还步履矫健地跃上台阶，轻松躲过了记者们的围堵，这一幕让大家都笑了。

"我承诺，如果到时夫人身体允许，明年我会前来见证中大80周年庆典"

黄达人：对于中大这样一所南国高等学府来说，未来发展的空间您认为在哪？

杨振宁：先说小的，我想如果中国的教授薪水能达到每年两万美元的话，情况应该会大为改观。

黄达人：您猜猜中大正教授的年薪已到多少？

杨振宁：我估计是五千美元吧。

黄达人：我们刚刚统计了，现在中大正教授的年薪平均已到了一万美元的水平。

杨振宁：我很高兴听到这个消息。毕竟钱太少不行，像家里电灯坏了，孩子要上学之类的事情也要困扰他们的话，就不能专心做学问了。我记得国内有些教授们为了省钱,中午都要回家吃饭,这挺耽误时间。像这样的纷扰消除了,才能有大的进步。我30多岁的时候就没有任何烦恼了,房子不用愁,孩子有夫人管理,所以可以整天想我的物理。

黄达人:我理解杨教授讲这个年薪的意思,不仅仅是一个年薪的问题,如果中国的教授达到了两万美元,那就意味着我们高校的整个科研设备、科研经费都会在另一个层次上。

杨振宁:本着这样的趋势,我相信以后的10年、20年,南中国在学术、科技、经济等各方面都会有极大的进步,中大也是。

记者:关于科技成果转换的问题现在中国的高校非常关注,中大也在为还没有一家上市公司而头痛,但听说很快就会有了,美国的高校是否关心这个问题?

杨振宁:这个科技成果转换的问题美国的高校也很关注,例如我们也讲孵化器,我认为尖端科研成果转化成经济效益就要善于利用环境。如斯坦福大学和硅谷的关系就是一个很好的例子。现在美国重要大学周围都设有科学园等,大家看中的就是这种大环境。

黄达人:中大的科技园也已经进入了实际操作阶段。我们认为,大学不应该自己去办产业,它服务社会的方式应该是科技成果的转化。听君一席言,胜读十年书,非常感谢杨教授今天赐教,我趁机还想正式邀请先生明年来参加中大80周年的庆典,在诺贝尔奖获得者论坛上让我们再次聆听您的演讲。

杨振宁:我承诺,如果到时夫人身体允许,明年我一定前来见证中大80周年庆典。再过十年,香港中山大学高等学术研究中心基金会成立30周年纪念的时候,我一定再来!

康乐园里,杨振宁教授的铜像静静地立在学术中心,那是雕塑家潘鹤先生的作品,对于中大,对于这片南国热土,杨振宁先生有着一份特殊的感情,30年来从未隔断

记者:您为清华园的家买好家具了吗?

杨振宁:我这个月9日到了清华,其中一件大事就是买家具,校方为我建的房子很漂亮,材料都够得上国际标准。家具我亲自去家具城挑,在北京买比在纽约方便多了,很集中,连看了几家就解决了。现在我的秘书正在忙活着买冰箱、微波炉。

记者： 以后就打算常住清华园了？

杨振宁： 对，常住。在我心中，第一位的高校就是清华，那是我童年成长的地方。第二位就是中大。

记者： 在您身上有着很浓的故乡情结。

杨振宁： "落叶归根"总是抹不去的情结，但我想，我还没有"落"之前，就要回到这里。我深受中国传统文化影响，也一直没与中国间断过联系。

朝鲜战争之后，中美关系紧张，多半在美国的中国人都不大敢和国内的家人联系，我当时的父母和兄弟姐妹都在上海，我认为没有理由要怕，所以那些年也一直坚持通信通电，后来我又跟父母、弟妹们在日内瓦团聚了3次，在香港团聚了两次，所以我对中国的变化知道得很清楚，也从未中断过这份情结。

我还记得我1971年回国访问，在北京待了一个月，那是我有生之年感情最丰富的一个月，当时我住的北京饭店对面就是毛主席的对联，那一个月使我对新中国有了更多的了解，更深的感情。

我在美国生活了很多年，对于世界、中国的看法也一直在改变。现在我已经80多岁了，回想我出生时1922年的安徽合肥，是多么的落后，与今天比较起来感受很深，这种变化如此巨大，它的动力与面貌是全世界瞩目的，中国应该这样继续下去。

（文章来源：南方日报　2003－09－23

记者：梅志清　通讯员：李汉荣　实习生：吴爱芳）

【南方日报】

中大校长黄达人与本报报业集团社长范以锦对话
——发展人才战略　共建文化大省

昨天，在南方日报报业集团与中山大学管理学院共办 EMBA 课程培训班第二期开学典礼上，中大校长黄达人与本报报业集团社长范以锦就两大品牌如何强强合作，优化智力结构，储备充裕人才，发展人才战略，努力成为文化大省建设中的一支重要力量进行了一番对话。

两大品牌强强合作　真正实现双赢目的

黄达人：记得去年南方日报报业集团和我们管理学院共建 MBA 实习基地时我就对范社长说，与南方日报报业集团这样的知名品牌共建 MBA 实习基地，将成为保证中大 MBA 教学质量的重要措施，是真正意义上的强强合作。中大在这几年的发展中非常注重树立自己的品牌，提升自己品牌的含金量，而南方日报报业集团是值得信赖的媒体，我真心希望南方日报报业集团和中山大学这两家邻居今后联系更紧密，在合作中探索更多模式，以达到双赢目的。

两家后来又联手共办 EMBA 课程培训班，在全国新闻媒体行业中是开先河之举。

范以锦：感谢黄校长今天来参加开学典礼，黄校长再次亲临我们报社，预示着我们的合作将进入新的发展阶段。

我们深知，南方日报报业集团发展到今天，必须致力于强化持久竞争优势。读者对文化需求的品位越来越高，我们不能只给读者短暂的满足，而是要通过培育优质品牌的报纸，连续给读者带来超值的感受。因此，我们必须提高竞争的层次。

我认为现在报业经营的竞争有三个层次：第一种是打价格战、只求数量不求质量的低层次竞争；第二种就是以规模、结构、效益为主的中层次竞争；第三种就是以资本、人才、品牌为主的高层次战略竞争。南方报业的经营已摆脱了低层次竞争，赢得了中层次竞争，并提升到高层次的竞争上来。

在这场品牌竞争中,强化核心竞争力是多品牌战略的基础,保持充裕的人力资本则是实施多品牌战略的关键。

从报业经营的角度来思考,最缺乏的是什么人才?就是既懂办报又懂经营、能对报业进行运作的复合型人才。对此我们两条腿走路,一是到全国各高等学府包括中山大学中去挖掘优秀毕业生,补充进来。今年我们集团准备招200名大学毕业生,到现在为止网上报名就有2万多人。二是要大力提高现有采编、经营岗位上的中、高层管理人员的管理水平,对其进行工商管理的职业训练。通过培训,强化报业的核心竞争力。我们想到了与中大合作开办EMBA课程培训班。

黄达人: 我有一个观点,时代发展到今天,高等学府的责任不仅仅是在围墙内培养优秀毕业生,我们更有义务为社会广泛培训合格人才,为当地经济建设提供智力支持和人才保障。不论是MBA还是EMBA都是非常注重案例教学的,与中国发展最好、有着丰富实践经验的报业集团合作,对我们的教学就是一个很好的促进,可为我们提供新鲜的实践经验,我们中大为不少行业培训过中高层管理者,但与媒体进行培训合作还是第一次。

范以锦: 依托中大对现有的南方报人进行培训,是南方报业的最佳选择。

中大是中国著名高等学府,特别是两校合并后发展速度很快,你们的人事制度改革、公开向海内外招聘150名教授等一系列举措走在了全国前列,影响很大,中大这个品牌在我们心目中分量很重。同时像黄校长说的,我们是近邻,有地缘优势。

第一期8个月的课程培训我全程参加了。从培训中我们尝到了甜头,开拓了办报思路,强化了经营管理者的素质,全面提升了中高层人员运营报业的能力,为我们报业集团开发和储备核心竞争力、强化持续的竞争优势打下了非常好的人才基础。

广东建设文化大省核心是全面提高人的素质

黄达人: 张德江书记来粤上任后的调研首选就是中大,这不仅是对我们中大自身发展的深切期望,更是寄望我们要在建设教育强省、文化大省中尽职尽责,中山大学经过高水平建设大学计划("985工程"),全面提升了实力,为社会发展作贡献的能力也越来越强。现在我们两家建立起来的这种人才战略、优势互补、密切协作,不仅符合双方的利益,更有利于全省的文化事业发展，在企业中创造学习型组织，提倡终身学习的先进理念。

范以锦：张德江书记在谈及广东文化大省建设时指出，文化建设从根本上来说是人的建设，核心是全面提高人的素质。我的理解是如果各行各业都有高层次的管理人才，都能够做大做强，那么，我们的文化大省建设就有了坚实的基础。现在大家都知道，随着国家开放进程的加快，传统媒体面临国外大资本、大媒体虎视眈眈的挑战。在这一轮的竞争中，作为广东省报业的龙头、省委省政府重点扶持的报业集团，我认为只有进一步优化集团的智力结构，形成充裕的智力资本，实现报业集团的观念创新、制度创新和管理创新，将自己做大做强，就像中大做大做强一样，才能以实际行动配合省委省政府的中心工作和建设文化大省的战略部署。也只有做大做强，才能从容应对挑战，从根本上巩固党的舆论阵地。

（2003－12－09　南方日报　编辑：李美仪）

2004 年

【人民日报】

有容乃大　和谐致远
——访中山大学校长黄达人教授

孙中山先生亲自创办的中山大学于 11 月 12 日迎来了 80 周年校庆。连日来，中山大学校园到处洋溢着喜庆气氛，国内外名师专家开设的"学术论坛"、"人文论坛：文明的对话"等讲座，给全校师生带来学术领域前沿的思维盛宴。中山大学校长黄达人教授建设"和谐中大"的倡议得到广泛响应。

要改变"只重职称不顾其他"的做法，建设"和谐大学"，形成一个人人想干事，人人想出成绩，适合于各类人才成长的良好环境

记者：党的十六届四中全会提出，要提高党的执政能力，建设"和谐社会"。这次校庆，黄校长提出了要建设"和谐大学"的概念，能解释一下其中的含义吗？

黄达人：中央提出要建设"和谐社会"，是站在全国的高度而言，具体到我们中山大学，同样有着很强的指导性、可操作性。从根本上说，每个人都是其他人的一种外部环境，而一个和谐的整体正是由每一个"互为外部环境"的个体共同营造的。中山大学是一个整体，每一个中大人都是这个整体中的一分子，整体环境的和谐有赖于其中每个个体的共同努力。因此，我们不仅要享受和谐的工作环境，同时更要投身到这个环境的建设之中。我以为，在上下级之间，在管理干部与教师之间，在每一个中大人之间，都应该抱有一种与人为善的想法。作为各级领导，要善于体察下情，为广大教师员工排忧解难，而作为广大教师和干部职工本身，对领导们也要有一定的宽容度。

记者：80年前，孙中山先生高瞻远瞩，视"教育为神圣事业，人才为立国大本"，令广东省高师、法大、农专三校合并，成立国立广东大学，中山大学由此发端。中大举办庆典活动，是不是可以这样理解：校庆的目的不仅在于回顾历史，更在于营造大学和谐的氛围，着眼大学的长远，着眼大学的未来。

黄达人：对！建设"和谐大学"，就是要形成一个人人想干事、人人想出成绩、适合于各类人才成长的良好环境。近年来，我校进行了许多卓有成效的努力，我们提出了"引进与培养相结合，以制度激励人，以学术氛围吸引人，以资源保障人，全面创造适合创新人才引进与成长的宽松的学术氛围和良好的学术环境"的人才工作指导思想。

要改变"外来和尚会念经"的观念，敢于比照"引进人才"的待遇，给"原有的"与"引进人才"学术地位、能力和贡献相当的优秀学者以同样的待遇

记者：许多大学对引进的人才提供了很优厚的条件，例如科研启动费、房屋补贴等，而这些待遇往往是校内原有人才所没有的。于是有人说，引进的是人才，原来的就不是人才。甚至有人还开玩笑说，不如我先跳出去，然后再把我引进来，这样该有的就都有了。作为校长，你如何处理好这种关系？

黄达人：这种现象引起了我的思考。确实，流动可以使人才增值，但人才的价值不能仅仅在流动中体现。实际上，不管是"引进的"，还是"原有的"，都是中山大学的人才，这两者其实只是一种时间概念上的区别。如果把这个"引进"的概念理解得更宽泛些，中山大学现在所有的人才，不管是特聘教授、讲座教授，还是调入、留校、应聘上岗的，都是"引进"的。而从进入中山大学的那一天起，这些"引进"的人才又都成为"原有"的人才了。所以，辩证地看，"原有的"即是"引进的"，"引进的"也会变成"原有的"，它们虽说看上去是两个群体，其实只是一个，是不应该有所区别的。

记者： 但是，"原有的"人才和"引进的"人才事实上还是存在较大的待遇差别。

黄达人： 要解决这个差别，我想首先是观念的转变。按劳取酬、按能力取酬、按贡献取酬是我校目前实施的分配制度的一个原则，在校内各类人才中，待遇不同是必然的。目前我们所面临的问题是：当"原有"的学者与"引进"的学者能力与贡献相当时，应该如何平衡两者之间待遇的差别。对于中山大学而言，我们对人才的评价更要看他们是否与学校高水平的研究型大学的定位相一致，看一个学者的贡献和能力，数量是一个方面，而更重要的是质量。我们的老师们写文章，不应该只是为了升职称，而应该是为了科学的进步和社会的发展，应该瞄准科学的前沿，去争取具有世界影响的大成就。既然人才评价的标准是一致的，那么不管"引进的"还是"原有的"，只要能力和贡献相当，就应该享有相同的待遇。

记者： 中大还会继续大力引进高层次人才吗？

黄达人： 我们仍然强调要继续引进高层次人才。高层次人才尤其是学术领军人物的引进工作，对于中山大学的长远发展是至关重要的，因为他们可以为学校带来新的学科增长点，可以尽快提高学校的学术水平。

要改变机械划一的考核标准，正视科研的差异性，提倡学术的自由精神，在对教师的评价和考核体系的设计上要切忌简单化，要有"养士"的决心

记者： 我们经常会听到这样一些问题：大学的科研究竟应该强调团队合作，还是提倡基于个人兴趣的独立研究？对于基础学科与应用学科应该选用怎样的激励方式？

黄达人： 问题的实质就是：要对不同的学科、不同的人建立起不同的评价和考核体系，正视科研的差异性，提倡学术的自由精神。大学应该提倡"不强求"，对待教师的学术追求应持宽容的态度，可以采取激励性的政策奖励与大学成长目标相容的教师，不强求每个教师都采取与大学成长目标一致的行动。对于基础学科，应该要有一种更加宽容平和的心态，要有"养士"的决心。对于那些以学术为生存方式的学者，应该给予良好宽松的学术环境和生活空间，给予足够的经费支持，不应该以量化管理来制约其创造力。大学对这些学者的投入有些像风险投资，要有投入而得不到回报的心理准备。

记者： 你前段时间写了一篇论文《大学科研管理中的差异性问题》，其中提出：差异是一种常态，整个世界、整个人类社会都处在这个常态之中。

黄达人： 承认科研管理的多样性，就是承认人才的多样性和差异性。我校近年来实施的教师职务聘任制改革的着眼点，就是要为各类人才提供更大更好的发展空间。我们给少数优秀的学者以特殊津贴而不硬性规定他们的教学或科研工作量，就是看到不同学科、不同类型的学者之间的差异性。大学的核心在于"大"，有容乃大。不同的人才有足够的发展空间、心情舒畅地工作、充分发挥创造力，为社会服务，才能体现"大"的精髓。这就是中大的追求。

（人民日报 2004年11月15日第四版 记者：刘伯饶）

2005 年

【中国青年报】

中山大学校长黄达人：立足长远　营造和谐

记者：80 年前，孙中山先生手创国立中山大学，立志要建一所中国一流大学。而今，中山大学已发展成为一所涵盖文、理、工、医、管理等学科在内的，在全国乃至国际上具有重要影响力的研究型、国际化、综合性大学。2004 年，中山大学在"科技创新竞争力"与"人文社会科学竞争力"两个方面均名列全国高校第十位，校长对此有何看法？

黄达人：我们有一个"2% 理论"，也就是说，在一些衡量一所大学水平的重要项目指标中，如果我们可以大体得到全国高校 2% 左右的份额，我们就可以感到基本满意，这个 2% 意味着在全国高校中排名第七八位的样子。因此，如果要评价近年来我们学校有些什么进步的话，那我们就应该看看有多少指标达到了这个 2%。近几年来，这个目标我们基本实现了。

大学的事业应该着眼于长远，而决不能计较于一时的得失，在排名上是升了一位还是降了一位并不重要，重要的是，我们要通过实实在在的努力，为中山大学的长远发展奠定坚实的基础。经过多年的努力，中山大学也确实已在学科布局、人才储备、科研实力、管理体制和营造宽松的学术氛围等方面都取得了长足的进展，现代研究型大学的基本格局已经形成。

记者：您在中山大学 80 年校庆时，强调中山大学要"立足长远、营造和谐"，要在校内形成一个人人想干事、人人想出成绩、适合于各种类型人才成长的良好环境。提出这样一个理念，基于什么样的考虑？

黄达人："立足长远、营造和谐"，即是营造适合于各类人才发挥其聪明才智的和谐环境。一方面，大学有其独特的文化，校长与教授之间的交流应该定位为学者之间的交流,而不要看成是管理者与被管理者的交流,校长和各个职能部门要着眼于服务,一切要以教学科研为主体,职能部门要为教学科研做好服务。因此,我们尤其强调要进一步淡化大学中的等级观念。我在中大工作了6年多,有一个规矩,凡是教师要见校长,校长办公室必须给予安排,我的手机号码是公开的,如果教师连说话的权利都没有,又如何去营造大学的和谐呢?

学校的各种科研活动的差异性是客观存在的,要改变机械划一的考核标准,要在承认差异的前提下建立起有利于各类人才发展的不同的评价和考核体系,学校一方面要强调组织团队进行科研攻关,争取大的项目,取得大的成果,另一方面也要保护"孤独的思考者",让他们有自由的学术探索空间。

记者:中山大学是首批具有本科自主招生资格的学校,近几年中大的学生在各类竞赛中取得了骄人的成绩,您如何看待对本科生的培养?

黄达人:一所大学功能有三:一是人才培养,二是科学研究,三是服务社会。其中人才培养是首要任务,对于本科教学,中山大学一直是十分重视的。目前,学校各类在校学生近5万人,研究生与本科生的比例已达到2∶3左右,从招生人数来看,广东省的硕士研究生有1/3在中大,中大的博士研究生约占广东省总数的一半。在目前扩招的形势下,我们仍然希望我校研究生与本科生的比例不要低于1∶2。

我个人认为,本科在哪所大学读书,那是一个人的"出身"。当一个人本科毕业的时候,他的世界观、人生观和价值观就基本形成了。当然,良好的本科"出身"并不是一个人成功的必要条件,但从统计意义上说,名牌大学的本科毕业生其成才的比率会更加高。正是由于这一点,我们就应该更加重视学校的本科教学,强化本科教学的管理,提高本科教学的质量,为我们的学生提供更为优质的教育资源。

记者:许多大学对引进的人才提供优厚条件,例如科研启动费、房屋补贴等,而这些待遇往往是校内原有人才所没有的。于是有人说,引进的是人才,原来的就不是人才。甚至有人还开玩笑说,不如我先跳出去,然后再把我引进来,这样该有的就都有了。作为校长,您如何处理好这种关系?

黄达人:流动确实可以使人才增值,但人才的价值不能仅仅在流动中体现。如果把这个"引进"的概念理解得更宽泛些,中山大学现在所有的人才,不管是特聘教授、讲座教授,还是调入、留校、应聘上岗的,都是"引进"的。而从进入中山大学的那一天起,这些"引进"的人才又都成为

"原有"的人才了。

但是，为了学校的长远发展，我们仍然要强调高层次人才的引进工作，我们还要继续为引进的高层次人才提供具有足够吸引力的待遇，所以必须承认，"引进的"和"原有的"人才之间可能还会存在一些事实上的区别。要解决差别，我想首先是观念的转变。按劳取酬、按能力取酬、按贡献取酬是我校目前实施的分配制度的一个原则，在校内各类人才中，待遇不同是必然的。目前我们所面临的问题是：当"原有"的学者与"引进"的学者能力与贡献相当时，应该如何平衡两者之间待遇的差别。我以为，解决这个问题的出路，在于我们要逐步淡化"引进"和"原有"的概念。

对人才的评价标准，就是要看他们的能力和后劲，看他们所作出的贡献，看他们在国内、国际学术界的地位。既然人才评价的标准是一致的，只要能力和贡献相当，就应该享有相同的待遇。

记者： 中山大学在2004年开创了校市合作的新模式，内容涉及经济、教育、科技、文化、卫生、社会等多个领域，意味着高等学府打开大门服务社会、地方政府借助外脑发展自我的双赢局面逐步形成。校市合作取得了哪些成果？对学校的发展有什么好处？

黄达人： 说"开创"，我们是当不起的，其实优秀的大学都会这样做。在未来几十年里，大学的校长都将会致力于做这样的事情。大学既是象牙塔，也是发动机，必须是学术的殿堂，是一块净土，但同时它又必须对社会有所贡献，成为社会经济发展的发动机。

第一是在国际上要有话语权，第二是要为社会服务。这是每所大学一定会重视的。大学为社会服务的过程应该是一个双赢过程，应该在服务的过程中达到提高学科水平，提升学校在国内、国际上的竞争力的目的。在中山大学"校市合作"的几百个项目中，校、市都很主动。比如，我校和广东肇庆市的合作从有意向到促成10个项目，用了不到2个月时间。2004年，广东省组织21个地级市代表团到东北三省进行经贸洽谈，中大EMBA学员提出组织第22个团跟随前往，结果中大团谈成的项目占了整个经贸团份额的三分之一。学员们都觉得挂上中大的牌子很骄傲。

目前，学校正在讨论"985工程"二期的定位，我们明确提出，对于进入"985工程"二期的项目，要以世界一流为目标，要以广东省的具体需求为导向，从而达到科学研究与服务社会的统一。

（来源：中国青年报 2005-05-11 记者：林洁）

2006 年

【南方日报】

一位大学校长对社会矛盾焦点的思考

教育公平、就业困难、医患关系作为社会矛盾的焦点,引来"两会"代表、委员高度关注。在广州中山大学,校长黄达人也在思考这些热门话题。

核心提示

"教育公平、就业困难、医患关系已成为我国社会矛盾焦点……"
"教育、看病是致贫、返贫首因……"
"如今大学收费正挑战普通百姓的承受能力……"

一种从未有过的强烈声音正在各媒体铺天盖地,引来"两会"代表、委员高度关注,甚至温总理的《政府工作报告》也多次提及此类民生话题。

而在一个安静的校园的一角,一位大学校长对当下这些热门话题却有着自己与众不同的思考视角,并在校园内发起讨论。

但当我们提出就这些议论进行采访时,"主角"——中山大学校长黄达人教授就显得非常犹豫了。他的担心是:我既不是政协委员,又不是人大代表,我的观点只是一介书生的个人想法,一放出来,不会被"板砖"拍死吧?

黄校长的考虑是,希望社会能够多一些的思考,真正为大学、为国家的发展提出一些建设性的分析,实实在在地解决一些问题。

**关于教育致贫：
非义务教育，具有一定个人长线投资的属性**

记者（以下简称"记"）：非常感谢您同意接受我们的采访。"教育致贫"的观点可能来自两份调查，一份是甘肃农业部门2004年的抽查，结果显示因教育因素返贫的农民数量占总数的50%。后来，零点调查与指标数据共同发布了《2005年中国居民生活质量指数研究报告》，其中有数据显示，在中国农村子女教育所用的开支占了家庭收入的32.6%。

黄达人（以下简称"黄"）：我的观点是，如果因义务教育而返贫、致贫，政府负有不可推卸的责任。而事实上这个问题已引起政府高度关注了，温总理已经宣布，两年后全国所有农村地区义务教育将不再收取杂费，我们广东今年九月就将在全国率先实行免费义务教育。另一方面，如果是农民孩子接受非义务教育特别是高等教育而"返贫"、"致贫"，那就有必要对这个问题分析一下了。

记：以前一家人培养一个大学生就有望脱贫，现在读个大学4年下来起码需4万元，这对于很多家庭来说的确是笔不小的开支。

黄：高等教育在一定范围内的收费是具有合理性的，正如同济大学校长万钢认为的："大学教育收费，从某种程度上，是教育公平的体现。因为国家投入高校的钱都是来自纳税人的，而上大学的人总比不上大学的人少，如果都免费的话，那对不上大学的人是不是公平呢？"我赞同他的观点。事实上，在任何国家，接受高等教育，家庭及个人都必须有所投入，应该说，大多数的人都会认同非义务教育具有一定的个人长线投资的属性。是否接受过高等教育，决定了一个人能否具备较高的人力资本，从而能否在劳动力市场上取得有利的位置，大学生毕业工作后，他们也就具备了较强的反哺家庭的能力。

**关于就业难：
既然是投资，就一定会有风险**

记：但是4年花了这么多钱，现在找工作又困难，这个投资能收回成本并有所回报吗？

黄：既然是投资就一定会有风险。以中大的学生为例，保守地说，近几年来我校本科毕业生的平均收入为 2000 元左右，2 年就大约有 5 万元的收入。他们应该可以在不太长的时间内将大学期间的费用通过劳动赚回来，养活自己，同时也可以回报父母。我想，是否可以也进行这样一个调查，统计一下这些农民的孩子学成以后反哺家庭而脱贫的情况，这些数据也一定会是有意义的。

记：作为中山大学的学生可能找工作没太大问题，可其他高校，特别是大量的专科学校就难说这 4 年下来能不能"反哺家庭"了。

黄：这的确是一个难题。我没专门做过这方面的调查，掌握信息不全面，但其中是不是有两个问题应该引起我们的注意，一是对"就业难"应该怎么看？这里面涉及的问题非常复杂，是多方面原因造成的。现在市场对大学生的需求并不是没有了或减少了，而是开始由原来的大型企业、外企、政府机关等部门转向中小企业、民营企业、基层，所谓"识时务者为俊杰"，在就业这个问题上，需要我们的大学生们转变观念。

"就业难"还反映出我们高等教育结构还有不合理之处，例如，各个高校之间，办学层次不清晰，定位不明确，差异性不强，大家都想着来办本科，来办重点大学，而不是根据自己实际，办出适应市场需求的特色。在专业的设置上，不少高校也存在问题，还是主要依靠现有的教师队伍、历史传统来设置专业，而不是顺应市场需求来设置专业，这样培养出来的学生自然会与市场有所脱节。我觉得现在是到了需要进行自我反省、调整结构的时候了。

关于医患关系：
有问题当然要曝光，关键是用什么样的心态去曝光

记：作为有 7 家附属医院的一校之长，您对于医患关系也是有话要说。

黄：我觉得现在一些舆论对于医患关系的报道角度是有失偏颇的。要知道，不正常的医患关系其实不利于医生对患者的诊治，就像接受心理咨询一样，如果不信任心理医生，怎么可能治好心理疾病呢？

记：但这种信任应该首先建立在医生的仁心仁术上。

黄：我想，医疗纠纷一定是存在的，也确实存在一些不称职的医生。但是，作为一个学数学出身的人，我更重视其中的统计意义。我始终相信这只是个别的现象，不是社会的主流。我相信，我们绝大部分的医生还是"医者父母心"，有职业道德的。我希望我们的舆论还是要给人以光明，给人以

力量。

记：那您认为不应该搞那么多舆论监督了？

黄：我绝不是这个意思。有问题当然要曝光，阳光是最好的防腐剂，我要说的是用一种什么心态去曝光这些问题，怎么才能更好地构建和谐社会。这让我想起了"非典"时期，那时候的情况与现在截然不同。在"非典"突如其来的时候，我校附属二院首当其冲。在当时的隔离区，医生、护士可以说是一批批地倒下去，又一批批地冲上去，他们当中没有一个人当逃兵，真的叫做前仆后继。我记得，当时我们附属二院的院长就站在医院的天井中央流泪啊。那时候，全社会都对医务工作者充满崇敬之情。我想，仅仅时隔3年，他们的医德不至于就跌落到多么差的地步吧。

中山大学有7家附属医院，我对医护人员这个群体的了解是直接和深切的。他们的事迹常常深深地感动着我。现在每当有学校附属医院举行医院前辈从医周年的纪念活动，我都会尽量去参加，因为我相信我们绝大部分的医生、护士是爱岗敬业、无私奉献的，我要去支持他们。

关于大学收费：
我们的办学经费，一半还需学校自筹

记：中大的学生所交学费占整个学校办学经费的多少？

黄：目前社会上关于教育成本的计算方法存在很大分歧，按照我们自身的估算，像我们这样的以研究型大学为定位的大学，培养一个学生每年需30000元左右，而我们收学生的学费是5000元左右。据了解，国内其他重点大学1名本科生1年的培养成本也在这个幅度，有些还更高些。

记：中大这样的重点大学国家投入的钱已经不少了，"985"、"211"，很让人羡慕了。除去收的学生学费外，另外的25000元应该也由国家承担吧？

黄：这就是问题所在，现在社会上很多人认为高校特别是我们这样的重点大学是完全由国家养起来的。中央财政、地方政府这几年对中山大学已是厚爱有加。国家、地方政府已经非常不容易了。但尽管这样，我们目前的办学经费仍然是一半来自政府拨款，一半还需学校自筹。据我了解，中国大部分高校都是如此，有些自筹的比例可能还会更高。正因如此，每年我们教师的科研经费至少有一半需花在学生身上。其实国内许多高校的效率已经是很高的了，例如，我们的师生比已是1∶20，有些学院甚至更高，教师的工作量非常大。另外，中国高校还是一个"老国企"，不少老学校还有数量很大的离退休教职员工，这些退休教师也还在为学校的教学科研发挥着作用，但这方面的负担很重，这其实也是高校为国家承担的责任，也都要计算在成本内的。

记：社会上大家对分担成本机制还是比较理解的，但是，对于大学的办学成本总有诸多质疑。

黄：有质疑非常正常。我认为，就我国高等教育目前的情况来看，笼统地说大学办学成本有多少是有些不合适的，也是没有什么意义的。不同的大学，办学成本一定存在着差异。首先，一般的民办高校与公立的重点高校的办学成本就大不相同，但民办大学学费却几乎是公立高校的2倍。当然，它没有政府财政拨款，但政府财政对公立大学的年生均拨款也并不高，约每生每年几千元，而且据教育部提供的信息，各级政府对公立大学的实际生均拨款已连续4年下降了。另外，在公立大学之间，办学成本也明显不同。在一些国内一流的大学，有各种形式的国际交流、国际合作的项目，学生们可以利用的教学资源要比其他学校多很多。可以说，越是高水平的大学，它运行的成本就越高，总体教学质量也就更好。因此，我认为，对于国内高校的办学成本的评估必须根据不同学校的实际情况来进行，泛泛而谈是没有什么意义的。

记：有学者提出大学收费公平新思维，采取国家设定收费上限，大学收费自由定价，不同高校、不同专业的"价格"由"市场供需"来调节决定，也许就能解决您说的这种收费不公平。

黄：这种说法有一定的道理，它是对传统公平概念的一个挑战，但如何具体实施，恐怕还有许多难题需要解决。

记：这样一来，重点大学收费高了，贫困的学生不是更读不上了吗？

黄：如果政府真的要执行这样的政策，我可以告诉你，各个重点大学肯定都会想尽各种法子来设立各种奖学金、助学金。对于优质的生源，哪个学校不抢着要呢？在我国的高等教育体系中，国家和学校也有保障学生学习权利的责任。我可以郑重地承诺，在中山大学，至今没有出现学生因为经济原因而辍学的情况。现在是这样，将来也会是这样。

（南方日报　2006-03-11　记者：梅志清　通讯员：李汉荣）

【南方日报】

"论文发表还只是一个开始"

朱熹平教授破解庞加莱猜想,却婉言谢绝所有媒体面对面的采访,表现非常低调。

中大校长黄达人对此表示,媒体需冷静理性,过多宣传个人不客观。

一项比哥德巴赫猜想还要更重要的重大成就,一项美国克莱数学研究所曾悬赏100万美元求解的世界难题,一项国际数学界最为重要的猜想之一,被一位低调的中大教授和他的海外合作者共同破解了,还有什么比这个更让媒体欢欣?但朱熹平教授婉言谢绝所有媒体面对面的采访,他对校长黄达人教授说,完成这一证明,是国际数学界许多数学家们共同努力的结果,他的团队只是完成了"临门一脚",过多宣传个人不客观。

黄达人校长昨日在接受本报专访时对朱熹平教授这一做法颇为欣赏,同样从事数学研究的这位校长说,学术上的成果,论文发表还只是一个开始,要接受学术界的检验,要接受时间和历史的考验,请媒体理解尊重朱教授,同时需冷静理性。

这一突破是中国数学界的光荣,也是广东省的光荣

记者:我发现要采访中大有些教授真是很难,朱熹平教授是这样,与丁肇中合作的许宁生教授也是这样。

黄达人:我非常理解朱教授,我校一直有一个传统,学术上的成果应该由学术界来评价,通过其他渠道来宣传,不一定合适。过分强调个人和小单位的功劳,不利于学术界的合作。

记者:但朱熹平教授和他的合作者的这次登顶,让国人瞩目。

黄达人:对中山大学士气的提升也是一个极大的鼓舞,我国正在推进创新型国家的建设,朱熹平的这一突破,正是一种创新型的科学成就。这是中国数学界的光荣,也是广东省的光荣。广东省作为全国的第一经济大省,对中山大学的基础研究支持力度很大,让我们很感动。广东省不仅仅是一个就

业的天堂，更是一个读书做学问的好地方。

他是一个包容谦逊的人，生来就属于数学世界

记者： 作为校长，又是数学界的同行，听说您还是很了解朱教授的。

黄达人： 我们学校有一个惯例，院长出国要向我通报一下，所以，我较早地知道了朱熹平的工作。朱熹平去年从哈佛大学回国后，他跟我说了在哈佛大学的经历。从去年9月到今年3月，他在哈佛呆了半年，对包括3位美国科学院院士在内的美国数学界同行就庞加莱猜想的证明作了讲解，每星期两次，每次一个半小时，共讲了半年的时间。我向他表示祝贺，他对我说："丘成桐教授创立的几何分析为解决这个猜想奠定了基础，美国数学家汉密尔顿（Hamilton）为这个猜测提出了解决框架，俄罗斯数学家佩雷尔曼（Perelman）给出了重大突破。这是国际数学界的同行们你一步我一步共同做出来的。我们只是比较幸运，完成了临门一脚。"

记者： 这么巨大的成就，这么低调的作风，这就是朱熹平教授。

黄达人： 他是一个包容谦逊的人，他的"临门一脚"的说法我觉得是真心话，并没有过谦。学术上的成果，论文发表还只是一个开始，要接受学术界的检验，要接受时间和历史的考验，所以我非常赞同朱熹平教授始终保持低调的作风。我们数学界有一个很好的传统，联合发表论文时，总是以字母为序的，这说明在学术的研究中，是承认团队中每一个人的贡献的。请大家理解尊重他。事实上，中山大学数学学科的发展以及朱熹平个人的学术成长，都得到了国内数学界尤其是中科院、北京大学、复旦大学等数学界同行们的大力帮助和可贵支持。这些我们都不能忘记。

记者： 但在大家眼中，除了包容谦逊，他还有什么特点？

黄达人： 我们的名师邓东皋教授对我说，朱熹平生来就属于数学世界的，他热爱数学、了解数学，完全沉浸其中。他对科学问题思考得非常深入，有着很高的学术眼界，是一个杰出的学者，同时也是一个很好的老师，他与他的学生，组成了一个很好的团队。他曾对我说，他与他的学生陈兵龙是互相依靠的："我与他已到了谁也离不开谁的地步了。"

曾有四五年的时间几乎没有发表过论文

记者： 这次朱教授和他同伴的成功还给人强烈的信息：问鼎世界最尖端的科研，我们也可以。

黄达人：真的是这样，朱熹平本科和硕士都毕业于中山大学数学系，1989年在中国科学院武汉数学物理研究所取得博士学位。可以说，他是中国本土培养出来的一位杰出的数学家，他是中国数学界的骄傲。

记者：那平时学校给他支持一定很大吧？

黄达人：其实学校并没有对他特别做什么，如果一定要说做了什么的话，就是学校为他营造了一个宽松的学术环境，可以使他免受打扰，安心地从事他的科学研究。当他从偏分方程研究转到几何分析的研究时，有四五年的时间，几乎没有发表过论文，但他并没有急功近利的想法。他对我说，他从国家和学校得到的经费资助，已经足以让他安心地从事科学研究了，如果不是这样，也不会有他今天这样的成就。

急功近利是不会有前途的

记者：现在我们大学的考核体系的确是需要反思。

黄达人：我曾经说过，大学的建设一定要立足长远，急功近利是不会有前途的。因此，近年来，在我校推行的人事制度改革中，一方面强调了对教师的考核，而另一方面，对于一批在学术界已取得突出成就的学者，则免予考核，对于这批约200名优秀学者而言，学术是他们的生存方式，考核是起不到什么作用的，对他们最大的支持，就是要给他们以宽松的学术氛围。在数学与计算科学学院，营造宽松的学术环境，也是他们的一贯做法。邓东皋教授就是一个很好的例子，他在做院长的时候，就尤其重视对晚辈的提携，对晚辈的关爱，可以说，营造宽松的学术环境，这是我校的一个共识，也是中大全体教授的共识。朱熹平作为数计学院的现任院长，他也同样在学院内营造着宽松的环境，尤其重视团队的建设。

记者：朱教授平时得到的资金支持不少吧。

黄达人：朱熹平今天的成就，是与国家科技部、国家自然科学基金委和教育部等部门的长期支持分不开的，基础研究是需要长时间的投入的，我们说的"杰青"、"973"、"长江学者"等等，就是国家对基础科学研究提供持续支持和帮助的一个平台，基础科学研究不能急功近利，需要持续的投入，正是因为这些来自国家的资金支持，使中国有一大批科学家能够安心于自己的研究，才有可能取得大的突破。

（文章来源：南方日报 2006-06-05 记者：梅志清
通讯员：李汉荣、何晓钟）

【科技日报】

让他专心去"猜想"

——中山大学校长黄达人眼中的朱熹平

中国数学家朱熹平、曹怀东最终证明了百年数学难题——庞加莱猜想，消息传来，朱熹平执教的中山大学上下沸腾。

"朱熹平的成果，对中山大学的士气是一个极大的鼓舞，但我们更应该看到这是中国数学界的光荣。"中山大学校长黄达人，在接受本报记者采访时这样说。

朱熹平一贯是低调的

话题从各大媒体纷纷要求访问朱熹平教授均遭婉拒谈起。黄达人说，朱熹平一贯是低调的，他一直认为，完成这一证明，是国际数学界许多数学家们共同努力的结果。科学研究都是以团队合作的形式来进行的，过分宣传小单位或个人的贡献，是不客观的。我们数学界有个很好的传统，联合发表论文时，总是以字母为序的，这说明在学术的研究中，是承认团队中每一个人的贡献的。

黄达人说，朱熹平从哈佛大学讲学归来，我向他表示祝贺，他却说："我们只是比较幸运，完成了临门一脚。丘成桐教授创立的几何分析为解决这个猜想奠定了基础，美国数学家汉密尔顿对这个猜测提出了解决框架，俄罗斯数学家佩雷尔曼给出了重大突破。这是国际数学界的同行们你一步我一步，共同做出来的。"我觉得他说的是真心话，并没有过谦。

黄校长非常理解朱熹平，他本人也认为，学术上的问题，要由学术界来评价，学术上的成果，论文发表还只是一个开始，要接受学术界的检验，要接受时间和历史的考验。

本土培养的杰出数学家

"作为朱熹平的同行，作为校长，我有必要对他作一些介绍。"黄校长说，"朱熹平的本科和硕士都毕业于中山大学数学系，1989年在中国科学院武汉数学物理研究所取得博士学位。可以说，他是中国本土培养出来的一位杰出的数学家，他是中国数学界的骄傲。我校邓东皋教授对我说，朱熹平生来就属于数学世界的，他热爱数学、了解数学，完全沉浸其中。他对科学问题思考得非常深入，有着很高的学术眼界，是一个杰出的学者，同时也是一个很好的老师，他与他的学生，组成了一个很好的团队。"

朱熹平于1991年获中国科学院自然科学二等奖，1998年获得国家自然科学基金委的国家杰出青年科学基金的资助，并获得科技部的"973项目"的支持，2001年被聘为教育部"长江学者奖励计划"特聘教授，2004年获得全球华人数学家大会颁发的晨兴数学银奖。

"可以说，朱熹平今天的成就，首先是与科技部、国家自然科学基金委和教育部等部门的长期支持分不开的。基础研究是需要长时间的投入的，上述'杰青'、'973'、'长江学者'等等，就是国家对基础科学研究提供持续支持和帮助的一个平台。基础科学研究不能急功近利，需要持续的投入，正是因为这些来自国家的资金支持，使中国有一大批科学家能够安心于自己的研究，才有可能取得大的突破。"

黄校长还强调，事实上，中山大学数学学科的发展以及朱熹平个人的学术成长，都得到了国内数学界尤其是中科院、北京大学、复旦大学等数学界同行们的大力帮助。得到了广东省的大力支持。张德江书记曾多次鼓励我们："中大要为广东的经济社会发展作贡献，但要记住，中山大学更应该代表国家到国际舞台上去表演。"黄华华省长也曾对我说，只要是有利于提升中山大学水平的事，广东省都乐意支持。这让我们很感动。广东不仅仅是一个就业的天堂，更是一个读书做学问的好地方。

学术是他们的生存方式

黄校长说，这两天有人问我，朱熹平取得这样的成就，中山大学一定给了他很大的支持吧？我想了想，中山大学其实并没有为他做什么，如果一定要说做了什么，就是为他营造了一个宽松的学术环境，使他免受打扰，安心地从事科学研究。我曾经说过，大学的建设一定要立足长远，急功近利是不会有前途的。近年来，在我校推行的人事制度改革中，一方面强调了对教师的考核，而另一方面，对于一批潜心于学术研究的优秀学者，则免予考核，我们认为，对于我校目前这批约200名优秀学者而言，学术是他们的生存方式，对他们最大的支持，就是要给他们以宽松的学术氛围。就以朱熹平为例，当他从偏分方程研究转到几何分析的研究时，有四五年几乎没有发表过论文，学校没有去要求他什么，他自己也没有急功近利的想法。他对我说，他从国家和学校得到的经费资助，已经足以让他安心地从事科学研究了，如果不是这样，也不会有他今天这样的成就。

（文章来源：科技日报 2006-06-07
特约记者：刘成刚 记者：左朝胜）

【南方日报】

"零代价转让"让中大"顶天立地"

——高校科技成果应为当地发展谋"大利",转化不出去是最大浪费

导 语

在广东自主创新的征程中,大学应提供强有力的技术支撑,但广东高校科技成果转化可圈可点的并不多,亟待破解的难题中,"利益"始终是学校、企业、发明者之间解不开的一个结。

中大校长黄达人干脆提出了"零代价转让"概念,其核心的观点是科技成果转化,学校层面不志在于名利的收获,关键是要把实验室的成果转化出去,服务于社会,不然则是最大的浪费。奉行小事糊涂、大事绝不糊涂的黄达人观点很鲜明:大学用的是纳税人的钱,"零代价转让"是大学应负的责任和使命!

这一举措对广东高校来说,有某种层面上的破冰之义……

"零代价转让"背后是大学责任

大学不同于企业,不是一个营利组织。一所大学,一定是以为社会创造了知识、提供了技术支撑,并培养出了具有创新精神的合格学生作为成功标准的。中国大学的主要经费来自于政府,是纳税人的钱,大学不能每做一件事都索取回报,"零代价转让"是大学应有的责任和使命,无关经济利益。

记者(下简称"记"):4年前您和北大校长许智宏教授一道接受本报专访时您曾提出,在保证教授利益的前提下中大的科技成果要"零代价转让"给企业,在与企业的合作中学校不志在于获取什么利益,得到什么名声?

黄达人(下简称"黄"):与北大校长对话那次是第一次向外界公开中大的这个思路。"零代价转让"在2003年的校内科技工作会议上被明确提出来,后来作为政策开始执行,一直在默默地做。

记： 您当时提出这个概念有点"语惊四座",也是冒了风险的,在整个教育界引起很大的反响。不少人的第一个反应就是:大学怎么可以这样做呢?学校怎么可以在合作中不志在于占多少股份、抽多少水呢?

黄： 大学不同于企业,不是一个营利组织,如果说获取尽量多的利润是一个成功企业的标志,那么一所大学,则一定是以为社会创造了知识、提供了技术支撑,并培养出了具有创新精神的合格学生作为成功标准的。我们强调的是做有责任感的大学和有责任感的教师。

记： 这种做法解决了高校科研成果难以转化的深层次问题,但是,这种"零代价转让"会不会是对学校利益的一种侵犯?

黄： 现在大学的主要经费来自于政府,是纳税人的钱,大学不能每做一件事都索取回报。在"零代价转让"的成果转化中,我们重视的是搭建一个公共服务平台,致力于开创一条用科技帮助民众致富、扶植产业发展的路子,关键是要为当地经济社会发展尽力。这是大学应有的责任和使命,无关经济利益。

记： 这种举措教授们支持吗?

黄： 我感到非常欣慰的是这种社会责任感已成中大比较普遍的共识,比如说现在政府提出建设社会主义新农村,我们的院长就会非常主动地去考虑,建设新农村我们能干什么?继而就开始寻找途径。许多项目就这么应运而生了,包括刚与生科院签约的10个项目。

记： 与中大合作的企业说,中大很有胸怀,既大气又内敛,既开放又务实。

黄： 中大应该有这种胸怀和抱负。中大是开放的,岭南文化兼容并蓄的特点深刻地影响着我们。同时,中大又是内敛和务实的。广东人务实,喜欢实干而不愿争论,这种文化性格同样影响着我们的大学,中大应该脚踏实地、厚积薄发,而不应去追求一时的"辉煌"。我认为我们学校的一个重要经验就是"不要出经验"。

学校不拿一毫但保障教师利益

"零代价转让"指的是学校层面不拿一分钱,但是学校必须保护教授们的利益。知识是有价的,应该体现它的价值。现在与企业的合作往往是学校、学院提供平台,教授们组成团队整体出击,技术、条件、达到的深度都不是一个层次了。

记：中大科技成果"零代价转让"的前提是要保障发明者的利益。

黄：那当然，"零代价转让"指的是学校层面不拿一分钱，但是学校必须保护教师的利益。在2003年的科技工作会议上，我们明确提出了两个"70%"：将课题组的最高利益分配提高到70%；这其中，第一发明人（项目负责人）的利益分成又可高达70%。知识是有价的，应该体现它的价值。

记：那中大很快就会有教授开宝马、奔驰了？

黄：但是至今还没有老师享受过这个政策。很奇怪，老师们都不要求从成果转让中分得现金收入，他们更愿意把自己应得的利益转化成科研经费，继续扩大研究。这与学校层面提出的"零代价转让"是一脉相承的，也可以说是学校的氛围使然吧。

记：与中大合作的企业家说中大的教授是最值得尊敬的，他们常年累月经常是干到天黑才吃饭，在他们身上有一种科学家的精神。

黄：常年呆在湛江基地的黎祖福老师，你看他和一般的渔民有何区别。我刚从西藏回来，就拿我们新建的青藏高原特色资源科学工作站来说吧，教授们每天自己开车上去海拔4200米的工作站，从早上8时干到晚上8时，一做实验就是12个小时，一个个晒得像当地的藏民一样。70多岁的老教授古德祥在高原上一呆就是一个多月，从不喊苦喊累，相反，他们觉得科学工作者有这样的实验条件非常难得，要珍惜。我们的教授们都是秉承着这样的信念和精神来回馈社会的。

记：保障教师利益触及了大学科技成果转让中本质的问题，据我所知，以前教师与企业合作要"偷偷摸摸"，生怕学校知道了，生怕学校要从中抽水，所以他们就搞"地下水"，规模也很难做得很大。

黄：的确是这样，现在与企业的合作往往是学校、学院提供平台，教授们组成团队整体出击，从某一个层面的合作转变到与整个产业链的合作，技术、条件、达到的深度都不是一个层次了，这为提升学科的整体实力，承担更重大的科技攻关项目打下了很好的基础。

海纳百川、不拘一格选拔人才

大学管理的精髓就是要尊重差异性，教授、学者之间应该相互尊重、相互欣赏，承认学科之间的差异，尊重别人研究的学问。海纳百川，有容乃大，这是中大更为重要的一种气质。

记：我发现中大"零代价转让"带动了成果转化的热潮，也开始让学校对人才评价的标准悄悄发生了变化。

黄：其实中大在选拔人才方面从来都是不拘一格的。某些老师搞研发、搞专利转化非常出色，尽管论文差一篇，学校还是无争议地将他们破格升为教授。黎祖福老师，因为他在海洋生物养殖方面有很深的造诣，院长"三顾茅庐"把他从湛江海洋大学"调"到中大来。我们总认为，一个人的业务水平并不一定体现在论文上，每个教师的特点都不一样，他们在不同的领域以不同的方式体现价值。各种人才不能发挥他的特长，也是一种浪费。

记：一些搞应用研究的老师对我们说，以前在学校真的感觉地位不是很高，大家彼此看不起，现在开始有了转变，他们也能得到同样的尊重。

黄：我一直认为，大学管理的精髓就是要尊重差异性。知识分子往往有"文人相轻"的毛病，学科之间、学科内部也容易存在相互轻视，看不起对方，甚至互相诋毁的情况，这是很不好的现象。我曾经提出过，教授、学者之间应该相互尊重、相互欣赏，要承认学科之间的差异，尊重别人研究的学问。现在，我觉得，这种"相互尊重"、"相互欣赏"的品质应该是全校共有的品质。海纳百川，有容乃大，这是我们中大更为重要的一种气质。

大学应"顶天立地"，忌急功近利

中大这样的大学应该"顶天立地"，"顶天"意为基础研究的科研水平应该是国际水平，"立地"意为应用研究应该服务民生，满足广东的需要，满足国家需求。如果大学的科研成果成功转化使企业发展起来，带动相关产业，解决了就业问题，为当地经济社会发展作出了贡献，这不就是大学的"大利"吗？

记：您提出的一些观念让人印象非常深刻，例如，中大这样的大学应该"顶天立地"。

黄："顶天立地"应该说是我们中大的目标。"顶天"意为基础研究的科研水平应该是国际水平，"立地"是指研究应该服务民生，满足广东的需要，满足国家需求。

记：基础研究就要致力于像朱熹平教授那样的高度。

黄：我们有一批像朱熹平教授那样潜心做基础研究的科学家、学者，在科研领域中，从事基础研究总体上是以主攻学科前沿的重大难题、探索和创新知识、创建理论和创新思想为目标的，基础研究常常耗时较长，其价值是潜在的，评价基础研究成果的主要标准是学术性和创新性，因此对基础研究而言，粗制滥造的、低水平的、重复性的研究，对于一所大学来说就是人才和智力的最大浪费。

记：所以学校才要设"特岗"，对他们进行免考核，朱老师四五年没发表一篇论文也可以。

黄：我们有一个说法，叫做"为中才立规矩，给天才留空间"，学校对200多位教授的教学科研工作免予考核，学校下拨特殊津贴而不硬性规定他们的教学或科研工作量，就是给这些优秀的学者以足够的时间和空间潜心做研究。办大学与抓经济是不一样的，经济建设在某种意义上是可以量化，可以考核的，有时候也是可以有一些"政绩工程"的，但办大学却不行，大学一定要有长远的眼光，即使我们不得不面对各种各样的评估，我们也仍然要坚持着眼长远，不能追求眼前利益，急功近利的大学是没有希望的。

记："立地"二字则让人读出"为天地立心、为生民立命"的意味。

黄："立地"的确是大学实现社会责任的重要前提。应用研究则是运用基础理论解决现实问题的，应用研究常常是形而下的，效益是显性的，评价应用成果的主要标准是看一个成果能否向现实生产力转化，能否为决策层提供有价值的决策咨询，因此对应用研究而言，成果转化不力，成果转化率低，对于一所大学来说就是人才和智力的最大浪费。

记：但也不能急功近利。

黄：那当然，不能追求眼前小利，我们的"零代价转让"就是提醒自己肩上应有的使命，你想想，如果大学的科研成果成功转化使企业发展起来，带动相关产业，解决了就业问题，为当地经济社会发展作出了贡献，这不就是大学的"大利"吗？

中大应该是广东的中大

中大是毫无所求地去做成果转化，服务社会是我们的唯一出发点，但在合作中企业为我们培养学生、深化学科提供了非常重要的支持，这种合作实际上是双赢的、可持续发展的。

记：在"零代价转让"的合作中，学校自己也有收获吗？

黄：中大是不带功利性地去做成果转化，服务社会是我们的唯一出发点。但是与企业的合作反过来对我们学校的发展有很大的帮助。就像湛江的"863"海洋研究基地，占地600亩的实验田地，已投入的科研经费就达6000多万元，每年光水电费就100多万元，我们许多研究生、博士生都在那里进行培养，完成他们的研究和论文。这样规模的实验室是任何学校都无法提供的。可以说，企业为我们培养学生、深化学科提供了非常重要的支持，这种合作实际上是双赢的，可持续发展的。

记：这几年中大非常注重成果转化，步子迈得也较大。

黄：大学要更好地服务于社会，只满足于实验室是不行的。中南大学校长黄伯云有一句话我很赞同：科技成果不能转化就等于白做了。我们做实验必须树立一个观念，要以市场为出发点进行研究。我们实验室里面做出来的样品，离市场需要的产品还差得远，还有 90% 的工作要做。以市场的需求和社会的需要为出发点，而不再仅仅凭教师的兴趣，大学应该转变这种观念。

记：中大与企业、地方的合作有没有明确的方向？

黄：方向就是满足国家的需要、尤其是满足我们广东省的需要。我们为什么要在广州大学城建立精细化工与合成药物研究院，目的就是服务于广东石油化工这一支柱产业，希望把石化的产业链拉长。再如，广东要发展"海洋大省"，我们本能的反应就是：中大能在其中有何作为？我们专门从香港大学引进了海洋工程专家章梓雄院士担任我们学校的工学院院长，希望为广东的"海洋大省"做好技术支撑。我们与广州、湛江、深圳、肇庆、佛山、东莞和潮州等市的合作已取得可喜的成绩，校市、校企共建在不断深入和拓展。而最近我们还在西藏建立了青藏高原特色资源科学工作站，去高寒地带种植冬虫夏草，同样也是响应广东"科技援藏"的号召，把"输血"转变为"造血"。中大应该是广东的中大。

链 接

瞄准国际水平，面向国家需求
中大应用研究硕果累累

"国际水平，国家需求"——这是记者在中大听到的最多的一句话。把科学研究面向国家的重大需求，尤其是广东省的重大需求，面向国家创新体系和广东省区域创新体系的建设，面向民生和现实，这已成为中大的共识和发展的方向。

——中大自主研发的 PCR 荧光检测试剂盒已获得了乙型肝炎病毒等 4 个 PCR 荧光检测试剂盒新药证书和 SARS 病毒 PCR 荧光检测试剂盒新药证

书。相关产品已在全国 31 个省、市、自治区 350 家大型综合医院和专科医院使用。该项目成果转化的生产企业近三年销售额 2.8 亿元，新增利润 6085 万元，成果被批准列入"国家高技术产业化示范工程"建设。

——在海洋生物疾病控制技术、新型疫苗和免疫增强剂、种苗促生长剂等方面取得了一系列重要成果，并广泛应用于海洋水产养殖业。建立具有控制对虾病作用的养殖模式，2003 年已实现推广 7486 公顷，1998—2003 年累计产量达 25.1 万吨，实现产值 83.8 亿元。

——滩涂海水种植—养殖技术、重金属污染土壤的生物修复、污水处理光催化氧化技术等已大量应用于地方的环境污染控制及治理上，并建立示范基地。垃圾渗透液处理技术已作为示范工程在广州李坑垃圾场得到应用。"稀土材料研发及其在白光发光二极管中的应用"通过与广东省佛山市国星光电科技有限公司合作，至 2003 年底，共为合作企业新增销售收入 3200 万元，新增利税 544 万元。

——与广州市地下铁道总公司联合攻关，研制成功新型复合材料制造的疏散平台，成果填补国内地铁隧道工程复合材料应用技术的空白，在广州地铁 3、4 号线的"安全疏散平台"、"高低压电缆支架"、"DC1500V 三轨接触网系统"中得到应用。

——"计算机辅助服装设计与纺织服装业集成系统"，已在国内 100 多家用户使用，满足了我国纺织业信息化的要求，创造的经济效益达到 5 亿元以上。"掌讯通"移动数据终端的软件集成系统符合世界通信技术发展潮流，项目产品的推广促进了手机和 PDA 以及网络办公系统的更新换代。

——在新型微生物杀虫剂，转基因抗逆抗病虫植物，饲料用昆虫资源技术，水稻、蔬菜水果安全生产关键技术等方面的研究成果均已建立了示范基地。病毒杀虫剂"虫瘟一号"，已形成系列产品并投入规模化生产，在害虫生物防治中发挥了重要作用；开发了抗病促长饲料添加剂"沃霖虾宝"、"绿 A 鸡宝"及其副产品"安达有机肥"，有助我国农业冲破 WTO 的"绿色贸易壁垒"。

（文章来源：南方日报 2006-09-14 记者：梅志清）

2007年

【中国青年报】

我心目中的中大学生
—— 中山大学校长黄达人教授访谈

作为一所素负盛名的传统名校，中山大学培养了一代又一代优秀毕业生。作为现任中山大学校长，黄达人教授对如何培养具有时代感的高素质优秀大学生有着独到的见解。近日，他在"中大学子气质大讨论"中，跟同学们谈到了这一点。

问：您认为优秀大学生应具备哪些素质？

黄达人校长：我认为，大学培养学生的目标是要让他们成为人才，就是既要"成人"，又要"成才"。所谓"成人"，也就是说我们应该着眼于培养学生的理想人格；所谓"成才"，就是要培养智力和能力，使他们成为有知识本领、对社会和国家有用的人。随着时代的变迁，理想人格不断被赋予具有时代感的新的内涵。我个人心目中作为一名优秀的大学生所应具备的一些素质大概有以下七个方面：

（一）知礼

"知礼"，是一个人自处于社会的一个行为准则。孔子说过"不知礼，无以立"，我们的大学生作为将来中国建设的栋梁之才，"知礼"自然是其必备的素质之一。

我们应该培养"知礼"的学生，在传授知识的同时，首先应该对他们的价值观念、行为模式乃至言谈举止有一个恰当的引导。一个"知礼"的学生，应该有敬畏之心，应该遵守社会的基本规范和秩序，应该懂得去尊重别人。这两年我们学校开始在校庆日举行学位授予仪式，其目的，就是希望学生接受一种礼仪的教育，知道何为"敬畏"，何为"感恩"。今年我们对学位授予仪式再作调整，我将给所有获得学位的毕业生、尤其是本科生一一授予学位。学校所作的这种种尝试是重建大学礼仪的一种努力。重视各种礼仪制度的重建与规范，是中山大学乃至全中国的高校都必须面对的一个问题，我们希望通过这种"知礼"的教育，使我们的学生形成一种超越"工具理性"的人文素养，从而成为一个"文明"的现代人。

（二）诚信

这是做人的最基本准则，是一条底线，也是现代社会良性运行的基本保障。如果说"知礼"的教育强调的是对社会秩序的遵守的话，那么诚信的教育强调的就是一个人内在道德感的培养。只有内诚于心，才能外信于人。诚信是由内心诚实表现的自愿行为，同时也需要家庭、学校和社会的共同熏陶。诚信危机是当今中国社会的一个痼疾，建立诚信的社会道德体系是我国当今社会进步的基本要求。因此，大学要为社会进步贡献力量，首先就要培养具有诚信素质的学生。讲"诚信"，首先就要"知耻"，内心不知耻，就无所谓"诚信"。

（三）担当

敢于担当，是一个大学生社会责任感的体现，孙中山先生对大学生"做大事"的期待，正在于"担当"二字，他亲笔题写的校训中强调"笃行"，意义也在于此。

大学生要敢于接受并承担责任，首先是要有道德心去担当社会责任，要有爱心去奉献社会。我校政务学院2004级的一位同学患了重病，家境拮据，班上的同学得知了这件事，就组织了一次捐助活动，捐助活动几天内就筹集了上万元。一位该班赴英国的交换生还将自己的奖学金全部捐赠出来，但是，患病的同学知道后却坚决不要，她说自己不能让同学们为她付出这么多，后来捐赠活动的组织者找到了患病同学的父亲，才最终说服她接受了这笔捐赠。我知道了这件事后非常感动。

大学生要有能力去担当起社会责任。一个有担当的责任心的大学生，进入社会就是社会的建设者，而不是社会发展的观望者。这种责任心，从大处讲是将自己的发展与社会进步和国家、民族的发展联系在一起，是一种爱国精神，是一种勇于将责任放在自己肩头的勇气；从小处讲是一种意志坚韧而富有爱心的精神。如果一个人总是遇事推诿，逃避责任，那么与此同时，他就可能错过了成就事业的机会，担当和成功是相伴随的，是离开校门后有所建树的基本素质。

（四）勤奋

我们还是要强调读书的勤奋。知识的获得和积累是一个长期的过程，如果不勤奋，一切都无从谈起。这里我想强调的是，如果说在义务教育阶段，我们要提倡给学生减负，那么在大学阶段，学生已经是成年人，应该自觉地"加负"，主动地去汲取知识。

这里其实包含了两种态度，一是要"非功利"地读书，一是要"去惰性"地生活。把读书、尤其是"非功利"的读书当作一种习惯，成为自己的生活方式，这样才有助于克服惰性的生活。总而言之，勤奋就是好学，是善于学习，一个善于学习的大学生，在学习过程中就会主动地训练自己从而达至提升自身综合素质的目的。

（五）超越

敢于超越，是社会进步、国家强大的要求，中国的发展需要一大批富有创新精神和创造能力的人才。我们培养的大学生要在国家现代化和社会进步中扮演重要角色，就必须要有超越意识，要敢于超越前人，敢于超越自我，敢于超越常识。只有敢于超越，才会产生创造力，才会成为我们常说的"创新型人才"。

超越又具有人生态度的意义，如果我们培养的学生，真正具有超越的意识，遇到各种事情的时候都能够超越世俗，超越个人的利害得失，能够理性、通达地直接面对内心不愉快的感觉，能够"将心比心"地去理解自己不喜欢或有感情冲突的人和事，那么，我们所取得的，就不仅仅是一般意义上的"教书育人"的成就，而是某种道德上的成就。

（六）阳光

同学们应该有理想，应该胸襟宽广，应该自信向上。孔子说，"君子坦荡荡，小人长戚戚"，换一个角度理解这句话的意思，就是说阳光心态的人会有很多朋友，可以说这是一个人有所成就的必要条件。

青年人更应该有一股蓬勃朝气，那是一种阳光的、向上的、不循规蹈矩的、充满扩张性的精神状态。有一句话说：人要诗意地栖居，我想，人首先要热爱生活，才能诗一样地生活。

我校去年岭南学院毕业的一位女同学，由于骨癌，她从大学一年级起就开始化疗，但是她始终以乐观的精神支撑着自己，每当有老师同学看望她时，她总是用充满阳光的笑脸面对，从没有抱怨过生命对她的不公，在治疗的过程中，她曾经休学过，但只要有可能，她就申请复学。最终，她在大剂量化疗的后遗症中以顽强的意志完成了大学学业，在去年顺利毕业。她这种对生命的阳光态度正是我们所应该提倡的。

（七）职业准备

我们的就业教育应该贯穿于整个大学教育的始终。我们的学生应该有一种切合社会发展要求的职业观，如果大学生的就业产生困难，对于中国这样国民平均素质较低的国家来说，就是人才的最大浪费。大学生应该在就学期间就不断地重新评价自己，认真考虑自己今后的职业取向，做好充分的职业准备。

对于中山大学的学生而言，他不应将未来的职业仅仅看做是一个"饭碗"，还应该看到更崇高的职业使命，看到我们将来所从事的职业是否能够推动社会的进步，我们大学生的职业期望应调整到与社会进步联系在一起。这与前面所提到的敢于担当的社会责任心是联系在一起的。

总之，我心目中理想的大学生，应该是一个"文明的现代人"，他们诚信知礼，积极向上，敢于超越，勇于担当，他们顺应时代的发展，善于吸收现代世界文明，富有开拓进取的创造精神。我希望我们中大的学生们都能在中大的学习过程中塑造和完善自己，在自己的血脉中注入中大精神，并终身以此为荣。同时，我也相信，这样的大学生，才是真正适应中华民族复兴伟大事业的人才。

问：中大具有培养学生良好素质的精神土壤。面对优良的传统和当今的时代，在培养优秀大学生方面，您有什么看法？

黄达人校长：中山大学是具有大学精神的大学，所谓大学精神，应该是大学悠久的历史传统，是厚重的学术积淀，是和谐的校园氛围和蓬勃的发展趋势。这种精神时刻在塑造着大学中的每一个人，尤其是可塑性更强的青年学生。

中大的文化传统毫无疑问地具有塑造人格的功能。校训是一所大学精神和大学文化的集中体现，代表着这所学校的终极追求，它可以潜移默化地影响大学中的每一个人，因此，校训给我们留下的丰富涵义，已经成为学生素质形成的文化基础。中大"博学、审问、慎思、明辨、笃行"的校训是孙中山先生亲手题写，这十个字其实是儒家对于读书、治学、做人的经典诠释，是达到"至善"之境的一个途径。

说到博学，我们自然而然地想到了国学大师陈寅恪先生。陈寅恪是清华研究院四大导师之一，被公认为是继司马迁和司马光之后中国最杰出的史学家。陈先生的最后二十年是在中大度过的，晚年他视力不好，几乎失明，住进康乐园后，学校为了保护他，专门在他的住所周围修筑了一圈栅栏，还在门前砌就了一条白色的水泥路，这也是因为陈寅恪的视力只能辨别浅色而铺设的。陈先生在写他的鸿篇巨著《柳如是别传》时，眼睛已经看不清东西了，书稿是通过口述，由他的助手帮助撰写而成的。在书中，他总是引经据典，当遇到不确定的问题时，他总可以告诉助手，在他书架的哪一层的哪一本书中的哪一页，可以找到问题的出处。陈先生是对博学最好的诠释。

所谓审问，就是仔细地探究，要善于提出问题。什么叫善于提问，怎么样能够提出好的问题，我认为，只有通过详细地探究，认真地考察才能做得到。2003年，时任德国总理的施罗德来广州访问并选择了在中大演讲，他在演讲之后接受了现场同学的提问，问题涉及中德关系、中欧关系、民族历史观、他本人的从政经历等等。我想，这些问题如果不是通过认真思考是不可能提出来的。施罗德总理也对中大学生的提问给予了高度评价，他说"同具有这么广泛知识的学生交流非常有意义！"而更有说服力的应该是当时陪同来访的外交部官员的评价，他们说，中大学生提出的问题，不亚于清华学生的水平，这应该是中国最好大学的学生了。

"审问"之后说"慎思"，就是要通过自己的思想活动来细致、谨慎地考察、分析问题，要将所学为己所用。这是十分关键的一个阶段，通过对已知问题的真正吸收，然后融会贯通，进而进行反思，这是在治学过程中思想的一次飞跃，只有这样，学者才能将"别人的东西"变成"自己的东西"，才有可能对知识有所创新。

再说"明辨"，学理越辩越明，不辩就难分真伪，不辩就难分是非。夺得国际大专辩论赛冠军的中大辩论队就是很好的例子。当然，辩论的"辩"不同于辨别的"辨"，既然不同，为什么还要举这个例子呢？因为在辩论赛场上，每一轮比赛的辩题都是现场抽签决定正反方立场的，所以，必须认真分析每一场比赛的辩题，通过透彻的分析而让自己具备驾驭问题的能力，这样在比赛中，无论抽取到何种立场，都会处"辩"不惊。因此，要"辩论"，必先"辨析"，只有做好了辨析的工作，才能有必胜的把握。也正是如此，我们的辩论队才能披荆斩棘，夺得全国大专辩论赛的冠军，继而摘得国际大专辩论赛的冠军。总之，我觉得正是运用了"明辨"的方法，才有了中大辩论队夺取世界冠军的成绩。

"笃行"是治学的最后阶段。"笃"有踏踏实实，坚持不懈的意思，只有实践所学的知识，做到"知行合一"，才能为社会有所贡献，从而体现人生的价值。在中大，"笃行"的例子还是有很多的。湛江一家很有名的海产养殖企业与中大生科院建立了长期良好的合作关系，我们的研究成果应用在养殖技术上取得了非常好的效益。一次我参观那里的养殖基地，有几个渔民样子的年轻人冲着我微笑，我原以为他们是渔民，没曾想到却是中大动物学专业的博士生，他们长期沉浸在企业里，为企业解决技术上的问题，风吹日晒，看上去好像和渔民没什么两样。此外还有五六位我们的教授，每个月至少会有两三次到企业去工作。

中山大学已经形成了一个良好的文化传统，这是中山先生和学校的先贤们给我们留下的宝贵财富，值得我们每一个中大人珍惜和传承。然而，在传统之外，我们大学还需要宽松和谐的学术氛围、蓬勃向上的发展态势以及以人为本的管理理念，这是我们所有中大人都应为之努力的目标。中山先生说，"学生要立志做大事"，对于什么是"做大事"，他说"专心做一件事，帮助国家变富强"。我的理解是，我们专心做一件有意义的事，就是在做大事，就会对国家、对社会有所贡献，这也可以说是大学培养人才的终极目的。

（文章来源：中国青年报　2007-06-14　记者：钟轩）

2008 年

【广州日报】

别让大学成为舆论中心说事对象（节选）

高校应该脚踏实地　切勿只求一时辉煌

经过反复多次的诚恳相约，素来低调的中山大学校长黄达人才接受了本报记者采访。黄达人说："我觉得高校的发展应该是脚踏实地、厚积薄发，而不应去追求一时的'辉煌'。我的看法是，大学不要成为舆论的中心，不要成为社会上'说事'的对象，所以我认为我们学校的一个重要经验就是不要'出经验'。"

中大本身就是一个"缩影"

广州日报：能否回顾一下中山大学在改革开放30年来不同时期的发展历程？

黄达人：中国的高等教育走过了改革开放的30个年头，我本人就是1978年从工厂考上浙大数学系的研究生，也是改革开放的受益者。

20世纪70年代末高等教育恢复发展。1979年，中大复办法律学系，由我国著名法学家端木正教授任首任系主任；1981年，复办社会学系，由著名社会学家何肇发教授任系主任；1988年，复办政治学与行政学系，由著名行政学家夏书章教授任系主任。这三位教授被大家敬称为"三老"。而中山大学是国内最早复办这三个学系的高校之一，可说是中国高等教育发展的一个缩影。

1979年改革开放伊始，中山大学就接待了中美建交后第一个到中国大陆访问的学术代表团。1984年，中大南校区大礼堂——梁銶琚堂竣工，这是改革开放后内地第一所接受海外捐资并以捐赠者命名的校园建筑。20世纪90年代末，我到中山大学工作，当时学校发展亟需拓展办学空间，记得当时我还为此攀过树枝，就是为了能看清一块被围墙围住的土地。

广州日报：又一年高考结束了。对于近年"废止高考"之争，贵校秉持何种看法？

黄达人：在目前国情下，尚未有一种更好的人才选拔方式可以替代高考，高考制度在短期内无法改变。我们能做的，是在现有条件下，对高考选才制度作一些尝试性、有益的补充工作。也就是说，我们既坚持"阳光招生"，又根据学校情况进行"自主招生"，择优选拔。

从去年开始，中大的"自主招生"分为A、B类资格。其中，B类资格候选人直接参加专家组"深度面试"，如果被认为是在创新实践或学科专业方面表现突出的优秀学生，即便高考成绩未达到重点线，也可被中大录取。

而在研究生的选录方式上，学校进一步扩大选才的自主性，中大将允许具备一定资格的教师，可以根据学生平时参与科研情况进行"点招"，即只要老师提名，在经过一定考核程序后，学生可以不必参加研究生入学考试。

扩招利用得好，也是机遇

广州日报：中大在提升教学质量上将采取哪些措施？今后招生的取向怎样？

黄达人：这几年社会上一直在关注扩招的问题。随着优质教育资源的需求不断增大，广东省委省政府向中大提出了扩招的要求。中山大学是喝珠江水长大的，我们必须对得起广东人民，必须要努力完成这个扩招的任务。

不过，这些年虽然中大在粤的招生规模扩大了，但是生源质量并没有下降。显示在录取分数上，这几年我们在广东招生的录取平均分逐年上升，高分段人数占录取总人数的比例也有所攀升，如果将扩招问题处理得好，这也许是中大发展的一个机遇。正是出于这种考虑，学校提出了"善待学生"的核心理念，并全面实施教师职务聘任制。

（文章来源：广州日报 2008-07-05 T3版 记者：卢文洁）

2009 年

【南方日报】

中大酝酿一年三学期制

中大校长黄达人代表透露，实施后学生每年将有15周的实践时间。

● 举全校之力设"科研特区"进行核心技术攻关。
● "先行先试"加强与境外高校合作办学。
● 将实行一年三学期制，"短学期+暑假"将让学生有长达15周的实践学习时间。

本报讯　"将举全校之力设'科研特区'进行核心技术攻关"、"将实行三学期制让学生有更多实践机会"……今年"两会"，中山大学校长黄达人代表有备而来。昨日，一向低调的黄达人接受本报记者独家专访一连抛出了数个重大举措。

喝珠江水长大的黄达人说，《珠三角地区改革发展规划纲要》（以下简称《纲要》）把加快珠三角地区改革发展上升为国家战略，中大人深受鼓舞，更感责任与使命重大。校党委书记郑德涛就如何落实《纲要》曾作专题报告，教授们反应积极。紧紧围绕"科学发展、先行先试"，中大将以更解放的思想、更开放的姿态来为广东服务，而这也正是中大与华工、暨大等部属学校的校长们所达成的共识。

【落实《纲要》】
国家重点实验室将向企业全方位开放

记者：学习《纲要》，您认为像中大这样的大学当有什么作为？

黄达人：我想中山大学有责任为提高广东自主创新能力、推进产业核心技术的创新和转化作出新贡献。我们学校将建设"科研特区"，重点面向珠三角产业和重点领域，开展核心技术的科技攻关。具体由学校先进技术研究院牵头，特别是针对信息技术、海洋技术、新材料、生物技术、环保技术、新能源技术、诊疗技术等重点领域，加快科技成果转化。

记者：珠三角的未来发展亟需大学强力的智力支撑。

黄达人：我们已感受到这种迫切的愿望。我们以半导体照明技术为研究方向，最近从日本引进了几位青年学术带头人，瞄准LED（发光二极管）领域的最新前沿，通过产学研合作，实现产业化。他们一回来就已与省内多家LED行业龙头企业签订了合作协议，建立了联合实验室，企业对实验室的投入（包括设备捐赠）已经超过一亿元了。

记者：大学有学术科研力量，但怎么和产业更紧密地无缝对接，一直是个问题。

黄达人：我们一直在思考这个问题。我们准备向企业开放国家重点实验室和国家工程中心，加快国家大学科技园建设，积极探索与地方共建"科技创新区"。

【合作办学】
今年有多个专业与香港高校联合培养

记者：我留意到最近广东在积极准备探索与境外大学合作办学，中大会不会在这方面先行先试？

黄达人：一直在积极低调地谋划。我们准备利用"先行先试"的有利政策，进一步加强与境外高校合作办学。目前正在积极谋划，尤其希望在电子信息、金融工程、物流工程等创新科技领域培养高层次应用型人才。在这个问题上，还需要得到省里和国家的支持，要有一些相应的特殊政策和灵活措施。我想表个态，中山大学非常愿意在广东省主管部门的统一部署下，支持和协助境外知名大学在粤合作兴办教育机构。

记者：其实广东与港澳是近邻，有着天然的优势，他们培养人才的很多先进制度，我们是可以学习的，而且也易学。

黄达人：与香港大学我们就已通过"2+2"等模式联合培养学生。土木工程专业本科生第一、二年级在中山大学学习，经考察合格的同学，三、四年级在香港大学学习。双方相互承认学分，符合学位要求条件的学生，由中山大学颁发土木工程专业毕业证书，香港大学颁发工程学士证书，即"2+2"的办学模式。这种"2+2"的办学模式已经推广到与香港科大、中文大学联合培养的计算机专业，与香港理工联合培养的微电子专业等相关领域，这些专业都将在今年9月开始招生，考生家长可特别留意这些专业。

【三学期制】
短学期将开设跨校区第二学位课程

记者：现在社会上对于大学教学质量的质疑之声一直不断，作为校长，对此您有何看法？

黄达人：提高教育质量应该作为大学办学的核心，这一点也是我在参加今年总理座谈会上着重提出的。我认为，人才的培养并无一个固有的模式，但科学实验和社会实践必定是不可缺少的，例如目前的青年志愿者服务活动，就是大学生道德感培养的一条有效途径。中大目前积极探索的三学期制，一个很重要的原因就是为了更广泛、系统地开展实践教学，制定更完善的制度，投入更多资源。

在一年内的两个16周长学期和一个8周短学期中，两个长学期主要开设专业课程，短学期偏重于素质教育和通识教育，学生可将8周的短学期和7周的暑假结合起来，可以有一个长达15周的时间进行实践，参与教师的科研活动，进行田野调查，深入企业，接触社会，了解国情省情。同时，短学期还开设了一系列跨校区的第二学位、第二专业、辅修专业的课程。学校正在校内就三学期制广泛征求意见，不搞一刀切。

（文章来源：南方日报 2009-03-05A05版
记者：梅志清 通讯员：李汉荣）

【南方日报】2009 全国两会·焦点话题

中大 6 年改革打不破教师铁饭碗
黄达人代表呼吁高校教师退出机制尽早试行

本报北京电（特派记者/谢苗枫　徐林　黄超）　高考制度应该废除吗？大学生就业难是否是扩招造成的？高校教师聘任制改革如何推行？这些问题依然是今年全国两会上代表委员们关注的热点。

昨日，全国人大代表、中山大学校长黄达人在分组讨论后接受记者采访，就大家关心的教育热点问题发表了看法。

今年中大入围怪才仅一人

每年的"两会"，都会有些代表提出废除高考制度。黄达人认为，在整个社会诚信缺乏的大环境下，用较为严格的选拔方法来选才是应该的，"至少现在没有比它更好的选拔方式"。

他介绍，在高考的刚性制度和自主招生的柔性补充下，中大这两年也花了很大的精力招收特长生，为"偏才"、"怪才"留一扇门。他举了个例子："特长生在某个方面可能有不足，比如老是被人拿来作例子的钱钟书先生。"这样的学生，只要在其他方面有突出才能，总的成绩要求可以考虑降低。但他介绍，去年很多人报名、推荐，但最终才录取 3 个人，今年更大规模地宣传，最后入围的才 1 个人。

"这说明什么呢？说明在我们现在的基础教育阶段，有特长的学生生存环境不是太好，应试教育把这些有特色学生的棱角都铲平了，留下的学生实属凤毛麟角，要么是老师非常特别，愿意引导这个'怪才'，继续培养这样的学生，另一个就是家长很宽容，支持孩子的成长。"

教师聘任制改革难实施

前几年轰轰烈烈的高校教师聘任制改革被称为打破教师"铁饭碗"之举。黄达人谈到，目前中大的教师聘任制的改革已经推行了 6 年，除了寥寥几个因为考核不好而自动离开的教师外，学校也没有办法真正解聘那些不适合在大学里任教的人。因为目前国家尚未有健全的高校教师退出机制，大学里教师一旦被解聘，社保、再就业等问题都很难解决，这是一个很现实的问题。

他透露，正在拟定的《国家中长期教育改革和发展规划纲要（征求意见稿）》里已经提到"要建立起教师退出的机制"，他认为国家应当尽快在部分高水平大学就人事退出机制"先行先试"，"但这也不是一件很容易的事，怎么做，如何做试点，可能还有一个探索的过程。"

扩招导致就业难？不认同

对于大学生就业的"老大难"问题，黄达人认为，大学生就业难还是结构性的就业难。

有人认为大学扩招导致教育质量下降，更进一步导致大学生就业难。黄达人不认同这种说法。他指出："扩招对于国家总体而言，使得国民教育水平得到了全面提升。"

（文章来源：南方日报 2009年3月12日第A06版
特派记者：谢苗枫、徐林、黄超）

【羊城晚报】

中山大学要创岭南学派

——校长黄达人对教育有"新鲜"看法：中学应减负　大学要增负

采访中山大学黄达人校长，是件愉快的事情。多年老朋友，见面时不需要寒暄，我们一边握手，他一边开始"抱怨"：拿到采访提纲后，就开始做"功课"了，他专门邀请了学校中文系、历史人类学、经济管理领域的多位学者反复"清谈"了三次，还专程两次登门广州美院和岭南画派纪念馆，请教关于岭南画派和岭南文化的问题，以求将思路整理得更好。这真是典型的理科人性格，科学思维，严谨执著，为求真而不耻下问。跟这样的人交谈，你会知道他说出的每一个观点都经过了深思熟虑。

黄达人妙言

●就我个人而言，虽然无法界定什么人是大师，但却可以判断什么样的人一定不是大师，学术作假、为了私利而去取悦他人的人一定不属于大师的范畴。古人云"道德文章"，道德在某种程度上要比学识更重要。

●学生竟然会去揣摩、迎合老师的想法，这个可怕极了。

●中学应减负，大学要增负。

"达人"来历

无巧不成书。今天正好是黄达人校长的生日。

黄达人自述，名字中的"达人"二字来自《论语·雍也》："己欲立而立人，己欲达而达人。"以前很多家庭都用立人、达人作为兄弟名字。如果弟弟名字是达人，哥哥多数就叫立人。黄达人的哥哥就叫黄立人。

黄达人出生于诗书礼义之家，父母都是医生。

人物档案　黄达人

中山大学校长，1945年4月19日生，浙江人。学术研究领域为函数逼近论、小波分析、信号和图像处理,发表学术论文 120 余篇,获发明专利 3 项。先后担任《数学进展》、Approximation Theory and its Applications 杂志的编委。完成国家自然科学基金重点项目 2 项,广东省自然科学基金重点项目、广州市重大科技攻关项目和广州市科技计划项目各 1 项。目前主持国家自然科学基金重点项目 1 项。曾获国家教委科技进步二等奖、国家级优秀教学成果奖二等奖、浙江省教学成果奖一等奖,教育部提名国家科学技术奖自然科学一等奖、被评为"有突出贡献的中国硕士"、"全国优秀教师"。

1999 年起任中山大学校长。

谈大学生就业:当过十年工人　觉得受益匪浅

羊城晚报:现在人们最关心的一个问题,是大学生就业,您怎么看?

黄达人:现在很多人讲大学生就业难,40 年前我进工厂当工人,放在今天很多大学生都不愿去的。我从来不说那十年是浪费了青春,恰恰相反,我觉得对我的世界观的形成,那里是一个很好的环境。我有个同学叫陈叔平,现在是贵州大学的校长,曾经有人问他,你为什么工作得那么拼命?他说如果你和我一样在农村待过那么长时间,你也会这么干。我觉得对我们这一代人而言,是很自然的。

羊城晚报:可是今天大学生看法可能不太一样,他们会说当年国家包了你们的分配,虽然收入程度会低一点,却是衣食无忧的,安稳;而我们是衣食有忧的,是不安稳的。而且今天家庭对我们的投入成本是很高的,所以家庭对我的期待也是很高的。他们的焦虑,跟您当年的焦虑是不一样的。

黄达人:我跟同学们讲这些,并不是要求他们走我们曾经走过的路。而且在目前的情况下,我们不会给学生提出不切实际的要求。我说这些,只是说明人生是可以改变的。我认为,你们今天的第一职业,并不一定是终身职业;你们的第一岗位,更不一定是终身岗位。人生是可以通过自己的努力去改变的。

谈岭南学派:关注粤港澳　着眼珠三角

羊城晚报:我们知道您提出要开一个岭南学派,以目前岭南在中国自然科学界和社会科学界的实力,足以开创出一个学派吗?

黄达人:这是很多年前有过的一个想法了。当然,自然科学较多地强调规律性、可重复性，对于岭南文化特性的吸纳则不如人文社会科学来得鲜明，因此我们谈岭南学派或者华南学派，更多是指人文学科和社会科学。

羊城晚报： 要开创一个学派可不容易，中大都有怎么样的优势？

黄达人： 在人文学科，我们古代戏剧的研究力量很强，一直在追求形成独树一帜而不同于京派和海派的研究风格，还建立起了教育部人文社会科学重点研究基地的非物质文化遗产研究中心，出版了自己的学术刊物和一系列著作。我们的历史人类学已经形成了"华南研究"或者"华南学派"，我们的历史人类学团队及其研究，已经得到了国际学术界的认可。还有民族考古学，从20世纪30年代开始，中大的学者就开始在华南和西南地区从事民族文化史的研究，他们以物质文化遗产的发现、保护和研究作为主要发展方向，尤其重视泛珠江流域物质文化遗产的研究。他们将民族学与考古学相结合，坚持人类学田野调查研究，形成了自己的一套研究方法和学术传统。

而在社会科学领域，尤其是在港澳珠江三角洲的研究中，我们已经具有一席之地。特别是《珠三角地区改革发展规划纲要》的实施，已经将加快珠三角地区改革发展上升为国家战略，我们深刻意识到其中的责任，并积极采取了一系列的落实措施，我校主办的以"珠三角一体化"为主题的论坛已经开讲了，期望为拓展粤港澳三地合作、实施《珠三角地区改革发展规划纲要》作出自己的贡献。今年全国"两会"召开了《政府工作报告（征求意见稿）》座谈会，散会以后，温总理特别向我询问关于中大的情况。我回答说，除了理科、医科努力承担国家重大课题之外，学校最关注的还有港澳珠三角地区研究的问题。如果说中大能够为国家有所贡献，那么最大的贡献之一就是这方面的研究成绩了。温总理听后表示了认可和赞赏。

谈大学大师：看重"道德文章" 创造宽松氛围

羊城晚报： 大师是大学的名片。中山大学曾经有过大师，诸如陈寅恪、容庚、商承祚、王季思、蒲蛰龙等。今天的中大有大师吗？

黄达人： 我想，大师的称谓应该是超越时代的，既不是他封的，更不是自封的，他的学识必须是历经若干年代的考验与历练之后仍闪烁着智慧的光辉，历久弥新。或许可以说，时间是检验大师的重要标准。就我个人而言，虽然无法界定什么人是大师，但却可以判断什么样的人一定不是大师，学术作假、为了私利而去取悦他人的人一定不属于大师的范畴。古人云"道德文章"，道德在某种程度上要比学识更重要。

羊城晚报： 成就大师需要怎样的环境？作为校长您付出过怎样的努力？

黄达人： 在我心目中，现在的中大里，还是很有一些"道德文章"令我钦佩的同事，他们是十分优秀的学者，具有被后世评价为大师的潜质。作为校长，我所能做的，就是和其他中大人一起，在校园里营造一个和谐宽松的学术氛围，或者说，我们正在致力于培养一个可以孕育大师产生的环境。例如，我们强调"教授就是大学"的理念，对那些以学术为生存方式的学者免于考核，并且创造条件，设立讲座教授的岗位提供给特别优秀的学者，让他们安心从事学术研究从而免去后顾之忧。

谈学生创业：大学生人人创业　不可能也没必要

羊城晚报： 在当前就业形势不是很好的情况之下，我们也听到一些议论，说目前大学生应试能力很强，但是应用的能力比较弱。广州市工商部门和广东省劳动和社会保障厅的一个调查说，广东大学生的创业成功率只有1%。

黄达人： 我提个看法：不同的大学，有不同的使命。我曾经看过《国家中长期教育改革和发展规划纲要》的征求意见稿，那里面将大学分为国立的、省立的、私立的和职业的，在每一类学校中，都应该有一流的大学。我觉得这个想法很好。不能要求所有的大学每个人出来就马上能创业，我认为这是不可能的。

羊城晚报： 您认为对不同的大学，应该区别要求是吗？

黄达人： 是的。不同的大学，定位不一样，不能对所有学生用同一个标准。比方说，北大、中大的学生毕业出来，你要求他去工厂马上能够上手，这行吗？这是职业技术学校的事情，不是我们的事情。我们的任务不一样，培养目标不一样。曾经有人认为，理科培养出来的不如工科的，因为理科的人上手很慢。但是长远来说，并不见得理科不如工科的，我们的学生更有后劲。你是以今天的表现来评价他们，还是从若干年后的表现来评价他们？

羊城晚报： 但是大学生创业的成功率如果只有1%，还是太低。

黄达人： 现在学生的创造力是低一点，我同意这个说法。我们的教育在培养学生的创造力方面，和国外的大学比，还是有很大差距。我承认这一点。

羊城晚报： 造成这种差距的原因是什么？

黄达人：我是一直主张，不同定位的学校，都应该有最好的学习。深圳职业技术学院很好，就应该把这种学校，作为它那一类学校的标兵。所以，大学要把自己的培养目标搞清楚。现在我们存在什么问题呢？每一所学校，专科的要升本科，升本科以后又要收硕士生，然后要收博士。每个学校都朝着这个台阶上。为什么？因为都以北大、清华的定位来评价所有学校，认为那样才是光荣的。我想，这种观念的存在，不仅是大学和教育部门的责任，社会包括媒体也有很大的责任。

谈学科式微：甲骨文风光不再　很遗憾但没办法

羊城晚报：中大的甲骨文专业曾经是中大的名牌专业，在中国大学中曾经是有半壁江山地位的。现在这个专业式微了。

黄达人：在大学里，一些学科或者专业没落了，另外一些新生的发展起来，这是很正常的。但对于在中大有着优良传统和特色的古文字学专业而言，目前的情况的确很遗憾，也很无奈。

羊城晚报：这么好的一个平台，怎么会就失去了？很可惜。

黄达人：我也觉得可惜。我不知道我怎么来处理这些事，因为我没有本事把所有学科的领头人都找来。在人才的来源方面，最重要的渠道和活力应该在学院，他们更熟悉、更了解、更容易招揽人才。我同意你的看法，但我没办法回答，真的很遗憾。我不愿意用一个堂而皇之的回答来辩解，还是承认这个遗憾。

谈自主招生：只是一个尝试　没有必要报道

羊城晚报：我们这两年看到中大在招一些特长生，但是占的比例很少。

黄达人：今年录取的才1个，无非是一个尝试而已，连报道都不值得。我们有一条是可以保证的，绝对没有猫腻。学校这样做也是迫于社会舆论，说现在的招生制度怎么怎么样了。我个人的看法是，我想不出来比现在的招生制度更好的方法。在没有更好的办法以前，你还得用原来的那个方法。当然社会上也说要扩大自主招生权。自主招生我们就招两类，A类和B类。A类是可以加分的；B类就是特长生，今年只招到1个。

羊城晚报：您对这样一种自主招生的前景是否乐观？

黄达人：不乐观。它不能影响现在的招生制度，只能是目前高考刚性制度的一个柔性补充。

羊城晚报：确实不能从根本上撼动现在的招生制度。

黄达人：我们也无意撼动。在想不出更好的办法以前，你还是要这么做。在现在情况之下，这种高考制度还是公平性的一个保证。

谈师生定位：称导师为老板　有道理不奇怪

羊城晚报：最近凤凰卫视的主持人梁文道提出来说，现在师生关系要重新定位，他认为现在师生关系已经变成了供应商与消费者的关系。我们知道很多研究生是把导师叫做老板的。

黄达人：我马上给你一个回答，国外的研究生对他们的导师都叫老板。我们学校也有老师叫我这个校长为老板。一种称呼而已。

羊城晚报：中国大学有个普遍存在的现象，研究生为教授打工，不是像以前那样，是那么纯粹的师生关系了。您作为长期研究教育的校长，我想听听您对这类现象的看法。

黄达人：至少我个人认为，尤其是研究生，他叫他的导师为老板，没有什么奇怪。因为在研究生培养中，一个很重要的特点是通过科学研究来增长才干的，一定不要认为培养过程就是老师上课他听课。所以，最好的研究，不是自己去做，而往往是参加导师的一个重大课题，导师就是组织者，学生完成的只是这个研究项目的一部分。这样来看，说那个导师是他的老板，也没错。

谈基础教育：中学应减负　大学要增负

羊城晚报：现在从小学到高中，这12年教育要不要学得那么难？是不是一定要学这么多？

黄达人：我们那时绝对没学得那么苦。我们也做竞赛题，没有人逼，自己在家里做，当玩一样。学业负担的问题我真没有去深入地思考过，一方面在公平、公正性上还没有一个可以取代高考的制度，另一方面，为了应试而大量反复地去做模拟题，这种扭曲的学习当然是不正常的。

羊城晚报：您能不能告诉我们，以您当时从小学到高中的那一种学习量，升到今天的大学来学习，能不能同今天的大学相衔接？行不行？

黄达人：我认为行。我是学数学的，看到现在孩子学数学，很大程度上已经背离了数学的精髓。举个例子，我自己有个博士，她小孩故意问个数学题考她，她就给孩子解答了。她的孩子说，妈妈你这样答题当然是对的，但是我的老师一定不是这么答的，所以我也不会这么答。学生竟然会去揣摩、迎合老师的想法，这个可怕极了。

你一直在问，为什么中国的大学教育同国外的不一样？其实我想更应该去思考一下我们教育体系中的各个阶段是不是都存在着问题。

羊城晚报：好像无论教育官员也好，大学校长也好，在谈到教育深层次的问题时，都是特别无奈的。

黄达人：今年征求《政府工作报告》意见的座谈会上，我同温总理专门谈了一个观点，就是"中学应减负，大学要增负"。总理觉得这个观点很新鲜，然后他大段地评述了这句话。

羊城晚报：是不是需要高等教育有更大的发展，才能解决"独木桥"通道的问题？那个瓶颈太窄，而又有很多人要通过。是不是这个意思？

黄达人：不完全是。我想更多的是社会观念的问题。如果社会、尤其是家长对子女的期待以及对所谓"成功"的预期都是同一个标准，那么即使高考毛入学率升得再高，这个问题也不能解决。类似这样的问题不只是在我们国家存在，比如韩国大学入学率比中国要高，但他们的社会观念和我们一样，所以他们的学生也非常辛苦。如果社会上觉得深圳职业技术学院这样的学校能考上也是会被称道的，被认为是光荣的，如果这种观念能够贯彻，高考才可能会淡化。如果你越报道状元光荣，越报道考到什么大学才是光荣的，这个社会评价没有改变的话，其实是加强了这种环境恶化的程度。当然，这不是近期能够改变的，价值观的调整是一个漫长的过程。

羊城晚报：最近读了一些关于梁启超的书。我们广东老乡梁启超培养了9个子女，其中3个院士，他们每一个人在各自领域都有相当大的成就。梁启超说他们家的孩子中没有一个是搞自然科学的，希望其中有一个人搞自然科学。这个被寄托了期望的孩子，就是北大图书馆的梁思庄，父亲希望她学生物。她读了一年生物，感觉很难受，没办法继续下去。梁启超就让她按照自己的兴趣去读了图书馆。后来她成为中国第一代图书馆专家。

黄达人：子女学习的环境当然包括了家长。其实，这个社会就是这么组成的，包括我们老师、家长、传媒等在内的所有人，作为社会的一分子，都应该对社会价值观的形成、改变，承担自己这部分的责任。

谈大学精神：中大内涵靠感悟　不应用字眼固定

羊城晚报：您说过"中山大学是具有大学精神的大学"，什么是中大的"大学精神"？

黄达人：这其实是一个很难回答的问题。我想先说几个例子。2004年，哈佛大学将哈佛学院喜乐斯图书馆（The Hilles Library）捐赠给了中大，这是国外大学第一次向中国高校捐赠一座完整的图书馆藏书。后来，我们的图书馆馆长告诉我，捐赠的初衷之一，就是对方认为中大校训所表达的理念与哈佛精神是一致的。

去年，我们学校接受了教育部本科教学工作水平评估，评估组组长是中国人民大学校长纪宝成教授，他对中大作了一个评价："大度、淡定、从容、有序"。纪校长感受到的这样一个文化氛围，正是我们所努力追求的，我更愿意认为这是评估组对我们的鼓励和鞭策。

哈佛大学燕京学社的杜维明教授有一次同我闲聊，他说，他能够感受到中大继承了岭南大学平等和谐的文化传统，也继承了陈寅恪追求的"自由之思想、独立之精神"的学术精神。我告诉他，除此之外，中大也传承了中山医严谨治学的优良传统，而中山先生为我们题写的校训，更是引领和激励着一代代中大人不断成长。

我认为大学精神蕴含在与中大相关的一个个故事里面，是一个绵绵不绝的过程，她重积淀，但更是一个与时俱进的过程，不应该用几个确定的字眼来固定它的内涵，只能靠我们慢慢地去感悟。

（文章来源：羊城晚报　2009-04-19A3版　记者：樊克宁、夏杨）

【南方都市报】

专访中山大学校长黄达人：
大学根本目标是培养人才

> 我认为，大学应该让所有大学生有更多的参与体育运动的机会，而不仅仅是培养少数体育尖子。相对于培养尖子运动员，我们更关心每一位学生参加体育锻炼的条件。而我们希望在大学生活中，让学生学会一到两个受益终身的项目，让他们拥有健康的身体和运动的理念。
>
> —— 中山大学校长黄达人

北京时间 7 月 13 日凌晨 2 点 45 分，广东省委常委、深圳市代市长王荣在塞尔维亚首都贝尔格莱德接过大运会旗，标志着第 26 届世界大学生运动会进入"深圳时间"。受邀前往贝尔格莱德参加接旗仪式的大运文化骑行志愿者，5 月 16 日从北京国家体育场庆典广场出发，于 7 月 1 日贝尔格莱德大运会开幕之际，骑行抵达深圳，如期完成国内高校大运文化宣传。在国内骑行宣传活动中本报记者全程随行，历时一个半月，穿越中国 11 个省、20 余所高校。骑行之旅是一次对高校体育的巡礼，也是对高校校园文化的一次检阅，作为大学生运动会的主体——大学生及高校体育文化，无疑成为活动关注的焦点话题之一，记者走访沿途高校，推出高校校长系列访谈。

6 月 30 日，大运文化骑行队抵达广州，进入中山大学校园时，正值该校毕业典礼之际。黄达人作为中山大学校长，想建设一个怎样的校园文化，面对教育家、社会活动家的诸多角色他又作何选择？彼时正忙于为每一位毕业生颁授学位的黄达人校长于百忙之中抽出时间接受了本报记者的采访。

谈颁授学位：让礼仪文化回归大学校园和社会

记者（以下简称"记"）：又是一年学生毕业的时候，您为什么要亲自给每个学生颁发学位证书？

黄达人（以下简称"黄"）：中山大学举行学位授予仪式有很多年的传统了，以前是集体为学士和硕士授予学位，博士学位才是每位同学都由校长亲自颁授的。但我觉得，作为校长，应该为每位同学，尤其是本科生亲手授予学位，所以我们就开始从博士生做到硕士生和本科生，与每一位学位获得者握手并颁发证书，今年已经是第三届了。从第一年握11000多只手到现在握13500多只手，量确实很大，比如今天是仪式的第二天，后面还有两天，总共有15场，加起来有20多个小时。你可以看到，同学们在和我握手的时候都很激动。虽然严格规定每个学生5秒时间，但是许多学生想多和我说几句话，甚至和我拥抱。看到一张张笑脸、听到他们发自肺腑的感言，我也被学生们的爱校之情深深感动，虽然大家都说我很辛苦，但这其中的愉悦也是没有人能体味到的。其实，这样一个学位授予仪式，就是要让礼仪文化回归大学校园和我们的社会，让大学的精神和大学的文化传承下去。我们感到，许多礼仪传统在现代社会中逐渐消失了，礼仪文化的重建也是大学教育的一个重要内容。毕业是人生的重大转折。在这样隆重的仪式上，我和每位同学握手、颁发证书，并且邀请他们的亲友观礼，也是一个很重要的教育环节。不仅仅是同学们和他们的亲友，对于其他的仪式参与者，包括主礼教授、工作人员以及我本人而言，也都是一次精神上的洗礼。不过，开句玩笑，以后中大的每一任校长都要体力好才行。

记：每年毕业的时候，就业率都是各个高校非常关注的问题，在金融海啸影响下，许多企业减少了招聘的岗位，那么中山大学今年的就业形势怎么样？

黄：就中山大学来说，我们的总体就业率与去年基本持平。就中山大学在广东的影响来说，就业率是不应该受到短期经济波动的影响的。但是，今年同学们就业后的薪酬可能略有下降，他们也稍稍降低了期望值，有些同学选择了以前可能不一定会去的职位。

今年我在学位授予仪式上，与学生交流最多的内容，就是询问他们的就业情况。我大概抽样了10%吧，从随机询问的情况来看，我还是感到很欣慰的。

记：现在高校扩招后，每年毕业的大学生有几百万人，那么中山大学学生核心竞争力是什么？

黄：我认为，一个国家讲竞争力还合适，对于一个人来说，更应该强调如何实现更全面的发展。我个人心目中，作为一名优秀的大学生所应具备的一些素质，大概有以下七个方面：知礼、诚信、勤奋、阳光、勇于担当、敢于超越，并有良好的职业准备。在这里，我们想培养的是全面发展的有优秀综合素质的学生。

说到这里，我想谈谈我在国外大学考察时的一个很特别的感觉，包括欧美国家的很多大学，他们在做学校情况介绍时，会非常强调以学生培养作为大学的最根本目的，更多介绍的是他们的育人理念。有一条很清楚，他们认为大学的根本责任是给社会输送合格的有良好综合素质的学生。大学有各种职能，包括学科建设、科学研究、社会服务、人才培养等等，但根本的目的应该还是培养人才。学科建设、科学研究、社会服务都非常重要，不可或缺，但对于一所好的大学来说，这些实际上也都可被视为培养人才的手段，教书育人才是根本。通过学术研究，可以在校园里培育某种科学探索的气氛，某种以学术为生活方式的氛围，这会在很多方面影响学生。学科建设也是一样，包括学术人才的培养和引进等，一所大学能凝聚很多卓越的学者，对学生一定有很重要的影响。我们还努力创造机会，让学生更多地参与社会服务，这也是在培养大学生，让他们更多地接触、了解社会，了解国情，提高就业能力。

我们学校一直强调文化传承对人才培养的重要性，包括在毕业典礼上与每一个本科生握手，也可以视为一种积淀与传承大学传统的方式。我曾经开玩笑地说，我现在与每一个本科生握手，是在帮30年后的中山大学校长做校友工作。为什么这么说？因为在欧美的大学，校友对母校的支持是大学事业发展最重要的资源之一。而校友支持母校与回馈母校，最有能力的年龄在45岁到60岁之间。现在，这些学生20岁左右离开了学校，20多年后正是他最有能力支持和回馈母校的时候。今天我们在毕业典礼上握手、颁授学位，可能会增强他们终其一生的对学校的认同感。正如子女与父母的关系是不可改变的，学生与母校的关系，也是终身的、自然的，具有某种类血缘关系的。

谈高校"排行榜"："大道自然，举重若轻"

记：面对国内高校的各种排行榜，您怎么看？

黄：对"排行榜"的看法，我们很赞同学校里有些教授的说法，应该是"大道自然，举重若轻"，我觉得这是很有道理的。高等教育发展有其自身的规律，要考虑的因素很多，非常复杂，讲究"百年树人"。大学的地位与长达几十年甚至上百年的历史积淀密切相关。而且最好的大学必定有其个性，他们之间不可比较的因素很多。在所谓"大学排行榜"上，靠前几位或靠后几位，几乎不说明任何问题。在这个问题上，我们不能不在意，也不能太在意。既要"心中有数",又要"心若止水"。我个人认为,在十名前后的几所高校,大家水平相当,对某次排名的升降不必大惊小怪,重要的是要练好内功,把注意力集中在提升大学自身的教学质量和学科实力,而不要被某个排行榜的指标所左右。

记:现在很多国内高校都提出了向国际一流水平看齐的目标,在大家看来,中山大学在国内已经是国内的一流了,但为何还将目标定位为国内一流前列,而不是国际一流?

黄:在欧美的大学中,包括牛津大学、哈佛大学在内,很少有一所大学整天声称自己是国内一流还是国际一流,人们评价一所好大学,常常用的是"知名"这类的定语。其实,大学是没办法严格排名的,每所好大学都有自己的学术精神、自己的历史故事和文化传统、自己独具风格的日常生活方式,都有自己引以为傲的杰出学者和大师。

好的大学有自己的传统,最好的大学既能够融入社会、服务社会甚至引领社会发展,同时又与现实社会和公众的世俗生活保持某种距离感。比方说,在英国,有全国法定的公众假期,叫"银行假期"(Bank Holiday),也就是包括银行在内的所有机构和所有人都放假的,但是牛津大学常常在 Bank Holiday 是要上课的,牛津大学不按国家法定的规矩来放假,他们有自己的假期制度。这样的安排已经成为一种文化传统,牛津大学的教授、职员、学生虽略有不便(如不能与在其他机构上班的家人一起度假),但也不以为意,还不时向外来的客人介绍一番。而社会公众对此早已习以为常,以为有自己传统的好大学理应如此。

谈校长定位:教育家的共同品格是热爱学生

记:现在有提法说,一个大学校长除了要做一个教育家外,还要做社会活动家甚至外交家,您怎么给自己定位?如何处理这些角色?

黄:我认为,办大学要根据高等教育的规律,做事要讲求长远,润物细无声,不能有或者应该尽量避免短期的行为。中山大学最近十年的发展,最难得的就是不急功近利,先弄明白每项近期工作的长远目标,做每件事都想到后面。我们这届班子对自己的定位,就是要对大学的历史和未来高度负责,其中一个重要的体现,就是尽量不要给后人留下债务,学校这些年来在中央和广东省的大力支持下,目前的财务状况还是比较好的。

对于你刚才的提法,我没有听说过,也从来不认为自己除了做好本职工作之外，还要成为社会活动家或者外交家，但我的确在努力让自己成为一个合格的大学管理者。我认为，作为教育家最重要也是最基本的要素，是发自内心地热爱学生，只有这样，他才有可能是去为学生、为大学做事。

记：您曾经提出教授就是大学，您怎么看待您学校的教师？

黄：的确，我说过，在中大，就是要树立"教授就是大学"的理念。我们有一个基本理念，那就是要保证教授们能以学术为生存方式。我们要看到，人群里确实有一部分非常好的学者，他们不是为了薪酬而从事学术工作的，教学、科研是他们发自内心的真正需要。因此，根据中山大学的校内津贴制度，对于一批好教授完全不考核其教学、科研业绩，学校相信他们就是以学术为生存方式的。

当然，这并不意味着我们对于教师队伍不管理，我们实行了教师职务聘任制，比较完善地做了这个事情。每一个教师职位都是面向全世界公开招聘的。最近6年新聘任的职位中，有一半的受聘者来自校外，另一半是校内晋升的。对于教师的晋升，我们有两个有效的做法，一是非常注意学术同行的评价，对于教授职位的聘任，我们规定了最基本的年资和业绩条件，但不是过了这个门槛，就一定能够受聘，年资和业绩只是必要条件，不是充分条件。我认为，学术界中同行的评价非常重要，你是不是一个好的学者，你是不是把学术当成生存的方式，你的学术水平能否真正达到成为中山大学教授的标准，这些都是学校认真考量的内容。另外一点，在讲师聘任的层面上，我们采取"非升即走"的制度，如果在3个聘期内不能升副教授，就请你离开。近年已陆续有教师因为这样的理由离开了。我们相信每个人都有很好的才能，但不是每个人都适合在好大学里面当教师。这种聘任制下，讲师没有铁饭碗，这既符合学术规律，从长远来说，也是非常人性化的制度安排。

记：您怎么看待目前的高校大幅扩招？

黄：欧美国家在经济迅速扩展的时期，也经历过高等教育大众化的阶段。目前我们很多学校都在扩展，有点像1929年美国经济大萧条之前一个时期的情况，许多国家都经历了高等教育大众化的过程。我们的政府控制能力比较强，高等教育大众化的进程也走得快一些。从本质上说，这是适应这个十几亿人口大国经济社会发展的需要，符合普通百姓的愿望的。我们高等教育的迅速发展，基本上不是教育行政主管部门或政治家个人主观决定的结果，社会经济水平的提高是推动其发展的很大动力，有其合理性与必然性。

谈人才培养：高校不是"职业养成所"

记：有很多人认为，现在的大学生动手能力差，适应能力也差，很多人最终都用不上自己所学的专业，认为这是高校老套的培养模式和死板的专业设置造成的，您怎么看？

黄：一所好的大学，除了有着优良的师资，先进的教学设备之外，更重要的是有着深厚的学术传统，有着在长期的学术传承中形成的办学理念。我们是一个学术共同体，从事的是"学术性教学"，而不是一个"职业养成所"。中山大学和那些直接与职业技能挂钩的高职高专学校是完全不一样的。因此，要求中山大学的学生在毕业时要完全地"专业对口"，是不可能的。

事实上，社会经济的发展日新月异，社会对于人才的需求年年在变，如果要求通过专业的调整去紧跟这种变化，也是不现实的。有一次我与几位政府干部聊天，他们很关心教育问题，有人问，现在学生就业困难，大学的专业设置是不是应该考虑要适应社会的变化啊？我回答说，大学应该根据国家和地方的重大需求来调整学科发展的方向，这无疑是必要的。但是就具体专业而言，无论怎样改，都比不上社会的需求变化快，今年是热门的专业，四年后很可能就是冷门。我还请他们回想一下，在座的各位当中，有谁是学行政管理的？又有谁认为自己在大学的几年时间是白白浪费、毫无所获的？

在大学里，我们强调要非功利地读书学习。我们在大学中所学的知识，并不会直接地指向就业，但对学生综合素质的培养一定是有益的。大学生应该在具有一定的专门知识的同时，广博地吸收知识，培养自己学习的能力，更应该通过社会实践，培养自身与人交流沟通的能力。中山大学培养的学生，应该是一个具有一定专门知识的复合型人才。所以，我希望同学们，不仅要认真努力地学习，还要注意多与人交流，多做一些社会工作，例如去尝试做学生会的干部，做班干部、团干部，参加一些社团活动，因为这样可以培养与人沟通的能力。我认为，这是做好"职业准备"的一种很重要的方式。

记：换个角度说，目前中国大学生就业难的一个关键问题就是大学学习与就业之间缺乏有效的过渡，学生社会实践与工作经验欠缺，这一点中山大学如何解决呢？

黄：我们也看到了这样的问题。最近，我们连续召开了课堂教学、实验教学和实践教学三个工作会议。我们提出要构建新的实践教学理念，将见习、实习、实训、社会调查、社会实践、"三下乡"、志愿者活动等等，都纳入实践教学的框架中，作为大学教育阶段人才培养的重要环节。

从下学期开始，我们将实行三学期制，也就是在暑假前增加一个夏季学期，增加实践教学的分量。夏季学期与暑假连接，可以形成长约3个月的时段，用于实践教学。具体的安排包括各教学实验室（包括与企业共建的实验室）对同学们开放，鼓励同学进行部分研究型实验、开放型实验和综合性实验；让同学们有更多时间和更好的机会到企业、工厂进行实习、实训；开展有组织的社会实践和产业实践，让更多的学生利用假期实习、实践、"三下乡"，早些接触社会，等等。学校要求各院系配合三学期制的实施，重新修订各个专业的教学计划，要求人文学科的专业至少要有15个实践教学学分，其余专业至少要有30个实践教学学分。

欧美大学学生的培养方式，对我们也有启发。欧美大学的学期一般都比较短，例如牛津大学一个学期只有12周。学期较短，假期较长，又实行学分制，这样学生们就有更多的机会和更长的时间出去打工，挣钱读书。在这样情形之下，欧美大学生读书的过程，常常也就是一个参与社会实践的过程。

相比来说，我们国家目前没有一所大学实行的是真正的学分制，学分比较容易拿。我一直在提倡，中国的中学生应该减负，但大学生应增负。不是增加课时，而是要改变教学内容和教学方式，要让学生在读书方面紧张起来。除了听课之外，每门功课都应该做作业、写读书报告、进行课堂讨论。为达成这样的目的，中山大学刚刚出台了博士生做本科课程教学助理的规定，努力做到40~60个本科生配一个教学助理，其工作职责包括协助教师进行课堂教学的相关准备工作、考勤、答疑、批改作业、协助指导教学实验、组织课堂讨论、制作教学网页以及其他辅助性教学工作。这对博士生也是一个锻炼，他们毕业出去时也有了大学的教学经验。在国外，博士生没有这样的经历，在好大学是找不到工作的。我们希望用教学方式和教学内容的改变，来达到让大学生增负的目的。

谈高校管理：大学要更好发展，财政至关重要

记：大学要发展，钱很重要，除了国家拨款，您从哪里找钱呢？
黄：亚洲许多国家的国立和公立大学，都经历过法人化的过程。所谓

"法人化",一方面是政府对大学的拨款越来越制度化,另一方面是大学自己的募款与筹款能力,包括自身资产的运作能力,也显得越来越重要,越来越强。例如日本的国立大学从2001年开始,也开始了法人化的进程。大学法人化后,有更大的自主权,大学的个性更加凸显,但对大学财政运作能力的要求也更高。无论法人化与否,大学能否更好发展的一个重要因素,就是财政问题。前面实际上已经讲到,对于好的大学来说,校友的回馈和支持,对大学的财政运作是非常重要的。这也是一个正反馈的过程,大学越知名,校友们越成功,可能给的支持也就越大。

记:您一直提倡从全球寻找人才,中山大学靠什么来吸引这些学者加盟?靠优厚的待遇吗?

黄:比起欧美和港台地区的大学动辄几十万甚至上百万美元年薪的待遇,我们能给出的薪酬,还是差了很多。目前中国大陆的大学,要吸引国外学者来校任教,还是要靠学术氛围和人际环境,让他们觉得在这里能够干一番事业,这是非常重要的因素。有一些重要的学科或研究领域,因为受到自然、地理和历史因素的限制,也可能在国内进行研究更有条件,这也是吸引海外优秀人才的一个有利条件。还有一个不得不提到的情况,目前我们能够吸引到的,大多数还是华裔学者,他们有的本来就是本校的毕业生,一直保持着对母校的认同感。海外华裔学者回国任教可以有很多理由,国家民族的认同感仍然是重要的动因。另外,按照我们中国人的传统观念,在人生命周期的某一个阶段,不免有某种叶落归根的意识,也许这只是一种潜意识,但也可能因此而显得更加内在和具有本质性。

谈校园体育:体育对培养学生阳光心态很重要

记:相对于国内其他高校组建的诸多高水平运动队相比,中山大学似乎这方面的报道不多?您怎么看待大学内的体育?

黄:我对同学们提出的七方面的期待中,有"阳光"这两个字。我对同学们讲过,年轻人应该胸襟宽广,自信向上。孔子说:"君子坦荡荡,小人长戚戚",如果要交朋友,千万不要和那些经常抱怨世事不公,总是觉得人生暗淡的人做朋友,因为这样的人是不会给你阳光和力量的。青年人应该总是能够首先触摸到时代的脉搏,跟上社会前进的脚步,一个阳光的青年,应该表现出积极的精神面貌,体现出时代发展的特征。我还常常强调体育对于培养阳光心态的价值。生命在于运动,体育对于一个人的阳光心态的培养是非常重要的，大学生在年轻的时候应该养成对体育的爱好，培养一项或几项擅长的、可以陪伴一生的体育活动，这将使我们的学生受益终身。

　　我认为，大学应该让所有大学生有更多的参与体育运动的机会，而不仅仅是培养少数体育尖子。中山大学也有很好的项目，比如说击剑，我们的击剑运动一直有很好的传统，现在中山大学还是中国大学生体协击剑协会的主席单位。不过，相对于培养尖子运动员，我们更关心每一位学生参加体育锻炼的条件。而我们希望在大学生活中，让学生学会一到两个受益终身的项目，让他们拥有健康的身体和运动的理念。

（文章来源：南方都市报　2009-07-14　深圳读本 SA39 版

记者：黄燕、刘春林）

【南方日报】

中大：为中才立规矩，给天才留空间

2009届中国科学院院士评选近日揭晓，中山大学许宁生、陈小明两位教授双双当选，"一校两席"不仅与北大、清华、兰大并列高校榜首，也创下广东历史纪录。

大学之大，不在大楼，而在大师。一直非常低调的中大今年高层次人才队伍表现强劲，很多项目处于全国领先位置：国家"973"首席科学家项目、国家引进海外高层次人才的战略计划——"千人计划"、"长江学者"、"杰青"（国家杰出青年科学基金获得者）、"珠江学者"等等，今年都获得大丰收。

为什么会是中大？为什么会是今年？是机缘巧合，还是多年默默耕耘结出的果实？

我们采访了中大"长江学者"倪梁康、庄诗美两位教授。而几经联系，中大校长黄达人"被迫"接受了《南方日报》的独家专访。"办大学需要一个安静的环境，最好不要成为关注的焦点。"他开宗明义。

而在与黄校长的对话中，我们听到了这位一直喜欢思考的教育家内心真实的声音，这一切，都鲜明地流露出"中大味道"。

谈院士当选：
"一校两席"有很大偶然性，学校能够做的是努力去营造宽松自由的学术氛围

记者：这次中科院院士评选，中大一校两席，破了广东纪录，作为校长，您很高兴吧？

黄达人：当然高兴，不过我在这里更想强调的是，一次有两名教授当选院士，有极大的偶然性，实在是运气好。院士的评选，很多东西是说不定的。我们中大有一批非常优秀的教授，不论他们能不能当选院士，他们都是中大的宝贵财富，我们也很清楚，现在中大在高层次人才积聚方面还远不能说取得了多么大的成就。我老实讲，这次能评上一个，或者下次再评上一个，或者没有，都是正常的。

记者：哈哈，您这是在为两年后的院士评选舆论先行吧。

黄达人：我是实话实说。怎么培养大师？至少我是不知道的。如果我掌握了规律，那我应该先把自己培养成大师（笑）。不过，有些事情是大家取得共识的，例如社会实践、科学实验、注重人的全面发展等等，我想，这些或许都是培养创新人才的必需过程。

最近大家都在讨论钱学森老先生的命题，为什么中国培养不出大师？这个命题真的值得我们好好研究。作为学校，能够做的也仅仅是努力去营造一个比较宽松自由的学术氛围。

记者：中大会为两位新晋院士举行什么庆祝活动吗？

黄达人：没有啊。倒是陈小明跑到我这里来提了两个要求：一是要周末抽出一天陪他打一次"拖拉机"，庆祝一下，平时太忙没有时间玩。二是把他化工学院院长的职务解除掉，当了院士，他希望用更多时间来做科研。我听了，真的很感动。

谈学术氛围：
对已经证明非常优秀而且以学术为生命的人，没有必要去考核他

记者：您刚才提到中大这几年一直在努力营造一个比较宽松自由的学术氛围，我们在采访陈小明院士，"长江学者"庄诗美、倪梁康两位教授的时候，大家都不约而同地讲到了这一点，他们认为这是很关键的地方。

黄达人：中大在制定人事制度时遵循一个原则，就是"为中才立规矩，给天才留空间"。从2003年人事制度改革开始，学校一直有200多位教授是免考核的，我们已经坚持了6年。对一些已经证明非常优秀而且以学术为生命的人，你没有必要去考核他。不过对一般的人还是要定一个考核标准。中文系黄天骥教授跟我说：校长，你很"坏"！你不考核，我们只有更加拼命地干。

记者：庄诗美教授说，她刚回国那三四年都没出什么成果，但学校也没给她压力。

黄达人：一个天天待在实验室里没日没夜做实验的科学家，她难道就不是"优秀"吗？不仅对这200多位优秀教授不考评，我们一直以来都没有对学院的考核下过什么硬性的指标，从没有规定你一定要发多少篇文章，出

多少成果。

记者：但是，作为"985"省部共建的大学，中央、广东省投入巨资，每一期结束时学校是要接受整体验收的，您不担心学校的各项指标上不去吗？

黄达人：庄诗美三四年没出成果，但一出，就是世界前沿的研究成果。我们都知道，科学实验是容不得急功近利的，而且经常要面对失败，作为学校，你不给她足够的时间空间去沉下去，各项指标有可能真正上去吗？实践证明，我们没有下指标，教授们还是取得了很好的成绩。

谈大学行政化：
在中大找教授当处长很难，当"官"意味着要花更多精力为教授们服务

记者：我们还发现一个现象，在中大，教授们都不愿意当官。

黄达人：中大招聘处长，教授们都不愿意报名，教务处长是我亲自动员来的，审计处长谈来谈去最后还是没有教授愿意来，财务处长也没有人报名，最后是反复做工作才来的。我们中大好多一流学者都没有任何行政职务。

记者：那是为什么呢？当官本应能比别人占有更多资源。

黄达人：大家心里都很明白，在中大当个处长，不仅不能占用资源为自己服务，而且要花更多精力去为教授们服务。我们管钱的副校长是一位非常优秀的学者，但在"985"、"211"这些大项目中，从没有为自己所在的团队投入一分钱。所以，他说话就比较有公信力。

记者：对学问做得好的教授来说，在中大当官是一种牺牲。

黄达人：大学里能不能形成好的学术氛围，很重要的一点就是看你行政文化的氛围，因为行政人员掌握着资源分配，比如经费、房子等。学校的资源到底是为什么人服务的？这直接决定你的行政文化是什么。我认为，大学是一个学术共同体，我们强调"善待学生"、强调"教授就是大学"的理念，大学中的一切都是要为教师和学生服务。这种服务是对行政人员供职于大学的一种职业要求，或者说职业底线。但不管是大学教授还是大学职员，追根究底还都是为大学这个学术共同体服务。

记者：现在一些大学越来越像官场，行政化色彩太浓厚。但起码中大这几年慢慢形成了真正的大学氛围。

黄达人：还不能说已经形成，我们只敢说在朝这个方向努力吧。有个别学校说有"处长训教授"的情况，这在中大好像没有听说，也是不应该存在的。

记者：很多教授都说，中大行政人员的办事效率一流。

黄达人：恐怕这个评价过高了，说有改善可能比较客观一点。我们在大会小会上总讲，行政人员要谋事，不要谋官。不要去揣摩领导意图，而是要多去看看师生们需要什么样的服务。不能媚上，媚上者必会欺下，这恐怕也是个规律吧。

另外，我还觉得，在大学党政团结至关重要，这种团结也会直接决定学校的风气。在人才建设方面，学校党政领导的理念也是高度一致的，以前李延保书记是这样，现在郑德涛书记也是这样，他非常关心人才工作，学校引进人才的实验室建起来后，他常会去看看，去关心教授们的实际需要。我想，这不是一个人在关心，而是代表了学校的态度，所以这对教授们是一个很大的激励。

谈拒绝媒体：
大学需要平静的办学环境，最好不要成为社会关注焦点

记者：据我们观察，中大这几年高层次人才队伍建设是在起跑，通俗讲，就是很牛！但你们似乎都不愿意面对媒体，许宁生教授当选院士了，他也拒绝接受采访。

黄达人：这可能跟我们的办学理念有点关系。我们认为，大学需要一个平静的办学环境，最好不要成为社会关注的焦点，我曾经说，中大的经验就是不要"出经验"，对于我个人而言，内心更抗拒炒作。我们本身就不是公众人物，全力以赴把校内的事情做好就是最大的贡献。

谈人才流动：
人才来去都很正常，但对离开中大的人才很舍不得

记者：最近几年中大从世界范围内引进了一批很牛的教授，但也有颇有影响的教授离开了中大，您怎么看？

黄达人：我认为大学的人才流动很正常，来去都很正常。大学要有活

力，就要建立一种正常的退出机制、流动机制，这样大学才能健康发展。当然，对离开中大的人才，在一起共事很多年，他们又深受学生喜欢，我们觉得很舍不得，但还是应该尊重个人的选择。

谈荣誉制度：
这种荣誉不能带来晋升，也与金钱无关，表彰的是关乎忠诚、坚持和专业精神

记者：最近，中大建立大学荣誉制度，向15位服务超过50年的同事颁发首届卓越服务奖。这件事在教育界还是引起了比较强烈的共鸣。

黄达人：学校之所以在85周年校庆的时候设立这样一个奖项，并非为了标新立异，是希望在中山大学能够建立起一种荣誉制度，这种荣誉不能带来晋升，也与金钱上的收益无关。这种荣誉制度，表彰的是关乎忠诚，关乎坚持，以及关乎对所从事职业的专业精神，它表彰的是关乎人类社会所共同认可的基本价值。我们希望在大学的层面倡导这种基本价值。

记者：是所有中大人都有可能获得这个荣誉吗？

黄达人：对，无论是致力于教学科研的老师，还是从事党政管理工作乃至后勤服务的普通职员，都可能获得这个荣誉。

记者：我看你们对卓越服务的评价有一个很重要的标准，那就是对事业的忠诚。

黄达人：我们所说的忠诚不是指对某个人的忠心耿耿，而是对教育事业的执著态度。这种忠诚，从个人来说是一种精神，对大学而言就是一种力量，我们将其称为"忠诚的力量"。

（文章来源：南方日报　2009-12-08 A09版　首席记者：梅志清　记者：张胜波　实习生：张冰梓　通讯员：李汉荣、王丽霞）

2010年

【南方网】 在各行各业行政化的大环境下

黄达人：大学去行政化＝弱化

沸沸扬扬的高校"去行政化"话题，黄达人校长始终带着"冷眼"在观察。这位一直希望对当下中国教育有自己独立思考的校长喜欢讲"大实话"。

为了求证自己的观点，这几天会期，一有间隙，黄达人代表就抓紧时间"密会"宋海副省长、钟南山院士等数位代表，无它，只希望自己的观点更成熟一点，能在时间的长河中站稳脚跟，而不是一拍脑袋的冲动，随风即逝。

对于万众期待的《国家中长期教育改革和发展规划纲要》（以下简称《纲要》），黄达人校长认为，随着高校办学自主权的进一步扩大，教学、科研、学科建设、人事、财政等方面的制度都要进行创新，这一转变将使中国的大学之间出现新的竞争局面。他也呼吁教育界人士特别是广大教师能够关注、参与《纲要》的制定过程，投身于教育改革的实践，让《纲要》的制定成为一次总动员。

在人们纷纷痛斥大学"行政化"的同时，我们是不是又走进了另一些误区——

澄清一
"去行政化"不等于大学不要行政部门

南方日报：最近社会热议对大学去行政化的问题，您这位大学校长如何看？

黄达人：我觉得笼统地提"大学去行政化"，在概念上有点模糊。我想，所谓"去行政化"的问题应该就是指减少或者去除非学术因素对学术的影响。

我一直在学校里强调，"大学是一个学术共同体"，"教授就是大学"，这些是我们要去努力实现的一个方向。因此，国内大学要有更好的发展，就必须以学术为核心，减少非学术因素的干预。

我想强调的是，"去行政化"不等于大学不要行政部门。可以这样说，国内高校特别是高水平大学的行政部门，都是围绕学术为中心工作的，包括大学各级党委在内的行政管理部门，根本上是为教学和学术而服务的，他们的正常运作为大学提供了效率。据我所知，国外高校也是如此，很多著名大学的行政人员数量甚至超过教师数量，因此，大学配置一定的行政人员不等于大学的行政化。

澄清二
"去行政化"不能理解为要把优秀学者因为一个职务就从学术活动中排挤出去

南方日报：据报道，在今年全国教学名师百名获奖者中，担任党委书记、校长、院长、系主任、教研室主任、实验室主任、研究所所长等行政职务的，占到九成，这是不是说明，现在大学官僚化已非常严重了？

黄达人：如果说大学里有所谓的行政权力和学术权力，那么前者拥有的是行政资源，起到的是协调和服务的作用，后者拥有的是学术资源，所谓教授治学，起到的是创造知识、发展学术的作用。然而，这不表示二者不能有交叉，现在高校一般都是内行领导，很多院长、系主任本身都是优秀的学者，还有一些其实是属于学术职务，如教研室主任、重点实验室主任等等，甚至一些岗位例如教务、科研管理部门某种程度上也应该是教授担任，这不能一概而论。

我想，大学当然要找在学术上有所建树的学者担任这样的岗位，而不能认为这位学者有行政的兼职就认为他是行政的代表。我看过那个统计，凡是有个职务哪怕是担任教研室主任都算进去了，我们也可以反过来看，如果担任职务的前提是教师教学和科研水平优秀，那么我恰恰认为这个统计结果是合理的。总之，去行政化不能理解为要把这批优秀学者因为有了一个职务就从学术活动中排挤出去。

大学应该注意和竭力避免的是不要让行政职务成为谋取资源的资本。大学必须要营造一个氛围，那就是以学术为核心的宽松和谐的环境。

澄清三
别的行业都行政化，大学去行政化，就会弱化

南方日报：大学去行政化，很多人关注要取消现存大学的行政级别，对此您怎么看？

黄达人：可以肯定，随着社会的发展，大学取消行政级别是最终的目标。我认为这是大势所趋，完全赞同。但同时，我们也必须看到，在现阶段，社会上各行各业都存在行政级别的大环境下，如果只是简单取消了大学的行政级别，我想，不仅不会强化教育特别是高等教育的地位，反而可能恰恰会起到弱化的作用。例如干部交流，就要求必须具有相应的职级岗位工作经历的。因此，我认为，要实现取消行政级别的目标，必须与事业单位以及其他行业的体制改革同步推进，从而逐步建立符合高校特点的管理制度和配套政策。否则，只谈取消高校的行政级别，会觉得有些突兀，容易引起误解。

我另外想谈的是，高校干部特别其身份是教授的干部，能上能下做得是比较好的。他们任职时是院长、书记、处长，不任职了，还是教授，在医院还是医生，也不保留什么级别。

办学自主权
"依法办学"是否指法律不禁止的，大学都可以尝试？

南方日报：现在很多大学关注《纲要》中提及的办学自主权的问题，对此，您有什么看法？

黄达人：教育部曾就扩大和落实高校办学自主权专门征求过各个大学的意见，说明教育管理部门是充分重视这个问题的。但这里面存在一些深层次的问题，不仅仅是教育主管部门可以解决的。

我注意到，《纲要》强调要依法办学，我认为这非常重要，是否可以说，落实高校办学自主权的目标就是以法律为依据，只要法律没有规定不允

许做的，大学都可以去尝试，这就是真正的自主权。然而，在目前的办学过程，还是有"宏观放权、微观收权，大方向同意、具体不同意"的情况。举个例子，前两年，教育部和广东省提出要在珠三角建设"国家教育综合改革示范区"，但实际上，我们在开展学术活动和各种合作与交流项目时，仍然要逐一向教育主管部门报批，至今还没有在这个所谓"示范区"的概念下由高校自主实现的体制机制的创新。

高校聘任制
高校实行聘任制，对于考核不达标需下岗的教师怎么办——能否选择部分大学试点高校人员退出机制

南方日报：您希望有什么样的具体的办学自主权？

黄达人：我想在财务和人事方面说一下。在财务方面，目前高校的拨款制度，主要是经常性经费与专项经费，而且专项经费占有很大的比例，据不完全统计，2009年由教育部下达部属高校的主要专项经费大大小小近30种，中大等高校的专项经费所占比重最多时甚至超过一半，专项经费里有的是专项拨款（如基础科研费、重点实验室的经常费等等），还有的是通过招标、评审等方式争取而来，用途受到严格限制。当然，教育部以各种专项的形式为教育系统争取经费支持，作为大学，我们是非常理解和支持的，但经费使用方式的限制也太大。如果国家能够保证教育经费的投入，由教育主管部门或者拨款委员会来对资金进行合理配置，那么大学就可以集中精力做好提高教育质量的工作。这也是"推进政校分开、管办分离"，落实办学自主权最重要的一个方面。

就我校感受而言，人事制度方面的自主权落实得是比较好的，但有个问题还是想说一下。目前一部分高校实行了聘任制，一些教师考核达不到学校要求或基于本人意愿离开高校，这种情况下，他们在高校的工作年限等社会福利方面不能得到合理的核算和认定，因此不能顺利地退出学校，特别是进入企业单位。因此，建立合理有效的高校人员退出机制是我们亟待解决的问题。能否借助《纲要》的制定实施的机遇，考虑选择部分大学作为试点，建立合理有效的高校人员退出补偿机制，为退出的人员提供充分的制度保障。

养老金 + 退休金
可考虑将大学员工退休待遇中的养老金逐步纳入社保

南方日报： 中大在这方面有具体考虑么？

黄达人： 我们有一个想法，建立一套适合我国事业单位实际的"养老金 + 退休金"退出保障制度，即：将目前实施的退休待遇，调整为由与国家社保制度接轨的养老金，加上由工作单位设立的"退休金"两大块组成。

建立养老保险制度是国家对公民的义务，养老金属社会福利性质，是为保障广大社会成员晚年的基本生活而设立的，应更着重顾及政策的公平性，不同社会群体的养老金差别不宜过大，否则容易引发社会问题。因此，可以考虑将大学员工退休待遇中的养老金部分分离出来，将之与社保接轨，养老金的享受标准与受益人是否是大学员工无关，只与其缴纳的标准有关，这就可以避免目前关于事业单位退休金标准"向企业靠"还是"向公务员靠"的争议。随着国家社保制度的日益完善，将高校员工的养老金逐步纳入社保应该没有太大的困难。

退休金应该是各大学对在本校工作的教职工的一种福利制度，与其在校服务期间的薪酬标准、职位、服务年限、对大学的贡献程度相关。为了与建立合理有效的高校人员退出补偿机制相衔接，这里所称的"退休金"可以是广义的，即对于达到规定退休年龄的人员，就视其为"退休金"，而对于未达退休年龄但因各种原因而去、离职的人员，就视其为"离职补偿金"。

住房问题
如何解决高房价下大学年轻教师的巨大心理落差——
能否借鉴香港经验让教师租住学校公寓？

南方日报： 现在广州房价这么贵，对于中大的年轻教师，有没有遭遇到这个问题？

黄达人： 可以这样说，目前制约大学发展的一个重要瓶颈就是住房问题。在大学里，青年教师正处于创造力最为旺盛的时期，他们是学术研究的生力军，而目前这一部分青年教师面临的最大困扰就是住房问题。在这个年龄段的青年教师，他们没有享受到福利分房的待遇，而目前的房价又远非他们的收入所能够承担，福利房与商品房之间巨大的价格差距，也导致了他们巨大的心理落差。这一问题已经成为了大学的隐患，它有可能影响到大学未来的可持续发展。虽然《纲要》提出了要加强教师队伍建设，但对于教师队伍建设的瓶颈——住房问题，《纲要》征求意见稿在这个问题上着力不够。

南方日报：学校怎么解决呢？

黄达人：我认为可以有两条途径，一方面希望得到政府和社会的支持，为青年教师提供相对廉价的房源，学校可以通过团购的形式组织教师购买。另一方面，就是在一些高校集中的地区，政府在地价上给予一定优惠政策，学校建设一批大产权（即不允许出售给个人）的公寓，仅用于周转而出租给教职工。

我想，我们还可以借鉴香港高校的房屋政策。香港是世界上房价最高的地区之一，香港的大学解决住房的办法可以作为我们的参考。在香港，每个大学都拥有较多的教师公寓，以教师工资的一定比例收取租金，保证大多数教师都可以租到大学的公寓；对于在大学服务满一定年限、又不租住大学公寓的教师，大学额外发给一定的购房补贴。

（文章来源：南方网 2010-03-09 记者：梅志清、谢苗枫）

【新华网】

专访中山大学校长黄达人：
关注《纲要》制定　投身教育改革

新华网北京 3 月 13 日电 全国人大代表、中山大学校长黄达人 13 日接受新华网独家专访，就《国家中长期教育改革和发展规划纲要》（以下简称《纲要》）的相关话题与广大网友交流。

记者：黄校长，首先非常感谢您接受新华网专访。您对《纲要》的总体评价如何？

黄达人：很高兴能来到新华网与广大网友交流。近日面向社会征求意见的《国家中长期教育改革和发展规划纲要》，总体上看，《纲要》内容全面，思路清晰，问题明确，指导思想和发展目标是好的，明确了"优先发展，育人为本，改革创新，促进公平，提高质量"的 20 字工作方针，突出义务教育以及整个基础教育中的教育公平问题，强调了提高教育质量作为核心工作，明确如建设现代学校制度、办学体制改革和管理体制改革等问题。

我认为，这些都充分说明了党和政府对教育工作的重视，作为一名教育工作者，我感到非常鼓舞。对于像中山大学这样的大学来说，《纲要》的实施既意味着机会，也是新的挑战。按照《纲要》的要求，高等学校的办学自主权要进一步扩大，教学、科研、学科建设、人事、财政等方面的制度都要进行创新。对这一转变可能产生的影响，我们要有清醒的、深刻的认识。我们要清晰了解国家高等教育改革的大方向，在思想上和制度建设上做好准备，抓住机会，迎接挑战。

记者：最近社会热议对大学去行政化的话题，您如何看笼统地提"大学去行政化"？

黄达人：我想，所谓"去行政化"的问题应该就是指减少或者去除非学术因素对学术的影响。我一直在学校里强调，"大学是一个学术共同体"，"教授就是大学"，这些是我们要去努力实现的一个方向。因此，国内大学要有更好的发展，就必须以学术为核心，减少非学术因素的干预。

我想强调的是，"去行政化"不等于大学不要行政部门。可以这样说，国内高校特别是高水平大学的行政部门，都是围绕学术为中心工作的，包括大学各级党委在内的行政管理部门，根本上是为教学和学术而服务的，他们的正常运作为大学提供了效率。据我所知，国外高校也是如此，很多著名大学的行政人员数量甚至超过教师数量，因此，大学配置一定的行政人员不等于大学的行政化。

记者： 最近有一个统计，在今年全国教学名师的100位获奖者中，担任党委书记、校长、院长、系主任、教研室主任、实验室主任、研究所所长等行政职务的，占到九成，是不是校园已经官僚化了，对此您如何看？

黄达人： 如果说大学里有所谓的行政权力和学术权力，那么前者拥有的是行政资源，起到的是协调和服务的作用，后者拥有的学术资源，所谓教授治学，起到的是创造知识、发展学术的作用。然而，这不表示二者不能有交叉，现在高校一般都是内行领导，很多院长、系主任本身都是优秀的学者，还有一些其实是属于学术职务，如教研室主任、重点实验室主任等等，甚至一些岗位例如教务、科研管理部门某种程度上也应该是教授担任，这不能一概而论。

我想，大学当然要找在学术上有所建树的学者担任这样的岗位，而不能因为教授有行政的兼职就认为他是行政的代表。我看过那个统计，凡是有个职务哪怕是担任教研室主任都算进去了，我们也可以反过来看，如果担任职务的前提是教师教学和科研水平优秀，那么我恰恰认为这个统计结果是合理的。

总之，去行政化不能理解为要把这批优秀学者因为有了一个职务从学术活动中排挤出去。大学应该注意和竭力避免的是不要让行政职务成为谋取资源的资本。大学必须要营造一个氛围，那就是以学术为核心的宽松和谐的环境。这个问题以前我也和你谈过，这里就不再说了。

记者： 您刚才主要谈的主要是大学内部的行政化问题，很多人关注要取消现存大学的行政级别，对此您怎么看？

黄达人： 可以肯定，随着社会的发展，大学取消行政级别是最终的目标。我认为这是大势所趋，完全赞同。但同时，我们也必须看到，在现阶段，社会上各行各业都存在行政级别的大环境下，如果只是简单取消了大学的行政级别，我想，不仅不会强化教育特别是高等教育的地位，反而可能恰恰会起到弱化的作用。例如干部交流，就要求必须具有相应的职级岗位工作经历的。因此，我认为，要实现取消行政级别的目标，必须与事业单位以及其他行业的体制改革同步推进，从而逐步建立符合高校特点的管理制度和配套政策。否则，只谈取消高校的行政级别，会觉得有些突兀，容易引起误解。

我另外想谈的是，高校干部特别其身份是教授的干部，能上能下做得是比较好的。他们任职时是院长、书记、处长，不任职了，还是教授，在医院还是医生，也不保留什么级别。

记者：社会上很关注办学自主权，您在这方面有什么看法？

黄达人：日前，教育部曾就扩大和落实高校办学自主权专门征求过各个大学的意见，说明教育管理部门是充分重视这个问题的。但这里面存在一些深层次的问题，不仅仅是教育主管部门可以解决的。

我注意到，《纲要》里强调要依法办学，我认为这非常重要，是否可以说，落实高校办学自主权的目标就是以法律为依据，只要法律没有规定不允许做的，大学都可以去尝试，这就是真正的自主权。然而，在目前的办学过程，还是有"宏观放权、微观收权，大方向同意、具体不同意"的情况。举个例子，前两年，教育部和广东省提出要在珠三角建设"国家教育综合改革示范区"，但实际上，我们在开展学术活动和各种合作与交流项目时，仍然要逐一向教育主管部门报批，至今还没有在这个所谓"示范区"的概念下由高校自主实现的体制机制的创新。

记者：办学自主权方面的问题是否可以谈得具体一些？

黄达人：我想在财务和人事方面说一下。在财务方面，目前高校的拨款制度，主要是经常性经费与专项经费，而且专项经费占有很大的比例，据不完全统计，2009年由教育部下达部属高校的主要专项经费大大小小近三十种，中大等高校的专项经费所占比重最多时甚至超过一半，专项经费里有的是专项拨款（如基础科研费、重点实验室的经常费等等），还有的是通过招标、评审等方式争取而来，用途受到严格限制。当然，教育部以各种专项的形式为教育系统争取经费支持，作为大学，我们是非常理解和支持的，但经费使用方式的限制也太大。如果国家能够保证教育经费的投入，由教育主管部门或者拨款委员会来对资金进行合理配置，那么大学就可以集中精力做好提高教育质量的工作。这也是"推进政校分开、管办分离"，落实办学自主权最重要的一个方面。

就我校感受而言，人事制度方面的自主权落实得是比较好的，但有个问题还是想说一下。目前一部分高校实行了聘任制，一些教师考核达不到学校要求或本人意愿离开高校，这种情况下，他们在高校的工作年限等社会福利方面不能得到合理的核算和认定，因此不能顺利地退出学校，特别是进入企业单位。因此，建立合理有效的高校人员退出机制是我们亟待解决的问题。

能否借助《纲要》的制定实施的机遇，考虑在选择部分大学作为试点，建立合理有效的高校人员退出补偿机制，为退出的人员提供充分的制度保障。

记者： 中大在这方面有考虑么？

黄达人： 我们有一个想法，建立一套适合我国事业单位实际的"养老金＋退休金"退出保障制度，即：将目前实施的退休待遇，调整为由与国家社保制度接轨的养老金，加上由工作单位设立的"退休金"两大块组成。

建立养老保险制度是国家对公民的义务，养老金属社会福利性质，是为保障广大社会成员晚年的基本生活而设立的，应更着重顾及政策的公平性，不同社会群体的养老金差别不宜过大，否则容易引发社会问题。因此，可以考虑将大学员工退休待遇中的养老金部分分离出来，将之与社保接轨，养老金的享受标准与受益人是否是大学员工无关，只与其缴纳的标准有关，这就可以避免目前关于事业单位退休金标准"向企业靠"还是"向公务员靠"的争议。

随着国家社保制度的日益完善，将高校员工的养老金逐步纳入社保应该没有太大的困难。退休金应该是各大学对在本校工作的教职工的一种福利制度，与其在校服务期间的薪酬标准、职位、服务年限、对大学的贡献程度相关。为了与建立合理有效的高校人员退出补偿机制相衔接，这里所称的"退休金"可以是广义的，即：对于达到规定退休年龄的人员，就是其"退休金"，而对于未达退休年龄但因各种原因而去、离职的人员，就是其"离职补偿金"。

记者： 我们注意到今年"两会"上也有校长在关注青年的教师住房问题，您怎么看这个问题？

黄达人： 可以这样说，目前制约大学发展的一个重要瓶颈就是住房问题。在大学里，青年教师正处于创造力最为旺盛的时期，他们是学术研究的生力军，而目前这一部分青年教师面临的最大困扰就是住房问题。在这个年龄段的青年教师，他们没有享受到福利分房的待遇，而目前的房价又远非他们的收入所能够承担，福利房与商品房之间巨大的价格差距，也导致了他们巨大的心理落差。这一问题已经成为大学的隐患，它有可能影响到大学未来的可持续发展。虽然《纲要》提出了要加强教师队伍建设，但对于教师队伍建设的瓶颈——住房问题，《纲要》征求意见稿在这个问题上着力不够。

我认为可以有两条途径，一方面希望得到政府和社会的支持，为青年教师提供相对廉价的房源，学校可以通过团购的形式组织教师购买。另一方面，就是在一些高校集中的地区，政府在地价上给予一定优惠政策，学校建设一批大产权（即不允许出售给个人）的公寓，仅用于周转而出租给教职工。

我想，我们还可以借鉴香港高校的房屋政策。香港是世界上房价最高的地区之一，香港的大学解决住房的办法可以作为我们的参考。在香港，每个大学都拥有较多的教师公寓，以教师工资的一定比例收取租金，保证大多数教师都可以租到大学的公寓；对于在大学服务满一定年限、又不租住大学公寓的教师，大学额外发给一定的购房补贴。

记者： 我注意到，《纲要》中有关"完善学校目标管理和绩效管理机制"的内容，对此您怎样看？

黄达人： 的确，我也关注到了这部分的内容，所谓"目标管理"还是一种行政管理的方式，学术创新有其偶然性，不一定是设定了一个目标就必然会达到的，中国高校急于赶超先进，提出一系列目标也是情有可原的。但是，我们也必须看到，只是着眼于目前而非着眼于长远，如果过分地拘泥于各种数字，那大学发展的眼界就无法打开。大学不是政府、也不是企业，而所谓建设一流大学这一目标，也还只是一种工具理性的、经济化的目标，简单来说，是一种工作的目标，而决不是大学的办学目标。

而"绩效管理"更需要很多量化的指标，这似乎还是一种"工程"管理的概念，然而大学的进步，是需要长期的投入和一代又一代人不懈努力的。今天工作的成绩必然是十年、二十年前工作的积累，现在的工作成绩都是在前人留下的基础上取得的，当然我们也清楚地认识到，自己也是铺路石，大学的未来会是更加美好的，我们的继任者总会比现在做得更好。我们一直说要按教育规律办事，但教育规律究竟是什么，这个问题还值得我们好好研究和探索的。

记者：《纲要》提出育人为本，是不是想解决钱老之问？

黄达人： 我们都说，大学的使命有三：人才培养、科学研究、服务社会。其中，培养人是最根本、最重要的使命。

大家一直说培养什么样的人、怎样培养人的问题，但我感觉这里面欠缺了作为一个中国人人格的培养，过多强调了工具性的培养目标。我认为大学生应该知礼、诚信、勤奋、阳光、敢于超越、勇于担当、具有职业准备，要做一个文明的现代人。

怎样培养人，特别是如果培养大师呢，我以前说过，创新型人才的培养并无一个固有的模式，但科学实验和社会实践必定是不可缺少的。或者也可以反过来说，如果只有一个僵化的体制必定培养不出创新型人才，为此，国家、社会尤其是大学都要去探索，更重要的是要给教育界一个探索的空间。

此外，人才的培养是一个过程，在高等教育阶段，大学本科阶段的培养尤为关键。我认为应该充分发挥科学院（包括中科院和社科院）的作用，因为那里聚集了一大批十分优秀的专家学者，他们应该从本科阶段就开始传道授业，因为本科阶段是年轻人成人、成才至关重要的一段时期。因此，我认为国家是否可以考虑探索大学与科学院合作甚至合并的道路。

记者：谈了这么多，您认为实现《纲要》所确立目标的关键在哪里？

黄达人：新一轮高等教育改革与发展能否真正取得成效，在很大程度上，当然取决于党和政府对教育事业决心和投入，但是《纲要》的核心是教育改革，而教育改革的主体是包括我们大学教师在内所有教育工作者，因此，《纲要》的实现也取决于广大教育工作者的热情投入。

所以，我借这个机会也呼吁教育界人士特别是广大教师能够关注、参与《纲要》的制定过程，投身于教育改革的实践，让《纲要》的制定过程成为一个动员的过程。

（文章来源：新华网　2010－03－13　作者：新华网）

【中国青年报】

中山大学校长黄达人：大学要回归大学的本质

大学是一个学术共同体

记者：在今天的中国社会，大学越来越被人们看成是一般的社会组织甚至是行政单位。作为大学校长，你认为理想的大学应该是什么样的？

黄达人：我们在学校内部一直强调，大学应该是一个学术共同体。作为学术共同体，大学必须以学术为目的，以科学精神为核心凝聚力，并且应有某种对绝对精神的追求。同时，大学还必须有所作为，除了能够培养优秀人才，还应该面向未来，服务社会。

此外，我们还有一个重要的理念就是，教授就是大学。教授是大学精神和文化的体现者和传承者，是衡量大学教育质量和教育水平的尺度，也是对学生人品、学品有着根本性影响的群体。没有了教授，大学也就不成为学术共同体了，教授绝对不仅仅是大学的雇员。

大学去行政化是一个漫长的过程

记者：现在很多大学教授都热衷于担当行政职务，但是我们听说，在中大没有教授愿意出来做处长，这是为什么？

黄达人：的确，我们在公开招聘行政部门领导时，常常遇到没有教授前来报名的尴尬。一般来说，作为职能部门负责人，拥有一定的资源配置权。一些教授愿意出来做官，可能是因为担当行政职务可以获得更多的资源。但如果做官只是为大家服务，而不能获取更多资源的话，教授们谋求行政职务的驱动力会小一些。在大家的共同努力下，中大营造了一个好氛围，避免让行政职务成为谋取资源的手段。

有一个例子。我们主管财务工作的副校长是一位非常优秀的学者。他掌管着学校包括学术研究、团队建设、平台建设的经费，但他所在的团队一分钱也没有多拿。

记者：大学去行政化是个社会关注的话题。你也曾说过，大学去行政化是大势所趋。那你认为大学去行政化应该如何实现？

黄达人：大学去行政化会是个相当漫长的过程，必须与事业单位及其他行业的体制改革同步推进，逐步建立符合高校特点的管理制度和配套政策。作为大学，目前我们只能先把自己的事情做好，在校内实现从管理到服务的转变，学校的行政部门要围绕教学和科研做好服务工作。行政管理人员更多地要考虑：我能为教授、为教学科研做些什么？怎样提高办事效率，让教授们在中大感觉到愉快、舒心，而不是总有被人"管"的感觉？

中大学生要有特定的精神血脉

记者：你在中大还提出来一个很重要的理念，就是"善待学生"。请问如何实现这一理念？

黄达人：每个大学都该有自己的理念，并朝着这个目标前进。我认为，"善待学生"的理念体现在目标层面，就是要让我们的毕业生"知礼、诚信、勤奋、阳光，敢于超越、勇于担当，并具有职业准备"。这样的目标着眼于学生的未来发展，对他们的一生负责。强调知行合一、学以致用，强调大学与国家、社会的紧密联系，强调关注民生，强调培养富于社会责任感和历史使命感的学生，是中山大学的优良传统，也是我们这个学术共同体的价值追求。

记者：目前，各高校都在强调培养创新人才，中大在创新人才培养方面做了哪些探索和实践？

黄达人：教授就是大学。作为老师，首先要把最好的课程、最优秀的教学提供给学生。

在实践教学方面，近年来，我们按学科专业和课程改革打造了3个校一级公共教学实验中心、10个院二级管理的专业教学实验中心、5个国家级和7个省级实验教学示范中心，允许并鼓励本科生提前深入到国家重点实验室、研究中心等高端科研平台参与科研项目，让本科生得到全面的锻炼培养。近10年，我们还通过学校自建、校府共建、校企共建等方式建立了200多个校外实习基地。在这个夏季学期，中山大学有超过半数的院系组织学生走出校门，到乡村和社区进行田野考察，到工厂、企业从事实习和见习。

在国际办学方面，近年来，中大先后与香港地区、美国、澳大利亚及欧洲等地高校开展了多项本科生国际（境外）学位联合培养项目。这些办学项目主要以"2+2"的形式为主，即第一、二学年在我校完成学业后，通过相关考核的学生可前往合作高校继续后两年的学习。这样做的目的，是提高我们本科教学的国际化水平和教学质量，并为学生提供更多的扩大国际视野及获取国际经验的机会。

此外，从2009年开始，我们有步骤地在全校推行本科通识教育计划，希望能达到"培养心智，提高思维能力、社会责任感和人格理想"的通识教育目标。

我常常为我的学生而感动

记者： 现在正是毕业的季节，听说你还会继续与每一名毕业生握手合影并亲手颁发证书？

黄达人： 是的，我不能让我的学生说，在中大读了几年书没见过校长。今年差不多要与1.6万名毕业生握手留影。虽然这在体力上是个付出，手也会照例肿到要按摩，但在精神上绝对是种享受，特别是听到学生在我耳边说"我爱中大"，我会感到很开心。

记者： 现在社会对大学毕业生的就业能力期望很高，但用人单位与大学生在就业能力的认知上存在错位，比如，用人单位看重的是学生的责任心、敬业精神，但有的学生更看重自己的计算机水平、外语能力。你怎么看这个问题？

黄达人： 企业要求大学生一毕业马上就能上手工作，这是不可能的。培养某种能立竿见影的技能，应该是职业技术学校的责任，不是大学的事情。

就在前两天，一个学生来找我，问能不能和您合个影，合影后他递给我一封信。他告诉我，他已经被南方报业集团录用了，但他决定放弃在广州比较优越的生活条件，回到经济欠发达的家乡梅州去做村官。在学校里，这样的例子有很多。还有，我们的学生支教团，一批批的学生在云南偏远地区坚守了10年。现在的大学生，可能有社会上常讲的那些问题，但我认为他们更有可爱的、敢担当的一面，我常常会为他们而感动。

（文章来源：中国青年报 2010-07-05 第3版 记者：武欣中、林洁）

【中山大学报】

努力为大学发展营造良好空间

——《中山大学报》记者就我校"卓越人才计划"专访黄达人校长

上周,学校召开了"985工程"三期建设工作会议,与第一、第二期相比,"985工程"三期建设总的投入经费有所增加,也更加突出人才队伍建设方面的投入力度。与之同时,学校近期启动实施"卓越人才计划",加大对高层次人才的资助。日前,《中山大学报》记者就这一问题专访了黄达人校长。

记者: 黄校长,最近,学校启动实施了"卓越人才计划",此前,您也曾多次在不同的场合及本学期初新教工岗前学习交流会上的讲话中提到这一计划,大家对此都很关注,可否请您谈谈学校实施这一计划的考虑。

黄校长: 近期实施的"卓越人才计划",实质上并不是一个全新的计划,应该说是学校近年来实施的一系列人才引进和队伍建设政策和措施的延续、扩展和完善。最近颁布的《国家中长期人才发展规划纲要》和《国家中长期教育改革和发展规划纲要》明确提出,要发挥人才的基础性、战略性作用,完善人才激励保障机制,实行人才投资优先,加大对优秀青年科技人才的发现、培养、使用和资助力度,鼓励和支持科技人员在创新实践中成就事业并享有相应的社会地位和经济待遇,注重向科研关键岗位和优秀拔尖人才倾斜,以高层次人才为重点统筹推进各类人才队伍建设。这是我校制订实施"卓越人才计划"的政策依据。

另一方面,"985工程"三期建设已经启动,三期建设内容的一个重要变化,就是较大幅度地增加了队伍建设经费的比例。同时,国家也对这部分经费的使用提出了明确要求,即:各学校不能将之用于普调待遇,但可用于适当提高高层次人才和骨干教师的待遇。例如,可以用于引进、聘任一流科学家、学科领军人才、紧缺人才和优秀群体等方面,其目的是希望能在大学逐步建立一个以竞争、流动为核心的人才激励机制、评价机制和与之相适应的收入分配机制。我认为,国家的这一决策是十分及时和必要的。大家都清楚,经过"985工程"前两期的建设,我们在硬件条件上已经有了比较明显的改善,目前制约大学进一步发展的瓶颈之一,就是如何建立一支具有国际竞争力的高水平师资队伍。因此,"985"三期建设的这一重要原则,便成为我们实施上述计划的重要依据和基本政策保障。

记者：您介绍了我们开展这一计划的国家政策背景，那我们是如何制订具体方案，以适应中大的实际情况呢？

黄校长：其实早在2003年，我校实施的校内津贴办法中就有针对高层次人才的"特岗津贴"。多年的实践证明，这一做法效果不错。这一次实施的"卓越人才计划"，其实就是在此基础上作了适度调整，扩大了适用范围，所以才说，这不是一个全新的计划。具体实施方案的调整过程，也是一个集思广益的过程。制订实施方案之前，我们对国内同类大学教师薪酬的情况进行了调研，应该说，与国内类似高校相比，我校骨干教师的待遇还是偏低的。我们也认识到，"985工程"三期建设加大队伍建设投入力度的要求，恰好给我们提供了一个调整的机遇。今年3月份以来，学校有关部门通过各种渠道了解其他一些"985"高校的队伍建设方案，在校内也通过多种形式广泛征求意见，征询范围包括校领导、院士、"千人计划"入选者、长江学者、"杰青"，广东省创新团队负责人和核心成员，"百人计划"引进人才、文理医科学科带头人，科技、发展规划、人事、教学等相关部门负责人，各学院院长、书记等。其间，郑书记多次对学校人才工作进行了深入的调研，我也主持召开了十余个不同层面的讨论和征求意见会。7月份，学校召开人事人才工作领导小组会议，对包括"卓越人才计划"在内的若干问题进行了讨论，并形成了计划的建议方案。上个学期结束前，学校党委常委会审议通过了这一计划。

记者：您刚才提到，这次的"卓越人才计划"可以看做是从2003年开始的学校高层次人才资助政策的延续。我们知道，当时实施该政策提到的一个原则是"为中才立规矩，给天才留空间"，这似乎也逐渐成为校内的一个共识，此次"卓越人才计划"的支持力度有所加大，这与我们一直提倡的"留空间"理念和营造宽松氛围的理念也应该是一致的。

黄校长：我认为，"卓越人才计划"不仅是政策上的延续，也是我们大学理念的延续。具体地讲，2003年学校进行人事制度改革，在制定职位聘任制和校内津贴相关政策时，就设立了高层次人才的"特岗津贴"，即：通过各学科专家组的评议，学校对200多位教授的教学科研工作免予考核，并给予特岗津贴，希望能给他们留出自由开展学术研究的空间。因为学校相信，这些以学术作为其生存方式的优秀学者，在任何情形之下，都会认真地对待自己的学术事业，没有必要对他们进行基于"计量"的考核。而这次"卓越人才计划"中的第一部分"特殊津贴"，就是在原有特岗津贴的基础上，适当扩大了入选范围和支持力度。过去获得"特殊津贴"的学者，基本上都是从教授中遴选出来的，在本次调整后的计划中，学校首次将优秀的副教授这一层面的年轻学者也纳入了享受"特殊津贴"的范围。之所以这样做，也是因为学校一直以来都强调要培养新一代的学术带头人，关注青年教师特别是35岁左右学者的成长。

随着学校事业的发展，我们此前已对在国家层面上评审通过的高层次人才资助计划获得者和承担国家重大项目的高层次人才进一步给予了后续资助，例如，对聘期结束的长江学者特聘教授、国家杰出青年基金获得者进行后续资助，即"后资助计划"。而这次"卓越人才计划"中的第二部分，是在现行"后资助计划"的基础上，将入选对象扩大到自"985工程"实施以来以中山大学为第一单位获得高水平研究成果奖励的学者，以及在服务区域社会经济发展中有突出贡献或在教学、科研、学科建设等方面作出突出贡献的学者，称为"特别资助计划"。这一计划的资助对象主要从获得"特殊津贴"的教师中遴选，有关具体入选范围的规定，人事部门已经将要点印发到各个学院。不过，入选这一层次的学者，在学术造诣和成果方面，要求达到"长江"、"杰青"的同等水平，增加的人数估计不会太多。

在第三个层次，我们增加了"卓越学者奖励计划"，学校直接遴选在文科、理工科、医科（包括临床医学）各领域作出突出贡献的拔尖学者，希望能进一步发挥这些学者在学校学科发展中的战略性作用，吸引和聚集这些具有重要学术影响的领军人才。除临床医学的学者外，其他学科的获奖者主要从获"特别资助计划"的学者中推荐和遴选。第一批获"卓越学者奖励计划"的5位教授是肿瘤防治中心的曾益新教授、理工学院的许宁生教授、眼科中心的葛坚教授、孙逸仙纪念医院的宋尔卫教授和附属三院的翁建平教授。

我想，学校在人才队伍建设方面，既要保持政策的延续性，又要主动为他们考虑，争取让这些以学术为其生存方式的学者们能享受到与之相适应的合理待遇，减少他们生活上的后顾之忧，让他们能真正地安心做学问。对优秀的学者，特别是在中山大学工作期间取得成绩的学者，学校理所当然要在各方面给予持续的资助。从中大这些年的发展实践来看，学校坚持给优秀学者的学术研究"留空间"，在校园中营造一个宽松和谐的学术环境的努力是富有成效的。

记者： 既然是政策的调整，应该会有一些政策导向方面的变化，可否请您再介绍一下这次制订"卓越人才计划"时，学校侧重考虑的因素还有哪些？

黄校长： 归纳起来讲，这次调整主要考虑了以下几个方面的因素。一是我们要延续原来"留空间"的政策，那些为学校学术声誉的提升作出突出贡献的学者，更应该在考虑之列。二是更加明确地支持优秀研究团队，故优秀团队中的骨干成员也被列入资助范围。三是增加了对国家级教学名师、"百优"博士论文指导教师等方面有重要贡献的教师的资助，以奖励这些在教书育人，特别是提升本科教学质量和研究生培养水平等方面成绩突出的教师。四是增加了对已经显现出良好发展潜质的青年教师的资助。五是在"卓越学者奖励计划"中，将对学校学科发展和学术声誉的提高有突出贡献的临床医学学科的优秀学者也列入奖励范围。六是在计划的实施上适当简化了程序，对符合各个层次相关"硬条件"的学者，简化了审批程序；同时，规定了各个层次的资助年限。这是一个动态调整的过程，希望不断有学者进入到"卓越计划"中来。还有一点要说明的是，目前享受年薪制待遇、非全职在校工作以及已受聘其他校内人才计划（如"逸仙学者讲座教授"等）的学者，不再进入"卓越人才计划"的相应层次。

关于"卓越人才计划"的实施细则，负责实施的学校人事部门已出台了相关具体规定，这里就不一一列举了。

记者： 我们衷心希望"卓越人才计划"的实施，能够对学校事业的发展起到良好的推动作用。

黄校长： 这也是学校的希望。毕竟，高层次人才体现了一所大学的核心竞争力。我一直在讲，"办大学就是办环境"，多年来，学校一直致力于营造适合各类人才发展的宽松环境，可以说"卓越人才计划"还是这种努力的重要举措之一。也许大家已关注到 ESI 关于我校在科学研究论文指标上的一系列数据和排位，以及《泰晤士报高等教育副刊》最近公布的 2010 年世界大学排行榜，中大有幸跻身世界前两百强，这些从某种程度上可以看做是对目前中大正处于进一步向好的发展态势的认可。我们心中非常清楚，学校固然要以其智力资源、科研优势服务于地方经济社会的发展，但一所大学的学术水平和学术影响，才是其国际声誉真正的根源和基础。因此，我们强调"大学是一个学术共同体"，这是大学原本应有的品格，而一所好大学的品格正是一批又一批以学术为业的学者去铸就、传承起来的，所以我们说"教授就是大学"，教授的水平就是大学的水平，没有高水平的教授，就没有高水平的大学。我们同时也很清醒地认识到，中大距离"卓越"还有很长的路要走。让我们一起努力吧。

（文章来源：中山大学报 2010-10-28）

【深圳特区报】

中山大学校长黄达人接受本报记者专访时表示：理想大学生应是"文明现代人"

中山大学是一所以世纪伟人的名字命名的大学。孙中山先生亲手创立的这所大学，在中国高等教育发展中有着特殊的地位。在跨越两个世纪的历史长河中风雨兼程走过86年，形成了建设现代研究型大学的基本格局。

早年毕业于浙江大学数学系的黄达人，在中山大学校长这个岗位上已任职十余年，积累了丰富的治校经验。近日，他在接受本报记者专访时，谈到该校在深圳产学研结合的成果，对南方科技大学的关注，并期待中大学子在深圳大运会上再创佳绩。他阐述的办学理念，以及中大对高等教育改革的探索与尝试，不失为深圳高校建设的借鉴。

谈与深圳关系：输送最优势学科和科技资源建设"智慧深圳"

深圳特区报：中山大学为深圳的建设事业输送了大量人才，目前至少有1万多名贵校毕业生在深圳工作、生活，在深圳的校友会也非常活跃。请您介绍一下近年来较为突出的与深圳交流合作情况。

黄达人：我对深圳这个城市非常有好感。深圳的办事效率很高，几次跟深圳有关部门的负责人接触，留给我的这种印象特别深。2008年10月，中山大学与深圳市政府签署了"市校合作框架协议"。每年深圳的高交会，中山大学都积极参与，我本人就亲自参加过很多届。《深圳特区报》的影响也很大，我去开全国"两会"，宾馆住地都能看到这份报纸。我知道当年小平南方视察就是由《深圳特区报》率先报道的。

我们对高校怎样才能走一条正确的产学研合作道路有过思考。2006年9月成立的中山大学深圳研究院，可以说是探索了一条新路。这个研究院主攻方向是产学研结合及成果转化，专业涵盖了计算机科学与技术、电子科学与技术、互联网技术、网络与信息安全等。

中山大学经过长期科研工作的积累和沉淀，已经具备了为社会服务的基础和条件。深圳研究院为中大全面融入深圳经济社会的发展搭建了广阔的平台，我们要做的是向深圳输送最优势的学科和科技资源。研究院注重和深圳本土企业的合作，与华为、康佳、创维、深圳地铁、海王等行业龙头企业都有密切的联系，成功转化成果10多项。去年，得到了深圳市科技工贸和信息化委员会嘉奖，被授予"优秀研究院"称号。

深圳研究院还入驻了深圳虚拟大学园，多次获得促进产学研合作先进奖、科技资源引进奖、人才培养与引进先进奖、入孵企业引进奖、大型学术会议及论坛组织奖等殊荣。

值得一提的是，深圳研究院申报的"深圳市数字生活网络与内容服务重点实验室"，获得深圳市生物、互联网、新能源产业发展专项资金的支持，近日被正式批准为深圳市重点实验室，成为今年深圳市在互联网领域支持的4个重大专项之一。这座实验室是中山大学服务深圳的一个重要的创新平台，将在数字生活相关技术标准体系和规范、三网融合接入、嵌入式中间件与新媒体内容服务的共性核心技术等领域，开展一系列技术创新工作。

接下来，中大与深圳在海洋和生物、医学等方面都将有合作项目要启动。在大学科技园投资1亿元的2万平方米产学研基地大楼也在筹建中。

能为建设"智慧深圳"贡献力量，我们感到很欣慰。

谈办学风格：坚持三大核心理念使中大傲立时代前沿

深圳特区报：您在一篇文章里说过，一所大学，如果能够在悠久的办学历程中，坚持自己特有的气质和办学理念，就有可能成为一所好的大学。正如人有个性一样，每所大学都有自己的风格，中山大学的气质和理念是什么？

黄达人：从中山先生建校开始，中大气质就在不断成长壮大中逐渐形成。这种气质体现在：既开放又内敛，既维护原则又包容差异。而"大学是学术共同体"、"教授就是大学"、"善待学生"则是中大的三大核心理念。正是由于坚持了这些气质和理念，令中山大学的发展始终站在时代的前沿。

为什么说"大学是一个学术共同体"？这是由它产生的历史因由和固有使命决定的。大学必须以学术为目的，以科学精神为核心凝聚力。同时，大学必须有所作为，能够通过创造知识，培养优秀人才，传承精神和物质的知识力量。一言概之，大学是以科学思想为基础，是追求真理、创造知识的地方，通过学术性的教学、创造性的科学研究，全面地塑造学生，传承和创新人类的知识与文化，面向未来，服务乃至引领社会的发展。

强调知行合一、学以致用，强调大学与国家、社会的紧密联系，强调关注民生，强调培养富于社会责任感和历史使命感的学生，是中山大学的优良传统，也是我们这个学术共同体的价值追求。

什么才是根本意义上的"善待学生"？我认为，大学要让同学们有机会面对最好的老师，要把最好的课程提供给学生。中山大学一直在探索提高本科和研究生教学质量的方式和途径。一名优秀的大学生不能仅满足于专业过硬，我们更在乎的是提升学生的科学素养和人文素质。"善待学生"是为了培养人才，人才培养是大学最重要的任务。衡量高校发展水平的首要指标就是看人才培养水平。

谈高校国际合作：力争后年交换生人数占本年级学生总数10%

深圳特区报：知识无国界，学术界应该在世界范围内寻求密切的合作关系。当下国内不少高校在积极"联姻"世界名校。中山大学在开展国际化教育、中外办学方面有什么探索与成绩？

黄达人：中山大学一直在积极推动各学科步入国际先进行列。以医学教育为例，我们瞄准国际一流大学医学教改主流方向，借鉴哈佛、耶鲁、斯坦福、约翰·霍普金斯大学和麦克马斯特大学，以及香港大学等学府的课程改革经验，推出一套创新课程体系。这套课程结合了本土特点，避免"水土不服"。整个构架不但有核心学科，还可选修人文科学与艺术、社会科学与行为科学等，教学过程中还讲究医学人文精神与科学方法的渗透等，"医学伦理学"、"国际医学贸易"等跨学科知识很受医学生的欢迎。

一批中外名校与中山大学建立了长期交换生合作关系，双方每年都会互派优秀学生到对方院校学习。与我们合作国际交换生的，很多是世界知名高校，如美国的哈佛大学、加州大学三藩市分校、印第安纳大学，英国牛津大学医学院、加拿大多伦多大学、瑞典Linkoping大学等。据不完全统计，近期中大已派出约1000名本科生到海外交换学习。我们力争2012年交换生的数量占到本年级学生总数的10%。

中大的对外学术交流很频繁。我们不断邀请海外优秀专家、教师到学校进行互动讲座、授课，聘请外籍教授上本科课程。引进的国际原版优质教材有近百本，近百门医学专业课程实行双语课程教学。

近年高考招生的情况可以说明，中大的中外合作办学专业得到了社会的认可。今年中外合作办学专业的录取分数都挺高，超出重点线好几十分。比如，信息科学与技术学院与香港中文大学合办的电子信息科学与技术专业，录取平均分为671.5；中法核工程与技术学院虽然是首届招生，录取平均分也达到667.8。

我们还要继续提高本科教学的国际化程度，推进"2+2"培养模式。"2+2"指的是，学生头两年在中大完成学业后，通过相关考核可前往合作高校继续后两年的学习。完成学业达到要求后，可以拿到相应的中山大学的毕业证书、学位证书和合作高校的学位证书。与中大开展这项合作的包括法国、美国、澳洲、中国香港的十余所大学。

谈"钱学森之问"：寄望南科大为高等教育改革探索出新路

深圳特区报："钱学森之问"触动了我们的学校总是培养不出杰出人才的困惑，它是沉重的，也是不容回避的。中山大学作为中国最好的大学之一，对这方面有什么思路和行动？

黄达人："钱学森之问"是值得中国教育界关注的焦点，需要社会各方共同破解这道难题。中大也在作努力，尝试大学教育改革，倡导学生投身科学实验、综合实践，要有广泛的兴趣爱好，培养人的全面素养。目前，国内一流大学普遍提倡通识教育，要有所突破并不容易，中大在这方面有自己鲜明的特色。

中大专门成立了通识教育部，通识教育课原来在珠海校区试行，现在已全面推开。今年开始进中大的学生全部要修16个学分的通识教育课。这个课程分四个板块：一是中国文明；二是全球视野，这是全国高校唯一设置的课程；三是科学经济与社会，下个学期，70多门通识课里有20多门是自然科学类的；四是经典阅读。学生在这四个板块里各完成4个学分。

通识教育是大班上课小班讨论，30个学生配一个博士生做助教，每个月至少有一个课时进行课堂讨论，这个讨论要提交报告。我们把通识教育课上得比专业课还要严格。

开展通识教育，我们还有一个有益尝试，就是开设了体现精英教育的中山大学博雅学院。学生们读《诗经》，研《荷马史诗》等，四年学习不分专业，培养目标是"大思想家、大学问家"。博雅学院院长甘阳是香港大学教授，也是目前华人社会首屈一指的通识教育专家。他是中大多年来引进的第一个面向本科教育的高层次人才。

中大还有"拔尖人才"培养计划，理科开逸仙班，文科设博雅班，医科的临床 8 年制毕业生可达博士水平。中大每年在全国各地招收的都是 3% 之前的考生，这些优秀的学生进入中大后，希望他们在不同的学科能进一步提高水平。

本科教育的实践教学，也是中大特别重视的。学生要了解社会，接触大众，这对全面发展很有好处。我们教育学生要进行大范围的实践，除实习之外，还要搞社会调查，包括"三下乡"、志愿者活动。中共广东省委书记汪洋来中大调研时，也非常关心实践教学。

深圳筹建南方科技大学，目标是办成国际知名的高水平研究型科技大学，这是一个很高的起点。我们寄望这所学校，能够成为高等教育改革的"试验田"，摸索出一条新路。

谈高校体育运动：深圳大运会普及体育意识让高校形成体育运动氛围

深圳特区报：中山大学与体育有很深的渊源，不少奥运冠军、世界冠军投奔贵校。明年深圳举办大运会，中大学生准备参加吗？在大学校园里，体育运动应该发挥什么样的作用？

黄达人：中山大学的确与体育有不解之缘。远的不说，单看近年的各种国际性大型赛事，就相继有一批中大学子夺得金牌。像大家熟悉的中国"三剑客"之一的董兆致，2007 年世界大学生运动会花剑个人冠军吴汉雄等。早期的还有跳水世界冠军余卓成、中国象棋特级大师许银川等。

今年的毕业典礼很有意思，我同时向三位奥运冠军：跳水的劳丽诗和杨景辉，举重的陈小敏，授予了学位。

广州亚运会开幕式上，奥运冠军、最后一棒火炬手何冲用中国传统的放礼花方式点燃主火炬。何冲也是中山大学的学生。

刚刚结束的广州亚运会男子游泳比赛上，中大教育学院体育系 2008 级研究生周嘉威，为中国队添了两金。

过去的四届世界大学生运动会，都有中大的学生参加。尽管目前还没有进行深圳大运会的运动员选拔，但中大肯定不会缺席。中大学生运动员在击剑、游泳、田径、跳水、网球等项目具有优势。

我本人对体育运动身体力行。年轻时喜欢打篮球，你看我这高大的身材就知道。在浙江大学的时候，我是教授队的主力。这些年受年龄和体力的制约，我改打网球、乒乓球，还爱上了游泳。现在我一下水游个 1300 米不觉得累。

中大一向提倡学生参与体育运动。2000年开始的俱乐部制，是全国首批100所试点单位之一，吸引爱好者共同活动。我的观念是，体育锻炼最重要的不是提高竞技水平，尤其是对普通百姓、大学生来说，关键在于养成一种兴趣爱好，受益终生。我经常对师生们说，参加体育运动是要养成陪伴一生的好习惯。

在中大，不仅青年学生，连很多七八十岁的老教授仍在积极进行体育锻炼。老教授冬泳队常年风雨无阻，网球队70岁以上组的拿过冠军。由于平时注意运动，这些老教授身体健康，精力旺盛不输年轻人。

我认为，深圳举办大运会的意义，在于普及体育意识，让校园形成体育运动的氛围，以增强体质为最主要目的，而不是只争输赢，一门心思追求每个项目要达到什么样的竞技水平。

谈人才培育：理想的大学生应是"文明的现代人"

深圳特区报：每年都有不少深圳考生报读中山大学，作为一校之长，您心目中的理想大学生是怎么样的？

黄达人："得天下英才而育之"，这是一所大学最大的责任，也是最大的光荣。人才培养是大学的根本使命，素质教育是高等教育的核心之一。对进入中大读书的同学们，我提出了七点希望：知礼、诚信、勤奋、阳光、敢于超越、勇于担当并具有职业准备。比如说担当，敢于担当，是一个大学生社会责任感的体现。一个有担当的、有责任心的大学生，进入社会就是社会的建设者。这种责任心，从大处讲是将自己的发展与社会进步、民族发展联系在一起的爱国精神；从小处讲是一种遇事不折不挠、意志坚韧的精神。

总而言之，在我心目中理想的大学生，应该是一个"文明的现代人"，他们顺应时代的发展，善于吸收现代世界文明的成果，富有开拓进取的创造精神。我相信，这样的大学生，才是真正适应中华民族伟大复兴事业的人才。

大学简介

中山大学是由孙中山先生亲手创立，有着多年办学传统的综合性重点大学。2001年10月，原中山大学和原中山医科大学合并组建新的中山大学，进一步拓宽了学科结构，成为一所包括人文科学、社会科学、自然科学、技术科学、工学、医学、药学、经济学和管理学等在内的综合性大学。

中山大学有着深厚的历史渊源及学术传统。鲁迅、郭沫若、冯友兰、傅斯年、赵元任、顾颉刚、周谷城、俞平伯、陈寅恪、岑仲勉、姜立夫、王亚南、马采、容庚、商承祚、王季思、王力、钟敬文、朱谦之、丁颖、蒲蛰龙等蜚声海内外的专家学者都曾在此任教。柯麟、梁伯强、谢志光、陈心陶、陈耀真、秦光煜、林树模、周寿恺、钟世藩、毛文书、陈国祯、李绍珍等著名医学专家曾在中山医科大学任教。20世纪50年代，全国共有56位一级教授，其中有12位在原中山大学和中山医科大学任教。学校名家大师荟萃，他们优秀的品格和精湛的学术造诣熏陶着一代代莘莘学子，形成了良好的学术风气，许多才华横溢的毕业生成为社会各界的杰出人才。

校长名片

黄达人，男，1945年4月生，浙江象山人。中共党员，数学教授、博士生导师。1962年至1968年就读于浙江大学数学系。1978年至1981年在浙江大学数学系读研究生，毕业后留校任教。1988年任浙江大学数学系教授。曾任浙江大学数学系副主任、范岁久医学图像实验室主任、教务处长、副教务长等职。1992年至1998年任浙江大学副校长。1998年11月调任中山大学常务副校长。1999年8月任中山大学校长。2001年10月至今任合并后的新中山大学校长。学术研究领域为函数逼近论、小波分析、信号和图像处理，并在相关研究领域发表学术论文120余篇，合作著有专著《样条函数与逼近论》和《多进制小波分析》，在信息安全领域获发明专利3项。先后担任《数学进展》、Approximation Theory and its Applications 杂志的编委。获得"全国优秀教师"称号。曾被选为中共十六大代表，十一届全国人大代表。

治学金句

"大学是学术共同体"、"教授就是大学"、"善待学生"则是中大的三大核心理念。正是由于坚持了这些气质和理念，令中山大学的发展始终站在时代的前沿。

一名优秀的大学生不能仅满足于专业过硬，我们更在乎的是提升学生的科学素养和人文素质。

人才培养是大学的根本使命，素质教育是高等教育的核心之一。对进入中大读书的同学们，我提出了七点希望：知礼、诚信、勤奋、阳光、敢于超越、勇于担当并具有职业准备。

在我心目中理想的大学生,应该是一个"文明的现代人",他们顺应时代的发展,善于吸收现代世界文明的成果,富有开拓进取的创造精神。

(文章来源:深圳特区报 2010-11-29A12版 记者:李明)

【南方日报】

"青椒"之惑　中大破题

近日,中山大学校长黄达人教授一篇名为《寄厚望于青年教师》的讲话释放出一个强烈信号:中大正在为更多的青年学者营造更好的成长环境,培养在国内外具有竞争力的新一代"学术大树"。

青年教师问题是中国大学面临的共同难题。这个自嘲为"青椒"(谐音青年教师)的群体,处于学术生涯黄金期,却往往人微言轻、研究经费不足,生活负担重却又待遇微薄,这让他们普遍感觉到追求学术道路的艰难。

"青椒"们的困惑已经引起了中山大学的关注。一系列针对35岁左右青年教师的培育计划和措施已相继出台实施。

"关注青年教师就是关注学校未来",中大校长黄达人的理念赢得一片掌声。

论"大树与小草"

○"大树"底下自然好乘凉,但同时也要警惕"大树底下不长草"。
○阳光雨露不能全被大树吸收,要将更多资源向"小草"倾斜。

论"老师与学生"

○学术传承的本质在于"叛师",不"叛师"就对不起你的老师!
○当个乖乖仔,最后只能连同自己的老师一起被学术界忘记。

才俊之困　学术黄金期"青椒"遭双重压力

"回国3年来,生活应该说是蛮不错的……只要你不跟我提房子的事。"中山大学史上最年轻的博导贺雄雷教授言语中带着些许无奈。

2007年从美国密歇根大学博士毕业后直接返回母校,贺雄雷被中大动用"校长酌情权"破格直聘为教授时还不到30岁。

中大对校内获得国家杰出青年科学基金的学者调查显示，完成最有代表性成果的平均年龄是 37 岁，这个年龄段，是公认的产出学术成果的黄金时期。

然而，如今这个年龄段的青年学者却普遍遭遇资源缺、待遇薄的生活和工作双重压力，满眼困惑。

12 月初，中山大学校领导班子民主生活会上，青年教师的问题再次成为热点，这个群体对于大学未来的意义显而易见。10 余年前，一批中大的青年学者，如今已是国内乃至世界学界具有影响的人物。

如今的副校长、当年的普通教授陈春声曾在路上拦住黄达人，提出自己对于学校发展人文学科的建议，当年他 38 岁；旅游学科带头人保继刚被黄达人校长"扣留"谈话，挽留他在中大工作，当年他 35 岁……

10 余年过去，那一代人已脱颖而出，成为有学术影响的"大树"。然而，下一个 10 年或更远的"学术大树"在哪？支撑学校未来的中流砥柱如何能更多、更快、更好地成长？简而言之，如何留得住、养得起、培育好这批"青椒"？

中大探路　一套"青椒"助长制度正在建立

"成功者想办法，失败者找理由。我的潜台词是：只要好好干，面包会有的。"在随后召开的中山大学优秀青年教师研讨会，黄达人和几位副校长在会上和青年教师的一席肺腑之谈，让 100 多位青年教师感到很给力。

一套帮助青年教师成长成才的制度体系也正在建立：

针对新入校的 35 周岁以下、具有博士学位的教师，中大推出"青年教师起步资助计划"，为他们提供学术生涯起步时最需要的科研启动经费。

针对 45 岁以下具有较大发展潜力的中青年骨干，推出"青年教师出国研修计划"，资助教师到国外高水平大学从事合作研究和进修。

从今年起，中大又连续推出两个针对青年教师的资助计划。其中，"教师特别津贴方案"增设针对学术表现突出的副教授每年发放 4 万元特别岗位津贴，连续 3 年；由合生珠江教育基金资助的奖励计划，将给入选的优秀青年教师每年 5 万元、连续 3 年的奖励。

"今后有这样的机会都会首先想到支持青年教师，因为他们最需要。"为了得到该基金会的支持，黄达人亲自出马。

为了提拔优秀的青年教师，中大在教师聘任制规程中还特别设立了

"校长酌情权"条款。到目前为止，该条款已被成功地使用过十余次，破格延揽了一批年轻拔尖的人才，这些人身上都寄托着学科未来的希望。

"大树"指路 "青椒"要敢于独立敢于"背叛"

"大树底下自然好乘凉，但同时也要警惕大树底下不长草。"贺雄雷教授甚至直言，如果不提高警惕，"今天我们的大树越多，明天高校成为灌木林的可能性就越大！"

"青椒"怎样才能从"大树"的影子中走出来？"大树"们的建议出奇地一致：希望青年教师们在学术上尽快独立，要敢于成长，敢于冒出来。

副校长许宁生院士说，青年教师要敢于闯出去打造自己的学术影响力，对于不在研究团队的青年教师要尽快努力从导师的影响中独立出来。

已在国际上逐步建立影响力的中大历史人类学研究团队，核心成员都在40岁左右当上了教授。值得注意的是，这个年轻团队有一种独特的"叛师"文化。

"不'叛师'就对不起你的老师！"中大副校长陈春声教授的观点让人印象深刻。他说，学术传承的本质在于"叛师"，要人家觉得你能够继承老师的前提，是因为你已经在某种程度上"背叛"了老师。当个乖乖仔，最后就只能连同自己的老师一起被学术界忘记。

■高端对话
黄达人直言中大新一轮"学术造林"，
防范"大树底下不长草"

南方日报：为什么要在这个时候将青年教师问题放在这么高的高度来看？

黄达人：中大如何维持学术后劲？我们把目光放到年轻一代身上。10多年前，一大批35~45岁的青年学者成为学科带头人，他们在40岁左右就当上了院长，独当一面，而现在，在这个年龄能成为学科带头人的确实相对少一些，想选拔一个40岁以下的青年人当副院长都有困难。当年因"文革"的影响，学界存在人才断层，他们很容易冒出来，成为"学术大树"，现在他们还是当打之年，光芒四射，难免会掩盖住年轻人的光芒，这是现今的青年学者必须面对的现实。

南方日报： 你的讲话没有回避"大树"与"小草"的关系，讲得很直白，其实这是中国高校都面临的问题。

黄达人： 年轻人对国家、对社会发展都应该有所担当，这也是社会对于青年的期待。对于青年来说，在自己本职岗位有所成就，是唯一的人生出路，要坚信，属于自己的时代必定会来临，当你们成为主流的时候，各类资源的分配自然会按照其规律进行，未来将由当中的杰出者来支配。

南方日报： 作为校方，如何创造条件让他们迅速成为各领域的杰出者？

黄达人： 我们已没有时间来抱怨，要想办法让现在的"小草"有更好的成长环境，不要被"大树"所遮掩，阳光雨露也不能全被大树吸收了，相反，今后我们会将更多的资源有意识地向"小草"们倾斜。

南方日报： 这是不是可以看做中大继1999年之后，新一轮的"学术造林"工程？

黄达人： 你可以这么认为。我曾说过到我们这一届领导班子换班时不仅在财务上不留下任何债务，也希望在学术上不要留下债务。中大还能不能再成长起一批新的学术带头人？我们要对中大未来的发展负责。

南方日报： 学校未来将投入更多的资金、资源到青年人身上，会不会影响到现在的"大树"们？

黄达人： 我们一定要尽可能地防范"大树底下不长草"的现象。现在回头看，很多发展得比较好的学科，都是其学科领头人胸怀较宽阔的学科。实际上，学校相继出台的这一系列的培育计划，首先深表赞成、甚至出谋献策的其实就是现在的"大树"们。

青年学者自身也应当把眼光放得更高远一些，要在国内、国际学术界的同辈学者之中脱颖而出，珍惜自己学术的黄金期，潜心学问，真正做出成绩来。

（文章来源：南方日报 2010 - 12 - 15 A18 版
首席记者：梅志清 记者：张胜波 通讯员：李汉荣）

【南方日报】

两岸中大携手同传中山精神

——高雄中山大学校长杨弘敦与广州中山大学校长黄达人相会广州，接受本报独家专访

昨天的广州寒气袭人，但中大康乐园陈寅恪故居内却是暖意盈盈，就在"校宝"陈寅恪先生的塑像下，海峡两岸两所中山大学的校长坐在一起，接受本报的独家专访。

为纪念孙中山先生诞辰百年，"2010海峡两岸中山论坛"在中山大学（广州）康乐园校区高规格举行。

遥想87年前，也是在12月，中山先生亲临这个校园，勉励学子们"学生立志，要做大事，不可要做大官"。现在，这段名言镌刻在怀士堂的外墙上，言犹在耳，但他可曾会想到，中山大学的字号会在海峡两岸开出两朵姐妹花？

一样的校名，一样的校训，几乎一样的校歌，一样的校庆日……只是一校已经87岁，一校刚过而立之年。

太多的相同，有时会让语言变得多余。坐在一起，就是亲切。黄达人校长笑眯眯地看着过海而来的杨弘敦校长，静静地听他发表自己的观点。

其实，就在接受本报专访之前，两校校长已达成共识，一个全面、深度的两岸中大长期稳定合作计划正在启动。"两所清华、两所交大、两所中大，希望两岸这三对同根同名的高校能形成三足鼎立之势。"杨弘敦校长说。

访谈结束时，杨弘敦校长还信口吟出郑板桥的诗——兰竹芳馨不等闲，同根并蒂好相攀。百年兄弟开怀抱，莫谓分居彼此山。

浅浅海峡，又怎能锁得住这百年兄弟般的深深情谊。

中大的办学传统与中山精神是密不可分的，在这方面，我们两校是一脉相承的。

两校同根同源，有着共同的对孙中山先生的景仰，是一对有着血缘关系的亲兄弟。

——广州中山大学校长黄达人

两个中大是真真切切同文同种的姐妹花。在台湾，我们是对中山精神最有传承的大学。

我们强调，中大学生就是未来社会的领导候选人，人家可以丢垃圾，你就不可以，你的任务不只是找到一份工作。

——高雄中山大学校长杨弘敦

▶手足印象
真真切切同文同种姐妹花

南方日报：杨校长是第三次来广州中山大学，对这个校园有什么特别的感受？

杨弘敦：感受很深，孙中山先生曾勉励青年学生要立志做大事，不可要做大官，就是在这里说的。广州中大是一所有传统名校的格局和历史底蕴的大学，这些是花钱都买不到的，作为一名中山人，我以拥有这些宝贵资产为荣。

南方日报：黄校长访问高雄中大时的感受如何？

黄达人：高雄中大很漂亮，就在海边的西子湾畔。我们两校同根同源，有着共同地对孙中山先生的景仰，今年还并肩首次列入《泰晤士报》公布的世界两百强的大学行列之中，我们是一对有着血缘关系的亲兄弟，杨校长说是真真切切同文同种的姐妹花。

▶同传精神
教育是一场不流血革命

南方日报：两所中大同根同源，两位校长会不会觉得在骨子里大家的精神气质有相同之处？

杨弘敦：30年前，高雄中大第一任校长李焕先生建校时有很多理想，其中之一就是想办医学院，因为孙中山先生是学医的。现在高雄中大还保有逸仙社会科学研究中心，我认为，起码在台湾，我们是对中山精神最有传承的大学。

黄达人：中大的办学传统与中山精神是密不可分的，中山先生的"天下为公"、"博爱"已融入了学校的血脉中,深深地影响着在这个大学学习和生活的每一个人。中山先生题写的校训"博学、审问、慎思、明辨、笃行",指出了治学为人的最终途径。在这方面,我们两校是一脉相承的。

杨弘敦:我认为,那种动刀动枪、血流成河的日子离我们相对遥远了,如今要达到孙中山先生当年所倡导的启蒙,从不成熟的心智状态转为成熟,最重要的就是教育。这是一场不流血的革命,是引导文明未来走向的内在动力。

▶阳光学子
培育具有领袖气质的文明现代人

南方日报:在中山先生当年所立"博学、审问、慎思、明辨、笃行"的校训之下,两位校长希望自己的学生是何种人才?

杨弘敦:高雄中大给学生定下的特色是山海胸襟,热情洋溢,就像孙中山讲的,做事情不搞小圈圈,有合作精神,有活力,要阳光,同时要有自己特色。我们开了很多与海洋有关的课程,高雄中大的学生一定要学会游泳才能毕业,我们就是希望今后大家在一起的时候,讲出来的笑话都是有相同背景的,这就是一种对学校的认同。

黄达人:结合中山先生亲笔题写的校训以及他对青年学生的要求,我也提出了对中大学子的希望,知礼、诚信、勤奋、阳光,敢于超越,勇于担当,并具有职业准备,要努力成为一个具有领袖气质的文明的现代人。

南方日报:一样的阳光,一样的需要社会担当,一样的为社会培育精英。

杨弘敦:我们对学生强调,你就是未来社会的领导候选人,人家可以丢垃圾,你就不可以,你的任务不只是找到一份工作。我们希望学生不是独善其身,而是要为社会创造其价值,为众人生活谋福利。

▶大师校宝
教授塑造大学精神与文化

南方日报:今天我们在陈寅恪先生的故居进行采访,很有意味。高雄中大也有一宝,那就是余光中先生,两校对于大师都是厚待有加。

黄达人:大学是一个学术共同体,在这里,教授就是大学,教授是大学精神、大学文化传统的主要塑造者和弘扬者，是大学教育教学水平和质量的尺度，是对大学生的人品学品最具影响的群体，在校园里，教授与大学之间共生共息、共荣共辱。

杨弘敦：在一所大学之中，关键是要有学术专精且声名显赫的教授，除了在研究及教学中培育英才之外，大师风范更足以深入人心，成为学校的品牌。余光中教授的影响可以成为全人类与华人世界中的重要人文资产。

▶大学排名
既心中有数又心若止水

南方日报：今年，两岸中大同时首次进入《泰晤士报》公布的世界大学排名前200名，不知两位怎么看这个排名？

杨弘敦：其实对校长而言，这是一种压力。不必刻意追求，大学要有教学、科研和社会贡献，只要方向是对的，排名前进是自然呈现，不然的话，天天去看还是蛮累的。

黄达人：我同意这个观点，但我还要特别强调，中大今天取得的成绩是历史的积淀，是在前人留下的基础上取得的。同时我们也相信，后人会比今天做得更好。对于大学排名，中山大学历来的态度是大道自然，既心中有数，又心若止水。

南方日报：高雄中大地处南部，远离台北，为什么办学30年能这么快速上升？

杨弘敦：高雄中大在台湾南部是最好的。北台大，南中大，我们有这种期许。高雄中大的路子就是要做得精致一些，这就需要跨校合作和国际合作，我们将加州大学圣地亚哥分校（UCSD）设定为标杆学校。

黄达人：杨校长的观点，我深受启发。大学之间为什么要交往？要从其他学校的发展中得到启示、借鉴。大陆的大学对外宣传的时候，讲学科建设的数字比较多，这个数据那个排名，但比较忽视对大学理念的宣导与传播。大学应该更多注重理念的培育和积淀，让它成为全校师生的共识。

南方日报：既然不注重排名，那为什么高雄中大还要设定2017年进入世界200强的目标？

杨弘敦：哈哈，这是被我们的"教育部"要求的。现在有的老师跟我开玩笑，校长，现在我们已经达到200名了，可以休息了！其实，大学发展到差不多时，就不需要刻意去追求排名了。

南方日报：现在广州中大已站在了一个新的起点上，未来的目标是什么？

黄达人：中山大学会不断地追求卓越，以中山先生的话说：无论哪一件事，只要从头至尾，彻底做成功，便是大事。最根本的还是要培育优秀的现代公民。

▶校长权力
台湾校长权力比大陆的小

南方日报：现在大陆高校都在呼吁自主办学权，不知台湾高校的情况怎么样，校长权力大吗？

杨弘敦：在台湾，公立大学的校长权力都比较小，我们每个系、所的编制数额、对外合作交流协议都需要"教育部"审批，卡得很严的，比大陆校长的权力小多了。

黄达人：大学校长在遇到困难时，首先应该以一种建设性、阳光的心态去对待。大学校长的精神状态，影响着全校教职员工的士气。国家和社会对大学校长的期望很高，赋予的责任很大，授予我们的权力也很大，大学校长有足够大的舞台去实现自己的抱负。

杨弘敦：听说大陆的大学成立研究所、学院都不用报教育部，比台湾的大学更有优势。广州中大要开展对外合作，自己学校就能拍板，这是很好的事情，我们都很羡慕。

▶台湾大学
教授蓝绿有别，校方回避政治

南方日报：我很好奇，在纷扰的政治环境中，台湾大学是何姿态？

杨弘敦：中大的教授有"蓝"有"绿"，这是健康的，但是校方规定，有行政职务的绝对不能在公开场合发表政治言论。高雄三个市长候选人有两个是中大校友，有候选人成立竞选总部，我都回避不出席。但是谁当市长，不管蓝、绿，我们都跟他合作。我们是跟地方政府合作，而不是跟政客合作。我们的教授也会在电视上骂这个骂那个，我们不管，因为这是教授自己的事情。

南方日报：你做校长是选举出来的，还是台湾"教育部"委派的？

杨弘敦：台湾的大学校长都是选出来的。学校组成遴选委员会，各学院推派七八个代表，校友代表有三四个，教师提名、校务会议选出三四个社会公众人士，"教育部"指定三四位代表，最终这 15~20 个人决定校长的人选。"教育部"代表的人数不多，要主导也不容易。

南方日报：台湾的大学也会讨论一些热点话题，例如学术腐败这样的问题吗？

杨弘敦：当然，台湾的媒体对学校道德要求是蛮高的，一有点小事，就曝光。台湾的大学财务制度是很紧的，吃饭超过 250 新台币就很麻烦，需要提交吃饭人员名单等等。

（文章来源：南方日报　2010-12-17A09 版　记者：梅志清、张胜波）

附录二：随笔杂文

我也爱马岗顶的树[*]

最近网上对因南校区图书馆扩建而砍了马岗顶上的树一事进行了热烈的讨论，本人关注到了各位师生在网上的意见，并对意见中所表达出来的善意和对学校的关心表示感谢。同时，我也想借此机会在这里表达一下我个人的想法。

我也爱马岗顶的树。

就对马岗顶上的树的感情而言，我与各位老师和同学是一样，而且可能还要更强一些，因为我就住在马岗顶，这些参天的老树已经成为我生活的一部分。我同样也知道，中大之所以可爱，与中区的林荫大道，与马岗顶上的这些树是分不开的，在它们身上，折射着中大的传统，它们是中大文化不可分割的一部分。

我可以十分负责地告诉大家，学校在进行基本建设时，对于校内绿化尤其是大树的保护是十分重视的。在建筑设计时，保护大树一直是一个重要的考虑因素。此次图书馆的扩建，主要涉及的是一片荔枝林和苗圃地，对荔枝林，已尽量进行了移植，而该地段附近的大树，则经过设计修改而保留了下来。同样，在管理学院 MBA 大楼以及中区邵逸夫文化艺术中心建设时，建筑设计都尽量地考虑了保护大树这一因素。如果大家可以亲临邵逸夫文化艺术中心大楼，就会发现楼内庭院中还保留了三棵大树，为了这三棵树，现在落成的大楼，南北是不对称的。

---

[*] 本文于 2003 年 5 月 23 日，黄达人校长以个人名义发表在中山大学校园网"中大论坛"、"逸仙时空"。

毕竟，学校是要不断向前发展的，在发展的过程中，要完全地将原有的校园保留下来是不现实，也是不可能的。新中国成立前岭南大学的建筑，只有现在大家看到的几十幢有绿色琉璃瓦顶的老楼，当时的校园，确实是茂林修竹，百草丰茂。但是，随着学校规模的不断扩大，学生和教师人数都在不断地增加，如果仅仅依靠这些老楼，是不可能满足学校现有规模的（这也是为什么学校在1999年的时候一定要建立珠海校区的原因，如果没有珠海校区，就是2000年扩招的学生，康乐园也已无法容纳了）。当年建设西区教工住宅，也迫不得已砍了很多树，尤其是原"飞机屋"那片地上，大树是成林的，但是权衡再三，当时的校领导班子仍然觉得要建住宅，这是在当时的历史条件下不得已而为之的事情，现在回过头来看，这个决策还是得到了老师们的拥护的。此次图书馆的扩建，是一年多以前决定的，选择现在的地点扩建，学校也经过了再三权衡，不得已而为之。长期以来，学生们都不断地反映找不到自修的地方，尤其是临近考试时，这种呼声就更加强烈，之所以产生这种情况，图书馆的规模相对较小，自修条件不好是一个很大的因素，图书馆的扩建就是应同学们的要求而决定的。目前，这一紧张情况并未得到缓解，而且还有加剧的趋势。到今年9月新学年开学，单单南校区的研究生总数就将接近1万人，有一个现代化的、拥有良好设施的、具有较大规模的图书馆，相信一定是广大同学所希望的，也一定是老师们所希望的。

学校领导班子同样也看到，建太多的楼对康乐园的环境而言绝对不是好事。随着目前广州东校区（大学城）建设的铺开，学校今后基本建设的重心将集中在新的校区。而实际上学校已开始这么做了，东校区规划开始后，学校已决定原来拟建在南校区的信息大楼和MPA大楼改建到东校区。

总而言之，我也是老师出身，而且将来还会以一个老师的身份重新走进课堂，所以请大家相信，对于中大，对于马岗顶上的大树，对于康乐园中的一草一木，我都有着与大家一样的感情。也请大家相信，学校的机关管理干部也决不会视大树为寇仇，非欲砍之而后快的，因为毕竟大家都是有知识的人，大家都在这个校园中工作和生活，他们对于中大，对于马岗顶上的大树，对于康乐园中的一草一木，也同样有着与大家一样的感情。

学术规范　事关长远[*]

——读《中文系本科优秀毕业论文集》有感

不久前，中文系的欧阳光主任送给我一本《中山大学中文系本科2001级优秀毕业论文集》，我抽时间翻了一下，感触良深。

从论文集可以看出，中文系是十分重视本科教学工作的。吴承学教授在论文集的"导师寄语"中写道："孟子说，'君子有三乐'，其中一种人生快乐的境遇就是'得天下英才而育之'。教师确是一种快乐的职业，不辞长做教书人。"我想，这段话表达的是中文系教师们对教学工作强烈的责任心。几年来，中文系的各项工作取得了很好的成绩，最值得称道的是他们十分重视对学生尤其是本科学生基础科研的训练，他们的"全程导师制"已实施了近二十年，学生们"大一写一百篇，大二写八篇书评，大三写学年论文，大四写毕业论文，四年笔耕的印记，历历在目"（叶春生教授语）。正是通过这种有效的教学手段，学生们能够有机会与老师沟通，同时也使学生们得到了扎实的写作基本功的训练。

其实，一所大学，有多少科研成果，得了多少的奖项，对于学生而言并没有太多的实际意义。我想，大学生们在学校中学习，最想要得到的是名师的指点，有一批好的老师给他们上课，为他们传道、授业、解惑，这才是最关键的。大学最根本的任务就是培养人才，所以一定要树立对教学工作尤其是本科教学工作的神圣感和使命感，这是事关大学生存与发展的一件根本大事。

从这本论文集中还可以看出，中文系对于学生论文学术规范的要求是十分严格的，每一篇论文从注释到参考文献，都标注得十分详细、规范。我认为，这对于在当前形成一个良好的学术风气是必要的。对学术心存敬畏，是任何一位学者应该具有的基本素质，然而这种素质远非一日之功，是一个在长期学术生活中逐渐"养成"的过程。

其实，仅仅是由于引文不规范而引起的争议就不少。对于这种情况，我

---

[*] 本文发表于2005年10月11日《中山大学报》（新）第106期。

认为可以分为两种类型，一是故意将引用的文献标识不清，甚至恶意抄袭他人成果、据为己有，这种情况是学术道德问题，是没有被原谅的余地的，一旦发现必须予以严惩，毫不姑息。但是，大多数是属于第二种情况，一些学生或者教师平时疏于对学术规范的训练，忽视对引文、注释的标注，没有认识到由于这种忽视而造成的后果的严重性。对于后一种情况，基础医学院的关永源教授曾经对我说，学校不必对这样的作者有太多的责备，因为我们以前确实缺乏这方面的训练，论文规范意识非常薄弱，现在要立即与国外的游戏规则接轨，一定会出现这样那样的问题。我十分同意关教授的说法，但是，从现在开始，我们就应该对学术规范问题予以充分的重视。关永源教授还告诉我这样一个例子，最近国际有名的《脑血流与代谢》杂志（*Journal of Cerebral Blood Flow & Metabolism*，SCI 影响因子 5.671）处理了一起抄袭他人综述的事件，抄袭者还是该杂志的编委，杂志社不但让他公开道歉而且在数年内禁止他在该杂志上发表论文，并将其从编委中除名。可见，国外的学术机构对抄袭者的处理是十分严厉的。因此，我想在这里特别指出，中文系在对本科的教育中就意识到了这一问题的重要性，并进行了严格细致的训练，是十分有意义的。对于知识，学者要有一种敬畏感，应该以学术为生命，像爱护自己眼睛一样爱护自己的学术名誉，这种观念应该尽早培养，直到融入自己的血液中去。

说到学术规范，我还想到了教师在学生论文中的署名问题。我们鼓励教师与学生在学术上的合作，通过合作产生的论文成果，应由师生共同署名。但我们要防止一些不负责任的现象，师生联合署名的论文，必须是合作的产物，署上老师名字的学生的论文必须要经过老师严格的审阅。我们的学生应该知道尊重老师，而我们的老师也要珍惜自己的署名权，我想，这实际上也是一个学术规范的问题。

总之，学术的规范是关系到一所大学声誉和质量的大事，它事关长远，不可小视，写这篇短文，就是希望引起全校师生对学术规范的重视，而中文系在养成本科生学术规范方面的一些做法是值得全校各院系借鉴的。

纪念章梓雄教授*

今年 6 月 13 日，香港大学机械工程系讲座教授、非线性力学中心主任、我校工学院院长章梓雄院士因突发脑溢血不幸在香港逝世。听到这个消息，我心里非常难过，工学院举行了纪念章院士的追思会，我因故没能参加，前几天工学院常务副院长陈树辉教授来到我的办公室，和我一起回忆了与章梓雄院士交往的这一段经历。

记得是在 80 周年校庆期间，学校举办了"院士系列论坛"的活动，当时工学院就邀请香港大学机械工程系的章梓雄院士来校为师生们作了一场讲座，借那次机会，学校就提出了希望章院士有机会来中大工作的邀请，但他未置可否。到了 2005 年初，我和许宁生、陈树辉两位教授专程赴港，在章院士的办公室和他有了一次长谈。我对他说，目前广东正在进行"海洋大省"的建设，为地方经济社会发展服务是中大一贯的办学理念，我们学科发展的一个重点就是高举"海洋大旗"，学校的工程学科尤其是海洋工程领域就是缺少一个领军人物，这个人要在学术上有崇高地位，对学科发展有前瞻性眼光，更重要的是要有气度，能够凝聚和领导一批志同道合的学者共同发展。章教授听了以后，说十分认同我的想法，但还是没有表态是否能来学校工作，他只是说清华、浙大、上海交大等几所学校也向他发出了邀请。那次见面之后，章教授还与夫人十分友好地请我们在港澳码头的一间餐厅吃饭。过了一两个月，我感觉有必要再去见一次章院士，于是与许宁生和陈树辉两位教授再次赴港，向他提出是否可以先来学校"帮忙"，并表达了邀请他出任工学院院长的想法。这一次章院士说他可以考虑，但表示现在是港大的教授，如果来中大，只能是兼职性质，是不能拿报酬的。他还提出把力学学科纳入工学院作为发展基础，并说愿意写一个建议书，对工学院的发展提一些建议和规划。章教授最后说"不让校长'三顾茅庐'了"，这一次他将作出决定，不要让我第三次来香港了。

之后不久，我们收到了章院士的建议书，在校内进行了沟通之后，我们认为这份建议书是可行的，并通过工学院的渠道向章院士转达了学校的意

---

* 本文发表于 2007 年 7 月 3 日《中山大学报》（新）第 154 期。

见。当年7月，由广东省科协主办、我校承办了一场院士论坛，我们又邀请章院士来作主题报告，因为报告会是我亲自主持的，所以我清楚地记得章院士在报告会结束时当场宣布，"接受黄校长的邀请，担任中大工学院院长，并将在港大任职届满后全职来中大工作"。此后，章梓雄院士便以中山大学工学院院长的身份参加学术活动，宣传学校。作为第一执行主席，章院士先后主持了5次关于"我国海洋科技工程发展战略"的研讨会，最后一次的香山科学会议形成报告呈报给了国务院，这其中，章院士不仅是以中山大学教授的身份参加会议，而且还在每次学术会议之后，将一份会议的情况说明送给我，可见其认真严谨。就在章院士去世前不久，他到高雄中山大学访问，临行前专门派人将行程安排告诉我，并询问是否有信息需要传达，那时刚巧高雄中大校长曾来访过，商讨两校合作事宜，我立即请生科院徐安龙院长联系章院士，请他转告双方将进一步开展合作的消息。章院士访台回港后，又专门发来邮件，告知访台情况，令我十分感动。

  作为工学院的院长，章院士制定了一套海洋工程学科团队引进的完整计划，并已经开始付诸实施。在学校的积极支持下，他带领工学院成功申报了广东省近岸海洋工程重点实验室。他利用假期的业余时间奔走于穗港两地，定期召开工学院院长办公会，会议纪要每期都会送我一份，从未间断。他曾对我说，要在学院建立一个完善的制度，这样即使他不在，学院也可以正常而且顺利地运作。然而，就在6月8日，章院士在上午分别召开了学院的学位委员会、聘任委员会和院长办公会，下午回到港大又处理了若干事务以后，当晚突发脑溢血，第二天已被诊断为脑死亡，经过了几天的努力后，章院士最终还是在13日离开了我们。根据工学院几位老师的回忆，章院士在回港的路上还与陈树辉教授通电话，讨论学院教师聘任的问题；下午2时许与詹杰民教授通电话，谈他对实验室建设的想法；4点钟左右还与赵文谦教授通电话，商量团队引进的工作安排。几位教授说，这就是他们最后一次听到章教授声音的时间……

  现在当我回想起两次赴港力邀章院士来校工作的时候，回想起他来到中大，畅谈学校工科未来发展的时候，回想起他在学校发展战略研讨会上风趣而富有内涵的发言的时候，我难按心中怆然之情，章梓雄教授是一位令人尊敬的好人！更令我感到痛惜的是，按照计划，章院士即将在7月1日结束港大的聘期，正式全职受聘于中大，就在他的聘任协议刚刚送到我的办公桌上，等待我们一同签字的时候，他却突然离开了，我不禁扼腕叹息，这是"天不助我"啊！

不久前，陈树辉教授告诉我，港大李焯芬副校长对他说，港大希望与中大共同举办纪念章梓雄院士的系列论坛，邀请两校在各个学科领域的杰出学者到对方学校举行学术讲座、开展学术交流，以此纪念章梓雄院士为港大和中大的学术发展作出的贡献，继承他努力促进两校学术交流的可贵精神。我当即请陈教授回复李校长，中大一定支持这个论坛，把章院士的精神发扬光大。

章院士走了，这是中山大学的损失，更是国家的损失，然而，章梓雄教授热爱科学事业、严谨治学的精神尚在，这种精神将激励中大人继续前行，激励中山大学及其工程学科继续向前发展。

谨以此文纪念章梓雄院士。

再谈期待新一代学术带头人[*]

在今年八月底的新教工岗前学习交流会上,我作了一个题为"期待新一代学术带头人"的报告。时隔仅3个月,我感到有必要再谈这个问题,一谈再谈,是因为这一问题确实是目前学校工作的一项重要内容,早在今年初的学校工作研讨会上,郑德涛书记就已经提出,我们"要切实加快培养引进领军人才和中青年骨干",学校党政领导班子对这个问题的意见是高度一致的。最近几个月来,围绕着如何发现和培育中山大学新一代的学术带头人,从学校党政领导班子到各职能部门,从各学科的老一辈学者到目前已崭露头角的年轻人,我们召开了多个座谈会,对这一问题进行了深入探讨,大家提出了许多观点,也提出了一些方案。所有这些都是令人振奋的,这说明,对新一代学术带头人的培养引进问题已得到了学校各个层面的广泛关注。

在目前这个时候如此突出地提出对新一代学术带头人的期待,是有其深远意义的,如果我们站得更高一些,从中山大学发展的历史高度去看这个问题,对其重要性或者会有更深的认识。

1999年,我就任校长后,一件迫在眉睫的事情就是要为学校的学科发展寻找年轻的学术带头人。当时,校内绝大部分学科的带头人基本上都是"文革"前毕业的大学生,都已年过半百乃至接近退休了,而在那个时期,国家相继启动了"211工程"、"985工程"建设,如果没有一批能挑大梁的接班人,那对于中山大学的长远发展必定会产生很大的影响,因此,我们必须找到一批能够挑起学科重任的中青年学者来担负起学校发展的使命。事实上,我们也找到了这样的一批学者,当时他们的年纪都在40岁以下,今天,这批人在国内外学术界都拥有了重要的"江湖地位",在学校的学科建设和学校管理中也拥有很大的话语权。正是他们这一批当年的年轻学者,挑起了中山大学近十年快速发展的大梁,为中山大学目前的学术地位的建立作出了重要的贡献。青年时期,是一个人的学术创造力最为旺盛,也是最有冲劲的时期,正是有了这一批富于创新力的青年,中山大学近十年的发展才会如此令人欣喜。

---

[*] 本文发表于2008年11月10日《中山大学报》(新)第189期。

但时至今日，十年过去了，当年的青年现在都已接近50岁了，他们当然还在"当打之年"，现在各种"光环"，诸如"国家杰出青年科学基金"、"长江学者奖励计划"等都在他们的头上，但是人生的客观规律决定了他们已不可能像年轻时那样富有创造力与冲劲了。因此，我们自然就会想到，我们的年轻的学术带头人在哪里呢？当提出这个问题的时候，我们发现，在目前的中山大学，40岁以下的年轻人能够在各学科中脱颖而出的，可谓凤毛麟角。当年三十五六岁就可以当上院长了，现在想选拔一个40岁以下的青年任副院长都有困难。我想，之所以会产生这样的现象，并不是说现在的年轻人不出色，"一代不如一代"了，而是因为时代已经发生了变化。十年前，由于"文革"的原因，造成了近十年的学术断层，50多岁的人退下来，只能由30多岁的人顶上去，这个"断层"恰恰成为了当时三四十岁的青年学者脱颖而出的一个机遇。而今天，改革开放已经30年了，国家已经步入正轨，学术界和学校内部各年龄段人才济济，这种正常的状态就很难避免地出现了一定的论资排辈的现象。当年的那批学者已成为今天中山大学学术的中流砥柱，在学术主流圈中拥有地位，中山大学的发展还要继续依靠他们。而在另一方面，由于他们"光芒"的遮掩，我们的一些青年学者拔尖的可能性就大大减小了。这是我们必须面对的现实。但是，就像一个国家、一个民族的发展系于青年一样，大学的发展尤其要依靠青年一代的学术带头人。从学校发展的大局和长远考虑，目前的中山大学迫切地需要一批年轻的学术带头人能够涌现出来，勇挑大梁，给学校带来更多的冲劲和创造力。这是一个关乎学校长远发展的大问题，对于中国的高等教育而言也是一个普遍问题，目前在国内高校中兴起的新一轮的"人才争夺战"，就是基于这样一个背景的，如果我们不能及时地正视这个问题，那么中山大学就可能会丧失一个重要的发展机遇。因此，我们必须认真地思考并尽快地建立起让青年学者脱颖而出的机制。

围绕这个思路，学校的相关部门已经开展了一些工作，并启动了一系列有关培养青年学者的政策，我们的努力已经开始，并将继续努力下去，归纳起来大致有以下几个方面。

一、实施几个计划，培养青年教师

（一）"青年教师起步资助计划"

从今年10月起，学校决定为新入校的35周岁以下的应届博士毕业，获聘讲师（包括师资博士后）职务者或从其他单位出站，获聘我校教师职务的博士后人员提供学术研究起步资助。经费由学校下拨，额度为文科每人1万元，理工科和医科每人2万元，入校当年一次性拨付，使用期限为2年。我们希望通过这一计划，为青年教师提供从事教育事业和学术生涯之初最亟需的启动资源，以使他们的科学研究尽快进入轨道。

（二）"青年教师出国研修计划"

为了加大学科带头人和学术骨干的培养力度，学校与国家留学基金委签订协议，于2005年开始执行"青年骨干教师出国研修项目"，选派一批45岁以下具有较大发展潜力的青年骨干教师赴国外高水平大学从事合作研究和进修，迄今为止，我校一共有93名青年骨干教师获得此项目资助，而仅今年一年就得到30个资助名额。与此类似的还有"岭南基金中青年骨干教师培养项目"，从今年开始，该项目主要资助对象由45岁以下中青年教师变为35岁以下青年教师，资助期限从半年延长为一年，资助额度也相应翻倍。

（三）"青年教师重点培育计划"

除了上述的两个有点像"阳光雨露"般受益面较广的措施外，学校科技管理部门还开展了"青年教师重点培育计划"，用于资助一些特别突出的青年学者，经费从科研管理费中划拨，每年每人资助15~20万元，连续资助2~3年。他们的做法是，初选一些初露头角的青年学者，但事前并不告知，仅说明是约谈科研工作，为了公平起见，几位管理部门的负责人也不通气，提问也是相同的内容，结果大家最后给出的人选排序却是出乎意料的一致，目前这一计划的遴选工作还在进行之中。谈及初衷，科技部门的负责同志告诉我，他们曾经对校内的"杰青"作过一次调查，统计出的一个结果是，"杰青"们创造最具标志性成果的年龄集中在33至37岁，由此可见，青年确是天生富于进取心和创造力的，这个时期错过了，一代人也就过去了。因此，从学校发展的大局和长远考虑，我们必须要花大力气培养扶植一大批年轻的学术带头人，这样，学校的发展才有后续动力。

人事制度和科研制度的安排对于青年学术带头人的培养、选拔在某种程度上有着决定性的作用，我们将不断探索并不断完善。大学培养、选拔新一代学术带头人的过程也是学校不断发展、不断创新的过程，对于不同年龄层次、处于不同发展阶段的学者，学校也将帮助和支持教师们积极争取教育部和广东省的各种人才计划，如教育部系统的"新世纪优秀人才支持计划"、

"长江学者奖励计划"以及最近出台的"吸引和培养高层次人才计划"等。我想,在我们中大,人才工作的一个原则就是要让愿意做事的人心情舒畅,让能够做事的人大展拳脚,学校将为青年人才的成长提供最大的支持。

二、采取一些措施支持、推出青年教师

今年国庆假期的最后一天,我邀请了理科和医科的几位教授和处长就如何在学科建设中进一步支持中青年学术带头人进行了讨论。大家形成了一个共识,在"211工程"三期建设中,除按照规定95%的经费用于购置设备和资料建设外,余下可用作业务费的5%的经费主要用于支持35岁以下的青年学者。目前"985工程"三期建设尚处于策划期,但学校对于"985工程"平台和基地建设的指导思想是明确的,一是学校搭建的科技创新平台和创新基地是为提高科研水平和竞争力,以争取更多的外部资源;二是科技创新平台和创新基地建设将以满足中青年学术带头人的科研和新学科发展的需求为主。

总之,在学科建设过程中,要着重体现"以人为本"的指导思想,加大对人才队伍建设的投入力度,并以提升学校教师队伍整体素质和造就新一代青年学术带头人为主要建设目标。

我们一直强调在政策的制定中,要注意尊重学科之间的差异性,基于文科与理科、工科和医科的不同的特点,本月初,郑书记和我又专门邀请一批文科的青年学者举行了一次座谈会,会议以务虚为主,不作结论,会上各位青年学者发言踊跃,建议学校应通过顶层设计,采取一系列发现和推出优秀青年教师的措施。我觉得这些措施有的主要针对文科,也有的对于各学科都有借鉴意义。它们包括:

1. 今后各类青年人才项目的申请立项,采用"竞讲"的方式,以了解青年教师的研究基础和培养前途。

2. 学校着重鼓励文科青年教师多作学术研究,不要求他们过多参与横向项目。

3. 学校、院系下大力气扩大文科优秀青年教师在学术圈和上级文科科研主管部门的知名度。

4. 邀请国际顶尖专家、学者来校作短、中期讲学,安排优秀的青年教师听课,一起讨论,以较短时间、较快速度拓宽优秀青年教师的国际视野,提高他们的科研能力和学养。

5. 学校提供专项经费支持优秀青年教师主办国际或全国性学术会议,

使他们在同代人中取得学术话语权，为他们成长为学术"领袖"创造条件。

三、在校区布局调整中改善青年教师的工作条件

最近一段时期，学校正在进行校区布局调整的工作。此次校区布局调整的一个出发点，就是要为青年学者提供更好的学术研究条件，这对于青年学者来说是一次发展机遇。目前，学校现有的资源较多集中于大牌教授，而青年学者的工作空间有限，通过校区布局调整，可以为青年学者的事业发展提供新的更广阔的平台。我曾经强调，我们不能用眼前的标准去规划未来的发展，学校必须要为那些初出茅庐、资源并不充裕的青年学者考虑，给他们搭建施展才华的空间。随着校区布局调整工作的逐步展开，我们的青年学者的科研条件一定会得到较大的改善。

四、建设周转房，解决青年教师的实际困难

目前，青年教师的住房问题已经成为制约高校发展的一个瓶颈。近年来，学校一直在考虑这一问题的解决途径。现在看来，除了我们一直在做的团购住房的措施外，我们还必须要找到一个更为便捷、受益面更大的解决方式。最近，学校已决定在南校区和东校区的学校自有用地上建设一批周转房，作为学校的永久物业，提供给教师租用，目前这一工作已正式启动，建设资金也已基本筹集到位。房子问题绝不是小事情，我认为这是学校为解决青年教师的后顾之忧，帮助他们在学术上更好地发展所作的重要努力，这甚至可以视作我们期待新一代学术带头人的一个基础。

以上四点，是最近学校对于培养和造就新一代学术带头人的一些想法，这些想法，有的已经开始实施，有的还要进一步完善，我更加要强调的是，这些措施还远不是全部，应该说，还有更多的措施应该在我们的院长们的脑子里。

10月上旬，我在北京见到了国家自然科学基金委主管数学、药学、医学的几位处长，谈话中，我问他们是否知道有哪些中大的青年学者是优秀的，他们随口就报出几个名字，而且把每个人的情况都说得头头是道，令我大为吃惊，同时也略有些惭愧。我想，国家的科研管理部门的处长们尚且可以对我校的优秀青年人才了如指掌，那么我们的院长、书记们心中是不是更应该对所在学院、所在学科的青年人的情况心中有数，有一本明细账，问到

的时候可以"如数家珍"呢？对国内高校情况有所了解的同事可能知道，不少兄弟院校内部是有"年度考核"的，学校对校内学院的科研经费、论文数量、获奖情况等指标下达任务，年终做个统计。这个办法中大并没有实施，学校从来没有给学院下达过指标，更不会对学院搞排名，因为我们一直强调的是和谐宽松的学术氛围，强调的是"以人为本"的人才培养和集聚的环境，但这并不表示学校对学院发展尤其是各个学科青年人才的发展没有要求。我想，正是围绕这个"以人为本"的思想，我们的院长、书记们就更加要清楚本学院的拔尖人才或者有潜力成为拔尖人才的学者在哪里，要设计出一系列能够孕育青年学者成长的制度安排，营造一个适宜他们发展的氛围。在这方面，一些学院已经在行动了。理工学院规定，两个不同年龄段的教师，如果科研业绩差不多，则优先支持青年人，因为他作为年轻人就已经做了同等成绩，说明发展潜力更大。政务学院已经支持了两三位青年教师主办全国或国际学术会议，学院搭台，让青年人唱戏，唱主角，这正是我们希望看到的。一言以蔽之，对于青年学者，对于新一代学术带头人，院长、书记们要善于发现、善于培育，不断地摸索适应青年人脱颖而出的各种有效途径和方法。

显而易见，关注新一代的学术带头人，就是关注学科的长远。在前几年对国家重点实验室的考评中，有的国家重点实验室由于牵头的院士不在了，又没有替代者，出现了学术断层，最终竟被摘牌。这个教训可谓触目惊心。因此，我想，我们必须要有一种紧迫感，特别是在制度的设计上要为青年学者搭建一个足以施展才华的舞台。在这里我再次恳求各个学院、尤其是医院的领导班子要高度重视这个问题，在课题组织、项目申请、论文发表等方面，要尽量将青年人推到前台，尽快让他们进入学术的主流圈，获得相应的学术地位，得到国内同行的认同，从而让一大批优秀的青年学者尽快地脱颖而出。

总之，期待新一代学术带头人是摆在我们面前紧迫而艰巨的任务，也是大学所肩负的历史使命，我衷心地希望，为了中山大学的长远发展，全校动员起来，尤其是院长们、大牌教授们要有战略家的眼光和气度，为如何发现和培养出一批青年学者而出谋划策。青年一代也要努力站在学术舞台的前沿，并且要善于反映自己的心声。这样，我们学校培养青年、选拔青年的氛围才能营造起来，期待新一代学术带头人的工作才能不断推进下去。"少年强则国强"，"少年进步则国进步"，青年人有希望，国家和民族才有希望，我想，这个道理同样可用于我们学校，青年强则中大强，青年进步则中大进步，而中大的希望则正在于我们青年一代的学者。

后 记

　　黄达人校长主持中山大学校务期间，每当感到有话要说或者每次在学校的各类重要工作会议作了讲话之后，总是会想到在《中山大学报》上发表，这常令我等同仁甚感工作的意义和责任重大。一晃十余年过去，细数黄校长在《中山大学报》上发表的文章竟有 82 篇之多，逾 50 万字，这是中山大学校史上重要的文献资料，集册发表是十分有意义的。所以，中共中山大学党委宣传部的同事们便开始全力收集整理。

　　在整理黄校长文章的过程中，我们发现这十多年来，黄校长接受校外媒体的专访中有许多重要的观点和思想与发表在《中山大学报》上的文章既相得益彰，又是很好的补充，所以决定收录部分有代表性的黄校长接受专访的文章，这就组成了本书的附录一。此外，还有四篇文章不是以工作报告的形式发表在校报上，而是黄校长有感而发的署名文章，其中《我也爱马岗顶的树》一文发表在校园网论坛上，这些精品既是一位教育家对师生真挚情怀的表达，又是治校理念的闪光之笔，编者认为值得收录，故而增加了附录二。

　　本书在筹划编辑过程中得到梁庆寅常务副书记、陈春声副校长和朱孔军副书记的支持和关心，在此表示衷心的感谢！

　　德高望重的黄天骥教授在十分繁忙的教研事务中应允为本书作序，令我们十分感动，而序中对黄校长办学思想的精到解读实为点睛之笔，甚为敬佩，在此表示深深的敬意和感谢！

　　还要感谢陈望南、黄毅和程焕文等同志的友情支持，感谢中山大学出版社的祁军社长对此书出版的大力支持，感谢王俊辉编辑的不辞辛苦以及宣传部同事们的同心协力，使得本书在极短的时间内得以付梓。

编　者

2011 年 4 月 19 日